本书是国家社会科学基金重点项目"西部地区公共人力资本投资的效益及对策研究"（项目编号：17AGL023）和广西大学应用经济学学科交叉科研项目"广西融入新发展格局的现状、优势与对策研究"（项目编号：2023JJJXA10）成果

本书由广西高校人文社会科学重点研究基地"区域社会治理创新研究中心"资助出版

西部地区公共人力资本投资政策与实证研究

周均旭 ◎ 著

中国社会科学出版社

图书在版编目（CIP）数据

西部地区公共人力资本投资政策与实证研究／周均旭著．—北京：中国社会科学出版社，2023.7
ISBN 978-7-5227-1811-8

Ⅰ.①西…　Ⅱ.①周…　Ⅲ.①人力资本—投资分析—研究—中国
Ⅳ.①F249.21

中国国家版本馆 CIP 数据核字（2023）第 069616 号

出 版 人	赵剑英
责任编辑	彭　丽　李　沫
特约编辑	涂世斌
责任校对	刘　健
责任印制	王　超

出　　版	中国社会科星出版社
社　　址	北京鼓楼西大街甲 158 号
邮　　编	100720
网　　址	http://www.csspw.cn
发 行 部	010-84083685
门 市 部	010-84029450
经　　销	新华书店及其他书店
印　　刷	北京明恒达印务有限公司
装　　订	廊坊市广阳区广增装订厂
版　　次	2023 年 7 月第 1 版
印　　次	2023 年 7 月第 1 次印刷
开　　本	710×1000　1/16
印　　张	36.75
插　　页	2
字　　数	602 千字
定　　价	198.00 元

凡购买中国社会科学出版社图书，如有质量问题请与本社营销中心联系调换
电话：010-84083683
版权所有　侵权必究

前　言

西部地区经济发展明显滞后于东部地区，成为制约中国全面建成社会主义现代化国家、实现共同富裕的短板与薄弱环节。由于政治、经济、历史和文化等多种原因，西部地区长期存在人力资本总量不足、增长缓慢、结构性短缺等问题。西部大开发以来，中国针对西部地区公共人力资本投资出台了诸多政策，覆盖了人力资本投资的教育、培训、健康和人才引进等各个领域，加大了财政资金对西部地区人力资本投资的力度，但是大量由公共投资形成的人力资本，并未真正转化为西部地区经济社会发展的效益，反而又通过升学和劳动力转移等形式流向发达地区，由此形成"人力资本不足—加强人力资本投资—加剧人力资本流失—人力资本仍然不足"的循环，加剧了人力资本流失，进而带来土地、产业和基础设施空心化，衍生出留守儿童、农村安全、老人照料等严重的社会问题，甚至可能会对社会稳定、民族团结、国家安全等方面造成不利影响，特别是西部存在众多的边疆民族地区，这种现象需要格外关注。

西部地区日益增长的公共人力资本投资迫切需要进行全面系统的研究和评估，为正确认识西部地区公共人力资本投资的作用和价值，认清当前西部地区公共人力资本投资不足与改善方向，本书进行了大量的尝试和探索，对西部地区公共人力资本投资的教育、培训、健康和迁移四个领域展开了系统全面的研究，主要分为政策研究和实证研究两大部分：政策研究部分，搜集整理了学前教育、基础教育、职业教育、高等教育、农村劳动力培训、公共健康和人才帮扶等7个方面800多条政策，采用文本量化分析和社会网络方法，按照"外部特征—内容特征—效果评价"的思路，对政策数量、政策文种、政策类型和发文部门等外部性特征描述分析，再提取政策文本关键词，绘制出高频词云图和政策文本网络图，分析不同阶段政策发展与演变等内部性特征，并结合部分典型投资政策具体分析评价政策实施效果，归纳和总结各领域政策的演进逻辑和未来发展方向。实证研究部分，以西部地区公共教育投资和公共健康投资两大领域为重点，在对教育分层和健康分类的基础上，利用统计宏观面板数据和 CGSS 微观数据，按照"资源投入—产出效率—多维效益"的思路，首先对西部地区公共人力资本投资的现状进行统计描述，分析其绝对水平、负担水平以及投资结构；其次使用 DEA-BCC 模型和 Malmquist 指数模型分别对公共教育投资和公共健康投资进行静、动态效率测算；最后采用面板数据回归等方法，从直接和间接效益、宏观和微观效益以及经济和社会效益等多个维度分析西部地区公共教育和公共健康投资的影响，并探究其作用机制和影响差异。

本书的主要结论如下：

1. 中国西部地区公共人力资本投资政策在价值上坚持以公平正义为导向，可以归纳为公共人力资本投资的公益性和均衡性两个方面：公益性体现在政府以社会发展和人民群众的现实需要为出发点，不断扩大公益性投资规模，积极担当作为，第四章—第十章发现中国政府对西部地区公共人力资本投资 7 个方面都制定了以公益普惠为目标的倾斜政策，第十二章政府投资现状也反映了西部地区在经济发展水平有限的情况下，公共教育和健康的投资规模不断加大，政府的负担水平不断提升。均衡性体现在政府从国家战略层面考虑，积极促进东西部均衡、城乡均衡、群体均衡，第四章学前教育的"国培计划"，第五章基础教育的"特岗计划"，第六章职业教育的"东西协作"帮扶，第七章高等教育"东西部高校对口支援计划""能力提升工程""中西部高等教育振兴计划""省部共建"，第八章农村劳动力培训领域"阳光工程""雨露计划"等，第九章公共健康政策中的"新型农村合作医疗制度""健康扶贫工程"等等都体现出均衡协调发展的理念，对于实现共同富裕和经济社会全面发展有着重要战略意义。

2. 在"公平正义"的价值导向下，西部地区公共人力资本投资规模不断扩大，投资结构持续优化，为其经济发展、创新驱动和民生福祉带来了综合效益：在经济发展方面，第十四章研究发现，加大西部地区教育和健康的公共人力资本投资规模可以促进经济持续增长、缩小地区经济发展差距，在西部地区当前的产业结构状况下，加大公共教育投资可以通过加快产业结构升级促进经济发展，而加大公共健康投资则会通过产业结构对经济发展产生一定的阻碍，不利于西部地区经济的高质量发展；在投资结构中，教育上加大中等和高等教育投资、健康上加大卫生技术人员的投资，更匹配西部地区发展现状，更能满足西部地区经济发展的现实需求。在创新驱动方面，第十五章按照知识创新和成果转化两个阶段分析发现：对于知识创新，加大公共教育和健康的投资规模能够显著促进西部地区知识创新，并且人力资本存量具有门槛效应，累积到一定水平时，公共教育和健康投资的促进作用将进一步加强；投资结构中，教育上加大以基础、高等教育投资，健康上加大以床位为主的硬件投资更有利于专利等创新成果的产出；对于成果转化，受到外部市场环境、产业结构等条件约束，公共教育和健康投资未能产生显著影响，但是在投资结构中，加大以床位为主的硬件和以技术人员为主的软件两方面的健康投资都能够提升知识成果转化为实际效益的能力。在民生福祉方面，第十六章发现：宏观上，中国民生福祉水平不断提升，但西部民生福祉仍较为落后，加大公共教育和公共健康投资能够在就业收入、文化教育、生活消费和安全健康等方面提升西部地区民生福祉，从投资结构上看，各层级公共教育投资和各类型公共健康投资均有正向促进作用，其中基础教育投资的作用更为显著；微观上，加大公共教育和公共健康投资不仅能够提高居民的受教育程度和自身健康状况，还可以有效增加收入、改善居民经济状况和个人社会经济地位，有效提升西部地区居民幸福感，特别值得关注的是，财政透明度对西部地区公共人力资本投资影响居民幸福感具有正向调节作用，政府治理水平的提升可以有效提高教育和健康财政资金的使用效率，进而强化公共教育和公共健康投资对居民幸福感的提升效用。

3. 西部地区公共人力资本投资受到经济社会等客观环境和政府治理能力的影响，仍面临投资效率不高等资源损失问题及效益成果转化困难等投资风险问题：一方面，西部地区公共人力资本投资的效率较低，对规模效应的提升具有不利影响。第十二章显示当前西部地区公共人力资本投资规模呈现不断增长的发展趋势，地区政府的经济负担水平较大。而第十三章对基础教育、中等教育、高等教育和健康投资的效率评价结果显示均未达到最优状态，大部分省份低于全国平均水平，深入分析影响投资效率水平的原因：客观环境方面，西部多数省份地广人稀，经济发展水平较低，投资的覆盖面和可及性相对有限，难以形成规模效应；

政府治理能力方面，政府管理和技术创新水平方面存在不足，如缺乏医疗技术创新是导致公共健康投资资源配置水平较低的重要原因，此外第四章—第十章政策研究也发现，发文部门仍然存在条块分割问题，不同领域之间的互动与衔接性不足，如农村劳动力培训政策中的"阳光工程"、"雨露计划"、新型职业农民培育工程分别由农业农村部、扶贫办和人社部等多个部门为主导制定政策，缺乏统筹协调与配合。另一方面，西部地区公共人力资本投资收益转化困难，难以取得预期的经济社会效益。第十四章—第十六章实证研究发现，公共人力资本投资在经济发展、创新驱动和民生福祉的效益发挥中都存在一定的转化困难，也可以从客观环境和政府治理能力两个方面解释：客观环境方面，第十四章发现产业结构等方面低端锁定可能会影响公共人力资本投资的经济发展效益的释放；政府治理能力方面，第十五章发现西部地区公共人力资本投资没能对技术成果转化产生显著影响主要原因在于产学研协同程度较低可能会限制创新驱动效益的发挥，第十六章发现西部地区公共人力资本投资对居民主观幸福感的提升作用也需要政府财政透明、信息公开问题等治理能力的改善。

  本书的主要创新点在以下三个方面：

  1. 建立了区域公共人力资本投资的分析框架。在系统梳理国内外文献的基础之上，揭示传统人力资本理论研究中人力资本与人力资本投资的关系，厘清人力资本投资与人力资本及其存量、增量与积累等概念的混淆，明确了人力资本研究的层次性以及人力资本投资主体的多元性，并在此前提下，从区域层次和政府主体角度，将西部地区公共人力资本投资清晰地界定在教育、培训、健康和迁移四大领域，并进行了详细阐述。

  2. 全面系统地整理中国特色的西部地区公共人力资本投资政策。基于中国国情和政策实践，采用文本量化分析和社会网络方法，对西部大开发 20 年公共人力资本投资在学前教育、基础教育、职业教育、高等教育、农村劳动力培训、公共健康和人才帮扶等 7 个方面的政策系统梳理，进行外部特征描述、内容特征分析，了解公共人力资本投资政策的发展与演变过程，并选取普惠性幼儿园、"阳光工程"、"雨露计划"、"三支一扶"等典型的中国超出传统人力资本理论考虑范围的非市场行为实践，剖析演进历程、具体内容和实施效果，总结了中国特色的公共人力资本投资政策实践，对人力资本理论研究的内涵和外延的拓展与更新。

3. 构建新发展理念指导下的公共人力资本投资效益评估体系。以新发展理念为指导，超越既往研究通常仅以单一经济维度衡量人力资本投资效益的局限，从经济发展、创新驱动与民生福祉三个维度，科学选取投资效益指标，系统地衡量了公共人力资本投资对西部社会经济发展的综合影响，检验了产业结构在公共人力资本投资影响西部地区经济高质量发展过程中的重要中介作用、人力资本存量在公共人力资本对知识创新促进作用中的门槛效应、财政透明度对西部地区公共人力资本投资增进民生福祉的调节作用等；从客观环境和治理能力两个方面，认清当前西部地区公共人力资本投资不足与改善方向，制定真正长期持续提升西部地区公共人力资本投资效益的针对性对策，对公共人力资本投资更有效地服务于西部地区经济社会发展有着重要启示。

目　　录

第一部分　总论

第一章　绪论 …………………………………………………… 3
　第一节　研究背景与意义 …………………………………… 3
　第二节　国内外研究现状 …………………………………… 6
　第三节　研究思路与创新点 ………………………………… 24

第二章　理论基础与概念界定 ………………………………… 30
　第一节　理论基础 …………………………………………… 30
　第二节　基本概念的界定与梳理 …………………………… 33
　第三节　西部地区公共人力资本投资的领域 ……………… 48

第二部分　政策研究

第三章　政策部分研究设计 …………………………………… 81
　第一节　研究对象 …………………………………………… 82
　第二节　研究思路 …………………………………………… 83
　第三节　结构安排 …………………………………………… 87

第四章　西部地区学前教育政策 ……………………………… 89
　第一节　西部地区学前教育政策概述 ……………………… 90
　第二节　西部地区学前教育政策发展与演变 ……………… 96
　第三节　西部地区典型学前教育政策的实施情况 ………… 104

第四节　小结与展望……………………………………… 111

第五章　西部地区基础教育政策………………………………… 116
　　第一节　西部地区基础教育政策概述…………………… 117
　　第二节　西部地区基础教育政策发展与演变…………… 123
　　第三节　西部地区典型基础教育政策的实施情况……… 132
　　第四节　小结与展望……………………………………… 143

第六章　西部地区职业教育政策………………………………… 148
　　第一节　西部地区职业教育政策概述…………………… 149
　　第二节　西部地区职业教育政策发展与演变…………… 156
　　第三节　西部地区典型职业教育政策的实施情况……… 164
　　第四节　小结与展望……………………………………… 177

第七章　西部地区高等教育政策………………………………… 182
　　第一节　西部地区高等教育政策概述…………………… 182
　　第二节　西部地区高等教育政策发展与演变…………… 189
　　第三节　西部地区典型高等教育政策的实施情况……… 196
　　第四节　小结与展望……………………………………… 205

第八章　西部地区农村劳动力培训政策………………………… 210
　　第一节　西部地区农村劳动力培训政策概述…………… 211
　　第二节　西部地区农村劳动力培训政策发展与演变…… 218
　　第三节　西部地区典型农村劳动力培训政策的实施情况… 227
　　第四节　小结与展望……………………………………… 238

第九章　西部地区公共健康政策………………………………… 244
　　第一节　西部地区公共健康政策概述…………………… 244
　　第二节　西部地区公共健康政策发展与演变…………… 252
　　第三节　西部地区典型公共健康政策的实施情况……… 262
　　第四节　小结与展望……………………………………… 271

第十章　西部地区人才帮扶政策 ………………………………… 277
- 第一节　西部地区人才帮扶政策概述 ……………………………… 277
- 第二节　西部地区人才帮扶政策发展与演变 ……………………… 285
- 第三节　西部地区典型人才帮扶政策的实施情况 ………………… 294
- 第四节　小结与展望 ………………………………………………… 304

第三部分　实证研究

第十一章　实证部分研究设计 ……………………………………… 311
- 第一节　研究对象 …………………………………………………… 313
- 第二节　研究思路 …………………………………………………… 314
- 第三节　结构安排 …………………………………………………… 318

第十二章　西部地区公共人力资本投资现状 ……………………… 320
- 第一节　西部地区公共教育投资的现状分析 ……………………… 320
- 第二节　西部地区公共健康投资的现状分析 ……………………… 332

第十三章　西部地区公共人力资本投资效率 ……………………… 346
- 第一节　研究设计 …………………………………………………… 346
- 第二节　西部地区基础教育投资效率 ……………………………… 353
- 第三节　西部地区中等教育投资效率 ……………………………… 365
- 第四节　西部地区高等教育投资效率 ……………………………… 376
- 第五节　西部地区公共健康投资效率 ……………………………… 388

第十四章　西部地区公共人力资本投资的经济发展效益 ………… 401
- 第一节　本章思路 …………………………………………………… 401
- 第二节　实证分析 …………………………………………………… 408
- 第三节　小结 ………………………………………………………… 424

第十五章　西部地区公共人力资本投资的创新驱动效益 ………… 426
- 第一节　本章思路 …………………………………………………… 426
- 第二节　实证分析 …………………………………………………… 432

第三节　小结 ⋯⋯⋯⋯⋯⋯⋯⋯⋯⋯⋯⋯⋯⋯⋯⋯⋯⋯⋯⋯⋯ 446

第十六章　西部地区公共人力资本投资的民生福祉效益 ⋯⋯⋯⋯⋯ 448
　　第一节　本章思路 ⋯⋯⋯⋯⋯⋯⋯⋯⋯⋯⋯⋯⋯⋯⋯⋯⋯⋯⋯ 448
　　第二节　宏观实证部分 ⋯⋯⋯⋯⋯⋯⋯⋯⋯⋯⋯⋯⋯⋯⋯⋯⋯ 450
　　第三节　微观实证部分 ⋯⋯⋯⋯⋯⋯⋯⋯⋯⋯⋯⋯⋯⋯⋯⋯⋯ 474

第四部分　结论

第十七章　研究结论、对策建议与展望 ⋯⋯⋯⋯⋯⋯⋯⋯⋯⋯⋯⋯ 493
　　第一节　研究结论 ⋯⋯⋯⋯⋯⋯⋯⋯⋯⋯⋯⋯⋯⋯⋯⋯⋯⋯⋯ 493
　　第二节　基于整体性治理框架下的对策建议 ⋯⋯⋯⋯⋯⋯⋯⋯⋯ 499
　　第三节　不足和展望 ⋯⋯⋯⋯⋯⋯⋯⋯⋯⋯⋯⋯⋯⋯⋯⋯⋯⋯ 511

附录1　西部地区公共人力资本投资政策发文部门名称对照表 ⋯⋯ 513

附录2　西部地区学前教育政策 ⋯⋯⋯⋯⋯⋯⋯⋯⋯⋯⋯⋯⋯⋯⋯ 517

附录3　西部地区基础教育政策 ⋯⋯⋯⋯⋯⋯⋯⋯⋯⋯⋯⋯⋯⋯⋯ 521

附录4　西部地区职业教育政策 ⋯⋯⋯⋯⋯⋯⋯⋯⋯⋯⋯⋯⋯⋯⋯ 528

附录5　西部地区高等教育政策 ⋯⋯⋯⋯⋯⋯⋯⋯⋯⋯⋯⋯⋯⋯⋯ 535

附录6　西部地区农村劳动力培训政策 ⋯⋯⋯⋯⋯⋯⋯⋯⋯⋯⋯⋯ 542

附录7　西部地区公共健康政策 ⋯⋯⋯⋯⋯⋯⋯⋯⋯⋯⋯⋯⋯⋯⋯ 549

附录8　西部地区人才帮扶政策 ⋯⋯⋯⋯⋯⋯⋯⋯⋯⋯⋯⋯⋯⋯⋯ 557

参考文献 ⋯⋯⋯⋯⋯⋯⋯⋯⋯⋯⋯⋯⋯⋯⋯⋯⋯⋯⋯⋯⋯⋯⋯⋯ 563

后　记 ⋯⋯⋯⋯⋯⋯⋯⋯⋯⋯⋯⋯⋯⋯⋯⋯⋯⋯⋯⋯⋯⋯⋯⋯⋯ 575

第一部分

总　论

第一章

绪 论

第一节 研究背景与意义

一 研究背景

当今世界正经历百年未有之大变局,以中国为代表的新兴国家经济和政治等实力的提升正在深刻改变国际力量的对比,围绕知识创新展开的新一轮科技和产业的国际竞争愈发激烈;而中国特色社会主义也步入新时代,经济从高速增长转向高质量发展,社会主要矛盾转化为人民日益增长的美好生活需要和不平衡不充分的发展之间的矛盾。在国际激烈竞争和国内发展转型的双重压力下,依靠土地、资金等要素资源驱动的粗放式发展模式已难以适应,迫切需要寻求实现新时代高质量发展的新动能,而大量的理论与实证研究充分表明,人力资本能够提高劳动生产效率、推动技术创新,是现代经济持续增长的源泉。《中华人民共和国国民经济和社会发展第十四个五年规划和2035年远景目标纲要》明确指出,要拓展人口质量红利,提升人力资本水平和人的全面发展能力,全方位培养、引进、用好人才,充分发挥人才第一资源作用。

中国经济社会发展不平衡不充分的一个重要体现就在于东西部发展的不均衡,广大西部地区长期以来明显落后于东部地区。2000年中共中央和国务院出台了《关于实施西部大开发若干政策措施的通知》,拉开了21世纪西部大开发的序幕,对中国西部各省在资金投入、改善投资环境、扩大对内对外开放、吸引人才和发展教育科技方面给予政策倾斜。西部大开发政策实施20年后,到2019年,西部地区经济社会发展有了显著提升,地区GDP从1999年的1.6万亿元增加到2019年的20.5万亿元,占全国比重达到 20.7%，地区生产总值年均增长 10.9%，高于全国平均水平。但同时，西部地区与东部地区发展的绝对差距依然较大，在维护民族团结、社会稳定、国家安全等方面仍然压力巨大，也仍然是实现社会主义现代化和共同富裕的短板和薄弱环节。2020 年 5 月中共中央、国务院出台《关于新时代推进西部大开发形成新格局的指导意见》，提出要继续做好新时代西部大开发工作，加快形成西部大开发新格局，推动西部地区高质量发展，到 2035 年西部地区要基本实现社会主义现代化，基本公共服务、基础设施通达程度、人民生活水平与东部地区大体相当，而上述发展战略目标的实现，离不开高素质人力资本的支撑。

由于政治、经济、历史和文化等多种原因，西部地区长期存在人力资本总量不足、增长缓慢、结构性短缺等问题。西部大开发以来，公共人力资本投资作为中国改善西部地区人力资本发展条件、缓解人力资本短缺的具体治理方式，不仅出台了大批涵盖教育发展、医疗卫生、技能培训和人才流动等多个领域的相关政策，贯穿了人力资本的培养、提升、管理与保障的整个流程，而且投资规模和水平也有了大幅提升，仅国家财政性教育经费支出就从 2000 年的 580.69 亿元增长为 2019 年的 10993.78 亿元，增长了近 17 倍，年均增长率高达 8.23%。但是，诸多研究表明，无论是采用受教育年限法还是成本法等计算方式，西部地区仍然是中国人力资本存量水平最低的地区[①]，西部地区的公共人力资本投资形成的人力资本又大量通过升学和劳动力转移等形式流向发达地区，反而加剧了人力资本流失，某种程度上已经形成"人力资本不足—加强人力资本投资—加剧人力资本流失—人力资本仍然不足"的循环，公共人力资本投资并未真正转化为西部地区经济社会发展的效益，反而导致土地、产业和基础设施空心化，带来诸如留守儿童、农村安全、老人照料等严重的社会问题，甚至可能影响到边疆稳定、民族团结等。因此，亟须从西部地区视角，对公共人力资本投资展开系统分析，对政策进行全面梳理，对实际效益进行科学评估，使公共人力资本投资更有效地服务于西部地区经济社会发展，助力共同富裕社会主义目标的早日实现。

---

① 杨仲山、谢黎：《中国人力资本错配测度：区域差异及影响因素》，《财经问题研究》2021 年第 11 期；李海峥、Fleisher B.、Fraumeni B. 等：《中国人力资本报告》，中央财经大学中国人力资本与劳动经济研究中心 2021 年版。

二　研究对象

本书所研究的西部地区，按照中国西部大开发政策的口径，包括12个省市及自治区，即西南五省区市（四川、云南、贵州、西藏①、重庆）、西北五省区（陕西、甘肃、青海、新疆、宁夏）和内蒙古、广西。西部地区总面积约686万平方公里，约占全国总面积的72%，人口总数约为3.8亿，占全国总人口的29%左右，除了成渝、关中、兰银等少数平原地区经济社会发展水平较高外，其他多为丘陵、山区、高原地域，特别是西南喀斯特石漠化地区、西北黄土高原以及青藏高原，又是中国少数民族分布最集中和广泛的地区。

本书以西部地区公共人力资本投资为研究对象，首先要对西部地区公共人力资本投资进行明确界定，然后在其涉及的领域内对相关的公共人力资本投资政策进行梳理，再按照从资源投入—生产效率—产出效益的过程对其在西部地区的投资现状、产出效率与经济社会效益展开描述评估，至于西部地区的人力资本或其存量等其他对象不作为研究对象，仅在涉及时有所论述。

三　研究意义

（一）理论意义

人力资本理论，揭示了人力资本是当今世界经济发展的主要动能，也指明了通过人力资本投资提升人力资本是各个国家和地区发展的第一要务，为公共人力资本投资提供了理论的依据。本书系统深入地解析了中国作为一个发展中的社会主义大国在西部地区公共人力资本投资方面丰富的实践探索，可以对传统人力资本理论进行充实与更新。首先，中国西部地区的公共人力资本投资，不仅将公共教育和健康投资作为基本民生保障，还探索出了"阳光工程""雨露计划"等许多超出传统人力资本理论考虑范围的非市场行为实践，通过系统搜集、整理中国的公共投资政策，将中国特色的治理实践纳入理论研究的范畴，可以拓展区域公共人力资本投资的内涵与外延；其次，人力资本投资的效益评价虽然是人力资本理论探讨

---

① 在实证研究部分，由于西藏数据缺失，仅在现状描述中包含了西藏，在效率分析和效益评价部分按照国内实证研究工作的惯例不包括西藏。

的经典话题,但是已有研究通常只选取经济方面的单一评价指标,无法全面评估公共人力资本投资的综合效益,在中国特色社会主义新时代背景下,贯彻新发展理念,从经济发展、创新驱动和民生福祉等多个维度,对西部地区公共人力资本投资的效益进行全面综合评估,不仅可以丰富完善传统人力资本理论,也有利于构建中国自身的理论体系。

(二)现实意义

西部大开发以来,我国对西部地区加大了公共人力资本等各方面的投资,为区域均衡发展提供了重要支撑;2013年"一带一路"倡议的启动,将西部诸多地区,特别是西部边境民族地区,由开放末梢变为开放前沿;2020年国内国际双循环和西部大开发新格局,进一步将西部大开发与"扩展国家发展的战略回旋空间""增强防范化解各类风险能力"相关联,指出新一轮西部大开发是"统筹国内国际两个大局作出的重大决策部署",要"东西双向开放协同并进"。在这种情况下,对于西部地区日益增长的公共人力资本投资政策和实践展开全面研究,系统梳理和总结其政策制定情况,科学评估公共人力资本投资在经济发展、创新驱动和民生福祉等方面带来的综合效益,剖析生成机制,能够正确认识西部地区公共人力资本投资的重要作用,认清当前西部地区公共人力资本投资的不足与改善方向,从而帮助各级政府提升相关工作的主动性和创造性,制定出更有针对性的对策,真正使得西部地区公共人力资本投资在促进西部地区的经济发展、民生改善、社会和谐、边疆稳定等方面发挥更大作用,最终成为我国区域均衡发展、实现共同富裕目标的重要动力。

第二节　国内外研究现状

一　人力资本及其投资的研究

(一)人力资本的研究

人力资本的研究可以追溯到17世纪威廉·配第[1]的劳动价值论和教育成果的货币表现价值观,他提出"劳动为财富之父,土地为财富之母"的著名论断,将人的"技艺"、土地、物力资本和劳动并列为四个生产要素,

---

[1] [英]威廉·配第:《政治算术》,马妍译,中国社会科学出版社2010年版。

认为人口的差异是国家间经济实力差异的主要原因，并对当时英国"有生命的资本"的货币价值进行了推算，第一次进行了确定一个国家"人力资本"量的尝试①。亚当·斯密也指出：劳动力的才能是重要的生产手段和社会进步的主要力量，但需要进行后天的人力投资，经过学校教育或学徒生产实践才能提升人的能力，并固定在学习者的身上，成为个人和所属社会财产的一部分，因此"后天获得的有用能力"应被视作资本的一部分。Smith的论述反映出人力资本需要投资，并且目的是获取收益，其思想实际上已经给出了后来人力资本理论的精髓，但由于其所处的是手工业时期，物质资本由于更稀缺更受关注，他的理论并没有引起足够的重视。直到20世纪初期，欧文·费雪②才首次提出"人力资本"（Human Capital）这一概念，并将其纳入经济分析的理论框架中，通过比较个体教育费用和收益以计算教育的经济效益。其后，卡尔·马克思③也关注到知识、技能、体力、智力等人力资本要素在生产力形成中的重要作用，然而早期的经济学家即使承认劳动力可以通过教育、培训提高其生产力，在实际进行经济分析时，通常只采纳同质性劳动力假设，却忽视了人力资本的异质性。

　　人力资本理论的奠基者西奥多·舒尔茨④对人力资本进行了较为系统的研究之后，现代人力资本的概念才被正式认可，获得学术主流的接受。他指出：人力资本是一种生产出来的生产资料，是周密投资的一种产物，通过教育、培训、医疗保健和迁移等这些投资活动，人们具有经济价值的体能、知识和技能等将得到增进，并由此带来经济的增长和个人收入的提高。加里·贝克尔⑤则从投资角度对人力资本概念做出了界定：人力资本是通过人力资本投资形成的资本，目的是增加未来货币和物质收益的知识、技能和体能等人力资源。国内学者在舒尔茨和Becker思想的基础

---

① [英]亚当·斯密：《国民财富的性质和原因的研究》（上册），郭大力等译，商务印书馆1972年版。
② [美]欧文·费雪：《资本和收入的性质》，谷宏伟等译，商务印书馆2018年版。
③ [德]卡尔·马克思：《资本论：政治经济学批判》（第一卷），郭大力等译，人民出版社1953年版。
④ [美]西奥多·W. 舒尔茨：《论人力资本投资》，吴珠华等译，北京经济学院出版社1990年版。
⑤ [美]加里·S. 贝克尔：《人力资本：特别是关于教育的理论与经验分析》，梁小民译，北京大学出版社1987年版。

上，也对人力资本开展了各种各样的概念界定，如李忠民[①]、侯风云[②]、王金营[③]、朱必祥[④]等学者认为，人力资本是通过人力资本投资形成、寄寓在劳动者身上并能够为其带来持久性收入来源的生产能力；李宝元[⑤]、姚宝刚[⑥]认为，人力资本是人们花费在人力保健、教育、培训等方面的开支形成的资本，是存在于人的身体内的，后天获得的具有经济价值的知识、技术、能力以及健康的质量因素之和。俞荣建[⑦]曾对人力资本的概念界定方式进行了较为全面的概括，可以分为"因素论"、"费用论"、"价值论"和"资本论"等等，每种方式给出的各种定义均有不足之处，如"因素论"在语言表述上将人力资本等同于知识、技能、健康和经验等自然属性的事物，着重人力资本的表现形态，将资本的形态与资本混淆；"费用论"从人力资本形成的角度来界定，侧重后天人力资本投资，忽略天然遗传禀赋。最后他指出，对人力资本的界定要抓住以下五个关键环节：人力资本是一种特殊"资本"的本质；知识、技能、健康和经验等要素是人力资本的表现形态；人力资本不仅包括后天人力资本投资，也包括天然遗传禀赋；价值是人力资本作为资本所具有的共性内涵；依附于具有独特能动人格特征的人体中，是人格化了的特殊资本。

可以看出，对人力资本的认知是一个不断深化的过程，虽然经济学家很早就关注到劳动者的知识、技能等人力资本存在的差异以及由其带来的经济生产效率的影响，但是直到20世纪50年代，美国经济由制造业向服务业转型，科学技术与劳动者结盟，人力资本的经济价值在整体经济中明显上升，人力资本才成为与新社会经济形态相对应的新的资本形式[⑧]。总之，人力资本是一种与"物质资本"相对的"非物质资本"，是通过人力资本投资形成的，能够带来价值增值的人的劳动生产能力，是体现在劳动

[①] 李忠民：《人力资本——一个理论框架及其对中国一些问题的解释》，经济科学出版社1999年版。

[②] 侯风云：《人力资本形成特性分析》，《学术月刊》2000年第8期。

[③] 王金营：《对人力资本定义及涵义的再思考》，《南方人口》2001年第1期。

[④] 朱必祥：《论现代人力资本理论兴起的理论、技术和实践基础》，《南京理工大学学报》2005年第2期。

[⑤] 李宝元：《比较优势、科教兴国与人本经济发展方略》，《经济研究参考》2000年第37期。

[⑥] 姚宝刚：《人力资本投资与经济增长》，《工业技术经济》2004年第4期。

[⑦] 俞荣建：《人力资本概念的重新界定及其含义》，《人才开发》2005年第10期。

[⑧] 莫志宏：《人力资本的经济学分析》，经济管理出版社2004年版。

者身上的知识程度、技术水平、工作能力以及健康状况等资本类型，和土地、资本等实体性要素一样，在社会生产中具有重要的作用。本书重点在于区域人力资本投资，对人力资本的概念不做过多讨论，在此借用俞荣建①的定义：人力资本是对具有能动性人格特征与自然遗传禀赋的人，通过教育、培训、卫生保健、迁移以及"干中学"等投资所形成的具有一定价值并表现为知识、技能、健康和经验等具体形态的依附于人体的特殊资本。

（二）人力资本投资的研究

人力资本的形成需要进行人力资本投资，最早的人力资本投资思想可追溯到古希腊思想家柏拉图和亚里士多德，虽然在他们的眼中，教育仍然是作为一种消费品而存在的，但是教育间接上带来了经济价值，国家维持教育可以确保公共福利的实现。而亚当·斯密②则指出，工人需要通过学习获得知识和经验，而这些所获得的知识和经验便是一种生产性的资本，工人技能的增长是社会经济进步和福利增长的源泉。马克思③在《资本论》中提出的劳动价值论，将劳动者受教育、培训以及保持劳动能力的那部分劳动归为非生产性劳动。阿尔弗雷德·马歇尔④认为，"在所有投资中，对人本身的投资最有价值"。教育投资对经济增长起重要作用，且收益率更高，会带来更大的国民财富。而后，舒尔茨⑤在范围和内容上对人力资本投资进行了界定，主张"把教育当作一种对人的投资，教育所带来的成果当作一种资本"，教育可以构成一种资本的思想是将教育视为一种投资的开端，加强人力资本投资，提高人口质量，是促进经济增长的关键。贝克尔⑥则从微观个人角度详细论证了人力资本投资，一定程度上弥补了舒尔茨注重宏观的缺陷，他认为人们花费在教育、健康、移民等方面的支出能够提高人们的身体和精神能力，不仅在短期内提高劳动生产率，而且可以

---

① 俞荣建：《人力资本概念的重新界定及其含义》，《人才开发》2005 年第 10 期。

② [英]亚当·斯密：《国民财富的性质和原因的研究》（上册），郭大力等译，商务印书馆 1972 年版。

③ [德]卡尔·马克思：《资本论：政治经济学批判》（第一卷），郭大力等译，人民出版社 1953 年版。

④ [英]阿尔弗雷德·马歇尔：《经济学原理》（上卷），朱志泰译，商务印书馆 1964 年版。

⑤ Schultz, T. W., "Investment in Human Capital", The American Economic Review, Vol. 51, No. 1, 1961, pp. 1 – 17.

⑥ Becker, G. S., "Investment in Human Capital：A Theoretical Analysis", Journal of Political Economy, Vol. 70, No. 5, 1962, pp. 9 – 49.

长期起作用,是能够提高人们未来真实收入而不是消费的投资活动,并且将人力资本投资定义为"关于通过增加人的资源并影响未来货币与心理收入的活动"。

最初舒尔茨[1]阐述人力资本投资的形式时集中在五大类:医疗和保健,在职人员培训,正式建立起来的初等、中等和高等教育,不是由企业组织的为成人举办的学习项目,个人和家族适应于变换就业机会的迁移。其后贝克尔[2]则认为人力资本投资"包括正规学校教育、在职培训、医疗保健、迁移,以及收集价格与收入的信息等多种形式"。再后来的学者也不断纳入新的项目,如"干中学"[3]、科研经费[4]、小孩抚养费用[5]、信息投资[6]等。也有学者采取其他方法对人力资本投资构成进行分类,如 Miles[7] 和 Snow (1984) 将人力资本投资划分为购买型和发展型两类;刘苹和陈维政[8]用入职前员工的受教育年限等自身人力资本,与入职后企业对员工的培训等来表示,将人力资本投资划分为保值性投资和增值性投资两方面,这与贝克尔对人力资本的分类较为趋同;张帆[9]则将其分为人力资本投资Ⅰ(包括教育资金、文艺支出、卫生支出等)和人力资本投资Ⅱ(把儿童抚养到15岁所花费的消费支出),采用每年真实投资额减去折旧加总的方法估算了中国人力资本存量和流量。

人力资本投资的形式构成,在理论界存在三种情况:第一种是普遍赞成的,如学校教育、在职培训、医疗保健方面的投资能够提高人们的身体

---

[1] Becker, G. S., "Investment in Human Capital: A Theoretical Analysis", Journal of Political Economy, Vol. 70, No. 5, 1962, pp. 9 – 49.

[2] Becker, G. S., "Investment in Human Capital: A Theoretical Analysis", Journal of Political Economy, Vol. 70, No. 5, 1962, pp. 9 – 49.

[3] Arrow, K. J., "Uncertainty and the Welfare Economics of Medical Care", American Economic Review, Vol. 53, No. 5, 1963, pp. 941 – 973; Romer, P. M., "Increasing Returns and Long-Run Growth", Journal of Political Economy, Vol. 94, No. 5, 1986, pp. 1002 – 1037.

[4] 李涛、王翀:《高校人力资本投资风险分析及防范措施》,《价格月刊》2006年第10期。

[5] Kendrick, J. W., "Total Capital and Economic Growth", Atlantic Economic Journal, Vol. 22, No. 1, 1994, pp. 1 – 18.

[6] 张凤林:《人力资本理论及其应用研究》,商务印书馆2006年版。

[7] Miles, R. E., Snow, C. C., "Designing Strategic Human Resources Systems", Organizational Dynamics, Vol. 13, No. 1, 198, pp. 36 – 52.

[8] 刘苹、陈维政:《基于相对能力分析的企业人力资本投资策略研究》,《四川大学学报》(哲学社会科学版)2008年第1期。

[9] 张帆:《中国的物质资本和人力资本估算》,《经济研究》2000年第8期。

和精神能力,增加人力资本,影响到人们未来真实收入,无论是舒尔茨[1]、贝克尔[2],还是其他学者都普遍认同这些属于人力资本投资的重要形式,特别是教育是人力资本投资的最主要方式。第二种是有学者提出来,但是无法具体测量,后续研究较少。如机会成本,舒尔茨[3]、贝克尔[4]、周天勇[5]、李宝元[6]、侯风云和张凤兵[7]等均视之为人力资本的一项投资,但本身机会成本是用未发生的可能收益作为一项投资的成本,在经济学界就存在争议,计算上也难以操作,因此一般学者实证研究人力资本投资时都很少讨论机会成本问题;再如 Lucas[8] 提出"干中学",后面高素英[9]、黄君录[10]等少数学者有所论及,但是都没有具体落实;还有贝克尔[11]、高素英等[12]、张凤林[13]等提出的信息投资,朱舟[14]提出的父母用于照看孩子的时间、劳动者寻找工作的活动,张帆[15]提出的文艺支出,高素英等[16]提出的人力资本维护,李涛和王翀[17]提出的社会保障等,这些甚至涉及信息、时间

---

[1] Schultz, T. W., "Investment in Human Capital", The American Economic Review, Vol. 51, No. 1, 1961, pp. 1 – 17.

[2] Becker, G. S., "Investment in Human Capital: A Theoretical Analysis", Journal of Political Economy, Vol. 70, No. 5, 1962, pp. 9 – 49.

[3] Schultz, T. W., "Investment in Human Capital", The American Economic Review, Vol. 51, No. 1, 1961, pp. 1 – 17.

[4] Becker, G. S., "Investment in Human Capital: A Theoretical Analysis", Journal of Political Economy, Vol. 70, No. 5, 1962, pp. 9 – 49.

[5] 周天勇:《论我国的人力资本与经济增长》,《青海社会科学》1994 年第 6 期。

[6] 李宝元:《比较优势、科教兴国与人本经济发展方略》,《经济研究参考》2000 年第 37 期。

[7] 侯风云、张凤兵:《农村人力资本投资及外溢与城乡差距实证研究》,《财经研究》2007 年第 8 期。

[8] Lucas, Jr. R. E., "On the Mechanics of Economic Development", Journal of Monetary Economics, Vol. 22, No. 1, 1988, pp. 3 – 42.

[9] 高素英:《人力资本与经济可持续发展》,中国经济出版社 2005 年版。

[10] 黄君录:《我国人口政策的历史回顾与思考》,《南昌教育学院学报》2011 年第 1 期。

[11] Becker, G. S., "Investment in Human Capital: A Theoretical Analysis", Journal of Political Economy, Vol. 70, No. 5, 1962, pp. 9 – 49.

[12] 高素英、张燕、金善女等:《人力资本与河北省经济增长的实证研究》,《河北工业大学学报》2005 年第 1 期。

[13] 张凤林:《人力资本理论及其应用研究》,商务印书馆 2006 年版。

[14] 朱舟:《新中国产业结构调整的回顾与展望》,《财经研究》1999 年第 10 期。

[15] 张帆:《中国的物质资本和人力资本估算》,《经济研究》2000 年第 8 期。

[16] 高素英:《人力资本与经济可持续发展》,中国经济出版社 2005 年版。

[17] 李涛、王翀:《高校人力资本投资风险分析及防范措施》,《价格月刊》2006 年第 10 期。

等领域,难以实际操作,响应的人都不多。第三种人力资本投资形式存在各种争议。比如小孩抚养费用,在 Kendrick[1]、张帆[2]、侯风云和张凤兵[3]等的论述中,都认为应该算作人力资本投资支出,但李涛[4]则持反对意见,钱雪亚等[5]、李雪艳等[6]从投资性支出与消费性支出的本质差异出发,认为小孩抚养费用不属于人力资本投资。此外,对于研究开发、迁移等也存在不同观点(见表1-1)。

表1-1　　　　　存在广泛争议的人力资本投资形式

	赞成	反对
小孩抚养费用	Eisner（1985）、Kendrick（1994）、张帆（2000）、高素英（2005）、侯风云和张凤兵（2007）	Bowman（1962）、Machlup（1984）、李杰和左仁淑（2002）、钱雪亚（2004,2011）、李涛（2002）、李雪艳（2012）
研究开发	Eisner（1985）、冯子标和焦斌龙（2000）、张帆（2000）、李杰和左仁淑（2002）、闫淑敏和闻岳春（2007）、谭永生（2007）、侯风云和张凤兵（2007）、焦斌龙和焦志明（2010）、韩树杰（2013）	Kendrick（1994）、张帆（2000）、钱雪亚等（2004,2011）
迁移	舒尔茨（1961,1990）、贝克尔（1962）、高素英（2005）、张凤林（2006）	李杰和左仁淑（2002）、唐家龙（2008）、钱雪亚等（2004,2011）

人力资本投资内涵与外延的相关争议,后文还会再做具体分析,此处仅说明四个主要原因:首先,人力资本投资是以人为对象的费用支出,其中的一大难题是区分消费性支出与投资性支出,即便是教育都"可能是纯粹的消费或者纯粹的投资,也可能是两者兼顾"[7];钱雪亚[8]也指出人力资

---

[1] Kendrick, J. W., "Total Capital and Economic Growth", Atlantic Economic Journal, Vol. 22, No. 1, 1994, pp. 1–18.

[2] 张帆:《中国的物质资本和人力资本估算》,《经济研究》2000年第8期。

[3] 侯风云、张凤兵:《农村人力资本投资及外溢与城乡差距实证研究》,《财经研究》2007年第8期。

[4] 李涛:《加入WTO对中国人力资源开发的挑战与应对》,《科研管理》2002年第2期。

[5] 钱雪亚、刘杰:《中国人力资本水平实证研究》,《统计研究》2004年第3期;钱雪亚、王秋实、刘辉:《中国人力资本水平再估算:1995—2005》,《统计研究》2008年第12期。

[6] 李雪艳、赵吟佳、钱雪亚:《人力资本异质性、结构与经济增长》,《商业经济与管理》2012年第5期。

[7] [美]西奥多·W.舒尔茨:《人力资本投资——教育和研究的作用》,蒋斌等译,商务印书馆1990年版。

[8] 钱雪亚:《人力资本水平统计估算》,《统计研究》2012年第8期。

本蕴藏于人体内，难以直接测量，因此人身上的投资与消费有时也更难区分，"人力资本投资是以人为对象的费用支出，区分消费性支出与投资性支出是投资估算的一大难题"，更不用说小孩抚养费用、健康支出等了。其次，随着社会进步与发展，人力资本投资的构成也日益多样化并超出了原有界定，如研究开发越来越重要，基于干中学假设，也有学者建议将其作为一种新的投资形式。再次，人力资本和人力资本投资都涉及不同的层次，许多研究并没有对此区分，如就业迁移对个体只是发生空间区位变化，并没有改变其人力资本状况，但是对于迁入区和迁出区确实产生了人力资本总量的变化。最后，人力资本投资的对象载体为被投资的个体，但是投资主体却是复杂多元的，如小孩抚养费用主要由家庭承担，而子女才是直接受益者。

需要注意的是，国内外研究中经常将人力资本投资与人力资本相混淆，人力资本是一个存量的概念，是投资积累的结果；人力资本概念的提出，就是强调人的资本特性，强调需要进行投资才能形成，因此人力资本与人力资本投资两个概念在提出时就交织在一起。物质资本的投资与物质资本很容易区分，而由于人力资本蕴含于个体身上，具有隐含性和个体依附性，另外，人力资本是活的资本，其使用也受到主客观许多因素的影响，因此直接对人力资本的测量非常困难，尤其是在人力资本的定量分析中，人力资本投资常被当作人力资本测量的指标，舒尔茨开始人力资本的测量就回避了个体层次的困难，而从区域、国家层次进行测量。之后，用人力资本投资替代测量人力资本的方法被普遍使用，特别是教育作为最重要的人力资本投资形式，教育费用[①]、入学率[②]、受教育年限[③]等教育类的

[①] Eisner, R., "Total Incomes in the United States, 1959 and 1969", Review of Income and Wealth, Vol. 24, No. 1, 1978, pp. 41-70; Kendrick, J. W., "Total Capital and Economic Growth", Atlantic Economic Journal, Vol. 22, No. 1, 1994, pp. 1-18; 洪银兴、沈坤荣、何旭强：《经济增长方式转变研究》，《江苏社会科学》2000年第2期；钱雪亚、刘杰：《中国人力资本水平实证研究》，《统计研究》2004年第3期；钱雪亚、邓娜：《人力资本水平计量体系研究》，《浙江学刊》2004年第6期。

[②] 邹薇、代谦：《技术模仿、人力资本积累与经济赶超》，《中国社会科学》2003年第5期；张建清、陈星全：《人力资本与服务贸易差额：来自跨国面板数据的证据》，《国际贸易问题》2016年第10期。

[③] 诸建芳、王伯庆、恩斯特·使君多福：《中国人力资本投资的个人收益率研究》，《经济研究》1995年第12期；Barro, R. J., "Human Capital and Growth", American Economic Review, Vol. 91, No. 2, 2001, pp. 12-17。

指标总是被作为人力资本水平、存量等的替代变量。也有许多学者将人力资本投资的其他形式纳入进来测量人力资本,如徐小飞和龚德恩[1]用文教科学卫生事业的财政支出额,胡鞍钢等[2]用公共教育支出和卫生总费用之和占 GDP 的比例,焦斌龙和焦志明[3]甚至运用永续盘存法选取包含教育、卫生、科研、培训、迁移五种类别的中国人力资本投资指标,并使用价格指数、折旧率等方法推测中国人力资本的存量。

二 人力资本投资效益研究

人力资本投资效益,既有宏观效益[4],也有微观效益[5];既有直接效益[6],也有间接效益[7];既有经济收益[8],也有非经济收益[9]。

人力资本理论的提出产生于对经济增长原因的解释,在舒尔茨[10]正式提出人力资本理论并阐述人力资本投资在经济增长中的作用之后,贝克尔[11]、

---

[1] 徐小飞、龚德恩:《我国东中西部地区人力资本状况实证分析与比较研究》,《企业经济》2003 年第 10 期。

[2] 胡鞍钢、胡琳琳、常志霄:《中国经济增长与减少贫困(1987—2004)》,《清华大学学报》(哲学社会科学版)2006 年第 5 期。

[3] 焦斌龙、焦志明:《中国人力资本存量估算(1978—2007)》,《经济学家》2010 年第 9 期。

[4] Romer, P. M., "Increasing Returns and Long Run Growth", Journal of Political Economy, Vol. 94, No. 5, 1986, pp. 1002 – 1037; Barro, R. J., "Democracy and Growth", Journal of Economic Growth, Vol. 1, No. 1, 1996, pp. 1 – 27.

[5] Blanchflower, D. G., Oswald, A. J., "Well Being Over Time in Britain and the USA", Journal of Public Economics, Vol. 88, No. 7 – 8, 2004, pp. 1359 – 1386; Becker, G. S., "Investment in Human Capital: A Theoretical Analysis", Journal of Political Economy, Vol. 70, No. 5, 1962, pp. 9 – 49; Ott, J., "Level and Inequality of Happiness in Nations: Does Greater Happiness of a Greater Number Imply Greater Inequality in Happiness?", Journal of Happiness Studies, Vol. 6, No. 4, 2005, pp. 397 – 420.

[6] Grossman, M., "On the Concept of Health Capital and the Demand for Health", Journal of Political Economy, Vol. 80, No. 2, 1972, pp. 223 – 255.

[7] Ott, J., "Level and Inequality of Happiness in Nations: Does Greater Happiness of a Greater Number Imply Greater Inequality in Happiness?", Journal of Happiness Studies, Vol. 6, No. 4, 2005, pp. 397 – 420.

[8] Mayer, D., "The Long Term Impact of Health on Economic Growth in Latin America, World Development, Vol. 29, No. 6, 2001, pp. 1025 – 1033.

[9] Forgeard, M. J. C., Jayawickreme, E., Kern, M. L., et al., "Doing the Right Thing: Measuring Wellbeing for Public Policy", International Journal of Wellbeing, Vol. 1, No. 1, 2011, pp. 79 – 106; Bernstein, M., "Well Being", American Philosophical Quarterly, Vol. 35, No. 1, 1998, pp. 39 – 55.

[10] Schultz, T. W., "Investment in Human Capital", The American Economic Review, Vol. 51, No. 1, 1961, pp. 1 – 17.

[11] Becker, G. S., "Investment in Human Capital: A Theoretical Analysis", Journal of Political Economy, Vol. 70, No. 5, 1962, pp. 9 – 49.

Uzawa①等众多学者，也发表了一系列的重要理论成果，验证了人力资本对经济社会发展的效益。随后，"新经济增长理论"在西方国家兴起，Romer②通过把人力资本投资作为一个内生的经济变量引入经济增长模型中解释了经济增长谜题，认为知识的积累和对人力资本的投资才应当是经济增长的关键因素。Lucas③比较了基于物质资本积累和技术进步的新古典增长模型、通过教育积累人力资本的内生增长模型和通过"干中学"积累特定人力资本的增长模型三个模型，建立了Lucas模型。据此，学者们展开了大量的实证研究。Barro④通过研究1960—1985年间98个国家的经济增长，发现人均实际国民生产总值与人力资本（以平均受教育年限衡量）存在着正向变动关系；Benhabib和Spiegel⑤也通过跨国人力资本经验数据，发现人力资本存量对经济增长有显著影响；Mankiw等⑥则直接将人力资本作为生产要素纳入Solow模型中，构建了一个包含人力资本要素的外生经济增长模型，并运用跨国经验数据进行了实证分析，较好地描述了跨国经济增长和收入差距问题。随着人力资本投资理论进入中国，国内韩廷春⑦、吴建国⑧、刘迎秋⑨、沈利生和朱运法⑩、

---

① Uzawa, H., "Optimum Technical Change in an Aggregative Model of Economic Growth", International Economic Review, Vol. 6, No. 1, 1965, pp. 18 – 31.

② Romer, P. M., "Human Capital and Growth: Theory and Evidence", Carne-gie-Rochester Conference Serieson Public Policy, Vol. 32, No. 1, 1990b, pp. 251 – 286; Romer, P. M., "Increasing Returns and Long-Run Growth", Journal of Political Economy, Vol. 94, No. 5, 1986, pp. 1002 – 1037.

③ Lucas, Jr. R. E., "On the Mechanics of Economic Development", Journal of Monetary Economics, Vol. 22, No. 1, 1988, pp. 3 – 42.

④ Barro, R. J., "Economic Growth in a Cross Section of Countries", The Quarterly Journal of Economics, Vol. 106, No. 2, 1991, pp. 407 – 443.

⑤ Benhabib, J., Spiegel, M. M., "The Role of Human Capital in Economic Development Evidence from Aggregate Cross Country Data", Journal of Monetary Economics, Vol. 34, No. 2, 1994, pp. 143 – 173.

⑥ Mankiw, N. G., Romer, D., Weil, D. N., "A Contribution to the Empirics of Economic Growth", The Quarterly Journal of Economics, Vol. 107, No. 2, 1992, pp. 407 – 437.

⑦ 韩廷春：《经济持续增长与科教兴国战略》，《经济科学》1999年第2期。

⑧ 吴建国：《人力资本对我国经济的增长贡献率》，《中国人力资源开发》2002年第3期。

⑨ 刘迎秋：《论人力资本投资及其对中国经济成长的意义》，《管理世界》1997年第3期。

⑩ 沈利生、朱运法：《人力资源开发与经济增长关系的定量研究》，《数量经济技术经济研究》1997年第12期。

李宝元[1]、曹晋文[2]等学者们也实证了中国人力资本对经济增长的贡献。还有学者进一步对人力资本投资进行深入分析后发现，教育水平不同[3]、人力资本初始禀赋与分布不同[4]、年龄结构不同[5]、区域间流动约束不同[6]对于区域经济发展的影响也存在差异。

随着人力资本投资与区域创新之间关系的日益密切，许多学者对二者进行了理论和实证研究，如 Lucas[7]、Aghion 和 Howitt[8]、Crespi 和 Zuniga[9]提出人力资本存量是推动国家技术进步的根本推动力；尤其是在亚洲新兴工业化国家，人力资本积累在经济高速增长中扮演了至关重要的作用[10]；Vandenbussche 等[11]、Koellinger[12]也发现，更高素质人力资本对技术创新有更重要影响；可以通过提升人力资本存量水平以驱动新知识的产生[13]、影响技术进步效率[14]、影响创新知识和加速技术的吸收与扩散[15]、加快技术扩

---

[1] 李宝元：《比较优势、科教兴国与人本经济发展方略》，《经济研究参考》2000 年第 37 期。

[2] 曹晋文：《我国人力资本与经济增长的实证研究》，《财经问题研究》2004 年第 9 期。

[3] Démurger, S., "Infrastructure Development and Economic Growth: An Explanation for Regional Disparities in China?", Journal of Comparative Economics, Vol. 29, No. 1, 2001, pp. 95 – 117.

[4] Giannini, M., "Accumulation and Distribution of Human Capital: The Interaction Between individual and Aggregate Variables", Economic Modelling, Vol. 20, No. 6, 2003, pp. 1053 – 1081.

[5] Brunow, S., Hirte, G., "The Age Pattern of Human Capital and Regional Productivity: A Spatial Econometric Study on German Regions", Papersin Regional Science, Vol. 88, No. 4, 2009, pp. 799 – 823.

[6] De Haas, H., "The Internal Dynamics of Migration Processes: A Theoretical Inquiry", Journal of Ethnic and Migration Studies, Vol. 36, No. 10, 2010, pp. 1587 – 1617.

[7] Lucas, Jr. R. E., "On the Mechanics of Economic Development", Journal of Monetary Economics, Vol. 22, No. 1, 1988, pp. 3 – 42.

[8] Aghion, P., Howitt, P., "A Model of Growth Through Creative Destruction", Econometrica, Vol. 60, No. 2, 1992, pp. 323 – 352.

[9] Crespi, G., Zuniga, P., "Innovation and Productivity: Evidence from Six Latin American Countries", World Development, Vol. 40, No. 2, 2012, pp. 273 – 290.

[10] Barro, R. J., Lee, J. W., "International Comparisons of Educational Attainment", Journal of Monetary Economics, Vol. 32, No. 3, 1993, pp. 363 – 394.

[11] Vandenbussche, J., Aghion, P., Meghir, C., "Growth, Distance to Frontier and Composition of Human Capital", Journal of Economic Growth, Vol. 11, No. 2, 2006, pp. 97 – 127.

[12] Koellinger, P., "Why are Some Entrepreneurs More Innovative Than Others?", Small Business Economics, Vol. 31, No. 1, 2008, pp. 21 – 37.

[13] Nelson, R. R., Phelps, E. S., "Investment in Humans, Technological Diffusion, and Economic Growth", The American Economic Review, Vol. 56, No. (1/2), 1966, pp. 69 – 75.

[14] Romer, P. M., "Endogenous Technological Change", Journal of Political Economy, Vol. 98, No. 5, 1990a, pp. S71 – S102.

[15] Krueger, A. B., Lindahl, M., "Education for Growth: Why and for Whom?", Journal of Economic Literature, Vol. 39, No. 4, 2001, pp. 1101 – 1136.

散进程①等方式来推动经济增长。人力资本作为区域创新的要素资源和知识载体②，其对区域创新的作用方面也受到了国内学者的广泛关注，杨俊等③、钱晓烨等④、张春红⑤、王艳涛和谷晓莉⑥等学者对中国省级层面的数据进行实证分析，发现人力资本存量与创新活动高度相关，能够有效吸收和模仿国外先进技术，对技术创新具有显著促进作用；华萍⑦、彭国华⑧、孙早和侯玉琳⑨也认为高技术技能型人力资本对区域技术创新尤为重要。

此外，人力资本投资对民生福祉也产生一定的影响。人力资本投资能够直接促进个体健康水平⑩、知识技能⑪以及精神层面⑫的改善，实现人力资本水平的综合提升，帮助在劳动力市场中获得更好的工作机会，促进收入水平的提升：Walsh⑬以个体教育费用与未来收入相比较来计算高中和大

---

① Stadler, M., "Engines of Growth: Education and Innovation", Review of Economics, Vol. 63, No. 2, 2012, pp. 113 – 124.

② 高素英、陈蓉、张艳丽等：《京津冀人力资本与区域科技创新能力的关系研究》，《天津大学学报》（社会科学版）2011年第6期。

③ 杨俊、李晓羽、杨尘：《技术模仿、人力资本积累与自主创新——基于中国省际面板数据的实证分析》，《财经研究》2007年第5期。

④ 钱晓烨、迟巍、黎波：《人力资本对我国区域创新及经济增长的影响——基于空间计量的实证研究》，《数量经济技术经济研究》2010年第4期。

⑤ 张春红：《人力资本、研发投入对区域创新能力的影响》，《统计与决策》2019年第18期。

⑥ 王艳涛、谷晓莉：《教育人力资本对区域技术创新影响的实证研究》，《科技管理研究》2019年第5期。

⑦ 华萍：《不同教育水平对全要素生产率增长的影响——来自中国省份的实证研究》，《经济学》（季刊）2005年第4期。

⑧ 彭国华：《我国地区全要素生产率与人力资本构成》，《中国工业经济》2007年第2期。

⑨ 孙早、侯玉琳：《政府培训补贴、企业培训外部性与技术创新——基于不完全劳动力市场中人力资本投资的视角》，《经济与管理研究》2019年第4期。

⑩ Grossman, M., "On the Concept of Health Capital and the Demand for Health", Journal of Political Economy, Vol. 80, No. 2, 1972, pp. 223 – 255; Blanchflower, D. G., Oswald, A. J., "Well-Being Over Time in Britain and the USA", Journal of Public Economics, Vol. 88, No. 7 – 8, 2004, pp. 1359 – 1386; Ott, J., "Level and Inequality of Happiness in Nations: Does Greater Happiness of a Greater Number Imply Greater Inequality in Happiness?", Journal of Happiness Studies, Vol. 6, No. 4, 2005, pp. 397 – 420.

⑪ Cuñado, J., De Gracia, F. pp., "Does Education Affect Happiness? Evidence for Spain", Social Indicators Research, Vol. 108, No. 1, 2012, pp. 185 – 196.

⑫ 余英：《教育如何影响幸福——教育、公共教育支出与主观幸福的研究进展》，《北京大学教育评论》2014年第3期。

⑬ Walsh, J. R., "Capital Concept Applied to Man", The Quarterly Journal of Economics, Vol. 49, No. 2, 1935, pp. 255 – 285.

学教育的经济效益，得出学历和收益呈正相关关系的结论；Mincer[1]肯定了教育和培训在影响收入分配中的作用，通过建立个人收入分析与其接受培训量之间关系的经济数学模型，证明人力资本投入越多，则后期回报越大；还有学者也验证了健康投入[2]、技能培训[3]以及人口迁移[4]等投资给个体带来的收入效益。随后，越来越多学者从多维视角出发，发现人力资本投资在减少贫困问题[5]、促进阶层流动[6]、改善精神幸福[7]、维护社会稳定[8]、提高社会参与[9]等方面具有综合性效益。

---

[1] Mincer, J., "On The Job Training: Costs, Returns, and Some Implications", Journal of Political Economy, Vol. 70, No. 5, 1962, pp. 50–79; Mincer, J., "Investment in Human Capital and Personal Income Distribution", Journal of Political Economy, Vol. 66, No. 4, 1958, pp. 281–302.

[2] Duflo, E., "Grandmothers and Granddaughters: Old-Age Pensions and Intra Household Allocation in South Africa", The World Bank Economic Review, Vol. 17, No. 1, 2003, pp. 1–25.

[3] 王德文、蔡昉、张国庆：《农村迁移劳动力就业与工资决定：教育与培训的重要性》，《经济学》（季刊）2008年第4期；宋冬林、王林辉、董直庆：《技能偏向型技术进步存在吗？——来自中国的经验证据》，《经济研究》2010年第5期。

[4] Sjaastad, L. A., "The Costs and Returns of Human Migration", Journal of Political Economy, Vol. 70, No. 5, 1962, pp. 80–93；郭志仪、常晔：《农户人力资本投资与农民收入增长》，《经济科学》2007年第3期；周其仁：《机会与能力——中国农村劳动力的就业和流动》，《管理世界》1997年第5期。

[5] 李翠锦：《农户人力资本投资与农村贫困关系的实证研究》，《安徽农业科学》2019年第14期；Díaz, B. Z., "Different Impact Channels of Education on Poverty", Estudios Gerenciales, Vol. 26, No. 114, 2010, pp. 13–37；帅昭文：《人力资本提升视角下扶贫工程成效评估体系的"光环效应"——以教育扶贫和健康扶贫为例》，《华南师范大学学报》（社会科学版）2019年第6期。

[6] West, P., "Rethinking the Health Selection Explanation for Health Inequalities", Social Science & Medicine, Vol. 32, No. 4, 1991, pp. 373–384；陈刚、李树：《中国的腐败、收入分配和收入差距》，《经济科学》2010年第2期；闵丙金：《收入、社会阶层认同与主观幸福感》，《统计研究》2012年第10期；李颖晖：《教育程度与分配公平感：结构地位与相对剥夺视角下的双重考察》，《社会》2015年第1期。

[7] 黄嘉文：《教育程度、收入水平与中国城市居民幸福感——一项基于CGSS 2005的实证分析》，《社会》2013年第5期；薛新东、宫舒文：《居民主观幸福感的评价体系及影响因素分析》，《统计与决策》2015年第7期；种聪、岳希明：《经济增长为什么没有带来幸福感提高？——对幸福感影响因素的综述》，《南开经济研究》2020年第4期。

[8] 李建民：《论人力资本的社会功能》，《广东社会科学》2003年第5期；刘生龙：《人力资本的溢出效应分析》，《经济科学》2014年第2期。

[9] 陈济冬、李晓清、孙圣民：《中国城市居民政治参与的实证分析》，《经济学报》2018年第1期。

人力资本投资效益具有高度的复杂性，并且存在外部性[①]，因此，需要政府作为投资主体[②]，承担人力资本投资中的主要压力[③]。尽管少数学者[④]从私人投资效率更高的角度提出反对意见，但多数学者[⑤]还是坚持健康、教育、科技、培训等投资存在社会效益，必须由政府进行公共人力资本投资。

三 西部地区公共人力资本投资的研究

我国西部地区发展落后，人力资本严重不足，更需要加大公共人力资本投资[⑥]。如赵克彬[⑦]、马戎[⑧]、郑长德[⑨]等认为西部民族地区存在贫困面

---

① Klenow, P. J., Rodriguez-Clare, A., "The Neoclassical Revival in Growth Economics: Has it Gone Too Far?", NBER Macroeconomics Annual, Vol. 12, 1997, pp. 73 – 103; Krueger, A. B., Lindahl, M., "Education for Growth: Why and for Whom?", Journal of Economic Literature, Vol. 39, No. 4, 2001, pp. 1101 – 1136; 郭志仪、曹建云:《人力资本对中国区域经济增长的影响——岭估计法在多重共线性数据模型中的应用研究》，《中国人口科学》2007年第4期; Iranzo, S., Peri, G., "Schooling Externalities, Technology, and Productivity: Theory and Evidence from US States", The Review of Economics and Statistics, Vol, 91, No. 3, 2009, pp. 420 – 431.

② 吕炜、刘畅:《中国农村公共投资、社会性支出与贫困问题研究》，《财贸经济》2008年第5期;万道琴、杨飞虎:《严格界定我国公共投资范围探析》，《江西社会科学》2011年第7期。

③ Agénor, P. R., Neanidis, K. C., "Innovation, Public Capital, and Growth", Journal of Macroeconomics, Vol. 44, 2015, pp. 252 – 275; 侯风云:《西方人力资本投资收益分析评述》，《经济学动态》1999年第6期; 包玉香、张晓青、李香:《基于政府视角的人力资本投资分析》，《中国人口·资源与环境》2004年第5期; 程海标:《人力资本外部性与中国公共教育投资》，《经济论坛》2005年第19期; 郭庆旺、贾俊雪:《政府公共资本投资的长期经济增长效》，《经济研究》2006年第7期; 王彦军、李丽静:《人力资本投资中政府的作用——对我国人力资本投资的反思》，《人口刊》2007年第1期; 韩树杰:《我国政府人力资本投资的现实困境与战略抉择》，《中国人力资源开发》2013年第1期。

④ 郑震:《农村人力资本投资结构与内生经济增长》，《财务与金融》2012年第6期。

⑤ 宋晓梅:《政府在人力资本发展中的职能创新》，《内蒙古大学学报》（人文社会科学版）2004年第5期; 闫淑敏、闻岳春:《中国政府人力资本投资变化及国际比较》，《财贸经济》2007年第6期; 付春香:《人力资本投资、农村劳动力转移与新型城镇化关系分析》，《商业经济研究》2015年第14期。

⑥ 蔡昉、都阳:《中国地区经济增长的趋同与差异——对西部开发战略的启示》，《经济研究》2000年第10期; 张友琴、肖日葵:《人力资本投资的反贫困机理与途径》，《中共福建省委党校学报》2008年第11期; 谢舜、魏万青、周少君:《宏观税负、公共支出结构与个人主观幸福感兼论"政府转型"》，《社会》2012年第6期。

⑦ 赵克彬:《论人力资本经营——兼论民族地区可持续发展问题》，《民族研究》1999年第1期。

⑧ 马戎:《西部开发、劳动力流动与少数民族教育》，《西北民族研究》2002年第1期。

⑨ 郑长德:《中国西部民族地区贫困问题研究》，《人口与经济》2003年第1期。

大、贫困度深、脱贫难度大、返贫率高等特点，在加强区域发展援助、加快经济开发的同时，实现民族地区整体经济实力的增长和自我发展能力的提高更要加强教育等人力资本投资，提升贫困人口就业能力，使贫困人口成为反贫困的直接受益者，变输血为造血。还有宫义飞等[①]、张晓蓓和李子豪[②]考察了贫困地区，指出其经济后发优势受人力资本落后的制约，要加大人力资本投资力度，改善本地劳动力人口素质，才有可能赶超先进地区，实现区域经济均衡发展。郑长德[③]、毛笑文[④]、朱乾宇和姚上海[⑤]、张利洁[⑥]、潘明明等[⑦]都认为，西部民族地区人力资本的缺乏是造成其贫困恶性循环的重要原因，反贫困的根本是反人力资本贫困，西部民族地区人力资本积累存在总量不足、结构不合理、流失严重等问题，原因在于劳动力市场失灵、个体投资收益的预期风险、教育的低水平循环以及封闭的自然环境等，需要政府直接加大公共人力资本投资，激活当地大量的自然人力资源，并通过干中学积累人力资本，才能跳出"贫困陷阱"。而针对西部地区的复杂情况，仅仅依靠私人投资，则会因为私人收益通常无法弥补付出的成本[⑧]或投入无法满足需求[⑨]等客观因素导致投资缺乏效率，因此需要公共投资的介入。

部分学者还从西部地区自身角度，研究了西部地区公共人力资本投资的经济增长效益[⑩]；更多学者则是从区域间比较的角度，对投资水

---

① 宫义飞、彭欢、皮天雷：《中国区域经济增长和收敛的决定性因素——基于省际面板数据的证据》，《宏观经济研究》2012年第12期。

② 张晓蓓、李子豪：《人力资本差异加剧了区域经济失衡吗》，《经济学家》2014年第4期。

③ 郑长德：《论西部民族地区人力资源的开发与人力资本的形成》，《人口与经济》2001年第3期。

④ 毛笑文：《西部民族地区人力资源开发现状及对策研究》，《西北民族研究》2004年第1期。

⑤ 朱乾宇、姚上海：《民族地区反贫困战略中人力资本投资的经济学分析》，《黑龙江民族丛刊》2005年第1期。

⑥ 张利洁：《试论西部民族地区的反贫困与人力资本积累》，《宁夏大学学报》（人文社会科学版）2006年第2期。

⑦ 潘明明、李光明、龚新蜀：《西部民族特困区农村人力资源开发减贫效应研究——以南疆三地州为例》，《人口与发展》2016年第2期。

⑧ 李锐：《农村公共基础设施投资效益的数量分析》，《农业技术经济》2003年第2期。

⑨ 樊胜根、张林秀、张晓波：《中国农村公共投资在农村经济增长和反贫困中的作用》，《华南农业大学学报》（社会科学版）2002年第1期。

⑩ 闫淑敏、秦江萍：《人力资本对西部经济增长的贡献分析》，《数量经济技术经济研究》2002年第11期；王金营：《西部地区人力资本在经济增长中的作用核算》，《中国人口科学》2005年第3期。

平差异①、投资效率差异②，以及对区域间经济增长差异的影响③进行了研究，也有学者研究区域间人口迁移流动的经济增长效益④和经济收敛效益⑤。许多研究经过实证分析，认为公共人力资本领域的投资，对西部地区经济社会发展、基础设施建设、区域创新水平和民生福祉改善等方面起到了明显的改善作用，例如，周泽炯和马艳平⑥、余靖雯⑦、张俊良等⑧指出公共教育和公共健康投资，对西部地区的经济增长、减少贫困等产生了较为明显的促进作用；李涛和孙研⑨将数据包络分析与空间计量分析相结合，对1998—2012年我国西部十二省市区域创新能力的影响因素进行了实证研究，发现研发投入强度、教育程度、对外开放环境和FDI对区域创新能力具有显著促进作用。

但也有研究对西部地区公共人力资本投资的效益持有截然相反的结论，认为西部地区公共人力资本投资并没有取得明显效益，如刘生龙等⑩

---

① 朱平芳、徐大丰：《中国城市人力资本的估算》，《经济研究》2007年第9期；宋美丽、孙健：《区域人力资本投资水平研究——基于山东17地市的数据分析》，《经济问题》2010年第2期；王少波、黄桂然：《山东、江苏两省人力资本水平评估及启示》，《中国人口·资源与环境》2013年第2期。

② 骆永民：《人力资本投资效率的经济增长效应研究——基于四种面板数据回归模型的实证分析》，《当代经济科学》2010年第6期；吕连菊、陈国柱：《基于省级面板数据的中国人力资本投资产出效率研究》，《华中师范大学学报》（自然科学版）2014年第2期。

③ 边雅静、沈利生：《人力资本对我国东西部经济增长影响的实证分析》，《数量经济技术经济研究》2004年第12期；范剑勇：《产业集聚与地区间劳动生产率差异》，《经济研究》2006年第11期；姚先国、张海峰：《教育、人力资本与地区经济差异》，《经济研究》2008年第5期；杜伟、杨志江、夏国平：《人力资本推动经济增长的作用机制研究》，《中国软科学》2014年第8期。

④ 谭永生：《农村劳动力流动与中国经济增长——基于人力资本角度的实证研究》，《经济问题探索》2007年第4期；王桂新：《减缓人口变化，促进可持续发展》，《中国国情国力》2015年第3期。

⑤ 李晶、汤琼峰：《中国劳动力流动与区域经济收敛的实证研究》，《经济评论》2006年第3期。

⑥ 周泽炯、马艳平：《公共教育与健康人力资本对经济增长的影响研究》，《商业经济与管理》（社会科学版）2017年第2期。

⑦ 余靖雯：《政府教育投入、非政府教育投入和经济增长》，《浙江社会科学》2012年第6期。

⑧ 张俊良、张兴月、闫东东：《公共教育资源、家庭教育投资对教育贫困的缓解效应研究》，《人口学刊》2019年第2期。

⑨ 李涛、孙研：《我国西部区域创新能力影响因素的空间计量分析——基于西部地区面板数据的实证研究》，《湖南社会科学》2016年第1期。

⑩ 刘生龙、王亚华、胡鞍钢：《西部大开发成效与中国区域经济收敛》，《经济研究》2009年第9期。

采用1987—2007年中国省际面板数据，对西部大开发的成效进行评估，发现西部地区经济增长的机制主要是通过大量的实物资本特别是基础设施投资来实现的，而人力资本投资等作用并不明显；孙玉环和季晓旭[1]、孙嘉尉等[2]研究发现，教育和健康人力资本投资并没有有效促进西部地区经济社会发展，而劳动力投入、物质资本的作用更为明显。为此，有学者从个体角度，分析到西部地区少数民族聚居区，人力资本投资效度低[3]，人力资本投资增加了个体的人力资本，进而促进人力资本流失的空间外部效应也有少数学者论及[4]；也有学者从地区角度，揭示西部地区人力资本投资质量和效率低[5]，原因通常被归结于投资结构不合理或投资不足等问题[6]。对于西部地区公共人力资本投资的资源配置充足性与均衡性、投入产出的有效性问题，同样也存在着较多的争议。

四 简评

综上，国内外研究还存在以下可以完善的空间。

首先，人力资本与人力资本投资经常出现混淆[7]。人力资本作为一种人格化的资本，表现为人的能力与素质等劳动生产能力，是存量的范畴，而人

---

[1] 孙玉环、季晓旭：《教育投入对中国经济增长作用的区域差异分析——基于多指标面板数据聚类结果》，《地理研究》2014年第6期。

[2] 孙嘉尉、顾海、马超：《人力资本投资与经济增长——基于我国1997—2010年省级面板数据的分析》，《软科学》2014年第3期。

[3] 马戎：《中国人口跨地域流动及其对族际交往的影响》，《中国人口科学》2009年第6期；陈立鹏、李娜：《〈教育规划纲要〉：促进民族教育发展的重要依据——〈国家中长期教育改革和发展规划纲要（2010—2020年）民族教育部分解读〉》，《中国民族教育》2010年第9期；郝慧娟：《基于农村特殊性质的人力资源结构分析》，《现代经济信息》2014年第1期。

[4] 李录堂、张藕香：《农村人力资本投资收益错位效应对农村经济的影响及对策》，《农业现代化研究》2006年第4期；姚先国、张海峰：《教育、人力资本与地区经济差异》，《经济研究》2008年第5期；骆永民：《人力资本投资效率的经济增长效应研究——基于四种面板数据回归模型的实证分析》，《当代经济科学》2012年第6期；刘生龙：《人力资本的溢出效应分析》，《经济科学》2014年第2期；封永刚、邓宗兵：《中国人力资本投资效率的收敛性及影响因素研究》，《人口与经济》2015年第3期。

[5] 鲁建彪：《关于民族贫困地区扶贫路径选择的理性思考》，《经济问题探索》2011年第5期；梅英：《民族地区反贫困窘境溯源及出路探寻》，《云南行政学院学报》2013年第4期；杜两省、刘发跃：《人力资本存量难以解释西部地区低投资效率的原因分析》，《中国人口科学》2014年第4期。

[6] 刘文、黄玉业：《中韩人力资本投资比较研究》，《东北亚论坛》2011年第2期；韩树杰：《我国政府人力资本投资的现实困境与战略抉择》，《中国人力资源开发》2013年第1期。

[7] 张帆：《中国的物质资本和人力资本估算》，《经济研究》2000年第8期。

力资本投资则是形成人力资本的活动，人力资本投资的对象都是特定的人，投资形成人力资本积累并不是即时的，存在时滞，可能需要一定时期才能形成蕴藏于人身上的知识能力积累，投资过程与消费过程交织在一起，这都使得二者很难区分[1]。而许多学者为了简化研究经常用人力资本投资代替人力资本的测量。人力资本是一种无形资本，人力资本的形成、使用、折旧和消亡与人的生命周期结合在一起，特别是其使用、支配、转让、交易等均依赖于个人的意志和行为等因素[2]；但是人力资本投资的费用与人力资本并不完全一致，用人力资本投资测量人力资本并不符合人力资本的定义。本书以研究公共人力资本投资为中心，很好地避免了人力资本测量的困境。

其次，人力资本投资的研究必须要先厘清其层次和主体。人力资本最终是依附于人体之中，因此无论是国家、区域，还是企业、家庭等哪个层次的投资最终都要落在微观个体的身上，因此人力资本投资的成本与收益的研究经常将宏观、中观和微观混淆。国内外对人力资本投资的研究，许多是停留在企业等组织中观层次以及家庭和个体的微观层次，宏观层面通常是基于不同国家间的比较，而中国作为一个发展中的人力资源大国，存在较大的区域差异和城乡差异，因此区域层次的人力资本研究就具有特别的价值和意义。在国家、企业、家庭和个人等不同层次上，人力资本投资存在多元主体，人力资本投资形式存在广泛的争议正是由于没有明确层次与主体。而人力资本投资效益存在外部性，需要政府承担公共投资的责任[3]。本书从区域层次和政府主体角度，可以明确地研究西部地区公共人力资本投资的教育、培训、健康和迁移四大领域。

最后，公共人力资本投资效益评估的理论落后于实践发展。一是人力资本投资的测量通常偏重数量，而忽视结构[4]。教育费用、入学率、受教

---

[1] 张昭时、钱雪亚：《城乡分割、工资差异与就业机会不平等——基于五省城镇住户调查数据的经验研究》，《中国人口科学》2011年第3期。

[2] 杜漪：《"人力资本产权界定"观点述评》，《商业研究》2006年第2期。

[3] Klenow, P. J., Rodriguez-Clare, A., "The Neoclassical Revival in Growth Economics: Has it Gone Too Far?", NBER Macroeconomics Annual, Vol. 12, 1997, pp. 73–103；郭志仪、曹建云：《人力资本对中国区域经济增长的影响——岭估计法在多重共线性数据模型中的应用研究》，《中国人口科学》2007年第4期。

[4] 杨建芳、龚六堂、张庆华：《人力资本形成及其对经济增长的影响——一个包含教育和健康投入的内生增长模型及其检验》，《管理世界》2006年第5期；余长林：《人力资本投资结构及其经济增长效应——基于扩展MRW模型的内生增长理论与实证研究》，《数量经济技术经济研究》2006年第12期。

育年限等教育类的指标总是被作为人力资本水平、存量等的替代变量，但是这些方法都是以教育为人力资本投资的唯一形式，最多只能体现知识一个维度，不能完整反映区域层次人力资本投资的全部，可能会低估人力资本投资的综合效益，而高估教育的作用①。二是国家或区域层面效应的定量评估维度基本停留在经济维度上，对社会发展等方面的效应则多以定性论述为主，缺乏定量和微观的实证研究②。本书依据新发展理论，构建指标体系，从西部地区自身发展角度对公共人力资本投资效益进行全面评估。

第三节　研究思路与创新点

一　研究思路

（一）总体框架

基于以上分析，结合本书实际，按照"一条主线，两个结合，三个维度"的基本原则，制定研究的总体框架如下。

1. 一条主线：始终坚持以西部地区公共人力资本投资的本地化效益为主线，围绕主线对公共人力资本投资进行梳理，并对其在西部地区的经济社会效益评估，而不涉及人力资本或其存量等其他主线的研究。

2. 两个结合：贯彻落实理论研究与实际相结合、政策分析与实证分析相结合的中国公共管理学科研究策略，将人力资本理论、公共产品理论等西方理论与我国西部地区公共人力资本投资的实践结合，对既有理论充实，而非一味迎合理论；根据中国公共投资的特性，既要考虑政策的制定和效果评判，更要用实际数据和实证方式证明。

3. 三个维度：从经济发展、创新驱动、民生福祉三个维度对西部地区公共人力资本投资效益进行全面评估。按照新时代中国经济高质量发展的新要求，"十三五"和"十四五"规划中都强调不唯 GDP 论，要充分考虑创新、协调、绿色、开放、共享"五大发展理念"，立足国家整体利益、根本利益、长远利益，聚焦突出问题和明显短板，回应群众的强烈诉求和

---

① 高勤：《人力资本投资结构对经济增长的影响研究——以增加人力资本增量为传递机制》，《北方经贸》2012 年第 5 期。

② 朱宏伟：《我国民族地区人力资源开发研究概述》，《广东财经职业学院学报》2009 年第 6 期。

热切期盼,新发展理念对于西部地区公共人力资本投资"破解发展难题、增强发展动力、厚植发展优势"毫无疑问也具有指导价值。

(二) 基本思路

在实际研究展开中,按照整体设计—政策研究—实证研究—对策建议的逻辑顺序,确定如下研究思路和技术路线,如图1-1所示。

1. 整体设计:先利用文献研究,在理论上厘清人力资本与人力资本投资的关系,在明确人力资本研究的层次性、人力资本投资主体的多元性两个前提的基础下,界定区域公共人力资本投资的内涵与外延,确定西部地区公共人力资本投资的教育、培训、健康和迁移四个领域范畴。

2. 政策研究:系统梳理我国各级各类政府部门颁布的西部地区公共人力资本投资政策,采用文本量化分析和社会网络方法,对各个领域的政策数量、政策文种、政策类型和发文部门描述分析,再提取政策文本关键词,绘制高频词云图和政策文本网络图,分析不同时间阶段政策发展与演变的特点,最后选取部分典型政策(如"阳光工程""雨露计划"等专项培训)分析政策背景、内容和实施效果。

3. 实证研究:对西部地区公共人力资本投资,按照经济学中资源投入—生产效率—产出效益的整体链条,使用统计年鉴面板数据,首先对西部地区公共教育投资和公共健康投资资源配置现状统计描述与分析,以了解西部地区公共人力资本的配置水平,然后根据公共教育投资和公共健康投资的投入与产出特点,构建公共人力资本投资的效率评价体系,使用数据包络分析DEA-BCC模型和Malmquist指数模型进行静、动态效率测算;最后从经济发展、创新驱动与民生福祉三个维度,利用计量经济学方法,建立回归、中介、门槛等模型,结合CGSS 2017微观调查数据,分析西部地区公共教育投资和公共健康投资所产生的经济发展、创新驱动和民生福祉的效益。

4. 对策建议:综合理论分析、政策研究和实证研究的结论,基于整体性治理理论,从公共人力资本投资的理念目标、治理主体、治理机制以及治理环境四个维度入手,寻找迈向协调与整合的西部地区公共人力资本投资治理路径,借鉴管理学、经济学、社会学、教育学等学科工具方法,提出有针对性可操作的优化策略。

二 结构安排

根据以上研究框架,本书篇章结构安排分为四个部分,共十七章。

图 1-1 本书的研究框架

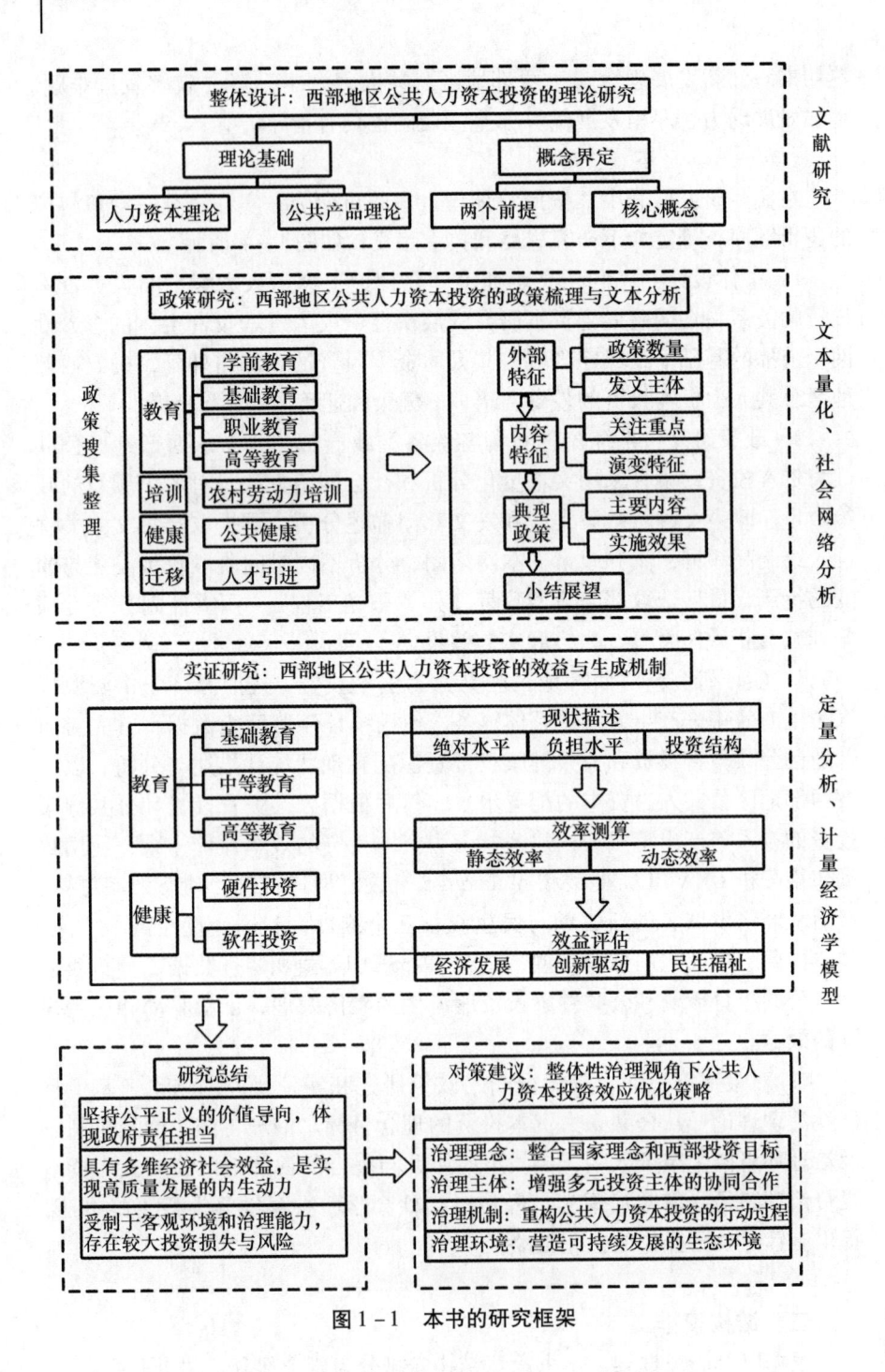

第一部分，总论，进行研究的整体设计，包括第一章和第二章。第一章为绪论，对研究背景与研究对象、国内外研究现状、研究思路与创新点进行了介绍；第二章为理论基础与概念界定，在简单介绍人力资本理论和公共产品理论后，重点对人力资本研究中长期混淆的基本概念进行了梳理与辨析，再对本书需要明确的概念进行界定，为后续研究做好铺垫。

第二部分，政策研究，包括第三章到第十章。第三章对政策部分的研究设计进行了整体介绍，第四章至第十章在教育、培训、健康和迁移四个领域，选取学前教育、基础教育、职业教育、高等教育、农村劳动力培训、公共健康、人才引进等7个类型政策，每章搜集整理相应的政策后，都按照如下顺序展开分析：首先对发文数量、发文部门、政策文种、政策类型4个方面进行政策外部特征分析，然后关注政策的内容特征，分析政策发展与演变特点；之后选取部分典型政策分析发展脉络、主要内容以及实施情况，并进行客观评价；最后小结与展望。

第三部分，实证研究，包括第十一章到第十六章。第十一章为实证部分的研究设计，对研究问题的提出、研究框架与内容、研究方法进行介绍。第十二章西部地区公共人力资本投资现状分析，重点描述2000—2018年西部地区公共教育投资和公共健康投资的规模、结构及其变化趋势、特点。第十三章西部地区公共人力资本投资效率，对基础教育、中等教育、高等教育和公共健康投资四个领域，按照静态和动态两个维度进行效率分析。第十四章到第十六章分别考察公共人力资本投资对西部经济发展、创新驱动、民生福祉的影响效益及其作用机制。

第四部分，结论，进行研究总结、政策建议与展望，包括第十七章。首先对整个报告的系列研究进行全面总结；然后依据整体性治理理论，从公共人力资本投资的理念目标、治理主体、治理机制以及治理环境四个维度入手，提出有针对性可操作的优化策略；最后分析研究的不足，提出下一步的展望。

三 主要创新点

本书无论是从理论研究，还是政策研究和实证研究上，都进行了大量的尝试和探索，主要创新点体现在以下三个方面。

1. 建立了区域公共人力资本投资的分析框架。在大量国内外文献研究基础之上，揭示传统人力资本理论中人力资本与人力资本投资的含糊关系，厘清人力资本投资与人力资本及其存量、增量与积累等概念的混淆，明确人力资本研究的层次性以及人力资本投资主体的多元性，为后续避免人力资本及其投资研究的混乱指明了方向；并在此基础上，根据课题需要，从区域层次和政府主体角度，对西部地区公共人力资本投资的内涵与范畴进行了清晰界定，围绕其区域性和公共性特征，确定教育、培训、健康和迁移四个投资领域，对传统人力资本理论在区域公共投资方面的不足进行了补充完善。

2. 全面系统地整理中国特色的西部地区公共人力资本投资政策。基于中国国情和政策实践，采用文本量化分析和社会网络方法，对西部大开发20年公共人力资本投资在学前教育、基础教育、职业教育、高等教育、农村劳动力培训、公共健康和人才帮扶等7个方面的政策进行了系统梳理：通过政策的外部特征描述，了解公共人力资本投资政策的变化趋势，发文部门的协调网络，政策的约束性、规范性和政策的性质用途；进行政策的内容特征分析，了解公共人力资本投资政策的发展与演变过程；选取各方面典型政策，如普惠性幼儿园、阳光工程、三支一扶等，剖析演进历程、具体内容和实施效果；最后，进行概括性总结并加以展望。将政策问题同理论与现实相结合，总结了中国特色的公共人力资本投资政策实践，探索中国特色的公共人力资本投资政策研究体系，为新时代公共人力资本投资政策的完善与创新提供参考借鉴，顺应西部地区高质量发展的现实需要。

3. 构建新发展理念指导下的公共人力资本投资效益评估体系。以新发展理念为指导，超越既往研究仅以单一维度衡量人力资本投资效益的局限，从经济发展、创新驱动与民生福祉三个维度，科学选取投资效益的衡量指标，系统地衡量了公共人力资本投资对西部社会经济发展的综合影响：首先，分析了公共教育和健康投资对西部经济发展的效益，考察了不同层级教育投资、不同类型健康投资在不同时间段的影响差异，并进一步探究了产业结构对公共人力资本投资经济效益的作用机制；其次，将创新驱动过程划分为知识创新和技术转化两个阶段，分析了公共教育和健康投资对全国及西部创新价值链的影响，并检验了不同人力资本存量下公共人力资本投资对西部创新水平的作用机制；最后，从宏观区域和微观个体出发，探究了公共教育和健康投资对客观民生福祉和主观居民幸福感的影响。此外，从客观环境和治理能力两个方面，总结了西部地区公共人力资本投资效益实现的风险，为统筹规划西部地区公共人力资本投资提供了整体性治理的建议，对于丰富与发展人力资本理论、推进西部地区高质量发展都有着重要的理论和现实意义。

第二章

理论基础与概念界定

第一节 理论基础

公共人力资本投资可以从人力资本理论、公共产品理论、新公共服务理论、公共财政理论等多个理论层面进行分析和解释,由于相关的著述颇丰,此处仅简单介绍人力资本理论和公共产品理论,具体的研究过程中如有需要再进行展开。

一 人力资本理论

1960年,舒尔茨[①]在美国经济学会年会上发表了题为《人力资本投资》的会长就职演讲,指出人力资本是影响经济增长的关键动力,对人力资本的投资至关重要,对整个经济学界造成了广泛而深刻的冲击,由此他也被称为"人力资本之父"。舒尔茨认为,第二次世界大战以后国民收入的增长快于投入资源的增长,并且联邦德国和日本两个战败国、"亚洲四小龙"经济上的成功,都无法单纯从自然资源、实物资本和劳动力的角度进行解释,一定漏掉了重要的生产要素,这个要素就是人力资本。他引进总括资本的概念,包含人力资本与物质资本两种不同的资本形式:物质资本指物质产品上的资本,包括厂房、机器、设备、原材料、土地、货币和其他有价证券等;而人力资本则是体现在人身上的各种生产知识、劳动与管理技能以及健康素质的存量,是对生产者进行教育、职业培训等支出及其在接受教育时的机会成本等的总和。人力资本与物质资本一样,都对经

---

① Schultz, T. W., "Capital Formation by Education", Journal of Political Economy, Vol. 68, No. 6, 1960, pp. 571–583.

济具有生产性的作用，但是，两者的表现方式及对经济发展推动的作用大小不同，物质资本所有权可以被继承或转让；人力资本与劳动力受教育和培训的情况紧密相关，所有权则不具备继承或转让属性；物质资本与人力资本在一定程度上可以互相替代。人力资本是经济增长的主要源泉，但并非一切人力资源，而是只有通过一定方式的投资、掌握了知识和技能的人力资源才是生产资源中最重要的资源。人力资本的形成是投资的结果，投资方式包括教育、培训、医疗保健和迁移等，这都需要耗费稀缺资源，其投资收益率高于物质资本。他也将劳动力迁移视为人力资本的一种长期投资途径，迁移决策是对长期收益的理性反映，取决于个人对其迁移成本和收益的比较结果；劳动力倾向于选择向收益快的区域迁移，如果进入一个公开竞争的市场，其在迁入地的经济成就主要取决于其人力资本水平。

贝克尔为人力资本理论的奠基大师，主要贡献在于采取微观经济分析方法使人力资本理论得以数学化、精细化和一般化，其对家庭劳动力供给的经典阐述与本书关联度不大，因此不再赘述。贝克尔[1]在人力资本方面也做了开创性的研究，首先，他认为人力资本不仅意味着才干、知识和技能，而且还意味着时间、健康和寿命；其次，人力资本是一种人格化的私有资本，与人本身不可分离，生产率还取决于个人的努力程度，因此工作性质、种类等都会影响其使用，适当而有效的刺激可以提高使用效率，这是人力资本与物质资本最大的区别。他还分析了专用知识仅在任职的企业中有用，而通用知识在其他企业也有用，解释了为什么具有高度专业技巧的工人最难离开他的岗位，为什么大多数升迁在企业内部进行。

人力资本理论的出现，在理论和实证上论证了人力资本投资的社会收益率甚至远高于物质资本投资，进而引起了各个国家和地区对教育、健康投资等人力资本投资的重视。在推进高质量发展的背景下，需要充分发挥人力资本投资对于经济发展、创新驱动和民生福祉等领域的效用，有效推动我国经济社会的可持续发展。

---

[1] Becker, G. S., "Investment in Human Capital: A Theoretical Analysis", Journal of Political Economy, Vol. 70, No. 1962, pp. 9 – 49.

二 公共产品理论

根据公共经济学理论，社会产品一般可以分为公共产品和私人产品。按照萨缪尔森在《公共支出的纯理论》中的定义，纯粹的公共产品，在一个人消费时不会造成其他人消费的减少，具有消费的非竞争性、受益的非排他性。而私人产品则是可以由个别消费者所占有和享用，具有敌对性、排他性、可分性特点的产品。准公共产品介于二者之间。

公共产品理论认为，政府机制更适宜于从事公共产品的配置；公共产品所具有的非竞争性特征表明了社会对于该类物品或服务是普遍需要的；而公共产品的非排他性特征则表明了收费是困难的，仅靠市场机制远远无法提供最优配置标准所要求的规模。因此，在这样的两难处境下，政府机制的介入是解决问题的唯一途径。介于公共产品和私人产品之间的准公共产品，则要根据准公共产品中公共产品性质或私人产品性质强弱的不同，或近似于公共产品处置，或近似于私人产品处置，或由政府和市场共同来提供。公共产品理论所力图解释的是，政府机制应该承担何种职责，显然应归入规范研究的范畴，也就是关于"应该是怎样"的研究。

按照公共产品理论，教育和健康等通常被视为准公共产品。特别是教育的公共属性得到了广泛关注，詹姆斯·布坎南[1]通过对教育的间接消费特点进行分析，总结出"教育是准公共产品"的结论。阿特金森和斯蒂格里茨[2]从教育的直接消费特点出发，把教育看成是"公共供应的私人产品"。厉以宁[3]主要从教育提供者的身份和教育经费负担方式的角度出发，将教育分为五类：纯公共产品性质的教育，基本公共产品性质的教育，准公共产品性质的教育，基本具有私人产品性质的教育以及纯私人产品性质的教育。王善迈[4]认为教育产品可依其性质分为义务教育与非义务教育，义务教育属于公共产品，而非义务教育属于准公共产品。黄立华和徐迟[5]

---

[1] [美]詹姆斯·M. 布坎南：《公共财政》，赵锡军等译，中国财政经济出版社1991年版。
[2] [英]安东尼·B. 阿特金森、[美]约瑟夫·E. 斯蒂格里茨：《公共经济学》，蔡江南等译，上海三联书店上海人民出版社1992年版。
[3] 厉以宁：《教育的社会经济效益》，贵州人民出版社1995年版。
[4] 王善迈：《社会主义市场经济条件下的教育资源配置方式》，《教育与经济》1997年第3期。
[5] 黄立华、徐迟：《教育的公共产品属性与政府责任》，《长春大学学报》2008年第7期。

认为教育是一种混合产品,具有公共产品属性,层次越低,属性越大,因此资金投入是政府必须要承担的责任,尤其是对义务教育的投资责任。王一涛和安民[1]认为教育的产品属性取决于其提供的方式,同一层次的教育既可能是公共产品又可能是准公共产品,还可能是私人产品。王俊发[2]提出现代教育产业是一种混合产业,兼有公共经济与民间经济双重性质,中国现阶段必须将教育当作公共产品。虽然众多学者对教育属性界定略有不同,但基本都认为教育具有有限的竞争性和排他性,认同教育具有公共产品属性这一观点。因此,可以把教育看成混合公共产品,其供给主体从理论上说应该是多元化的,即包括政府机制、市场机制和自愿供给机制,结合政府补助与收费,实现弥补成本、优势互补,保证充分供给。李贞[3]指出我国将九年义务制教育作为地方性公共产品,主要由地方财政提供资金,对基础教育产生了严重影响;应将义务制教育作为全国性公共产品,由中央财政提供资金。

基于公共产品理论,人力资本投资仅仅依靠私人投资,可能导致由于私人收益无法弥补付出的成本而出现投资不足的后果,因此需要公共投资的介入。无论是教育还是健康投资,或者其他人力资本投资,政府通过公共投资提供的公共产品或服务,指向都是要形成人力资本,最终又支持经济和社会的发展[4]。国外学者普遍认为基础教育投资具有强烈的正外部性,必须将其纳入政府强制的义务教育范畴,但是除此之外,我国将许多公共人力资本投资也纳入基本公共服务领域进行统筹考虑,如卫生医疗、公共教育、农村劳动力培训等方面,以促进全社会的人力资本积累并提高人力资本水平。

第二节 基本概念的界定与梳理

西部地区公共人力资本投资政策与实证研究是针对特定区域的公共人

---

[1] 王一涛、安民:《"教育是公共产品"吗?——对一个流行观点的质疑》,《复旦教育论坛》2004年第5期。
[2] 王俊发:《教育产业及其发展的公共经济学分析》,《财经科学》2005年第5期。
[3] 李贞:《义务制教育的公共产品定位》,《中央财经大学学报》2005年第4期。
[4] 此处的教育和健康投资都是指人力资本投资,具体的解析和论述在后续理论基础和相关概念章节中再进一步诠释。

力资本投资开展的政策分析与效益评估，在正式开展研究之前，先对区域公共人力资本投资这个研究对象的相关概念进行界定："区域"体现的是研究层次，说明研究基于的既非国家，也非企业等组织层次，而是在区域层次；"公共"体现在基于公益性目标，投资主体通常是以政府为代表的公共部门；人力资本投资是研究的主要内容，强调的是以人力资本为对象的投资。基于国内外学者已经做了大量相关研究，不再从人力资本理论及其溯源开始阐述，而尽量从课题紧密相关的问题着手进行简单回顾，重点在于从中辨析对本书可能造成混淆的相关概念。

一 本书的两个基本前提

西部地区公共人力资本投资，西部地区反映研究的层次是偏于宏观的区域层次；公共反映投资的公益性，强调主体应当是以政府为主体的公共机构。因此，需要特别强调人力资本研究的层次性和人力资本投资主体的多元性。

（一）人力资本研究的层次性

人力资本作为一种特殊的资本，不仅存在"量"的差异，同时也存在"质"的差异[1]，国内外学者虽然对个体和群体等不同层次的异质性在理论和实证上都进行了大量研究[2]，但是人力资本研究中的层次差异却经常被学者们忽略或混淆。总体上看，人力资本的研究可以从微观、中观和宏观等不同层次展开。

微观层面的研究主要是基于个体和家庭，人力资本是对人进行投资形成的资本形式，其载体是个体，需要依附于个体，因此可以基于个体开展。如Mincer[3]分析了自由选择条件下个体基于收入最大化而在培训方面进行的投资决策，建立了员工接受培训量与个人收入分配之间关系的经济

---

[1] Becker, G. S., "Investment in Human Capital: A Theoretical Analysis", Journal of Political Economy, Vol. 70, No. 1962, pp. 9 - 49；张培刚：《创新理论的现实意义——对熊彼特〈经济发展理论〉的介绍和评论》，《经济学动态》1991年第2期；刘金涛：《异质型人力资本对经济增长作用机制研究》，《经济问题》2015年第8期。

[2] Kanbur, S. M. R., Mundial, B., Heterogeneity, Distribution, and Cooperation in Common Property Resource Management, Washington, D. C.: World Bank, 1992; Mincer, J., "Investment in Human Capital and Personal Income Distribution", Journal of Political Economy, Vol. 66, No. 4, 1958, pp. 281 - 302.

[3] Mincer, J., "Investment in Human Capital and Personal Income Distribution", Journal of Political Economy, Vol. 66, No. 4, 1958, pp. 281 - 302.

数学模型；贝克尔[①]认为"人力资本首先是一种人格化的资本",他在对个体投资决策研究之外,还关注到家庭层次人力资本的研究。中观层次的研究主要关注于企业等组织,拥有一定人力资本的员工是组织进行生产经营不可或缺的要素,最典型的如贝克尔[②]对企业职业培训的相关研究中,将培训分为一般性培训和专业培训两种类型,前者所取得的知识和技能具有一般性用途,企业不应当承担培训成本,而后者所提供的知识和技能能够更加有效地提高特定企业生产率,应当由企业承担。宏观层面展开的研究主要基于国家层次,如舒尔茨[③]认为一个国家的人力资本可以通过劳动者的数量、质量以及劳动时间来度量,并论述了人力资本对国家经济增长的贡献；Uzawa[④]、Romer[⑤]和Lucas[⑥]等更多的经济学家将人力资本概念引入经济增长模型当中,逐渐创立了"内生经济增长理论",毫无疑问都属于宏观层次的研究。

人力资本和人力资本投资进行研究之前必须要明确所在的层次。人力资本和人力资本投资二者都存在国家、区域、企业、家庭和个人等多个宏微观上的不同层次,而不同层次上的内涵与外延存在着显著差异。国内外有学者也意识到人力资本研究的层次性问题,如李建民[⑦]就曾尝试从群体和个体的不同层次对人力资本分别进行定义,认为"对于群体,人力资本是指后天获得的具有经济价值的知识、技能、能力以及健康等质量因素之整合；对于个体,人力资本是指存在于人体之中,后天获得的具有经济价值的知识、能力和健康等质量因素之和"。

但是许多学者无论是对人力资本,还是对人力资本投资的分析,通常

---

① Becker, G. S., Nobel Lecture: The Economic Way of Looking at Behavior, Journal of Political Economy, Vol. 101, No. 3, 1993, pp. 385–409.

② Becker, G. S., Nobel Lecture: The Economic Way of Looking at Behavior, Journal of Political Economy, Vol. 101, No. 3, 1993, pp. 385–409.

③ [美]西奥多·W. 舒尔茨：《论人力资本投资》,吴珠华等译,北京经济学院出版社1990年版。

④ Uzawa, H., "Optimum Technical Change in an Aggregative Model of Economic Growth", International Economic Review, Vol. 6, No. 1, 1965, pp. 18–31.

⑤ Romer, P. M., "Increasing Returns and Long Run Growth", Journal of Political Economy, Vol. 94, No. 5, 1986, pp. 1002–1037.

⑥ Lucas, Jr. R. E., "On the Mechanics of Economic Development", Journal of Monetary Economics, Vol. 22, No. 1, 1988, pp. 3–42.

⑦ 李建民：《生育率下降与经济发展内生性要素的形成——兼论中国人力资本投资供给的制度性短缺》,《人口研究》1999年第2期。

都缺乏对研究层次的明确界定,如舒尔茨①总结的人力资本投资五大类形式中:正式建立起来的初等中等和高等教育、医疗和保健主要是基于国家层次的,在职人员培训是基于企业层次的,不是由企业组织的为成人举办的学习项目可能是国家或社会组织层次,适应于变换就业机会的迁移则是家庭和个人层次。而贝克尔②研究的教育投资,则从个人和家庭微观层次考虑得更多,认为人力资本的价值是由人力资本的各项开支所构成,除实际费用支出外,还必须计算由此而失去的收入,即所谓的"放弃收入"("机会成本"或"影子成本"),甚至还认为"放弃收入"是人力资本投资的主要成本,他的论述仅仅停留在个体或家庭层次是可以的,但是如果涉及其他层次投资时,相应的机会成本也应当考虑进来,这却恰恰是被他忽略了的。例如在研究高等教育的收益率时,贝克尔③针对白人男性和非白种人、妇女、农村人等其他不同人群展开的个体层次的成本收益分析,还比较了高等教育与其他投资的私人和社会收益,除了私人货币收入,还分析了教育的社会经济收益,即与私人收益相对的社会收益。"社会总成本也是直接与间接成本之和,直接成本是学校的教育支出和书籍与附加的生活支出的社会成本之总和,间接成本主要是私人成本。例如,如果用放弃的收入来代表间接社会成本,那么大学生就要通过学费、其他费用和放弃的收入来支付将近四分之三的全部社会成本。"贝克尔几乎与舒尔茨犯了同样的错误,正是由于许多研究没有明确分析的层次,所以容易出现人力资本研究或人力资本投资研究中的各种混乱现象。

本书研究西部地区公共人力资本投资,不同于企业等组织中观层次以及家庭和个体的微观层次,应当与国家同属于宏观层次,但是国外诸多宏观研究都是基于不同国家间的比较,而中国作为一个发展中的人力资源大国,存在较大的区域差异和城乡差异,因此区域层次的人力资本研究就具有特别的价值和意义,此处对人力资本研究的层次加以梳理,才能使后续

---

① [美]西奥多·W. 舒尔茨:《论人力资本投资》,吴珠华等译,北京经济学院出版社1990年版。

② Becker, G. S., "Investment in Human Capital: A Theoretical Analysis", Journal of Political Economy, Vol. 70, No. 1962, pp. 9 – 49.

③ Becker, G. S., Human Capital and the Personal Distribution of Income: An Analytical Approach, Ann Arbor: Institute of Public Administration, 1967.

研究在明确层次的基础之上，避免研究对象的混乱，方便后续的深入推进。

（二）人力资本投资主体的多元性

任何投资必须要先明确主体，才能讨论投资的成本与收益问题，人力资本投资主体是复杂多元、相互关联的，有多个层次的，基于宏观、中观和微观不同层次，可能涉及不同的主体：首先，微观的个体是人力资本投资的对象和载体，尽管人力资本投资可能存在多元的主体，但是人力资本最终形成后仍集中于其承载者本人，个人是最终决定人力资本数量及质量的关键，也是人力资本最终发挥作用的决定者[1]。个体接受任何教育培训等投资都要基于先前已有的存量，而且必须付出时间、精力，要承受经济直接成本和间接成本，还受个人的主观因素影响存在极大不确定性；但是个体一生中的投资可能还存在其他个体，包括父母、教育者和同龄人等不同代理人的投资[2]。其次，个体付出的成本之外，人力资本投资的主体还可能是家庭、企业等其他私人组织，如微观上家庭通常是自上而下的单向投资；受家长自身教育水平、收入水平、教育理念等因素影响；需要承担一定的直接经济成本；但是特别是家庭的早期教育、营养保健等，家庭发挥主要作用，也为后来的人力资本积累奠定基础。最后，国家和社会等宏观层次的主体也会进行公共投资；由于人力资本投资的正外部性，个体和家庭获得的收益可能有长期性、滞后性、不确定性，不一定愿意付出巨大的短期成本——短视化，因此需要国家和社会通过公共投资，降低个体和家庭，甚至企业等其他主体的成本，提高其收益。在人力资本众多的投资主体中，政府的主导地位和重要性得到广泛认同[3]。尽管少数学者[4]从私人

---

[1] 叶正欣、王宏：《人力资本理论需要进行拓展研究》，《经济纵横》2009年第10期。

[2] Laroche, M., Mérette, M., Ruggeri, G. C., "On the Concept and Dimensions of Human Capital in a Knowledge Based Economy Context", Canadian Public Policy/Analyse de Politiques, Vol. 25, No. 1, 1999, pp. 87–100.

[3] 侯风云：《西方人力资本投资收益分析评述》，《经济学动态》1999年第6期；包玉香、张晓青、李香：《基于政府视角的人力资本投资分析》，《中国人口·资源与环境》2004年第5期；程海标：《人力资本外部性与中国公共教育投资》，《经济论坛》2005年第19期；黄维德、朱姝：《上海公共财政向人力资本投资的现状研究》，《华东理工大学学报》（社会科学版）2006年第3期；王彦军、李丽静：《人力资本投资中政府的作用——对我国人力资本投资的反思》，《人口学刊》2007年第1期；韩树杰：《我国政府人力资本投资的现实困境与战略抉择》，《中国人力资源开发》2013年第1期。

[4] 郑震：《农村人力资本投资结构与内生经济增长》，《财务与金融》2012年第6期。

投资效率更高的角度提出反对意见，但多数学者①还是坚持健康、教育、科技、培训等投资存在社会效应，必须要由政府进行公共人力资本投资。

不同层次的人力资本投资涉及的投资主体有所差异，导致许多研究经常将不同层次的人力资本投资多元主体并列，如舒尔茨②明确提出人力资本是通过投资形成的，但是他列举的五类投资由于并不在同一层次上，其承担主体自然也不相同，在分析成本与收益时基于不同主体也会得出不同结论：例如在分析正式教育的投资时，他认为教育总成本包括"由教师劳务、维修和管理教育设备等方面所构成的常规教育成本"以及"学生所放弃的收入"，涵盖整个社会的多个主体；而医疗和保健包括"对一个人的寿命、力量强度、耐久性、精力和生命力产生影响所需的所有费用"，在其论述里更强调国家层面投入；在职人员培训，他重点介绍了企业对学徒培训费用的分担，主体是企业和学徒个人。他主张用"学校经费"这一概念来确定教育的全部费用存在不妥当之处，强调教育所需的财政资源主要由两部分构成，一部分是开办学校所需的费用，另一部分是学生在上学期间所放弃的收入，即机会成本。机会成本是同一主体做一个选择后所放弃的在其他用途中所能得到的最大利益，因此，国家的教育总成本是国家用于常规教育直接成本，加上不用来投资正规教育而用于投资生产或者基建等其他项目而带来的收益（国家层面的机会成本）；同样，学生的教育总成本是学生个体接受教育而付出的费用加上"所放弃的收入"（个人层面的机会成本）。因此，如果要真正计算教育的全面成本，不仅要考虑学生学习放弃收入的机会成本，同样也要考虑国家、学校、企业、家庭等其他投资主体的机会成本，如学校、书籍、教师等用于教育也要承担机会成本，而简单将一个主体的直接成本与另一个主体的机会成本相加，因涉及不同层次，投资与收益根本无法准确衡量。

人力资本投资包括国家、企业、家庭和个人等不同层次的多元主体，在进行投资成本及收益评估之前必须要确定研究的主体对象，将不同层次

---

① 宋晓梅：《经济增长理论和现实中人力资本产权制度的变迁及启示》，《内蒙古社会科学》（汉文版）2004年第2期；闫淑敏、闻岳春：《中国政府人力资本投资变化及国际比较》，《财贸经济》2007年第6期；付春香：《人力资本投资、农村劳动力转移与新型城镇化关系分析》，《商业经济研究》2015年第14期。

② Schultz, T. W., "Investment in Human Capital", The American Economic Review, Vol. 51, No. 1, 1961, pp. 1–17.

的主体混搭容易把问题搞得无比复杂，自然也难以形成成本收益的共识。本书所关注的公共人力资本投资是基于国家宏观层面，其投资来源主要为国家财政资源投入，因此在进行投资收益分析时，能够较为明确地进行全面评估与系统剖析。

二 区域人力资本与区域公共人力资本投资

按照前面对人力资本研究的层次性和人力资本投资主体的多元性前提，本书是基于区域研究层次展开，公共人力资本投资效益是最终进行评估的对象。根据这样的思路，下面对相关的概念进一步加以界定。

（一）区域人力资本

区域人力资本是基于区域层次对人力资本的界定，是在特定区域空间范围内集聚的人力资本总体情况，虽然区域人力资本细分到最终还是由一个个微观的个体人力资本组成，但是从个体到组织再到区域，无论是人，还是人力资本都存在一个不断聚合的过程。

从静态上看，特定时段内的区域人力资本包括数量、质量和结构等方面的内容，也可以存在内部的再分布等情形，因此区域人力资本的相关研究不需要过度陷入对个体的知识、技能等进行的微观解读，不必要过多纠缠于人力资本的主观性、异质性等微观问题，而更需要同时考虑人力资本的整体数量、质量和结构等因素，特别需要认真防范研究中经常使用的人力资本总量、平均水平、存量等概念混淆，不能忽视人力资本结构差异，人力资本虽然在数量与质量上存在一定相互替代的可能，但是越是高层次的人力资本越难以被替代，使用简单平均无法充分反映结构上的异质性特征。

从动态上看，区域人力资本包括存量、增量、流量等方面的内容。存量是特定时点拥有的总量，由微观个体的人力资本聚合成宏观的区域存量；通常从总量和平均水平等角度进行测量，学者们使用过当量、识字率、入学率、平均受教育年限等测量指标。而增量则来源于两个方面：一是对已有的人员继续进行人力资本投资使其人力资本获得提高；二是区域外部人员流入，新增人员带来的人力资本。流量，则是由于人员的流入流出带来人力资本的变动，人力资本所有者是个体，个体的流动形成区域的流量，进而影响增量，最终影响存量变化。本书研究的是西部地区公共人力资本投资，区域的人力资本投资行为会带来区域人力资本的增量和流量的变化，最终会影响区域人力资本存量，这种投资与国家、企业和个体等层次的投资形式有所不同。

（二）区域公共人力资本投资

区域公共人力资本投资可以理解为在特定区域内政府进行的能够增加区域人力资本总量的公共投资，对人力资本投资进行了两方面的限定：一是强调投资的地理范围是在特定区域内；二是强调投资行为的公共性。下面将从区域和公共两个方面分别对人力资本投资展开分析。

1. 区域人力资本投资。区域公共人力资本投资是从地理区域范围上对投资进行的限定，与个体或组织层次的人力资本投资相比，更加偏向宏观层次。

人力资本投资主体，从国家到企业、家庭和个体其实是按照组织形式划分的，但是国家既属于组织形式，也包含有地理范围的限定，有着区域层次的含义。国外学者对区域人力资本投资的研究主要是从宏观国家层次展开的，如 Conway 和 Denison[1] 采用实证方式计算了人力资本投资中的教育对于国民收入增长的贡献，把教育水平的提高看作是人力资本质量的提高，由此得出美国 1922—1957 年间的经济增长有 1/5 应归于教育；舒尔茨[2]主张把教育当作是一种对人的投资，认为正是以教育为代表的人力资本的投入解释了"里昂惕夫之谜"产生的原因；他们对经济增长中人力资本投资的研究，都是基于国家宏观层次构建的。Uzawa[3]、Romer[4]、Lucas[5]等更多的经济学家，在新古典的生产函数中加入人力资本的投资，将人力资本概念引入经济增长模型当中，逐渐创立了"内生经济增长理论"，也是基于宏观国家层次的区域人力资本投资研究。Psacharopoulos 和 Partinos[6]

---

[1] Conway, R. K., Denison, E. F., "Trends in American Economic Growth, 1929 - 1982", American Journal of Agricultural Economics, Vol. 68, No. 3, 1985, pp. 273 - 280.

[2] Schultz, T. W., "Investment in Human Capital", The American Economic Review, Vol. 51, No. 1, 1961, pp. 1 - 17.

[3] Uzawa, H., "Optimum Technical Change in an Aggregative Model of Economic Growth", International Economic Review, Vol. 6, No. 1, 1965, pp. 18 - 31.

[4] Romer, P. M., "Increasing Returns and Long Run Growth", Journal of Political Economy, Vol. 94, No. 5, 1986, pp. 1002 - 1037.

[5] Lucas, Jr. R. E., "On the Mechanics of Economic Development", Journal of Monetary Economics, Vol. 22, No. 1, 1988, pp. 3 - 42.

[6] Psacharopoulos, G., Patrinos, H. A., "Returns to Investment in Education: A Further Update", Education Economics, Vol. 12, No. 2, 2004, pp. 111 - 134.

按国家收入水平分析教育回报率发现，低收入和中等收入国家的回报率最高，拉丁美洲和加勒比地区以及撒哈拉以南非洲地区的平均受教育回报率最高；亚洲的教育回报率大约是世界平均水平；经合组织高收入国家的回报率较低。妇女的教育投资获得了较高的回报，但小学教育对男性的回报率（20%）远高于女性（13%）。也有学者从城市层面做了部分研究，如Rauch[1]利用美国大城市调查统计数据（SMSAs），估计了人力资本的地域集中对生产率的影响，发现平均受教育程度每上升一年有助于提高该地区全要素生产率2.8%左右；Moretti[2]则利用关于美国年轻人的面板数据（NLSY），同样使用了工具变量方法估计高等教育的社会收益率，发现城市的大学毕业生数量每增加1个百分点，有助于提高该地区高中辍学生、高中毕业生以及其他大学毕业生的工资，增幅分别为1.9%、1.6%和0.4%。此外，Cheshire和Margini[3]、Batabyal和Nijkamp[4]也研究了不同区域间的差异，指出人力资本是地区经济发展的驱动力，对经济欠发达地区进行人力资本投资有助于拉动当地生产效率增长，从而快速缩短其与较发达地区间的经济差距。

中国是个疆域辽阔、人口众多的最大发展中国家，经济发展的不平衡不充分，使得区域间人力资本和人力资本投资存在巨大差异，国内学者对区域人力资本投资的关注和研究自然要丰富许多。如在城市方面，李玉江等[5]、宋美丽和孙健[6]分别采用聚类分析方法和因子分析法对山东省地级市的人力资本投资水平进行评价，房俊峰等[7]对我国部分城市或

---

[1] Rauch, J. E., "Productivity Gains from Geographic Concentration of Human Capital: Evidence from the Cities", Journal of Urban Economics, Vol. 34, No. 3, 1993, pp. 380 – 400.

[2] Moretti, E., "Estimating the Social Return to Higher Education: Evidence from Longitudinal and Repeated Cross Sectional Data", Journal of Econometrics, Vol. 121, No. 1 – 2, 2004, pp. 175 – 212.

[3] Cheshire, P., Magrini, S., "Endogenous Processes in European Regional Growth: Convergence and Policy", Growth and Change, Vol. 31, No. 4, 2000, pp. 455 – 479.

[4] Batabyal, A. A., Nijkamp, P., "Human Capital Use, Innovation, Patent Protection, and Economic Growth in Multiple Regions", Economics of Innovation and New Technology, Vol. 22, No. 2, 2013, pp. 113 – 126.

[5] 李玉江、陈培安、李冠伟：《城市人力资本投资类型及区域分布研究——以山东省为例》，《人口与经济》2003年第2期。

[6] 宋美丽、孙健：《区域人力资本投资水平研究——基于山东17地市的数据分析》，《经济问题》2010年第2期。

[7] 房俊峰、赵培红、谢姝琳：《人力资本投资收益的区际差异：指数化分析及实证——以我国东部沿海6个城市群为例》，《城市发展研究》2010年第12期。

城市群的人力资本投资收益区际差异做了实证分析。李海铮[①]使用中国1995年家庭调查数据来估计城市的教育回报，发现：随着中国转型进程的加深，教育回报率有所增加；小学回报率偏低导致总体教育回报率偏低，而小学以上的平均年回报率远远高于总回报率；在欠发达、低收入省份，教育回报率更高。在农村方面，则有吴方卫和张锦华[②]考察了我国农村教育的区域之间和区域内部的平等问题，发现地区之间存在显著的差异且差异程度呈现逐步增大的趋势，同时地区教育差距的扩大将可能伴随着社会经济差距的扩大而扩大。程名望等[③]采用2003—2010年全国农村固定观察点微观住户数据，研究了健康与教育对中国农户贫困的影响，发现两者都有显著效果，而健康对缩小收入差距的作用更大。此外，赵娟霞和朱春红[④]进行了城乡对比，发现家庭人力资本投资差异是导致城乡居民收入差距进一步扩大的重要原因。在区域或省级差异方面，沈利生和朱运法[⑤]、钱雪亚等[⑥]则采用累计成本法测算了部分省份的人力资本水平，证实区域的人力资本水平存在显著差异；刘军等[⑦]进而构建了区域人力资本投资效率的评价指标体系，并运用数据包络分析（DEA）方法对29个省份人力资本投资效率进行了评价；区域间人力资本差异对经济不均衡增长的影响也获得了关注，如余长林[⑧]、魏巍和李强[⑨]实证检验人力资本投资的地区经济增长效应后，还发现我国的人力

[①] 李海峥、Fleisher B.、Fraumeni B. 等：《中国人力资本报告》，中央财经大学中国人力资本与劳动经济研究中心2021年版。

[②] 吴方卫、张锦华：《教育平等的地区分化与地区分化下的教育平等——对我国农村劳动力受教育状况的一个考察》，《财经研究》2005年第6期。

[③] 程名望、Jin Yanhong、盖庆恩等：《农村减贫：应该更关注教育还是健康？——基于收入增长和差距缩小双重视角的实证》，《经济研究》2014年第11期。

[④] 赵娟霞、朱春红：《人力资本对中国城乡差距影响的实证分析》，《首都经济贸易大学学报》2014年第3期。

[⑤] 沈利生、朱运法：《人力资源开发与经济增长关系的定量研究》，《数量经济技术经济研究》1997年第12期。

[⑥] 钱雪亚、王秋实、刘辉：《中国人力资本水平再估算：1995—2005》，《统计研究》2008年第12期。

[⑦] 刘军、常远、李军：《区域人力资本投资效率评价与提升策略研究》，《东岳论丛》2012年第5期。

[⑧] 余长林：《人力资本投资结构及其经济增长效应——基于扩展MRW模型的内生增长理论与实证研究》，《数量经济技术经济研究》2006年第12期。

[⑨] 魏巍、李强：《人力资本积累、经济增长与区域差异——基于省级面板数据的经验分析》，《软科学》2014年第1期。

资本投资和积累存在显著区域差异，也加剧地区发展的差距；而王建康等[1]得出人力资本空间相关性随着时间的推移略有下降，区域发展不均衡导致了人力资本集聚的差异。边雅静和沈利生[2]通过东西部经济发展比较，认为人力资本与物质资本相比较，对于西部地区缩小区域差距更具决定性意义。与东部地区相比，我国西部经济发展过程中的物质资本和人力资本的投资与存量处于双弱的态势，在物质资本和人力资本这两者间，人力资本的状况更堪忧，它的作用也更为重要，人力资本是经济增长的核心、是科技创新的源泉、是技术扩散的基础、是经济发展的必要条件，对于推动落后地区经济走向发达（特别是在经济发展的初期）具有决定性的意义，西部地区人力资本存量不足是经济大开发最大的掣肘因素。郭志仪和曹建云[3]认为，我国人力资本水平的提高可以显著促进经济增长，且不同地区的人力资本产出弹性存在差距，具体表现为东部最大、西部最小，而且这种差距会随着投资效率及人力资本的积累而逐渐缩小。

区域人力资本投资存在不同的投资主体，但都是以区域范围内的个体为投资对象，通过提升个体的人力资本，带来区域人力资本总体的提升，而其使用最终为所在区域的发展带来收益。区域人力资本是区域各种人力资本投资累加形成的结果，在数量（存量的总量）、质量（水平）和结构（差异：年龄、性别、职业、行业、专业等）多方面受投资的影响。姚先国[4]、刘唐宇[5]、张艳华[6]、钱雪亚[7]等认为人力资本投资途径包括教育投资、培训投资、医疗保健投资和流动迁移投资等，但经常是基于个体层面展开的论述，并非完全基于区域层面。区域人力资本投资影响区域人力资

---

[1] 王建康、谷国锋、姚丽等：《人力资本集聚对我国新型城镇化的影响——以2000—2012省级面板数据为例》，《人口与发展》2015年第4期。

[2] 边雅静、沈利生：《人力资本对我国东西部经济增长影响的实证分析》，《数量经济技术经济研究》2004年第12期。

[3] 郭志仪、曹建云：《人力资本对中国区域经济增长的影响——岭估计法在多重共线性数据模型中的应用研究》，《中国人口科学》2007年第4期。

[4] 姚先国：《增加农村人力资本投资是关键》，《浙江经济》2003年第3期。

[5] 刘唐宇：《农村人力资本投资途径重要性排序及其启示》，《西北农林科技大学学报》（社会科学版）2008年第2期。

[6] 张艳华：《农村人力资本投资、积累、收益循环累积机制研究》，《农村经济》2009年第12期。

[7] 钱雪亚：《人力资本水平：方法与实证》，商务印书馆2011年版。

本的方式：一是对区域内人员人力资本投资形成区域人力资本增量，二是吸引区域外部人力资本流入获取流量；而存量则是指过去各期所累积的成果。但是，区域提供的投资也存在风险，投资载体为个人，人力资本依附的个体流失到区域外部，则投资区域不能直接获取应有的收益。如果区域人力资本投资和收益倒挂，那么区域人力资本的总量会减少，形成人力资本收缩型区域，而西部地区人力资本投资面对的恰恰就是这类风险。

虽然西方经济学家的宏观研究主要是用于分析国家之间的差异，但是对于中国这样一个地理面积广阔、区域发展不平衡的国家，针对区域层次的人力资本投资开展研究是可行的，特别是西部地区发展落后，人力资本严重不足，更需要加大公共人力资本投资[1]，特别是要优先发展教育，建立多渠道、多层次的人才培养体系[2]。本书针对西部地区这一特定区域，从宏观区域层次展开公共人力资本投资研究既是可行的，也是必要的。

2. 公共人力资本投资。公共投资是指公共部门尤其是政府，对具有公共物品属性的公共资源和公共服务进行投资，将一部分公共支出转化为生产性公共资本，以实现预期的宏观经济效益和社会效益等公共利益的经济行为[3]。政府、企业、家庭和个人等多元投资主体中，政府更偏向于在管辖的特定区域进行各类公共投资，教育、培训等人力资本投资当然也不例外，而公共人力资本投资不应当被简单看作是公共消费品，更应当看作是公共中间投入品，形成的人力资本最终将投入社会生产中。

人力资本投资按照投资主体的类别，可以分为私人人力资本投资与公共人力资本投资两大类：私人人力资本投资指个人、家庭或企业等私人组

---

[1] 蔡昉、都阳：《中国地区经济增长的趋同与差异——对西部开发战略的启示》，《经济研究》2000年第10期；黄承伟：《中国反贫困：理论、方法、战略》，中国财政经济出版社2002年版；刘坚：《扶贫开发要做到七个坚持》，《老区建设》2006年第1期；樊纲：《中国经济增长的要素因素分析与展望》，《资本市场》2008年第4期；张友琴、肖日葵：《人力资本投资的反贫困机理与途径》，《中共福建省委党校学报》2008年第11期；谢舜、魏万青、周少君：《宏观税负、公共支出结构与个人主观幸福感兼论"政府转型"》，《社会》2012年第6期。

[2] 李彦福：《构建社会化教育体系，开发少数民族人力资源》，《广西右江民族师专学报》2004年第2期；廖元昌：《边疆少数民族人力资本存量短缺问题研究——以云南省德宏傣族景颇族自治州为例》，《思想战线》2007年第5期；刘建文、叶红：《边疆民族地区的人力资源开发问题探究》，《中共云南省委党校学报》2008年第6期；王晓东、王秀峰：《贵州省民族地区的贫困问题及其反贫困策略》，《广东农业科学》2012年第14期。

[3] 吕炜、刘畅：《中国农村公共投资、社会性支出与贫困问题研究》，《财贸经济》2008年第5期；万道琴、杨飞虎：《严格界定我国公共投资范围探析》，《江西社会科学》2011年第7期。

第二章 理论基础与概念界定

织对个人或成员进行的人力资本投资,投资对象主要为个人自身及家人、企业员工等密切关联人员,目的是为个人及私人组织获取收益;公共人力资本投资则以政府为主体,通过公共财政的拨款,不以营利为目的,进行的公益性人力资本投资。公共人力资本投资的重要性得到广泛认同①,主要是基于以下原因。

首先,人力资本投资的收益具有典型的正外部性特征。非投资主体可能获取收益而不必承担成本,舒尔茨②指出,个体进行人力资本投资除了投资者本人受益外,"作为邻居和纳税人的其他家庭"以及"一起工作的工人和雇主"等都可能受益,"受益者是一个扩散的序列"。此外,人力资本投资的正外部性还体现在对其他生产要素的生产效率提高等经济效益上,也体现在未被市场交易反映的额外社会效益上,例如提高其教育水平不仅使受教育者的文化知识、道德素质等得到增加和增强,也促进了整个社会文化和道德的进步,如犯罪率下降等;人力资本投资对于社会阶层流动、收入差距缩小、经济地位提高等方面也表现出较强的正外部性,促进整体经济社会的发展③。Romer④也认为人力资本的私人投资只能获取整个社会收益的一部分,因此不愿意投资,使投资低于帕累托最优状态(the Pareto sense)。

其次,人力资本投资的收益一般具有不确定性特征。公共人力资本投资不应当被简单看作是公共消费品,而更应当看作是公共中间投入品,形成的人力资本最终将投入到社会生产中。贝克尔⑤指出,人力资本投资的目的在于要获得投资收益,投资收益率是决定是否进行人力资本投资以及

---

① 侯风云:《西方人力资本投资收益分析评述》,《经济学动态》1999年第6期;包玉香、张晓青、李香:《基于政府视角的人力资本投资分析》,《中国人口·资源与环境》2004年第5期;程海标:《人力资本外部性与中国公共教育投资》,《经济论坛》2005年第19期;黄维德、朱姝:《上海公共财政向人力资本投资的现状研究》,《华东理工大学学报》(社会科学版)2006年第3期;王彦军、李丽静:《人力资本投资中政府的作用——对我国人力资本投资的反思》,《人口学刊》2007年第1期;韩树杰:《我国政府人力资本投资的现实困境与战略抉择》,《中国人力资源开发》2013年第1期。

② [美] 西奥多·W. 舒尔茨:《论人力资本投资》,吴珠华等译,北京经济学院出版社1990年版。

③ 张伟东:《论人力资本投资的正外部性与公共政策选择》,《新学术》2007年第3期。

④ Romer, P. M., "Human Capital and Growth: Theory and Evidence", Carnegie Rochester Conference Series on Public Policy, Vol. 32, No. 1, 1990b, pp. 251 – 286.

⑤ [美] 加里·S. 贝克尔:《人力资本:特别是关于教育的理论与经验分析》,梁小民译,北京大学出版社1987年版。

投资多少的关键因素。任何投资主体在付出成本的时候都要考虑能否获取合适的收益。投资之前及开始投资的初期，投资者预期在投资结束时可以得到丰厚的收益，但是在实际投资过程中，个体和家庭等人力资本投资获得的收益可能有不确定性特点，同时由于市场信息不完善，使得私人人力资本投资缺乏全面科学的决策基础，可能会由于投资的不公加剧社会的失衡与分化[1]。企业投资同样倾向回避较高的机会成本和风险，而不愿意付出巨大的短期成本，单靠市场机制配置人力资本投资会造成投资不足。

最后，人力资本投资的收益具有较强的滞后性特征。人力资本的形成需要经过持久连续的物质和非物质投入，其中的非物质形态投入即时间投入。由于人力资本投资回报周期过长，前期对人力资本进行的投资可能要经过较长时间才能取得较为明显的效益，比如劳动者接受的小学教育投资可能需要多年之后（十几年或几十年）才能取得成效，出现投资与收益在时间上的长期错位。受到人力资本投资的滞后性特点影响，家庭和个人在前期需要承担较高的投资成本，因此，在其他条件相同的情况下，目光短浅者比目光远大者上大学的可能性小，富人家庭子女接受教育的机会远远大于穷人家庭子女[2]。在这种情况下，需要政府参与投资保障公民的基本教育权利，更多地体现为政府为社会公民所必然保证的最低教育资历，也就是所谓教育的基本权利，有利于实现人力资本形成中的机会均等[3]。此外，由于人力资本投资的滞后性，前期投资形成的人力资本往往不能适应后期社会对人才的要求，这也是造成曾经热门专业毕业生所学习的专业知识与工作需求不匹配现象的成因之一[4]。

综上，政府直接进行公共人力资本投资，可以弥补市场失灵造成的个人和企业的人力资本投资不足，以及确保人人机会均等和维护社会公平[5]。

---

[1] 傅维利：《家庭教育资本的本质属性及投资风险管控》，《教育学报》2021年第6期。

[2] 陈银娥：《教育投资与职业选择——舍温·罗森对人力资本理论的贡献》，《华中师范大学学报》（人文社会科学版）2001年第6期。

[3] 王金超：《政府人力资本投资现状的经济学分析》，《社科纵横》（新理论版）2008年第1期。

[4] 杨超、吴蓓苾：《义务教育投入对人力资本贡献的时滞性与实证检验》，《财政研究》2008年第5期。

[5] 侯风云：《人力资本形成中的政府投资主体考察》，《经济改革与发展》1998年第11期；杨克瑞、谢作诗：《政府在教育中的作用——过度消费的中国教育问题》，《国家教育行政学院学报》2012年第4期；张梅希：《浅析政府在人力资本投资中的作用和角色》，《经济论坛》2015年第7期。

多数学者[①]坚持健康、教育、培训、科技等人力资本投资存在社会效益，公共人力资本投资可以较大幅度地提升人力资本投资的总体成效，必须由政府进行公共人力资本投资。李东法[②]认为政府的人力资本投资关注的是一个国家或地区的宏观层次的人力资本状况，对企业和个人的人力资本投资行为也具有导向作用。何军峰[③]认为国家作为宏观调控与管理者，有必要介入人力资本教育投资、培训投资、公共卫生投资、劳动力流动投资。学者们在关注公共人力资本投资时，对失地农民、农村劳动力、贫困人口、下岗再就业工人、新型职业农民等特殊群体都进行了大量研究；当然在我国发展的不平衡不充分背景下，有关区域间公共人力资本投资差异的研究在前面已经介绍了很多，不再重复，而在基本公共服务均等化政策导向下，针对西部地区发展落后，人力资本严重不足，学者们也在大力呼吁加大公共人力资本投资[④]。

本书界定的西部公共人力资本投资，是以政府为主体，通过公共财政的拨款以及相关的国家或地区优惠政策等手段，对西部地区通过教育、保健等形式，提升区域能够带来价值增值的人的劳动生产能力形成人力资本的投资，后续研究对私人人力资本投资不予考虑。西部公共人力资本投资是一种地方公共产品（local public goods），地方投资生产的公共产品都处于单一行政主体管辖范围内，投资和受益理应都限定于一定地区范围，其投资规模和结构与地区自身的财政实力以及投资理念紧密相关，仅仅只覆盖本地区内的人力资本，但是投资形成的人力资本依附于个体对象身上，

---

① Lucas, Jr. R. E., "On the Mechanics of Economic Development", Journal of Monetary Economics, Vol. 22, No. 1, 1988, pp. 3–42；宋晓梅：《政府在人力资本发展中的职能创新》，《内蒙古大学学报》（人文社会科学版）2004年第5期；闫淑敏、闻岳春：《中国政府人力资本投资变化及国际比较》，《财贸经济》2007年第6期；霍学喜：《全国高等农林院校"十一五"规划教材：市场营销学》，中国农业出版社2010年版；林权：《政府人力资本投资研究综述》，《沈阳干部学刊》2014年第6期；付春香：《人力资本投资、农村劳动力转移与新型城镇化关系分析》，《商业经济研究》2015年第14期。

② 李东法：《人力资本投资的政府职责定位分析》，《人才资源开发》2014年第7期。

③ 何军峰：《对我国政府公共人力资本投资行为的反思与优化》，《管理观察》2014年第16期。

④ 蔡昉、都阳：《中国地区经济增长的趋同与差异——对西部开发战略的启示》，《经济研究》2000年第10期；黄承伟：《中国反贫困：理论、方法、战略》，中国财政经济出版社2002年版；刘坚：《扶贫开发要做到七个坚持》，《老区建设》2006年第1期；张友琴、肖日葵：《人力资本投资的反贫困机理与途径》，《中共福建省委党校学报》2008年第11期；樊纲：《中国经济增长的要素因素分析与展望》，《资本市场》2008年第4期；谢舜、魏万青、周少君：《宏观税负、公共支出结构与个人主观幸福感兼论"政府转型"》，《社会》2012年第6期。

在当前户籍等约束劳动者流动的因素逐渐淡化背景下，全国一体化的人力资源市场基本形成，个体的跨区域流动造成投资收益的外溢，对于西部地区尤为突出。

第三节 西部地区公共人力资本投资的领域

人力资本投资界定上的争议，很大程度上是由于对投资层次和主体没有进行统一；如果将范围限定在区域层面，教育、医疗卫生、培训和迁移被大部分学者认作是人力资本投资[1]，但是李燕萍[2]把人口投资以及企业人力资源开发投资，李涛[3]将科研开发和社会保障，都纳入区域人力资本投资的范畴，也引发了不少争议。因此，再进一步从区域人力资本存量提升考虑，可以细分为培育增量、保护存量、引进流量三个角度，教育和培训无疑主要是第一类，医疗保健主要是第二类，而迁移则属于第三类，西部地区公共人力资本投资的形式或者领域，分析如下。

一 教育

本书所研究的教育是狭义的教育，即学校教育，是教育者根据一定的社会要求，对受教育者的身心有目的、有组织、有计划地施加影响，期望他们发生某种变化的活动[4]。按照《中华人民共和国教育法》，我国实行学前教育、初等教育、中等教育、高等教育的学校教育制度。教育，无论从个体角度，还是国家、区域角度，都是提升人力资本质量的最重要手段，是人力资本投资的最主要形式。对于区域而言，教育是一个长期的连续的累积过程，通过对区域内个体的人力资本投资，提升个体的人力资本，也从而汇聚形成区域人力资本的增量提升。

---

[1] 谭永生：《农村劳动力流动与中国经济增长——基于人力资本角度的实证研究》，《经济问题探索》2007年第4期。

[2] 李燕萍：《区域人力资源开发程度的测定指标体系构建》，《统计研究》2001年第7期。

[3] 李涛：《我国35个大中城市人力资本投资实证分析》，《中国管理科学》2004年第4期。

[4] 袁振国：《当代教育学》（第4版），教育科学出版社2010年版。

第二章　理论基础与概念界定

教育具有公共产品的性质，需要政府的投资。教育市场中存在市场失灵：一是教育投资具有显著的外部性，从受益角度来看，教育投资不仅可以带来较高的个人收益，而且还具有较为显著的社会收益[1]。Haveman 和 Wolfe[2]、Poterba[3]、Psacharopoulos[4] 总结，教育提高受教育人口的文化素质、劳动素质、社会意识、身体素质等，不仅能够提高经济运行的效率，有利于新技术的创造和采用，还提高了各种政策运行的效率；同时在改善特定社会的公平方面，如缩小收入差距、减少贫穷、降低犯罪率、有利民主化、提高预期寿命、降低婴儿死亡率和创造更绿色的环境等方面也具有重要价值。二是存在信息不对称，教育包括社会回报率在内的外部性可能远远高于私人投资者，这是因为教育的消费者（个人）和教育的生产者（学校）之间信息是不对称的。三是教育的收益具有不确定性，Kreps[5] 等学者认为家庭无力完全承担教育投资的风险和远期的收益。因此，Stiglitz[6] 认为教育应当是公共提供的私人物品。从公平角度来看，如果教育完全由市场提供会带来收入分配不公的世代延续[7]；Marshall[8] 在认真研究教育的经济价值后，主张把"教育作为国家投资"；在舒尔茨等提出人力资本理论后，各个国家和地区更是将教育作为重要的基本公共投资。

教育自身具有不同层级，不同层级的教育公共性在程度上又是存在差

---

[1] Barro, R. J., "Human Capital and Growth", American Economic Review, Vol. 91, No. 2, 2001, pp. 12–17；闵维方：《"三个代表"与创建一流大学》，《中国高教研究》2002 年第 8 期。

[2] Haveman, R. H., Wolfe, B. L., "Schooling and Economic Well Being: The Role of Nonmarket Effects", Journal of Human Resources, Vol. 19, No. 3, 1984, pp. 377–407.

[3] Poterba, J. M., "10 Government Intervention in the Markets for Education and Health Care: How and Why?", Individual and Social Responsibility, 1996, p. 277.

[4] Psacharopoulos, G., "The Value of Investment in Education: Theory, Evidence, and Policy", Journal of Education Finance, Vol. 32, No. 2, 2006, pp. 113–136.

[5] Kreps, G. L., "Communication and Health Education", Communication and Health: Systems and Applications, 1990, pp. 187–203.

[6] Stiglitz, J. E., "Capital Market Liberalization, Economic, Growth, and Instability", World Development, Vol. 28, No. 6, 2000, pp. 1075–1086.

[7] 闵维方：《"三个代表"与创建一流大学》，《中国高教研究》2002 年第 8 期；Jung, H. S., Thorbecke, E., "The Impact of Public Education Expenditure on Human Capital, Growth, and Poverty in Tanzania and Zambia: A General Equilibrium Approach", Journal of Policy Modeling, Vol. 25, No. 8, 2003, pp. 701–725.

[8] Marshall, A., "'Some Aspects of Competition'. The Address of the President of Section F-Economic Science and Statistics-of the British Association, at the Sixtieth Meeting, Held at Leeds, in September, 1890", Journal of the Royal Statistical Society, Vol. 53, No. 4, 1890, pp. 612–643.

异的。米尔顿·弗里德曼①认为，义务教育对社会来说是具有"正邻近影响"的教育，即不仅有利于儿童自己或家长，而且能促进一个稳定和民主的社会，最终使其他社会成员也能从中获益，但对受教育者来说，义务教育的个别效益小于社会效益，外部不经济，因而义务教育属于纯公益性事业，属于公共产品的范畴，私人不愿意或不能充分提供，需要政府进行干预。对于基础教育，早在19世纪美国教育家就领导了公共学校运动，在基础教育公平问题上强调教育机会平等和免费普及公立学校，并在其基础教育政策上得到体现。当今世界，基础教育基本成为各国都在大力推行的义务教育，具有国家强制性、全民性、平等性、普及性、免费性等特征，成为各国公共教育投资的基石，基本都是由政府直接组织、管理和投资。而职业和专业学校教育没有上述的被认为是一般教育所具有的那种邻近影响。对高等学校教育而言，以邻近影响或以技术垄断为理由的国有化甚至是更为软弱无力，Johnstone②提出教育成本分担理论，指出确定教育成本分担的一条基本原则是：谁受益，谁支付；谁受益多，谁支付多，而高等教育可以使学生、家长从未来预期收益中得到补偿，因此高等教育的成本应由学生、父母、纳税人和学校四方面共同承担。基础教育具有更强的公共产品属性，在供给上应当公平优先，兼顾效率；而高等教育具有更强的私人产品属性，应当效率优先，兼顾公平③。

教育投资模式具有区域性，属于在地化投资。教育为国家培养人才，属于全国性"准公共产品"，但是其投资供给通常局限于特定空间范围，供给主体与受益范围具有区域性，由于劳动力在区域间流动造成的区域外溢性，使得区域性供给模式与全国性"准公共产品"的产品属性两者之间存在矛盾④。区域性公共产品存在空间溢出效应和拥挤效应（饱和效应）：空间溢出基于公共产品的受益范围与投资主体的管辖范围不一致，通常受益范围大于行政范围，导致向区域外扩散的现象；拥挤效应则是由于多数区域公共产品的受益只覆盖在有限的地理范围，随着

---

① ［美］米尔顿·弗里德曼：《资本主义与自由》，张瑞玉译，商务印书馆2004年版。
② Johnstone, D. B., Sharing the Costs of Higher Education, Student Financial Assistance in the United Kingdom, the Federal Republic of Germany, France, Sweden, and the United States, New York: College Board Publications, 1986.
③ 陈多仁：《免费师范教育的背景分析及现实思考》，《教育与职业》2015年第5期。
④ 谢童伟：《教育发展差异、人口迁移与教育政策调整》，华东师范大学出版社2020年版。

第二章 理论基础与概念界定

人口规模的扩大，区域性公共产品的使用者增加，如人口流入带来随迁学生数量增加，导致教学资源紧张，教育实际上具有一定的排他性，从而产生拥挤[1]。公共教育投资能够形成区域人力资本增量，不同层级的地方政府供给相应区域的公共产品是职责所在，但是由于财政实力的差异，客观上造成区域间供给的不均衡，落后区域的人均GDP、教育公共投入绝对值和增长率明显低于发达地区，如果不采取措施，既无力依靠自身的力量摆脱困境，也无力摆脱恶化的趋势，从而使得人力资本积累以及教育投资最终陷入"低发展陷阱"[2]。魏后凯和杨大利[3]、杨东平[4]也关注到我国经济落后区域教育的有效供给不足，导致巨大的地区差距、城乡差距和贫富分化等问题；陈钊等[5]发现，我国各省的教育发展水平不平衡，特别是受过高等教育的人口比重仍然存在着较大的差距。杨俊和李雪松[6]运用教育基尼系数量化了我国1996—2004年31个省份的教育获得不平等程度，我国的教育扩展政策收效显著，它显著地改善了地区间教育获得不平等状况，但两者间的"倒U形"关系在目前的发展阶段上未能得到完全印证；同时，教育不平等将阻碍经济增长，地区间教育不平等已成为各地区经济发展差异的重要因素。王丹[7]、陈斌开等[8]、赵娟霞和朱春红[9]等则研究了教育公共投资的城乡差异，长时间的农村教育投资不足，造成农村居民受教育水平低从而导致农村劳动力素

---

[1] 王再文、田祥宇：《区域性公共产品的内涵及其供给不足的影响》，《西北农林科技大学学报》（社会科学版）2010年第2期；谢童伟：《教育发展差异、人口迁移与教育政策调整》，华东师范大学出版社2020年版。

[2] Azariadis, C., Drazen, A., "Threshold Externalities in Economic Development", The Quarterly Journal of Economics, Vol. 105, No. 2, 1990, pp. 501-526.

[3] 魏后凯、杨大利：《地方分权与中国地区教育差异》，《中国社会科学》1997年第1期。

[4] 杨东平：《高等教育的文化转换和制度创新》，《高等教育研究》2000年第1期。

[5] 陈钊、陆铭、金煜：《中国人力资本和教育发展的区域差异：对于面板数据的估算》，《世界经济》2004年第12期。

[6] 杨俊、李雪松：《教育不平等、人力资本积累与经济增长：基于中国的实证研究》，《数量经济技术经济研究》2007年第2期。

[7] 王丹：《人力资本城乡结构差异与中国二元经济结构转化》，《社会科学论坛》（学术研究卷）2007年第7期。

[8] 陈斌开、张鹏飞、杨汝岱：《政府教育投入、人力资本投资与中国城乡收入差距》，《管理世界》2010年第1期。

[9] 赵娟霞、朱春红：《人力资本对中国城乡差距影响的实证分析》，《首都经济贸易大学学报》2014年第3期。

质低；李具恒和马德山[①]、张利洁[②]、马戎[③]等还关注到民族差异，西部民族地区客观存在语言文化宗教差异、家长对教育缺乏正确认识、教学条件差、教育成本高、求学意愿不强烈等原因，导致教育投资绩效差，建议要加强双语教学、推广职业教育。

教育投资同时存在因人力资本的个人载体流失而出现的风险，不同层次教育投资的流失风险不同。教育形成的人力资本存量与个体不可分，而受教育程度越高的人力资本在劳动力市场上越具有流动性，可以形成一个地区的人力资本增量，也可能变成流量。教育会提高人口的迁移率[④]，特别是会使年轻人更倾向于迁移[⑤]。Shryock 和 Nam[⑥] 发现，随着教育程度的提高会导致迁移增加，跨地区迁移者的受教育程度高于原地区居住者的平均受教育程度。Schwartz[⑦]、Börsch-Supan[⑧]、Dahl[⑨] 发现，受教育程度与迁移距离跨县跨市跨州正相关；受过教育的人往往会搬得更频繁并进行更远距离的迁移[⑩]；此外，教育发展水平高、教育回报高的地区也能吸引更多

[①] 李具恒、马德山：《西部民族地区人力资本投资的制度绩效——来自新疆、甘肃、宁夏的问卷调查分析》，《西北民族研究》2001 年第 4 期。

[②] 张利洁：《试论西部民族地区的反贫困与人力资本积累》，《宁夏大学学报》（人文社会科学版）2006 年第 2 期。

[③] 马戎：《学校教育是少数民族走向现代化和共同繁荣的桥梁——少数民族大学生的学习与就业》，《民族教育研究》2019 年第 2 期。

[④] Hamilton, C. H., "Educational Selectivity of Net Migration from the South", Social Forces, Vol. 38, No. 1, 1959, pp. 33 - 42.

[⑤] Greenwood, M. J., "An Analysis of the Determinants of Geographic Labor Mobility in the United States", The Review of Economics and Statistics, Vol. 51, No. 2, 1969, pp. 189 - 194; Thum, C., Uebelmesser, S., "Mobility, and the Role of Education as a Commitment Device", International Tax and Public Finance, Vol. 10, No. 5, 2003, pp. 549 - 564.

[⑥] Shryock, Jr. H. S., Nam, C. B., "Educational Selectivity of Interregional Migration", Social Forces, Vol. 43, No. 3, 1965, pp. 299 - 310.

[⑦] Schwartz, A., "Interpreting the Effect of Distance on Migration", Journal of Political Economy, Vol. 81, No. 5, 1973, pp. 1153 - 1169.

[⑧] Börsch-Supan, A., "Education and its Double Edged Impact on Mobility", Economics of Education Review, Vol. 9, No. 1, 1990, pp. 39 - 53.

[⑨] Dahl, G. B., "Mobility and the Return to Education: Testing a Roy Model with Multiple Markets", Econometrica, Vol. 70, No. 6, 2002, pp. 2367 - 2420.

[⑩] Molloy, R., Smith, C. L., "Wozniak A. Internal Migration in the United States", Journal of Economic Perspectives, Vol. 25, No. 3, 2011, pp. 173 - 96; Molloy, R., Smith, C. L., "Wozniak A. Job Changing and the Decline in Long Distance Migration in the United States", Demography, Vol. 54, No. 2, 2017, pp. 631 - 653.

受教育程度较高的人口迁入[1]。国内学者的研究也得出类似结果，如蔡昉和王德文[2]、王志刚[3]、王广慧和张世伟[4]、郑娅[5]、吴克明和田永坡[6]、曾旭晖和郑莉[7]等的研究表明，流动人口的受教育程度高于平均水平，教育程度越高的农村劳动力流动倾向越高，而流动后在城镇劳动力市场上的教育收益率明显高于在农村务农的教育收益率；李强[8]的研究表明，受教育程度与流动距离两者存在正相关，受教育程度越高的劳动力流动空间越大，越倾向于远距离流动，越有可能在大城市或发达地区找到工作。也有学者，如赵耀辉[9]、杜鹰等[10]认为，受教育程度是有相对范围的，在越过某一临界点之后，具有更高学历的劳动力可能更倾向于就近就地非农就业。段敏芳和谢浩然[11]进一步指出，我国由中西部向东部沿海地区的人口流动，导致了"以县为主，分级管理"的教育投资体制产生了区域间教育投资收益"错位"问题，流出地地方教育投资效益不高，而流入地却额外获得流出省份的教育投入成果，区域间教育投资差距进一步拉大。

我国经济发展的不充分不平衡，在区域教育投资和发展上也有体现，

---

[1] Sjaastad, L. A., "The Costs and Returns of Human Migration", Journal of Political Economy, Vol. 70, No. 5, 1962, pp. 80 - 93; Dahl, G. B., "Mobility and the Return to Education: Testing a Roy Model with Multiple Markets", Econometrica, Vol. 70, No. 6, 2002, pp. 2367 - 2420.

[2] 蔡昉、王德文：《作为市场化的人口流动——第五次全国人口普查数据分析》，《中国人口科学》2003 年第 5 期。

[3] 王志刚：《小城镇建设：甘肃农村剩余劳动力转移的现实选择》，《西北人口》2003 年第 3 期。

[4] 王广慧、张世伟：《教育对农村劳动力流动和收入的影响》，《中国农村经济》2008 年第 9 期。

[5] 郑娅：《民族地区农村劳动力转移中就业收入与受教育程度的关系研究——基于湖北恩施土家族苗族自治州的调查》，《职教论坛》2008 年第 15 期。

[6] 吴克明、田永坡：《劳动力流动与教育收益率：理论与实证》，《华中师范大学学报》（人文社会科学版）2008 年第 6 期。

[7] 曾旭晖、郑莉：《教育如何影响农村劳动力转移——基于年龄与世代效应的分析》，《人口与经济》2016 年第 5 期。

[8] 李强：《推行本科生通识教育，适应新的人才需求模式》，《北京大学教育评论》2004 年第 4 期。

[9] 赵耀辉：《中国农村劳动力流动及教育在其中的作用——以四川省为基础的研究》，《经济研究》1997 年第 2 期。

[10] 杜鹰：《现阶段中国农村劳动力流动的群体特征与宏观背景分析》，《中国农村经济》1997 年第 6 期。

[11] 段敏芳、谢浩然：《我国区域间教育投资收益错位问题研究——基于人口流动背景》，《中南民族大学学报》（人文社会科学版）2014 年第 5 期。

针对西部地区的落后局面，中央层面也积极采取了系列措施进行帮扶，特别是出台了许多支持政策。如针对义务教育阶段，针对西部地区2006年开始实施的"农村义务教育阶段学校教师特设岗位计划"，即"特岗计划"，通过公开招聘等形式，支持高校毕业生到西部地区"两基"攻坚县农村学校任教，以改善师资队伍不健全等问题，创新教师队伍的补充机制，提高农村教师队伍的整体素质。中小学教师国家级培训计划，即"国培计划"，主要通过采取骨干教师脱产研修、集中培训和大规模教师远程培训相结合等方式，对中西部农村基础教育教师群体进行有针对性的专业培训，以提高中小学、幼儿园教师尤其是农村教师队伍整体素质。其他还包括乡村教师支持计划、"三支一扶"计划、东西部高校对口支援计划、中西部高等教育振兴计划等，不胜枚举，涉及教育的各个层次、各个领域，从人、财、物等多方位对西部地区的教育进行了支持。虽然现在国际通用的学校教育制度，是工业革命的产物，带有先天的"工业化"印记，在规范、标准、效率、制造等机器大生产属性的主导下，教育追求"效率至上"和"标准控制"，培养了大批适应工业化发展的个体，使其人力资本获得提升，提高了未来获得收入的能力，但是毫无疑问，本书研究的公共人力资本投资则更强调教育作为有一定排他性准公共产品的公益性和均衡性，很大部分不是直接面向劳动力市场，而是为下一阶段的教育进行准备，属于隐性的沉没成本；基础教育的受教育者通常处于未成年阶段，不会主动离开；而真正面向劳动力市场的职业教育和高等教育存在较强的流动性，不一定在本区域就业，可能流失到外地去寻求更高回报的就业机会，形成流量，因此区域的投资与回报并不完全一致，因此中国特色的西部教育投资力度加大，可能反而加大失血，这也是本书关注的重点内容。

二 培训

培训具有培养和训练的含义，一般被视为教育的延伸，与普通教育一样属于一种培养人的社会活动，也是公认的人力资本投资的最重要手段之一。相对于教育的以正规学校为场所并注重理论知识的掌握与学习，培训虽然包括知识、技能、态度、观念等各方面的培训，但是更重技能的传授，更注重对成人开展与工作相关的实用性技能的短期学习。本书所研究的培训更准确地表述应当是职业培训，是对要求就业的或在职的成年劳动力开展的以培养和提高其职业素养与职业能力为目的的定向性培训活动,后文在论述中所说的培训默认的都是职业培训,不再进行特别说明。职业培训以成年的人力资源为特定对象,以直接满足社会、经济发展的某种特定需要为目的[1],不包含属于上节讨论范畴的职业学校教育;根据其与工作的关系,可以分为职前培训和在职培训,或者专用培训和通用培训。

培训也具有明显的准公共产品属性。职业培训能够提升劳动者的生产技能和劳动效率,但劳动力市场不完备等因素,使得从业者自身的培训投资,以及企业对于员工的培训都没有获得充分的收益;而职业培训回报收益不稳定便是这种经济人理性思维和市场不完全因素所导致的,随着培训投入逐渐趋于"理性",职业培训的供给效率不足,存在供需的结构矛盾;如侯晓娜和张元庆[2]认为职业培训能够促进人力资本的提升,但这是一种风险与收益并存的机制体制,常面临着投资不足等问题。因此,政府有必要通过制度、政策设计等方式,影响和参与职业培训供给,使其增长保持在市场自发水平之上,通过提供更多的职业培训机会进而增加社会人员对培训的需求[3]。培训对收入的影响比教育更直接、更积极,有组织地进行专业技能培训是增加劳动力收入的一个重要途径[4]。周闯和沈笑笑[5]依据国家卫生健康委 2013 年流动人口动态监测社会融合部分的调查数据,发现政府培训有助于改善农民工就业质量,能够增加农民工的收入、缓解农民工的过度劳动状况、增强农民工的就业稳定性和保证农民工就业福利的获

---

[1] 陆素菊:《试论职业培训的基本问题》,《职教论坛》2009 年第 10 期。
[2] 侯晓娜、张元庆:《德国职业培训体系对中国农民工内生性市民化的启示》,《世界农业》2018 年第 10 期。
[3] 许海燕、石芬芳:《基于有效供给的公共职业培训研究综述》,《职教通讯》2014 年第 31 期;张笑宁、赵丹:《教育公平视阈中的新型职业农民培训问题与对策——基于陕西六县的实证调查》,《职业技术教育》2017 年第 12 期。
[4] 中国区域教育现代化课题组、王蕊:《教育与培训在人力资源开发中作用的调查与分析——中国教育与培训问卷调查报告》,《高教探索》2002 年第 3 期;侯风云:《中国农村人力资本收益率研究》,《经济研究》2004 年第 12 期;高梦滔、姚洋:《农户收入差距的微观基础:物质资本还是人力资本?》,《经济研究》2006 年第 12 期;王海港、黄少安、李琴等:《职业技能培训对农村居民非农收入的影响》,《经济研究》2009 年第 9 期;黄斌、徐彩群:《农村劳动力非农就业与人力资本投资收益》,《中国农村经济》2013 年第 1 期。
[5] 周闯、沈笑笑:《政府培训对农民工就业质量的影响研究》,《数理统计与管理》2021 年第 4 期。

得。史新杰等[1]在生命周期的视角下使用全国农村固定观察点 2011—2014 年数据，研究了基础教育和职业培训对于提升农民工外出收入的异质性影响，发现现阶段农民工被锁定在低技能行业，因此职业培训无论是短期的"即时效应"还是"长期效应"，都比基础教育对农民工外出收入有更大的促进作用，并且在降低农村地区收入不平等上，职业培训也有更大的效用。

职前培训或者通用职业培训公共性更强，但是国外学者对在职培训的研究更多。如舒尔茨[2]将人力资本投资中的在职人员训练和企业以外的组织为成年人举办的学习项目，都概括为在职培训的类型，投资主体以企业为主，后续他也提到以政府和社会组织为主开展的农业中常见技术的推广项目，但是并没有开展更多深入研究[3]；雅各布·明塞尔[4]在哥伦比亚大学完成的博士学位论文《人力资本投资与个人收入分配》中，指出每个在职培训的个人在自由选择的条件下，会基于收入最大化而进行的不同人力投资（或培训）决策，决定了他们之间收入分配的差距。Ashenfelter[5]、Lucas[6]、Black 和 Lynch[7]都分析了在职培训的个人收益，但是这些关注主要是在企业和员工的私人投资范畴。在职培训，通过亲自参与生产活动和交易活动，必然会获取积累相关的知识、经验和技能，这种在实践中摸索学习的过程，其实是人力资本投资的一种干中学途径[8]。从公共产品的特征来看，通用职业培训属于准公共物品，具有收益的外溢性，

---

[1] 史新杰、方师乐、高叙文：《基础教育、职业培训与农民工外出收入——基于生命周期的视角》，《财经研究》2021 年第 1 期。

[2] [美] 西奥多·W. 舒尔茨：《论人力资本投资》，吴珠华等译，北京经济学院出版社 1990 年版。

[3] [美] 西奥多·W. 舒尔茨：《人力资本投资——教育和研究的作用》，蒋斌等译，商务印书馆 1990 年版。

[4] Mincer, J., "Investment in Human Capital and Personal Income Distribution", Journal of Political Economy, Vol. 66, No. 4, 1958, pp. 281 – 302.

[5] Ashenfelter, O., "Estimating the Effect of Training Programs on Earnings", The Review of Economics and Statistics, Vol. 60, No. 1, 1978, pp. 47 – 57.

[6] Lucas, Jr. R. E., "On the Mechanics of Economic Development", Journal of Monetary Economics, Vol. 22, No. 1, 1988, pp. 3 – 42.

[7] Black, S. E., Lynch, L. M., "Human Capital Investments and Productivity", The American Economic Review, Vol. 86, No. 2, 1996, pp. 263 – 267.

[8] 黄君录：《论政府与社会在新生代农民工教育中的责任与有效供给》，《中国职业技术教育》2011 年第 24 期。

而专用技能培训则是私人产品；通用职业技能如果由企业投资进行培训，一旦劳动力流失，则投资企业将血本无归，而培训的收益可以被非投资企业获得；由于培训投资具有明显的外部效应和较大的投资风险，导致企业等用人单位不愿意对工人进行培训投资，而工人往往受收入水平的限制而无力进行培训投资[1]。而通用性质的职前培训，投资主体只能是政府，是我国政策的重点，研究得也较多。杨道远[2]认为提供个人培训助学金、政策支持私人机构培训能力提升，提供培训咨询和技术支持等都是政府介入职业培训的方法，从成本分担角度看，应存在完全由政府承担的职业培训投资、企业和政府共同承担的职业培训投资和企业完全投资、政府给予适当政策支持的投资模式三种模式。何筠和汤新发[3]认为，公共职业培训是政府为了解决社会从业者或者待业者就业问题而出资对其进行培训的一种活动，涵盖再就业培训计划、农村劳动力转移培训以及针对待业大学生的培训等。潘寄青和沈泺[4]指出，新生代农民工的职业培训属于准公共产品，存在着严重的市场失灵，政府作为责任主体，既要提供制度激励，又要进行制度约束；应制定政策，统筹规划，协调办学资源。许海燕和石芬芳[5]、袁国敏和王飞[6]指出，政府在培训中，既可以直接提供公共培训，也可以采取购买社会服务的方式间接提供，不必一定是该项产品的生产者；此外，还可以增加就业补助资金等公共支出，或者以财税政策鼓励私人部门进行投资。

从公共政策的角度看，职业培训对于改善弱势群体就业、缩小分配差距等有明显效果，是保护弱势群体、提升产业工人地位的重要途径。Middleton[7]认为，政府部门应着力加强农村地区劳动力、妇女、弱势群体的培

---

[1] 袁国敏、王飞：《产业工人的职业技能培训途径研究——基于政府购买培训服务的视角》，《山东工会论坛》2018年第2期。

[2] 杨道远：《职业培训的投资主体探析》，《新课程研究》（中旬刊）2016年第2期。

[3] 何筠、汤新发：《论我国公共职业培训机制的选择和创新》，《中国职业技术教育》2005年第33期。

[4] 潘寄青、沈泺：《新生代农民工职业培训的政府责任与协调机制》，《江西社会科学》2012年第32期。

[5] 许海燕、石芬芳：《基于有效供给的公共职业培训研究综述》，《职教通讯》2014年第31期。

[6] 袁国敏、王飞：《产业工人的职业技能培训途径研究——基于政府购买培训服务的视角》，《山东工会论坛》2018年第2期。

[7] Middleton, J., Ziderman, A., Van Adams, A., Vocational and Technical Education and Training, Washington, D. C.: World Bank, 1991.

训，将公共职业培训作为维护社会公平的重要手段。我国西部地区大量的农村富余劳动力需要进行转移培训，蔡昉[1]、李功奎和何军[2]、尹纪梅[3]等都认为，我国现阶段经济发展阶段性特征导致农村劳动力转移成为非农产业劳动力的主要供给来源，但是大部分农民和农民工都属于非熟练劳动力，低收入，必须加强培训将不熟练的劳动力变成熟练的劳动力；而农民工培训投入多、见效慢，因此政府应当承担这项重要公共服务职能。林慧[4]、张玲[5]对提供农村劳动力转移培训的主体和具有培训需求的客体进行了界定，从培训的学制、地域、形式、市场需求等角度概括农村劳动力转移培训的各种模式。余祖光[6]、易俗和赵正洲[7]、吴健辉等[8]、陈耀波[9]、朱占峰等[10]学者都肯定了农村劳动力转移培训在提高农村劳动力素质、促进劳动力转移、提高农村劳动力个体及家庭收入等方面的作用。张世伟和王广慧[11]、张世伟和武娜[12]研究认为，职前培训和在职培训均能够有效地促进农民工收入的增加，职前培训的作用效果更加明显，且二者有一定累加效应。张世伟和武娜[13]研究表明，适度的一般培训和专门培训使得农民工收入水平分别提升54%和21%，远超过教育回报率，但是随着培训时间的

---

[1] 蔡昉：《劳动力市场变化趋势与农民工培训的迫切性》，《中国职业技术教育》2005年第32期。

[2] 李功奎、何军：《农村剩余劳动力转移培训的政府定位分析》，《农业经济》2006年第4期。

[3] 尹纪梅：《农民工教育培训的政府责任与对策研究》，《职教论坛》2011年第25期。

[4] 林慧：《农村劳动力转移培训中的八种模式》，《成人教育》2006年第10期。

[5] 张玲：《基于就业创业素质提升的河北省农村劳动力培训模式研究》，《安徽农业科学》2017年第1期。

[6] 余祖光：《"促进农村劳动力转移培训"的调查研究》，《中国职业技术教育》2005年第35期。

[7] 易俗、赵正洲：《农村劳动力转移培训教育的特点与发展对策探讨》，《职教论坛》2007年第3期。

[8] 吴健辉、黄志坚、曾园根：《农村人力资本投资效益实证分析的模型选择与结论综述》，《商业研究》2007年第5期。

[9] 陈耀波：《培训前工资、劳动者能力自我筛选与农村劳动力培训结果：浙江农村劳动力培训计划的一项试点调查研究》，《世界经济文汇》2009年第3期。

[10] 朱占峰、张晓东、朱耿：《农村劳动力转移培训的影响因素与内在机理分析》，《教育与职业》2013年第20期。

[11] 张世伟、王广慧：《培训对农民工收入的影响》，《人口与经济》2010年第1期。

[12] 张世伟、武娜：《农民工培训的收入效应》，《财经科学》2013年第12期。

[13] 张世伟、武娜：《培训时间对农民工收入的影响》，《人口学刊》2015年第4期。

延长，培训时间的边际影响递减。王德文等[①]发现简单培训对农村迁移劳动力的工资收入作用不显著，而短期培训和正规培训则对其工资收入有着重要的决定作用；朱文伟[②]也对河南省农村劳动力转移培训在增加收入和促进农村劳动力合理流动等方面取得的成效进行了分析；刘莹莹等[③]发现接受职业培训对农民工收入的影响比受教育程度的影响要大；董长瑞等[④]发现专用性技能培训与农民工就业稳定性显著正相关，而通用性技能培训负向于就业稳定性。许昆鹏[⑤]、诸峰等[⑥]认为政府介入农村劳动力转移培训具有明显效果，但政府实施培训目标和效果之间存在差距，政府在农村劳动力转移培训中的职能定位需要重新界定。黄乾[⑦]、刘奉越[⑧]、黄瑞玲和安二中[⑨]、陈艾华和孔冬[⑩]、梁栩凌和廉串德[⑪]在肯定政府资助农民工培训的就业效果显著的同时，也发现农民工培训中存在培训机构参差不齐、资源分属不同的政府部门、缺乏统一的领导等问题。

对于区域公共人力资本投资来讲，培训能够提升区域内个体的人力资本，从而能够提升整个区域内人力资本存量，同样可能形成人力资本的流量。作为区域的公共人力资本投资的一方面，农民工转移就业培训

---

① 王德文、蔡昉、张国庆：《农村迁移劳动力就业与工资决定：教育与培训的重要性》，《经济学》（季刊）2008年第4期。

② 朱文伟：《河南省农村劳动力转移培训：成效、问题及应对策略》，《农业经济》2013年第8期。

③ 刘莹莹、梁栩凌、张一名：《新生代农民工人力资本对其就业质量的影响》，《调研世界》2018年第12期。

④ 董长瑞、王秀燕、崔亚东：《农民工就业稳定性决定：学历教育还是技能培训？》，《山东财经大学学报》2019年第2期。

⑤ 许昆鹏：《农村劳动力转移培训中政府介入的现状分析及政策启示》，《乡镇经济》2007年第7期。

⑥ 诸峰、沈凯、钟嘉霖：《基于政府培训视角的中国农村劳动力转移实证研究》，《职业技术教育》2015年第4期。

⑦ 黄乾：《农民工培训需求影响因素的实证研究》，《财贸研究》2008年第4期。

⑧ 刘奉越：《农民工培训的障碍因素及对策分析》，《成人教育》2009年第2期。

⑨ 黄瑞玲、安二中：《农民工职业技术培训需求与对策研究——基于对江苏1516位农民工的调查与分析》，《中国职业技术教育》2011年第10期。

⑩ 陈艾华、孔冬：《农民工培训效果关键影响因素识别——基于对浙江省农民工培训调查的内容分析》，《社会科学战线》2012年第4期。

⑪ 梁栩凌、廉串德：《基于系统推进的农民工培训有效性影响因素分析——来自北京市农民工培训的实证调查》，《经济与管理研究》2014年第10期。

被广泛推行，也能够显著提高农村劳动力外出务工的概率[1]，但是客观上加强了农民工的流动性，造成本地人力资本的流失，在短期内会产生一定的区域负效应，当然从中长期看，由于收入转移、提升家庭生活水平等，可能带来本地受益[2]。还有另外的一方面，就是针对本地发展需要开展的农村劳动力培训，如农业种养技术培训、新型职业农民培训、青年农场主培训、返乡农民工就业创业培训等，这类培训不仅直接提升本地人力资本存量，还能够对本地的产业发展产生积极效益，这方面的国内学者也进行了大量研究。如尹纪梅[3]认为政府对农民的培训还包括新型职业农民培训，而培养新型农民是提高农民人力资本水平、发展新型农业的基石，对建设和谐稳定的社会主义新农村有着重要的现实意义。张笑宁和赵丹[4]认为新型职业农民培训应该扩大培训对象的范围，完善培训方式和内容，提高教学质量，建立公平的考核机制。当然，培训的区域差异也引起了学者们的关注，如张伶和何建华[5]研究了农民工职业技能培训经费的区域差异，最初偏向于由个人和用人单位承担，后主张推行补贴资金的"省级统筹"，探索实行财政全额承担基本公共教育服务的机制，为农民工教育提供财力保障，但是仍然存在经费有限、资源分散、多头领导、供需不匹配等诸多问题；王乐杰和张同全[6]还对农民工职业培训效率的区域差异进行了评价，省市间的差异明显，自东部向西部逐步提升，且东部地区培训效率低于全国平均水平。许海燕和

---

[1] 唐瑾:《职业教育对农村劳动力转移的影响及对策研究——基于"后危机时期"背景的思考》，《湖南社会科学》2014年第1期；展进涛、黄宏伟:《农村劳动力外出务工及其工资水平的决定：正规教育还是技能培训？——基于江苏金湖农户微观数据的实证分析》，《中国农村观察》2016年第2期。

[2] 周亚虹、许玲丽、夏正青:《从农村职业教育看人力资本对农村家庭的贡献——基于苏北农村家庭微观数据的实证分析》，《经济研究》2010年第8期。

[3] 尹纪梅:《农民工教育培训的政府责任与对策研究》，《职教论坛》2011年第25期。

[4] 张笑宁、赵丹:《教育公平视阈中的新型职业农民培训问题与对策——基于陕西六县的实证调查》，《职业技术教育》2017年第12期。

[5] 张伶、何建华:《培训系统与农民工职业培训绩效关系的实证研究》，《经济管理》2011年第11期；梁栩凌、廉串德:《基于系统推进的农民工培训有效性影响因素分析——来自北京市农民工培训的实证调查》，《经济与管理研究》2014年第10期；马建富:《新型城镇化进程中留守农民职业教育培训研究》，《职教论坛》2014年第10期。

[6] 王乐杰、张同全:《农民工职业培训效率的区域比较分析》，《中国人力资源开发》2013年第23期。

石芬芳[①]指出，区域不同的社会现实受各个地区的经济发展情况、社会文化差异、政府职能转变的程度所影响，因此，对区域公共职业培训的研究理论在全国地区不一定适用。

我国政府对西部地区培训方面的公共投资非常重视，针对贫困家庭子女、毕业年度高校毕业生、城乡未继续升学的应届初高中毕业生、农村转移就业劳动者、城镇登记失业人员等弱势群体"五类人员"，开展了大量专项培训，如阳光工程、雨露计划等[②]，这些都属于区域的公共人力资本投资，即有特定的服务对象，同时，服务费用由政府承担，更体现公共职业培训公益性[③]。此外，近年各地政府都在加大对新型职业农民、青年农场主、现代学徒制等中间层次的在职培训的公共投资，对企业在岗职工开展岗位技能提升、高技能人才、高级技师培训及对新型企业学徒制试点企业和合作技工院校给予各类补贴[④]。总之，与教育类似，西部地区的公共培训投资能否为地方经济社会发展贡献应有的效益，也是值得本书研究的一个问题。

三 健康[⑤]

健康是最为基础的人力资本，是一种用于生产健康时间或"无病时间"的耐用资本，是人力资本投资最有力的保障，也是其他形式人力资本

[①] 许海燕、石芬芳：《基于有效供给的公共职业培训研究综述》，《职教通讯》2014年第31期。

[②] 何筠、汤新发：《论我国公共职业培训机制的选择和创新》，《中国职业技术教育》2005年第33期；许海燕、石芬芳：《基于有效供给的公共职业培训研究综述》，《职教通讯》2014年第31期。

[③] 孙琳：《公共职业培训另一种路径的选择与拓展》，《职业技术教育》2006年第12期；张兴祥、金超：《青年农民工的职业技能培训：问题与对策——基于厦门市的调查与分析》，《中国青年研究》2010年第7期。

[④] 陈文美、李春根：《供给侧结构性改革中政府职业技能培训优化》，《江西社会科学》2018年第3期。

[⑤] 一般文献中作为人力资本投资时所说的健康实为健康投资，健康是一个名词或者形容词，没有动词提高的词性，这与教育、培训，甚至迁移都不同，因此准确意义上讲应当用健康投资，但是在没有实质性歧义的情况下，本书出于对通常表述习惯的遵从，此处用健康作为标题，先介绍健康的概念，再转向健康投资，后续章节则主要使用公共健康投资这一说法。

存在与价值实现的先决条件①。健康投资是用于预防和治疗人体的疾病、维护以及保持居民身心健康而花费的支出，广义上涵盖影响一个人预期寿命、活力和生命力的，花在医疗保健、营养和休息等身体健康方面的所有支出。健康投资是一种"消费性投资"，可以带来生理、心理、精神上的满足，还是促进劳动能力提高和经济收入增加的"投资性收益"②。本书研究的是公共人力资本投资，基于投资最本质的要求是获取未来的收益，因此将健康投资定义为政府利用公共财政通过对医疗、卫生、营养、保健等项服务进行投资，以保障人民健康、发展各种有利于人民健康的事业而投入的全部经济资源，强调是一种可以为投资者带来预期经济收益的生产性投资③。

健康人力资本是健康投资的结果，而健康投资的形式是多种多样的。健康投资包括人们为了获取健康而消费的食物、衣物、健身、时间，以及医疗服务等资源，甚至照管儿童、住房和自我照顾都是健康人力资本投资④。Grossman⑤将健康纳入人力资本理论的分析框架，认为健康也是一种资本存量，它不仅可以提高消费，还可以提升满足程度；每个人通过遗传都获得一笔初始健康存量，这种与生俱来的存量随着年龄渐长而折旧，但也能由于健康投资而增加；健康存量或者说是健康资本，不仅是一种消费品，同时还是一种投资品，这种投资的收益即是疾病损失的避免、收入的增加和个人福利的改进；收入的增加又能反过来促进健康水平的提高和健康投入的增加；一般人力资本会对市场或非市场活动的生产力产生影响，而健康资本则是对用于赚取收入或生产消费品的总时间产生影响；健康投

---

① Schultz, T. W., "Investment in Human Capital", The American Economic Review, Vol. 51, No. 1, 1961, pp. 1 – 17; Becker, G. S., Human Capital and the Personal Distribution of Income: An Analytical Approach, Ann Arbor: Institute of Public Administration, 1967; Grossman, M., "On the Concept of Health Capital and the Demand for Health", Journal of Political Economy, Vol. 80, No. 2, 1972, pp. 223 – 255.

② 谢勇、徐倩：《浅论收入分配差距对中国城镇居民人力资本投资的影响》，《人口与经济》2004 年第 1 期。

③ 尹世玉、张宜民、张姗姗：《人力资本理论与健康投资》，《中国初级卫生保健》2005 年第 4 期；李亚慧、刘华：《健康人力资本研究文献综述》，《生产力研究》2009 年第 20 期。

④ Schultz, T. W., "Investment in Human Capital", The American Economic Review, Vol. 51, No. 1, 1961, pp. 1 – 17; Becker, G. S., Human Capital and the Personal Distribution of Income: An Analytical Approach, Ann Arbor: Institute of Public Administration, 1967.

⑤ Grossman, M., "On the Concept of Health Capital and the Demand for Health", Journal of Political Economy, Vol. 80, No. 2, 1972, pp. 223 – 255.

资包括购买医疗卫生、保健等方面的商品和服务,加强身体锻炼、增加个人的休息时间、提高饮食的质量和水平,以及改善住宿条件等;医疗服务是消费者用于生产健康的投入要素,是消费者对健康需求的引申需求,而健康资本投资的回报是延长投资对象的生命时间,即增加其健康的时间。李燕萍[1]则认为医疗保健投资包括卫生保健投资和劳动保护投资,前者投资结果的直接效益是人体健康,维护人的劳动能力;后者主要是防止劳动过程中的各种损害,以及由于劳动本身造成的某些损害,表现为人力资源在使用过程中的附加投资。谢勇和徐倩[2]将健康投资定义为对医疗、保健、闲暇、锻炼等服务进行投资,以恢复、维持、改善和提高人的体力与精力,并可为投资者带来预期经济收益的生产性投资。饶勋乾和成艾华[3]认为,健康人力资本投资的范围应该包括人均预期寿命、社会保险和社会福利支出、卫生事业支出三个方面。储苏凯[4]认为社会对医疗保健的投资包括卫生部门的资源投放和劳动者健康社会保险两部分。对卫生部门的投资,包括对医务保健部门的基本设施、医疗保健器械、药品卫生材料等方面的支出,以及培养和维持卫生保健部门各类人员的各种费用和医疗知识的普及宣传费用等;社会对卫生保健投资的另一种形式,是支付劳动者健康保险的全部或部分费用。

健康投资存在外部性,需要公共投资。Arrow[5]认为整个社会成员可以从较高的全民卫生健康水平中受益,医疗领域中存在的不确定性和供需双方的信息不对称的情况,有可能致使市场失灵。Hosoya[6]通过把人力资本的外部性引入 Van Zon 和 Muysken[7] 的模型中,重新讨论了健康对

---

[1] 李燕萍:《区域人力资源开发程度的测定指标体系构建》,《统计研究》2001年第7期。

[2] 谢勇、徐倩:《浅论收入分配差距对中国城镇居民人力资本投资的影响》,《人口与经济》2004年第1期。

[3] 饶勋乾、成艾华:《健康人力资本的区域差异比较》,《重庆工学院学报》(社会科学版)2007年第9期。

[4] 储苏凯:《基于人力资本的医疗保健投资看"过劳死"现象》,《宁德师专学报》(哲学社会科学版)2011年第3期。

[5] Arrow, K. J., "Uncertainty and the Welfare Economics of Medical Care", American Economic Review, Vol. 53, No. 5, 1963, pp. 941–973.

[6] Hosoya, K., "Health, Longevity, and the Productivity Slowdown", Journal of Political Economy, Vol. 38, 2002, pp. 1273–1294.

[7] Van, Zon, A., Muysken, J., "Health and Endogenous Growth", Journal of Health Economics, Vol. 20, No. 2, 2001, pp. 169–185.

内生经济增长机制的影响，认为外部性会导致个人健康投资效果不如社会最优的健康投资，并使得个人实际的人力资本总和低于社会最优人力资本，所以公共卫生健康投资可以提高健康投资产出和个人健康水平，促进经济发展。Agénor[1]进一步研究了健康投资是由政府的税收和分配政策所决定，在发展中国家公共健康支出会起到促进经济增长的作用，是由于公共政策支出对预期寿命、储蓄和经济增长的效应足够大。Agénor[2]关注公共健康支出和公共基础设施支出对健康水平和经济增长的影响，认为健康资本存量取决于公共基础设施支出和公共健康支出。樊桦[3]、李通屏[4]研究了健康投资的城乡差异，农村居民在实际医疗保健支出方面的增长落后于社会经济发展的速度；国家医疗保健支出水平相对于国民收入来说总体偏低，并且不同地区之间的健康投资差距大的局面不仅没有得到改善，反而有逐渐增大的趋势；由于健康投资不足而导致的后果，即削弱了农村居民通过提高自身健康状况，改善自身包括收入在内的生活状况的能力，导致农村地区"健康贫困"严重。韩貌[5]认为健康投资是其他各种人力资本投资的前提和基础，人们只有注重健康资本投资，才能使其他人力资本投资更为有效。此外，政府也应加强对医疗服务的支持和干预，这主要是因为医疗领域的不确定性和供需双方的信息不对称使市场失灵。罗凯[6]、Hongyi 和 Huang[7]、王文静等[8]利用中国省际面板数据，使用每万人医院床位数和每万人医生数等指标研究中国健康资本投资促进了中国及区域范围内的经济增长。在人口老龄化与资源环境约束不断加强的背景下，健康人力资本的提升，不仅

---

[1] Agénor, P. R., "Health and Infrastructure in a Model of Endogenous Growth", Journal of Macroeconomics, Vol. 30, No. 4, 2008, pp. 1407–1422.

[2] Agénor, P. R., "Health and Infrastructure in a Model of Endogenous Growth", Journal of Macroeconomics, Vol. 30, No. 4, 2008, pp. 1407–1422.

[3] 樊桦：《农村居民健康投资不足的经济学分析》，《中国农村观察》2001年第6期。

[4] 李通屏：《家庭人力资本投资的城乡差异分析》，《社会》2002年第7期。

[5] 韩貌：《健康资本投资与人力资本理论》，《盐城工学院学报》（社会科学版）2003年第4期。

[6] 罗凯：《健康人力资本与经济增长：中国分省数据证据》，《经济科学》2006年第4期。

[7] Hongyi, L. I., Huang, L., "Health, Education, and Economic Growth in China: Empirical Findings and Implications", China Economic Review, Vol. 20, No. 3, 2009, pp. 374–387.

[8] 王文静、吕康银、王迪：《教育人力资本、健康人力资本与地区经济增长差异——基于中国省际面板数据的实证研究》，《经济与管理》2012年第9期。

能够缓解要素资源绝对数量下降带来的负面影响，而且可以促进中国区域经济增长，因此中国应进一步加大公共卫生投入，通过提高健康人力资本来缓解要素禀赋和资源环境的约束，促进经济高质量发展[1]。吕娜和邹薇[2]发现，高收入国家私人健康投资的产出贡献大于公共健康投资，而中低收入国家则正好相反。因此，发达国家应引导居民增加私人健康投资，在分担财政负担的同时能带来较好的经济效益；而发展中国家的健康投资主要依赖于公共健康投资，这将是有益的选择。

公共健康投资，政府承担的从改善营养到建设公共卫生基础设施，都是改善个体健康状况的重要方式，对提高健康水平具有显著的作用[3]，对中低收入国家，产出贡献更大[4]。Shastry 和 Weil[5]、齐良书[6]、程名望等[7]认为提高贫困农户健康水平，有助于提高农户收入水平，对农村减贫具有显著作用，可避免农户陷入"贫困陷阱"。韩树杰[8]、何军峰[9]指出公共卫生健康环境的不断提升是经济发展的必要条件，医疗卫生同教育、科研的投资是政府进行公共人力资本投资的核心，国家作为宏观调控与管理者，

---

[1] 余静文、苗艳青：《健康人力资本与中国区域经济增长》，《武汉大学学报》（哲学社会科学版）2019 年第 5 期。

[2] 吕娜、邹薇：《健康人力资本投资与居民收入——基于私人和公共部门健康支出的实证分析》，《中国地质大学学报》（社会科学版）2015 年第 1 期。

[3] Grossman, M., "On the Concept of Health Capital and the Demand for Health", Journal of Political Economy, Vol. 80, No. 2, 1972, pp. 223 – 255; Rivera, B., Currais, L., "Public Health Capital and Productivity in the Spanish Regions: A Dynamic Panel Data Model", World Development, Vol. 32, No. 5, 2004, pp. 871 – 885.

[4] Bhargava, A., Jamison, D. T., Lau, L. J., et al., "Modeling the Effects of Health on Economic Growth", Journal of Health Economics, Vol. 20, No. 3, 2001, pp. 423 – 440; Devlin, N., Hansen, P., "Health Care Spending and Economic Output: Granger Causality", Applied Economics Letters, Vol. 8, No. 8, 2001, pp. 561 – 564; 王弟海、黄亮、李宏毅：《健康投资能影响跨国人均产出差距吗？——来自跨国面板数据的经验研》，《经济研究》2016 年第 8 期。

[5] Shastry, G. K., Weil, D. N., "How Much of Cross Country Income Variation is Explained by Health?", Journal of the European Economic Association, Vol. 1, No. (2 – 3), 2003, pp. 387 – 396.

[6] 齐良书：《收入、收入不均与健康：城乡差异和职业地位的影响》，《经济研究》2006 年第 11 期。

[7] 程名望、Jin Yanhong、盖庆恩等：《农村减贫：应该更关注教育还是健康？——基于收入增长和差距缩小双重视角的实证》，《经济研究》2014 年第 11 期。

[8] 韩树杰：《我国政府人力资本投资的现实困境与战略抉择》，《中国人力资源开发》2013 年第 1 期。

[9] 何军峰：《对我国政府公共人力资本投资行为的反思与优化》，《管理观察》2014 年第 16 期。

有必要介入人力资本公共卫生投资。吕娜和邹薇[①]指出健康投资可以显著改善居民健康水平，公共健康投资的健康产出效应大于私人健康投资效益，此外，还得出农村公共健康投资的健康产出效应低于全国水平。在全国范围内健康人力资本可以显著促进居民短期和长期收入，而农村私人健康投资的产出效应高于全国水平。

公共健康投资存在巨大的区域差异。近年来，我国国民健康水平总体上呈现"先增加、后降低"的变化特征[②]；而区域差异总体呈扩大趋势，其中地带间差异趋于缩小，地带内差异趋于扩大，西部地带内差异扩大尤为显著[③]。以人口预期寿命为例，齐亚强和李琳[④]也发现，我国不同地区差距也在1990—2010年总体上经历了先升后降的变动过程，而卫生基础资源状况是导致不同地区人口预期寿命先升后降的因素之一。逯进和苏妍[⑤]应用半参数可加模型对我国31个省区1982—2012年间的面板数据进行分析，认为整体上我国各区域身体素质对经济增长呈"倒U形"影响特征，身体素质对经济增长的影响逐步下降，脑力素质对经济增长的影响强度高于身体素质的影响，因此，应注重脑力素质和身体素质二者的协同发展，更好地促进经济增长。胡草[⑥]研究我国社会卫生支出的健康产出效应及其区域差异，社会卫生支出增加显著提升了健康产出水平，但存在地区差异，西部地区作用最强，中部次之，东部最弱。牟小俐等[⑦]认为增加我国西部地区的健康投资可以促进经济增长，而增

[①] 吕娜、邹薇：《健康人力资本投资与居民收入——基于私人和公共部门健康支出的实证分析》，《中国地质大学学报》（社会科学版）2015年第1期。

[②] 杨振、丁启燕、周晴雨：《国民健康水平的多维测度与时空差异特征——以中国31个省级行政单元为例》，《西北人口》2018年第3期。

[③] 赵雪雁、王伟军、万文玉：《中国居民健康水平的区域差异：2003—2013》，《地理学报》2017年第4期。

[④] 齐亚强、李琳：《中国预期寿命变动的地区差异及其社会经济影响因素：1981—2010》，《中国卫生政策研究》2018年第8期。

[⑤] 逯进、苏妍：《人力资本、经济增长与区域经济发展差异——基于半参数可加模型的实证研究》，《人口学刊》2017年第1期。

[⑥] 胡草：《我国社会卫生支出的健康产出效应及其区域差异》，《中国卫生经济》2017年第6期。

[⑦] 牟小俐、吴龙生、陈颖：《人力资本形成、健康投资与区域经济增长收敛的实证研究》，《特区经济》2013年第6期。

加中、东部地区健康投资则对经济增长产生抑制作用。李成福等[1]指出，政府的健康投资应注意我国区域差异，减少区域不平衡，并注重对基础公共卫生的投入，积极改善公共卫生状况，加强疾病预防措施，提高人们对医疗卫生服务资源的利用水平，提高人口健康的潜力，进而使人口总体健康水平提高一个台阶。

我国在公共健康投资方面，也进行了大量中国特色西部地区投资政策的探索与实践，大力开展健康扶贫，实施"万名医师支援农村卫生工程""家庭医生签约服务工作计划"与"地方病防治工作计划"等系列帮扶政策。如为提高农村医疗卫生服务水平、协调城乡医疗卫生体系均衡发展，2005年中央出台"万名医师支援农村卫生工程"，由中央财政支持、各级卫生行政部门和中医药管理部门负责，组织中西部地区城市中高级医务人员到县、乡镇开展卫生支援工作，该工程与对口支援、定点帮扶、卫生下乡工作相结合，致力于增强县级医院的医疗服务能力和医务人员的医疗技术水平。再如长期以来，我国中央政府将地方病防治作为西部地区医疗卫生工作的重点之一，"地方病防治工作计划"旨在预防和控制地方病流行，根据地方病病种和防治工作所处的不同阶段，因地制宜地制定和实施干预措施，维护病区群众身体健康，从而促进病区经济与社会的协调发展。

西部地区的公共健康投资，不仅提升区域人力资本存量，还在维持存量、防止存量损失方面发挥重要作用，还会促进人力资本的流动。健康投资是一种人力资本投资的重要形式，但作为人力资本投资相对来讲，对人力资本的作用是间接的，而且更多是一种保障性的，主要作用是维护存量，避免存量的损失。教育和培训等投资方式直接形成被投资人的知识和技能，即直接形成人力资本积累，能够提高区域人力资本存量，而健康是一种耐用的资本，用于生产健康的时间，它随着年龄而折旧，通过投资而增长，健康投资更多是避免由于疾病和伤害造成的时间损失，主要是为弥补人力资本折旧和恢复人力资本效能进行的投入，属于维护成本[2]；健康投资则通过增进被投

---

[1] 李成福、刘鸿雁、梁颖等：《健康预期寿命国际比较及中国健康预期寿命预测研究》，《人口学刊》2018年第1期。

[2] Grossman, M., "On the Concept of Health Capital and the Demand for Health", Journal of Political Economy, Vol. 80, No. 2, 1972, pp. 223-255；张勇：《人力资本与中国增长和转型》，《经济科学》2015年第1期。

资者的健康、延长被投资者的寿命，即通过改善知识技能得以存在的基础（一个有效的载体）从而影响人力资本的实际存量及状态，间接地增加人力资本存量①。此外，还需要注意，健康投资可以改善人力资本健康状况，随着人的健康水平的提高、寿命增加，人们更愿意为了更好的工作机会和环境而迁移到其他地区②，对于西部地区公共健康投资而言，最终能够为本地区的经济社会发展带来多少效益也是需要本书认真分析评判的一个重要内容。

四 迁移

迁移是人口学上的常用概念，一般指的是人口的空间移动。前述教育、培训和健康等都是在地化投资，而迁移是人力资本为适应于就业机会而进行的空间流动，需要离开原来的所在地。迁移按照空间范围，既包括国际间的流动，也包括一国之内的区域间流动。国际流动分为移民和劳工输出，移民在流动后即定居于迁入国，属于一种长期性的流动；劳工输出则属于短期的劳动力流动，是"外籍移民"，流动后一定时期留在输入国提供劳动，工作完成后重新回国。在我国，由于户籍制度的存在，区域间的人口迁移和流动，具有类似区别。张庆五③、蔡昉④曾总结，人口迁移不仅要跨越一定的行政辖区范围，更要通过行政和计划部门的批准，办理户口迁移变动手续，实现了住地合法的单程转移，其终点是到达迁入地即流而不动；而流动是短期的临时性人口移动，既不涉及本人常住户籍的迁移，又不涉及住所的变动，带有双程往返的周期回归型特征。总之，资本需要流动才能产生效益，人力资本作为一种重要的生产要素，是需要与物质资本、自然资源等相结合，共同进行社会化的生产创造收益的，凭借市场或其他信号引导，在不同企业间、不同产业间、不同区域间的流动，本书研究的迁移指人力资本在工作地域空间方面的变动。

在个体层面，迁移需要成本，但是否能够增加个体本身的人力资本，

---

① 孙旭：《人力资本投资、人力资本存量与人力资本投入比较》，《统计与决策》2007年第10期。
② 朱超、王戎：《健康冲击下的劳动力供给——基于人口老龄化视角》，《现代经济探讨》2022年第3期。
③ 张庆五：《关于人口迁移与流动人口概念问题》，《人口研究》1988年第3期。
④ 蔡昉：《人口迁移和流动的成因、趋势与政策》，《中国人口科学》1995年第6期。

是否应该被视作人力资本投资，存在争议。舒尔茨[①]阐述个人和家族适应于变换就业机会的迁移是人力资本投资的一种形式，迁移的目的也是在适应这种不断变化的工作机会，所有这些为迁移而投入的各种费用，都属于人力资本投资，这些投资也会有利于经济增长。"如果人们承认这种迁移开支是一种人力投资，那么这种投资肯定会产生一定的经济意义。""由于自由选择职业时存在着许多障碍。使得人力资本最初的投资大大低于其最佳值。"Sjaastad[②]认为由于迁移需要一定的资源耗费，因此是一种能够增加人力资源生产率的投资行为。此外，他对迁移的货币的、非货币的成本与收益进行了分析，认为劳动力流动的成本是由于流动引起的生活工作地点变化从而带来的心理成本。Mundlak[③]、Mundlak等[④]把流动成本解释为交通费用，而且也包括由于政府的行政控制而带来的流动成本。Lucas[⑤]构建了一个包含人力资本积累的内生增长模型，并假设农村非熟练劳动力逐渐迁移到城市，这个过程也是劳动力从传统的、土地密集型的产业转移到人力资本密集型产业的过程，在此基础上，提出城市是积累人力资本的好地方。国内李建民[⑥]、高素英等[⑦]、张凤林[⑧]等学者也都将劳动者迁移发生的费用纳入人力资本投资，理由都是人口迁移活动需要投入成本（包括直接成本和间接成本），并且可以带来收入的增加。景思江等[⑨]也认为迁移是人力资本形成和积累的重要途径，大规模的农村劳动力向城镇迁移

---

① ［美］西奥多·W. 舒尔茨：《论人力资本投资》，吴珠华等译，北京经济学院出版社1990年版。

② Sjaastad, L. A., "The Costs and Returns of Human Migration", Journal of Political Economy, Vol. 70, No. 5, 1962, pp. 80 – 93.

③ Mundlak, Y., Intersectoral Factor Mobility and Agricultural Growth, Washington, D. C.: Intl Food Policy Res Inst, 1979.

④ Mundlak, Y., Cavallo, D., Domenech, R., Agriculture and Economic Growth in Argentina, 1913 – 84, Washington, D. C.: Intl Food Policy Res Inst, 1989.

⑤ Lucas, Jr. R. E., "On the Mechanics of Economic Development", Journal of Monetary Economics, Vol. 22, No. 1, 1988, pp. 3 – 42.

⑥ 李建民：《生育率下降与经济发展内生性要素的形成——兼论中国人力资本投资供给的制度性短缺》，《人口研究》1999年第2期。

⑦ 高素英、张燕、金善女等：《人力资本与河北省经济增长的实证研究》，《河北工业大学学报》2005年第1期。

⑧ 张凤林：《人力资本理论及其应用研究》，商务印书馆2006年版。

⑨ 景思江、袁毅阳：《人力资本视角下的农村劳动力乡—城流动》，《湖北社会科学》2006年第10期。

中，通过"干中学"和在职培训的方式大幅度提升农村劳动力人力资本、增加社会人力资本存量，而迁移后的"逆潮回归"，则可以极大地促进农村人力资本的积累。但是，这些研究并没有区分清楚迁移行为本身与迁移之后的再投资，二者实质上并不相同。李建民[1]也指出，迁移是一种资源配置资本或者"影子资本"，是通过改变人力资本所有者的空间和社会位置而增加个人的收入的。钱雪亚[2]则将迁移支出作为对已经积累的人力资本的"配置性投资"，认为其本身并不增加迁移主体的知识和技能等人力资本存量，但会对现有人力资本的高效利用产生影响。唐家龙[3]则指出"迁移是人力资本投资的伪形式"，迁移本身并不会造成人力资本的增加，而只是影响人力资本回报的外在因素；在位置改变前后，即使个体的人力资本存量不发生任何的改变，新的环境和制度条件下其他环境要素（如物质资本、社会平均生产率、行业垄断性等）的变化也会引发迁移者收入的显著变化；即便迁移过程中人力资本的质量与数量有所增加，也还是对教育、知识、健康、经验、技能进行的投资所形成的，因此迁移并不是真正的人力资本投资。其后程广帅和吴涛[4]进行了反驳，认为迁移提高了个体的自我意识，有利于移民获取更多有价值的信息，提高了移民的技能，同时促进了个体对自身及子女的人力资本投资，所以迁移应当算作人力资本投资。本书认为，迁移是实现人力资本优化配置的途径之一，是实现人力资本价值的活动；对于个体而言，人力资本在区域间的迁移必然要付出一定的"交易成本"，也可能带来使用效能提升，但是并没有直接增加个体本身的知识、技能等人力资本，甚至也没有带来整体社会人力资本总量的增加，而是通过使得具有人身依附性的人力资本实现了流动和再配置。

在区域层面，迁移流入地吸引人力资本迁移付出的成本，则可以看作是一种人力资本投资。人力资本投资周期长、成本高并且成正比递增，使得人力资本供给的有限性产生稀缺，因此人力资本的竞争，争抢人力资本

---

[1] 李建民:《生育率下降与经济发展内生性要素的形成——兼论中国人力资本投资供给的制度性短缺》，《人口研究》1999年第2期。
[2] 钱雪亚:《人力资本水平：方法与实证》，商务印书馆2011年版。
[3] 唐家龙:《论迁移是人力资本投资的伪形式》，《人口研究》2008年第5期。
[4] 程广帅、吴涛:《迁移是人力资本投资的伪命题吗？——兼与唐家龙先生商榷》，《郑州大学学报》（哲学社会科学版）2010年第1期。

成为当今世界上最激烈的竞争。理论上，迁移减少来源地的人力资本存量，带来了目的地的增量，增加总量，因此国家或区域有动力为吸引人力资本迁移进行人力资本投资，甚至某种程度上已经演化为一种重要的竞争形式[1]。Lewis[2]用"二元经济"模型分析传统部门向现代部门的就业转移，关注到农村人口向城市的迁移；波特[3]在国家竞争优势的钻石模型中，将受过高等教育的人力资本归为高级生产要素，必须发展高级生产要素才能建立起产业强大而又持久的优势。Massey 等[4]明确指出，在微观经济学分析框架中，国际迁移被概念化为人力资本投资的一种形式。Bhagwati 和 Hamada[5]、Kwok 和 Leland[6]、Miyagiwa[7]、Galor 和 Tsiddon[8]都认为，技术工人的迁移对目的地有利，对来源地有害，人力资本外流对来源地有潜在负面影响。对目的地，Barro[9]指出，迁移以携带人力资本的形式进入增长模型，而迁移者已经具有的体能、经验、技术等人力资本在区位上的改变发挥促进经济增长的作用，因此，成为经济增长过程中配置人力资本的重要手段。对来源地，Beine 等[10]指出，人才外流的净影响可以是正面的，也可以是负面的，有必要更好地了解有利于发生有害人才外流的情况和因

---

[1] Nelson, R. R., Phelps, E. S., "Investment in Humans, Technological Diffusion, and Economic Growth", The American Economic Review, Vol. 56, No. (1/2), 1966, pp. 69–75；[美]迈克尔·波特：《国家竞争优势》，李明轩等译，华夏出版社 2002 年版。

[2] Lewis, W. A., "Economic Development with Unlimited Supplies of Labour", Manchester School, Vol. 22, No. 2, 1954, pp. 139–191.

[3] Porter, M. E., "New Global Strategies for Competitive Advantage", Planning Review, Vol. 18, No. 1, 1990, pp. 4–14.

[4] Massey, D. S., Arango, J., Hugo, G., et al., "Theories of International Migration: A Review and Appraisal", Vol. 19, No. 3, Population and Development Review, 1993, pp. 431–466.

[5] Bhagwati, J., Hamada, K., "The Brain Drain, International Integration of Markets for Professionals and Unemployment: A Theoretical Analysis", Journal of Development Economics, Vol. 1, No. 1, 1974, pp. 19–42.

[6] Kwok, V., Leland, H., "An Economic Model of the Brain Drain", The American Economic Review, Vol. 72, No. 1, 1982, pp. 91–100.

[7] Miyagiwa, K., "Scale Economies in Education and the Brain Drain Problem", International Economic Review, Vol. 32, No. 3, 1991, pp. 743–759.

[8] Galor, O., Tsiddon, D., "Technological Progress, Mobility, and Economic Growth", The American Economic Review, 1997, pp. 363–382.

[9] Barro, R. J., "Notes on Growth Accounting", Journal of Economic Growth, Vol. 4, No. 2, 1999, pp. 119–137.

[10] Beine, M., Docquier, F., Rapoport, H., "Brain Drain and Human Capital Formation in Developing Countries: Winners and Losers", The Economic Journal, Vol. 118, No. 528, 2008, pp. 631–652.

素。Shen[①]指出，中国劳动力迁移呈现出高度不均衡且集聚的空间模式，大量的劳动力从中国中西部内陆地区迁移至东部沿海发达地区。Liu 和 Shen[②]认为，受持续人口红利推动，中国的人口迁移极大地促进了沿海地区以劳动密集型产业为主体的外向型经济的发展，大量的普通劳动力从中西部地区迁移至东部沿海地区就业、工作和生活。魏巍和李强[③]指出，人力资本的跨区域转移有利于促进我国经济增长，同时也有助于缩小我国区域间的经济差距，实现区域的协调发展。总之，迁移对个体而言，虽然需要付出一定的成本，但是并不直接带来人力资本的增长，而只是实现了人力资本的重新配置；对于区域而言，迁移实现了人力资本跨区域的存量再配置，提升了流入区的人力资本总量，因此付出的成本可以视为人力资本投资。

对于区域而言，吸引人力资本迁移进入，是存在动力机制的，需要政府进行公共投资。Tiebout[④]提出的蒂布特模型，以"用脚投票"机制说明了地方政府提供的公共产品对人口迁移的影响，认为人们对地方公共服务和公共品的需求不同影响其对居住地的选择，因此政府可以通过生产和提供公共产品的种类、数量和质量等不同组合影响人口流动。教育、医疗等公共服务，是不可贸易品，在劳动力流动决策中发挥着重要作用，在很多国家和地区都被证实存在[⑤]。Bayoh 等[⑥]研究了 1995 年美国俄亥俄州哥伦布

[①] Shen, J., "Increasing Internal Migration in China from 1985 to 2005: Institutional Versus Economic Drivers", Habitat International, Vol. 39, 2013, pp. 1 – 7.

[②] Liu, Y., Shen, J., "Modelling Skilled and Less Skilled Interregional Migrations in China, 2000 – 2005", Population, Space and Place, Vol. 23, No. 4, 2017, p. 2027.

[③] 魏巍、李强：《人力资本积累、经济增长与区域差异——基于省级面板数据的经验分析》，《软科学》2014 年第 1 期。

[④] Tiebout, C. M., "A Pure Theory of Local Expenditures", Journal of Political Economy, Vol. 64, No. 5, 1956, pp. 416 – 424.

[⑤] Quigley, J. M., "Consumer Choice of Dwelling, Neighborhood and Public Services", Regional Science and Urban Economics, Vol. 15, No. 1, 1985, pp. 41 – 63; Rapaport, C., "Housing Demand and Community Choice: An Empirical Analysis", Journal of Urban Economics, Vol. 42, No. 2, 1997, pp. 243 – 260; Nechyba, T. J., Strauss, R. P., "Community Choice and Local Public Services: A Discrete Choice Approach", Regional Science and Urban Economics, Vol. 28, No. 1, 1998, pp. 51 – 73; Albouy, D., "Are Big Cities Bad Places to Live? Estimating Quality of Life across Metropolitan Areas", No. 14472, National Bureau of Economic Research, 2008; Alm, J., Enami, A., "Do Government Subsidies to Low Income Individuals Affect Interstate Migration? Evidence from the Massachusetts Health Care Reform", Regional Science and Urban Economics, Vol. 66, 2017, pp. 119 – 131.

[⑥] Bayoh, I., Irwin, E. G., Haab, T., "Determinants of Residential Location Choice: How Important are Local Public Goods in Attracting Homeowners to Central City Locations?", Journal of Regional Science, Vol. 46, No. 1, 2006, pp. 97 – 120.

地区富兰克林县 17 个学区内的家庭户迁移,发现学校质量显著影响家庭的居住地选择;Dahlberg 等[1]研究了 1990—1991 年间瑞典斯德哥尔摩地区的人口迁移行为,发现人们愿意迁往在孩子照顾上公共支出更多的小区,有孩子的家庭更愿意迁往教育支出多的地方。中国现有的教育财政体制的安排下,学区房的现象也引起了学者关注,如丁维莉和陆铭[2]研究了居民为了获得更好的教育资源变换居住地的情况。张丽等[3]以第四次人口普查和 2005 年 1% 人口抽样调查中我国省际人口迁移的数据为样本,采用个体固定效应模型,对地方财政支出对人口迁移的影响进行检验发现,地方财政支出差异对我国省际人口迁移的作用是显著的,财政支出增加迁入人数也会增加,特别是文教、卫生和社会保障等支出相对于地方政府基本建设支出差异对人口迁移的影响更大。夏怡然和陆铭[4]认为,劳动力向城市迁移不仅希望获得更好的就业机会和更高的工资水平,还希望享受教育和医疗等公共服务。侯慧丽[5]利用我国 2014 年数据,发现城市公共服务对流动人口具有吸引力,且城市规模越大,流动人口获得公共服务的可能性越大,居留意愿也越强。杨晓军[6]利用我国 2006—2014 年的城市数据,实证发现城市医疗服务和文化服务对流动人口进入城市的影响显著。杨义武等[7]将公共品供给对人口迁移的影响机制归纳为三个方面:一是公共品供给水平高可以提高厂商生产效率,进而提高地区平均工资水平,增加人口迁入的激励;二是提高地方公共品供给水平有助于消费者的效用水平的改善,对外来人口迁入形成正向冲击;三是公共品供给需要相应财政资金支持,增加地区财税负担,从而降低本地区工资水平,对人口迁入产生负面效

---

[1] Dahlberg, M., Eklöf, M., Fredriksson, P., et al., "Estimating Preferences for Local Public Services Using Migration Data", Urban Studies, Vol. 49, No. 2, 2012, pp. 319–336.
[2] 丁维莉、陆铭:《教育的公平与效率是鱼和熊掌吗——基础教育财政的一般均衡分析》,《中国社会科学》2005 年第 6 期。
[3] 张丽、吕康银、王文静:《地方财政支出对中国省际人口迁移影响的实证研究》,《税务与经济》(哲学社会科学版)2011 年第 4 期。
[4] 夏怡然、陆铭:《城市间的"孟母三迁"——公共服务影响劳动力流向的经验研究》,《管理世界》2015 年第 10 期。
[5] 侯慧丽:《城市公共服务的供给差异及其对人口流动的影响》,《中国人口科学》2016 年第 1 期。
[6] 杨晓军:《城市公共服务质量对人口流动的影响》,《中国人口科学》2017 年第 2 期。
[7] 杨义武、林万龙、张莉琴:《地方公共品供给与人口迁移——来自地级及以上城市的经验证据》,《中国人口科学》2017 年第 2 期。

应。赵方和袁超文[1]、董亚宁等[2]认为，人力资源特别是异质性人才迁移，更受区域内在的以不可贸易品数量、质量及其消费可及性等代表的地方品质的影响。姚先国等[3]也认为，教育资源、公共服务和社会融入等非经济因素也是重要的"拉引"因素，迁入地政府要想更有效地吸引人才和劳动力，就需要综合利用经济和非经济因素。以上学者研究了公共产品对迁移的影响，刘军等[4]、何军峰[5]等认为国家作为宏观调控与管理者，有必要介入迁移投资，在消除人力资源市场的流动性障碍、完善信息系统和仲裁机构建设、建设职业介绍机构，以及加大就业保障支出等方面，引导人力资源在地域和产业间流动迁移。

在区域迁移上，我国西部地区公共人力资本投资也具有中国特色，主要体现在两个方面：一方面是送出去，最典型的就是农村劳动力转移就业培训。长期以来，西部地区为了转移就业，投入公共财政资金用于对农村转移劳动力进行就业能力方面的培训，而这些投资额有助于劳动力的迁移[6]，农村富余劳动力转移就业培训之后的转移，不仅是部门间的转移，更反映在区域间的迁移，主要由中国中西部地区指向东部沿海地区[7]；可以使家庭纯收入增加，流入区域也因为得到了所需的人力资本而获得其带来的收益，但是对于流出的区域而言，则可能造成一定的经济损失，迁移会导致"外在式智力外流"[8]；"农民工"通过"干中学"积累了知识，并

---

[1] 赵方、袁超文：《中国城市化发展——基于空间均衡模型的研究》，《经济学》（季刊）2017年第4期。

[2] 董亚宁、杨开忠、顾芸：《人口区位选择研究回顾与展望：基于新空间经济学视角》，《西北人口》2019年第6期。

[3] 姚先国、冯履冰、周明海：《中国劳动力迁移决定因素研究综述》，《中国人口科学》2021年第1期。

[4] 刘军、常远、李军：《区域人力资本投资效率评价与提升策略研究》，《东岳论丛》2012年第5期。

[5] 何军峰：《对我国政府公共人力资本投资行为的反思与优化》，《管理观察》2014年第16期。

[6] 都阳、朴之水：《劳动力迁移收入转移与贫困变化》，《中国农村观察》2003年第5期；王格玮：《地区间收入差距对农村劳动力迁移的影响——基于第五次全国人口普查数据的研究》，《经济学》（季刊）2004年第S1期；李扬、刘慧、汤青：《1985—2010年中国省际人口迁移时空格局特征》，《地理研究》2015年第6期。

[7] 古恒宇、沈体雁：《中国高学历人才的空间演化特征及驱动因素》，《地理学报》2021年第2期。

[8] 钱雪亚、张小蒂：《农村人力资本积累及其收益特征》，《中国农村经济》2000年第3期。

在流动中使之产生了溢出效应,对整体的经济增长存在积极正面作用[1],即使对来源地也可能存在一定的正面影响,甚至也通过加强来源地人力资本积累技能的动机[2],迁移后的"逆潮回归"[3],反而可能会增加流出地的人力资本存量;但是迁移对来源地人才流失和经济发展的负面影响更被学者们认同[4]。总之,从作为投资主体的区域来看,转移就业投资提高了部分劳动力的文化素质和工作技能,通常目的将培养的人力资本转移到区域外部实现就业,客观上短期内造成本地人力资本的流失,却没有获得相应的补偿;长期来看,劳动力转移并不是一个单向过程,区域公共人力资本投资中获益转移出去的劳动力可能会带来"资本回流"和"智力回流"效应,但是这还需要一系列相关机制的配合,即使带来收益也是间接而滞后的[5]。另一方面是引进来,区域的人才引进。李燕萍[6]认为,区域人力资本价值由内部获得的(通过教育培养的人力)人力资本价值,以及外部引进的(人力资源的再配置)人力资本价值构成;区域外

---

[1] 蔡昉:《拆除劳动力流动的制度障碍》,《中国人口科学》1999 年第 4 期;刘祚祥、胡跃红、周丽:《农村劳动力流动、人力资本积累与中国经济增长的源泉》,《经济问题探索》2008 年第 12 期。

[2] Mountford, A., "Can a Brain Drain be Good for Growth in the Source Economy?", Journal of Development Economics, Vol. 53, No. 2, 1997, pp. 287 – 303; Stark, D., Bruszt, L., Bruszt, S., Postsocialist Pathways: Transforming Politics and Property in East Central Europe, Cambridge, MA: Cambridge University Press, 1998; Vidal, J. P., "The Effect of Emigration on Human Capital Formation", Journal of Population Economics, Vol. 11, No. 4, 1998, pp. 589 – 600;侯力:《劳动力流动对人力资本形成与配置的影响》,《人口学刊》2003 年第 6 期;Beine, M., Docquier, F., Rapoport, H., "Brain Drain and Human Capital Formation in Developing Countries: Winners and Losers", The Economic Journal, Vol. 118, No. 528, 2008, pp. 631 – 652。

[3] 景思江、袁毅阳:《人力资本视角下的农村劳动力乡—城流动》,《湖北社会科学》2006 年第 10 期。

[4] Bhagwati, J., Hamada, K., "The Brain Drain, International Integration of Markets for Professionals and Unemployment: A Theoretical Analysis", Journal of Development Economics, Vol. 1, No. 1, 1974, pp. 19 – 42; Kwok, V., Leland, H., "An Economic Model of the Brain Drain", The American Economic Review, Vol. 72, No. 1, 1982, pp. 91 – 100; Miyagiwa, K., "Scale Economies in Education and the Brain Drain Problem", International Economic Review, Vol. 32, No. 3, 1991, pp. 743 – 759; Galor, O., Tsiddon, D., "The Distribution of Human Capital and Economic Growth", Journal of Economic Growth, Vol. 2, No. 1, 1997b, pp. 93 – 124。

[5] 朱乾宇、姚上海:《民族地区反贫困战略中人力资本投资的经济学分析》,《黑龙江民族丛刊》2005 年第 1 期。

[6] 李燕萍:《区域人力资源开发程度的测定指标体系构建》,《统计研究》2001 年第 7 期。

引进的人力资本价值,应包括人力资本存量和人力资本增值。刘海英和赵英才[1]指出,人力资本增长也可以通过外部引进来获得积累。无论是教育、培训,还是健康等人力资本投资,提升个体的人力资本后,都会增加人力资本的迁移可能性,市场经济条件下人力资本的自然流动是往收入更高,工作机会更多,更为发达的地区迁移,西部地区人才流失形势严峻,因此我国也积极采取措施进行了大量公共投资支持西部地区人才引进,既包括中央政府制定的"三支一扶"计划、三区人才支持计划、大学生志愿服务西部计划、东西协作帮扶政策、东西部高校对口支援计划等通过政策倾斜将东部中部地区的人力资本引导对西部地区进行短期或长期的制度性援助,也包括西部地区各个省市自己制定的人才引进政策,利用公共财政支持人才引进,但是人才要引进来,还要留得住[2]。西部地区需要加大人才引进,可在短时间内快速提升区域内人力资本存量,形成人力资本增量效应[3]。区域人力资本投资,无论通过何种渠道形成的人力资本,总是希望优先在区域使用,否则投资无法获得对等的收益回报,然而由于人力资本以个人为载体,在人力资源市场中个体为追求利益最大化产生的迁移,直接导致人力资本的流失。区域人力资本的增加,主要是通过教育、培训等投资方式提高存量水平,但是地方政府也可以争夺其他区域的人力资本,形成挤占效应。由于人力资本迁出付出的成本是当期较为明确的,但是获得的本地收益是长期潜在的,而吸引人力资本迁入的成本与收益更容易在短期内进行评价,本书在后续政策分析中将农村劳动力转移就业培训放在培训部分介绍,在迁移部分则重点研究人才帮扶的相关政策。

综上,区域公共教育、培训、健康等人力资本投资活动带来个体人力资本的增加;而人力资本价值的实现和增值,往往要通过迁移来完成。已

---

[1] 刘海英、赵英才:《中国经济增长中人力资本积累的均衡性选择》,《中国软科学》2005年第9期。

[2] 王志军、刘红叶:《西部民族地区人力资源开发问题研究》,《西北民族大学学报》(哲学社会科学版)2007年第1期;姚旎、张全成:《新形势下少数民族地区人力资源开发的问题及对策研究》,《贵州民族研究》2013年第2期。

[3] 萨茹拉、曹仁祥:《西部民族地区人力资源开发问题探索》,《黑龙江民族丛刊》2004年第3期;毛笑文:《西部民族地区人力资源开发现状及对策研究》,《西北民族研究》2004年第1期;杨林、武友德、骆华松等:《西部少数民族地区人力资源评价及开发研究》,《经济研究》2009年第10期。

有的研究中大多都将教育的投资作为人力资本投资的主要途径,而健康投资则是其他投资的基础,教育和健康的统计数据相对全面和权威,而相比于教育和健康,培训和迁移更加特殊：由公共部门主导的雨露计划和农民工转移培训虽然投资面大,但是各省市覆盖面及开始时间不一致并且衡量指标没有权威的统计数据;迁移并没有直接增加人力资本,只是通常使得人力资本向市场价值更高地区的流动,从区域性层次上看,可以形成人力资本流量,但是迁移投资并未开展系统的调查,很难从现有统计体系中获得基础数据,更多费用成本多由个人承担。因此,本书在西部地区公共人力资本投资的研究中,对培训和迁移两部分仅进行政策研究,在实证研究部分则综合教育和健康两方面的投资,以较全面地反映人力资本投资的状况及其效益。具体安排如表2-1所示。

表2-1　　　　　　　　　本书的研究领域安排

领域	类型	对区域人力资本的影响	政策研究	实证研究
教育	学前教育	形成增量,但只是中间产品,还需要后续再投资,才能进入市场,成为现实的人力资源	√	—
	基础教育		√	√
	中等教育*	形成增量,部分进入人力资源市场,可能跨区域流失	√	√
	高等教育	形成增量,多数进入人力资源市场,是最终产品,跨区域流动性大	√	√
培训	技能培训	转移就业,特别是转移培训,可能流失	√	—
健康	卫生健康	保护存量,是人力资本的载体和其他人力资本投资的基础	√	√
迁移	人才引进	引进流量,区域层面付出的成本应当作为投资	√	—

注：*此部分在政策研究中为职业教育,实证研究中将其合并进中等教育。

第二部分

政策研究

第三章

政策部分研究设计

公共人力资本投资政策是指由政府制定的关于促进区域人力资本发展的相关准则，包含一系列纲领性与指导性文件，对公共人力资本投资行为有着规范力和约束力，对区域人力资本的积累与发展有着深远的影响[1]。为促进西部地区公共人力资本投资发展，国家各级各类政府部门出台了一系列政策，其中既有面向全国、对西部地区具有普遍适用价值的学前教育、基础教育、公共健康和人才帮扶等政策，也有面向西部、具有鲜明区域发展特色的投资项目，如针对农民工转移培训的"阳光工程"、促进西部高等教育均衡发展的"东西部高校对口支援计划"、对西部地区进行人才帮扶的"大学生志愿服务西部计划"等，这在传统公共人力资本投资理论中鲜有涉及，形成了具有中国特色的公共人力资本投资政策体系，有待系统梳理与深入研究。

西部大开发以来，国家在西部地区公共人力资本投资领域出台了诸多政策，涵盖公共教育、公共健康、技能培训和人才帮扶等多个层面，贯穿了人力资本培养、提升、管理与保障的整个流程。这些政策直接促进了宏观上人力资本存量、增量与流量的提升与改善，也间接影响着微观人力资本活动的质量和效益，同个人和社会的发展息息相关[2]。诸多研究表明，西部大开发所取得的经济社会发展成就离不开相关人力资本投资政策的重要贡献，如刘生龙等[3]、杨万平[4]、温涛等[5]、刘瑞明和赵

---

[1] 宁骚：《公共政策学》（第三版），高等教育出版社2018年版。
[2] 闫淑敏：《我国西部人力资本流量分析及政策建议》，《中国软科学》2022年第6期。
[3] 刘生龙、王亚华、胡鞍钢：《西部大开发成效与中国区域经济收敛》，《经济研究》2009年第9期。
[4] 杨万平：《中国西部地区经济增长源泉——基于人力资本与能源消费的双重约束》，《华东经济管理》2014年第1期。
[5] 温涛、王小华、董文杰：《金融发展、人力资本投入与缩小城乡收入差距——基于中国西部地区40个区县的经验研究》，《吉林大学社会科学学报》2014年第2期。

仁杰[①]、柳建平和刘卫兵[②]以及袁航和朱承亮[③]，分别从经济发展、贫困治理、收入差距和产业转型等角度验证与强调人力资本投资政策的重要意义。因此，运用科学的方法对西部地区公共人力资本投资政策体系进行梳理，厘清各领域投资政策的发展脉络及演进逻辑，了解各领域典型投资政策的落实及效果，是客观评价西部公共人力资本投资效果、指导政府投资行为、优化投资策略和提高投资效益必然要关注的一项重点问题和前提条件。

本书在明确西部地区公共人力资本投资的区域性和公共性内涵后，确定其外延包括教育、培训、健康和迁移四大类别，基于此，政策研究部分将对我国各级各类政府部门颁布的西部地区公共人力资本投资政策进行系统性梳理，明晰政策数量、政策文种、政策类型和发文部门等政策外部性特征，分析不同时间阶段政策发展与演变等内部性特征，并结合部分典型投资政策进行具体评价。

第一节 研究对象

根据前文理论研究，公共人力资本投资主要涉及学校教育、技能培训、卫生保健和人口迁移4个领域，各领域又包含不同层次和类型的专项投资政策。因此，按照投资领域和类型的不同，借鉴前人研究，对西部地区公共人力资本投资政策进行划分，细分为学前教育、基础教育、职业教育、高等教育、农村劳动力培训、公共健康和人才帮扶7类，如表3－1所示。

表3－1　　　西部地区公共人力资本投资政策细分领域

政策领域	政策类别	具体范围
教育	学前教育政策	主要关注促进西部地区3—6岁儿童身心健康发展而出台的一系列幼儿教育政策

[①] 刘瑞明、赵仁杰：《西部大开发：增长驱动还是政策陷阱——基于PSM-DID方法的研究》，《中国工业经济》2015年第6期。

[②] 柳建平、刘卫兵：《西部农村教育与减贫研究——基于甘肃14个贫困村调查数据的实证分析》，《教育与经济》2017年第1期。

[③] 袁航、朱承亮：《西部大开发推动产业结构转型升级了吗？——基于PSM-DID方法的检验》，《中国软科学》2018年第6期。

续表

政策领域	政策类别	具体范围
教育	基础教育政策	主要关注促进西部地区普通小学教育、普通初中教育以及扫盲教育发展而出台的各类政策
	职业教育政策	主要关注促进西部地区职业教育发展、培养职业技能人才而出台的各类政策，包括初等、中等和高等职业学校教育政策
	高等教育政策	主要关注促进西部地区高等教育发展、培养各类高级人才而出台的各项政策
培训	农村劳动力培训政策	主要关注为提升西部地区劳动人口文化素质和劳动技能，依托企业、职业学校和专业培训机构等开展的各种培训政策
健康	公共健康政策	主要关注有关西部地区医疗卫生资源配置，解决医疗卫生问题，预防疾病，以促进、改善人民健康等方面的一系列政策
迁移	人才帮扶政策	主要关注向西部地区各领域提供人才支持，通过挂职锻炼、对口支援、交流合作等帮扶模式，缓解受援地人才短缺的各类政策

第二节　研究思路

一　研究思路

中国特色的西部地区公共人力资本投资政策既具有普遍性，也具有区域发展特色，亟待系统梳理与深入分析。政策分析作为当今社会科学中发展迅速、颇具研究活力的研究领域，已经形成了一系列具有指导意义和理论价值的研究范式和研究成果。政策文本作为政策信息的"载体"，为政策分析研究者围绕政策主体、政策过程、政策内容等进行观测提供了路径与渠道。本部分以上述7类西部地区公共人力资本投资政策为对象，按照"外部特征—内容特征—效果评价"的思路展开研究：首先对政策的外部特征进行描述，了解公共人力资本投资政策的变化趋势、发文部门的协调网络、政策的约束性和规范性以及政策的性质用途；其次对政策的内容特征进行分析，了解公共人力资本投资政策的发展与演变过程；再次对公共人力资本投资典型政策实施情况进行效果评价，了解典型政策的演进历程、具体内容和实施效果；最后基于以上政策分析与研究，对西部地区公共人力资本投资政策的发展成效进行概括性总结，并对政策的未来发展加以展望（见图3-1）。

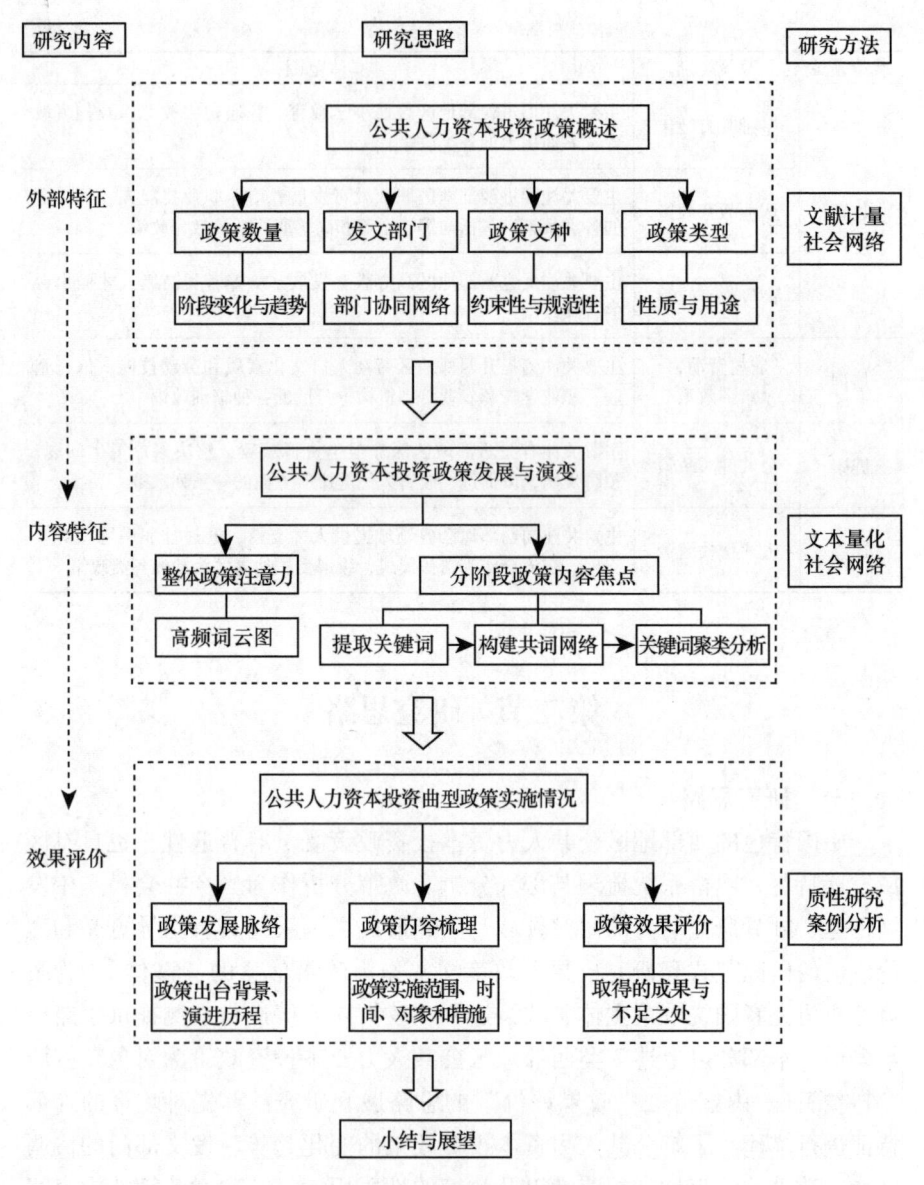

图 3-1 政策部分研究思路

二 研究步骤

按照前文研究思路，对西部地区公共人力资本投资所涉及的 7 种不同类型政策依次进行梳理，每个章节均按照"外部特征描述—内容特征分析—典型政策评价"的研究步骤展开，最后对政策发展情况进行小结，并提出政策展望。

（一）外部特征描述

政策外部特征描述主要对政策进行概观性分析，旨在了解西部地区公共人力资本投资政策的外部基本特征，具体从政策数量、发文部门、政策文种和政策类型4个方面展开。首先，对研究时期内出台的西部地区公共人力资本投资政策数量进行描述，采用重大节点型政策作为政策发展阶段划分的标准，明晰各类政策的阶段性变化特征。其次，对各部门发文总量、构成以及部门间联系等进行分析，发文部门数量统计时采用2018年政府机构改革后部门简称，在不同时间阶段统计时采用该阶段最新部门简称，详细部门名称见附录1。再次，采用饼状图对不同政策文种进行描述分析，明确文种数量及其所占比重情况，了解各领域公共人力资本投资政策的规范性、指导性、约束性和可操作性。最后，结合以往研究及分析需要，将西部地区公共人力资本投资政策分为宏观指导政策、专项支持政策和保障配套政策三大类型，了解国家在重大战略和规划中对各类政策的重视程度，如表3-2所示。

表3-2　　　　　　　　　政策外部特征研究步骤

对象	目的	步骤
政策数量	明确阶段变化与趋势	对研究时期内出台的政策数量进行描述，采用折线图的形式观测政策数量在各个年份的变动情况，明确重大节点型政策所处的时间节点，以此对政策进行阶段划分，明晰各类政策阶段性数量变化特征
发文部门	展现部门协同网络	对各部门发文总量进行统计，并列出各部门单独发文与联合发文情况，然后根据前文阶段划分构建部门合作网络图，展现不同时期政策发文主体的合作联系情况
政策文种	了解政策的约束性与规范性	政策类型涵盖为决定、意见、通知、计划、规划、纲要、方案、法律、条例、细则、办法、规定、标准13类，不考虑目录、清单、工作总结、复函、形势分析报告和年度工作任务等其他形式的文件，采用饼状图对政策文种进行描述分析，明确文种数量及其所占比重情况

续表

对象	目的	步骤
政策类型	体现政策的性质与用途	（1）宏观指导政策是政府宏观层面对某一公共人力资本投资问题加以规划、进行整体布局的相关政策，如各类规划纲要类政策； （2）专项支持政策是在宏观指导政策基础上所颁布的一系列专项政策，针对某一类问题的具体解决方法做了较为明确的说明和规定，如各类意见措施、通知办法等； （3）保障配套政策主要是在各项政策的具体实施过程中配套出台的协调有关人力、财力、物力和制度等保障性政策，如各类补贴措施、管理制度等

（二）内容特征分析

政策内容特征分析包括整体内容特征分析及分阶段内容特征分析两个部分：整体内容特征分析主要对不同类型公共人力资本投资政策文本内容进行量化，使用 Python 软件提取出在整个政策周期内的高频词汇，绘制高频词云图，反映该领域公共人力资本投资政策的整体关注焦点；分阶段内容特征分析是对政策的深入分析，主要根据重大节点型政策的阶段划分结果，使用 Gephi 软件对不同阶段的政策内容进行政策文本网络分析，结合政策制定与实施的总体背景，提取不同时期西部地区公共人力资本投资政策的阶段性关注焦点，客观地描述出不同时期西部地区公共人力资本投资的内容与特征，如表 3-3 所示。

表 3-3　　　　　　　　政策内容特征研究步骤

对象	目的	步骤
高频词	展现政策注意力	通过对某一领域公共人力资本投资政策文本内容进行量化，提取出在整个政策周期内的高频词汇，绘制出高频词云图，高频词云图字体大小代表该词语在政策当中出现的次数多少，反映该领域公共人力资本投资政策的整体关注点
文本网络	明确不同阶段政策内容焦点	（1）对不同阶段政策颁布的总体背景、发展脉络进行描述分析，明确政策实施的重点领域和内容，提取出这一阶段政策内容的总体的特征； （2）通过 Gephi 软件提取并绘制出该阶段政策文本内容网络结构图，直观展现该时期政策内容关注的焦点； （3）在分析过程中，将政策网络按照颜色与内容进行社团归类，细化出不同阶段公共人力资本投资政策的重点内容

(三) 典型政策评价

为进一步了解西部地区公共人力资本投资政策的实施情况，在各类型政策中分别选择3—4项典型政策，对政策脉络、政策内容和实施成效等客观情况展开具体分析。首先对典型政策颁布的时代背景、演进历程进行梳理，以充分了解该政策致力于解决的主要问题以及历史沿革情况；其次根据政策文本的具体内容和国家部委发布的相关信息，对政策内容进行详细分析，使政策措施从简单、抽象的名词表述整理成便于理解的立体形象，以便准确、有效地获取政策措施的关键信息；最后通过相关网站收集获取典型政策的具体实施情况，对政策效果进行客观评价，明确当前政策实施的成果与不足，为后续政策改进提供建议与参考，如表3-4所示。

表3-4　　　　　　　　　　典型政策评价步骤

对象	目的	步骤
政策脉络	了解典型政策的出台背景、演进历程	对某项公共人力资本投资的具体政策颁布的时代背景、不同时期的发展变化进行梳理，以充分了解该政策所面临的外部环境、致力解决的主要问题以及历史沿革情况
政策内容	明确政策实施范围、时间、对象和具体措施	根据政策文本的具体内容、现有研究成果和国家部委发布的有关信息，对政策内容进行详细分析，明确该政策实施的主要目标、受众群体、重点领域、主要措施以及实施周期等各方面的具体内容
政策效果	取得的成果与不足之处	通过相关网站收集获取政策的具体实施情况，结合前期设定的政策目标、现实需要等方面的要求，对政策效果进行客观评价，明确政策实施成果与不足，为后续政策改进提供建议与参考

最后，基于上述外部特征描述、内容特征分析以及典型政策评价3个研究步骤，对西部地区不同类型的公共人力资本投资政策进行系统性小结，归纳出政策发展变化的主要结论，在此基础上，结合西部地区经济社会发展需要与现实需求，对不同领域政策未来发展走向加以展望。

第三节　结构安排

根据以上政策研究思路与研究步骤，本部分具体章节安排如下。

第三章为政策部分研究设计，对政策部分的研究对象、研究思路和研究步骤进行了整体介绍。

第四章为西部地区学前教育政策，首先搜集整理涉及西部地区学前教育发展的相关政策，对发文数量、发文部门、政策文种、政策类型4个方面进行政策外部特征分析；其次关注政策的内容特征，分析政策发展与演变特点；再次选取"普惠性幼儿园政策"、"幼儿教师国培计划"和"幼儿安全健康政策"3项典型政策，分析政策发展脉络、主要内容以及实施情况，并进行客观评价；最后对学前教育领域公共人力投资政策进行小结与展望。

第五章为西部地区基础教育政策，按照第四章同样的思路对基础教育政策的外部特征和内容特征进行分析，然后选取"农村义务教育阶段学校教师特设岗位计划"、"师范生公费教育政策"、"中小学教师国家级培训计划"和"乡村教师支持计划"4项典型政策进行评价。

第六章为西部地区职业教育政策，首先对职业教育政策的外部特征和内容特征进行分析，然后选取"职业教育免学费政策"、"东西协作帮扶政策"、"双师型教师政策"和"校企合作"4项典型政策进行评价。

第七章为西部地区高等教育政策，首先对高等教育政策的外部特征和内容特征进行分析，然后选取"东西部高校对口支援计划""中西部高等教育振兴计划""中央部委与地方省份高校联合建设"3项典型政策进行评价。

第八章为西部地区农村劳动力培训政策，主要对农村劳动力培训政策的外部特征和内容特征进行分析，然后选取"阳光工程"、"雨露计划"和"新型职业农民培育工程"3项典型政策进行评价。

第九章为西部地区公共健康政策，主要对公共健康政策的外部特征和内容特征进行分析，然后选取"万名医师支援农村卫生工程""家庭医生签约服务工作计划"和"地方病防治工作计划"3项典型政策进行评价。

第十章为西部地区人才帮扶政策，主要对人才帮扶政策的外部特征和内容特征进行分析，然后选取"大学生志愿服务西部计划"、"高校毕业生三支一扶计划"和"边远贫困地区、边疆民族地区和革命老区人才支持计划"3项典型政策进行评价。

第四章

西部地区学前教育政策

学前教育是我国国民教育体系的重要组成部分，是学校教育和终身教育的奠基阶段，在人的一生中起着重要作用[①]。广义的学前教育是指能够影响和促进儿童身心健康发展的活动，来自社会、学校和家庭的各个方面，其形式多种多样，以幼儿园、托儿所、早教中心为主，面向0—6岁的儿童[②]。狭义的学前教育则是对3—6岁的儿童发展施以有目的、有计划、有系统的影响活动，主要指幼儿学校教育。本章的研究对象为狭义上的学前教育，即幼儿学校教育。

党的十九大提出要办好学前教育、实现幼有所育的发展目标，"十四五"规划指出要继续完善普惠性幼儿园的发展，加快实现教育公平的进程。办好学前教育，直接关系到我国亿万儿童的健康成长及社会的和谐稳定，为贫困地区儿童提供有质量的学前教育，对奠定儿童终身学习基础、促进社会起点公平、阻断贫困代际传递具有重要意义[③]。然而，西部地区学前教育面临学前教师质量低、财政支持力度小和基础设施落后等发展困境。因此，为提高西部地区学前教育发展水平，国家出台了一系列有利于西部地区学前教育发展的倾斜性政策，弥补了学前教育发展在人力、物力和财力方面的不足。基于此，本章对2000—2019年西部地区学前教育政策进行分析，探究西部大开发以来学前教育政策的演进历程及特点，并对学前教育发展方向加以展望。

---

① 庞丽娟：《加快推进〈学前教育法〉立法进程》，《幼儿教育》2018年第10期。
② 张丽丽：《我国学前教育法律保障中的国家义务配置》，《陕西师范大学学报》2019年第2期；邓莉、彭正梅：《确保"起跑线"公平——基于OECD国家和中国的学前教育机会指标比较》，《南京师大学报》（社会科学版）2020年第6期。
③ 陈蓉晖、赖晓倩：《优质均衡视域下农村学前教育资源配置效率及差异分析》，《教育发展研究》2021年第2期。

第一节　西部地区学前教育政策概述

本章主要研究国家层面颁布的涉及西部地区学前教育发展的相关政策。政策文本搜集以中共中央、国务院及其各部委官网、北大法意网为主，中国知网、百度等网站为辅，将区域限定为西部地区、民族地区、贫困地区，以学前教育、幼儿园、幼儿、学前教师、学前教育教师等为关键词进行检索。初次检索共获取2000年1月1日至2019年12月31日118项政策文本，经过筛选剔除后，剩余相关度较高的政策文本76项（见附录2）。

一　政策数量

2000—2019年，国家为促进西部地区学前教育发展累计出台76项政策。总体来看，学前教育政策数量呈现波动增加的趋势，政策具有明显的阶段性特征，如图4-1所示。

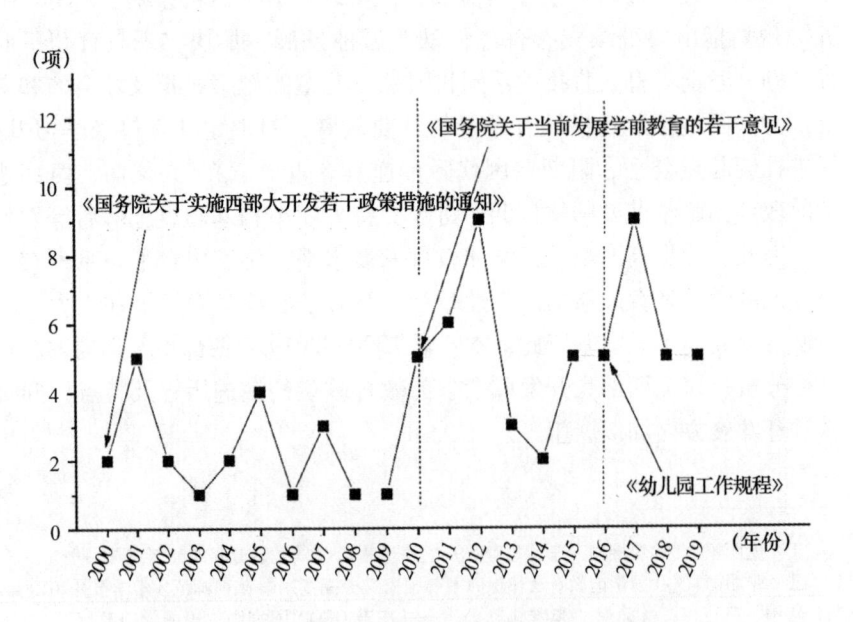

图4-1　2000—2019年西部地区学前教育政策数量

根据不同时期政策内容侧重点，西部地区学前教育政策演进过程大致可以划分为三个阶段[①]：第一阶段为2000—2009年，以2000年《国务院关于实施西部大开发若干政策措施的通知》为起点，国家加大西部地区教育支持力度，建设西部地区教育体系，该阶段政策数量变化趋势平缓；第二阶段为2010—2015年，2010年国务院出台《关于当前发展学前教育的若干意见》，指出要把发展学前教育摆在更加重要的位置，强调学前教育的公益性和普惠性，2012年发文数量达到峰值，有9项；第三阶段为2016—2019年，2016年教育部出台《幼儿园工作规程》，重点关注幼儿园的科学管理，规范办园行为，提高保育和教育质量，促进幼儿身心健康，学前教育管理逐步迈向规范化和科学化。

二 发文部门

西部地区学前教育政策发文部门共计16个，可以划分为两个层次，如表4-1所示：第一层次是中共中央和国务院层面的直接发文，政策数量分别是2项和16项，其中2016—2019年国务院单独发文5项，说明学前教育日益受到国家的重视。第二层次是中共中央和国务院各部委及其直属机构的政策发文，发文数量比较多的是教育部58项、财政部13项、发改委6项。从部门单独发文情况来看，教育部单独发文40项，数量最多，说明在西部地区学前教育发展过程中，教育部是制定学前教育政策的主要部门。此外，财政部、公安部、中央编办、住房城乡建设部等部门的发文均为联合发文，这些部门为学前教育发展提供配套保障政策。

表4-1　2000—2019年西部地区学前教育政策发文部门统计表　　单位：项

层次	发文部门	发文数量		发文部门	发文数量	
		发文总量	单独发文		发文总量	单独发文
中共中央、国务院	中共中央	2	—	国务院	16	14

[①] 阙明坤、王华、王慧英：《改革开放40年我国民办教育发展历程与展望》，《中国教育学刊》2019年第1期。

续表

层次	发文部门	发文数量		发文部门	发文数量	
		发文总量	单独发文		发文总量	单独发文
中共中央和国务院各部委及其直属机构	教育部	58	40	国家市监局	2	—
	财政部	13	—	国家税务总局	1	—
	发改委	6	—	中央编办	1	—
	卫健委	4	1	国务院扶贫办	1	—
	人社部	4	—	中央综治委	1	—
	民政部	3	—	中国残联	1	—
	公安部	2	—	交管局	1	—

注：发文部门采用最新一轮机构改革后的名称，已经调整合并后的部门，将其原有发文纳入新部门进行统计。

根据前文三个阶段的划分，构建发文部门合作网络图，如图4-2—图4-4所示。图4-2中的节点大小表示发文主体参与发文的数量多少，

图4-2 2000—2009年发文部门合作网络图①

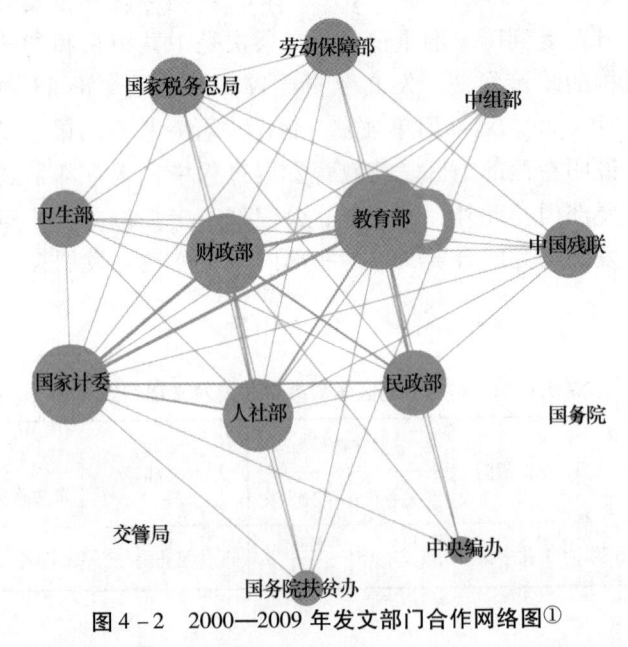

① 发文部门合作网络图中的政策部门名称，按照该部门所处时间阶段的名称进行绘制，后续章节相同。

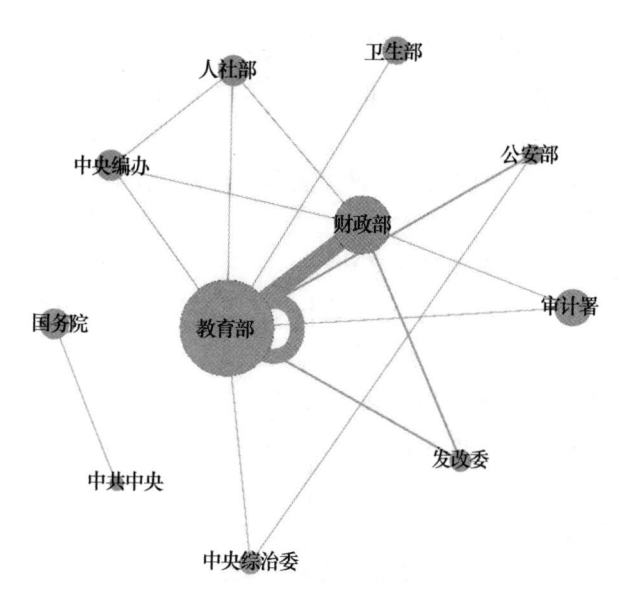

图 4-3　2010—2015 年发文部门合作网络图

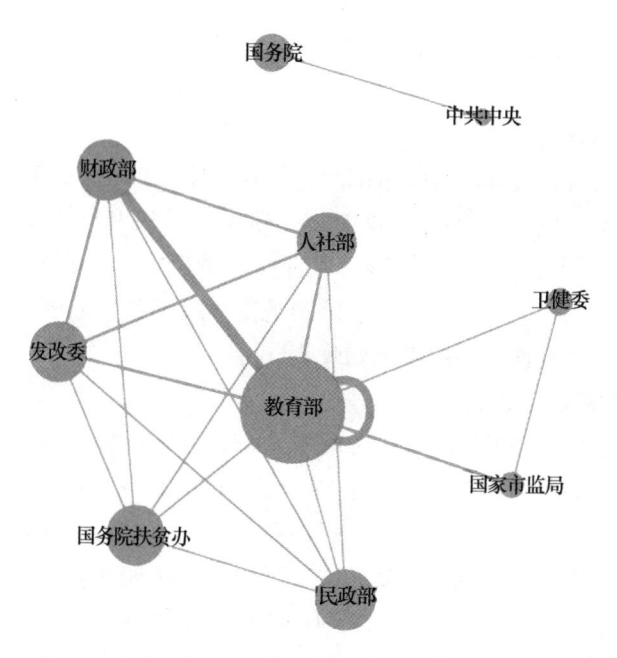

图 4-4　2016—2019 年发文部门合作网络图

即发文部门的中心地位；连线表示发文主体之间的联系，连线的粗细程度代表发文部门之间的联合发文情况；某些节点上侧连接的自环表示某发文部门单独发文的情况①。

2000—2019年，学前教育政策发文部门日益减少，而政策数量却逐渐增加。2000—2009年，政策发文部门共有14个，在此阶段政策发文数量是22项，发文部门较多但是政策数量相对较少（见图4-2）。2010—2015年，政策发文部门由14个减少到11个，但是政策数量却由22项增加到30项，和上一阶段明显不同的是，该阶段出现了中共中央、国务院联合发文，表明学前教育引起更高层面决策主体的重视（见图4-3）。2016—2019年，政策发文部门共有10个，政策数量总计24项（见图4-4）。

三 政策文种

2000—2019年，我国西部地区学前教育政策类型涉及通知、意见、条例、规划、纲要、办法、计划和决定等11类，如图4-5所示，以通知为主要发文形式，共计36项，占所搜集政策数量的47.37%，其次是意见，共17项，占比22.37%，而决定、计划和办法等较少。

四 政策类型

根据学前教育政策内容覆盖范围，将西部地区2000—2019年学前教育政策分为三类，包括宏观指导政策、专项支持政策和保障配套政策，如图4-6所示。总体来看，西部地区学前教育政策以专项支持政策为主，有43项，数量最多，占56.58%，辅以宏观指导政策和保障配套政策，为西部地区学前教育全面发展提供重要政策支持。

（一）宏观指导政策

在宏观层面，中共中央、国务院对西部地区学前教育体系建设加以规划，进行整体布局的相关政策共计14项，如2001年国务院出台的《中国儿童发展纲要（2001—2010年）》提出要给予儿童必需的保护、照顾和良好的教育，为儿童成长提供必要条件；2010年国务院颁布的《关于当前发展学前教育的若干意见》则从全国层面进行规划布局，促进学前教育发展，针对西部地区，特别指出中央财政要设立专项经费支持中西部农村地

---

① 发文部门合作网络图的含义解释，后续章节相同。

第四章 西部地区学前教育政策

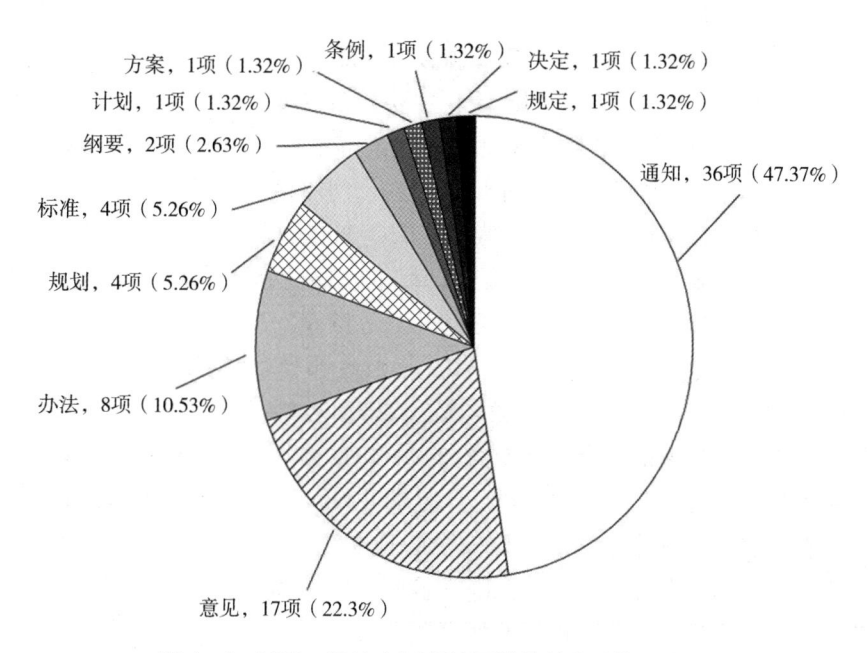

图 4-5 中各项数据：
- 方案，1项（1.32%）
- 条例，1项（1.32%）
- 决定，1项（1.32%）
- 计划，1项（1.32%）
- 规定，1项（1.32%）
- 纲要，2项（2.63%）
- 标准，4项（5.26%）
- 规划，4项（5.26%）
- 办法，8项（10.53%）
- 通知，36项（47.37%）
- 意见，17项（22.3%）

图 4-5　2000—2019 年西部地区学前教育政策文种图

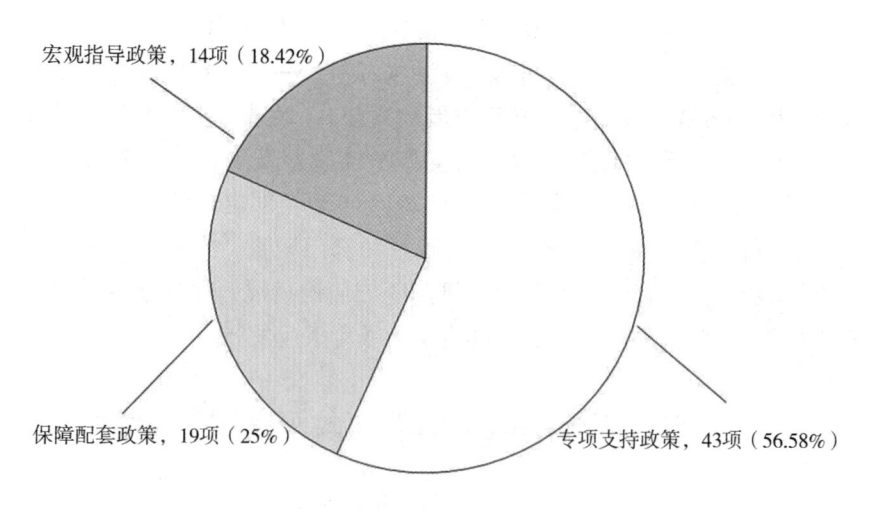

图 4-6 中各项数据：
- 宏观指导政策，14项（18.42%）
- 保障配套政策，19项（25%）
- 专项支持政策，43项（56.58%）

图 4-6　2000—2019 年西部地区学前教育政策类型图

区、少数民族地区和边疆地区发展学前教育和学前双语教育。宏观指导政策能够从总体上把握国家学前教育发展方向，为西部地区学前教育事业发展指明方向。

(二) 专项支持政策

在专项支持方面，中共中央和国务院各部委总计出台43项内容上涉及西部地区学前教育发展的专项政策，主要包括三类：一是幼儿园建设类政策，如2016年教育部出台的《幼儿园建设标准》指出幼儿园建设必须坚持"以幼儿为本"的原则，要求园区布局、房屋建筑和设备设施应功能完善、配置合理、绿色环保、经济美观，具有抵御自然灾害、保障幼儿安全的能力；各地要严格执行幼儿园建设标准，通过提高幼儿园建设的科学化、规范化管理水平，来营造适合幼儿身心健康发展的育人环境。二是学前教育教师队伍建设类政策，如2011年财政部和教育部颁布了《关于实施幼儿教师国家级培训计划的通知》，从培训对象、培训方式和培训内容等方面着手提高学前教育教师能力和水平，以构建教师专业标准体系，建设一支高素质的专业化教师队伍。三是幼儿安全健康保障类政策，如2006年教育部出台的《中小学幼儿园安全管理办法》，该办法从安全管理职责和安全管理制度等方面着手，保障学校及其学生和教职工的人身、财产安全，维护中小学、幼儿园正常的教育教学秩序。

(三) 保障配套政策

在保障配套方面，国家为促进学前教育发展出台政策总计19项，主要包括以下两类，一是财政支持类政策，如2011年财政部和教育部颁布的《关于加大财政投入支持学前教育发展的通知》，为进一步扩大学前教育资源，国家通过加大财政投入的方式支持学前教育发展，着力解决"入园难"问题。二是监督管理类政策，如2012年教育部出台的《学前教育督导评估暂行办法》，指出要落实政府责任和部门职责，完善管理体制，健全工作机制，建立督促检查和问责机制等方面的情况，促进地方人民政府切实履行发展学前教育的职责，推进学前教育事业发展。

第二节　西部地区学前教育政策发展与演变

通过对76项西部地区学前教育政策文本进行词频分析，绘制出西部地区学前教育政策高频词云图，如图4-7所示。词云图中字体大小代表关键词在政策文本中出现频率的高低，学前教育政策高频词语有"幼儿""幼儿园""制度""儿童""经费""教师培训""办园"等，说明西部地区学前教育发展主线清晰，主要围绕学前教育教师培训、经费支持、幼儿园建设等方面展开，建设让公民满意的学前教育公共服务体系。

图4-7 2000—2019年西部地区学前教育政策高频词云图

一 调整完善阶段（2000—2009年）

我国学前教育起步晚、发展慢，存在基础设施薄弱、教师水平低、财政投入不足等问题，西部地区则更为严重[①]。为弥补西部地区学前教育发展的不足，国务院于2000年出台《关于基础教育改革与发展的决定》和《中国儿童发展纲要（2001—2010年）》，明确提出要大力发展以社区为依托，公办与民办相结合的多种形式的学前教育和儿童早期教育服务[②]。2001年，教育部颁布《幼儿园教育指导纲要（试行）》，从幼儿园的教育内容与要求、教育活动的组织与实施、教育工作评价等方面使学前教育的发展更加规范化，标志着学前教育发展开始步入正轨阶段。2003年，教育部、中央编办等出台《关于幼儿教育改革与发展的指导意见》，指出要形成以公办幼儿园为骨干和示范，以社会力量兴办幼儿园为主体，公办与民

---

① 龙红芝：《西部民族地区学前教育高质量发展面临的问题与推进策略》，《西北师大学报》（社会科学版）2021年第6期。

② 吴佳莉、吴霓：《改革开放40年民办学前教育政策回眸与反思》，《中国教育科学》（中英文）2019年第3期。

办、正规与非正规教育相结合的发展格局。2005年，教育部颁布《关于规范小学和幼儿园教师培养工作的通知》，统筹规划幼儿园教师培养工作，科学合理地确定幼儿园教师的培养层次、培养规模和实施途径，从而提高教师培养质量。2006年，教育部、公安部等出台《中小学幼儿园安全管理办法》，从安全管理职责、校内安全管理制度等方面加强幼儿园安全管理，保障幼儿人身安全。经过一段时间的发展，学前教育安全管理逐渐规范化。2007年，教育部颁布《国家教育事业发展"十一五"规划纲要》，指出学前三年毛入园率2010年达到55%以上的发展目标[①]，要进一步做好教育支持西部开发等工作，使教育发展更加适应区域经济社会发展需要。该阶段出台了与学前教育相关的多项政策，辐射西部地区，主要从幼儿园建设、安全管理、发展目标等方面加以探索，逐步调整学前教育发展方向，使其逐渐规范化。

如图4-8所示，根据接入点大小和色块分布可以将2000—2009年的政策文本网络图划分为8个社团，按照从上到下、从左到右的观察顺序，用最大接入点表示各社团[②]，分别是社团1"办学"、社团2"教学"、社团3"伤害事故"、社团4"贫困地区"、社团5"事故"、社团6"教师队伍"、社团7"评估"和社团8"校车"。

该阶段各社团关键节点的中心度相对较大，"办学"和"校车"较为突出。以主题的相关度为依据，将该阶段社团大致分为以下三类：第一类重点关注学前教育办学教学，包含社团1和社团2，以"办学""素质教育""西部地区""教学""人才"为核心词，旨在通过加大教育经费投入、培养专业化教师队伍、丰富课堂教学内容，提高西部地区学前教育办学、教学水平。第二类主要关注学前教育安全管理工作，包含社团3、社团5和社团8，以"伤害事故""事故""责任""隐患""校车"为核心词，该时期学前教育以校车事故为代表的安全问题频发，引起社会对于幼儿个体安全的关注。因此，该阶段学前教育政策内容通过落实园长安全管理职责和消除幼儿安全隐患，保障幼儿安全健康，如开展违规校车上路行驶查处工作，以降低校车事故发生率。第三类聚焦于学前教育教师队伍建设，包含社团4、社团6和社团7，以"贫困地区""教师队伍""职业道

[①] 刘磊、谷忠玉、孙海萍：《什么因素影响着学前教育毛入园率——基于对全国31省市三期学前教育三年行动计划中毛入园率的审视与思考》，《教育发展研究》2020年第12期。

[②] 政策部分其余章节均按该观察顺序进行分析。

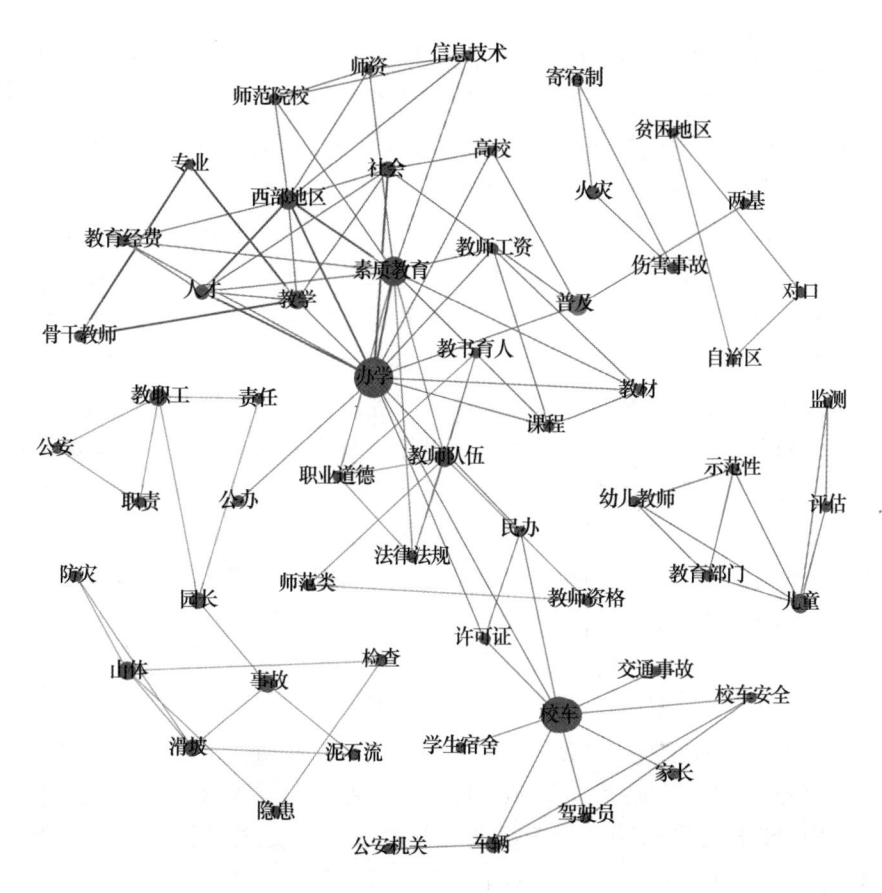

图 4-8　2000—2009 年西部地区学前教育政策文本网络图

德""法律法规""教师资格""评估"为核心词，旨在通过开展东西部地区对口支援工作、提高学前教育教师资格准入制度、制定学前教育教师法律法规和评估幼儿园教师工作等措施，提高学前教育教师质量，使教师队伍建设更加标准化、科学化。总体而言，该阶段西部地区学前教育从办学教学水平、安全管理职责和教师队伍建设等方面加以调整完善，并取得一定成效①。

---

① 李晖：《西部地区学前教育融合出版的探索与创新》，《中国出版》2021 年第 15 期。

二 全面提升阶段（2010—2015年）

在调整完善阶段，学前教育政策内容覆盖面相对较窄，大都以补齐西部地区学前教育发展短板为主，缺乏对学前教育发展专项内容的关注[①]。为全面提升西部地区学前教育发展水平，2010年国务院出台《关于当前发展学前教育的若干意见》，从优化布局与办园结构、健全经费投入长效机制、加强幼儿园教师队伍建设、加强组织领导等方面对学前教育发展的各个方面加以指导[②]。基于此，2011年教育部和财政部颁布《关于加大财政投入支持学前教育发展的通知》，通过建立政府投入、社会举办者投入、家庭合理负担的投入机制，重点支持家庭经济困难儿童接受学前教育，构建覆盖城乡、布局合理的学前教育公共服务体系[③]。2012年，卫生部出台《托儿所幼儿园卫生保健工作规范》，从生活安排、儿童膳食和体格锻炼等方面加强托儿所、幼儿园卫生保健工作，提高卫生保健工作质量。2013年，教育部颁布《幼儿园教职工配备标准（暂行）》，指出幼儿园应按照服务类型、教职工与幼儿以及保教人员与幼儿的一定比例配备教职工，满足幼儿在园生活、游戏和学习的需要，确保幼儿接受基本的、有质量的学前教育[④]。2015年，教育部出台《幼儿园园长专业标准》，从办学理念和专业要求等方面规范园长发展，为幼儿园园长任职资格标准、培训课程标准和考核评价标准提供了重要依据；同年，教育部和财政部颁布《关于改革实施中小学幼儿园教师国家级培训计划的通知》，通过顶岗置换、送教下乡以及网络研修等培训方式，对中西部地区乡村幼儿园教师进行专业化培训[⑤]。该阶段出台的西部地区学前教育政策覆盖面更为广泛、支持力度更高，各类专项政策分别从经费支持、办学要求、教师培训和安全健康等方面规定具体要求，学前教育事业得到了全面提升。

---

① 涂卫、黄泰博：《权利视野下西部民族地区学前教育法治的检视与探讨》，《民族教育研究》2021年第3期。
② 洪秀敏、赵尚艺：《西部地区学前教育发展的成效、瓶颈及对策——基于成都市第二期学前教育三年行动计划实施效果的调查》，《现代教育管理》2020年第1期。
③ 生兆欣：《政府·市场·社会：学前教育治理的历史变迁及当代审视》，《南京师大学报》（社会科学版）2021年第4期。
④ 何媛、郝利鹏：《我国当代0—3岁婴幼儿教育政策分析》，《广西师范大学学报》（哲学社会科学版）2009年第3期。
⑤ 付卫东、周威：《"十四五"时期我国学前教育教师队伍建设：主要形势与重点任务》，《现代教育管理》2021年第4期。

2010—2015 年，政策文本网络图划分为 9 个社团，如图 4-9 所示，分别是社团 1"卫生保健"、社团 2"治安"、社团 3"事故"、社团 4"幼儿"、社团 5"财政"、社团 6"保卫工作"、社团 7"图书"、社团 8"办学"和社团 9"检查"。

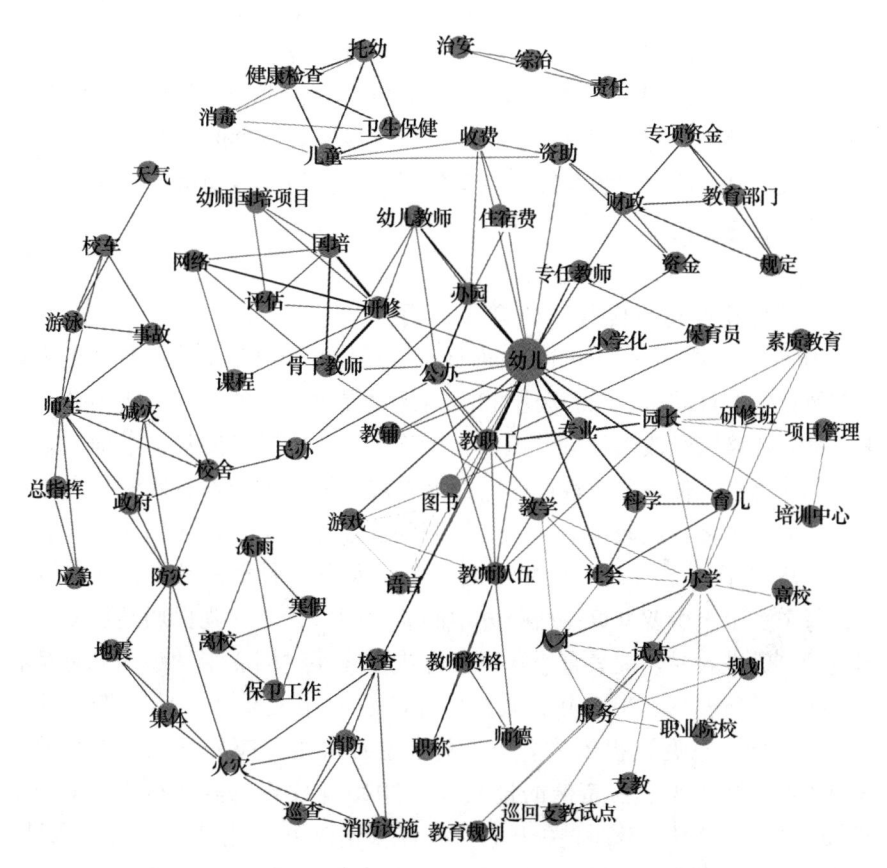

图 4-9 2010—2015 年西部地区学前教育政策文本网络图

该阶段"幼儿"这一关键节点的中心度较为突出，说明学前教育政策内容重点关注幼儿个体发展。以各社团的相关度为依据将该阶段社团大致可以划分为以下两类：第一类重点关注幼儿安全健康，包含社团 1、社团 2、社团 3、社团 6 和社团 9，以"卫生保健""治安""事故""保卫工作""检查"为核心词，从卫生保健工作职责、卫生保健工作内容与要求、托幼机构招生前卫生评价、幼儿园日常安全检查等方面保障幼儿健康成长,如通过开展科学幼儿卫生保健工作、落实校车安全管理责任、制定防灾减灾应急预案等活动,以减少事故发生率,保障幼儿身心健康[①]。第二类聚焦于学前教育办学教学,包含社团4、社团5、社团7和社团8,以"幼儿""教师队伍""国培""专项资金""图书""办学""研修班"为核心词。同调整完善阶段相比,该阶段出台了更多专项行动计划支持学前教育发展,政策内容也更加具有针对性,如通过实施学前教育"三年行动计划"缓解"入园难"问题、实施"幼师国培计划"提高幼儿教师队伍素质和实施学前教育"巡回支教试点工作"提高农村学前教育普及程度[②]。总体而言,该阶段学前教育政策更具针对性、支持力度更强,适应了学前教育发展的现实需求。

三 公益普惠阶段(2016年及以后)

2016年我国进入"十三五"时期全面建成小康社会的决胜阶段,也对学前教育的教育质量、教育公平和结构优化提出了新的要求,走上公益普惠的发展道路已经成为社会共识。"十三五"规划提出要坚持学前教育公益性、普惠性,促进普惠性民办幼儿园发展,切实加强对贫困和民族地区的扶持力度,将各类政策的注意力回归到公益方向上来。2016年,《教育脱贫攻坚"十三五"规划》中明确提出要大力发展学前教育,在贫困地区,每个乡镇至少要办好一所公办中心幼儿园,切实加强民族地区幼儿园的建设,促进农村学前教育服务网络建成,确保建档立卡学龄前儿童都有机会接受学前教育。2017年,教育部等印发的《关于实施第三期学前教育行动计划的意见》提出建立与公益普惠要求相适应的投入机制和成本分担机制,扩大普惠性资源的投入,到2020年实现普惠性幼儿园覆盖率为80%以上。2018年,《关于学前教育深化改革规范发展的若干意见》要求进一步完善学前教育公共服务体系,优化学前教育普惠性资源布局,重点向中西部农村地区和贫困地区倾斜。这一阶段,各部门出台了多项公益普惠政策,聚焦公办幼儿园建设,扩宽途径扩大普惠性资源供给。

2016—2019年,政策文本网络图划分为6个社团,如图4-10所示,分别是社团1"教学"、社团2"食品"、社团3"督导"、社团4"研修"、

---

① 武鹏举、宋乃庆、常金栋等:《学前儿童动商:内涵、价值与开发路径》,《中国教育学刊》2020年第9期。

② 张琴秀:《论农村幼师国培计划的意图、理念与模式》,《教师教育研究》2013年第4期。

社团5"幼儿"和社团6"贫困地区"。

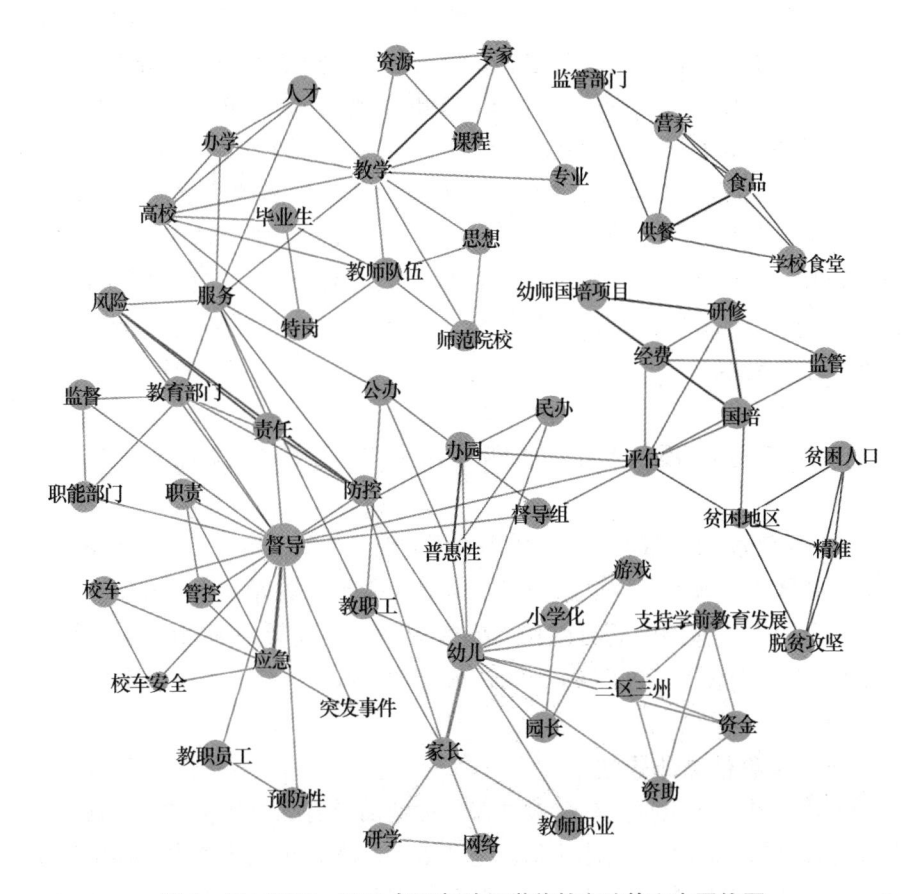

图4-10 2016—2019年西部地区学前教育政策文本网络图

该阶段各社团关键节点的中心度相对较大，政策内容关注重点较为突出。以各社团的相关度为依据将该阶段社团大致划分为以下三类：第一类重点关注规范化办学教学工作，包含社团1和社团4，以"教学""教师队伍""办园""普惠性""评估""研修"为核心词。同调整完善阶段和全面提升阶段相比，该阶段更加关注公益普惠学前教育的发展，主要从规范园区建设和科学培养教师出发，并且较为强调行政部门的监管评估作用，如通过提高普惠性幼儿园建设标准规范办园质量、评估幼师国培项目提高培训质量，促进城乡教育均衡发展①。第二类聚焦于食品监管工作，包含社团 2 和社团 3，以"食品""监管部门""督导""防控""应急"为核心词，通过加强食品监管、制定应急预案、落实安全管控职责等方式降低事故发生率，使学前教育安全管理工作更加规范化②。第三类较为关注贫困地区学前教育发展，包含社团 5 和社团 6，以"幼儿""三区三州""资金""贫困地区""精准"为核心词，该阶段做出打赢脱贫攻坚战的决定，充分发挥教育扶贫的作用，如通过加大资金投入支持贫困地区学前教育发展，提高学前教育精准扶贫力度。总体而言，该阶段学前教育对幼儿园园区建设、教师职业行为和食品监管等方面做出规范化发展要求，促进学前教育高质量发展。

第三节 西部地区典型学前教育政策的实施情况

依托西部大开发战略，中共中央及国务院各部委制定了一系列有利于提高西部地区学前教育师资队伍质量、增加幼儿园数量等方面的倾斜政策③，本章选取较为典型的"普惠性幼儿园政策""幼儿教师国家级培训计划""幼儿安全健康政策"进行深入分析，重点关注政策脉络、内容和效果。

一 普惠性幼儿园政策

普惠性幼儿园是指向社会提供普惠性学前教育公共服务的幼儿园，包括公办幼儿园和民办普惠性幼儿园，其基本特征是由政府举办或接受政府委托，获得财政性教育经费支持、接受政府限价与监督管理，其机构性质为非营利性机构。

（一）政策脉络

21 世纪以来，我国学前教育取得较大发展，普及程度逐步提高④。但

---

① 朱莉雅：《普惠性民办园的发展逻辑：过渡模式还是长期目标》，《中国教育学刊》2021 年第 8 期。

② 刘焱、武欣、郑孝玲等：《我国城镇幼儿园教育质量：基于 4 省 6 区县 433 个幼儿园班级的微观透视》，《学前教育研究》2021 年第 9 期。

③ 卢迈、方晋、杜智鑫等：《中国西部学前教育发展情况报告》，《华东师范大学学报》（教育科学版）2020 年第 1 期。

④ 刘占兰：《农村学前教育是未来十年发展的重点——〈规划纲要〉确定普及学前教育的重点与难点》，《学前教育研究》2010 年第 12 期。

总体来看，学前教育仍是各级教育中的薄弱环节，主要表现为园区数量少，幼儿"入园难"。为解决该类问题，政府相继出台一系列有助于学前教育发展的支持政策。

2010年，中共中央、国务院出台《国家中长期教育改革和发展规划纲要（2010—2020年）》，对学前教育普惠发展方向做出了具有前瞻性的规划和布局。同年，国务院颁布《关于当前发展学前教育的若干意见》，指出应大力发展民办幼儿园，特别是面向大众、收费较低的普惠性民办幼儿园，保障适龄儿童接受基本的、有质量的学前教育。2011年，全国各地开始实施第一期学前教育三年行动计划，学前教育"入园难"问题得到初步缓解。但西部地区学前教育底子薄、欠账多，普惠性资源依旧短缺。2014年，各地继续实施第二期学前教育三年行动计划，目的是巩固和扩大一期成果，进一步解决困难地区和困难群体"入园难"问题，并支持西部地区改扩建和新建公办幼儿园、利用社会力量举办普惠性幼儿园，改善西部地区办园条件差的现状。2017年，教育部出台《关于实施第三期学前教育行动计划的意见》，旨在巩固一期、二期建设成果。随着两孩政策的落地，幼儿入园需求急剧增加，然而学前教育尚未纳入义务教育范畴，供需失衡导致市场价格上涨，学前教育发展过程中不平衡、不充分的矛盾更加突出。2018年，国务院颁布《关于学前教育深化改革规范发展的若干意见》，要求各地把发展普惠性学前教育作为重点任务，并提出到2020年，普惠性幼儿园覆盖率要达到80%以上[①]。

（二）政策内容

普惠性幼儿园政策主要包含以下三个方面的内容。

1. 大力发展公办幼儿园，提供广覆盖、保基本的学前教育公共服务，逐步提高公办幼儿园幼儿占比。如云南通过实施新建或改扩建幼儿园项目、利用农村闲置校舍改建幼儿园、设立学前教育巡回支教点等措施，提升全省学前教育资源总量。

2. 鼓励社会力量以多种形式举办普惠性幼儿园，积极扶持民办幼儿园特别是面向大众、收费较低的普惠性民办幼儿园发展，通过政府购买服务、减免租金、派驻公办教师等方式，引导和支持民办幼儿园提供普惠性

---

① 龚欣、曲海滢：《高质量学前教育体系：基本构成、主要特征及建设路径》，《现代教育管理》2021年第11期。

服务，改变高收费民办幼儿园占比过高的局面。

3. 通过政府统筹安排，支持企事业单位、城市街道、农村集体举办的幼儿园向社会提供普惠性服务，盘活资源。以广西为例，某城市街道幼儿园升级为多元普惠性幼儿园后，为社区居民提供普惠性学前教育服务，政府按照在园幼儿数给予该园生均每学年 200 元的补助，并给予一次性奖励 3 万元①。

（三）政策效果

普惠性幼儿园政策有利于构建以普惠性质为主的办园体系，能够增加办园数量、提高幼儿入园率，政策效果较为明显。

1. 普惠性资源覆盖率进一步扩大：通过创新多元办园新机制，西部普惠性学前教育资源的覆盖率得到了较大提高。截至 2020 年，全国普惠性幼儿园在园幼儿 4082.83 万人，普惠性幼儿园覆盖率达到 85%，多数西部省份已基本实现国家设定的 2020 年学前三年毛入园率达到 85% 的目标，其中陕西、新疆、内蒙古、甘肃学前三年毛入园率分别达到了 98%、96%、94% 和 91%②。

2. 社会力量办园积极性前所未有：支持和鼓励社会组织、国有企业、优质公办园、个人等多方社会力量按照国家标准举办多元普惠幼儿园，给予资金补助和税收、土地等方面的优惠政策，撬动了社会资金投入学前教育，有效调动了社会资金办园的积极性。以广西为例，某市实施教育用地价格优惠补偿政策，将广西新华书店集团股份有限公司挂牌普惠性幼儿园用地价格从 65 万元/亩下调为 30 万元/亩，减轻了企业投资压力，调动了企业投资学前教育的积极性③。

3. 家庭负担得到有效减轻：新认定的多元普惠性幼儿园要根据与各县区教育局签订的协议中约定的收费标准进行收费，原先收费较高的幼儿园降低了收费标准，在减轻家长经济负担的同时，使幼儿享受到优质的学前教育服务，广大群众切实得到了实惠。

---

① 广西壮族自治区教育厅：《广西将添 302 所多元普惠幼儿园，收费不得高于公办 1.3 倍》，http://jyt.gxzf.gov.cn/，2019 年 11 月 18 日。

② 《全国教育事业统计主要结果公布，2020 年全国普惠性幼儿园覆盖率达 84.74%》，http://www.nwccw.gov.cn/2021-03/02/content_290652.htm，2021 年 3 月 2 日。

③ 广西壮族自治区人民政府门户网站：《广西壮族自治区实施征地地区片综合地价政策解读》，http://www.gxzf.gov.cn/zfwj/zxwj/t1510128.shtml，2020 年 3 月 5 日。

但是，普惠性幼儿园在发展过程中也面临一些问题，主要表现在两个方面：一是师资队伍建设，普惠性幼儿园教师工资收入偏低、工作压力较大，一定程度上影响了幼儿教师队伍稳定性。二是幼儿保教质量，部分普惠性民办幼儿园存在活动场地面积小、游戏化课程理念未融入教学活动、"小学化"教学等问题。

二 幼儿教师国家级培训计划

"幼儿教师国家级培训计划"是我国教育部、财政部于2011年提出的一项为提高学前教育教师整体素质而开展的培训政策，旨在提高学前教育教师素质、缩小东西部地区学前教育教师差距，促进学前教育均衡发展。

（一）政策脉络

随着学前教育规模的不断扩大，师资队伍教学水平落后，幼儿教师专业素质普遍不高的问题也逐渐显现，严重影响学前教育发展。在此背景下，幼儿教师国家级培训政策应运而生。

2011年，教育部、财政部开始在全国范围内实施由中央财政安排专项资金予以支持的"幼儿教师国家级培训计划"，同时实施学前教育三年行动计划，全面提高幼儿教师队伍的专业化水平和整体素质。2013年，教育部、财政部出台《"国培计划"示范性集中培训项目管理办法》等三项文件，针对"国培计划"中的示范性集中培训项目、示范性远程培训项目、中西部农村中小学骨干教师培训项目和幼儿园教师培训项目提出具体管理办法。2016年，财政部、教育部根据"国培计划"实施过程中出现的具体问题颁布了《中小学幼儿园教师国家级培训计划专项资金管理办法》，规范和加强中小学幼儿园教师国家级培训计划专项资金管理，提高资金使用效率。幼儿教师国家级培训政策在实践摸索中不断发展和完善，落实"国培计划"使得大量幼儿骨干教师得到专业培训，提高了教师的综合素质。

（二）政策内容

1. 培训对象：幼儿园（含公办幼儿园和民办幼儿园）园长、骨干教师和"转岗教师"三类。

2. 培训项目：短期集中培训、"转岗教师"培训和骨干教师置换脱产研修。

3. 承担机构：省域内外高水平师范院校、综合大学、幼儿师范学校、教师培训机构。具体如表4-2所示。

表4-2　　　　　　"幼儿教师国家级培训计划"培训项目

项目名称	培训对象	培训方式	培训内容
短期集中培训	骨干教师	"参与式"培训、专题学习、案例研讨、观摩考察、在岗实践	更新幼儿教师的教育观念，提高教师的教学能力和专业水平，解决在教育中面临的实际问题
"转岗教师"培训	农村幼儿园新入职的未从事过学前教育工作的"转岗教师"、非学前教育专业的高校毕业生	集中培训、"送培到县"、"送教上门"、远程培训	帮助"转岗教师"形成学前教育专业思维，掌握学前教育基本教学技巧，提高教学水平
骨干教师置换脱产研修	农村幼儿园具有良好发展潜力的骨干教师（年龄原则上不超过45周岁）	集中研修、专家引领、课题研究、跟岗实践、参与体验、返岗实践	围绕提高骨干教师教育水平、专业能力等方面开展培训

资料来源：幼儿教师国家级培训计划相关政策。

（三）政策效果

"幼儿教师国培计划"实施效果显著，培养了一批"种子教师"，有力促进了教学模式创新，重点支持了中西部农村教师培训，推动了教师教育改革，受到各地教育部门和广大教师的高度评价。

1. 截至2019年，中央财政共投入172亿元，1200余家培训机构参与，中西部项目和幼师国培项目投入超过159亿元；"国培计划"为中西部教师提供了至少1次的国家级培训，2010—2019年，约1680万名教师参与"国培计划"，中西部项目和幼师国培项目参训人次约1574万人，占全国培训人数的94%，覆盖全部深度贫困县以及贫困地区的乡村教师[①]。

2. "幼儿教师国培计划"根据社会发展及时调整完善，使其适应社会发展和师生需要。"幼儿教师国培计划"公开遴选组建了近2000名的国培专家库，并实行动态更新；从混合式培训、置换脱产培训、二次置换培训、项目县制度、工作坊制度、乡村校园长"三段式"培训等，再到自主

---

① 中华人民共和国教育部：《"国培计划"蓝皮书（2010—2019）摘要》，http://www.moe.gov.cn/jyb_xwfb/xw_zt/moe_357/jyzt_2020n/2020_zt16/guopeijihua/guopeilanpishu/202009/t20200907_485968.html，2020年9月4日。

选学、学分银行等，国培还在示范性项目中单列综合改革项目。

3. 培训标准日益规范化，培训更加有章可循。"国培计划"于2012年专门出台《"国培计划"课程标准（试行）》，在此基础上，于2017年开始，陆续推出培训标准，逐步建立分类、分层设计的递进式、连续性、完整性培训课程，不断积累经验，形成专业化培训规范。

但是，"国培计划"在实施过程中也暴露出一些问题，如培训专家以兼职为主、授课队伍不稳定、培训时间得不到保障等，使培训效果大打折扣。

三 幼儿安全健康政策

学前教育是幼儿安全意识较为薄弱的时期，需要政府的大力支持。为促进幼儿身心健康发展，中共中央及国务院各部委出台了有关幼儿人身安全、心理健康、卫生保健、食品安全等方面的政策。

（一）政策脉络

幼儿安全健康是幼儿发展的基础，但幼儿时期又是人一生中容易出现危险和安全事故的时期。在很长一段时间内，校车交通事故、食品质量问题、教师虐待儿童等幼儿安全健康问题层出不穷，严重影响了幼儿成长，不利于我国学前教育发展。为此，各级行政部门围绕幼儿安全健康问题出台了一系列政策，在保障幼儿健康成长方面提供了有力支持。

2005年，教育部颁布《关于加强中小学幼儿园校车安全管理的紧急通知》，指出应加强校车和租用车辆管理，严防幼儿园校车事故发生，保证儿童人身安全。2006年，教育部出台《中小学幼儿园安全管理办法》，从健全幼儿园安全预警机制、构建幼儿园安全工作保障体系等方面保障学生和教职工的人身、财产安全，维护教学秩序，幼儿园安全管理工作逐渐步入正轨。2010年，卫生部和教育部出台《托儿所幼儿园卫生保健管理办法》，从幼儿膳食营养、体格锻炼、健康检查、卫生消毒、疾病预防等方面着手，提高托儿所、幼儿园卫生保健工作水平，预防和减少疾病发生，保障儿童身心健康。此外，行政部门针对社会关注的热点问题出台了专项政策，如2018年教育部颁布《关于进一步加强中小学（幼儿园）预防性侵害学生工作的通知》，以预防性侵害工作为重点，开展幼儿园安全工作专项督导，督促、指导幼儿园及时消除安全隐患，对发现的性侵害线索和苗头要认真核实，及时依法处理。2019年，教育部、国家市监局和国家卫健委联合出台《学校食品安全与营养健康管理规定》，从管理体制、学校职责、食堂管理、外购食品管理等方面加强监管，保障学生和教职工在校集中用餐的食品安全与营养健康。

（二）政策内容

幼儿安全健康政策主要涉及幼儿人身安全、心理健康、卫生保健和食品安全四个方面。

1. 人身安全：一是构建幼儿园安全工作保障体系，全面落实安全工作责任制和事故责任追究制。二是健全幼儿园安全预警机制，制定突发事件应急预案，完善事故预防措施，及时排除安全隐患。三是将校车管理纳入教育行政部门的监管范围，定期组织幼儿园校车全面检查和清理，凡不具备条件的一律停止由学校组织的统一接送，建立和完善驾驶员安全管理和教育制度。

2. 心理健康：一是开展幼儿心理健康教育宣传，向青少年儿童、家长、教师等普及幼儿心理健康知识，营造心理健康从娃娃抓起的社会氛围。二是建立学生心理健康档案，每年评估学生心理健康状况，营造促进心理健康的校园环境。三是搭建幼儿心理健康服务网络，为在社交、情绪、自我控制等方面表现异常的幼儿提供专业的心理健康干预与指导。

3. 卫生保健：幼儿园卫生保健包括健康检查、生活护理、卫生消毒、疾病预防、膳食搭配。其中，健康检查包括两方面：一是日常晨检和全日健康观察；二是非常时期特殊检查，如手足口病高发时期对幼儿进行体温和身体状况检测。生活护理是在幼儿就餐、如厕、盥洗等日常活动中对幼儿进行护理。卫生消毒是对幼儿的日常生活用品及教具进行清洗消毒，防止病菌感染。疾病预防是在传染病流行时期配合防疫部门对幼儿及时进行检疫与疫苗接种。

4. 食品安全：一是建立健全幼儿园食品监管制度，落实幼儿园食品安全责任，食品安全监督管理部门将幼儿园及周边地区作为监督检查的重点，定期对幼儿园食堂、供餐单位和幼儿园内以及周边食品经营者开展检查，食品安全与营养健康的宣传教育。二是建立集中用餐陪餐制度，幼儿园相关负责人与学生共同用餐，做好陪餐记录，及时发现和解决集中用餐过程中存在的问题。三是培养幼儿健康的饮食习惯，加强对幼儿营养不良、肥胖等的监测与干预。

（三）政策效果

1. 幼儿人身安全保障程度不断提高：2019 年，86% 以上的中小学和幼儿园配备了保安员,70%以上安全防范体系建设达到了国家建设标准[①]。加强幼儿园的周边安全管理后,幼儿园安全事故明显减少。针对驾驶员操作不当问题,各级幼儿园在选拔校车驾驶员标准时更为严格,主要从驾驶员驾驶资格、过往表现、身心健康等条件入手。

2. 幼儿心理健康日益受到重视:对幼儿教育从业人员的标准要求日益提升,拥有一定的心理健康知识成为其专业素质的一项重要内容。职业道德考核成为幼儿教师常态化考核中的重要指标,重点考核其师德状况、职业品质,对存在体罚或变相体罚幼儿现象的教师,在年度考核中实行一票否决,不得录用心理不健康、道德素质不合格的从业人员。

3. 幼儿卫生保健工作得到明显改善:幼儿园卫生保健工作质量不断提高,具体表现为健全了幼儿卫生保健制度,完善了幼儿保健资料,发育缓慢的幼儿明显减少,幼儿的贫血患病率明显下降。

4. 幼儿园食品安全管理日渐规范:幼儿食品生产和管理的规章制度体系得以确立,幼儿园食品采购、运输、制作、保存等流程有了明确的标准与要求,对幼儿食品安全问题的监管成为一项重要工作。如2018年,广西邀请60多名辖区幼儿园园长、负责人和家长召开加强幼儿园食品安全监管工作现场会,督查幼儿园食堂整改落实情况,督促相关部门履职,规范辖区内60多家幼儿园或看护点的食堂卫生操作,解决幼儿园供餐安全隐患。

幼儿安全健康问题虽然得到了高度关注,但是幼儿园突发暴力伤害事件、幼儿园教师虐待儿童事件等仍偶有发生,未来幼儿健康成长环境的营造仍为复杂。

第四节 小结与展望

一 小结

21世纪以来,西部地区学前教育事业在国家政策的大力推动下获得了跨越式发展,较好地解决了广大学龄前儿童有学上的问题,形成了全社会重视学前教育发展的氛围。随着学前教育发展与改革实践的不断深入,政

[①] 中国新闻网:《陈宝生:86%以上中小学、幼儿园已配备保安员》,https://baijiahao.baidu.com/s? id = 1627779898644188210&wfr = spider&for = pc,2019年3月12日。

策演进经历了调整完善阶段、全面提升阶段和公益普惠阶段,学前教育整体上向普惠性、高质量和系统化的方向发展。

(一)政策价值由"市场导向"回归"公益普惠"

学前教育政策蕴含着政府对于学前教育事务和教育问题的一种价值判断和价值选择,面对日益变化的社会环境,西部地区学前教育政策价值经历了由市场导向回归公益普惠这一转变。21世纪之初,社会主义市场化进程加快,为弥补国家在学前教育领域投入的不足,各级政府出台相关政策引导民办幼儿园发展,在一定程度上缓解了幼儿入园的压力。市场经济背景下民办园的兴起适应了社会发展的需要,但民办园的资金大多是投资性的,带有营利目的,寄希望于通过大力扶植民办园的方式,解决入园难、入园贵和普及学前教育则无法解决根本问题。此背景之下,国家日益认识到学前教育回归公益普惠的重要性,在政策的制定和实施过程中强调普惠学前教育,以满足人民群众对于优质普惠学前教育的需求,主要表现在两个方面:一是加大政府财政资金投入,大力建设公办幼儿园,增加公办幼儿园数量。二是鼓励社会化、市场化力量投资建设民办普惠幼儿园,同时奖励补助普惠性的民办幼儿园。

(二)政策重心由"规模扩张"迈向"质量发展"

随着教育理念和教育需求的转变,西部地区学前教育政策重心大致经历了由追求规模扩张到质量发展的阶段性转变。在政策早期阶段,西部地区主要面临幼儿园数量少、入园率低的问题。基于此,该阶段的政策主要围绕增加幼儿园数量展开,其主要目标是为了提高西部地区幼儿园覆盖率。随着普惠性幼儿园等政策的实施,西部地区幼儿园数量和幼儿园覆盖率有了显著提高,但是随着家庭对学前教育需求的增加与学前教育优质资源服务短缺之间的矛盾逐渐凸显,建构有质量的学前教育公共服务体系成为现阶段学前教育发展的当务之急。在此基础上,学前教育政策重心转为关注学前教育发展的质量,主要表现在以下三个方面:一是改善学前教育的结构,包括师资队伍的配置、基础设施的改善等方面。二是聚焦学前教育的教学过程,包括丰富教学内容、改善教学方式。三是关注学前教育的结果,通过开展学前教育评估工作,对幼儿园建设、教师职业行为和幼儿安全健康等方面做出规范化的要求。

(三)政策体系由"碎片化"走向"系统化"

为加强西部地区学前教育管理,我国出台了一系列政策,其政策体系呈现出由碎片化走向系统化的特点。在学前教育发展的早期阶段，大都是应急性管理政策，具有"头痛医头，脚痛医脚"的特征，学前教育政策体系具有碎片化特点，如在幼儿园校车安全事故发生后出台多项针对校车安全管理的政策文件，在自然灾害频发的高发期颁布安全预警通知，碎片化的学前教育政策虽然在一定程度上解决了安全问题，促进了学前教育的发展，但距离构建完善的学前教育公共服务体系还有一段距离。在这种背景下，为提高学前教育质量，政府逐渐把学前教育转向系统化、规范化和科学化发展，学前教育政策体系紧紧围绕规范化的学前教育建设和管理而构建，主要从幼儿园工作规程、幼儿园建设标准、学前教师职业行为、安全风险防控体系和幼儿园食品监督管理等方面，出台覆盖面更广、规范性更强、前瞻性更远的学前教育政策，学前教育体系建设逐步向系统化方向发展。

二 展望

人们对学前教育的需求已经由"有学上"向"上好学"转变，如何为广大学龄前儿童及其家庭提供覆盖广且普及有质量的学前教育服务，将成为"十四五"时期我国学前教育事业发展的重要目标。基于此，对未来学前教育的发展方向加以展望。

（一）推进学前教育财政投入均衡发展

近年来，党中央、国务院不断加大学前教育财政投入力度，安排了专项财政资金扶持中西部地区学前教育发展。然而长期以来，我国学前教育财政投入严重不足，短期的巨大投入难以满足西部地区学前教育事业发展的需求，存在着严重的区域以及城乡的不均衡问题。因此，为扩大西部地区普惠性学前教育资源、提高财政投入效率，需要切实解决区域间、省际、城乡间学前教育事业发展不均衡的问题。一是完善学前教育财政立法。明确划分各级政府的财政责任，通过法律来约束学前教育事业发展中政府的行为，保证西部地区学前教育发展获得稳定的财政投入，为均衡发展提供法律支持。二是坚持中央和省级为主的财政统筹支持责任。西部地区县、乡财政能力有限，需因地制宜确定财政统筹主体层级，一方面，继续加大中央政府财政投入责任，确保中央经费主要用于学前教育质量的提升；另一方面，建立以省级政府为财政统筹主体的省、市、县三级政府共同承担机制，确保学前教育省级财政经费比例的稳步提升，确保西部地区学前教育人均教育经费持续稳定增长。三是引入社会资本支持公益性幼儿园的建设。政府应对出资建设公益性幼儿园的企业和个人给予免税等补贴措施，合理引导社会资本办园，同时还要发挥监管作用，切实提高社会资本办园的服务水平。

（二）优化学前教育师资队伍建设

师资队伍建设是推进学前教育优质发展的关键，建设一支数量足、素质高、善保教的教师队伍是学前教育事业发展与研究的重点。近年来，西部地区学前教师数量虽逐年增加，但仍存在总量不足、专业水平参差不齐、城乡配置差距较大等问题。因此，为满足人们对高品质普惠性学前教育资源的需求，需要培养数量更多、质量更高、配置更均衡的学前教育教师队伍。首先，拓宽学前教师补充渠道，如适度扩大西部地区学前教育教师定向培养规模，实施本地生源定向培养计划，使更多年轻教师能在西部地区的幼儿园留得住、干得好。其次，完善学前教育教师培训机制，应分阶段、有计划地加强教师的培训工作，根据教师所处的发展阶段及其自身的发展需求提供个性化培训，结合国培、省培、园本教研等多层级培训体系，切实提高培训的有效性，促进学前教育教师专业能力的发展。最后，建立城乡教师双向交流制度，在城区幼儿园选拔骨干教师或优秀教师到农村幼儿园对口支教，发挥辐射作用，在农村幼儿园中选拔中青年教师到城区幼儿园跟岗学习，实现城乡教师双向交流。因此，通过补充增量、优化存量、吸引流量等方面加快补齐西部地区学前教育教师队伍的步伐，为推进学前教育治理体系和治理能力现代化、加快学前教育优质高效发展提供强有力的人才支撑。

（三）完善学前教育教学体系

学前教育课程是实施学前教育任务和保教目标的重要手段和组织形式，是促进幼儿身心和谐发展的重要途径，以往的学前教育课程改革为学前教育发展积累了大量宝贵经验，但仍存在幼儿教学"小学化"倾向严重、课程内容机械化、游戏活动教学缺乏等问题，不利于贯彻以幼儿为本的学前教育价值取向，严重影响了幼儿个体的全面发展。因此，为培养心灵、心智和身体等全面发展的幼儿，应不断完善健康、语言、社会、科学、艺术等覆盖面较为广泛的学前教育课程内容，真正发挥学前教育对于幼儿发展的启蒙作用。一是贯彻以幼儿为本的学前教育课程价值取向，以让幼儿度过快乐而有意义的童年视为学前教育课程内容的出发点和落脚点，严禁"揠苗助长"式的"小学化"教育，重视游戏等活动在学前教育课程设置中的独特价值。二是注重课程与生活的融合，重视和加强幼儿园本和园外课程的研究和开发，使幼儿在课程中获得更直观的感受，促使其全面发展。三是探索多元化的课程模式，集中省域内专家、教研人员和优质师资组建课程开发共同体，通过选编、创编、改编等方式开发适合幼儿发展的学前教育课程，探索多元化的课程模式。

第五章

西部地区基础教育政策

基础教育是提升民族素质的重要教育阶段,是国家科教兴国的奠基工程,在国家教育体系构建和社会主义现代化建设方面具有全局性和先导性作用,其最大特点为基础性、公共性且不具有专业和职业指向性①。广义上的基础教育包括学前教育、普通小学教育、普通初中、普通高中以及扫盲教育;狭义上主要指义务教育阶段,包括普通小学教育、普通初中教育等。本章讨论狭义的基础教育②,主要研究西部地区基础教育相关政策。

改革开放以来,我国基础教育取得了辉煌成就,但仍存在教育现代化水平不高、区域间发展不平衡等问题,西部地区基础教育发展任务仍十分艰巨,相对落后的办学条件和匮乏的教师资源是制约教育水平提升的一大短板③。西部大开发战略实施以来,我国出台了一系列针对西部地区基础教育的发展政策,有力促进了西部地区基础教育发展。"十四五"规划指出要巩固基础教育基本均衡成果,着力提升基础教育阶段科学教育水平。为此,推动教育高质量发展,加快基础教育现代化、科学化建设,促进区域间的高水平均衡化成为新需求,西部地区基础教育的高质量发展成为国家重要工作之一。本章选取2000—2019年西部地区基础教育政策进行分

---

① 程斯辉:《试论基础教育的本质》,《中国教育学刊》2004年第1期;杨志成:《中国特色社会主义教育学理论体系发展的新境界——习近平教育思想研究》,《中国教育学刊》2017年第5期;徐俊峰:《习近平教育思想体系及其理论品格》,《现代教育管理》2019年第1期。

② 学前教育在本书第四章有详细论述,本章不再涉及。高中教育作为中小学教育与高等教育间的缓冲提升阶段,根据我国的基础教育现状,高中阶段教育具有一定的功利性,不具有完全公共性,本章将不对高中教育做聚焦式讨论。

③ 刘宏燕、陈雯:《中国基础教育资源布局研究述评》,《地理科学进展》2017年第5期;汪凡、白永平、周亮等:《中国基础教育公共服务均等化空间格局及其影响因素》,《地理研究》2019年第2期。

析，揭示西部地区基础教育政策变化的特点和趋势。

第一节 西部地区基础教育政策概述

本章主要研究国家层面颁布的涉及西部地区基础教育相关的政策，政策文本搜集以中共中央、国务院及其各部委官网、北大法意网为主，中国知网、百度等网站为辅，将区域限定为西部地区、民族地区、贫困地区，以基础教育、义务教育、中小学等作为关键词进行组合检索，初次检索共获取 2000 年 1 月 1 日至 2019 年 12 月 31 日 188 项文本，经过筛选剔除后，剩余相关度较高的政策文本 116 项（见附录 3）。

一 政策数量

2000—2019 年，国家为促进西部地区基础教育发展累计出台 116 项政策。总体来看，基础教育政策数量呈现波动增加的趋势，出现 2001 年、2006 年及 2018 年三个发文峰值突出年份，政策具有明显的阶段性特征，如图 5-1 所示。

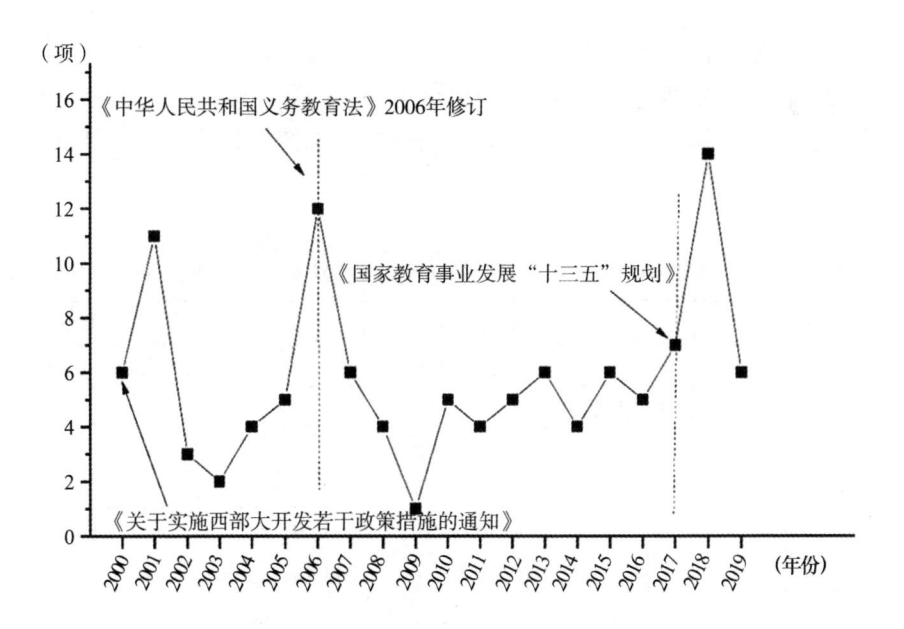

图 5-1 2000—2019 年西部地区基础教育政策数量

根据不同时期政策内容侧重点，西部地区基础教育发展大致可以划分为三个阶段：第一阶段为 2000—2005 年，共出台 31 项政策。2000 年国务院发布《关于实施西部大开发若干政策措施的通知》，拉开了 21 世纪西部大开发的序幕，该阶段围绕西部大开发战略，出台了一系列关注西部地区的基础教育政策。第二阶段为 2006—2016 年，共出台 58 项政策。2006 年《中华人民共和国义务教育法》修订，将义务教育"免费"原则以法律形式明确，各部门对前期政策进行了适应性调整。第三阶段为 2017—2019 年，共出台 27 项政策，2017 年《国家教育事业发展"十三五"规划》出台，明确指出国家基础教育逐步转向均衡式发展。同时，鉴于教育在稳定脱贫中的重要地位，伴随着脱贫进入攻坚期，政策导向也在原来基础上进行了升级调整。

二　发文部门

西部地区基础教育政策共涉及 23 个发文部门，发文部门呈现多元化，发文形式以部门间联合发文为主，联合发文数量占总发文数量的 45.69%。根据发文部门层级可将发文部门分为两个层次：第一层次为中共中央和国务院层面的直接发文，其中，国务院发文较多，共 39 项；第二层次为中共中央和国务院各部委及其直属机构，其中教育部、财政部、发改委和人社部发文较多，分别为 70 项、33 项、16 项和 15 项，具体如表 5 – 1 所示。由此可见，西部地区基础教育工作主要以国务院统筹，教育部、财政部牵头开展，其他部门配合完成。

表 5 – 1　　2000—2019 年西部地区基础教育政策发文部门统计表　　单位：项

层次	发文部门	发文总量	单独发文	发文部门	发文总量	单独发文
中共中央、国务院	中共中央	11	2	国务院	39	30
中共中央和国务院各部委及其直属机构	教育部	70	28	财政部	33	0
	发改委	16	1	人社部	15	0
	中央编办	5	0	中组部	4	0
	国家广电总局	3	0	国务院扶贫办	3	0
	农业农村部	3	0	国务院西部开发办	2	1
	国务院纠风办	2	0	中宣部	2	0

续表

层次	发文部门	发文数量		发文部门	发文数量	
		发文总量	单独发文		发文总量	单独发文
中共中央和国务院各部委及其直属机构	文旅部	2	0	国家市监局	2	0
	国务院农改办	1	1	住建部	1	0
	民政部	1	0	卫健委	1	0
	国家监察委	1	0	公安部	1	0
	共青团中央	1	0	—	—	—

根据前文三个阶段的划分，构建发文部门的合作网络图（见图5－2到图5－4）。

2000—2019年政策发文部门间联系愈发紧密，部门间的通力配合保证了基础教育的高效发展和教育工作的有效推进。2000—2005年，政策发文部门共有9个，政策发文数量是31项，发文最多的部门为教育部、发改委和国务院西部开发办（见图5－2）；2006—2016年，政策发文部门共有19个，政策发文数量是58项，发文最多的部门为教育部、财政部、人社部和发改委（见图5－3）；2017—2019年，政策发文部门共有14个，政策发文数量是27项，发文最多的部门为教育部、财政部、发改委和人社部（见图5－4）。可见，教育部、财政部、发改委和人社部等是西部基础教育政策的主要发文部门。

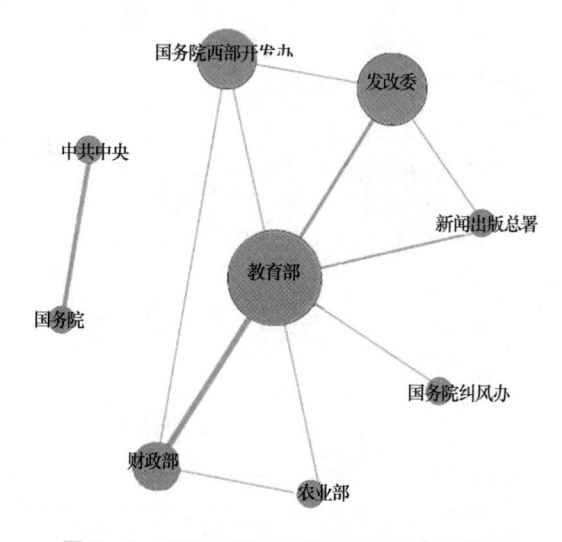

图5－2 2000—2005年发文部门合作网络图

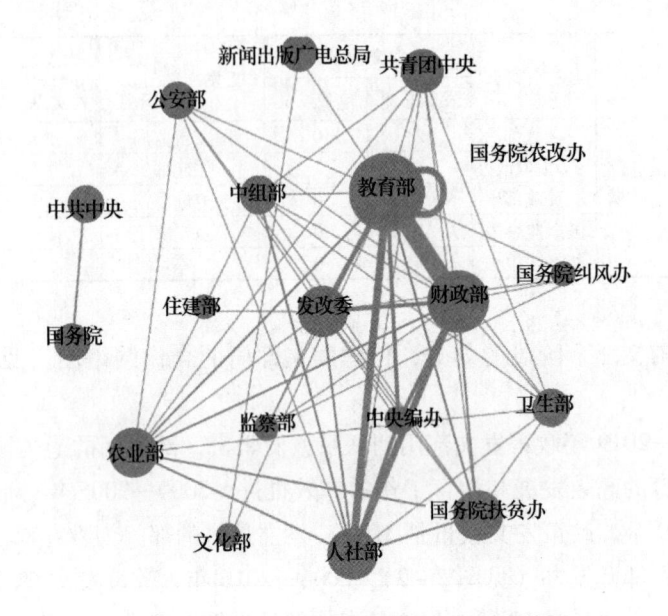

图 5-3 2006—2016 年发文部门合作网络图

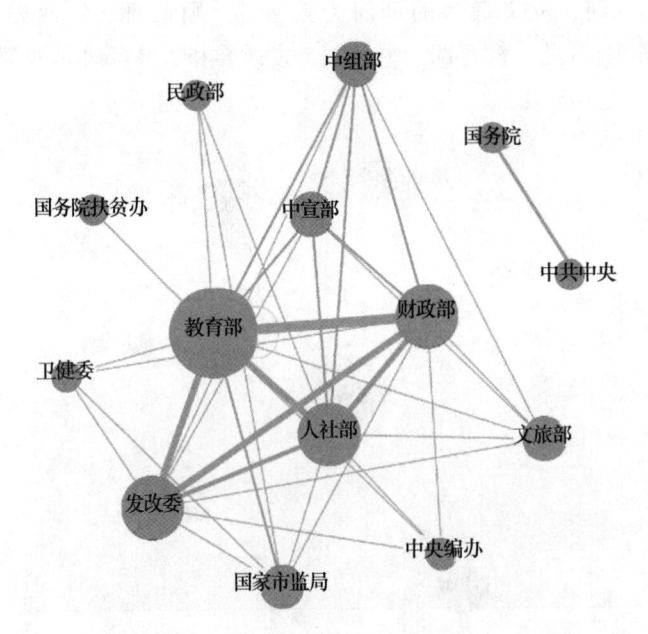

图 5-4 2017—2019 年发文部门合作网络图

三 政策文种

2000—2019年西部基础教育的政策类型涉及意见、通知、办法、方案、计划、纲要等9类,如图5-5所示。其中,意见类和通知类文本数量较多,比重分别为36.21%和31.90%,两者合计占比超过政策总数的65%,标准、规划和决定等其他类型的政策占比较小。

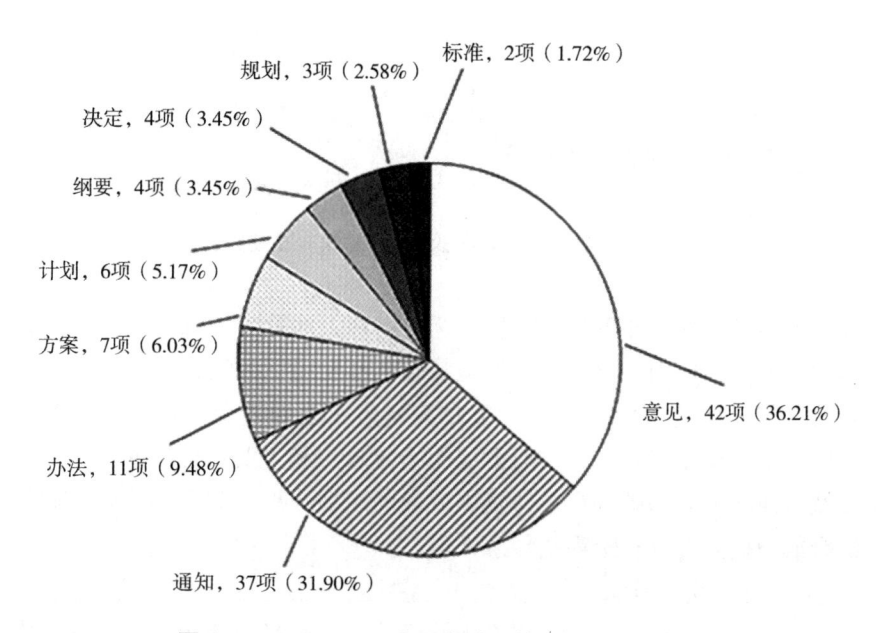

图5-5 2000—2019年西部地区基础教育政策文种图

四 政策类型

根据基础教育政策内容覆盖范围,将西部地区2000—2019年基础教育政策分为三类:宏观指导政策、专项支持政策及保障配套政策,如图5-6所示。总体来看,西部地区基础教育政策以保障配套政策为主,占到总政策数量的50.00%,而专项支持政策和宏观指导政策数量较少。

(一) 宏观指导政策

在宏观层面,国家对全国基础教育发展进行了总体布局和规划,同时也为西部地区基础教育发展指明了方向,该类型政策共计25项。主要包括两类:一类是全国教育事业的战略规划性政策,如《国家中长期教育改革和发展规划纲要(2010—2020年)》等,此类政策明确了我国各阶段教育

宏观指导政策，25项（21.55%）

保障配套政策，58项（50.00%）

专项支持政策，33项（28.45%）

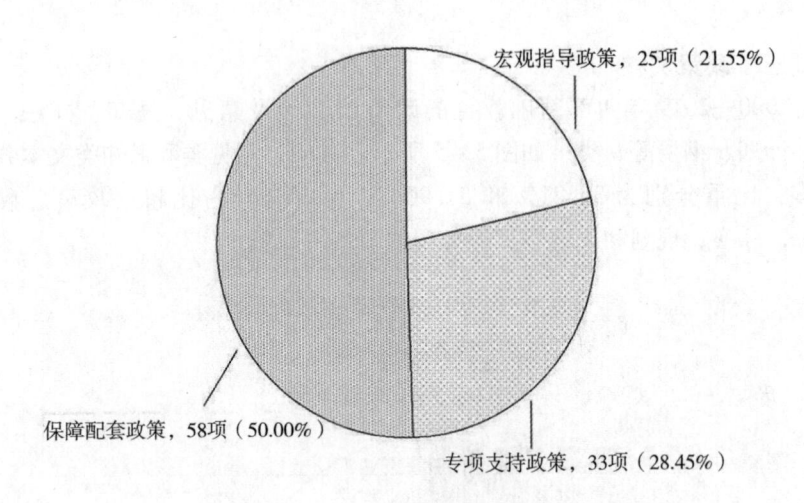

图 5-6　2000—2019 年西部地区基础教育政策类型图

事业改革与发展的指导思想和主要目标，内容上涉及对西部地区基础教育总体发展方向的规划布局；另一类是基础教育发展类政策，如《关于基础教育改革与发展的决定》等，此类政策聚焦于基础教育阶段的改革和发展，明确了各地区基础教育事业发展的指导思想和主要目标，同样，内容上涉及对西部地区基础教育总体发展方向的规划布局，对西部地区基础教育综合能力提升的具有宏观指导意义。

（二）专项支持政策

在专项支持方面，国家依据宏观政策的总体布局，颁布了一系列更为聚焦的政策，该类型政策共计 33 项。主要包括两类：一类是西部地区基础教育专项计划类政策，如《国家西部地区"两基"攻坚计划（2004—2007年）》，此类政策明确了西部地区基础教育发展目标，如全面普及西部地区九年义务教育，并指明通过农村寄宿制学校建设、扶持西部农村地区家庭经济困难学生就学、加强西部农村地区教师队伍建设等方式实现发展目标，对西部地区基础教育工作开展有现实指导意义。另一类是聚焦西部特殊困难地区的政策，如《深度贫困地区教育脱贫攻坚实施方案（2018—2020年）》《援藏援疆万名教师支教计划实施方案》，此类政策关注西部地区中深度贫困地区的教育发展，对西部地区基础教育均衡发展具有现实指导意义。

（三）保障配套政策

在保障配套方面，国家为保证西部地区基础教育事业有序有效推进共出台了58项细化政策，主要提供人力、物力和财力三方面保障。人力方面主要涉及教师队伍建设，如《关于加快推进全国教师教育网络联盟计划组织实施新一轮中小学教师全员培训的意见》等，明确对西部地区教师培训予以倾斜支持，详细规定了教师选拔、培养、引进和继续教育方式。物力方面，主要涉及学校基础设施建设、免费教科书和必要教学物品提供等，如《对农村义务教育阶段家庭经济困难学生免费提供教科书工作暂行管理办法》《关于全面加强乡村小规模学校和乡镇寄宿制学校建设的指导意见》，此类政策强调要完善西部地区基础教育基本配套设施，提升办学条件。财力方面，主要涉及财政经费投入，如《农村中小学公用经费支出管理暂行办法》《关于进一步完善城乡义务教育经费保障机制的通知》，这类政策通过细化地方与中央权责，提高中央在西部地区基础教育中投入比例，明确财政支持地区、支持项目与支持力度等方式，有力援助和支持西部地区基础教育发展。

第二节　西部地区基础教育政策发展与演变

通过对116份西部地区基础教育政策文本进行词频分析，绘制出西部地区基础教育政策高频词云图，如图5-7所示。图中词的字体大小对应词频率，出现频率较高的词包括"教师""教育""农村""学校""学生""培训""建设""经费"等，可以发现2000—2019年间，中央对西部地区，特别是西部农村地区基础教育的重视主要体现在教师队伍建设、办学条件提升、经费保障制度三个方面。

一　基础夯实阶段（2000—2005年）

2000年，随着《关于实施西部大开发若干政策措施的通知》实施，明确了依托西部大开发战略，加强对西部基础教育工作的指导规划，将西部民族地区、山区、牧区和边境地区列为西部地区基础教育工作开展重点地区，大力推进西部基础教育进程。随后国家各部委先后出台《关于基础教育改革与发展的决定》和《全国教育事业第十个五年计划》等文件，确立了"经费省级统筹，管理以县为主"的新管理体制，凝聚和发挥县级党

图 5-7 2000—2019 年西部地区基础教育政策高频词云图

政、乡镇、乡村和学校等"共治"力量的主体性，促进县域内教育资源的有效配置，在此基础上针对西部农村地区实施有偏向性的财政供给策略①。在一系列政策保障下，西部地区基础教育财力等保障水平上都得到了提升，西部地区基础教育发展的基础得到了夯实。

2000—2005 年，政策文本网络图划分为 8 个社团，如图 5-8 所示，分别是社团 1 "经费"、社团 2 "教科书"、社团 3 "农村税费"、社团 4 "贫困地区"、社团 5 "办学"、社团 6 "课程"、社团 7 "教师教育"和社团 8 "师德建设"。

该阶段在物力方面，包含社团 2、社团 6，聚焦教学和课程条件改善。其中，社团 2 核心词有"免费教科书""经济负担""贫困县""普九"等，主要关注了"两免一补"中提供免费教材政策。为保障农村困难学生接受九年义务教育权利，2001 年国家开始实施"两免一补"政策，免除农村义务教育阶段贫困家庭学生书本费、学杂费，并补助寄宿生生活费，切实减轻困难学生的家庭负担，是促进农村义务教育持续健康发展的重要举

---

① 鲍传友：《中国城乡义务教育差距的政策审视》，《北京师范大学学报（社会科学版）》2005 年第 3 期。

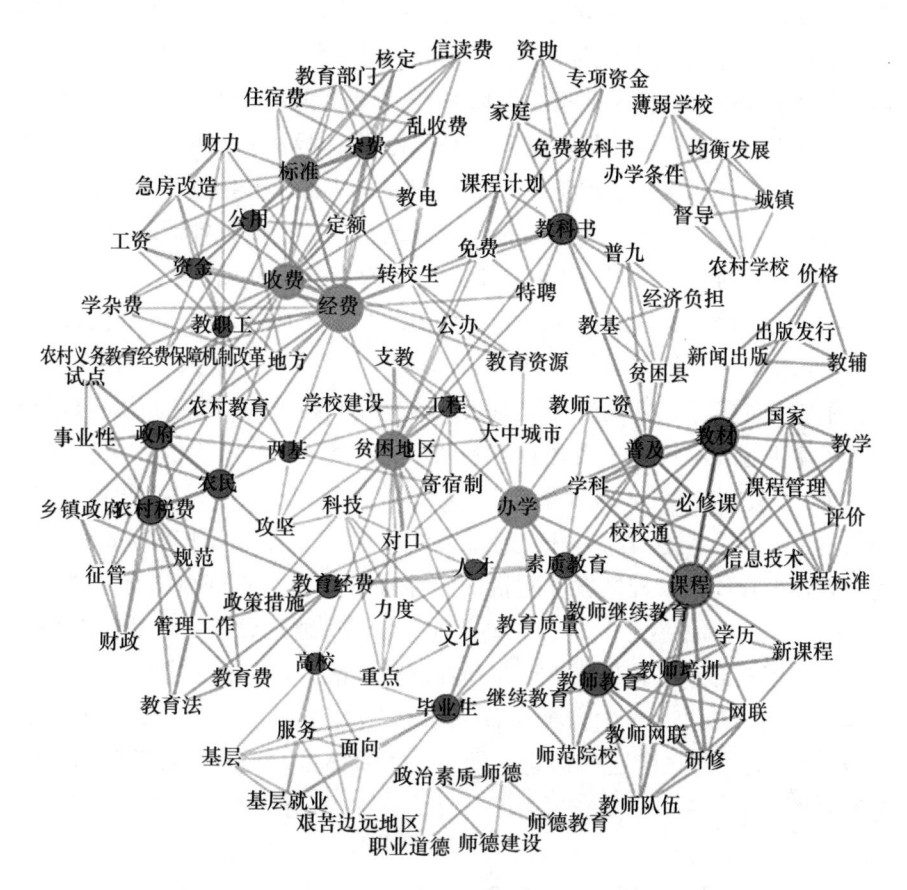

图 5-8 2000—2005 年西部基础教育政策文本网络图

措。社团 6 的核心词有"教材""课程标准""教辅""普及""价格"等，主要关注了教材改革，提出在课程改革基础上进行教材改革、严控中小学教材标准，给中小学生提供标准化教材，推广教学改革优秀成果，适应实施素质教育的需要。可以发现，该阶段西部地区基础教育办学条件方面重点关注免费标准化教材的提供，确保课程教学的基本物质条件。

在财力方面，包含社团 1、社团 3，侧重于围绕"以县为主"新体制的经费保障制度调整。其中，社团 1 核心词有"经费""收费""标准"等，主要关注了乱收费问题，该阶段收费乱象突出，治理教育乱收费、建立收费标准、规范财政经费使用成为该阶段的重点工作之一。社团 3 核心词有"农村税费""政府""教育经费""征管"等，主要关注了教育经费管理权责归属，随着"以县为主"的管理体制实施和农村税费改革的推进，基础教育经费被纳入县级财政管理，取消乡统筹费、农村教育集资等面向农民征收的行政性事业费。可以发现，该阶段西部地区基础教育经费保障制度方面有较大幅度的调整：一是规范了中小学收费制度，由省级核定经费标准，严禁收费加项加码、卡外乱收费，省以下各级政府严禁出台乱收费项目；二是教育经费被纳入县级财政，中央和地方各级政府通过转移支付的方式进一步增强了财政困难县基础教育经费的保障能力。

在人力方面，包含社团4、社团5、社团7、社团8，关注师资引进与教师培训。其中，社团4核心词有"毕业生""高校""人才""对口"等，主要关注了西部基础教育教师队伍的扩充，通过对口支援、定向招聘大学毕业生等专项计划扩大现有教师队伍；社团5、社团7核心词有"教育质量""教师教育""教师培训""继续教育"等，主要关注了对原有教师队伍中教师个人能力的提升，通过继续教育、国家培训计划等多种形式提高教师教育质量，推进教育质量的整体提升。社团8核心词有"师德""职业道德""师德教育"等，主要关注了教师师德建设。可以发现该阶段主要聚焦于西部地区教师队伍扩充和在岗教师能力提升，一方面通过"对口帮扶计划"和"大学生志愿西部计划"扩大教师队伍规模，另一方面通过继续教育、"网联计划"构建教师终身学习体系，提升现有教师队伍能力素质。

二 巩固提高阶段（2006—2016年）

2006年6月，我国修订通过《中华人民共和国义务教育法》，首次通过法律形式确立了义务教育"免费"原则，明确了义务教育的公益性、统一性和强制性。2007年十七大召开，提出全面建设小康社会，强调要优先发展教育，同年"两基攻坚计划"收官，标志着西部地区基本实现了九年义务教育普及和青壮年文盲扫除，西部地区"两基"人口覆盖率达到98%，基础教育质量整体水平巩固提高，促进基础教育基本公共服务供给均等化成为该时期的新需求。此后，国家又陆续出台了《关于开展国家教育体制改革试点的通知》、《关于实施教育扶贫工程意见的通知》和《关于加快中西部教育发展的指导意见》等文件，强调基础教育的公益性、普惠性，明确指出要提高基础教育质量，着力从中西部最困难的地方、最薄弱的环节抓起，把提升最贫困地区教育供给能力、提高最困难人群受教育水平作为优先任务，保障每个孩子能够接受优质的基础教育。相较于上阶段，西部基础教育发展要求从"基本普及"进阶到"全面普及、巩固提高"，该阶段政策注意力由点向面扩展，逐步体系化①。在一系列政策的支持下，西部地区基础教育工作在教育质量、规模和结构上得到全面提升。

2006—2016年，政策文本网络图划分为10个社团，如图5-9所示，分别是社团1"寄宿制"、社团2"校舍"、社团3"教学点"、社团4"经费"、社团5"供餐"、社团6"农村学校"、社团7"免费师范生"、社团8"教师培训"、社团9"教学"和社团10"化债"。

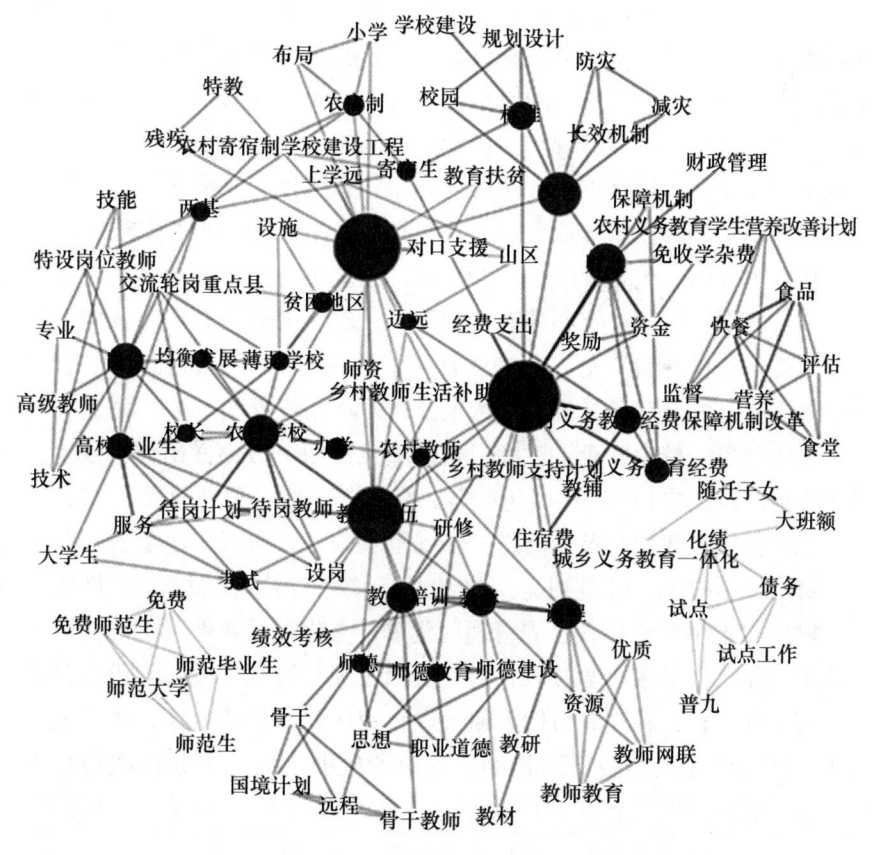

图 5-9　2006—2016 年西部基础教育政策文本网络图

---

① 柳海民、娜仁高娃：《基础教育改革30年：理论创新与实践突破》，《东北师大学报》（哲学社会科学版）2008年第5期；刘新成、苏尚锋：《义务教育均衡发展的三重意蕴及其超越性》，《教育研究》2010年第5期。

该阶段在物力方面，包含社团1、社团2、社团5，聚焦学校标准化建设。其中，社团1核心词有"两基""寄宿制""农村寄宿制学校建设工程"等，主要关注了寄宿制学校的建设，为了有效解决西部农村孩子上学远等现实问题，中央对西部地区536个县实施寄宿制提升工程。社团2核心词有"标准""校园""规划设计""防灾"等，主要关注了学校标准化建设，强调通过学校标准化建设均衡配置教师、设备、图书、校舍等教育资源，同时，学校预防灾害及应急避险能力提升被纳入标准建设。社团5核心词有"营养"、"食堂"和"农村义务教育学生营养改善计划"等，主要关注了农村学生营养改善，2011年，我国实施了农村义务教育学生营养改善计划，制定了中小学食堂供餐规范，明确供餐内容和供餐模式，严格食品供应的准入和退出，确保食品安全，为农村地区中小学生营养改善提供了有力保障。可以发现，相较于上一阶段，在办学条件方面，关注点从教学和课程条件提升单一方面向多方位、系统性、标准化办学条件建设转变，体现了该阶段西部地区基础教育办学条件建设的整体系统性需求。

在财力方面，包含社团4、社团10，侧重于西部农村地区经费保障机制改革。其中，社团4核心词有"财政""农村义务教育经费保障机制改革""义务教育经费"等，主要关注了农村义务教育经费保障机制改革。该阶段逐步将农村义务教育全面纳入公共财政保障范围，对"两免一补"、学生公用经费、校舍安全、教师工资保障机制四个方面做出详细规定，对中西部地区重点支持[①]。社团10核心词有"债务"和"化债"等，主要关注了举借债务建校问题，为进一步规范基础教育阶段中小学校的财务行为，对中小学校上一阶段遗留下来的举借债务建校问题提出"化债"要求，根据"谁举债谁负责、先清理后化解、先化解后补助"的原则完成债务化解工作，促进中小学校教育事业健康发展。可以发现，该阶段经费保障机制更加完善，在现有机制上通过农村地区经费保障机制改革补充和完善了西部农村地区经费保障机制，明确了从中央到地方各级政府投入责任，进一步减轻农民负担，解决了上阶段遗留的债务问题，加强风险防范，提高了政府对西部农村基础教育公共服务提供的力度。

在人力方面，包含社团3、社团6、社团7、社团8、社团9，关注教师

---

① 金东海、蔺海沣、安亚萍：《"后4%时代"教育经费管理制度建设：挑战与超越——基于甘肃省定西市、临夏州和陇南市的调查》，《开放教育研究》2013年第5期。

队伍扩容提质建设。社团3、社团6、社团7主要关注"扩增量——薄弱地区教师人才队伍扩充",核心词有"农村学校""贫困地区""乡村教师支持计划""高校毕业生""特岗教师""免费""师范毕业生"等。2006年开始实行"特岗计划",2007年试行"免费师范生计划",2015年起实施"乡村教师支持计划",国家先后通过公开招聘高校毕业生、定向培养免费师范毕业生、提供优惠政策吸引人才教师到薄弱地区任教,缓解了西部农村学校师资总量不足和结构不合理等问题。社团8、社团9主要关注"优存量——在岗教师人才队伍素质提升",核心词有"教师培训""教学""优质""国培计划""教师网联""师德建设"等,该阶段开展"教师网联计划""国培计划"等教师培训计划,运用远程教育手段等方式,整合优质教师教育资源,提高了农村教师队伍的整体素质。可以发现,该阶段围绕教师队伍建设,仍从"引入师资"和"提升在岗教师素质"两个方面进行,不同的是教师队伍扩充渠道和提质渠道更加多元化,对优秀教师和优秀人才的引进和进一步培养更有针对性。

三 均衡发展阶段(2017年及以后)

经过上两个阶段,西部地区基础教育在办学条件、财政保障和教师队伍建设方面都取得了明显的成效,但仍存在"校与校""城与乡""区域与区域"间发展不平衡、极少数薄弱地区发展滞后等现象[1]。2017年《国家教育事业发展"十三五"规划》,指出我国义务教育从"全面普及"进入"均衡发展"新阶段,确立了"十三五"时期加快推进教育现代化建设的目标,全面促进基础教育城乡一体化和均衡发展成为该时期的关注点和新追求[2]。为此,国家先后出台《关于深化教育体制机制改革的意见》《关于深化教育教学改革全面提高义务教育质量的意见》等文件,提出在全面提升西部基础教育水平的基础上,统筹现有政策、措施及项目,优化城乡基础教育布局。《深度贫困地区教育脱贫攻坚2018—2020》《义务教育薄弱环节改善与能力提升工程2019—2020》等文件的出台,明确要突出教育扶

---

[1] 朱德全、李鹏、宋乃庆:《中国义务教育均衡发展报告——基于〈教育规划纲要〉第三方评估的证据》,《华东师范大学学报》(教育科学版)2017年第1期。

[2] 韩清林、秦俊巧:《中国城乡教育一体化现代化研究》,《教育研究》2012年第8期;吴丰华、白永秀、周江燕:《中国城乡社会一体化:评价指标体系构建及应用》,《福建论坛》(人文社会科学版)2015年第9期。

贫的作用、继续推进薄弱地区尤其是深度贫困地区改造、促进基础教育协调均衡发展①。该阶段西部地区基础教育工作发展主要呈现出巩固成果、优化结构、均衡发展和坚持改薄并行推进的特点，在一系列政策保障下，西部地区基础教育工作在追求均衡性和结构布局优化道路上稳步前行。

2017—2019 年，政策文本网络图划分为 7 个社团，如图 5-10 所示，分别是社团 1 "全面"、社团 2 "经费"、社团 3 "教学"、社团 4 "专业"、社团 5 "城乡"、社团 6 "教师队伍" 和社团 7 "信息化"。

该阶段在物力方面，包含社团 3、社团 5、社团 7，关注办学条件 "软件" 提升。其中，社团 3 核心词包括 "教学" "课程" "教研"，主要关注了课程教学质量。该阶段国家全面开展实施教学监测和管理，注重加强课程教学顶层设计，修订教学标准及方案，打造具有科学性、时代性、民族性的基础教育课程体系和教学模式，全面提升教学质量。社团 5 核心词有 "城乡" "制度" "贫困地区" "农村教师" "随迁子女" 等，主要关注了城乡教育布局优化，该阶段以县域为基础，合理规划学校服务半径，保障学生就近入学并接受有质量的教育。针对贫困地区、民族地区等困难地区，保留必要的小规模学校和教学点，布局寄宿制学校以满足周边适龄学生就学需求；针对流动适龄儿童，明确 "两免一补" 和 "生均公用经费基准定额资金" 随适龄儿童流动可携带，解决异地 "上学难" 问题②。社团 7 核心词有 "教育信息化" "教育资源" "网络" 等，主要关注了教育信息化，该阶段鼓励教师利用信息技术创新教学模式、提升教学水平，大力促进信息技术与基础教育的融合创新发展，加快优质教育资源向农村、边远、贫困、民族地区覆盖。可以发现在办学条件方面，前两个阶段主要侧重于办学条件硬件设施的建设，这一阶段更加重视课程教学质量提升、教学信息化建设、城乡布局优化来促进高质量的教育均衡发展③。

在财力方面，包含社团 1、社团 2，侧重进一步完善现有财政保障体系

---

① 刘天、程建坤：《改革开放 40 年我国义务教育均衡发展的政策变迁、动因和经验》，《基础教育》2018 年第 6 期；白亮：《城乡义务教育学校布局统筹政策三十年：价值路向与定位》，《社会科学战线》2018 年第 6 期；吴晓蓉和许见华，2020）

② 赵林、吴殿廷、王志慧等：《中国农村基础教育资源配置的时空格局与影响因素》，《经济地理》2018 年第 11 期。

③ 朱莎、杨浩、冯琳：《国际 "数字鸿沟" 研究的现状、热点及前沿分析——兼论对教育信息化及教育均衡发展的启示》，《远程教育杂志》2017 年第 1 期。

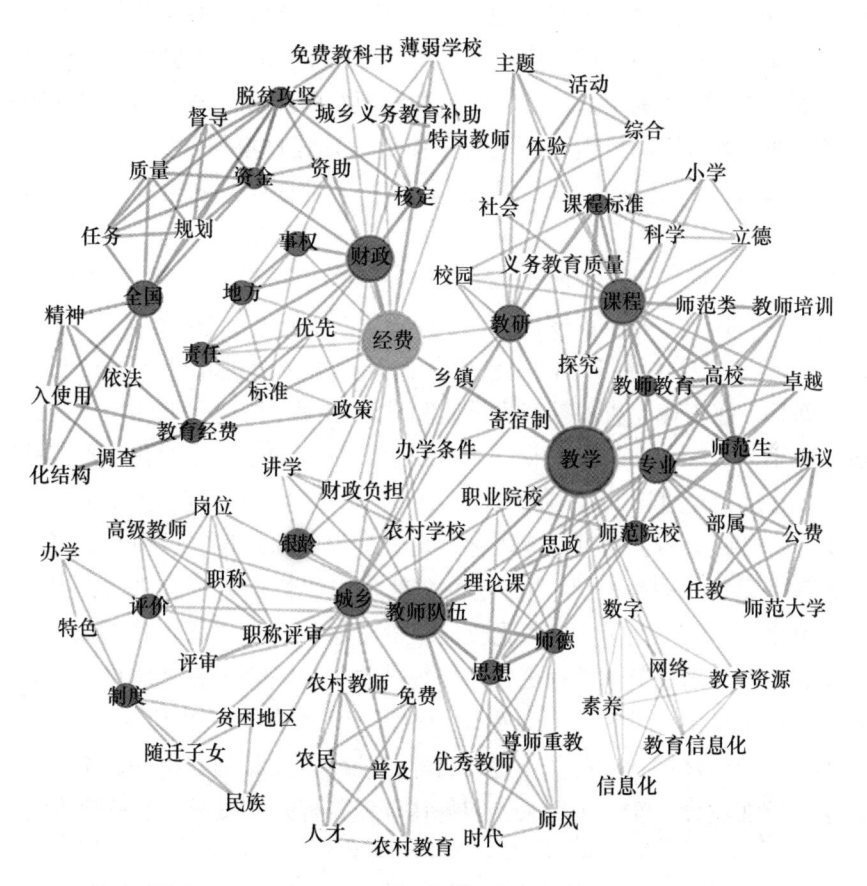

图 5-10 2017—2019 年西部基础教育政策文本网络图

助力脱贫攻坚。其中，社团 1 核心词有"脱贫攻坚""资金""教育经费"等，主要关注了教育脱贫任务中的经费保障问题。该阶段处于国家脱贫攻坚时期，教育财政经费投入向"三区三州"等深度贫困地区和建档立卡家庭倾斜，以义务教育为重点实施教育脱贫攻坚行动。社团 2 核心词有"经费""财政""责任""事权"等，主要关注了扩大教育经费投入及改革教育领域财政事权和支出责任划分①。国家通过加大教育经费投入力度和省级统筹力度，完善教育转移支付制度，实行中央地方"分档分项目"按比

---

① 李振宇、王骏：《中央与地方教育财政事权与支出责任的划分研究》，《清华大学教育研究》2017 年第 5 期。

例分担办法，将西部地区12个省份列入第一档，在义务教育的公用经费保障、免费教科书、困难学生补助和营养膳食四个项目上倾斜投入。可以发现前两个阶段国家围绕"以县为主"调整原有的经费保障机制，完善农村地区基础教育发展的经费保障制度，该阶段则通过事权和支出责任改革，给予西部地区倾斜式中央财政配给，加快推进地区间基础教育服务均等化发展。

在人力方面，包含社团4、社团6归为第三类，主要关注了师资的引入和发展。其中，社团4核心词有"专业""师范生""师范院校""教师教育"等，主要关注了师范生专业化提升，通过改进教师培养机制、模式、课程，探索建立教师教育质量监测评估制度，构建师范院校、地方政府、中小学"三位一体"的协同育人机制，提高师范生专业化水平。社团6核心词有"教师队伍""师德""职称评审""银龄"等，主要关注了多渠道提升教师素质，通过规范职称评定、加强师德建设，在中小学设置正高级教师职务（职称），强调建立符合教师岗位特点的评价机制，引导教师以德立身、以德立学、以德施教、以德育德，落实师德教育新要求。通过实施银龄计划让退休教师更好地发挥余热，提高农村教育质量。可以发现，相比于第一阶段建立"留得住、用得上"和第二阶段建立"下得去、留得住、干得好"的教师队伍建设目标，该阶段对教师职称评定机制进行改革，旨在建设一支"下得去、留得住、教得好、有发展"的教师队伍。

第三节　西部地区典型基础教育政策的实施情况

基础教育的发展取决于教师质量、财力保障与设施水平的提升，其中教师队伍建设是推进西部地区基础教育可持续发展的关键。西部地区教师队伍发展长期存在师资紧缺、流失严重、整体素质偏低等问题，本章选取了"农村义务教育阶段学校教师特设岗位计划""师范生公费教育政策""中小学教师国家级培训计划""乡村教师支持计划"四项西部地区基础教育代表性教师队伍建设政策，并对政策脉络、内容、实施效果进行深入分析。

一　农村义务教育阶段学校教师特设岗位计划

"农村义务教育阶段学校教师特设岗位计划"简称"特岗计划"，由教育部、财政部等四部门于2006年5月联合启动实施，旨在引导和鼓励高校毕业生从事农村义务教育工作，提高农村教师队伍的整体素质。该计划通过公开招募高校毕业生到西部地区的"两基"攻坚县、县以下农村学校任教，通过"特岗计划"招录的任教老师则被称为"特岗教师"。

（一）政策脉络

2000年国家全面取消大学毕业生包分配工作制度，国家对应届毕业生不再统一分配工作，农村学校教师少了重要的定向输送渠道，只能靠市场招聘的方式引进，农村教师岗位没有职业吸引力①。2003年国家实施"大学生志愿服务西部计划"，引导有志向的优秀大学生到西部基层开展有期限的志愿支教活动，一定程度上缓解了西部农村老师短缺问题，但由于学校条件差、地理位置较偏等问题，"留不住"成为教师队伍建设最突出的问题②。为解决这一问题，2006年中央开始实施"农村义务教育阶段学校教师特设岗位计划"，通过公开招募高校毕业生到西部"两基"攻坚县农村义务教育学校任教，该计划创新了西部地区农村学校教师补充机制。2006年以来"特岗计划"的招聘人数呈现逐年上涨，实施范围呈现逐步扩大趋势，根据实施范围阶段性扩大可分为四个阶段，具体如表5-2所示③。

表5-2　2006—2019年全国特岗教师招聘人数及实施范围情况统计表

阶段	年份	招聘人数	实施范围
第一阶段	2006—2008	5.9万人	西部11个省（自治区、直辖市）"两基"攻坚县为主，以及湖北、海南部分"两基"攻坚县和新疆生产建设兵团的部分团场（涉及：内蒙古、广西、重庆、四川、贵州、云南、陕西、甘肃、宁夏、新疆、青海、海南、新疆生产建设兵团）

---

①　姚裕群：《我国大学生就业难问题演变与近期发展趋势》，《人口学刊》2008年第1期。

②　李海贞：《浅析大学生基层就业》，《中国劳动关系学院学报》2006年第4期；魏娜：《我国志愿服务发展：成就、问题与展望》，《中国行政管理》2013年第7期。

③　《教育部、财政部、人力资源社会保障部和中央编办关于继续组织实施"农村义务教育阶段学校教师特设岗位计划"的通知》，http://www.mohrss.gov.cn/SYrlzyhshbzb/jiuye/zcwj/gaoxiaobiyesheng/200902/t20090225_86348.html，2009年2月15日。

续表

阶段	年份	招聘人数	实施范围
第二阶段	2009	2.7 万人	实施范围增加：中西部地区国家扶贫开发工作重点县（增加6省份：山西、安徽、江西、河南、湖北、湖南）
	2010	约 6.5 万人	
	2011	6.6 万人	
	2012	约 5.6 万人	
第三阶段	2013	约 6 万人	中西部地区国家扶贫开发工作重点县、西部地区原"两基"攻坚县、纳入国家西部开发计划的部分中部省份的少数民族自治州以及西部地区一些有特殊困难的边境县、少数民族自治县和少小民族县（增加3省份：河北、吉林、黑龙江）
	2014	约 6 万人	
第四阶段	2015	6.73 万人	11个集中连片特殊困难地区和四省藏区县、中西部地区国家扶贫开发工作重点县、西部地区原"两基"攻坚县、纳入国家西部开发计划的部分中部省份的少数民族自治州以及西部地区一些有特殊困难的边境县、少数民族自治县和少小民族县、连片特困地区以外的省级扶贫开发工作重点县
	2016	6.81 万人	
	2017	7.69 万人	
	2018	9 万人	
	2019	10 万人	

资料来源：中华人民共和国教育部政府门户网站（moe.gov.cn）。

（二）政策内容

"特岗计划"每年发布招聘计划，对该年度特岗教师招聘限定报考范围，内容要点包括教师招聘、保障措施等方面。

1. 教师招聘。根据实施范畴不同，"特岗计划"招聘分为：国家"特岗计划"主要面向全国，不受户籍限制，招聘对象以应届本科毕业生为主，同时也招部分应届师范类专业专科毕业生及取得教师资格证、年龄在30岁以下的全日制普通高校往届师范类专业本科毕业生；地方"特岗计划"主要根据地方需求，通常有严格的户籍限制，招聘对象以高等师范院校和其他应往届本科和师范类专科毕业生为主，同时也招聘部分取得教师资格证的应往届非师范专业本科毕业生和中等师范类专业毕业生等。

2. 保障措施。在资金保障方面，国家"特岗计划"资金由中央和地方财政共同承担，以中央财政为主，中央对于特岗教师的补助逐年提高；地方"特岗计划"资金由地方财政承担，比照中央财政设定的特岗教师工资性支出补助标准进行工资补助发放。在制度保障方面，"特岗计划"招聘的教师聘期为3年。对于3年聘期满后，经考核合格者可自愿留任，将其工资发放纳入县级财政统发范围；对于选择再就业的老师，需要提供必要的帮助。

（三）政策效果

在西部地区，农村教师师资引进相关的政策和计划中，"特岗计划"是规模最大、最稳定、影响人群最多的一项计划，具有很强的教育扶贫取向，一定程度上改善了中西部农村教师队伍的学历、年龄和学科结构，带动了农村教育质量整体提升[1]。2006 年实施以来，一方面，"特岗计划"的招聘人数呈现逐年上涨，2019 年招聘规模已达 10 万人（见表 5-2），极大缓解了乡村教师短缺问题；另一方面，缓解了扩招后高校毕业生的就业难问题。截至 2019 年，国家财政总投入 615 亿元，累计招聘到农村任教的特岗教师人数达 80.3 万人，覆盖中西部地区 21 个省区 1000 多个县及新疆生产建设兵团，为 3 万多所农村学校和教学点注入新鲜血液。"特岗教师"取得诸多成效，但仍存在教师职业吸引力不强、工资待遇保障较低、职业准入门槛相对较低以及教师自身发展机会缺乏等现实性困境[2]。

二 师范生公费教育政策

"师范生公费教育政策"由国务院于 2007 年启动实施，原名为"师范生免费教育政策"，2018 年更名为"师范生公费教育政策"[3]，该政策通过联合高校培养大批综合素质高、职业倾向强、从教潜质大的优秀中小学教师，以履行定向教育服务，旨在解决我国区域间教师资源不均衡问题，促进国家基础教育公平和均衡发展。

（一）政策脉络

自我国师范教育体系建立以来，为吸引优秀、有质量的人才投身于教育事业中，师范生实行优惠政策，如免除学费等。1997 年我国大学招生实行师范生与非师范生招生并轨，师范生免费政策随后被取消，2000 年师范

---

[1] 李跃雪、邬志辉：《新政策背景下特岗计划的实施现状与建议》，《教育科学研究》2016 年第 9 期。

[2] 张济洲：《农村"特岗教师"政策实施：问题与对策》，《教育理论与实践》2012 年第 7 期；孙晓红、李琼：《何以"留得住、教得好"：优秀特岗教师的韧性发展研究》，《湖南师范大学教育科学学报》2021 年第 3 期。

[3] 由于政策名称变动，享受该政策的师范生在 2018 年前被称为"免费师范生"，2018 年后被称为"公费师范生"。为方便行文描述，文章内容中将统称为"公费师范生"。

生教育开始实行全部收费①。但随着我国各地区发展差异日趋明显，大城市更吸引优秀的教师和师范毕业生，基于此情况，2007 年教育部出台《教育部直属师范大学师范生免费教育实施办法（试行）》，依托北京师范大学、华东师范大学等 6 所教育部直属师范大学实施师范生免费教育试点，并在后续年份陆续将四川西华师范大学、甘肃西北师范大学等多所省属院校纳入公费师范生教育试点。2012 年，教育部等部门进一步出台《关于完善和推进师范生免费教育的意见》，完善免费师范生的准入与退出机制、经费保障机制以及跨部门工作机制，逐渐在全国范围内实行师范生免费教育政策，鼓励支持免费师范生发展等 8 点意见。2018 年 3 月，教育部等五部门印发《教师教育振兴行动计划（2018—2022 年）》明确提出改进完善教育部直属师范大学师范生免费教育政策，同年 8 月，《教育部直属师范大学师范生公费教育实施办法》出台，将"师范生免费教育政策"调整为"师范生公费教育政策"，相较于之前，履约任教年限缩短，进退制度更加自由，制度细节更显人性化。

（二）政策内容

政策实施以来，国务院、教育部等不断出台政策完善计划内容，对享受政策的学生入学前、在读期间及毕业后的相关政策内容进行完善和修订，最终形成一套完整的政策体系，如表 5-3 所示。

表 5-3　　　　"师范生公费教育政策"内容一览表

时期	分类	具体内容
入学前	政策宣传	地方政府：通过媒体公开政策细节等； 高校：高校招生宣传片、宣讲会等
	招生条件	（1）国家的六所重点学校②（2007 年后，陆续增加省属院校）实行提前批次录取，重点考察学生的综合素质、职业倾向和从教潜质； （2）入学前需要与生源所在地教育行政机关签订就业定向协议

---

① 潘健：《基于免费师范生初始特征的政策反思》，《教育学术月刊》2008 年第 11 期；张翔：《师范生免费教育政策的十年回顾与展望》，《国家教育行政学院学报》2017 年第 8 期。

② 北京师范大学、陕西师范大学、华东师范大学、华中师范大学、西南大学和东北师范大学。

续表

时期	分类	具体内容
在读期间	享受政策	（1）在校就读期间免交学费和学校住宿费，并享受补助生活费，所需经费由中央财政提供； （2）毕业入岗入编有优待政策； （3）可在师范专业范围内转专业
在读期间	退出机制	（1）入学两年内，有志从教并符合条件的非师范生可以转为公费师范生，由学校退还入学以来缴纳的学费、住宿费，并补发生活费； （2）公费师范生入学后不想履行免费师范生的服务义务可在师范类学科方向内进行二次选择
毕业后	定向就业	（1）在规定的服务期内不得考取脱产研究生； （2）不按期完成服务义务的需要退还在校期间所免的全部费用、缴纳违约金并记入诚信档案（履约任教年限于2018年由2007年规定的10年调整至6年以上）
毕业后	继续深造	到中小学任教满一学期后，可申请免试在职攻读教育硕士专业学位

资料来源：教育部与各省教育局官方网站。

（三）政策效果

政策实施以来，中央支持力度不断提升，2017年公费师范生生均拨款标准已经提高到5000元[①]。政策实施主要取得了以下成效：一是创新教师队伍培养模式。免费师范生入学后，各校根据免费师范生的培养目标，量身定制培养方案，创新培养模式，在课程设置、教师配备以及实践教学等方面均有提升。二是师范专业吸引力回升，主要体现在数量和质量的提升。报考公费师范生一本线以上的人数大幅超出招生计划人数，政策实施之初贵州考生报考人数与招生计划人数之比就达到44/1，新疆为15/1，广西为13/1[②]。同时，录取分数也在逐年升高。2009年六所部属师范大学免费师范生的平均成绩高出一本控档线42.3分，2019年提高到90分左右，华东师范大学在贵州理科一本的录取最低分数甚至高于一本控档线145分，公费师范生的生源质量在不断优化。三是更多具有专业性的优秀青年到偏

[①] 央视新闻：《教育部：我国年平均认定教师资格人数160万以上》，https://baijiahao.baidu.com/s? id =1684856780908839716&wfr = spider&for = pc，2020年12月2日。
[②] 中华人民共和国教育部：《考生踊跃报考免费教育师范生 教育部直属师范大学顺利完成免费师范生招生计划》，http://www.moe.gov.cn/jyb_xwfb/gzdt_gzdt/moe_1485/tnull_8758.html，2007年7月25日。

远地区服务。到 2017 年 6 所直属师范大学试点累计招收 10.1 万人①。其中，在校就读 3.1 万人，毕业履约 7 万人，毕业履约公费师范生 90% 到中西部省份中小学任教②。可见公费师范生政策为中西部地域的基础教育提供了大批的优质师资。

三　中小学教师国家级培训计划

中小学教师国家级培训计划，简称"国培计划"，由教育部、财政部 2010 年联合实施，主要通过采取骨干教师脱产研修、集中培训和大规模教师远程培训相结合等方式，对中西部农村基础教育教师群体进行有针对性的专业培训。

（一）政策脉络

我国教育制度和教育理论的不断推陈出新，对乡村小学教师个人素质和整体素质提出了新要求。2010 年教育部和财政部正式出台《关于实施"中小学教师国家培训计划"的通知》，计划内容包括"中小学教师示范性培训项目"和"中西部农村骨干教师培训项目"③，主要采用置换脱产研修、短期集中和远程培训等方式，大范围对中西部教师进行轮训。2015 年，国务院发布《乡村教师支持计划（2015—2020 年）》，强调"国培计划"需进一步重心下移、转型升级，重点支持贫困地区项目区县乡村教师开展专业提升培训，为项目区县培养一支"下得去""用得上""有追求""有能力"的种子教师，既"输血"又"造血"。2018 年，教育部等五部门出台《教师教育振兴行动计划（2018—2022 年）》，提出"国培计划"要重点加大乡村教师培训力度，重点开展乡村中小学骨干校长培训和名校长研修，集中支持中西部乡村教师校长培训，积极建立和完善吸引优秀人才到农村任教的有效机制。

（二）政策内容

"国培计划"自 2010 年正式在全国范围启动以来，相继实施了"示范

---

① 2018 年 3 月前仍称为"免费师范生"。
② 中华人民共和国教育部：《教育部有关负责人就〈国务院办公厅关于转发教育部等部门教育部直属师范大学师范生公费教育实施办法的通知〉答记者问》，http://www.moe.gov.cn/jyb_xwfb/s271/201808/t20180810_344982.html，2018 年 8 月 10 日。
③ 2012 年，国家将学前教育的国家级教师培训内容单独列为一项，并命名为"幼儿园教师国家级培训计划"。"幼师国培"计划参见第四章第三部分。

性项目""中西部项目"及其子项目①,在推动西部地区基础教育发展上具有重要意义。

1. "示范性项目"是由教育部、财政部组织面向各省(区、市)实施的,项目经费由中央本级财政支持保障。培训内容主要包括"中小学骨干教师培训"和"中小学教师远程培训"及其子项目,该项目为中小学教师培训培养骨干做出示范,并开发和提供一批优质培训课程教学资源,为"中西部项目"和中小学教师专业发展提供有力支持。

2. "中西部项目"培训计划主要包括农村中小学教师置换脱产研修、农村中小学教师短期集中和远程培训,主要通过中央专项转移支付经费方式支持中西部省级教育部门、财政部门对义务教育骨干教师、转岗教师等进行有针对性的专业培训。

根据"国培计划"的发展阶段的侧重点不同,可将"国培计划"分为3个阶段,如表5-4所示。第一阶段为2010—2014年,主要采用置换脱产研修、短期集中和远程培训等方式,大范围地对中西部教师开展国家级教师培训,该阶段更加聚焦新培训方式探索。第二阶段为2015—2018年,进一步更新培训模式,探索和创新了一批具有实效的学用结合的培训模式,并给予遴选项目县重点支持,扎实推进乡村教师和校长培训,培训模式管理效度提高,培训效果从"输血"功能向"造血"功能演进,该阶段

表5-4　　　　　　"国培计划"阶段划分政策内容一览表

年份	侧重点	内容
2010—2014年 (第一阶段)	着眼于培训方式途径	利用教师网络研修社区,推行混合式培训;采用置换脱产研修、短期集中和远程培训等方式,大范围对中西部教师进行轮训
2015—2018年 (第二阶段)	重点放在乡村	采取顶岗置换、送教下乡、网络研修、短期集中、专家指导、校本研修、遴选项目县给予重点支持等方式,扎实推进乡村教师和校长培训
2019年至今 (第三阶段)	强调分层分类,注重培训实效	保留上阶段优势的同时,在"示范性项目"中开设"名师名校长领航工程";在"中西部项目"中专门设置"新教师入职培训""青年教师助力培训""骨干教师提升培训"

---

① 董奇:《"国培计划":示范引领中国教师发展》,《中国教育学刊》2020年第9期。

乡村教师队伍是建设重点。第三阶段为 2019 年以后,增加开设"名师名校长领航工程""青年教师助力培训""骨干教师提升培训"等,强调分层分类,注重培训实效,通过模式创新、推广和融合,发挥培训品牌示范效应。

(三) 政策效果

"国培计划"的实施为西部地区的教师提供了专业进修的机会,提升了包括薄弱学科和薄弱领域师资在内的全体教师的专业水平,推动了教育质量的提升,奠定了教育均衡发展的人力资源基础。截至 2019 年,中央财政为"国培计划"累计投入 172 亿元经费,其中,"中西部项目"投入 118 亿余元;"示范项目"投入 12.5 亿元,大部分用于中西部地区教师培训。中西部地区总参训人数达 1644 万人,惠及中西部 725 个县 8 万多所学校,1.58 亿中西部地区中小学幼儿园(包括特殊教育)学生受益[1]。随着"国培计划"实施经验积累,对教师培训的教学模式、实施模式、管理模式、服务模式、评价模式不断创新和优化,基本实现了对中西部农村义务教育学校和幼儿园教师的全覆盖,引领带动形成"国培—省培—市培—县培—校培"五级联动的新型教师培训网络,探索了一条中小学教师素质能力提升的中国道路[2]。"国培计划"是提高中小学、幼儿园教师特别是农村教师队伍整体素质的重要举措,实施范围广、投入力度大、影响程度高、实践尝试多,对于推动西部地区义务教育均衡发展、促进基础教育改革有重要意义。

四 乡村教师支持计划

"乡村教师支持计划"是由国务院于 2015 年启动实施,旨在提高乡村教师待遇,计划目标群体主要是在岗乡村教师。该计划通过实施职称(职务)评聘倾斜政策、提高生活待遇等八项举措,力求造就一支素质优良、扎根基层的乡村教师队伍,让乡村教师"下得去、留得住、教得好"。

---

[1] 中华人民共和国教育部:《"国培计划"蓝皮书(2010—2019)摘要》,http://www.moe.gov.cn/jyb_xwfb/xw_zt/moe_357/jyzt_2020n/2020_zt16/guopeijihua/guopeilanpishu/202009/t20200907_485968.html,2020 年 9 月 4 日。

[2] 人民资讯:《新阶段再造"新国培"》,https://baijiahao.baidu.com/s?id=170023688148787 0162&wfr=spider&for=pc,2020 年 5 月 20 日。

（一）政策脉络

2001年国家正式启动撤点并校教育改革，农村办学点急剧减少，同时，农村教师待遇低和发展前景受限，导致农村教师队伍更加不稳定，造成农村优秀教师的严重流失和短缺，很大程度制约了农村基础教育的发展[1]。2005—2015年间国家先后实施多项与西部地区教师队伍建设相关的国家性计划，诸如"边远贫困地区、边疆民族地区和革命老区人才支持计划"等，不同程度引导教师资源向西部农村地区流动，但西部乡村地区教师职业吸引力不强、补充渠道不畅通、优质资源配置不足、结构不尽合理、队伍整体素质不高等问题仍然突出。在此基础上，2015年国务院出台《乡村教师支持计划（2015—2020年）》。"乡村教师支持计划"正式启动，旨在补齐乡村教师队伍建设短板，缩小城乡基础教育差距，阻断贫困现象代际传递，助力精准扶贫，明确2015—2020年分两步走，到2017年逐步形成"下得去、留得住、教得好"的局面；到2020年造就一支素质优良、甘于奉献、扎根基层的乡村教师队伍[2]。

（二）政策内容

2015年以来，"乡村教师支持计划"以解决"下不去""留不住""教不好"问题为导向，从教师素质能力提高、晋升渠道保障、教师待遇提高、师资补充途径增加、教师社会地位提高五个方面精准发力，具体实施八项工作举措，如表5-5所示。

表5-5　　"乡村教师支持"计划政策内容一览表

分类	举措	具体内容
素质能力提升	提升能力素质	（1）结合"国培计划"支持中西部地区乡村教师、校长培训；（2）对全体乡村教师、校长进行360学时培训
	提高思想政治素质和师德教育	教育、宣传、考核、监督与奖惩相结合，落实师德建设

---

[1] 范先佐：《乡村教育发展的根本问题》，《华中师范大学学报》（人文社会科学版）2015年第5期；于伟、张力跃、李伯玲：《我国欠发达地区农村教师队伍建设中的结构性困境与破解》，《教育研究》2007年第3期。

[2] 王嘉毅、封清云、张金：《教育与精准扶贫精准脱贫》，《教育研究》2016年第7期；刘善槐、李梦琢、朱秀红：《乡村教师综合待遇的劳动定价、差异补偿与微观激励研究》，《东北师大学报》（哲学社会科学版）2018年第4期。

续表

分类	举措	具体内容
晋升渠道保障	统一城乡教职工编制标准	(1) 乡村中小学教职工编制标准按照城市标准统一核定； (2) 村小、教学点编制按照生师比和班师比相结合的方式核定； (3) 严禁"有编不补"、长期使用临聘人员
	职称（职务）评聘向乡村学校倾斜	(1) 外语成绩（外语教师除外）、发表论文情况在评聘职称和职务时不作硬性要求； (2) 城市中小学教师晋升高级职称（职务）应在乡村任教满一年
教师待遇提高	提高生活待遇	(1) 生活补助：差别化补助标准，提高教师生活补助； (2) 工资待遇：住房公积金和各项社会保险费缴纳； (3) 疾病救助：教师重大疾病救助工作； (4) 住房保障：周转宿舍建设，住房纳入当地住房保障范围； (5) 其他：到乡村学校任教达一定期限享受学费补偿和助学贷款代偿政策
师资补充途径增加	拓展补充渠道	(1) 引入优秀高校毕业生； (2) 扩大"特岗计划"实施规模； (3) 定向培养"一专多能"乡村教师； (4) 鼓励城镇退休特级、高级教师到乡村学校支教讲学
	强化教师交流制度	(1) 引导优秀校长和骨干教师向乡村学校流动； (2) 教师交流方式：定期交流、跨校竞聘、学区一体化管理、学校联盟和对口支援等
教师社会地位提高	建立乡村教师荣誉制度	(1) 对从教30年以上的乡村教师，国家颁发荣誉证书； (2) 对从教20年、10年以上的乡村教师，省、县给予鼓励； (3) 对长期在农村地区从教教师，省（区、市）人民政府予以表彰

（三）政策效果

"乡村教师支持计划"是继"师范生公费教育政策"后提出的"本土化教师培养"重要政策，在教师职称评定、生活保障等方面对乡村教师给予政策优待①。在职称评定方面，各省根据实际情况给予政策倾斜。如甘

---

① 付卫东、范先佐：《〈乡村教师支持计划〉实施的成效、问题及对策——基于中西部6省12县（区）120余所农村中小学的调查》，《华中师范大学学报》（人文社会科学版）2018年第1期。

肃的乡村教师在评定职称时，达到初级、中级职称晋升年限的，经师德考核和课堂教学能力测试合格后，可直接认定相应职称；贵州实行分类申报、分类评审、学校推荐等多元化评审。在生活保障方面，提高教师生活补助水平。2016年全国集中连片特困地区生活补助共投入补助资金44.3亿元，人均月补助标准达到或超过400元的县占25%，与2015年相比提高了11个百分点。"乡村教师支持计划"实施以来，在多方的努力下，乡村教师的生活、工作等方面有所改善，教师数量、质量和结构有所改观。据《中国农村教育发展报告2019》显示，截至2019年，对计划持满意态度的乡村教师占比达84.85%，且83.46%的乡村教师愿意继续留在乡村学校任教，"乡村教师支持计划"满意度处于中上水平。

随着"乡村教师支持计划"的实施，虽然各省出台了更为细化、具体化的地方政策，但相对于过往涉及西部乡村教师队伍的其他政策，并未突破和创新，没有跳出原有内容框架，并未有效解决教师职业认同感仍然较低等农村教育深层次问题[①]。

第四节 小结与展望

一 小结

随着西部大开发战略实施及基础教育现代化进程的推进，我国西部地区基础教育改革不断深化，政策演进经历了基础夯实阶段、巩固提高阶段和均衡发展阶段，在办学条件、经费保障和教师队伍建设上均展现出新面貌，在政策价值取向、政策内容侧重点、政策决策路径上呈现出明显变化特征，在促进教育公平、提升基础教育质量方面取得了巨大的成就。

（一）政策价值从侧重"起点公平"到"过程公平"和"结果公平"演变

教育公平是我国教育政策最基本的价值诉求，2000年以来我国西部地区基础教育政策变迁体现了从起点公平到过程公平和结果公平的政策价值

---

① 付卫东、曾新：《十八大以来我国教育扶贫实施的成效、问题及展望——基于中西部6省18个扶贫开发重点县（区）的调查》，《华中师范大学学报》（人文社会科学版）2019年第5期；王红、邹志辉：《乡村教师职称改革的政策创新与实践检视》，《中国教育学刊》2019年第2期。

变迁，教育公平的内涵也在不断扩展①。基础夯实阶段，政策重点强调教育起点公平，国家通过法律形式确立了义务教育的公益性、统一性和强制性。此外，国家加大经费投入，落实"两免一补"政策，并大力推进标准化学校建设，确保学生享有无差别的入学机会，以此保障西部困难地区学生的受教育权。在巩固提高阶段与均衡发展阶段，基础办学条件的不断改善，使得国家对教育公平的追求从起点公平逐渐向过程公平和结果公平过渡，在继续推进薄弱地区尤其是深度贫困地区改造的同时，优化城乡基础教育布局、均衡区域间和学校间教育资源的配置②。同时，随着我国信息技术的广泛应用，教育资源共享模式得到提升，网络学习空间建设不断完善，极大地促进了优质教育资源的共享，使得教育公平迈上了新的台阶③。

（二）政策重心从"外延式扩张"向"内涵式提升"演变

西部大开发以来，我国西部地区基础教育政策围绕办学设施、经费制度、教师队伍开展，关注点从硬件建设外延式扩张向软件质量内涵式提升演变④。在基础夯实阶段与巩固提高阶段，办学设施方面重点关注学校危房改造、寄宿制学校建设、薄弱学校标准化建设；经费方面聚焦机制建设和旧账消除；教师方面重点关注教师工资足额发放和生活物资保障，强调师资培训，优化存量结构。进入均衡发展阶段，办学设施方面明确就近入学原则，力推全面改薄，严控超大规模学校建设，推广教学改革优秀成果，大力促进信息技术与基础教育的创新融合，实现优质教育资源共享；经费方面聚焦机制改革、体系完善、细化保障体系建设，明确中央地方责任，推进财政事权和支出责任改革；教师建设方面主要关注了优秀师资的引入和发展，关注点从物质关心逐渐回归人文关怀，从国家层面呼吁尊师重教。可以看出，政策重心逐渐从关注办学硬件设施向关注课程教学质

---

① 张良才、李润洲：《关于教育公平问题的理论思考》，《教育研究》2002年第12期；李海萍：《改革开放40年中国基础教育公平政策的推进策略与演进逻辑》，《全球教育展望》2019年第7期。

② 赵茜、褚宏启：《新型城镇化与教育空间布局优化》，《中国教育学刊》2016年第4期；赵垣可、刘善槐：《新中国70年基础教育学校布局调整政策的演变逻辑——基于1949—2019年国家政策文本的分析》，《教育与经济》（哲学社会科学版）2019年第4期。

③ 胡铁生：《"微课"：区域教育信息资源发展的新趋势》，《电化教育研究》2011年第10期；祝智庭：《智慧教育新发展：从翻转课堂到智慧课堂及智慧学习空间》，《开放教育研究》2016年第1期。

④ 余小茅：《教育内涵式发展之内涵的多维解读》，《社会科学战线》2016年第6期；余宇、单大圣：《中国教育体制改革及其未来发展趋势》，《管理世界》2018年第10期。

量、教学信息化和学校布局转变①；从围绕"以县为主"经费保障体制构建向机制优化转变；从聚焦教师队伍增量建设向质量建设转变，政策内容更加柔性，质量内涵式发展特征逐步明显。

（三）政策路径从"自上而下"向"上下结合"逻辑演变

西部地区基础教育政策变迁遵循了由增量带动存量的渐进式变迁模式，决策路径总体呈现出从"自上而下"向"上下结合"逻辑演变②。在基础夯实阶段，我国西部地区基础教育政策价值主要来源于中央政府意志，自上而下的贯彻落实成为地方政策调整和工作开展的主要驱动力，基层的工作开展存在一定被动性。在巩固提高阶段，国家提出"服务型"政府转变及国家治理能力和治理体系的现代化建设，上下互动、部门联通，全面调整政府僵化的体制，脱离"计划政治"，上下级、部门间合作大大增强。在均衡发展阶段，我国基础教育从"全面普及"进入"均衡发展"新阶段，教育均衡发展所涉及要素众多，发展内容得到延伸，更加关注尊重基层发声，尊重地方特色和诉求，上下联动成为我国西部地区基础教育政策决策的常态化路径③。

二 展望

"十四五"时期国家对于西部地区基础教育提出了新要求，指出要巩固基础教育基本均衡成果，着力提升基础教育阶段科学教育水平，因此需要从人力、财力、物力三个方面持续提升办学水平，运用科学化手段促进西部地区基础教育从基本均衡向高质量均衡发展，完善现行制度体系建设提升治理效能。

（一）建立长效保障机制持续提升办学水平

随着西部地区基础教育的公共性、基本性、普惠性不断深化，优质均衡发展的现实需求持续更新，但发展不充分、不平衡的问题仍然存在，因此，需要从人力、财力、物力三个方面建立长效保障机制：一是教师队伍

---

① 饶爱京、万昆、任友群：《优质均衡视角下县域基础教育信息化发展策略》，《中国电化教育》2019年第8期。
② 张庆晓：《新中国成立70周年教育管理理论研究的回顾、反思与展望》，《当代教育论坛》2019年第6期。
③ 阎亚军、祝怀新：《试论我国基础教育改革的国家逻辑》，《教育发展研究》2020年第Z2期；周均旭、刘子俊：《省际均等化视角下我国义务教育投入效率研究》，《现代教育管理》2021年第9期。

方面，强化西部地区基础教育阶段教师待遇保障，提升教师社会地位与职业地位，完善教师管理体制，坚持重师德、重能力、重业绩、重贡献，突出教育教学实绩，引导教师潜心育人，提高教学质量，深化教学过程和教学结果公平[1]。二是教育经费方面，需完善中央转移支付制度，进一步明晰各级政府的财政事权，落实支出责任；提高经费投入效益，优化教育经费使用结构，保证西部地区基础教育投入持续稳定增长，确保在校生生均一般公共预算教育支出逐年增加；完善多渠道教育经费筹措体制，建立以政府主导、社会参与的基础教育成本共担机制。三是办学设施方面，建立基础设施保障和安全办学长效机制，周期性更新改善硬件条件；鼓励社会力量参与到基础教育的办学设施建设中来，搭建高质量的远程网络教学平台，通过信息化技术赋能从供给侧进行转型[2]，全面推进从标准化到追求结果公平的个性化教育观念转变。

（二）促进区域高质量均衡发展深化教育公平

西部地区基础教育水平有了显著提升，但教育发展不均衡问题一直存在，突出表现在西部农村与城市间的不均衡。因此，全力推进高质量均衡发展，对实现西部地区基础教育起点公平、过程公平、结果公平尤为重要[3]。首先，加大对低水平区域学校的扶持，极力缩小群体间发展差距，保证适龄儿童受教育权利均等与入学机会平等，保证起点公平。其次，实现教育资源优化配置，建设优质教育资源共享机制，做到"填谷"与"造峰"并施，"扶薄"与"培优"并举，做到全面规划、区域推进、硬件和软件齐抓、数量和质量并重，推动区域教育均衡发展，保证过程公平[4]。最后，通过信息化技术赋能从基础教育供给侧进行转型，在教育内容和教学目标改革创新上呼应教育现代化建设，促进优质资源共享，深化区域公平内涵[5]，在完善通识教育的同时，加强思政教育、美学教育和劳动教育，

---

[1] 张茂聪、董艳艳：《高校师范教育改革与发展的生态构建》，《当代教育与文化》2020年第3期。

[2] 胡钦太：《回顾与展望：中国教育信息化发展的历程与未来》，《电化教育研究》2019年第12期。

[3] 郝文武：《平等与效率相互促进的教育公平量化指标和关系状态》，《高等教育研究》2010年第8期；袁振国：《教育公平的中国模式》，《中国教育学刊》2019年第9期。

[4] 关松林：《基础教育均衡发展：理念与策略》，《中国教育学刊》2010年第6期；刘宏燕、陈雯：《中国基础教育资源布局研究述评》，《地理科学进展》2017年第5期。

[5] 李政涛：《深度开发与转化学科教学的"育人价值"》，《课程·教材·教法》2019年第3期。

保障每个孩子拥有高质量的公平教育,实现结果公平[①]。

(三)打破政策路径依赖完善制度体系

在政策制度演变的过程中,路径依赖使得政策运行机制僵化,并出现政策适应性减弱、改革创新抑制等问题。因此,需建立健全基础教育服务体制和动态监测机制,调动全社会资源实现互通共享,按照"政府主导、社会参与、公办民办并举、校内校外补益"的原则,完善西部地区基础教育政策体系,开辟柔性化路径。首先,需要改变行政部门单方主导的局面,建立多元主体共同治理模式,完善顶层设计,保障人财物的全方位支持;引入家庭、社区、志愿者组织与市场等多方力量,降低政府单方面强制性手段的使用比例。其次,制定政策之前要明确需求导向。聆听基层声音,保证信息路径有效畅通,保障政策细化落实;根据事实需求调整政策支持,适时出台相关干预政策,保障政策的科学、合法和有效实施。最后,灵活使用政策手段。针对西部地区基础教育中的疑难杂症,要联合多方力量,多途径多渠道共同推进;鼓励社会力量参与到基础教育成本共担、办学设施建设及教师荣誉体系建设等领域中,重视本土化教育人才的扶植培养,避免一味地通过强制性政策输血[②]。

[①] 何克抗、余胜泉、吴娟等:《通过学校自身的内涵发展促进"教育结果公平"的创新举措》,《电化教育研究》2015年第5期。

[②] 余慧娟、冀晓萍、钱丽欣等:《2017中国基础教育年度报告》,《人民教育》2017年第24期。

第六章

西部地区职业教育政策

职业教育是国民教育体系中对受教育者传授职业知识、培养职业技能、进行职业指导、全面提高受教育者的职业素养的教育,承担着培养多样化人才、传承技术技能、促进就业创业的重要职责[1]。职业教育包括职业学校教育和职业培训两种形式,本章的研究对象主要是西部地区职业学校教育的相关政策。

长期以来,我国职业教育资源呈现东多西少、分布不均等特点,尤其是广大西部地区职业教育基础设施落后、资源普遍稀缺、人才培养及社会服务能力明显不足[2]。自西部大开发战略实施以来,国家通过政策倾斜大力扶持职业教育发展,促进了西部地区职业教育的发展进程。当前我国正处于新发展格局的背景之下,职业教育为西部地区乡村振兴、创新驱动等重大战略发展提供了人才保障[3],在经济社会发展中的位置日益突出[4]。因此,本章通过对2000—2019年西部地区职业教育政策进行梳理,研究职业教育政策的演化特征和发展趋势,为促进西部地区职业教育发展提供建议。

---

[1] 中华人民共和国教育部:《加快发展现代职业教育——全国职业教育工作会议文件汇编》,高等教育出版社2014年版,第3页。

[2] 王善平、蒋亚丽:《职业教育对农村贫困程度的降低效果研究——基于区域异质性的角度》,《职业技术教育》2018年第1期;高玉峰:《中国职业教育扶贫:从全覆盖迈向全面精准》,《中国职业技术教育》2017年第6期。

[3] 高宝立:《以体制机制创新促进西部高职教育发展》,《清华大学教育研究》2017年第5期;朱成晨、闫广芬、朱德全:《乡村建设与农村教育:职业教育精准扶贫融合模式与乡村振兴战略》,《华东师范大学学报》(教育科学版)2019年第2期。

[4] 庄惠明、曾靓、王斐兰:《习近平职业教育观的发展脉络及内涵特征》,《国家教育行政学院学报》2019年第8期。

第一节 西部地区职业教育政策概述

本章主要研究国家层面涉及西部地区职业教育发展的相关政策。政策文本搜集以中共中央、国务院及其各部委官网、北大法意网为主,辅以中国知网、百度等网站,将区域限定为西部地区、民族地区和贫困地区,以职业教育、职业院校、职业学校等关键词进行检索。初次检索共获取2000年1月1日至2019年12月31日期间134项文本,经筛选剔除后,剩余相关度较高的政策文本109项(见附录4)。

一 政策数量

2000—2019年,国家为促进西部地区的职业教育发展累计出台了109项政策,政策发布具有鲜明的阶段性特征,呈现波动变化态势,在2006年、2019年出现2次小高峰,如图6-1所示。

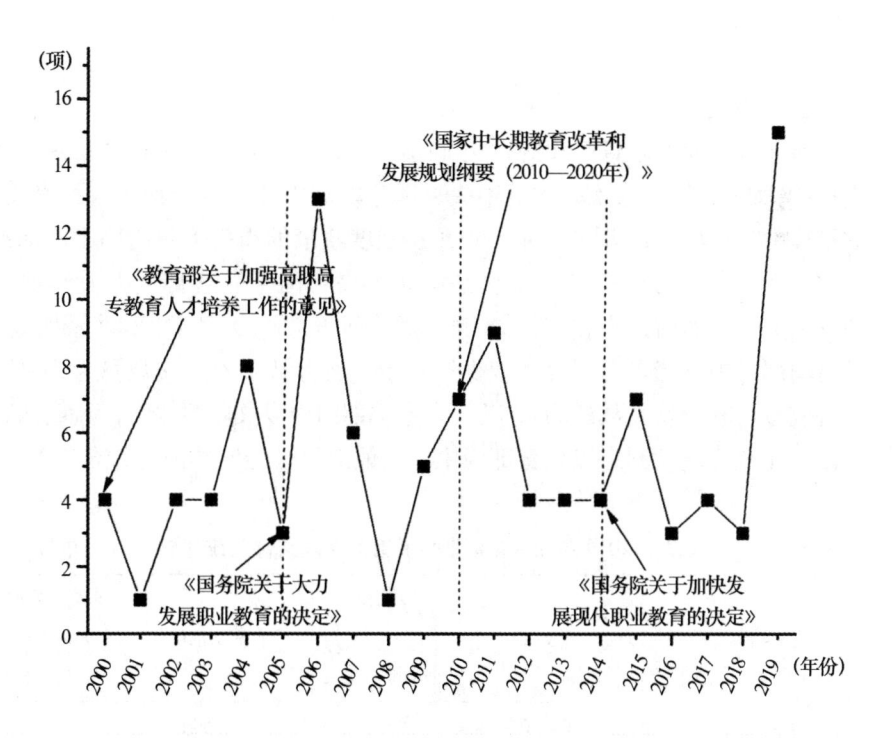

图6-1 2000—2019年西部地区职业教育政策数量

根据不同时期政策内容的侧重点，西部地区职业教育政策大致可以划分为四个阶段：第一阶段为2000—2004年，2000年教育部出台了《教育部关于加强高职高专教育人才培养工作的意见》，确定了未来人才培养的基本思路，这一阶段共出台了21项政策；第二阶段为2005—2009年，2005年国务院出台了《国务院关于大力发展职业教育的决定》，对职业教育进行战略部署和统筹规划，全面推动职业教育发展，政策数量在2006年达到第一次高峰；第三阶段为2010—2013年，2010年中共中央、国务院出台了《国家中长期教育改革和发展规划纲要（2010—2020年）》，对职业教育提出"把提高质量作为重点"的新要求；第四阶段为2014—2019年，2014年国务院出台了《国务院关于加快发展现代职业教育的决定》，提出要促进经济提质增效，把加快西部地区现代职业教育发展摆在更加突出的战略位置。2019年国务院出台了《关于实施中国特色高水平高职学校和专业建设计划的意见》，"双高计划"正式启动，西部地区职业教育发展面临一个新的历史阶段，职业教育政策数量在2019年再次达到一个新的高峰。

二　发文部门

西部地区职业教育政策的发文部门共计28个，可以分为两个层次，如表6-1所示：第一层次是中共中央、国务院和中央军委层面的直接发文，数量分别为3项、15项和1项，在顶层制度政策的指引下，明确了西部地区职业教育办学方向；第二层次是中共中央和国务院各部委及其直属机构，发文数量靠前的为教育部93项、财政部26项、人社部18项，剩余交通运输部、中宣部等部门发文较少。其中，教育部单独发文数量为51项，主持或参与联合发文数量为42项，在发文部门中发文数量最多。说明西部地区职业教育政策制定以教育部为主，其他部门联合发文进行补充完善。

表6-1　2000—2019年西部地区职业教育政策发文部门统计表　　单位：项

层次	发文部门	发文总量	单独发文	发文部门	发文总量	单独发文
中共中央、国务院	中共中央	3	—	国务院	15	11
	中央军委	1	—	—		

续表

层次	发文部门	发文总量	单独发文	发文部门	发文总量	单独发文
中共中央和国务院各部委及其直属机构	教育部	93	51	交通运输部	1	—
	财政部	26	—	中国残联	1	—
	人社部	18	—	工信部	1	—
	发改委	13	—	中宣部	1	—
	国务院扶贫办	4	—	中央文明办	1	—
	农业农村部	4	—	国家林草局	1	—
	国家民委	3	—	国家粮食局	1	—
	退役军人事务部	2	—	国家税务总局	1	—
	共青团中央	2	—	文旅部	1	—
	全国妇联	2	—	国家体育总局	1	—
	国务院西部开发办	2	—	水利部	1	—
	国家国防科工局	1	—	卫健委	1	—
	科技部	1	—	—	—	—

根据前文四个阶段的划分，构建发文部门的合作网络图，如图6-2到6-5所示。

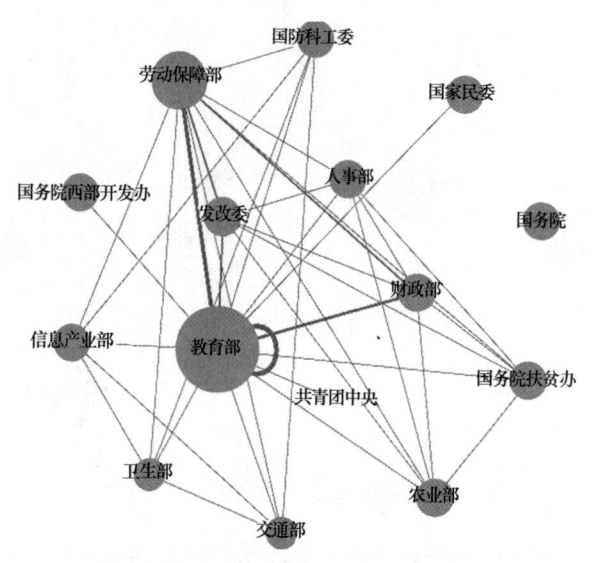

图6-2 2000—2004年发文部门合作网络图

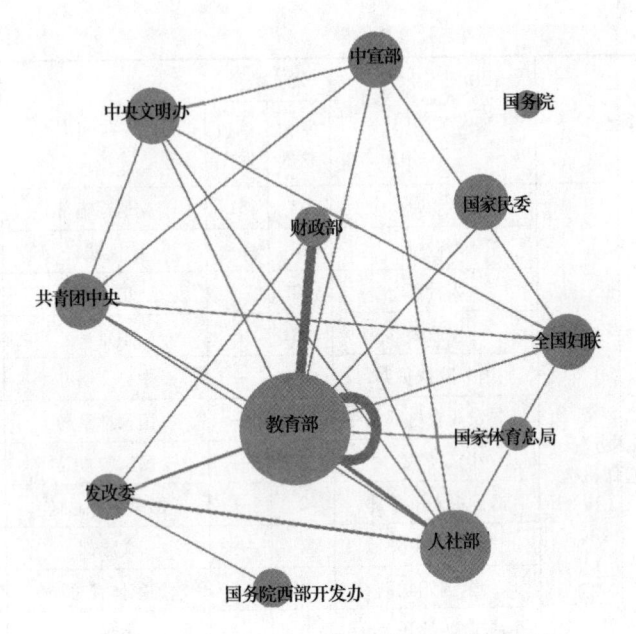

图 6-3 2005—2009 年发文部门合作网络图

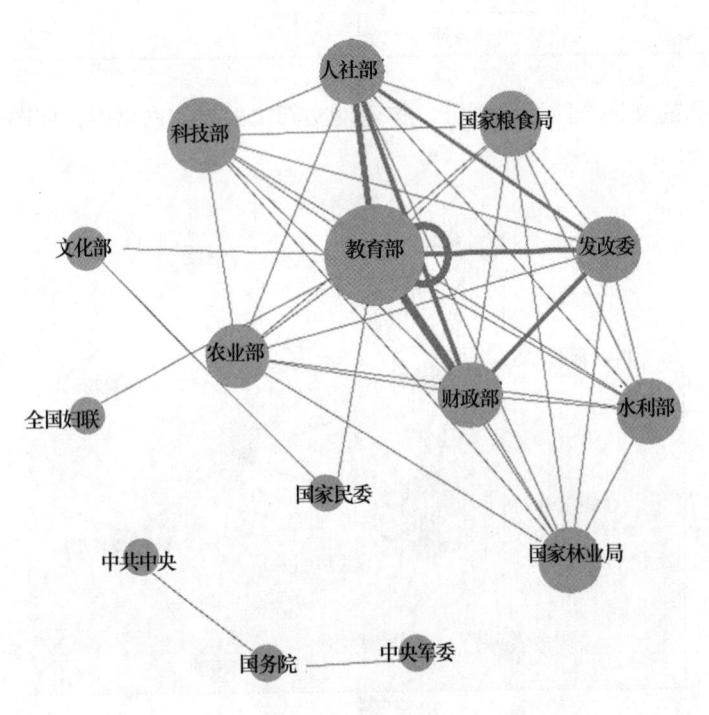

图 6-4 2010—2013 年发文部门合作网络图

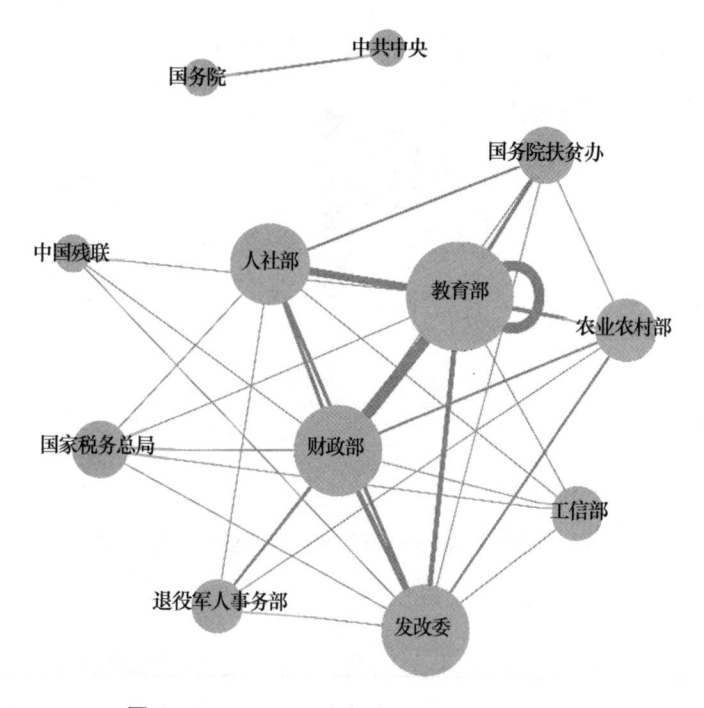

图 6-5 2014—2019 年发文部门合作网络图

2000—2019 年，西部地区职业教育政策发文部门数量有所减少，但政策数量逐渐增加，政策制定的部门更加集中。其中发文部门最多的是教育部、财政部和人社部。2000—2004 年，政策发文部门共有 15 个，政策发文数量为 21 项，该阶段发文部门以教育部为核心，同时与其他部门联合发文。2005—2009 年，政策发文部门共有 12 个，政策发文数量为 28 项。2010—2013 年，政策发文部门为 15 个，政策发文数量减少至 24 项。2014—2019 年，发文部门下降至 12 个，政策数量增加至 36 项，教育部与财政部、人社部之间的联系更为紧密。

三　政策文种

2000—2019 年，我国西部地区职业教育政策涉及意见、通知、办法、计划、决定、规划、方案、标准、纲要 9 类，如图 6-6 所示，以意见为主要形式，共计 64 项，占所搜集政策数量的 58.72%，其次是通知，共计 16 项，占比 14.68%，而办法、计划、决定、规划等文种占比较小。

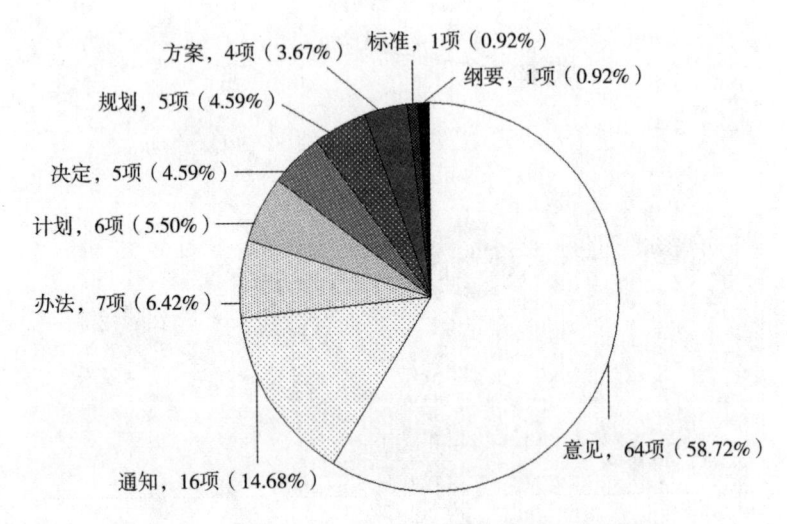

方案，4项（3.67%）　标准，1项（0.92%）
规划，5项（4.59%）　　纲要，1项（0.92%）
决定，5项（4.59%）
计划，6项（5.50%）
办法，7项（6.42%）
通知，16项（14.68%）
意见，64项（58.72%）

图6-6　2000—2019年西部地区职业教育政策文种图

四　政策类型

根据西部地区职业教育政策的内容范围，本章将西部地区2000—2019年的职业教育政策分为三大类，包括宏观指导政策、专项支持政策和保障配套政策，如图6-7所示。总体上，西部地区职业教育的发展与改革体系以专项支持政策为核心、宏观指导政策为支撑，辅以保障配套型政策展开。

（一）宏观指导政策

国家在对全国教育发展进行整体规划的基础上，出台促进西部地区职业教育发展的宏观性政策。该类型政策共有35项，主要包括两大类：一类是针对全国教育事业整体布局的政策，这类政策是对国家教育事业未来改革与发展的整体规划，其中涵盖对西部地区职业教育未来发展方向的战略规划，如《国家中长期教育改革和发展规划纲要（2010—2020年）》；另一类是针对职业教育改革与发展的政策，此类政策也具体明确西部地区职业教育改革与发展的目标、实施方案等，对其深化发展有重要指导意义，如《国务院关于大力推进职业教育改革与发展的决定》。

（二）专项支持政策

国家在宏观指导政策的基础上颁布了一系列针对西部地区职业教育的专项支持政策。该类型政策共计55项，包括以下三类：一是促进西部地区

保障配套政策, 19 (17.43%)　　　　　宏观指导政策, 35 (32.11%)

专项支持政策, 55 (50.46%)

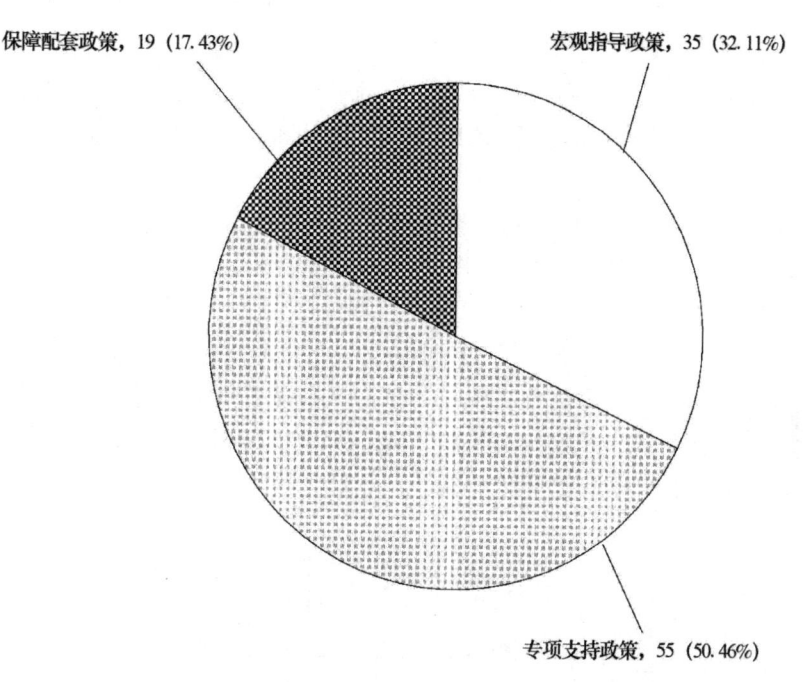

图 6-7　2000—2019 年西部地区职业教育政策类型图

职业教育发展的地区专项支持政策,该类政策是根据西部地区职业教育发展的特点而制定的政策,如《职业教育东西协作行动计划（2016—2020年）》。二是关于加强西部地区职业学校建设的专项支持政策,这类政策从教学、师资、德育等方面完善职业教育的教学体系,如《关于深化中等职业学校教师职称制度改革的指导意见》。三是对西部地区职业教育学生资助类的专项支持政策,该类政策为职业教育经济困难学生免学费、调整奖助学金等,解决贫困学生上学难问题,如《关于扩大中等职业教育免学费政策范围进一步完善国家助学金制度的意见》。

（三）保障配套政策

国家为促进西部地区职业教育政策的有效执行出台了一系列辅助性保障配套政策。该类型政策共计 19 项,主要涵盖两个方面:一是制度建设方面,这类政策通过完备的制度体系促进西部地区职业教育发展更具规范化、标准化,如《教育部办公厅关于制定中等职业学校专业教学标准的意见》。二是财政支持方面,这类政策是为加强中央财政划拨的职业教育专项资金的有效管理、提高资金使用效率而制定的相关办法，如《现代职业教育质量提升计划专项资金管理办法》。

第二节 西部地区职业教育政策发展与演变

通过对109项西部地区职业教育政策文本进行可视化分析，得到西部地区职业教育政策文本高频词云图，如图6-8所示，词云图中字体越大代表关键词出现频率越高。"中等职业""职业院校""专业""教学""实训""办学""就业""企业""技能"等关键词出现频率较高，反映出西部地区职业教育的专业设置、教学制度、办学条件等方面受到重点关注。除此之外，还围绕"就业""企业""校企"为中心展开，说明西部地区职业教育的就业情况日益受到重视。

图6-8 2000—2019年西部地区职业教育政策高频词云图

一 改革探索阶段（2000—2004年）

职业教育作为我国技术人才教育重要组成部分，在早期并没有受到足够的重视，相比普通教育的发展较为落后，导致出现技术型人才断档，企业出现技术型人才缺口等问题①。在实施科教兴国战略的大背景下，2000年，教育部出台了《关于加强高职高专教育人才培养工作的意见》，明确提出积极探索"以教育思想、观念改革为先导，以教学改革为核心"的人才培养体系，该意见明确阐述高职人才培养模式的主要特征，对规范高职教育的人才培养目标和模式起到了很好的指导和保障作用，在我国高职高专教育改革和发展进程中具有里程碑式的意义（黄崴和何俊萍，2021）。2002年，国务院出台了《关于大力推进职业教育改革与发展的决定》，确定职业教育改革发展的目标，指出应采取有效措施加快农村和西部地区职业教育发展，加强东部地区和西部地区、大中城市和农村学校的对口支援工作。2004年，教育部出台了《2004—2010年西部地区教育事业发展规划》，为职业教育事业发展作出整体布局，其中提出"着力实施西部地区职业教育振兴工程"的战略，大力支持西部地区职业教育的发展等规划。这一阶段出台了多项关于西部地区职业教育改革与发展的政策，在充分尊重职业教育发展规律与特点的基础上，因地施策，积极探索出适合西部地区职业教育改革与发展的新道路，推动了西部地区职业教育的发展。

2000—2004年，政策文本网络图划分为7个社团，如图6-9所示，分别是社团1"农民"、社团2"技术学校"、社团3"学历"、社团4"少数民族"、社团5"技能型"、社团6"教学质量"、社团7"实训基地"。

该阶段各社团关键节点的中心度较大，且较为突出，说明各社团的中心主题较为明确，可以依据主题的相关度将该阶段的社团大致分为三大类：第一类主要关注民族地区及农村地区办学效益，包含社团1、社团2和社团4，以"农民""农村基层""技术学校""少数民族"为核心词，旨在通过实行"三教统筹"，鼓励城市与农村合作办学，提高农村及民族地区职业教育的办学效益。第二类主要关注教学质量提升，包含社团3和社团6，以"学历""专任教师""教师队伍""教学质量"为核心词，倾向于通过提高教师学历以及建设"双师型"教师队伍来加强专业师资力量，同时进行教学管理与改革，全面提高教学质量。第三类主要关注技能型人才培养，包含社团5和社团7，以"技能型""人才""实训基地""职业资格证书""经费"为核心词，旨在通过加大对实训基地的经费投入力度，探索订单式培养、建立产学研结合机制来完善制造业、服务业等领域实用技能型人才的培养。总体而

---

① 李思阳：《浅析高等职业教育的人才培养》，《现代职业教育》2020年第48期。

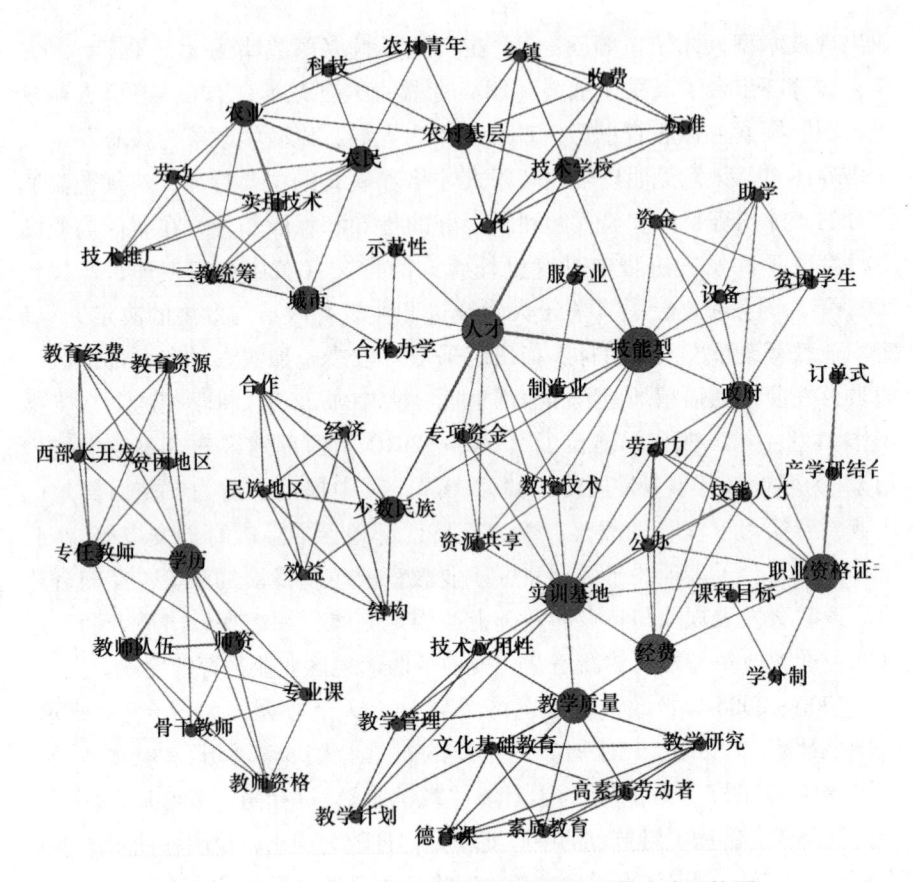

图 6-9 2000—2004 年西部地区职业教育政策文本网络图

言,这一阶段西部地区职业教育的改革,提升了民族地区及农村地区的办学效益,同时在培养专业技能型人才等方面取得了显著成绩,为下一阶段职业教育的大力发展奠定基础。

二 大力发展阶段（2005—2009 年）

在前期取得阶段性成果的基础上,这一阶段确定了将快速健康发展职业教育作为阶段重点任务,以适应全面建成小康社会对高素质劳动者和技能型人才的迫切要求。2005 年,国务院出台了《关于大力发展职业教育的决定》,对职业教育进行战略部署和统筹规划,提出了大力推行工学结合、校企合作的办学方式,在整合资源、深化改革的基础上,实施示范性职业院校建设计划,大力发展民办职业教育,全面推动职业教育快速健康发展。2006年，国家民委、教育部出台了《关于大力发展少数民族和民族地区职业教育的意见》，强调对西部地区职业教育给予经费倾斜，改善民族地区办学条件，支持发展远程职业教育。同年，教育部出台了《关于职业院辖试行工学结合、半工半读的意见》，指出要大力推行工学结合、校企合作的培养模式，逐步建立和完善半工半读制度，实现新时期我国职业教育改革和发展的新突破。2007年，教育部等部门出台了《中等职业教育基础能力建设规划（2005—2010年）》，明确指出以促进就业为导向，加快培养面向生产实践第一线的技能型人才，带动西部地区职业教育协调发展。总体而言，该阶段通过充分利用现有资源，多渠道增加经费投入，充分依靠行业和企业增强职业教育办学能力、培养能力，促进西部地区职业教育快速发展。

2005—2009年，政策文本网络图划分为5个社团，如图6-10所示，

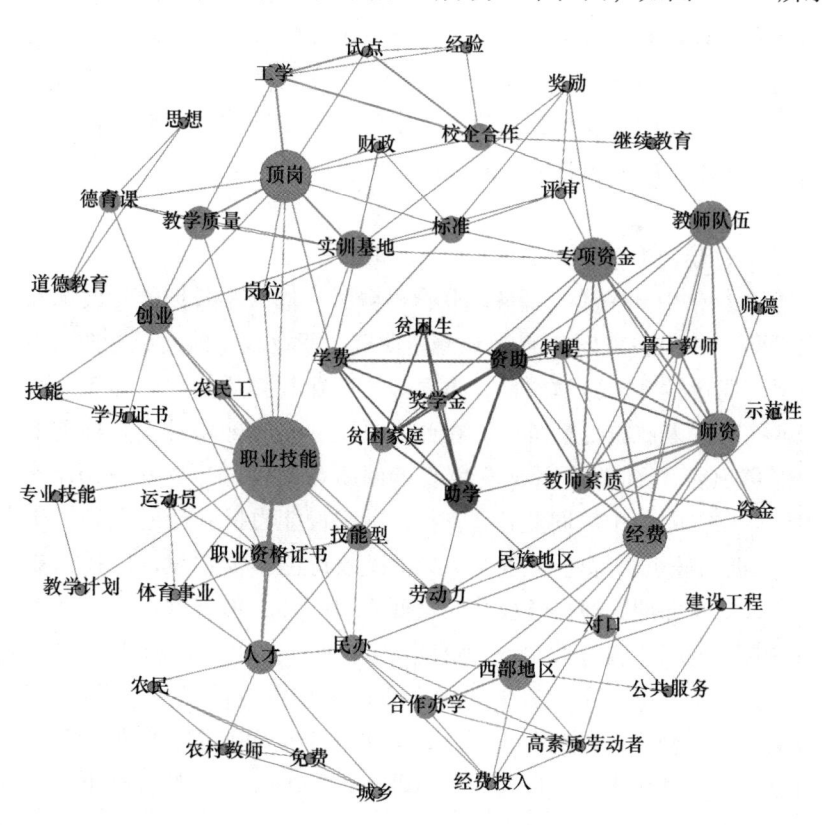

图6-10 2005—2009年西部地区职业教育政策文本网络图

分别是社团 1"顶岗"、社团 2"职业技能"、社团 3"资助"、社团 4"专项资金"、社团 5"西部地区"。

该阶段各社团关键节点的中心度较大，且较为突出，说明各社团的中心主题较为明确，可以依据各社团的相关度将该阶段的社团大致分为两大类：第一类主要关注职业技能提升，包含社团 1 和社团 2，以"顶岗""职业技能""人才""教学质量"为核心词，"职业技能"是最大的接入点，这一阶段反复提到"职业技能"，表明职业技能的培养与提升是职业教育发展过程中重要的一个环节，通过工学结合、校企合作、顶岗实习的人才培养模式，正确处理好职业技能训练与专业知识学习的平衡，确保快速实现发展职业教育的目标。第二类主要关注资金的投入，包含社团 3、社团 4 和社团 5，以"资助""专项资金""经费""西部地区"为核心词。此阶段中央对西部地区加大各类专项资金倾斜力度，多渠道筹措经费，改善西部地区职业教育的办学条件，实施特聘兼职教师资助计划以补充学校专业教师的不足，以奖学金、助学金等方式为家庭贫困学生提供助学帮助。总体来说，该阶段中央及相关部门出台多项专项支持政策，投入各类专项资金支持西部地区职业教育的大力发展。

三　质量提升阶段（2010—2013 年）

2010 年，中共中央、国务院联合出台了《国家中长期教育改革和发展规划纲要（2010—2020 年）》，该纲要明确了职业教育的发展方向，强调要着重提高职业教育的办学质量，建立健全职业教育质量保障体系，西部地区职业教育进入质量提升阶段。在此基础上，围绕经济社会发展需要，同年教育部出台了《中等职业教育改革创新行动计划（2010—2012 年）》，指出要重点实施"中等职业教育支撑产业建设能力提升计划"等"十大计划"，积极推进东西部合作办学，扶持民族特色学校建设，依托职业教育集团，带动西部地区薄弱学校共同发展。2011 年，教育部出台了《关于推进中等和高等职业教育协调发展的指导意见》提出要以科学定位为立足点，优化职业教育层次结构，明确中高职学校定位，以提高质量为重点，积极探索系统培养技能型人才制度，促进学生全面发展。此外，为加快推进职业教育信息化水平，提高人才培养质量，2012 年，教育部出台了《关于加快推进职业教育信息化发展的意见》，指出将信息技术创新应用作为改革和发展职业教育的关键基础和战略支撑，通过推动职业教育优质资源

第六章 西部地区职业教育政策

远程共享缩小东西部教育差距。总体来说，该阶段出台的西部地区职业教育政策始终将质量提升放在核心位置。

2010—2013年，政策文本网络图划分为7个社团，如图6-11所示，分别是社团1"对口"、社团2"技能型"、社团3"校企合作"、社团4"校园"、社团5"民族地区"、社团6"标准"、社团7"技能"。

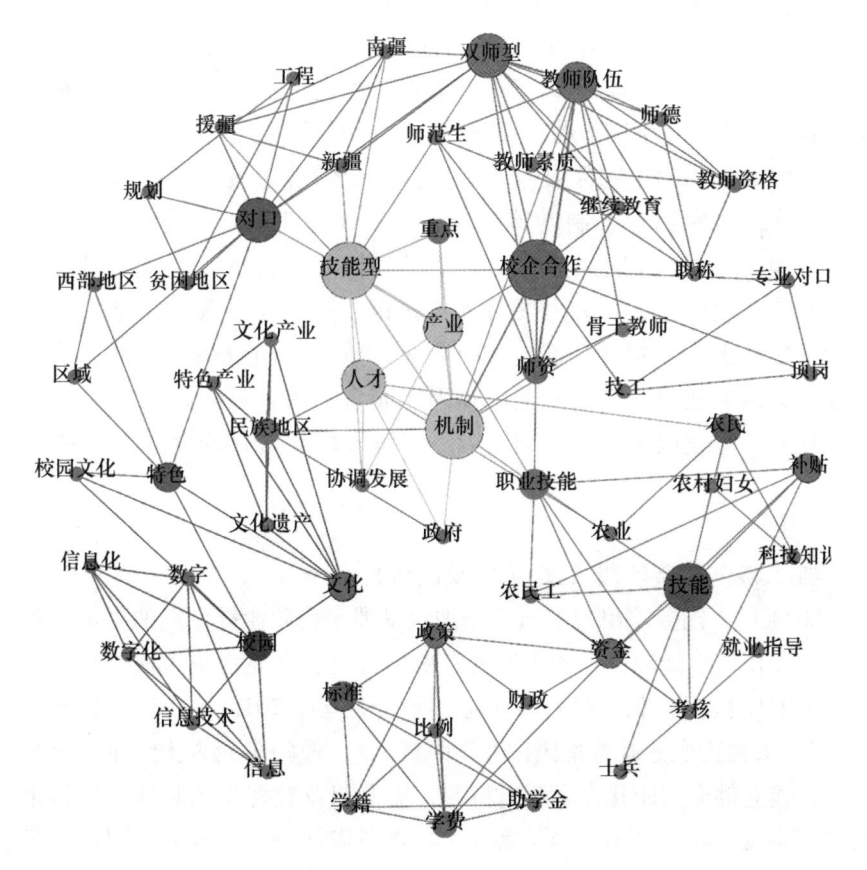

图6-11 2010—2013年西部地区职业教育政策文本网络图

该阶段各社团关键节点的中心度相对较大，政策内容关注重点较为突出，可以依据主题的相关度将该阶段的社团大致分为五大类：第一类主要关注特色产业发展，包含社团1和社团5，以"对口"和"民族地区"为核心词，关注的是依托对口支援等项目，启动职业学校的特色化建设，推动职业院校同区域特色产业、文化产业、传统产业相融合。第二类主要关注技能提升，包含社团2和社团7，以"技能型""机制""人才""技能"为核心词，探索系统培养技能型人才机制，鼓励因人制宜，关注重心落在特定群体的专业知识与技能提升上，如退役士兵、农村妇女等。第三类主要关注教师队伍建设，包含社团3，以"校企合作""教师队伍""双师型"为核心词，同前一阶段相比，这一阶段焦点落在通过构建校企合作职业教育教师培养培训体系，完善师资培养培训基地和校企合作机制，为职业教育质量提升提供强有力的人才保障。第四类主要关注贫困学生问题，包含社团6，以"标准""政策""学费"为核心词，在2009年对农村地区困难学生实施免学费政策的基础上，这一阶段加大资助和免学费范围，将城市家庭困难学生和涉农专业学生纳入免学费政策范围，确定免学费标准，完善国家助学金制度等政策。第五类关注职业教育信息化建设，包含社团4，以"校园"和"信息化"为核心词，旨在提高西部地区职业院校信息技术创新，大力发展远程教育，实现优质资源共建共享。此阶段，主要围绕"提升西部地区职业教育质量"出台系列政策，强化了职业教育内涵建设，鼓励职业院校因地制宜、因人制宜，探索未来特色发展模式，深化改革创新主题，为下一阶段构建现代职业教育体系夯实基础。

四 特色打造阶段（2014年及以后）

2014年，国务院出台了《关于加快发展现代职业教育》的决定，首次提出开展现代学徒制试点和构建具有中国特色、世界水平的现代职业教育体系的宏伟目标，职业教育变革逐步拉开序幕。2015年，教育部出台了《关于深入推进职业教育集团化办学的意见》，鼓励多元主体组建职业教育集团，建立健全集团化办学运行机制，提升职业教育集团服务现代职业教育体系建设的能力。2017年，教育部、国务院扶贫办出台了《职业教育东西协作行动计划（2016—2020年）》实施方案，强调精准扶贫与职业教育发展相结合的工作任务，全面落实东西扶贫协作全覆盖行动，弥补西部地区职业教育的不足，发挥职业教育助力脱贫攻坚的重要作用。同年，国务院出台了《关于深化产教融合的若干意见》，逐步提高行业企业参与办学程度，健全多元化办学体制，全面推行校企协同育人，形成教育和产业统筹融合、良性互动的发展格局。2019年，国务院出台了《关于印发国家职业教育改革实施方案》，对国家职业教育制度体系完善、职业教育国家标准构建和多元办学格局建设等方面提出特色改革方案。经过这一阶段政策的调整，进一步完善了中国特色职业教育的办学经验，体现了中国特色职业教育发展模式的基本内涵，逐步构建起符合中国基本国情、具有中国特色、适应社会发展的现代职业教育体系。

2014—2019 年，政策文本网络图划分为 7 个社团，如图 6-12 所示，分别是社团 1 "专项资金"、社团 2 "贫困家庭"、社团 3 "教育资源"、社团 4 "东西协作"、社团 5 "资助"、社团 6 "思想"、社团 7 "职业技能"。

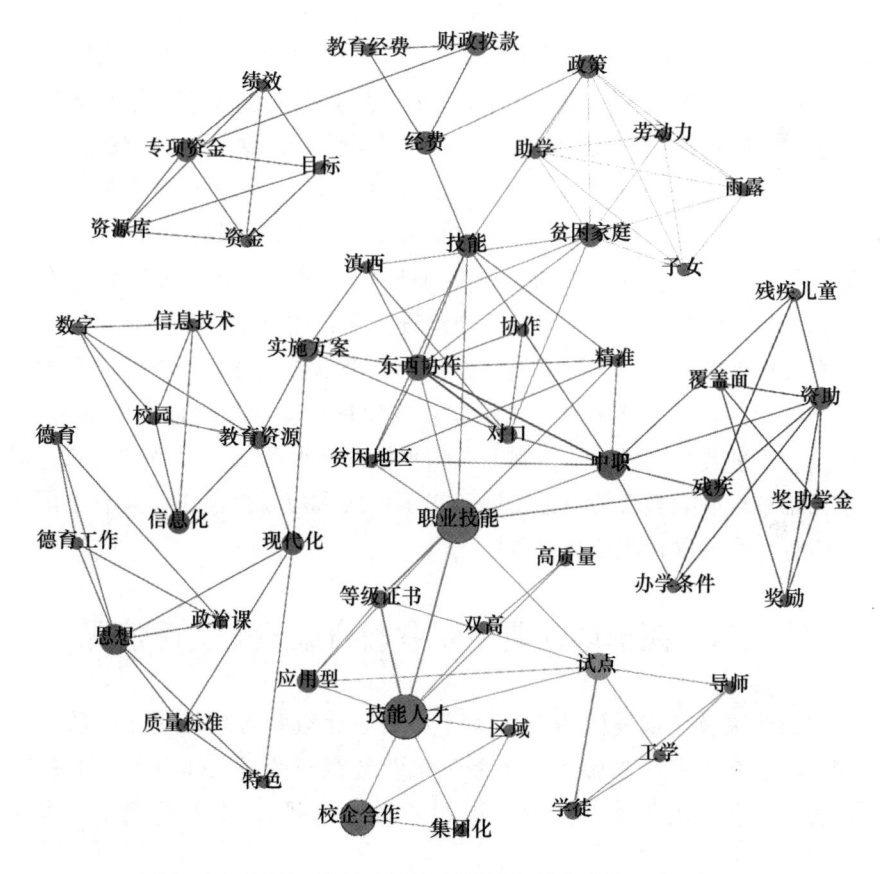

图 6-12　2014—2019 年西部地区职业教育政策文本网络图

该阶段各社团关键节点的中心度相对较大，政策内容关注重点较为突出。可以依据主题的相关度将这一时期的社团大致分为三大类：第一类主要关注资金投入，包含社团 1、社团 2 和社团 5，以"专项资金""贫困家庭""资助"为核心词,在职业教育与脱贫攻坚结合的思想引领下,本阶段落实"雨露计划"扶贫助学补助措施,促进社会扶贫与教育扶贫相结合,发挥职业教育在精准扶贫中的作用,逐步健全多渠道经费筹措机制和完善资助政策体系,加强对学生资助等专项资金的控制,提高财政资金使用效益,确保资助资金真正落到受助者头上。第二类主要关注教育资源共享,包含社团3和社团4,以"教育资源""信息化""东西协作"为核心词,随着"互联网+"大数据时代的到来,信息化成为主导职业教育变革的力量,本阶段继续加强信息化基础建设,将信息化帮扶纳入东西协作计划,精准帮扶职业院校提升信息化基础能力,推动优质数字教育资源的共享,增强职业教育的"造血"功能。第三类主要关注人才的综合素质培养,包含社团6和社团7,以"思想""现代化""德育""职业技能""校企合作"为核心词,在弘扬大国工匠精神的背景下,一方面探索通过集团化办学、构建现代学徒制等,深化校企合作发展,创新技术技能人才培养机制;另一方面加强和改进新时代职业院校的德育工作,将德育放在首位,发挥思想政治课关键作用,推动建设数字化德育平台,探索构建区域职业学校德育资源共享共用机制,为社会培养出更多急需的复合型高素质技术技能型人才。总体来讲,该阶段在构建现代职业教育体系的框架下,围绕"东西协作""现代学徒制""职业教育精准帮扶"等特色模式,促进了西部地区职业教育的特色发展,初步形成适应发展需求,具有中国特色、世界水平的现代职业教育体系。

第三节 西部地区典型职业教育政策的实施情况

中共中央及各部委依托西部大开发在职业教育管理体制、产教融合制度支撑、职业教育教师教育体系、职业教育经费投入体制等方面持续出台大量政策,有效促进西部地区职业教育发展[①]。在此背景下,本章选取了"职业教育免学费"政策、"东西协作帮扶"政策、"双师型教师"政策、"校企合作"政策进行深入分析,重点关注政策脉络、内容和效果。

---

① 郭潇莹、马毅飞:《国际立法视角下我国〈职业教育法〉修订的若干建议》,《职业技术教育》2020年第24期。

一 "职业教育免学费"政策

"职业教育免学费"政策是政府为减轻学生负担、扩大职业教育招生规模、有效促进职业教育健康发展而出台的财政帮扶政策。这类政策可以切实减轻学生家庭负担,促进职业教育整体规模增长,对实现职业教育公平化、均衡化发展具有重要意义。

(一)政策脉络

西部地区经济基础相比东部更为薄弱,民众收入普遍不高,接受教育的机会受到很多现实因素的阻碍。政府为促进职业教育的发展进程,逐步推行职业教育"免学费"政策[1]。2001年,教育部出台了《关于"十五"期间加强中等职业学校教师队伍建设的意见》,提出对家庭经济困难学生应适当减免学费。2006年,财政部、教育部出台了《关于完善中等职业教育贫困家庭学生资助体系的若干意见》,明确了中等职业学校学生减免学费的范围,提出助学贷款方案、社会资助方式等内容。2009年,财政部出台了《关于中等职业学校农村家庭经济困难学生和涉农专业学生免学费工作的意见》,标志着免学费措施的正式落地。2012年,财政部、教育部出台了《关于扩大中等职业教育免学费政策范围进一步完善国家助学金制度的意见》,进一步扩大免学费政策覆盖范围。针对西部地区,2010年,国家发改委、教育部、人社部出台了《关于扩大中等职业学校免学费政策覆盖的通知》,加大了对西部困难职业教育学生的帮扶。2012年,教育部出台了《关于推进新疆中等职业教育发展的意见》,对新疆职业教育学生做出免学费安排,职业教育扶贫开发效果明显,新疆中职班累计招生数量逐渐上升[2]。各部门不断加大对职业教育特别是西部地区职业教育的"免学费"政策扶持力度,推动了西部地区职业教育的发展。

(二)政策内容

国家出台的职业教育"免学费"政策加大了职业教育对于学生的吸引力,此类政策的出台与我国经济发展形势相吻合,符合我国当前大力发展

---

[1] 刘永新:《浅谈中职教育免学费政策执行中的问题及对策》,《中国财政》2013年第14期。

[2] 蓝洁:《新中国成立70年来少数民族和民族地区职业教育发展的变迁与展望——基于政策的视角》,《当代职业教育》2019年第5期。

职业教育的时代背景。以广西 2019 年出台的相关政策为例①，主要关注职业教育"免学费"政策内容的实际意义。

1. "免学费"范围：对公办中等职业学校全日制正式学籍一、二、三年级在校学生免除学费；对经教育行政管理部门依法批准，符合国家标准的民办中等职业学校就读的全日制正式学籍一、二年级学生，按照当地同类型同专业公办中等职业学校免除学费标准给予补助。

2. "免学费"标准及办法：自治区直属中等职业学校每生每年平均 2200 元，设区市属中等职业学校每生每年平均 2000 元，县（市、区）属中等职业学校每生每年平均 1500 元；高级技工学校技工学生每生每年平均 2500 元，高级技工学校技师学生每生每年平均 3000 元；自治区直属艺术类中等职业学校每生每年平均 5000 元，市、县直属艺术类中等职业学校每生每年平均 3500 元。对民办中等职业学校全日制正式学籍一、二年级学生，按照当地同类型同专业公办中等职业学校免除学费标准给予补助。

3. "免学费"经费分担办法：中等职业教育免学费政策所需资金由中央、自治区本级财政和市县财政共同承担。其中，按中央统一规定的免学费所需经费按以下比例分担：市所属学校，中央、自治区、市按 8∶1∶1 比例分担；县所属学校，中央、自治区、非贫困县按 8∶1∶1 比例分担，中央、自治区、贫困县按 8∶1.5∶0.5 比例分担。

（三）政策效果

政策的颁布实施规范了职业教育"免学费"各项标准，持续加大了"免学费"政策覆盖范围，并惠及更多学生群体，切实减轻了学生家庭负担。针对西部职业教育的"免学费"资金补助，城市与农村生源享受待遇一致的免学费政策，西部地区职业教育生源前往东中部入学也同等执行。如表 6-2 所示，截至"十三五"末，西部省区市共有超过百万名学生享受到"免学费"政策，西部地区职业教育获得中央大量资金与政策倾斜，特别是贫困、民族、边疆地区学生得到了重点支持，学生家庭经济负担降低，接受职业教育的积极性显著增加。

然而该政策的实施也存在一些不足之处：由于国家提供经济资助，因降低就学成本而选择就读职业院校的学生仅占 10% 以下，经济因素不是影

---

① 资料来源：广西壮族自治区财政厅、广西壮族自治区教育厅、广西壮族自治区人力资源和社会保障厅《关于下达 2019 年中等职业教育免学费补助和国家助学金中央资金及自治区资金的通知》。

响学生就学的主要因素，却成为职业院校之间竞争的国家补贴①。

表6-2　西部地区部分省区市职业教育"免学费"政策实施效果

省份	职业教育"免学费"政策实施效果
四川	2009—2016年职业教育累计招收藏区学生5万余人、大小凉山彝族学生近3万人，每年安排免学费资金20亿元
重庆	2019—2020年江北区所有中等职业学校累计划拨免学费等资金共3572.83万元，惠及8833名学生
陕西	2018年28.68万名学生享受免学费政策，资金金额达29227.94万元
青海	截至"十三五"末，共惠及学生86.1万名
云南	"十二五"期间，补助中等职业教育免学费等资金达60.34亿元，资助学生达348.53万人次
贵州	2016—2017年各中等职业学校共减免（补助）学生学费800余万元
甘肃	2018年近6万名贫困家庭学生接受免费中等职业教育；2016—2018年甘南州藏区中职学校免学费学生12741人，共计免学费1273.24万元
内蒙古	2019年投入"两免"资金3.93亿元，资助学生16.37万人

二　"东西协作"帮扶政策

国家为支持西部与东部职业教育学校进行办学合作、共享资源而出台了一系列"东西协作"帮扶政策。该政策由教育部、国务院扶贫办等联合发布，主要目标是缩小西部与东部发达地区职业教育的差距，促进东西部职业教育院校的合作交流，实现东西部地区职业教育协同发展。

（一）政策脉络

西部地区职业学校由于当地财政收入少、教育发展落后、人才培养环境较弱等原因，自身发展内生要素较差，亟须优质职业教育学校帮助发展②。在这一背景下，国家陆续出台相应政策，鼓励职业教育发展较好的东部地区对西部地区采取对口支援工作，调动优势资源对西部地区进行扶持，缩小东西部职业教育水平差异，促进教育公平。2003年，国务院出台了《2003—2007年教育振兴行动计划》，首次提出了东西协作的概念，要

---

① 刘彦林、哈巍：《中职免学费政策实施效果评估》，《教育发展研究》2017年第21期。
② 余克泉、夏能权、彭振宇等：《中国高等职业院校精准扶贫发展报告（2015—2019）（下篇）》，《中国职业技术教育》2020年第7期。

求充分发挥城市对农村、东部对西部的带动和辐射作用。2005年，国务院出台了《关于大力发展职业教育的决定》，要求积极开展城市对农村、东部对西部支援工作。2010年，教育部出台了《关于印发〈中等职业教育改革创新行动计划（2010—2012）〉》的通知，要求重点支持开展东部对西部的对口支援和联合招生。2016年，教育部办公厅、国务院扶贫办出台了《职业教育东西协作计划（2016—2020年）实施方案》，这是政府在教育脱贫攻坚背景下出台的五年行动计划，主要目标是发挥职业教育在脱贫攻坚中的重要作用，实现职业教育东西部均衡发展，并要求其他西部各省份照此执行。文件划分出五类协作关系，东西部扶贫协作关系，分别为"新疆、西藏、四省藏区""滇西10州市""其他省市""开放大学"。这标志着东西协作扩大了协作范围并加大了协作力度。2018年，教育部、国务院扶贫办出台了《深度贫困地区教育脱贫攻坚实施方案（2018—2020年）》，提出在"三区三州"[①]先行实施职业教育东西协作行动计划和劳务协作等工作。"东西协作"帮扶政策的实施，有效改善了由地方财政支撑的教育资源配置机制，提高西部欠发达地区职业教育服务质量，推动了我国教育公共服务的均等化。

（二）政策内容

"东西协作"帮扶政策是指国家引导上海、江苏、浙江等东部省区市的优质职业教育集团与新疆、西藏、陕西、重庆等西部地区相对实力较弱的职业教育学校进行对口支援帮扶。东部发达地区职业教育学校通过人才交流、资金支持、合作办学和同步教育等形式，帮助西部职业教育学校提高教学水平，稳固师资队伍，形成强有力的西部地区职业教育新局面。具体政策措施如下。

1. 充分利用地区优势资源和就业市场，采用灵活的招生、办学机制，并鼓励为跨地区学习的学生减免学费，促进西部地区人才的发展。

2. 鼓励各地区和城乡的示范院校与经济欠发达地区对口支援，推动地区间职业教育的协调发展。在招生方面，要求中部和西部地区示范院校对西部地区的招生比例不低于10%，积极吸引西部地区学生报考。

3. 以结对子方式建立工作平台和定期交流制度，同时鼓励东部职业

---

① "三区"指西藏自治区和青海、四川、甘肃、云南四省藏区及南疆的和田地区、阿克苏地区、喀什地区、克孜勒苏柯尔克孜自治州四地区；"三州"指四川凉山州、云南怒江州、甘肃临夏州。

学校扩大对西部地区的招生，选派优秀教师支教，安排西部地区学生实习、教师进修，共享东部地区的优质资源。

4. 对东西合作学校数量、招生数量、培训教师数量给出具体任务，激励各省市区加快合作步伐，促进东西部职业教育发展。

5. 积极推动内地新疆班的建设，扩大对口支援的招生规模，针对新疆产业发展的紧缺人才设立相关专业，加快新疆产业发展。组建跨区域的职业教育集团，采用集团化的办学形式促进西部地区职业教育发展。

（三）政策效果

在"东西协作"政策带动下，有效建立了东部帮扶西部职业教育的交流机制，提高了西部职业教育的发展水平。西部各省份职业学校选派多批次学生、教师、干部在东部地区接受学习、培训和挂职锻炼，增长了知识、提升了能力、学习了经验。同时，东部发达职业学校选派优质教师并投入资金支援西部职业教育学校，带动了受援职业教育学校在教学水平、基础设施等方面的快速发展。四川、青海、广西先后组织超过1200名学生前往浙江、广东学习（见表6-3）；陕西、新疆、甘肃先后与超过10所东部优质职业学校签订东西协作帮扶协议。从政策落实效果来看，东部对西部职业教育帮扶措施有效实施，东西协作与对口帮扶工作取得了较大进展。

但是东西协作存在合作范围有限、合作程度不深、政策支持力度不强、学生就读意愿不大、就业渠道狭窄和异地适应能力差等问题[①]。因此国家有关部门仍需加大对东西部职业教育协作政策和资金的扶持，在学校、学生等各方面帮扶上加大力度，让职业教育"东西协作"政策帮扶真正落到细微处、精准处和全面处。

表6-3 西部地区部分省区市职业教育"东西协作"帮扶政策实施效果

省份	职业教育"东西协作"帮扶政策实施效果
四川	2019年组织贫困家庭学生458人到浙江、广东等地就读
陕西	2019年10个地级市与江苏省对口地市签订东西协作行动计划落实协议书；安排教师培训专项经费500万元，安排两批共250人赴江苏开展培训

---

① 蒋雯：《职业教育东西协作背景下学生"养成教育"管理机制的探索》，《试题与研究》2020年第33期。

续表

省份	职业教育"东西协作"帮扶政策实施效果
青海	2017年,海西州组织419名中等职业学校学生赴浙江培训
云南	截至2019年11月,滇西片区共输送4250人到东部五省份学校就读,其他州市输送5092名贫困学生到东部省份就读
贵州	2019年遵义市先后派送89人次前往上海培训,邀请11所上海中等职业学校前来调研
广西	2019年河池、百色两市共选送365名贫困家庭学生至广东接受优质中等职业教育
甘肃	2018年甘肃14个市州与天津14个国家示范职校签订协作帮扶协议,选派47名中高职学校校长去天津挂职交流锻炼
宁夏	2018年闽宁两地职业院校交流学习教师达50多人次
西藏	2018年,推进了中东部7个职教集团和13所民办本科院校对口支援7市(地)中职学校各项工作
新疆	2018年内地127所院校对口支援南疆职业教育和北疆25所职业学校帮扶托管南疆中职学校工作;江苏14所职业教育学校和江西3所职业教育学校与克拉玛依州实行"校包系、院包系"帮扶机制
内蒙古	2018年,北京机床研究所分三阶段为乌兰察布市商都县职业学校3名教师进行了为期3个月数控加工基础培训,选派3位老师去北京培训1年

三 "双师型"教师政策

"双师型"教师培养是通过各级教育部门与地方政府、企业、职业教育学校的合作,引导"教师型"加"技术型"复合人才前往职业教育院校任教并担任导师,从教学、技术、培养、品德、就业方面对学生进行全方位指导。"双师型"教师培养可以完善职业教育技术型教师队伍,提高职业教育学生就业的竞争力。

(一)政策脉络

职业教育教师队伍长期存在实力不强、队伍不稳、门槛较低等现实性问题,同时也存在职业教育学生技能与市场需求不符,学生就业竞争力不强等困难,因此需要教学和技术复合型的老师来帮助学生获得实操技能和就业指导。1998年,教育部出台了《面向二十一世纪深化职业教育教学改革的原则意见》,要求重视"双师型"教师培养。2004年,教育部出台了《关于以就业为导向深化高等职业教育改革的若干意见》,要求在职称评定、教师聘任等方面单独制定适合"双师型"教师发展的评聘制度;同年，教育部、财政部出台了《关于推进职业教育若干工作的意见》，要求借助"双师型"教师，改善教育基地实训设备。2010年，教育部出台了《中等职业教育改革创新行动计划（2010—2012）》，遴选大批应届生培养"双师型"人才。2014年，国务院出台了《关于加快发展现代职业教育的决定》，要求在高校与企业中共建"双师型"教师培养基地。2019年，教育部等四部门出台了《深化新时代职业教育"双师型"教师队伍建设改革实施方案》，要求在培养、共建、交流、绩效评估等方面全面改革，大力培养"双师型"人才。"双师型"教师政策的相继出台，进一步完善了职业院校教师的来源渠道，明确了职业教育教师队伍建设的两条主线，全面提升了职业教育教师质量水平，推动职业教育高质量发展。

（二）政策内容

"双师型"教师队伍建设主要是指职业教育院校主动招聘具有"教学水平、劳动技能"和"社会职位、社会经验"双重身份的人员进入职业教育学校担任老师，促进学生全方位发展。"双师型"政策主要如表6-4所示。

表6-4　　　　职业教育"双师型"政策内容一览表

政策目标	政策主要内容
建立标准体系	建设分层分类的教师专业标准体系：覆盖公共课、专业课、实践课等课程的教师专业标准体系；引进第三方职教师资质量评价机构
提高准入门槛	推进以"双师型教师"素质为导向的准入制度，按照专业大类制定考试大纲、建设试题库、开展笔试和结构化面试；职业院校、应用型本科高校相关专业教师原则上从具有3年以上企业工作经历并具有高职以上学历的人中公开招聘
改革编制体系	完善"固定岗加流动岗"的教师资源配置新机制，改革"双师型教师"编制体系；编制向"双师型"教师队伍倾斜；建立健全职业院校自主聘任兼职教师的办法；提高中、高级岗位设置比例
加强培训力度	持续开展各类职业技能培训和互换互派交流： 1. 针对"1+X"证书制度开展教师全员培训；落实教师5年一周期的全员轮训制度；认定300个"双师型"教师培养培训示范单位； 2. 建立校企人员双向交流协作共同体：推进职业院校教师每年至少累计1个月以多种形式参与企业实践或实训基地实训； 3. 每年选派1000人赴德国等国家研修访学，学习国际"双元制"职业教育

续表

政策目标	政策主要内容
完善考核机制	对"双师型"导向教师考核评价改革:制定"双师型"教师认定标准,将体现技能水平和专业教学能力的"双师型"素质内容纳入教师考核评价体系
提高教师收入	提升"双师型"教师收入:教师职业院校、技术服务、社会培训、自办企业等所得收入,可按一定比例作为绩效工资来源;教师依法取得的科技成果转化奖励收入不纳入绩效工资,不纳入单位工资总额基数
建设人才队伍	以高精尖技能人才团队建设带动人才队伍能力提升: 1. 建设"国家工匠之师"引领的高层次人才队伍,培养国家级专业技术名师:建设 1000 个国家级"双师型"名师工作室和 1000 个国家级教师技艺技能传承创新平台; 2. 创建高水平结构化教师教学创新团队:建设 360 个国家级职业教育教师教学创新团队

(三) 政策效果

在国家和各地大力支持下,"双师型"政策通过完善制度、制定激励机制、建立"双师型"培养基地等措施加快"双师型"教师队伍建设,各地"双师型"中职学校教师队伍占比越来越高、教师能力水平越来越强、待遇与职称评比机制越来越合理。如表 6-5 所示,广西 2019 年认定"双师型"教师超过 3000 人,重庆 2017—2019 年"双师型"教师累计认定 1 万人以上,贵州 2018 年"双师型"教师占比 44.40%,2018 年陕西正高职称教师且担任"双师型"岗位比例达到 36.67%,2019 年内蒙古每位"双师型"教师获得 4 万元专项补贴。总体来说,各地区职业教育学校加强了"双师型"教师引进与支持力度,"双师型"教师人数相比过去明显增长,成为职业教育教师队伍中的重要组成部分。

表 6-5 **西部地区部分省份职业教育"双师型"教师队伍建设政策实施效果**

省份	职业教育"双师型"教师队伍建设政策实施效果
四川	2019 年中职学校"双师型"占比达 52.5%,"双师型"教师达到 12036 人
重庆	2017—2019 年职业学校"双师型"教师累计达 1 万余人
陕西	2017 年全省中职学校"双师型"教师达到 2876 人,2018 年达到 3094 人,"双师型"教师占教职工人数比例由 15.40% 增加到 16.64%

第六章 西部地区职业教育政策

续表

省份	职业教育"双师型"教师队伍建设政策实施效果
青海	截至2018年,"双师型"教师934人,同比增长13.21%,占专任教师总数的39.63%
云南	2019年中等职业学校专任教师数19986人,"双师型"专任教师比例达39.34%
贵州	2018年"双师型"教师占比44.40%,达到6882人
广西	2019年认定"双师型"教师3389人,"双师型"等教师共培训1.3万人
甘肃	2018年全省共新增"双师型"教师120人,达到4235人,占专业课教师比例为48.53%。截至2020年,兰州新区4所公办职业学院共有507名"双师型"教师
宁夏	2018年"双师型"教师959人,占专任教师总数的34.4%
西藏	2018年全区"双师型"教师达到534人,"双师型"教师占专任教师总数的30%左右
新疆	2017,中等职业学校"双师型"教师3846人,"双师型"教师占专业教师比例48.03%
内蒙古	2019年,全区中职学校"双师型"教师4249人,"双师型"教师占专业教师比例49.87%,占专任教师比为31.17%

资料来源:各省份中等职业教育年度质量报告、各省区市官方新闻网站等。

通过"双师型"教师政策的实施,西部地区职业教师队伍质量得到了显著提升。但仍存在"双师型"教师数量不足、联合培养基地少等问题。未来,"双师型"教师队伍的建设要逐步拓宽人才引进路径,发挥产教融合的优势,引进专业领域的工程名匠、技能大师等,不断优化"双师型"教师队伍结构[1]。

四 校企合作政策

校企合作是指职业学校和企业通过共同育人、合作研究、共建机构、共享资源等方式实施的合作[2],旨在挖掘符合市场需求的技术型人才,更好地促进学生就业意愿和满足企业选人用人需求,深化产教融合,全面提升人力资源质量。

(一)政策脉络

与普通教育相比,职业教育更要求学生掌握丰富的实际操作技能,并

---

[1] 卢立红、邓瑾:《产教融合视域下高职院校"双师型"教师队伍建设现状及对策》,《职业技术教育》2021年第26期。

[2] 石伟平、王启龙:《促进校企规范合作全面推进产教融合——〈职业学校校企合作促进办法〉解读》,《中国职业技术教育》2018年第10期。

且能够迅速进入工作，解决工作中的实际问题。为了达到培养目标，学校需要提供充足的实操设备和实习机会，在此背景下，校企合作成为一个十分重要的措施[①]。2005年，教育部出台了《关于加快发展中等职业教育的意见》，鼓励采用多种办学模式，同年国务院出台了《关于大力发展职业教育的决定》，规定中等职业学校学生最后一年必须到企业实习。2006年，财政部、教育部出台了《关于完善中等职业教育贫困家庭学生资助体系的若干意见》，要求建立以学生参加生产实习为核心的助学制度，同年教育部出台了《关于全面提高高等职业教育教学质量的若干意见》，提出要完善实训基地建设，为提高高等职业教育教学质量提供保障。2010年，教育部出台了《中等职业教育改革创新行动计划（2010—2012年）》，要求开展职业教育与产业合作和校企一体办学推进计划。2011年，教育部出台了《关于推进高等职业教育改革创新引领职业教育科学发展的若干意见》，该意见在校企合作中加入政府、行业学校举办方等合作主体。2018年，教育部、发改委等部门联合出台《职业学校校企合作促进办法》，这是国家针对职业学校校企合作出台的专项文件，全面规范了校企合作的内容。由此可见，随着国家出台相关法规，校企合作由自由化向规范化转变，校企合作不断深入发展。

（二）政策内容

校企合作实行校企主导、政府推动、行业指导、学校企业多主体实施的合作机制。合作内容主要包括人才培养、技术创新和就业创业等方面。具体政策内容如表6-6所示。

表6-6　　　　　职业教育"校企合作"政策内容一览表

政策类别	政策内容
校企联合培养学生	（1）合作制订人才培养或职工培训方案，实现人员互相兼职，相互为学生实习实训、教师实践、学生就业创业、企业技术和产品研发等提供支持； （2）开展学徒制合作，联合招收学员； （3）建立学生实习强制保险制度； （4）合作研发岗位规范、质量标准等； （5）合作创建共同管理教学和科研机构，建设实习实训基地、技术工艺和产品开发中心等机构

---

① 殷红、米靖、卢月萍：《我国高职院校校企合作综述》，《职教论坛》2011年第12期。

续表

政策类别	政策内容
鼓励转化合作成果	职业学校及教师、学生拥有知识产权的技术开发、产品设计等成果，可依法依规在企业作价入股
严格规范合作机制	（1）职业学校和企业开展合作，应当签订合作协议； （2）职业学校应当吸纳合作关系紧密、稳定的企业代表加入理事会，参与学校重大事项的审议； （3）职业学校设置专业、制订培养方案和课程标准等，应充分听取合作企业的意见； （4）经所在学校或企业同意，职业学校教师和管理人员、企业经营管理和技术人员根据合作协议，分别到企业、职业学校兼职的，可根据有关规定和双方约定确定薪酬
政府参与校企合作	（1）鼓励各地通过政府和社会资本合作、购买服务等形式支持校企合作，鼓励各地采取竞争性方式选择社会资本，建设或者支持企业、学校建设公共实习实训、创新创业基地等公共服务项目； （2）建立产教融合信息服务平台，指导、协助职业学校与相关企业建立合作关系
外部加强评估考核	（1）企业开展校企合作的情况应当纳入企业社会责任报告； （2）职业学校应当将参与校企合作作为教师业绩考核的内容； （3）把校企合作作为衡量职业学校办学水平的基本指标； （4）各级人民政府教育督导委员定期发布督导报告

（三）政策效果

各地职业教育学校与企业在政府指导下，开展了学生顶岗实习、订单班培养、校园与企业共建实训基地、现代学徒制试点、"1+X证书"制度试点等合作，如表6-7所示，产教联盟与职业教育集团发展势头强劲，校企合作成果显著。一是对西部地区职业教育的学生而言，校企合作不仅能提前提供稳定可靠的企业实习与就业机会，而且能够显著减轻学生家庭的资金压力、学生能获得到东部发达企业与院校学习的机会，掌握技术并增强就业竞争力；二是对学校而言，学校提供场地与师资，企业提供设备、技术和导师，这不仅能扩大校内实训和校外顶岗实习比例，而且可以充分利用校企资源，增加学校就业率，减轻学校培养压力；三是对企业而言，"订单式"精准培养企业所需人才，并借助职业学校的知识与人才，帮助企业实现高精尖发展。

但校企合作存在学生就业与校企合作协议不一致、企业脱离风险大、产教融合方式单一、资金支持少、政策扶持力度小等问题①。有关部门需要加强督查和引导，尽早出台政策文件规范校企联合办学等行为，加大对校企合作的扶持力度，促使校企合作规范化发展。

表6-7　西部地区部分省份职业教育校企合作政策实施效果

省份	职业教育校企合作政策实施效果
四川	截至2019年，已组建产教联盟99个，联盟企业产值总额82468.9亿元，联盟内校企合作产生的直接经济效益12.1亿元
重庆	截至2018年，校企合作示范项目10个，国家级现代学徒制试点项目9个，市级现代学徒制试点项目68个，双基地20个，市级公共实训基地5个，市级专业实训基地30个
陕西	截至2019年，宝鸡市与咸阳市举办四届校企合作人才交流会，提供就业岗位32712个，各职业学校与知名企业签约共84家，实现学生就业16800人
青海	截至2019年，组建10个职业教育集团，建立校内实践基地工位数19553个，与700多家企业建立校企合作关系。合作企业专业数占专业总数51.71%，企业录用定岗实习生比例70.65%
云南	2019年，全省中等职业学校与2929家企业签订了合作协议，建设了2家国家现代学徒制单位，13家省级现代学徒制单位；全省中等职业学校在外实习学生覆盖率90.21%，学生对实习实训满意度达92.85%
贵州	建设了100个实训基地
广西	2019年，依托16个行指委、52个职业教育集团，开展2500余项校企合作项目，与2100余家企业合作，开展17所国家级和自治区级现代学徒制试点，和63所中职学校开展国家"1+X"证书制度试点
甘肃	全省37所中职学校开展"现代学徒制"试点，共计与2216家企业签订实习协议，建立了13058个较为稳定的校外实训基地，提供实训岗位5万个，订单班学生达到6000余人
宁夏	组建成立了22个职业教育教学行业指导委员会、13个职业教育集团和1个区域性职业教育联盟，9个现代职业技能公共实训中心投入使用，2018年全区中职学校专任教师企业实践总人数达到了617人次

---

① 刘洪银：《劳动教育推动高职学生核心素养形成路径研究》，《黑龙江高教研究》2022年第1期。

续表

省份	职业教育校企合作政策实施效果
西藏	截至2019年，中等职业学校与全区600余家企业建立了合作关系
新疆	专业建设校企合作100%全覆盖，订单培养人数10294人，校企合作共同开发课程348门，合作企业接受顶岗实习学生22015人；共遴选12个项目开展试点工作，疆内外大中专院校17家、州属职业院校与200多家著名企业建立了紧密的合作关系
内蒙古	2019年，多数中等职业学校为学生购买了实习责任保险，保险率达100%；对口企业实习对口率达98%

资料来源：各省份中等职业教育年度质量报告、各省份官方新闻网站等。

第四节 小结与展望

一 小结

在西部大开发的战略背景下，国家对西部地区职业教育发展加大政策倾斜力度，西部地区职业教育政策演进经历改革探索阶段、大力发展阶段、质量提升阶段和特色打造阶段，其技能型人才培养力度大幅提高，现代职业教育体系不断完善，为我国向技能强国迈进奠定了坚实的基础。

（一）政策导向由"二元分割"转向"普职双轨"

在"重学轻术，重道轻技"传统观念的影响下，我国长期存在重视学术教育、忽视职业教育的情况[1]，普通教育与职业教育之间存在着一种"二元分割"的现象。国家虽出台了《关于加快少数民族和民族地区职业教育改革和发展的意见》等西部地区职业教育的相关政策，但政策主要关注学校布局、专业设置以及办学形式等基础性问题，并未凸显职业教育在西部地区教育发展中的重要性，职业教育发展仍存在招生质量较差、办学水平不高等现象，在"二元分割"中处于劣势地位。随着经济发展，市场对高技能型人才的需求不断增多，职业教育的发展愈来愈受到重视。2014年，国务院出台了《关于加快发展现代职业教育的决定》，提出中高职衔接、职业教育与普通教育相互融通，建设具有中国特色、世界水平的现代职业教育体系。"职业教育与普通教育应该相互融通、相互促进，二者在

---

[1] 陈永斌：《地方本科院校转型发展之困境与策略》，《中国高教研究》2014年第11期。

地位上是平等的两种教育类型"的观念不断加强①。在这种转变下，西部地区职业教育的重要地位和作用越来越凸显，职业教育政策更加关注提升办学能力、教育质量等方面，积极探索特色化发展道路，采取了如管理水平提升计划、创新发展行动计划、东西协作计划和双高计划等提升工程，不断促进技能型人才在西部地区经济发展中发挥重要作用。总体来说，在普教—职教双轨教育体系下，国家不断加大对西部地区职业教育支持的力度，职业教育的社会地位、办学水平、办学能力不断提升，逐步推动其更好地适应西部地区的经济发展。

（二）政策重心由"就业增收"转向"技能强国"

21世纪初，我国劳动密集型产业居多，工业、制造业需要大量的基础性技术工人，早期的职业教育人才培养方式主要集中在基础技术型教学、传统型行业实习、劳动密集型就业。这一时期，西部地区职业教育主要关注农村初中毕业生能够接受中等职业学历教育，其培养目的主要是为扩大招生规模，促进就业，提高民众的收入水平，并没有将技能型人才培养放在核心位置。随着产业升级的潮流和劳动力市场供需矛盾的改变，多技能、特色型、市场化人才逐渐成为主要需求。2014年，教育部等出台了《现代职业教育体系建设规划（2014—2020年）》，着重强调了加快现代职业教育体系建设，培养数以亿计的高素质劳动者和技术技能人才，为建设技能强国和创新型国家提供人才支撑。在此背景下，职业教育确立了"弘扬工匠精神，打造技能强国"的办学宗旨，重点培养精益求精、敢于创新的技术技能人才②。在国家大政方针的指引下，西部地区职业教育发展也不断优化，职业教育发展逐步面向市场，针对西部优势特色产业，发展了对口专业和实习基地，培养符合西部需求的专业化职业教育人才，如民族旅游、边境合作、农村电商等。西部地区职业教育发展的推进和体系的完备，加大了西部地区高端技能人才培育，促进西部地区产业升级，为我国打造"技能强国"奠定了坚实的基础。

（三）政策理念由"产教结合"转向"产教融合"

教学与产业相结合是职业教育发展的重要方向。西部大开发之初，西

---

① 李鹏、石伟平：《中国职业教育类型化改革的政策理想与行动路径——〈国家职业教育改革实施方案〉的内容分析与实施展望》，《高校教育管理》2020年第1期。
② 何茜、黄苹：《中西部职业技术大学提升人才培养能力的关键路径》，《西南大学学报》（社会科学版）2021年第6期。

部地区职业教育的办学就体现了"产教结合"理念,主要采取"校办产业"中的"生产实习",通过"以厂养校"的单边形式实现,开展"订单式"培养。但在整个过程中,企业仅作为学校培养学生的外延,培养学生的主体仍是学校,产教结合的形式以学校为主。2013 年,国家进一步提出要实现更高层次职业教育市场化发展模式,促进人才链与产业链、教育链与创新链互相依赖、共同发展[1],"产教融合"理念应运而生,《关于深化产教融合的若干意见》和《全面推进现代学徒制工作的通知》等政策相继出台,"产教融合"成为职业教育未来的发展趋势。在这种背景下,西部地区职业教育日益注重企业、职业学校的合作办学自主权:一方面,办学方式向市场化转变,采用"引教入企"和"引企入教"等多种产教融合手段,发挥企业在职业教育市场化进程中的主体作用,如联合建设实践基地与培养班、扶持产教融合型职业学校与企业等;另一方面,培养方式向需求端转变,课程内容从专业知识扩展到实用技能,师资队伍从教师型发展为"双师型"教师,教学模式从"本科式"教学到"现代学徒制"教育,职业教育发展不断面向市场,深度契合企业发展的人才需求。总体来看,西部地区职业教育市场化速度明显加快,逐步朝着企业与职业学校利益共享、全产业链现代职业教育市场化体系发展。

二 展望

"十四五"规划和 2035 年基本实现现代化的远景目标提出了人才发展战略的新要求,职业教育领域的改革给西部地区职业教育发展带来了新的问题视界,在新经济时代的背景下,西部地区职业教育应进行重新定位,转变发展方向,构建新型职业教育体系,为促进西部地区经济发展,为我国基本实现社会主义现代化提供技能型人才支撑。

(一)提升职业教育社会地位

发展职业教育是我国重大教育战略目标,"十四五"规划中提到,要突出职业教育特色,深入推进改革创新,优化结构与布局,大力培养技术技能人才。在"普职双轨"教育体系下,未来应继续贯彻"职业教育与普通教育是教育的不同类型,均具有同等重要地位"的普遍观念[2],注重办

---

[1] 杜俊文:《职业教育深化产教融合的缺失与优化路径分析》,《教育与职业》2016 年第 4 期。
[2] 资料来源:2021 年 3 月 24 日国务院常务会议审议通过的《中华人民共和国职业教育法(修订草案)》。

学理念的宣传，把职业教育放在助推教育改革创新和经济高质量发展中更为突出的位置。根据"普职分流"理念的提出，要坚持把发展职业教育作为建设中国特色现代职业教育体系的重要基础，保持高中阶段教育职普比大体相当。"普职分流"能够促进职业教育与普通教育协调发展，提高职业教育的办学水平和就业前景，打通职业教育的上升通道①，并通过不断完善职业技能证书认证和技能职称评定机制，促进职业技能证书制度改革，使技能型人才获得更高的行业及社会认可度，从而吸引更多优秀师资与优秀生源投入到职业教育中，逐步改善公众对职业教育社会地位较低的固有印象。总之，应关注职业教育体制机制问题，完善职业教育发展的国家标准，不断创新办学模式，提高其社会地位，逐步实现职业教育在教育核心框架中的战略地位，优化我国教育结构。

（二）增强职业院校的办学实力

为促进西部地区职业教育发展，增强职业院校的办学实力，需要通过一批示范性职业院校的建设和引领，才能形成高职教育系统内有序竞争、持续提升办学实力的良好秩序②。近年来，示范性职业院校逐渐成为职业教育发展的重要力量，其辐射范围广、品牌效应大、带动能力强、市场化水平高，可以逐渐形成集团化办学优势，在职业教育课程和实操、学生就业、职业教育发达国家专家交流合作方面有丰富经验，能帮扶弱校提高办学质量，起到良好的引领性标杆作用。为更好促进职业教育协同发展，一方面，应对西部示范性职业教育学校给予资金和政策上的倾斜，建立示范性职业教育院校的教学与实习资源库以供学习参考。另一方面，通过集团化办学等新手段，开展示范性职业教育院校挂名挂职及联合培养合作，与发达地区实行联合办学，建立联合培养基地进行资源共享，开办"西部班"招收西部地区的学生，解决西部职业教育"弱、小、散"的问题。总之，要结合企业需要和国家方针，发展大批示范性职业学校和示范专业，提高西部地区职业院校的办学实力，使示范性职业院校带领西部职业教育实现抱团式高质量发展。

---

① 曾天山：《健全普职教育融合体系对教育强国建设意义重大》，《中国教育学刊》2020年第7期。

② 赵光峰、张继明：《扩招语境下高职教育内涵式发展的战略核心与治理路径》，《黑龙江高教研究》2021年第7期。

（三）提升职业教育人才培养质量

国务院在 2019 年《国家职业教育改革实施方案的通知》中提出，要把发展职业教育作为优化教育结构和培养大国工匠、能工巧匠的重要方式，不断提升我国职业教育人才培养质量。在内涵式发展的引领下，职业教育有必要在职业高考体系化、实现特色办学模式等方面有所作为：一方面，职业高考体系化发展。职业教育人才培养质量的提升关键在于职业教育生源质量。因此，职业教育需要加速建立与普通高考并行的职教高考制度，招生对象主要面向职业院校在校生，同时包含技能型人才的社会生源，并有意识地为职业本科教育输送真正擅长技术的优质生源，搭建起以职业本科教育为龙头的现代职业教育新学制。另一方面，实施特色办学模式。未来职业教育的办学不仅要体现职业教育的职业属性，还要体现其高层次性。因此，要对接行业人才培养规范，制定面向职业标准和岗位规范的专业教学标准，通过"1＋X"证书、学分银行等手段实现专业标准与职业标准的对接，并在教学过程中鼓励多方参与，市场化教学，不断深化"产教融合"，引导优势企业与职业教育院校在各自优势产业和专业展开合作，组建产教联盟、实习基地等特色教学模式。西部地区技能型人才培养可以将西部地区特色资源和优势产业相结合，如在新疆、贵州等发展旅游与资源循环利用等方面的职业教育人才，服务于地方发展，建设职业教育一流特色专业。总之，未来应通过多渠道推动人才培养质量的提升，鼓励多技能人才脱颖而出，逐步完善现代化职业教育体系，加速技能强国的建成。

第七章

西部地区高等教育政策

高等教育是在中等教育的基础上，承担培育高级专门人才、发展科学技术文化、促进社会主义现代化建设的重大任务，以培养具有创新精神和实践能力的各类高级专门人才为目标进行的专业教育[①]，包括普通高等教育和成人高等教育。本章主要研究西部地区普通高等教育相关政策。

高等教育对提高国家和区域的竞争力和推进创新驱动发挥着关键作用，高等教育的高质量发展也是经济社会高质量发展的组成部分和重要支撑[②]。依托西部大开发这一重大战略，国家针对西部地区高等教育发展出台了一系列的倾斜政策。"十四五"规划明确提出要进一步完善高等教育发展布局，提高高等教育质量，利用西部地区高等教育现代化带动西部地区经济社会发展[③]。基于此，本章对2000—2019年西部地区高等教育政策进行分析，研究西部地区高等教育政策的演化特征和发展趋势，为促进高等教育发展提供政策指导。

第一节 西部地区高等教育政策概述

本章主要研究国家层面颁布的涉及西部地区高等教育发展的相关政策，政策文本搜集以中共中央、国务院及其各部委官网、北大法意网为主，中国知网等网站为辅。将区域限定为西部地区、偏远地区、民族地区，使用高等教育、高等院校等作为关键词进行检索，初次检索共获取2000年1月1日至2019年12月31日163项政策文本，经筛选剔除后，确

[①] 高洋：《OECD技能系统的研究及对我国高等教育人才培养的启示》，《江苏高教》2014年第4期。
[②] 刘国瑞：《新发展格局与高等教育高质量发展》，《清华大学教育研究》2021年第1期。
[③] 董云川、李保玉：《"西部高等教育"的理性辩驳》，《重庆高教研究》2018年第3期。

定相关度较高的政策文本138项（见附录5）。

一 政策数量

2000—2019年，国家为促进西部地区高等教育发展累计出台138项政策。总体来看，高等教育政策数量变动呈现波动增长趋势，政策具有明显的阶段性特征，如图7-1所示。

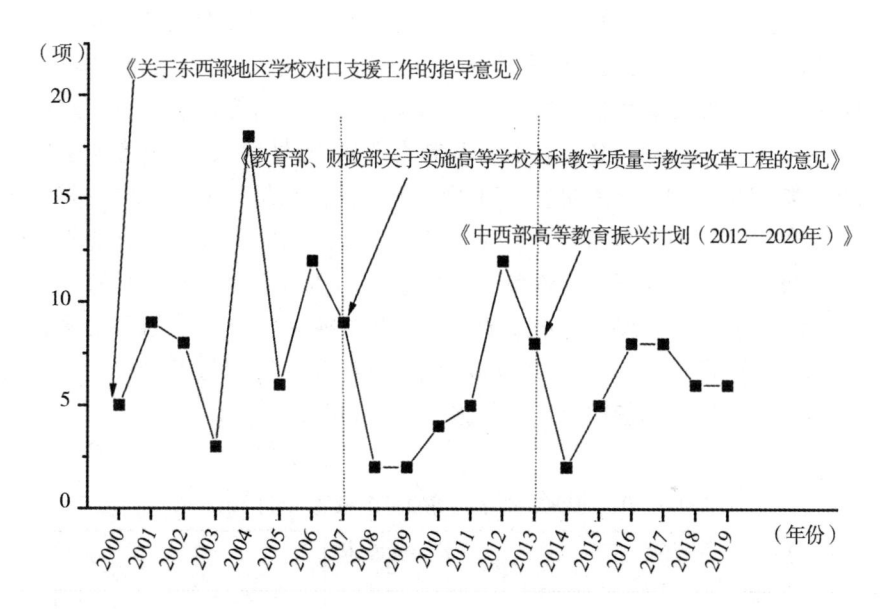

图7-1 2000—2019年西部地区高等教育政策数量

根据不同时期政策内容的侧重点，西部地区高等教育政策演进过程大致可以划分为三个阶段：第一阶段为2000—2006年，在西部大开发总体战略布局下，2000年中央办公厅和国务院正式出台《关于东西部地区学校对口支援工作的指导意见》，通过援助高校与受援高校结成"一对一"帮扶，加强西部高校的学科建设和师资建设，国家开始增加对西部地区高等教育的关注和政策扶持，这一时期共出台61项政策，2004年发文数量达到了峰值；第二阶段为2007—2012年，2007年教育部、财政部出台了《教育部、财政部关于实施高等学校本科教学质量与教学改革工程的意见》，对提升西部高校的办学教学质量提供指导，这一时期共出台34项政策；第三阶段为2013—2019年，2013年财政部、发改委和教育部联合出台《中西部高等教育振兴计划（2012—2020年）》，重点加强优势学科和师资队伍建设，多方面提高中西部地区高等教育质量，推进中西部高校的振兴以服务西部大开发等战略的深入实施，满足西部地区高等教育新发展态势的需求，这一时期共出台43项政策。

二　发文部门

西部地区高等教育政策的发文部门共计23个，可以分为两个层次，如表7-1所示，第一层次是中共中央和国务院，分别发文9项和28项，说明在西部大开发战略背景下国家从最高层面对西部高等教育进行布局；第二层次是中共中央和国务院各部委及其直属机构，发文数量较多的是教育部95项、财政部28项、发改委21项。值得注意的是，2001—2007年国务院西部地区开发领导小组办公室颁布了5项专门面向西部地区高等教育建设和发展的政策，体现了西部大开发战略是推动西部地区高等教育发展的重要驱动力。从单独发文情况来看，教育部单独发文61项，数量最多，说明教育部是西部地区高等教育政策的主要牵头部门，而人社部、中组部、中宣部、国家民委等部门没有单独发文，只有联合发文。

表7-1　2000—2019年西部地区高等教育政策发文部门统计表　　单位：项

层次	发文部门	发文总量	单独发文	发文部门	发文总量	单独发文
中共中央、国务院	中共中央	9	—	国务院	28	19
中共中央和国务院各部委及其直属机构	教育部	95	61	国务院学位委员会	1	—
	财政部	28	2	国资委	1	—
	发改委	21	3	民政部	1	—
	科技部	8	3	文旅部	1	—
	人社部	6	—	国家民委	1	—
	国务院西部开发办	5	1	国家开发银行	1	—
	银保监会	3	—	解放军总政治部	1	—
	中国人民银行	3	—	解放军总参谋部	1	—
	中组部	3	—	国家国防科工局	1	1
	中宣部	2	—	共青团中央	1	—
	国务院扶贫办	2	—	—	—	—

根据前文三个阶段的划分，构建了发文部门的合作网络图，如图 7-2 到图 7-4 所示。

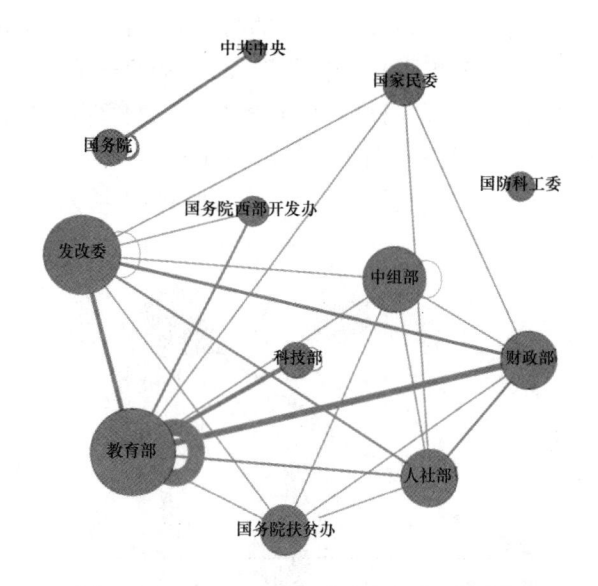

图 7-2 2000—2006 年发文部门合作网络图

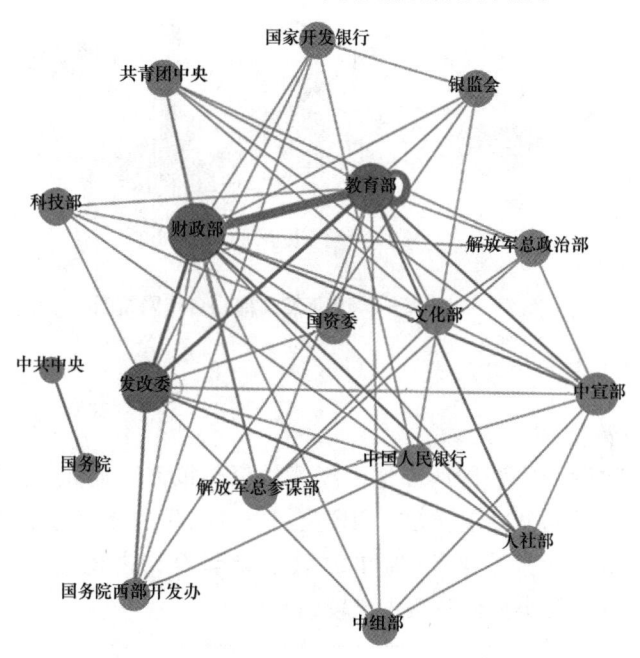

图 7-3 2007—2012 年发文部门合作网络图

2000—2019 年，高等教育政策发文部门呈现先增后减的趋势。2000—2006 年，政策发文部门共有 12 个，政策发文数量是 61 项，该阶段发文部门相对集中，以教育部、发改委、财政部为核心，但合作网络较为稀疏、各部门连接较弱，合作程度不高（见图 7-2）。2007—2012 年，34 项政策涉及发文部门 18 个，发文部门数量明显增多，以教育部、财政部、发改委为主，部门合作显著提升（见图 7-3）。2013—2019 年，政策发文部门由 18 个减少到 11 个，但政策数量却由 34 项增加到 43 项，部门联系更为密切（见图 7-4）。

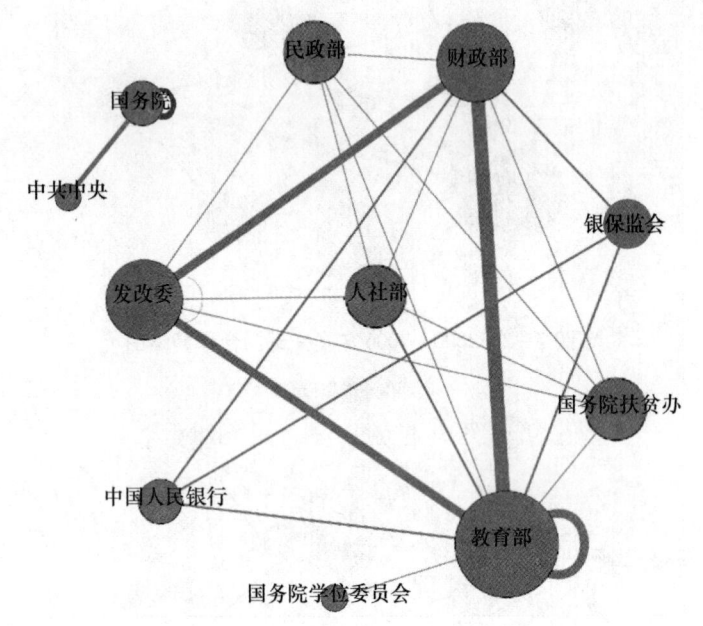

图 7-4　2013—2019 年发文部门合作网络图

三　政策文种

2000—2019 年，我国西部地区高等教育政策涉及通知、意见、规划、办法、纲要、计划、决定、方案和规定 9 类，如图 7-5 所示，以意见和通知为主要形式，分别达到 50 项和 31 项，两者合计占比超过 50%，而规定、决定、计划等类型的政策占比较小。

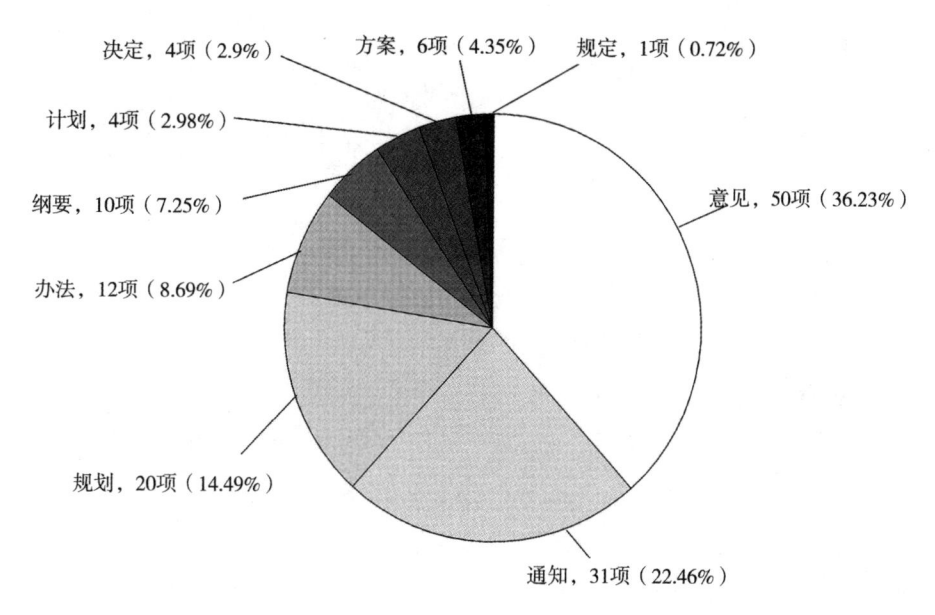

图 7-5 2000—2019 年西部地区高等教育政策文种图

四　政策类型

将西部地区 2000—2019 年高等教育政策分为宏观指导政策、专项支持政策和保障配套政策三类，如图 7-6 所示，其中，专项支持政策数量最多，宏观指导政策和保障配套政策占比相当。在宏观指导政策进行总体布局后，专项支持政策根据西部地区高等教育发展现状进行具体指导和安排，符合西部地区发展实际，更具有针对性。

（一）宏观指导政策

中央出台促进西部地区高等教育发展的宏观指导政策总计 35 项，主要包括两类：一类是国家对全国各层次教育事业的规划政策，如《国家中长期教育改革和发展规划纲要（2010—2020 年）》，强调要大力发展高等教育，加强高等学校教师队伍建设，特别提出要加大东部高校对西部高校对口支援力度，积极发展民族地区高等教育；另一类是针对西部地区教育发展的政策，如《2004—2010 年西部地区教育事业发展规划》，对西部地区高等教育的发展方向进行了规划和指导，提出要充分调动各方面积极性，加快西部地区高等教育发展，调整西部地区高等学校布局与结构，支持西部地区高校改善办学条件，扩大高等教育规模，为西部大开发培养大批留

宏观指导政策，35项（25.36%）

保障配套政策，33项（23.91%）

专项支持政策，70项（50.72%）

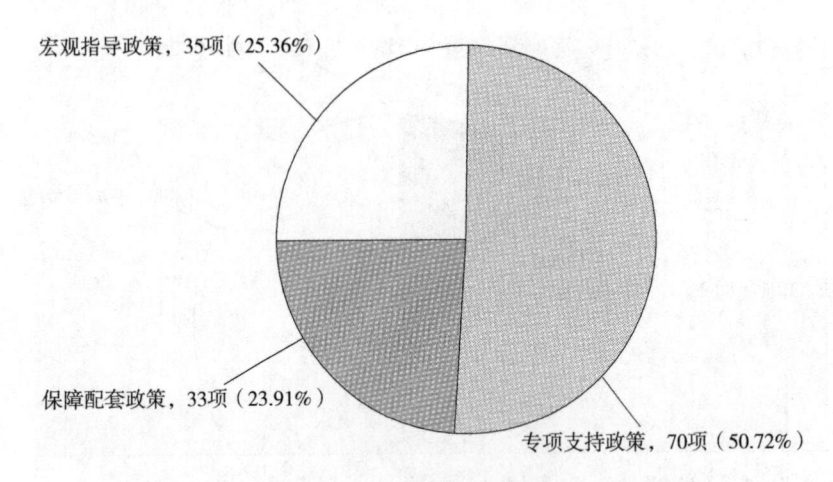

图7-6　2000—2019年西部地区高等教育政策类型图

得住、下得去、用得上的人才。

（二）专项支持政策

中央出台面向西部地区高等教育的专项支持政策总计70项，主要包括以下两类：一类是西部地区高等教育的专项工程和计划，如《中西部高等教育振兴计划（2012—2020年）》，提出了"中西部高校综合实力提升工程""中西部高校基础能力建设工程""校长海外研修计划"，为解决西部高等教育发展的基础设施建设、高层次人才缺失等问题提供帮助，全面提升中西部高等教育质量，进一步缩小与东部地区之间的差距；另一类是针对西部高校的帮扶政策，如《对口支援西部地区高等学校计划》，由支援高校运用一对一的形式对西部地区高等学校进行支援和全方位合作，大力支援西部地区落后的高等教育事业。

（三）保障配套政策

国家为推进西部地区高等教育政策的有效实施，出台人力、物力和财力方面的相关保障配套政策总计33项：人力方面，主要涉及教师队伍建设，如教育部出台的《关于加强高等学校青年教师队伍建设的意见》，致力于统筹人才培养、科技创新、队伍建设和国际交流合作，要提高西部地区高等学校的人才培养质量、创新能力和核心竞争力。物力方面，主要涉及基础设施建设，如教育部出台的《西部大学校园计算机网络建设工程项目管理暂行办法》，要求完善西部高校的配套设备等硬件设施。财力方面，主要是财政投入和经费支持,如《中央财政支持地方高校发展专项资金管理办法》,通过设立支持西部地区高等学校发展专项资金,促进其快速发展。

第二节 西部地区高等教育政策发展与演变

通过对138项西部地区高等教育政策文本进行词频分析,绘制出西部地区高等教育政策高频词云图,如图7-7所示。其中"高校""创新""人才""科技""研究""工程"等词占比频次较高,可以看出,西部地区高等教育工作重点在于各类基础工程的实施、人才培养工作及科技创新研究等方面。

图7-7 2000—2019年西部地区高等教育政策高频词云图

一 战略驱动阶段(2000—2006年)

1998年国家提出西部大开发战略,国务院于2000年出台《关于实施西部大开发若干政策措施的通知》,对西部大开发战略作出了整体规划。为贯彻落实西部大开发战略,遏止东西部区域高等教育失衡,解决西部地区高等教育面临的重点院校少、教育经费不足、人才流失严重等问题,2001年教育部发布《对口支援西部地区高等学校计划》,对东西部高校建立对口支援关系，以人才培养为中心，同时注重学科建设、师资队伍建设、学校管理体系及运行机制建设，对列入对口支援计划的西部高校予以政策倾斜和支持，提升其教学、科研和管理水平，为受援高校的发展奠定坚实的基础。2004年，教育部出台《2004—2010年西部地区教育事业发展规划》，为西部地区高等教育发展做出增加教育资源供给、扩大高等教育规模的阶段性设计；同年，我国正式建立了第一所省部共建高校郑州大学，由教育部和河南省重点共建，并决定与中西部无教育部直属高校的省份共建一所地方所属大学，即省部共建大学计划。该阶段的西部地区高等教育事业发展以西部大开发战略为主要驱动力，出台了一系列有助于提升西部地区高等教育竞争力的政策，推动西部高等教育快速发展[1]。

2000—2006年，政策文本网络图划分为4个社团，如图7-8所示，分别是社团1"高校"、社团2"西部大开发"、社团3"对口支援"、社团4"建设项目"。

该阶段各社团关键节点的中心度较大且较为突出，主题较为明确。具体而言，社团1关注高校办学，以"高校""办学""教学""教学内容"为核心词，通过关注本科教学内容、教学质量等方面来提升西部高等教育教学水平，补齐高等教育办学短板。社团2关注西部地区人才队伍建设，以"人才"和"西部大开发"为核心词，更加聚焦西部高校人才工作，注重人才引进工作。社团3关注对口支援，以"对口支援"、"少数民族"和"援疆"为核心词，对口支援即"对口支援西部地区高等学校计划"，受援高校均为西部地区重点建设高校，该计划是西部大开发战略下促进西部高等教育事业发展的一项重要举措。社团4关注各项工程建设，以"建设项目"、"985工程"和"211工程"为核心词，"985工程"和"211工程"作为国家重点建设的高等教育系统工程，旨在快速提升西部高等教育事业规模，发展整体教育水平。在战略驱动阶段，国家出台多项支持政策，执行多个专项计划来提升西部高校的办学水平，支持西部地区高等教育发展，摆脱了传统的东部优先思维，开始实现战略重心西移的转变，基本补齐了西部高等教育短板，为后续西部地区把重心转移到提高高等教育质量

---

[1] 陈鹏、李威：《中国西部高等教育百年变迁的逻辑进路与审思》，《高等教育研究》2019年第4期。

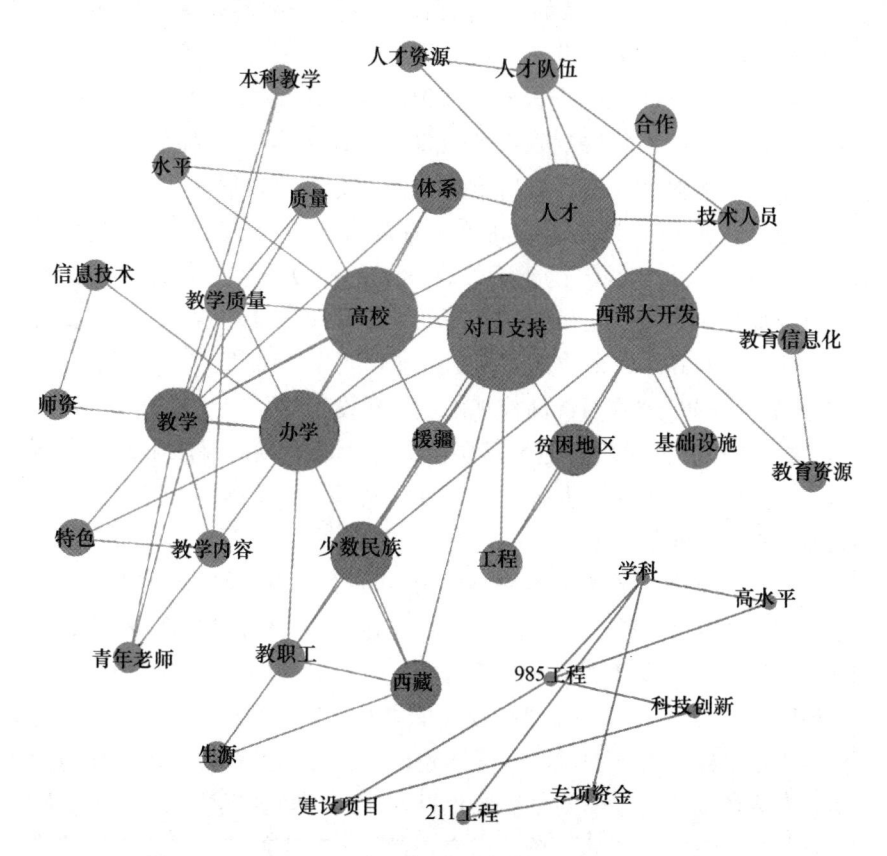

图 7-8 2000—2006 年西部地区高等教育政策文本网络图

上打下坚实的基础①。

二 质量提升阶段（2007—2012 年）

战略驱动阶段正好处于我国高校合并、大学扩招的起步初期，西部地区高等教育规模迅速扩张，也带来生源质量下降、教学资源滞后等问题②。为合理配置教育资源，全面提升西部地区教育发展水平，2007 年国务院指出应适当控制高等教育招生增长幅度，将重心放在教育质量上，高等教育

---

① 蔡群青、袁振国、贺文凯：《西部高等教育全面振兴的现实困境、逻辑要义与破解理路》，《大学教育科学》2021 年第 1 期。
② 田汉族：《中国教育经济学研究与教育观念创新》，《教育经济评论》2021 年第 4 期。

进入了稳定规模、提升质量的发展新阶段；同年，教育部出台《关于实施高等学校本科教学质量与教学改革工程的意见》，提出切实把高等教育重点放在提高教育质量上的工作要求。2010 年，中共中央、国务院出台《国家中长期教育改革和发展规划纲要（2010—2020 年）》，提出"把促进公平作为国家基本教育政策，提高质量作为教育改革发展的核心任务"，制定高等教育发展研究战略，使高等教育规模、结构、质量、效益协调发展，建设高水平大学，优化高等教育发展的制度环境和体制环境。2012 年，教育部公布《关于全面提高高等教育质量的若干意见》，指出要将工作重点放在提升高等教育质量上，在此基础上先后启动了"中西部高校综合实力提升工程"、"中西部高校基础能力建设工程"和"校长海外研修计划"。这一阶段，针对西部地区高层次人才短缺、基础保障不足、发展环境较差等问题，国家进一步加大了对西部地区的政策倾斜力度，加快西部地区高等教育高质量发展。

2007—2012 年，政策文本网络图分为 5 个社团，如图 7-9 所示，分别是社团 1 "教育经费"、社团 2 "对口支援"、社团 3 "教育质量"、社团 4 "贫困地区"、社团 5 "科技创新"。

该阶段"教育质量"和"高校"的中心度较为突出，说明高等教育政策内容不仅继续深入推进对口支援计划，而且提升教育质量的工作重点更加明确。具体而言，社团 1 关注教育投入，以"教育经费"、"教育投入"和"优先"为核心词，这一阶段国家通过加大对西部地区的教育经费支持来促进西部高教事业的进一步发展。社团 2 关注对口支援计划的进一步实施，以"对口支援"、"省市"和"西藏"为核心词，并且和相邻的第 1 社团紧密联系，这一阶段对口支援计划实施得更加深入，主要体现在扩大对口支援规模、强化制度供给以及创新支援方式，成功建立了以政府为主导、支援高校和受援高校为主体的对口支援网络。社团 3 关注教育质量，该社团是整个网络图中最主要的社团，以"教育质量"、"教学"和"机制"为核心词，提升教育质量是这一时期的主要工作内容，通过对口支援计划的深入实施、鼓励高校进行科技创新以及启动各类专项工程来加强对西部高校的整体建设，提升西部高校的整体办学质量。社团 4 关注西部贫困学生的助学问题，以"助学""贫困地区""贫困家庭""资助"为核心词，旨在帮助西部贫困家庭学生解决上学难的问题，改善贫困家庭学生的学习生活质量。社团 5 关注高校科技创新，以"科技"和"科技创新"为

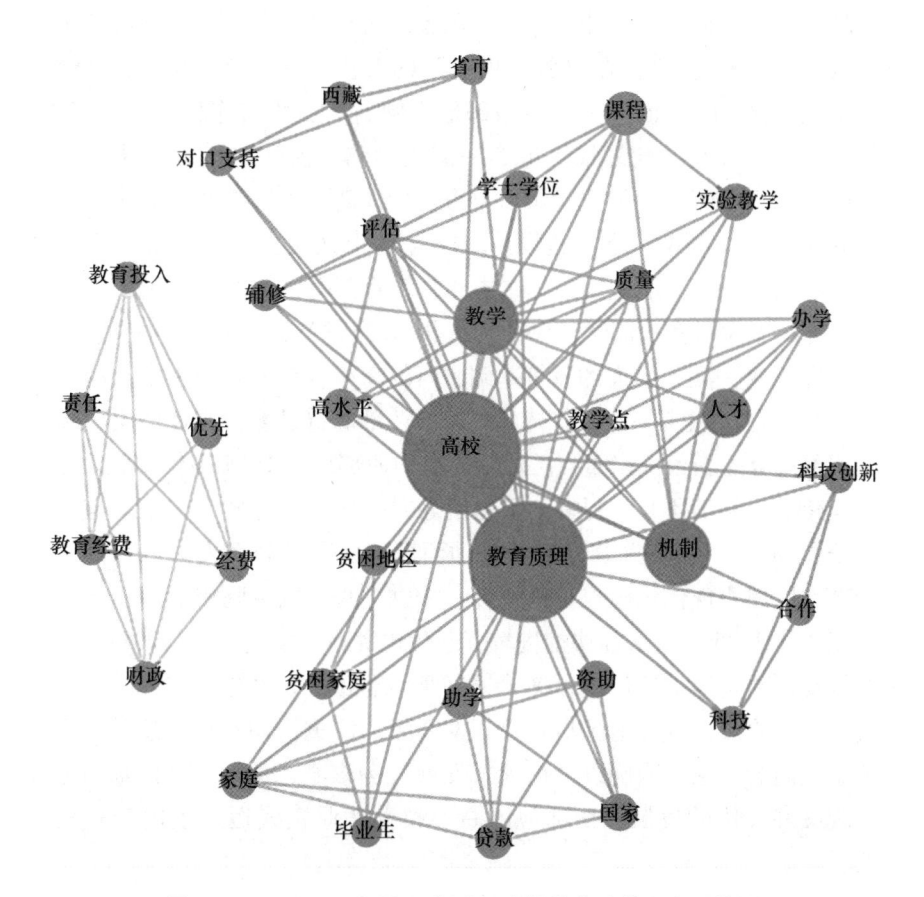

图 7-9　2007—2012 年西部地区高等教育政策文本网络图

核心词，鼓励西部高校与企业、科研院所等在科技研发和合作成果推广方面进行多元化合作，不断提高西部高校科学研究水平。总体而言，这一阶段西部高等教育注重规模扩张的外延式发展，更重视通过深化对口支援计划、鼓励高校科研创新等来提升西部高等教育的发展质量，开启了西部高等教育发展以质量为导向的阶段。

三　内涵式发展阶段（2013 年及以后）

在 2012 年我国首次提出高等教育要"走以质量提升为核心的内涵式发展道路"之后，教育部等三部委于 2013 年联合印发《中西部高等教育振兴计划 2012—2020 年》，提出要实现西部地区高等教育事业内涵式发展新跨越的目标。2015年，中共中央、国务院出台《中共中央国务院关于打赢脱贫攻坚战的决定》，在"脱贫攻坚"的大背景下，国家高等教育政策对贫困地区学生的资助进一步向西部地区倾斜，加快实施教育扶贫工程。同年，国务院出台《统筹推进世界一流大学和一流学科建设总体方案》，对中西部"双一流"高校建设予以重点扶持，高等教育事业开启了以内涵式发展为重点的"双一流"建设。2017年，十九大报告重申了"实现高等教育内涵式发展"的重要目标，同年，教育部等三部委联合出台《统筹推进世界一流大学和一流学科建设实施办法（暂行）》，奠定了中央和地方协同推进"双一流"建设的政策基础，西部高等教育振兴迎来了新的发展机遇。2018年，教育部召开支持和提升中西部高等教育发展座谈会，指出要运用部省合建新模式来重点关注和支持中西部地区14所高校发展，在学科专业建设、科学研究、师资队伍建设等方面强调"部省合建学校与部直属高校同等对待"，发挥合建高校推动西部地区高等教育发展的作用，助力西部地区加快现代化进程。2019年，中共中央、国务院相继印发《中国教育现代化2035》和《加快推进教育现代化实施方案（2018—2022年）》，继续推动西部高等学校建设，将"振兴西部地区高等教育"作为一项重要内容。这一阶段，西部地区高等教育发展更加注重协调资源、规模、质量等要素之间的关系，明确以"内涵式发展"为核心，从而推动西部高等教育实现又好又快的发展，西部地区高等教育事业正式迈入了内涵式发展阶段。

2013—2019年，政策文本网络图划分为5个社团，如图7-10所示，分别是社团1"振兴计划"、社团2"资助"、社团3"内涵式发展"、社团4"教育经费"、社团5"教育现代化"。

该阶段"内涵式发展"和"高校"的中心度较为突出，处于网络中较为中心的位置，连接了网络中的大多数社团。具体而言，社团1重点关注西部地区高等教育振兴，以"振兴计划""师资队伍""教学实验""能力"为核心词，通过振兴计划的实施，进一步加强西部地区高校的师资队伍建设，促进西部地区高校办学能力提升。社团2关注西部贫困学生的助学问题，以"资助"、"助学"和"贷款"为核心词，该阶段在"脱贫攻坚"的大背景下，国家对于学生的助学帮扶政策继续向贫困地区倾斜，通过健全经费投入机制、学生资助制度等方式扩大贫困家庭学生就学机会，有效帮助贫困学生解决就学困难问题。社团3是本阶段最重要的社团，重

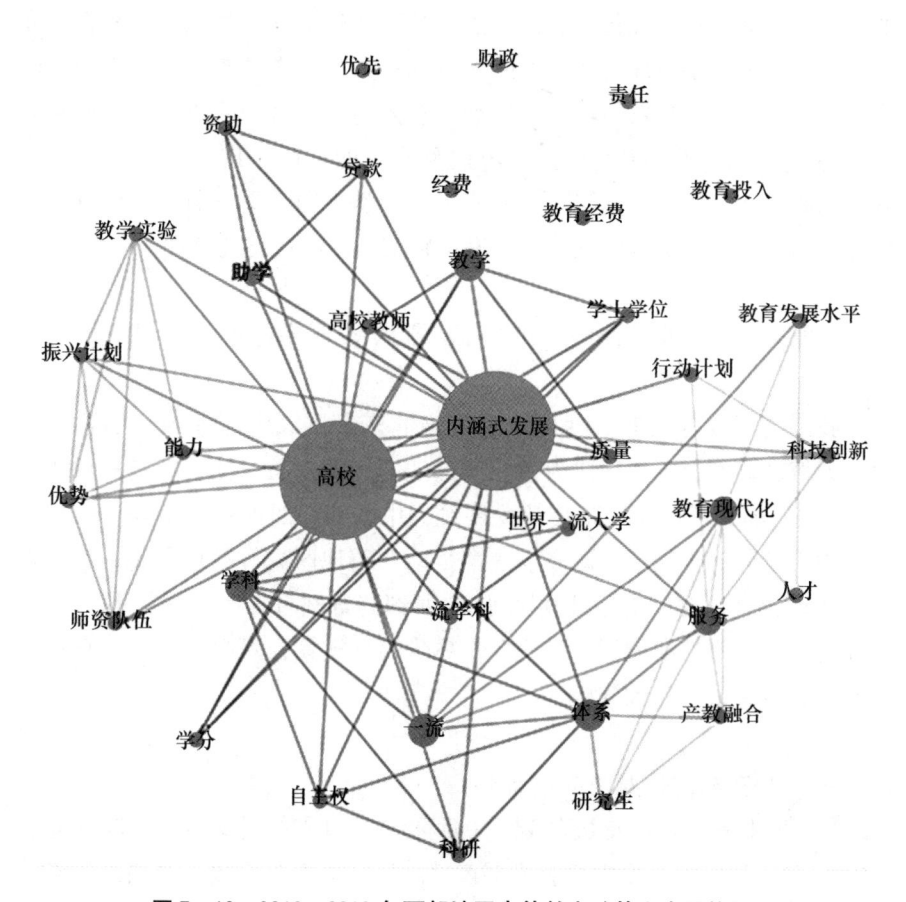

图 7-10 2013—2019 年西部地区高等教育政策文本网络图

点关注高校内涵式发展，以"内涵式发展""高校""教学""世界一流大学""一流学科"为核心词，这一阶段实施的"双一流"政策深刻影响了西部地区高等教育事业的发展，有效提升了西部高等教育的竞争力，特别是党的十九大关于"加快一流大学和一流学科建设，实现高等教育内涵式发展"的决定，从规模适度发展、结构协调优化和质量品质提升等方面对西部地区高等教育事业的内涵式发展提出了要求。社团 4 继续关注教育投入，以"教育经费"、"投入"和"财政"为核心词，继省部共建高校之后，部省合建高校为西部地区高校发展注入新动力，国家专门建立了部省合建专项资金促进西部地区高等教育事业的发展。社团 5 关注教育现代化，以"教育现代化""服务""产教融合""人才"为核心词，说明该阶段的西部地区高等教育现代化工作得到了重视,通过推动产教融合、校企合作等方面的发展撬动西部地区高校的内生性动力,促进高校产学研水平不断提高,以实现西部高校的内涵式发展。总体而言,这一阶段的高等教育政策更注重其发展性,在以往重视规模和质量的基础上进一步深化工作内容,在教育现代化、经费支持、人才引入和学生助学等方面的工作进一步加强,西部地区高等教育从外延式发展转变为内涵式发展模式。

第三节 西部地区典型高等教育政策的实施情况

我国高等教育发展长期以来呈现出"东部强、中西部弱"的整体态势,区域教育发展不均衡成为影响西部地区经济增长、社会安定的重要因素①。在西部地区高等教育政策发展过程中,依托西部大开发等一系列战略,中央及各部委制定了诸多政策来推动西部地区高等教育发展,本章选取"东西部高校对口支援计划"、"中西部高等教育振兴计划"和"中央部委与地方省份的高校联合建设"3项代表性政策,对政策脉络、政策内容和实施效果进行深入分析。

一 东西部高校对口支援计划

"东西部高校对口支援计划",简称"对口支援计划",由教育部自2001年起开始实施,是中央为推动西部地区高等教育发展,提高高等教育区域协调水平开展的"区域帮扶"政策。该政策不仅是国家对口支援体系中的重要一环,也是对区域教育均衡发展制度体系的一项重要补充②。对口支援计划是教育部对高等教育实现区域结对帮扶、以优势区域支援落后区域从而带动西部地区高等教育发展的重要探索③。

(一)政策脉络

西部地区高等教育发展长期积弱,无论是教学质量、师资水平还是硬

---

① 马海涛、马国燾:《中国社会主要矛盾变化与高等教育发展》,《国家教育行政学院学报》2020年第1期。
② 清华大学课题组、岑章志、钟周等:《东西部高校对口支援的实践与经验》,《清华大学教育研究》2007年第2期。
③ 解群、房剑森、石芳华:《走向"合作":东西部高校对口"支援"政策透视》,《教育发展研究》2012年第1期。

件设备都与东部地区存在较大差距。1992年第四次全国民族教育工作会议决定采用"一对一"结对帮扶来支持民族贫困地区的教育事业发展。在西部大开发战略背景下，2000年中共中央办公厅、国务院办公厅颁布《关于推动东西部地区学校对口支援工作的通知》，正式提出东部地区学校对口支援西部贫困地区学校工程和西部大中城市学校对口支援本省贫困地区学校工程。2001年，教育部下发《关于实施"对口支援西部地区高等学校教育计划"的通知》，将对口支援计划作为"十五"期间重要战略部署，指定北京大学、清华大学等13所高校为支援高校，通过一对一的形式，对受援高校进行教学、科研支援和多方面的合作。2006年，教育部发布《关于进一步深入开展对口支援西部地区高等学校工作的意见》，指出要结合西部地区发展的实际情况，加强受援高校的学科专业建设和科学技术研究管理工作，促进教育质量和管理水平的提高，把重点放在提高质量上，建立起稳定健康的长效机制。2010年，教育部发布《关于进一步推进对口支援西部地区高等学校工作的意见》提出，要重点关注提升西部受援高校服务于本地区经济社会发展的能力，开创对口支援工作新格局。2016年，教育部出台《关于中央部门所属高校深化教育教学改革的指导意见》，提出成立"教育部对口支援西部地区高等学校工作协调小组"，继续实施好"对口支援西部地区高等学校计划"，以人才培养工作为中心，重点加强受援高校师资队伍建设，加强支援高校教师支教、管理干部挂职和受援高校教师进修、管理干部锻炼的双向交流。对口支援计划推动了我国高等教育的区域协调发展，提升了西部地区高等学校办学质量，为西部地区培养人才做出了巨大贡献。

（二）政策内容

对口支援计划自2001年开始实施以来，教育部、财政部等部门不断出台政策完善计划内容，根据政策重点和内容的变化大致可以划分为以下三个阶段：第一阶段[①]为2001—2005年，下发《关于实施"对口支援西部地区高等学校教育计划"的通知》，以人才培养工作为中心，注重学科建设、师资队伍完善、学校管理体系和运行机制改进；第二阶段为2006—2010年，发布《关于进一步深入开展对口支援西部地区高等学校工作的意见》，

---

① 郑刚、刘健：《中国特色的东西部高校对口支援政策模式》，《教育与职业》2013年第23期。

主要工作在于提高对口支援的质量，以受援高校的实际发展情况为依据创新性地展开工作；第三阶段为 2011—2019 年，提出《关于进一步推进对口支援西部地区高等学校工作的意见》，重点关注提升西部受援高校服务于本地区经济社会发展的能力，促进受援高校成为区域内智力中心和人才中心，如表 7-2 所示。

表 7-2 "东西部高校对口支援计划"政策内容一览表

时期	政策重点	具体内容
第一阶段（2001—2005 年）	初期启动阶段：指令性推动政治任务完成	（1）指定北京大学、清华大学等 13 所支援高校对石河子大学等 13 所西部地区重点建设高校采取"一对一"帮扶； （2）推出援疆学科建设计划、对口支援民族院校等专门项目
第二阶段（2006—2010 年）	持续发动阶段：促进受援高校自身发展	（1）在对口支援工作的专门项目上，如援疆学科建设计划，采用"多对一"及其他灵活的方式①； （2）增强支援高校教师的传帮带建设，受援高校选派教师进修、访学、攻读学位等；支援高校选派优秀干部到受援高校的重点岗位较长期挂职工作
第三阶段（2011—2019 年）	深入推动阶段：提升受援高校服务区域经济社会发展的能力	（1）鼓励支援项目与区域特色产业相结合，提高受援高校合理利用当地自然资源进行科研开发的能力，培养西部地区发展特色人才； （2）提出"共享教学资源、联合培养学生、合作开展科研、定向培养师资、教学名师带徒、教师出国进修、互派干部挂职、扩大对外交流"八项"新政"

（三）政策效果

"对口支援计划"由 2001 年启动之初 13 所教育部直属高校支援 13 所西部高校，发展到 2020 年底，106 所部属和东部高水平大学参加支援、85 所中西部高校接受支援，实现西部 12 个省份全覆盖，为协调东西部高等教育发展、提升西部高等教育质量做出了巨大贡献。

1. 受援高校综合实力大幅提升：受援的西部高校借助东部高校的"支援"，师资队伍水平、科研服务能力、人才培养质量和管理水平显著提

---

① 以清华大学为组长单位，西安交通大学、武汉大学、中南大学为副组长单位，包含北京师范大学、北京外国语大学、大连理工大学、中国矿业大学、同济大学和东华大学为成员单位对口支援新疆大学。

升，实现了招生规模、科研经费、学位授予点数量等办学指标的快速增长，促进了西部地区受援高校的造血能力和内涵式发展水平。例如，在中国农业大学的支持下，内蒙古农业大学根据地区自然资源优势着力建设畜牧业等特色学科，培养专业型人才；在清华大学等多所高校的先后支持下，青海大学增设"新能源材料与器件""环境生态工程""生态学"等战略性新兴产业相关专业，并建立起了自己的一级学科博士点和省部共建国家重点实验室。

2. 东西高校交流增强，优势互补：西部地区有资源优势、地缘优势，对口支援计划增强了东西区域互动，有利于东部支援高校借助西部产业与西部高校的资源优势，使人才培养、科学研究、服务社会在西部地区得到有效扩展，对实现区域教育公平具有重要意义[①]。以清华大学等高校帮扶青海大学为例，截至2021年，清华大学先后选派4位知名学者出任青海大学校长，19名高层次专家教授出任院系负责人，200多位院士、10多批教授团赴青海大学指导学科建设，高校之间的交流互助大大加强[②]。

但是，该政策在实施中也面临着支援计划效率较低、配套政策和经费落实不到位及缺少对口支援主管部门导致的权责不清、管理不明等问题[③]。

二 中西部高等教育振兴计划

"中西部高等教育振兴计划"，简称"振兴计划"，由教育部、发改委和财政部于2013年联合发布。该计划实施周期为2012—2020年，主要通过"中西部高校基础能力建设工程""中西部高校综合实力提升工程"等系列项目在中西部地区建设一批高水平、有特色的重点院校，全面提升中西部高等教育质量，进一步缩小与东部高等教育之间的差距。

（一）政策脉络

2010年，中共中央、国务院下发《国家中长期教育改革和发展规划纲要（2010—2020年）》针对西部地区，明确指出要优化区域布局结构，设

---

① 郑刚、刘健：《中国特色的东西部高校对口支援政策模式》，《教育与职业》2013年第23期。
② 清华大学：《扎根高原，建设中国一流大学——热烈祝贺清华大学成立110周年》，https://www.tsinghua.edu.cn/info/1182/83707.htm，2021年4月28日。
③ 陈鹏、李威：《"双一流"建设背景下西部高等教育的挑战与政策供给》，《教育研究》2018年第11期。

立支持地方高等教育专项资金，实施中西部高等教育振兴计划。为贯彻落实纲要，教育部、国家发展和改革委员会、财政部于2013年联合发布了《中西部高等教育振兴计划（2012—2020年）》，该计划针对制约西部高校发展的薄弱环节和突出问题，出台一系列工程，主要关注于高校建设优势学科专业和加强师资队伍，力求在西部地区形成一批有特色、高水平的高等学校，全面提升西部高等教育质量，为西部大开发战略提供了服务与支持。同年，教育部、财政部印发《关于中西部高校提升综合实力工作的实施意见》，由中央安排专项建设资金约60亿元，并对西部高校给予了一系列的政策倾斜，积极支持西部地方院校发展。2017年，教育部等部门召开中西部高等教育振兴计划实施工作推进会，强调实施中西部高等教育振兴计划是改善中西部民生的重要途径，要立足中西部，深入实施新一轮中西部高等教育振兴计划。该计划实施以来，西部高校的学科专业建设、师资队伍质量、人才培养能力、科学研究工作和学校管理水平得到明显提升，为西部地区高等教育的全面发展提供了强力支撑。

（二）政策内容

在我国高等教育整体发展中，中西部高等教育占有关键地位，推动中西部高等教育振兴是实现全国教育协同发展、促进教育公平的重要举措[①]。振兴计划的发展目标是到2020年实现中西部高等教育结构更加合理、特色更加鲜明、优势更加明显，办学质量显著提升，建设形成一批高水平、高质量、有特色的高等学校。该项计划分为三大重要工作和十项重要任务，如表7-3和表7-4所示。此外，加强了国家助学金名额和资金向西部地方高校倾斜的力度，生源地信用助学贷款风险补偿金和国家助学贷款奖补资金将更多地向西部省份流入。

表7-3　　　　　　　　"振兴计划"重要工作政策内容一览表

名称	具体内容
中西部高校基础能力建设工程	在"十二五"期间投入100亿元，用于支持中西部24个省100所高校加强基础能力建设

---

① 杨滢：《从〈中西部高等教育振兴计划〉看我国高等教育的公平与效率问题》，《黑龙江高教研究》2018年第9期。

续表

名称	具体内容
中西部高校综合实力提升工程	在没有教育部直属高校的13个省区和新疆生产建设兵团，中央财政安排约60亿元支持建设14所办学水平最高、办学能力最强、区域优势明显的地方高校
千名中西部大学校长海外研修计划	教育部于2012—2016年间资助千名中西部地方公办高校领导干部赴海外进行研修培训

表7-4　　　　"振兴计划"重要任务政策内容一览表

主要任务	具体操作
加强优势特色学科专业建设	优化学位授权点布局；支持特色学科专业发展
加强人才队伍建设	加强高层次人才队伍建设；加强教师培养培训
深化教学改革	推进本科教育教学改革；推进研究生培养机制改革；推进高等职业教育改革
提升科研创新水平	加强科研平台建设；加强科研经费和项目支持
增强社会服务能力	协同服务区域经济社会发展；加强继续教育服务能力建设
促进优质资源共享	加强信息化公共服务平台建设；推进优质数字化资源共建共享
扩大中西部学生入学机会	将新增招生计划向中西部高等教育资源短缺地区予以倾斜支持；继续实施专项招生计划
优化院校布局结构	合理优化安排中西部院校设置工作；深入推进省部共建地方高校；增强中西部高校基础能力建设；支持中西部高校提升综合实力
加强交流与合作	加强区域内外高校交流与合作；扩大对外交流与合作；鼓励中西部高校学生出国留学和回国创业发展；支持中西部高校接收来华留学生
健全投入机制	改进和完善中西部地方高校预算拨款制度；建立健全高校财务风险控制长效机制；加强对中西部地方高校家庭经济困难学生的资助

(三) 政策效果

自振兴计划实施以来，西部高校的整体实力得到有效提升，西部地区高等教育事业取得了长足发展。

1. 西部高等教育的财政扶持力度不断加大。"十二五"期间14所中西部高校获得中央财政支持56亿元，财政部、教育部出台《支持地方高校改革发展资金管理办法》，整合设立支持地方高校改革发展资金，2020

年该发展资金84%用于中西部地区，同时在资金使用上赋予地方自主权，各地统筹支配"双一流"建设等资金。

2. 西部高等教育人才队伍建设水平逐步提高。教育部通过调整项目实施范围、放宽申报年龄和设岗学科限制等方式，对中西部地区引进人才加大倾斜力度，积极引导人才向西部地区流动。2017—2021 年西部地区高校累计聘任优秀拔尖人才 332 人，设立国家公派出国留学项目、西部人才特别项目，选派 2.6 万余人出国留学，93 所中西部高校 3000 余名青年教师出国研修，有效提升了中西部高校教师国际化水平[①]。

但是，与西部地区经济社会发展的需求相比，西部高等教育仍然存在办学经费不足、学科竞争力较差、高层次人才储备不足等问题。

三 中央部委与地方省份高校联合建设

"中央部委与地方省份高校联合建设"，2004 年实施之初称为"省部共建"，2018 年升级为"部省合建"，旨在通过教育部和地方政府的联合，从政策和资金等方面给予西部地区高校支持，力争在西部发展一批有特色、高水平的大学。

（一）政策脉络

1992 年，广东省高等教育改革首次提出省部共建的概念，要求建立中央和省级两级管理、以省级政府统筹管理为主的高等教育管理新体制。2004 年，教育部与河南省政府正式签署共建郑州大学的协议，标志着地方高校省部共建政策的正式实施；同年，教育部决定与中西部地区无教育部直属高校的 14 个省级政府签署了根据"一省一校"的原则来共建[②]高等院校的协议。2010 年在《国家中长期教育改革发展规划纲要（2010—2020年)》全面提高高等教育质量、增强高校社会服务能力的宏观布局下，《高等教育专题规划》《中西部高等教育振兴计划（2012—2020 年)》《关于加快中西部教育发展的指导意见》等政策都提出，要进一步加强和改进省部共建工作。2018 年，在"中西部一省一校国家重点建设大学（Z14 联盟）"谋求自身发展的呼吁下，教育部决定将山西大学、河北大学、郑州大学等

---

① 管培俊：《振兴中西部高等教育，助力高质量发展》，《中国高教研究》2021 年第 12 期。

② 在中西部高校共建分布相对完善的基础上，省部共建进一步拓展到浙江、广东、福建等东部沿海地区，河南省的郑州大学和河南大学也打破了"一省一校"的基本规定，省部共建得到进一步深化与发展。

14所入选国家"中西部高校综合实力提升工程"的高校由"省部共建"升级为"以部为主、部省合建",在"一省一校"的基础上提出"一省一策、一校一案",支持中西部高等教育发展;同年部省合建政策正式启动。在省部共建高校取得成功后,部省合建高校成为近年来中西部高校发展的重要力量①。

(二)政策内容

"中央部委与地方省份高校联合建设",从"省部共建"到"部省合建",虽然都是教育部与省级政府共建,但侧重点不同:省部共建以"省"为主,教育部为辅,主要提供经费方面的扶助支持;部省合建是以"部"为主,教育部起主要推动作用,要求合建高校实现与部属高校属于一个级别、受到同等对待,如表7-5所示。

表7-5　"中央部委与地方省份高校联合建设"政策内容一览表

名称	政策模式	政策内容
省部共建	教育部以及其他国家部委与相关省、直辖市、自治区共建综合性高水平大学	(1)在教育资源相对薄弱的地区,采取中央部委和各省份共同建设、共同投资的方式重点支持发展14所地方性综合大学; (2)主要包括四种模式:一是教育部与地方政府共建"世界一流大学";二是教育部和各行业部门共建"重点行业特色型大学";三是教育部及其他部委与地方政府共建省属大学;四是教育部之外的其他国家部委与地方政府共建省属大学
部省合建	在无教育部直属高校的14个省区,按"一省一校"的原则重点建设14所大学	其中西部高校为内蒙古大学、广西大学、贵州大学、云南大学、西藏大学、青海大学、宁夏大学、新疆大学、石河子大学

(三)政策效果

"中央部委与地方省份高校联合建设"的实行,对于逐步缩小东西部高校的差距,促进西部地区高等教育健康、协调和可持续发展具有重要意义②。

---

①　徐吉洪:《从省部共建到部省合建:我国中西部高水平大学建设的理念创新与制度变革》,《高等教育研究》2019年第1期。

②　徐吉洪、张乐天:《我国地方高校省部共建:过程、动力、特征与实质》,《高等教育研究》2018年第4期。

在办学情况上,"省部共建"高校主要集中在中西部地区,2007年教育部与16个省份签署了16个协议文件,随着省部共建内涵的调整和深化,到2020年,教育部与中西部地区共建高校已达到46所,占共建高校总数的52%,部省合建重点建设14所中西部高校,在人才培养、学科建设等方面予以政策倾斜。在资金投入上,"十三五"期间,中西部省部共建高校经费大幅增长,总计超500亿元,首批"双一流"建设高校重点共建带动中西部各地政府投入建设资金超190亿元。而"部省合建"政策进一步提升了专项经费支持的力度,如在2018年中央财政支持地方高校改革发展资金中,广西大学得到1.2亿元"部省合建"资金;石河子大学获得中央财政专项支持1.12亿元,其中"部省合建"专项资金5000万元。中央部委和西部省份联合建设重点大学从政策、资金等方面给予西部高校大力支持,帮助西部地区发展了一批高质量、高水平大学,以点带面推动区域整体教育质量的提升,如表7-6所示。

表7-6　　　　　　　　"省部共建"政策实施效果

合建高校	实施方案
内蒙古大学	自2017年以来,获"双一流""一省一校""部区合建"专项建设经费共30809万元,其中,自治区财政14609万元;中央财政16200万元;新增5个博士学位授权一级学科
广西大学	广西财政厅将广西大学调整为自治区本级一级预算单位;生均定额拨款标准达到教育部一般直属院校的水平,并通过发行政府专项债券等方式进一步加大力度支持学校优化办学条件;重点支持建设以土木工程和应用经济学为主干学科的2个世界一流学科群,加快建设8个国内一流学科,加强建设一批区域特色学科
贵州大学	每年获得部省合建省级财政资金1.2亿元;建立学位点动态调整机制,在人工智能、大数据等领域增设一批博士硕士点
云南大学	云南省财政在2018—2020年3年里投入不少于25亿元资金支持云南大学开展一流大学建设和部省合建工作;实施一流学科建设计划、基础学科振兴计划、新工科发展计划和新时代新文科发展计划4项计划;学校在5个重点建设的一流学科(群)设立"学科特区"
西藏大学	2019年,教育厅统筹中央支持地方高校改革发展资金1.34亿元,重点支持西藏大学生态学一流学科、西藏大学麦地卡国家湿地生态系统定位观测站、西藏大学珠峰国际高原科学野外观测及医疗救护站等师资队伍改进、教学平台与科学研究体制建设

续表

合建高校	实施方案
青海大学	投入资金1.73亿元，购置科研仪器，改善科研条件；重点建设生态学、材料与化工、草学等优势特色学科；发展优势学科对接地区产业经济
宁夏大学	中央财政每年投入合建专项经费9000多万元，支持建设紧密对接主导产业的学科，投入内涵建设专项经费7000多万元，支持学校全面提升，3年累计投入4.88亿元
新疆大学	每年获得1亿元的"部区合建"专项资金；获得60亿元用于新校区建设的自治区财政专项资金

在"部省合建"政策的执行过程中，也存在各主体间关系较为冗杂、难以统筹协调从而形成合力的问题，主要体现在：教育部和地方政府之间具有相互的利益博弈、各高校之间存在发展目标偏差、缺少专门部门的对接与联系，导致沟通协调困难等[①]。

第四节 小结与展望

一 小结

随着西部大开发战略的实施，国家对西部地区高等教育发展加大了政策倾斜力度，西部地区高等教育政策演进经历了战略驱动阶段、质量提升阶段和内涵式发展阶段，一定程度上改善了长期积弱的发展局面，为优化东西部高等教育资源布局、实现区域间高等教育均衡发展提供了有力保障。

（一）政策导向由"注重规模"到"内涵式发展"

在西部大开发背景下，中央政府加大了对西部地区高等教育人才培养、财政支出、基础设施、学科建设等方面的政策倾斜力度，西部地区高等教育政策大致经历了由推动规模扩张、空间拓展的外延式发展到以提高质量、优化结构为核心的内涵式发展的转变。21世纪初期，在高校大规模扩招的背景下，西部地区高等教育资源的供给不足，无法满足当时的阶段性需求[②]。为此，国家出台了高校对口帮扶、专项资金支援、人才队伍建

---

① 张应强、苏刚刚：《我国高等学校"部省合建"政策创新及其现实省思》，《高等教育研究》2021年第9期。

② 蔡群青、袁振国、贺文凯：《西部高等教育全面振兴的现实困境、逻辑要义与破解理路》，《大学教育科学》2021年第1期。

设等相关政策，重点提升西部高校的基础设施与师资队伍水平，为西部地区高等教育发展夯实了基础。伴随着高等教育规模的扩张，我国高等教育政策导向逐渐由关注规模向重视质量转变，提高高等教育质量成为西部地区高等教育事业发展的工作重点[1]。十九大提出要加快建设世界一流大学和一流学科，实现高等教育内涵式发展。以内涵式发展为导向，2015年教育部等三部委联合出台《统筹推进世界一流大学和一流学科建设实施办法（暂行）》，西部地区高等教育发展依托"双一流"建设政策布局，将提高教学质量放在首要位置，通过调整教学任务、教程安排，优化学科结构、突出区域特色，进而促进西部地区高等教育质量、规模、结构和效益的统一，满足西部地区社会经济发展的需要。

（二）政策目标由"缩小差距"到"突出优势"

西部地区高等教育的政策目标从"补齐短板、缩小差距"发展到了"因地制宜、突出优势"。在高等教育发展的早期阶段，针对西部地区高等教育的顶层设计都是围绕"补齐短板"展开的[2]，这一时期的主要政策内容是东部地区高水平院校与西部地区重点大学结对帮扶，如2000年中共中央办公厅、国务院办公厅颁布《关于推动东西部地区学校对口支援工作的通知》，包括财政拨款、分派教师，修缮教学场所等，从东部向西部输送科研教学的先进资源，弥补了西部地区高等教育基础办学能力的缺陷，同时也顺应了国家"扩大教育规模"的现实需求。在国家长期的政策支持和资源投入下，西部地区高等教育在办学条件、教育质量等方面均有所改善，在大部分外延性办学资源方面缩小了与东部地区的差距，但核心竞争力仍然落后于东部地区，突破对传统发展方式的路径依赖、发展突出优势变成了西部高等教育发展的现实要求[3]。中央财政在资金分配时，向办学质量高、办学特色鲜明的高校倾斜，支持西部地区建设有特色、高水平的大学。西部地区立足于自身独特的资源优势和地缘优势，推动发展国家一流建设学科[4]，加强区域资源的开发，整合中央和地方政策资源来提高西

---

[1] 钟晓敏：《新时代高等教育高质量发展论析》，《中国高教研究》2020年第5期。
[2] 王嘉毅、麦艳航：《西部地区高等教育发展：机遇、挑战与对策》，《中国高教研究》2019年第12期。
[3] 包水梅：《全面振兴西部高等教育：困境、根源及其突破》，《中国高教研究》2020年第12期。
[4] 孙刚成、林婧：《西部地区一流建设学科的特点及启示》，《重庆高教研究》2019年第2期。

部特色学科的科研实力,吸引东中部地区高层次人才向西部地区流动。

(三)政策落实由"相对松散"到"统筹联动"

随着西部地区高等教育发展不断调整与深化,在政策的落实过程中,政策主体间的联系从松散、缺乏整体规划和协调配合,发展到多元一体,合作共建。政策实施初期,由于机构设置不完善,缺乏统筹协调,导致政策主体之间缺乏联系性和整体性。如2004年开启的"省部共建"政策,早期由国务院相关部委与相关省市共建高校,各部委之间工作相对分散,高校和政府之间存在利益博弈,没有形成合力。随着西部大开发战略的落实,西部地区政策宣传、机构设置、制度建设等方面逐步实现集成联动,中央、地方、社会、高校等多方利益主体协同参与西部高等教育建设,提高了政策实施的效益[1]。2018年国家打造了以"省省合建"为代表的更高层级的合作模式,突破了以往"省部共建"以地方为主、相对松散和支持力度不足等问题,在不改变现有隶属关系和管理体制的基础上,教育部、地方政府、合建高校和对口合作高校多主体充分协同发力,合作促进政策实施,形成了"四方联动"新局面和新模式,发挥合建高校推动西部地区高等教育发展的作用。总的来说,西部地区高等教育政策的协同性更好,配套性更高,政策主体之间形成合力,联动促进西部地区高等教育质量水平的提升。

二 展望

经济高质量发展、创新驱动战略的实施和"一带一路"倡议的推进给西部地区高等教育发展带来了新的挑战和机遇。当前,我国西部高等教育仍然面临着财政资金短缺、基础保障不足和人才匮乏等问题,国家应进一步加大对西部地区的政策倾斜力度,因地制宜、因时制宜地采取政策措施,加快西部高等教育的发展,为西部地区经济发展提供有力的支撑。

(一)发掘西部高教的特色优势

西部地区具备独特的历史、人文条件,也是"一带一路"建设上连接沿线国家的重要引擎,资源和地缘优势决定了西部地区高等教育发展应该充分挖掘地域特色,科学规划发展路径,从而变现发展潜力[2]。从中央层

---

[1] 李化树、何雨桑、叶冲:《论西部高等教育区域合作发展模式的构建——基于"政府主导、科技支撑、多元驱动"的视角》,《西南交通大学学报》(社会科学版)2017年第4期。

[2] 梁克荫:《中国西部地区高等教育发展的战略选择》,《教育研究》2000年第4期。

面看，要考虑西部地区特色的人才需求、产业结构和经济发展模式，为西部高等教育发展指明发展方向，制定一个具有区域特色的行为框架，在此基础上，给出各省充分的自主性空间①；从地方层面看，要根据中央宏观指导意见，与高校个体开展协商讨论，确定政策实施的具体细则，在专业、学科、课程设置、人才培养等方面制定具有可行性和针对性的措施，根据地方发展需求给高校提出发展建议，挖掘地域特色和本地区的资源优势，结合西部高校的师资、科研和技术优势展开合作交流与开发；从高校层面看，西部高校要与本地区特色产业相对接，发展特色专业和优势学科，建立区域一流特色学科群，实现人才供给与区域经济的无缝对接。总而言之，要注重各个层面之间的协调与配合，形成中央、地方和社会个体之间的合力，在挖掘地域特色的基础上，提高区域高等教育自我发展能力。

（二）构建持续发展的长效机制

西部地区高等教育水平不断提高，但发展现实需求不断更新，仍然存在发展不平衡不充分等问题，为了保障西部地区高等教育发展的稳定性和连续性，需要从人力、财力、物力三个方面建立西部高等教育长效保障机制。一是高校人才队伍建设，要加强本土高层次人才培育，推动教师队伍、科研队伍和管理队伍向高素质专业化方向转化，健全教师培训发展体系，加强全体教师分类分层精准研训，深化高校科研队伍和管理队伍改革，通过提升区域高校综合实力加强西部地区自身人才的培养，推动西部高校实现由"输血"转变为"造血"；要面向全球吸引高层次人才，通过加强人才引进政策和东西部人才交流，解决西部高校面临的人才断层和高层次人才流失的问题。二是扩宽资金来源渠道，要进一步拓展西部高校建设的经费来源渠道，构建多元化融资、筹资机制，推广政府和社会资本合作模式，同时建立专门的资金管理部门，负责管理高等教育发展的专项资金，确保资金使用的时效性和科学性，并对其进行监督和效果评估。三是加强西部高校基础设施建设，深化科教融合产学研一体化，支持西部地区高等学校建设一批重大科技基础设施，构建高效完善的协同创新格局②。

---

① 李威、陈鹏：《振兴西部高等教育：真实的命题而非虚妄的猜忌》，《重庆高教研究》2021年第1期。

② 汤贞敏：《建设高质量高等教育体系：时代背景、内涵指向与实现策略》，《高教探索》2021年第11期。

总的来说，要加大对西部地区人才培养、财政支出、基础设施等方面的政策倾斜力度，使西部高等教育和经济、科技发展紧密融合。

（三）探索共享共赢的发展模式

在供给侧改革的背景下，西部地区高等教育发展要探索"共享共赢"新机制、新模式，提高教育资源的利用效率，包括共享主体、共享资源、共享模式等方面：首先，共享主体要保证多元协作、权责明确，只有深度协作和分工明确，才能创建高效顺畅的资源共享环境。西部地区高等教育资源共享需要中央和地方政府、社会组织、高校等多方主体彼此协作，合理界定各个主体之间的权利义务关系，同时建立有效的协调管理单位，统筹资源配置。其次，共享资源要确保教育资源供给充足、多元互补。教育资源包括物质资源和课程资源等，现行资源共享系统往往只以某一类资源为主，如在线课程共享服务平台、大型仪器共享服务平台，不同资源平台难以互通，西部地区需要搭建文化资源传输渠道，为资源共享创造流通条件[1]。最后，需要构建新的共享模式，在借助物联网、大数据、人工智能、云计算等现代信息技术的基础上，建立资源共享云数据中心和服务系统，实现线上与线下、现实与虚拟、现在与未来的模式结合，以突破高等教育成果时间和地域的限制，减少因人才流失等带来的西部高等教育投资效益亏损问题，更好地服务西部发展[2]。

---

[1] 谢华、王成端、孙山等：《西部地区高等职业教育资源配置比较研究》，《职业技术教育》2014年第13期。

[2] 沈霞娟、高东怀、宁玉文：《供给侧改革视角下的高等教育资源共享系统研究》，《黑龙江高教研究》2018年第3期。

第八章

西部地区农村劳动力培训政策

农村劳动力培训①是为提升农村劳动人口的劳动技能而开展的一系列培训活动,主要通过短期实用技能培训、中长期技术等级考核、资格认证培训和远程培训来提升农民的劳动技能和综合发展能力,目前我国建立的农村劳动力培训体系总体来说可分为农业技能培训和转移技能培训两个方面②。本章主要研究农村劳动力培训政策,包括农业技能培训和转移技能培训两个方面。

2000年,西部地区农村贫困人口占全国农村贫困人口的60%以上,且贫困人口文盲率是全国平均水平的三倍③,而多数西部农村新成长劳动力在完成义务教育后直接加入就业市场,普遍存在学历水平低、缺乏劳动技能等问题④,较高的农村文盲率和相对落后的基础教育水平制约了西部地区农村的经济发展和农民的收入提高⑤。西部大开发以来,中央层面出台了一系列关于农村劳动力培训的政策,对农村劳动力培训做出了详细指导,帮助解决农村劳动力普遍存在的教育断档和缺乏职业技能等问题⑥。政府依托农业广播学校、中高等职业学校、各类培训机构和企业搭建了农村劳动力培训的整体框架,开展了多项农村劳动力培训工程,有效提升了农村劳动力的综合素质,为西部地区推进乡村振兴培养了一批乡土人才。

---

① 根据《中国统计年鉴》,劳动力是指年满16周岁、有劳动能力、参加或要求参加社会经济活动的人口,根据区域可以划分为农村劳动力和城市劳动力,本章研究的是农村劳动力。
② 姜长云:《农民的培训需求和培训模式研究》,《调研世界》2005年第9期。
③ 根据《中国农村贫困检测报告2001》显示,2000年,62%的贫困人口主要以连片形态分布于西部地区。
④ 李元春:《东西部地区农村劳动力培训的差距、原因及对策》,《生产力研究》2004年第7期。
⑤ 彭真善:《中国东、中、西部地区城乡收入差距比较分析》,《经济地理》2009年第7期。
⑥ 任国强、靳卫杰:《农村劳动力转移培训的政策研究》,《技术经济与管理研究》2008年第6期。

第八章 西部地区农村劳动力培训政策

本章对 2000—2019 年西部地区劳动力培训政策进行分析，总结近 20 年农村劳动力培训政策的发展演变规律，对农村劳动力培训未来发展提供政策建议。

第一节 西部地区农村劳动力培训政策概述

本章主要研究国家层面颁布的涉及西部地区农村劳动力培训的相关政策。政策文本收集以中共中央、国务院及其各部委官网、北大法意网为主，辅以中国知网等，将区域限定为西部地区、民族地区、贫困地区，以劳动力培训、农民工培训、新型职业农民、农村青年等为关键词进行检索，初次检索共获取 2000 年 1 月 1 日至 2019 年 12 月 31 日期间 210 项文本，经过筛选剔除后，剩余相关度较高的政策文本 145 项（见附录 6）。

一　政策数量

西部大开发 20 年间，国家面向西部地区累计出台了 145 项农村劳动力培训政策，政策数量具有明显的阶段性特征，呈现波浪式发展形态，如图 8-1 所示。

根据不同时期政策内容的侧重点，西部地区农村劳动力培训政策大致可以划分为四个阶段：第一阶段为 2000—2002 年，以 2000 年国务院出台《关于实施西部大开发若干政策措施的通知》为起点，国家建立以劳动市场需求为导向、以劳动力职业能力开发为重心的职业资格培训体系，为农村劳动力向非农产业转移提供培训服务；第二阶段为 2003—2007 年，2003 年国务院出台《2003—2010 年全国农民工培训规划》，提出对农村富余劳动力开展职业技能培训，是我国首次针对农村劳动力转移培训出台专项政策文件，农村劳动力培训逐步形成农民实用技术培训和农民工职业技能培训的双轨模式，政策数量在 2006 年达到峰值；第三阶段为 2008—2013 年，2008 年中共中央出台《关于推进农村改革发展若干重大问题的决定》，指出要做好围绕返乡农民工组织开展创业培训和农村实用技术培训，增强返乡农民工的再创业就业能力和现代化农业技能，切实解决受国际金融危机影响农民工返乡带来的问题；第四阶段为 2014—2019 年，2014 年中共中央、国务院出台《关于全面深化农村改革加快推进农业现代化的若干意见》，提出加快构建新型农业经营体系，加大农业先进技术的推广应用、

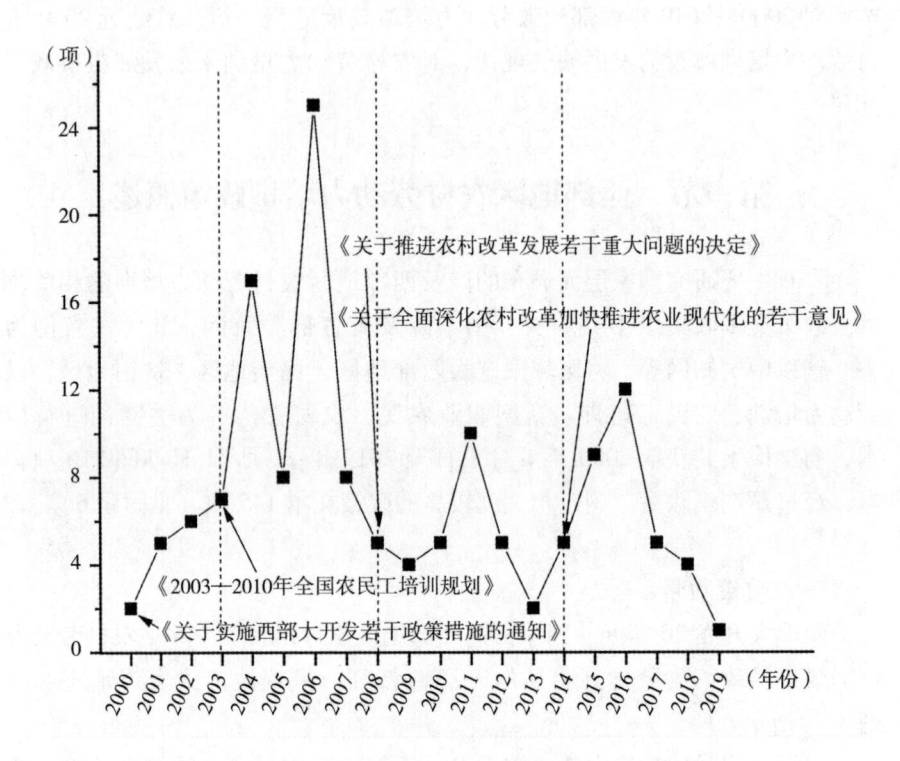

图 8-1　2000—2019 年西部地区农村劳动力培训政策数量

新型农业经营主体的扶持力度和新型职业农民的培训力度，全力推动实现乡村振兴。

二　发文部门

西部地区农村劳动力培训政策发文部门共 35 个，分为两个层次，如表 8-1 所示，第一层次是中共中央和国务院层面的直接发文，该类政策数量分别为 21 项和 58 项，说明西部地区农村劳动力在国家战略层面得到了一定的重视。第二层次是中共中央和国务院各部委及其直属机构，发文数量靠前的人社部 31 项、农业农村部 29 项、教育部 22 项，说明西部地区农村劳动力培训政策主要是以人社部、农业农村部和教育部牵头制定。同时可以看到，国家林草局、粮食局、卫健委和交通运输部虽然发文总量上较少，但多依照部门职能范围不同进行单独发文，体现出农村劳动力培训在某段时间内的培训特征。此外，发改委和财政部等部门多为联合发文，为西部农村劳动力培训提供保障。

表8-1　2000—2019年西部地区农村劳动力培训政策发文部门统计表　　单位：项

层次	发文部门	发文总量	单独发文	发文部门	发文总量	单独发文
中共中央、国务院	中共中央	21	1	国务院	58	37
中共中央和国务院各部委及其直属机构	人社部	31	13	中宣部	1	—
	农业农村部	29	18	国家卫健委	1	1
	教育部	22	7	交通运输部	2	2
	发改委	13	5	全国妇联	1	1
	财政部	11	—	应急管理部	1	—
	科技部	10	3	民进中央	1	—
	住建部	11	4	中央综治办	1	—
	国家乡村振兴局	4	2	中组部	1	—
	共青团中央	6	2	国务院西部开发办	1	—
	国家林草局	4	3	中央统战部	1	—
	国家粮食和物资储备局	2	1	水利部	1	—
	全国总工会	3	2	国家市监局	1	—
	商务部	4	1	工信部	2	—
	国家税务总局	2	—	民政部	1	—
	中国科协	2	—	文旅部	1	—
	自然资源部	1	—	国家矿山安监局	1	—
	中国人民银行	1	—	—	—	—

根据前文政策阶段的划分，构建发文部门合作网络图，如图8-2—图8-5所示。总体来看，农村劳动管理培训政策发文部门先增多再逐渐减少。2000—2003年，政策发文部门为10个，教育部、农业部和劳动保障部单独发文和发文总量较多，说明此时期这些部门在农村劳动力培训政策发文上的主体地位。2003—2007年，政策发文部门增加至28个，教育部、农业部和劳动保障部发文仍然较多，此阶段出现了中共中央和国务院以及国务院扶贫办、发改委和建设部等部门，体现出中央层面对农村劳动力培

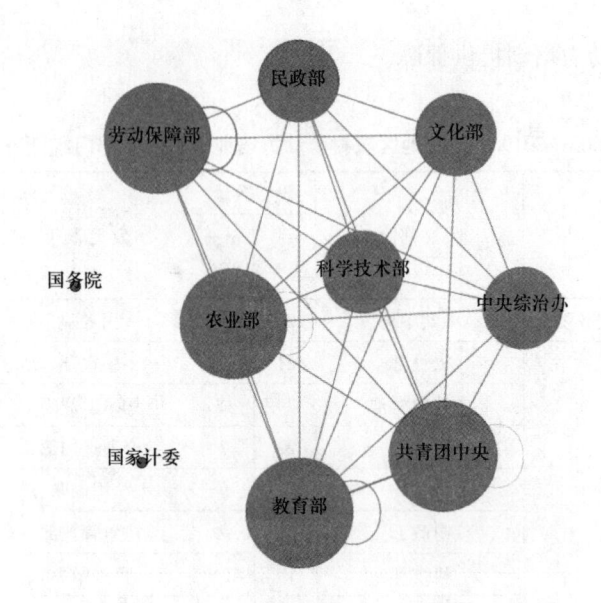

图 8-2 2000—2002 年发文部门合作网络图

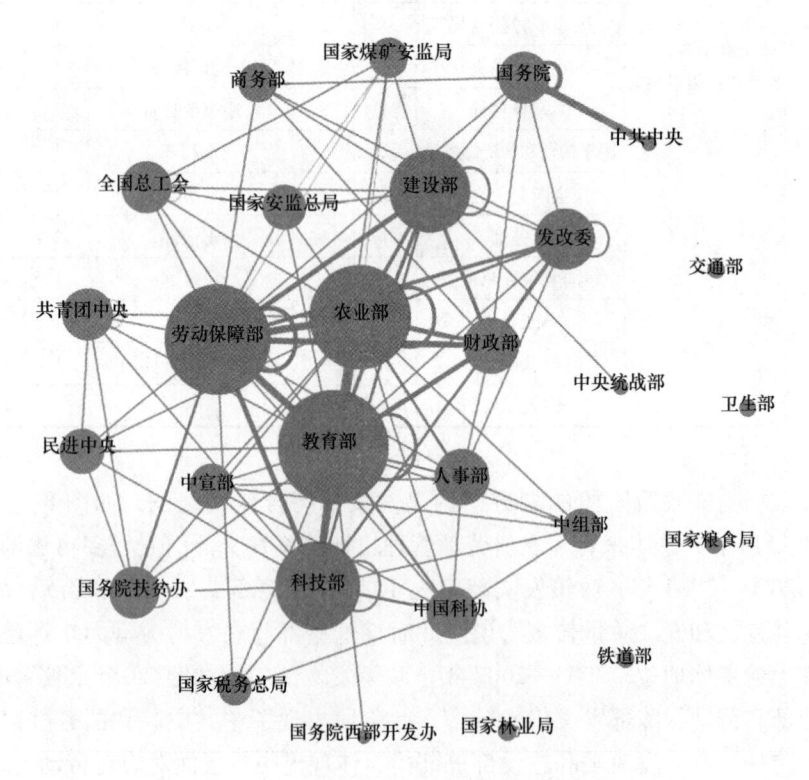

图 8-3 2003—2007 年发文部门合作网络图

第八章 西部地区农村劳动力培训政策

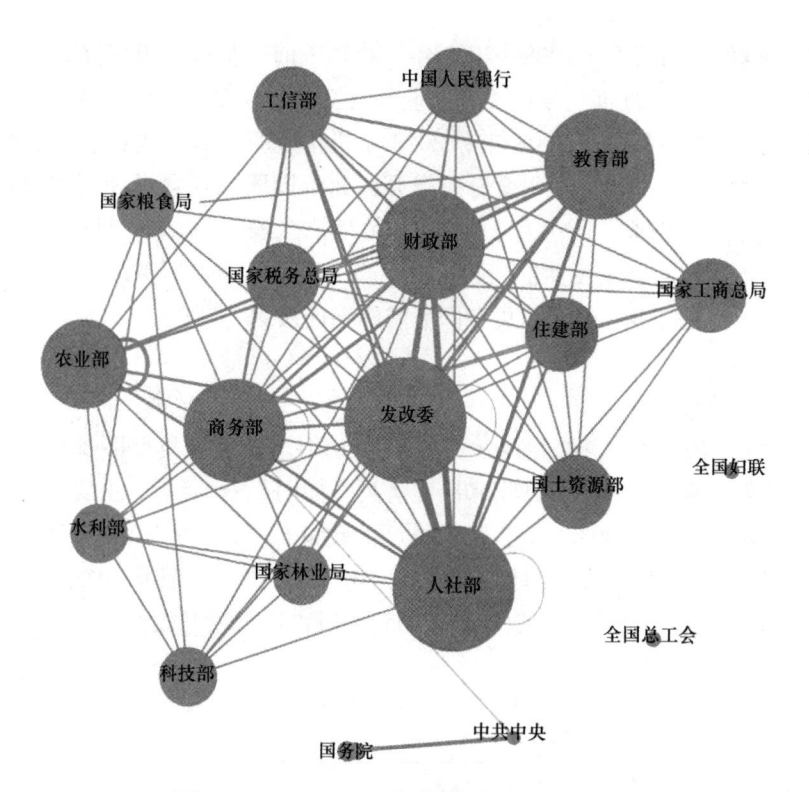

图 8-4 2008—2013 年发文部门合作网络图

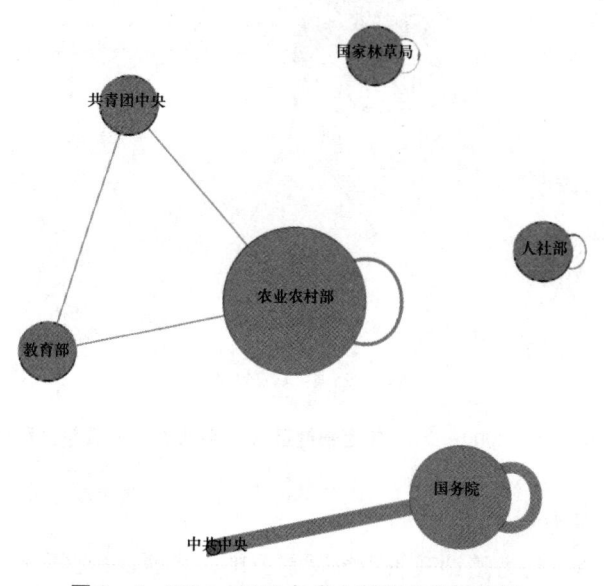

图 8-5 2014—2019 年发文部门合作网络图

· 215 ·

训关注度的大力提升。2008—2013 年，相较于前一阶段政策发文部门数量下降至 20 个，人社部、发改委和农业部发文总量较多，其中农业部单独发文最多，一方面是由于 2008 年和 2013 年机构改革形式的机构合并，另一方面体现出发文部门集中程度有所提升；此阶段国家粮食局和国家林业局节点变大，新出现了商务部，说明国家对粮食安全和农民创业的重视。2014—2019 年，政策发文部门数量进一步下降至 7 个，国务院和农业农村部的单独发文较多，中共中央和国务院网络连接更为紧密。

三　政策文种

2000—2019 年，我国西部地区农村劳动力培训政策类型涉及意见、规划、通知、纲要、方案、计划和决定 7 类，如图 8-6 所示。主要集中在意见、规划和通知三种形式上，意见类型的政策 63 项，占比为 43.45%，规划类型的政策 25 项，占比 17.24%，通知类型的政策 24 项，占比为 16.55%。纲要、方案和计划等类型的政策所占比重相对较小。

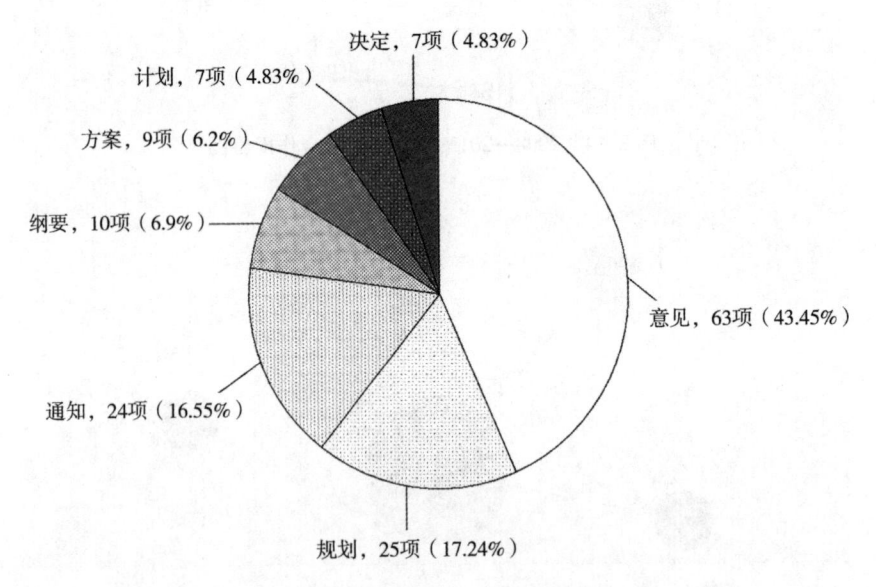

图 8-6　2000—2019 年西部地区农村劳动力培训政策文种图

四　政策类型

根据农村劳动力培训政策内容覆盖范围，将西部地区 2000—2019 年劳动力培训政策分为三类，包括宏观指导政策、专项支持政策和保障配套政策，如图8-7所示。总体来看，西部地区农村劳动力培训政策以宏观指导政策和专项支持政策为主，保障配套政策作为补充。其中专项支持政策有71项，其数量最多，占比48.97%，为西部地区农村劳动力培训的有效开展提供政策支持。

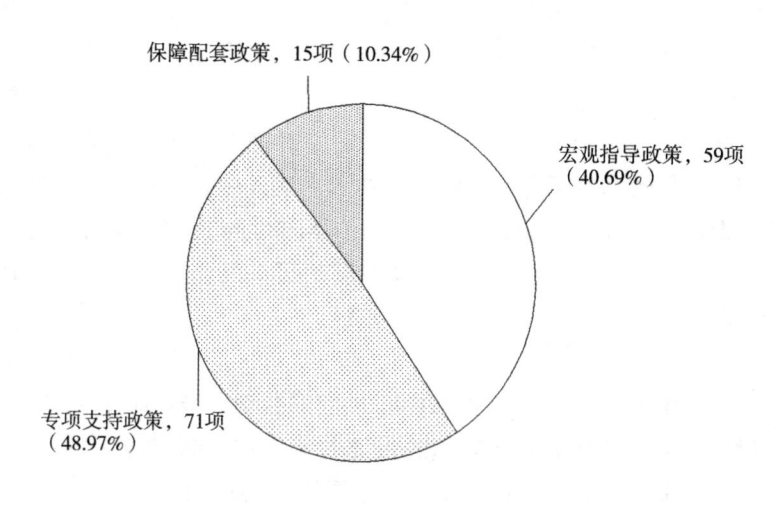

图8-7 2000—2019年西部地区农村劳动力培训政策类型图

（一）宏观指导政策

在宏观层面，中央对西部地区农村劳动力素质提升做出重大规划，相关政策59项，主要包括两类：一类是全国层面的农村劳动力培训规划，如2003年出台的《2003—2010年全国农民工培训规划》，指出根据不同行业、工种、岗位对农民工从业技能的要求，制订具体的培训计划；2017年出台的《"十三五"全国新型职业农民培育发展规划》，提出着力培育新型职业农民，保证国家粮食安全和农产品的充分供给。另一类是以西部大开发战略为主线的面向西部地区教育培训发展出台的规划政策，如2004年出台的《2004—2010年西部地区教育事业发展规划》，明确提出为未能升学的青年提供各种就业培训，面向广大农民群众普遍开展实用技术和文化培训；2016年出台《加快中西部教育发展的指导意见》，指出要立足中西部经济社会发展实际，广泛开展新型职业农民培训和劳动力转移培训等。

（二）专项支持政策

在专项支持方面，国家出台了71项农村劳动力培训专项政策，对西部地区农村劳动力培训的实施做了具体指导。根据培训内容的不同，分为以下四类：一是以涉农技术培训为主的政策，如2001年出台的《关于推进农业科技入户工作的意见》，提出通过农业广播电视学校做好培训资源入户；二是以农民工职业技能培训为主的政策，例如2004年出台的《农村劳动力转移培训计划》，对一段时期的农村劳动力转移培训工作制订具体的实施方案，对准备向非农产业和城镇转移的农村劳动力组织开展转移就业前的引导性培训和职业技能培训，对已进入非农产业就业的农民工进行岗位培训；三是各类专项培训工程政策，如2007年出台的《关于在贫困地区实施"雨露计划"的意见》，提出实施贫困地区青壮年劳动力职业技能培训计划，帮助贫困青年掌握一门技术，实现依靠技能脱贫；四是以农村劳动力创业培训为主的政策，如2015年出台的《关于支持农民工等人员返乡创业的意见》，提出结合返乡农民工等人员创业特点需求、地域经济特色和当地资源，开展创业带头人培训。

(三) 保障配套政策

在保障配套方面，国家出台了15项农村劳动力培训保障性政策，是各项农村劳动力培训计划有效实施的重要基础。如2003年出台的《三年三千种职业培训教材开发计划》提出，根据培训需求积极开发出国家级培训教材，建立和完善职业培训教材体系，增强教材的科学性、先进性、适用性和实践性；2006年出台的《关于实施农民工培训示范基地建设工程的通知》提出制定基地建设规划，组织协调好基地建设工程审批，加强对示范基地的资金支持，扶持100所技工学校建设成农民工培训示范基地、100个区域中心城市建设成完善的培训实训基地等。

第二节 西部地区农村劳动力培训政策发展与演变

通过对收集的145项西部地区农村劳动力培训政策文本进行词频分析，得到西部地区农村劳动力培训政策文本高频词云图，如图8-8所示，词云图中字体越大代表关键词出现频率越高。"培训""农村""农民""农民工""农业""职业""就业""技能""职业技能"等关键词出现频率较高，反映出西部地区农村劳动力培训的重点是农民农业技能培训和农民工职业技能培训两个方面。

第八章 西部地区农村劳动力培训政策

图 8-8 2000—2019 年西部地区农村劳动力培训政策类型图

一 探索发展阶段（2000—2002 年）

2000 年初，我国农村农业生产力落后、科技教育文化落后、文盲半文盲数量依旧庞大，这些问题严重阻碍我国农业生产从传统农业向现代农业转变。农业的根本出路在科技和教育，1998 年中共中央出台《关于农业和农村工作若干重大问题的决定》，提出实行农科教结合，依托于科学技术进步和劳动者素质提高，促进农业和农村经济发展。在此基础上，2000 年人事部出台《县乡村实用人才工程实施方案》，组织实施县乡村实用人才工程，为农村培养技术带头人和一批有志于"发展农村经济、掌握农业科学技术、善经营会管理"的农民青年。2002 年，共青团中央、教育部等部门先后出台《关于加强新阶段农村青年工作的意见》，指出农村青年既是推动传统农业向现代农业转变的中坚力量，同时也是城市外来务工人员的中流砥柱，要大力培养具备一定科技知识和创新素质能力的广大农村青年，适应全面建成小康社会的需求。整体来看，这一阶段的西部农村劳动力培训把农业科技推广放在首位，围绕提高农村青年的科学文化素质深度开展，提出探索建立技术推广体系和农业教育培训体系。

根据接入点大小与色块分布可以将 2000—2002 年的政策文本网络图分为 4 个社团，如图 8-9 所示，分别是社团 1 "农村青年"、社团 2 "基地"、社团3"经费"、社团4"科技"。整体来看,"农村青年"和"科技"最为突出。

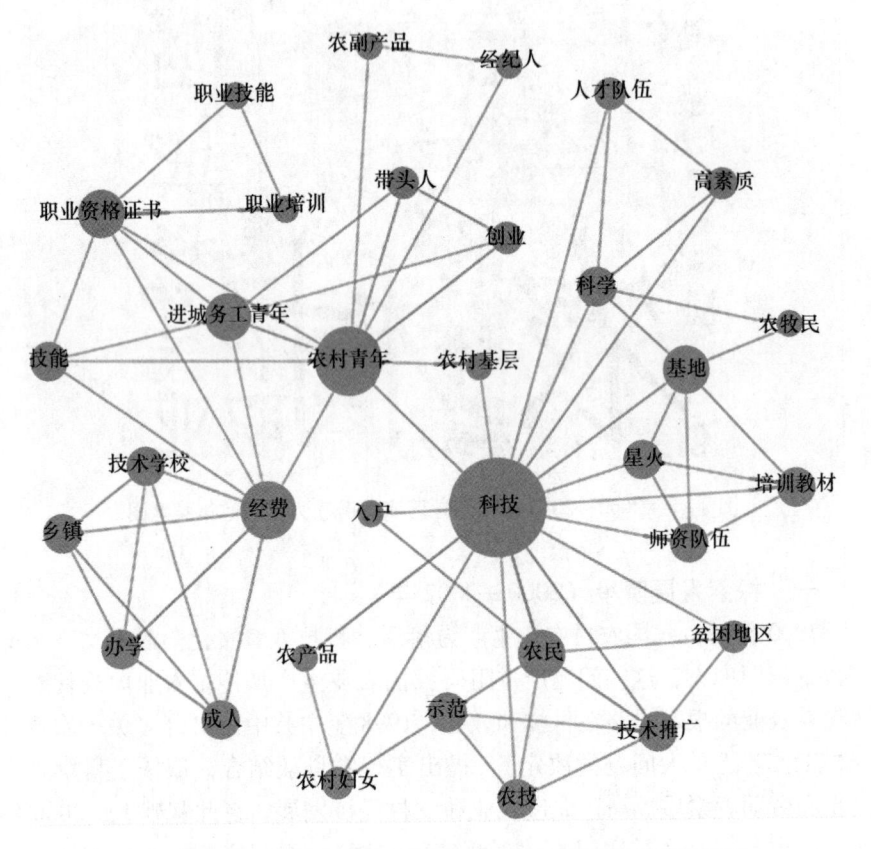

图8-9 2000—2002年西部农村劳动力培训政策文本网络图

具体来看,该阶段4个社团可分为四类,第一类关注农村青年培训,包含社团1,以"职业资格证书""进城务工青年""带头人""经纪人"为核心词,该阶段以职业教育和成人教育的方式,对农村青年开展了职业技能培训、实用技术培训,造就一批高素质的农村青年致富带头人和农村青年经纪人;第二类关注培训基地建设,包含社团2,以"科学""星火"为核心词,提出大力建设农村青年科技示范推广基地和星火培训基地,着力构建科技培训网络,促进农村高素质科学人才的培养;第三类关注经费保障,包含社团3,以"技术学校""办学"为核心词,强调做好农村劳动力培训经费安排及农村职业学校和成人学校的建设经费安排；第四类关注科技推广，包含社团4，以"农民""技术推广"为核心词，大力开展农业科技入户工作，推进农业科技成果转化，提升农产品竞争力，帮助贫困农村地区实现农业增效、农民增收。总体而言，该阶段西部农村劳动力培训通过农业科技入户和农村青年培训等方式提升西部农民素质，积极探索西部地区农村青年职业教育和成人教育的方法，对建立西部农村劳动力培训体系起到重要作用。

二 双轮驱动阶段（2003—2007年）

加入WTO后，我国农业外部环境发生变化，亟须发展现代化农业，提升我国农产品的国际竞争力。2003年，农业部出台《全国新型农民科技培训规划（2003—2010年）》对未来一段时期的农民培训作出指导，要求开展多种形式的新型农民科技培训，提高农民科技文化素质和农业产业化经营水平，转变农产品供给价格。加入WTO同时也使得我国东部沿海地区的工业化和城镇化进程不断加快，加深农村富余劳动力"向东部、向城市"转移。为进一步促进农民工就业转移，2003年农业部、人社部等部门联合出台了《2003—2010年全国农民工培训规划》，对农村剩余劳动力转移培训做出了详细规划，提升农民工劳动技能，进一步推动了农村劳动力转移到非农产业和城镇。2004年，我国启动"农村劳动力转移培训实施阳光工程"，承接农村劳动力转移培训，强调加大对中西部地区、贫困地区和革命老区的培训支持力度，通过开展订单、定点、定向的培训模式，对用工量较大的行业开展专项职业技能培训。随着城镇化建设的快速发展，农民工成为我国加工制造、建筑建设、家政餐饮等行业的主力军，但同时出现农民工工资拖欠和工伤安全等问题。为保证农村剩余劳动力转移有序有效进行，2006年国务院出台《关于解决农民工问题的若干意见》，指出要充分发挥各类教育、培训机构和工青妇组织的作用，通过多种渠道、采用多种形式开展多种层次的农民工职业技能培训，就突出的农民工社会保障和安全卫生问题，提出要搞好农民工就业服务、安全生产技术培训、自我救护技能和疾病预防培训。整体来看，这一阶段初步构建了"农民实用技术培训+农民工职业技能培训"的培训体系，农村劳动力培训开始步入规范化、科学化的轨道。

根据接入点大小与色块分布可以将2003—2007年的政策文本网络图分

为 5 个社团，如图 8-10 所示，分别是社团 1 "农民"、社团 2 "职业培训"、社团 3 "贫困地区"、社团 4 "农民工"、社团 5 "职业院校"。整体来看，以"农民"和"农民工"突出中心词分为两个部分，分别以职业资格、职业培训为连接点相互联系，说明此阶段的农村劳动力培训政策围绕农民培训和农民工培训两个方面展开。

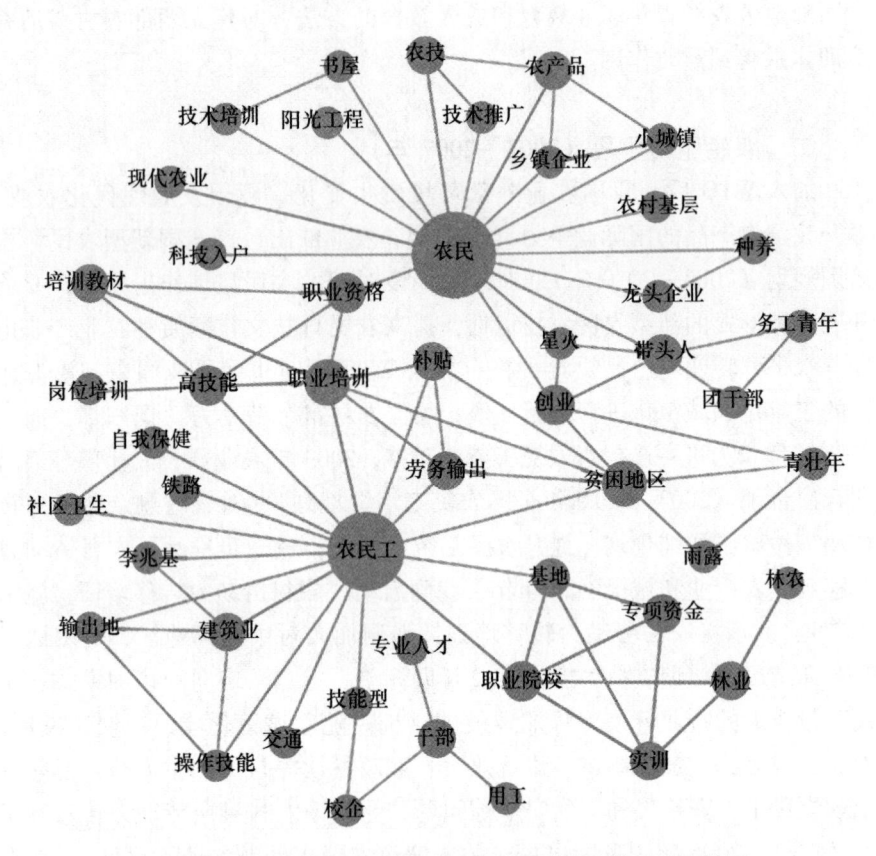

图 8-10　2003—2007 年西部农村劳动力培训政策文本网络图

以主题的相关度具体来看，该阶段 5 个社团可分为四类，第一类关注农民科技培训，包含社团 1，以"科技入户""农技推广""乡镇企业"为核心词，通过普及涉农科技、提升种养技术、推广农用器械的使用和涉农企业的相关培训，提高农产品的竞争力。第二类关注培训保障，包含社团 2 和社团 5，以"培训教材""补贴""基地""专项资金"为核心词，指出强调培训完善教材开发、培训资金补贴制度、职业资格认定制度和实训

· 222 ·

基地的建设，落实中等职业院校和职业培训机构对培训的承接，确定农村劳动力转移培训的有序开展。第三类关注贫困地区实用人才培训，包括社团3，以"带头人"、"青壮年"和"创业"为核心词，通过"雨露计划"和"星火计划"对贫困地区青壮年、务工青年和团员干部进行培训，培养一批高素质致富带头人来带动贫困农村地区的发展。第四类关注农民工的技能培训和安全培训，包含社团4，以"操作技能"和"自我保健"为核心词，聚焦建筑、铁路和交通行业农民工的操作技能培训和农民工自我保健知识教育，解决此时期内的农民工的工伤安全问题和健康安全问题。总体而言，此阶段专项针对农村劳动力的培训政策逐渐丰富，基本形成农民实用技术培训和农民工职业技能培训双轮驱动的政策体系。

三 以创业带就业阶段（2008—2013年）

为应对国际金融危机冲击，保持西部农村现代化发展的良好势头，2008年国务院出台《关于切实做好当前农民工工作的通知》，提出对返乡农民工开展创业能力培训和农业技能培训，帮助返乡农民工实现回乡创业和投身新农村建设。2009年，国务院出台《应对国际金融危机保持西部地区经济平稳较快发展的意见》，提出扩大农民创业促进工程试点范围，继续加强农村劳动力职业技能培训和创业培训，扶持农民工返乡创业。2010年，国务院出台《关于加强职业培训促进就业的意见》，指出积极推进创业培训，规范培训标准、完善培训模式、提高培训质量，重点开展创业意识培训和管理经营培训。2011年，农业部出台《全国农民教育培训"十二五"发展规划》，提出要构建多元化的农民培训体系，一方面要开展多层次的农民培训，通过开展农业实用技术培训、农民职业技能培训、农民创业培训和农民学历教育，全面提升农民的科学文化素质；另一方面要构建多元化的培训参与机制，引导社会各界广泛参与农民培训。2012年，发改委、人社部等部门联合出台《促进就业计划（2011—2015年）》，提出完善创业服务体系和创业培训体系，鼓励有条件的地方建立创业孵化基地，以创业带动就业，推动农村富余劳动力创业就业。整体来看，此阶段的农村劳动力培训强调开展创业培训，探索建立创业孵化基地、完善创业服务培训体系，鼓励学校开设创业培训课程，促进以创业带动就业。

根据接入点大小与色块分布可以将2008—2013年的政策文本网络图分为4个社团，如图8-11所示，分别是社团1"农业"、社团2"人才"、社团3"服务"、社团4"创业"。整体来看,以"农业"和"创业"突出中心词分为两个部分,说明此阶段的农村劳动力培训围绕农业科技和创业技能两个方面提升农村劳动力整体素质。

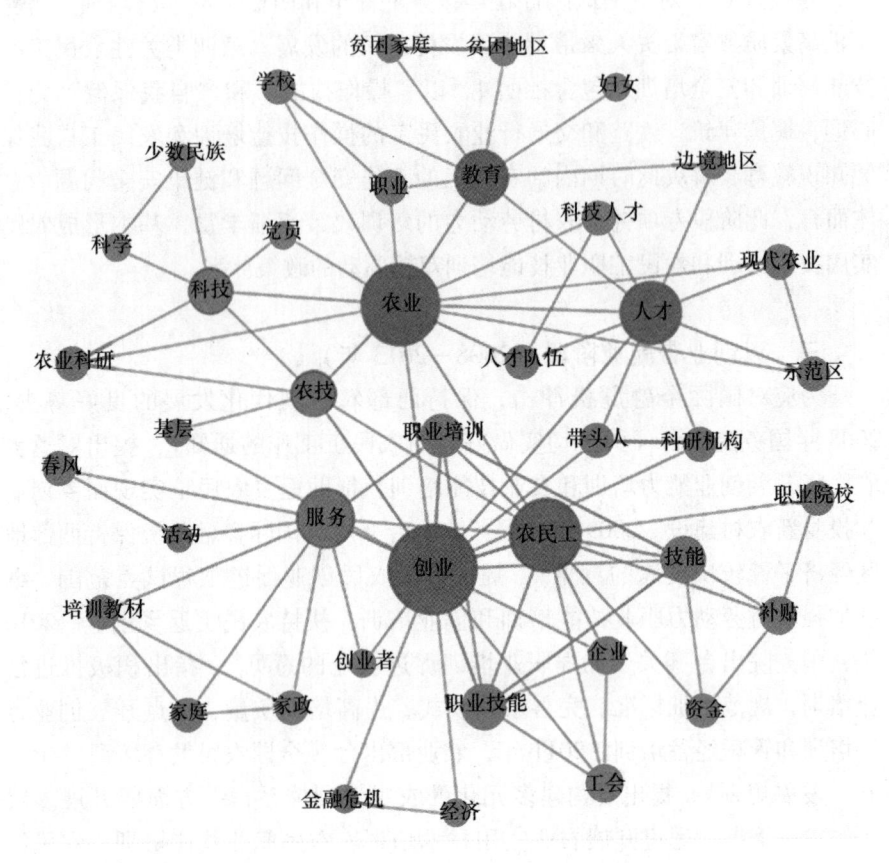

图 8-11 2008—2013 年西部农村劳动力培训政策文本网络图

具体来看,该阶段4个社团可分为三类,第一类关注农业科技培训,包括社团1,以"教育"、"科技"和"农技"为核心词,通过对从事农业活动的贫困地区农民和农村妇女进行培训,尤其强调针对少数民族地区的农业科技培训及农村基层和党员干部的科技培训。第二类关注农村致富带头人队伍建设,包括社团2,以"人才队伍"、"带头人"和"现代农业"为核心词,通过对科技人才和带头人的培养,造就一大批勇于创业、精于管理和能够带领农民致富的复合型人才。第三类关注农民工返乡问题,包含社团3和社团4，以"农民工""创业""职业技能""服务"为核心词，一方面通过实施职业技能提升培训及创业培训，做好返乡农民工再就业和创业服务工作，加大培训力度、建立创业培训体系、提高培训质量、提高创业成功率，帮助返乡农民工实现再就业和创业；另一方面通过培训费用补贴的方式，引导职业院校、企业大力开展订单式培训、定向培训和定岗培训，加强职业培训提高农民工职业技能水平和就业创业能力。总体而言，受国际金融危机影响，该时期大量农民工失业，形成了民工"返乡潮"，此阶段的培训政策一方面强调根据农村劳动力生产、经营、服务等不同培训需求开展定向培训，提高培训质量和效果，倡导社会各方面积极参与培训项目；另一方面突出创业培训，以创业带动就业的方式，促进农村富余劳动力实现稳定就业。

四 向农振兴阶段（2014年及以后）

随着农村劳动人口向城镇地区和非农产业大幅转移，从事农业生产的劳动力大量流失，我国农业农村呈现出农业兼业化、农村空心化、农民老龄化特征。为充盈农业劳动力和农业后备军，2014年，农业部正式开始实施新型职业农民培育工程，计划培育一支具有文化、了解技术、善于经营的新型职业农民队伍，强调培育生产经营型职业农民，通过吸引年轻人务农，来解决"谁来种地""如何种好地"的核心问题。在农业资源紧缺、农业生态保护压力大的情况下，需要提升农业科技的有效转化才能保障农民持续增收，实现农业稳定安全发展，2015年，中共中央、国务院出台《关于加快转变农业发展方式的意见》，指出农业现代化要从"依靠物质要素投入"向"依靠科技创新"和"提高劳动者素质"转变，通过推进职业教育和职业技能培训相衔接，构建多层次的农村劳动力培训体系，对农村劳动力培训教育形成全覆盖。"精准扶贫、精准脱贫"要着力加强教育扶贫，提高贫困人口自我发展能力，2015年，人社部出台《关于在打赢脱贫攻坚战中做好人力资源社会保障扶贫工作的意见》，指出要加强贫困劳动力职业培训力度，保证贫困家庭劳动力至少掌握一门致富技能，促进未就业贫困人口实现转移就业，保障已就业贫困人口能够稳定就业，确保贫困劳动力可以靠技能脱贫。2018年，中共中央、国务院出台《实施乡村振兴的意见》，指出大力培育新型职业农民，完善新型职业农民配套政策体系，创新培训机制。整体来看，该阶段农村劳动力培训与新型职业农民培育紧密结合,通过培训促进农村人口实现创业就业,帮助农民全部脱贫走向振兴。

根据接入点大小与色块分布可以将2014—2019年的政策文本网络图分为6个社团,如图8-12所示,分别是社团1"农民"、社团2"少数民族"、社团3"边民"、社团4"贫困村"、社团5"人才"、社团6"创业"。整体来看,以"农民"和"创业"突出中心词分为两个部分,说明此阶段的农村劳动力培训的工作重点是培育新型职业农民和农民工返乡创业技能培训。

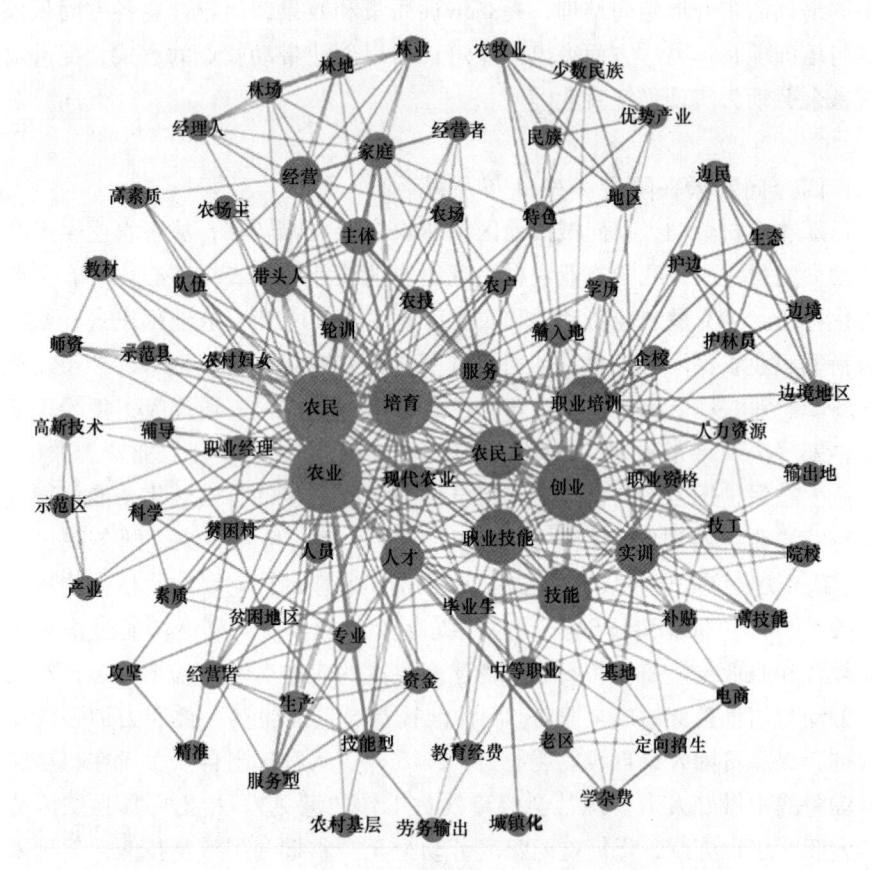

图8-12 2014—2019年西部农村劳动力培训政策文本网络图

具体来看,该阶段6个社团可分为四类,第一类关注农业农民问题,包含社团1,以"农民"、"农业"和"培育"为核心词,通过实施青年农场计划、农业经营主体带头人计划和林场经营主体培育项目等特色计划，开展以家庭为单位的各种特色新型职业农民和经营主体带头人培训，适应农业劳动力变革和农业现代化多样化发展的要求，同前一阶段相比，此阶段的农业劳动力培训，更加强调同当地农业资源协调，培育适合农业产业化发展的新型职业农民。第二类关注边境少数民族地区农业农村发展，包含社团2和社团3，以"民族""农牧业""生态""护林员"为核心词，针对民族地区生态资源特点，大力培养新型职业农牧民，将有劳动能力的边境农民转为当地护林员，开展符合边境少数民族特色的农民培训。第三类关注脱贫攻坚，包含社团4和社团5，以"人才""贫困地区"为核心词，强调加大贫困革命老区劳动力技能培训力度，鼓励外出务工人员参加中长期实用技能培训，做好贫困人口培训工作，通过教育培训脱贫一批经营型、技能型和服务型新型职业农民。第四类关注农村劳动力转移就业，包含社团6，以"农民"、"创业"和"职业技能"为核心词，针对符合条件的农村劳动力开展职业技能培训和创业技能培训，增强农村劳动力转移就业的能力，强调加大"互联网+"扶贫力度，通过开展电商人才培训和培训实践，帮助农村劳动力依靠互联网创业。总体而言，此阶段农村劳动力培训重心放在新型职业农民培育上，大力培育新型农业经营主体，鼓励农民依靠农业创业就业，通过发展现代化农业带动农民实现脱贫致富和乡村振兴。

第三节 西部地区典型农村劳动力培训政策的实施情况

中共中央及各部委依托西部大开发制定了一系列提升西部地区农村劳动力的培训政策，投入大量中央财政和精力，开展了各大提升农村劳动力农业技能、职业技能、创业能力和文化水平的培训项目工程，本章选取较为典型的"阳光工程"、"雨露计划"和"新型职业农民培育工程"进行深入分析，重点关注政策脉络、内容和实施效果。

一 阳光工程

"农村劳动力转移培训阳光工程"，简称"阳光工程"，是我国2004—2013年期间由农业部牵头实施的农民职业技能培训工程，主要针对粮食主产区、劳动力主要输出地区、贫困地区和革命老区的农村富余劳动力实施短期劳动技能培训，目的是增强农民的知识水平、专业技能和安全生产知识，帮助农村富余劳动力实现转移就业。

（一）政策脉络

我国农村 21 世纪初有 1.5 亿名富余劳动力，并以每年 600 万人的速度递增，其中接受过专业技能培训的仅占 9.1%，2001 年新转移劳动力中只有 18.6% 接受过专业培训①。缺乏就业技能使农村富余劳动力转移就业难度越来越大，2003 年农业部等部门联合出台《2003—2010 年全国农民工培训规划》，指出以"阳光工程"为载体，对进入非农产业就业的农民劳动力进行转移前职业技能培训。2004 年，农业部等发布《关于组织实施农村劳动力转移培训阳光工程的通知》正式启动"阳光工程"，以建筑、制造和餐饮等用工量大的行业为重点，主要针对劳动力主要输出地区、粮食主产区、贫困地区和革命老区的农村富余劳动力实施短期的职业技能培训。2006 年，国务院发布《关于解决农民工问题的若干意见》，提出要切实执行国家职业安全和劳动保护规定并严格遵守标准，要求凡是从事高危行业和特种作业的农民工，必须经过专门培训、达到持证上岗。2009 年，国务院发布《关于应对国际金融危机保持西部地区经济平稳较快发展的意见》，指出继续实施"阳光工程"，引导农民有序外出就业，鼓励农民就地就近就业，扶持农民工返乡创业，提高非农收入。2011 年农业部制定《全国农民教育培训"十二五"发展规划》提出培养适合现代农业发展的新型职业农民，2012—2013 年的"阳光工程"承接了新型职业农民培训试点工作，我国农村劳动力培训的重心转向新型职业农民培育，2014 年"阳光工程"不再出台新的工作计划，2016 年农业部将《关于组织实施农村劳动力转移培训阳光工程的通知》列为失效文件，"阳光工程"自此退出农村劳动力培训历史舞台。

（二）政策内容

2004 年，农业部联合财政部等部门联合启动实施"阳光工程"，以县为主组织开展农村劳动力转移培训。根据政策注意力的变化，"阳光工程"可以分为两个阶段，如表 8-2 所示，第一阶段为 2004—2008 年，主要关注农村劳动力转移培训，针对在岗农民工和待转移劳动力开展职业技能培

---

① 中华人民共和国中央人民政府：《国务院办公厅转发农业部等部门 2003—2010 年全国农民工培训规划的通知》，http://www.gov.cn/zhengce/content/2008-03/28/content_6713.htm，2008 年 3 月 28 日。

训,帮助农村转移劳动力实现就业;第二阶段为2009—2013年,主要关注农民工职业技能提升和现代农业生产经营者队伍建设,此阶段受国际金融危机影响,大量西部转移劳动力被迫失业返乡,我国产业布局上也体现出企业内迁。为应对劳动力返乡再就业和满足企业迁入地用工需求,"阳光工程"一方面引导农民改变就业观念,通过农村劳动力技能提升培训,鼓励农民就地就近就业、提高创业能力和辐射带动能力;另一方面引导农村劳动力向农业产业链转移,围绕农业和农村服务业、农产品加工业、农村特色非农产业和农民创业等开展农技培训和创业技能培训,培养一支结构合理、数量充足、素质优良的现代农业生产经营者队伍。"阳光工程"在培训方式上,主要采用订单式面向各类培训机构公开招标,通过发放培训券的方式落实培训补贴。

表8-2 "阳光工程"政策内容一览表

阶段	政策重点	主要内容
2004—2008年	职业技能培训	(1) 培训对象:待转移农村富余劳动力、在岗农民工; (2) 培训类型:就业引导培训、职业技能型培训、岗位技能提升培训; (3) 面向行业:针对机械制造、电子电器、焊工、计算机应用、驾驶与维修、服装缝纫与加工、建筑装饰、酒店餐饮、家政服务、旅游保健等用工量大的行业开展短期职业技能培训; (4) 培训周期:2004—2006年为15—90天;2007年调整为20—180天,从短期培训逐步转向中长期培训; (5) 中央财政补贴标准:2005年人均150—160元、2006年人均180—200元、2007年人均300元、2008年人均370元
2009—2013年	农技培训、创业技能培训	(1) 培训对象:种养大户、家庭农场、农民专业合作组织、农业社会化服务体系的骨干农民; (2) 培训类型:农业专项技术培训、农业职业技能培训和农业创业培训; (3) 面向行业:农业和农村服务业、农产品加工业、农村特色非农产业和农民创业; (4) 培训项目:农民创业、农业机械操作维修、病虫害专业防治、农民专业合作社管理、动物防疫、沼气生产、沼气物管、橡胶割胶、海洋普通渔业船员、农村经纪人等培训

（三）政策实施效果

2004—2006年，"阳光工程"在全国范围内共培训农村富余劳动力830万人，帮助720万人实现转移就业[①]；2006—2012年间，超过7000万名农村富余劳动力通过"阳光工程"得到培训。西部地区作为农村富余劳动力转移的主要输出地区，"阳光工程"在资金投入、培训基地建设、培训机制、劳务品牌打造等方面取得了显著成绩，如四川各级财政2005年投入3.8亿元用于"阳光工程"，培训农村富余劳动力277.53万人次；2006年建成28个县级职教中心和12个实训基地；形成了四川"川妹子""川保安"等劳务输出品牌，如表8-3和表8-4所示。

表8-3　　　　2005年全国农村劳动力转移培训情况统计　　　　单位：人

省份	引导性培训	技能培训	转移后培训	培训总数	转移人数
内蒙古	655992	72975	18519	747486	418834
广西	606163	513292	205107	1324562	586110
海南	19025	48372	6644	74041	14389
重庆	63580	73519	—	137099	55356
四川	1842599	740940	191718	2775257	1105107
贵州	70682	53194	2121	125997	70903
云南	602180	679003	18970	1300153	231500
西藏	7603	19334	1452	28389	2566
陕西	1156000	452000	490000	2098000	536000
甘肃	546626	381404	124402	1052432	251582
青海	—	50863	—	50863	—
宁夏	16803	20353	10559	47715	37019
新疆	219787	140553	—	360340	360340
新疆建设兵团	12566	10196	11354	34116	10480
总计	5809694	3255998	1080846	10146511	3680186

---

① 中华人民共和国中央人民政府：《全国农村劳动力转移培训"阳光工程"座谈会召开》，http://www.gov.cn/gzdt/2006-11/08/content_436234.htm，2006年11月8日。

表8-4　　　　西部地区部分省份"阳光工程"政策实施效果

省份	"阳光工程"实施效果
四川	2004—2005年,财政投入3.8亿元用于农村劳动力转移培训,2005年培训277.53万人次; 2006年,财政投入1.1亿元用于建设28个县级职教中心和12个专业性实训基地
陕西	2005年,财政投入1050万元专项资金,支持职业教育为县域经济发展服务和劳动力转移培训服务,培训209.9万人次; 2006年,实行"人人技能工程",对所有未升学初高中毕业生全覆盖式培训;2009年,陕西教育厅投入5400万元支持县级职教中心建设,改善了农村职业学校培训能力; 2006—2010年,共建成379所乡镇农民文化技术示范学校可用于承接农村富余劳动力转移培训
云南	2005—2011年,每年安排500万元经费用于开展农村成人教育。 2006年省评估认定了180所省级农村成人教育示范学校,加强构建了农村成人教育网络
青海	2006年,财政安排1620万元,通过"阳光工程"对9000名未升学的农村初高中毕业生进行半年到一年的职业技能培训
重庆	2006年,落实成教经费2731万元用于农村实用技术培训,建立健全了培训任务分解制度和培训情况评比奖励制度等培训保障制度
广西	2004—2007年,每年拿出700万元用于建设5个年培训万人规模的农民职业教育培训基地

二　雨露计划

"雨露计划"是我国扶贫办2007年全面开展的一项农村贫困人口素质提升重大工程计划,也是我国精准扶贫的重大项目,主要面向贫困劳动力发放转移技能培训补贴和贫困家庭子女接受职业教育培训补贴,通过"直补到户、作用到人"方式精准实施。"雨露计划"作为专项扶贫工作的重要内容,通过提高扶贫对象的综合素质,进而达到发展生产、增加收入,实现脱贫致富的目标[①]。

（一）政策脉络

2005年,为进一步提高贫困人口素质,增加贫困人口收入,提高扶贫开发精准度,加快贫困地区全面建设小康社会的步伐,国务院扶贫办提出

---

① 王金艳:《雨露计划扶贫培训探析》,《理论学刊》2015年第8期。

在河南、湖北等省份开展"雨露计划"试点工作,优先安排贫困农村劳动力的培训和转移,对贫困农村劳动力接受培训给予合理的补贴。2007年,国务院扶贫办印发《关于在贫困地区实施"雨露计划"的意见》,决定在贫困地区全面实施"雨露计划",我国的扶贫工作由以自然资源开发为主,发展到自然资源开发与人力资源开发并行。2011年,中共中央、国务院印发《中国农村扶贫开发纲要(2011—2020年)》提出完善"雨露计划",要求对农村贫困家庭未继续升学的应届初、高中毕业生(两后生)参加劳动培训,贫困家庭新成长劳动力接受中等职业教育等,予以适当补贴;对农村贫困劳动力开展实用技术培训;对农村贫困残疾人就业加大扶持力度。2015年,国务院扶贫办、教育部和人社部联合发布《关于加强"雨露计划"支持农村贫困家庭新成长劳动力接受职业教育的意见》,引导农村建档立卡贫困家庭子女接受职业教育,通过提素质、学技能、稳就业、增收入的方式"拔根穷"。2016年人社部发布《关于在打赢脱贫攻坚战中做好人力资源社会保障扶贫工作的意见》,鼓励东西部扶贫协作,发展受帮扶贫困地区新成长劳动力输送到帮扶地区接受职业教育,强调帮扶省市加大对受帮扶省市贫困家庭就读技工院校的学生给予生活费补助。2018年,国务院《关于推行终身职业技能培训制度的意见》提出,面向符合条件的建档立卡贫困家庭、农村"低保"家庭开展技能脱贫攻坚行动,围绕就业创业重点群体,实施"雨露计划"就业创业技能培训。2021年人社部、教育部等部门联合发布《十四五职业技能培训计划》,针对符合条件的脱贫家庭、困难职工家庭、社会救助对象和残疾人继续实施"雨露计划"开展技能帮扶。

(二)政策内容

"雨露计划"主要包括短期技能培训项目、农民实用技术培训项目和贫困家庭子女职业学历教育补助项目等,通过对贫困农村劳动力适当的培训、引导和补助,提高其自我积累和自我发展能力,实现从根源脱离贫困。"雨露计划"2007年开始全面实施,贫困农村劳动力参加"雨露计划"培训可以享受财政扶贫资金补助,根据培训内容不同,可以划分为就业技能培训、创业培训和农业实用技术培训三个方面:一是面向贫困"两后生"、30岁以下文化基础的贫困青年和贫困户中的复员士兵,通过开展职业技能培训,实现青壮年贫困农民和贫困地区复员退伍士兵成功转移就业;二是面向扶贫开发一线村干部和脱贫致富骨干,通过开展创业培训,培养一批贫困地区创业致富带头人,带动贫困农民全面脱贫致富;三是面向扶贫工作建档立卡的青壮年农民(16—45岁),展开农业实用技术培训,实现每个贫困农户至少有一名劳动力掌握1—2门有一定科技含量的农业生产技术。2011年国务院扶贫办和全国妇联在中西部地区实施"雨露计划·腾飞工程",通过免缴学杂费、住宿费等助学措施,智力扶贫中西部适龄女性。2015年我国在全国全面推行"雨露计划—职业教育",支持农村贫困家庭新成长劳动力接受职业教育,鼓励贫困家庭未继续升学的初高中毕业生("两后生")接受2—3年的中等或高等职业教育培训,确保农村贫困家庭子女至少掌握一项实用技能,提高就业创业能力。"雨露计划"针对不同对象,参加不同的培训,实施不同的补贴标准,如表8-5所示。

表8-5　　　　　　　　　"雨露计划"补助标准

补贴对象	补贴类型	补贴条件	补贴方式
贫困家庭子女	职业教育补贴	接受中等职业教育(含普通中专、成人中专、职业高中、技工院校)、高等职业教育(全日制普通大专、高职院校、技师学院等)	每生每年3000元左右的助学补助
	职业培训补贴	参加就业技能培训和创业培训	培训后取得职业资格证书的,给予一定的职业培训补贴
	职业技能鉴定补贴	初次通过职业技能鉴定,取得职业资格证书	职业技能鉴定补贴
	免除学费、发放助学金	就读技工院校	免除学费、发放助学金
贫困劳动力	生活费补助	参加职业培训	生活费补贴

(三)政策实施效果

"雨露计划"通过引导贫困人口转变就业观念、开展专门培训达到提高贫困人口综合素质的目的,增强其就业和创业能力,全面提高贫困农村劳动力发展能力,"雨露计划"的精准实施,助推我国西部地区农村贫困人口全面脱贫。2015—2018年底,全国共帮扶贫困家庭新成长劳动力500多万人,发放补助资金110多亿元。西部地区"雨露计划"成效显著,如广西2017年"雨露计划"共发放各类入学、培训补助885万元,帮助

5000多名各教育阶段的贫困家庭子女顺利入学，为10848名贫困村农民开展实用技术培训；陕西2015—2019年，通过"雨露计划"培训工程，累计对12万名残疾人开展了种植养殖、电子商务和盲人按摩等系列培训，促使其掌握职业技能和实用技术，有效提高了残疾人就业创业的潜力和成功率；重庆2021年对全区农村建档立卡脱贫户家庭、监测帮扶对象户家庭中有子女接受中、高等职业教育的子女继续实施"雨露计划"，申报核定731人，补贴资金109.65万元通过银行划拨脱贫家庭账户。"雨露计划"通过东西协作的方式，通过劳务合作、经验传授等方式，帮助西部贫困人口提升自我发展能力。如2015年福建、甘肃、宁夏三省合作开展贫困村创业致富带头人培训闽甘闽宁试点，探索新时期东西对口帮扶培养贫困村创业致富带头人的"雨露计划"新方式。面向25—45岁年龄段有文化基础和务工经验的贫困农村劳动力，提供创业全程咨询服务，通过基地集中培训1个月、远程继续培训和11个月的导师跟踪指导的方式，帮助西部贫困劳动力解决在创业过程中遇到的困难和问题。

"雨露计划"面向西部地区贫困家庭"两后生"、贫困劳动力、贫困复员士兵等农村贫困人口接受教育培训提供补助，变"输血"为"造血"，提高了贫困人口素质，增强了贫困农村人口的就业创业能力，成功将贫困人口压力转化为资源优势，精准有效推动贫困农民脱贫致富。同时，"雨露计划"在实施过程中出现一些资金落实不到位、培训时间不足等现象，对"雨露计划"的实际效果产生负面影响。

三　新型职业农民培育工程

新型职业农民培育工程，是农业部2012年开始试点，2014年全面启动实施的一项农村劳动力培训工程，目的是培养一支具备一定专业技能、以农业为职业、以农业生产经营为主要收入来源并达到相当水平的现代农业从业者，推动农业劳动者从"兼业化"向"职业化"转型。2019年农业农村部在新型职业农民培育的基础上提出高素质农民理念，进一步完善新型职业农民培育制度和政策措施。

（一）政策脉络

随着越来越多的农村青壮年劳动力选择进城务工就业，务农劳动者大量减少，我国面临"谁来种地""如何种好地"的困境。2006年，中共中央、国务院发布《关于推进社会主义新农村建设的若干意见》，指出支持开展新型农民科技培训，培养造就有文化、懂技术、会经营的新型农民，是建设社会主义新农村的迫切需要，标志着我国开始有意识地将"农民"从"角色身份"向"职业身份"转变①。2010年，中共中央、国务院出台《国家中长期人才发展规划纲要（2010—2020年）》，强调要充分发挥农村现代远程教育网络、农业技术推广体系、各类职业学校和培训机构等的渠道作用，大规模开展农村实用人才培训。2012年，农业部出台《新型职业农民培育试点工作方案》，敦促开展新型职业农民培育试点工作，提出要以提高农民素质和农业技能为核心、以资格认定管理为途径，积极探索新型职业农民培育制度，为我国新型职业农民培育的全面开展提供经验。2013年，农业部出台《关于加强农业广播电视学校建设 加快构建新型职业农民教育培训体系的意见》，提出建立以农广校为基础依托的、一主多元的新型职业农民培育体系。2015年，农业部发布《关于统筹开展新型职业农民和农村实用人才认定工作的通知》，对认定的生产经营型事业农民颁发新型职业农民证书，深入推进职业农民队伍建设。2017年，农业部发布《"十三五"全国新型职业农民培育发展规划》，提出重点实施新型农业经营主体带头人轮训计划、现代青年农场主培养计划和农村实用人才带头人培训计划。2018年，中共中央、国务院发布《关于实施乡村振兴战略的意见》，提出强化乡村振兴的人才支撑，全面建立职业农民制度，完善配套政策体系，支持新型职业农民通过弹性学制参加中高等农业职业教育，支持农民专业合作社、专业技术协会、龙头企业等主体承担培训工作。培育新型职业农民不仅可以解决粮食安全问题，从更长远的角度来看，还可以为农民农业农村长效可持续发展铸造人才支撑堡垒。

（二）政策内容

新型职业农民培育工程自2012年试点实施以来，如表8-6所示，可以分为三个阶段：第一阶段为2012—2013年，农业部确定了100个新型职业农民培育试点县开展新型职业农民培育工作，探索新型职业农民教育培训模式，为新型职业农民培育工程的全面开展提供试点经验；第二阶段为2014—2017年，2014年新型职业农民培育工程全面实施，形成了新型职业农民培育政策体系和新型职业农民教育培训体系，确立了制度框架，此阶

---

① 刘亚西、陈沛西：《职业教育助力乡村发展的实践回溯与愿景前瞻》，《教育与职业》2022年第1期。

段提高了新型职业农民培育的针对性、有效性和规范性,增强了新型职业农民的发展实力;第三阶段为2018年以后,我国全面建立职业农民制度,完善配套政策体系在培育"新型职业农民"的基础上提出了培养"高素质农民",结合乡村振兴人才需求实际,培养一支创业能力强、技能水平高、带动作用大的职业农民队伍,为美丽乡村的发展注入新鲜的血液。

表8-6　　　　　　　　新型职业农民培育政策内容一览表

阶段	政策内容	主要措施
2012—2013年	确定100个新型职业农民培育试点县	(1) 探索新型职业农民教育培养模式、认定管理办法和政策支持体系; (2) 探索新型职业农民教育培训模式、认定办法和扶持政策; (3) 建立信息服务平台,认定新型职业农民培养基地; (4) 分产业研究提出新型职业农民能力素质要求; (5) 以"阳光工程"为依托,按照每年不少于15天的标准分产业开展产前、产中和产后发展的重点内容培训; (6) 组织专门人员编写教育培训教材
2014—2017年	全面实施新型职业农民培育工程	(1) 初步形成了党委政府主导,农业部门牵头,相关部门密切配合的"一主多元"的新型职业农民培育体系; (2) 形成了以农广校、涉农院校、科研院所和农技推广机构等公益性涉农培训机构为主体、农业企业和农业园区等多种资源和市场主体共同参与的"一主多元"新型职业农民教育培训体系; (3) 基本确立了教育培训、规范管理、政策扶持"三位一体",生产经营型、专业技能型、专业服务型"三类协同",初级、中级、高级"三级贯通"的新型职业农民培育制度框架; (4) 重点实施"新型农业经营主体带头人轮训计划"、"现代青年农场主培养计划"和"农村实用人才带头人培训计划"
2018年及以后	提出了培养"高素质农民",全面建立职业农民制度	(1) 全面建立职业农民制度,完善配套政策体系; (2) 依托新型职业农民培育工程,重点实施"新型农业经营主体带头人轮训""现代青年农场主培养""农村实用人才带头人培训""农业产业精准扶贫培训"等培训计划

（三）政策实施效果

新型职业农民培育通过转变创业理念、开展现代农业生产经营知识和技术培训、对创业青年农民进行创业兴业指导与支持，对具备较好产业基础的培育对象给予扩大产业规模、强化市场开拓等方面的发展机会。2018年中央共投入20亿元资金，带动省级财政投入资金6.25亿元，重点开展农业经理人、新型农业经营主体带头人、现代创业创新青年和农业产业精准扶贫培训，共培育新型职业农民约90万人，在农业农村实用技术培训方面，投入4.63亿元，培训达938万人次。整体来看，新型职业农民队伍受教育程度相对较高，年龄相对年轻，是高素质农民队伍的典型特征，高中及以上文化程度的占31.1%，比第三次全国农业普查农业生产经营人员高出22.8%。从年龄结构看，35岁及以下的占16.8%，35—54岁的占72.11%。高素质农民的农业经营纯收入达到每年3.13万元，相当于同期城镇居民人均可支配收入的3.93万元的80%，是农村居民人均可支配收入1.46万元的2.16倍[1]。84.37%的高素质农民对周边农户起到了辐射带动作用，给周边农户提供农业技术指导、统一购买农资和销售农产品，或者提供农业信息及就业服务等，促进小农户与现代农业有机衔接，带动广大农民共同进步。

在西部地区，新型职业农民培育工作也取得了显著成果，如表8-7所示，广西2014—2019年，示范县（市、区）数量由35个拓展到111个，项目资金由3500万元增至8174万元，共落实培育经费4.246亿元[2]，为高素质农民培育提供了政策支持与资金保障；积极推动广西大学、南宁师范大学与广西现代青年农场主、农业经理人共建产学研基地，组建了包括300多名专家教授的导师队伍，向学员持续开展技术咨询服务和创业兴业支持；创新"走出去"培育理念，搭建广西与外省新型职业农民沟通合作的桥梁[3]。

---

[1] 第二届全国农民教育培训发展论坛：《2019年全国高素质农民发展报告》，http://www.ngx.net.cn/ztzl/2019xxnmlt/qwfb/2019qgxxzynm/201911/t20191101_211627.html，2019年11月1日。

[2] 广西壮族自治区人民政府：《广西培育壮族高素质农民十万多名》，http://www.gxzf.gov.cn/gxyw/t5519717.shtml，2020年6月6日。

[3] 广西壮族自治区人民政府：《广西新型职业农民培训成绩亮眼》，http://www.gxzf.gov.cn/sytt/20180724-704969.shtml，2018年7月24日。

表 8-7　　　　　　　广西新型职业农民培训政策效果

政策措施	实施效果
基地建设	（1）成立了 8 所职业农民学院，在全国首创职业农民学院； （2）选出新型职业农民培育示范基地 373 个，其中自治区级综合示范基地 25 个、市级示范基地 103 个、县级 345 个
培训人数	（1）2014—2018 年，共培育新型职业农民 58842 名，认定新型职业农民 29503 人，培养现代青年农场主 1000 多名； （2）截止到 2019 年，共培育新型职业农民 98000 名，其中现代青年农场主 1600 多人、农业经理人 600 多人
培训体系	（1）构建了以职业农民学院和农广校为主体，农科院所、农技推广机构、龙头企业、合作社及其他社会力量积极参与的教育培训体系； （2）形成了"校培+实训+跟踪服务"培训模式
资金投入	全区累计落实培育经费 4.246 亿元，自治区本级配套 2400 万元，2017 年 5549 万元，2018 年 8114 万元

第四节　小结与展望

一　小结

在西部大开发的战略背景下，国家对西部地区农村劳动力培训加大了政策倾斜力度，政策演进经历了探索发展阶段、双轮驱动阶段、以创业带就业阶段和向农振兴阶段。西部农村劳动力培训通过非农职业技能培训帮助大量农村富余劳动力实现转移就业，通过科技推广和新型职业农民培训等培养了一批农村实用人才，为农村可持续发展提供人才支持，为乡村振兴奠定了坚实基础。

（一）政策目标从"短期增收"向"长效可持续发展"递进

"农民增收困难"一直以来是全社会关注的民生问题，尤其是 21 世纪初西部农民收入出现负增长的现象，"千方百计帮助增加农民收入"成为西部农村发展的根本任务，2003 年国务院出台《关于进一步加强农村教育工作的决定》等一系列政策，提出以农民培训为重点开展农村成人教育，促进农民增收主要从增加农民经营性收入和工资性收入两个方面入手：一方面加大对农村劳动力的科技普及力度，帮助其掌握先进的农业生产技术，提高农业产业化水平，以此提高经营性收入；另一方面针对正在城市务工的农民工和潜在的进城务工者开展职业技能培训，帮助农村剩余劳动力实现转移就业，提高工资性收入[1]。然而由于我国农业多为小规模生产经营，农业生产效率偏低的局面并没有根本改观，农民工由于技能水平和文化水平整体偏低只能在次级劳动力市场岗位就业，具有极大的不稳定性，单纯依靠提高农业的比较收益、促进农民外出务工来增加农民收入的难度加大[2]。2014 年，中共中央、国务院发布《关于全面深化农村改革加快推进农业现代化的若干意见》，提出加快构建新型农业经营体系，建立农业可持续发展长效机制，促进生态友好型农业发展，此后西部地区农村劳动力培训政策目标开始向农业农民的长效可持续发展递进。新型职业农民培育工程的全面开展，提升了农村劳动力的知识、能力、技能、经营理念和自身发展能力，造就高素质农村人才队伍，扶持发展新型农业经营主体，激发农村劳动力的主体能动性投身到农业生态产业，帮助农民依靠依托农村农业资源和生态资源实现创业就业，为农民的长效可持续增收、巩固脱贫攻坚实现乡村振兴、推动农业农民长期可持续发展提供了长效保障[3]。

（二）政策重心从"离农转移"向"向农振兴"转变

我国农民教育培训在不同时期体现出不同的价值理念，西部地区农村劳动力培训政策重心也从"离农转移"转向"向农振兴"[4]。根植于城乡二元格局的现实因素，国家统计局 1999 年测算出农村存在剩余劳动力 1.7 亿人，农村富余劳动力转移就业是解决"三农"问题的重要途径[5]，2003 年农业部、人社部和教育部等部门出台《2003—2010 年全国农民工培训规划》，提出根据用工行业特征需求对农民工开展订单式的非农职业技能培训，指导贫困地区农村富余劳动力向非农产业和城镇转移，全面提升农村劳动力转移就业能力。2008 年以前，西部地区农村劳动力培训的重心放在离乡农民工就业技能培训上，政策重心向"离农转移"上倾斜[6]。但是，

---

[1] 邹一南：《全面小康背景下促进农民持续增收的问题与对策研究》，《农业经济》2021 年第 1 期。

[2] 李小静：《乡村振兴战略视阈下农民可持续增收路径探析》，《农业经济》2021 年第 4 期。

[3] 王璐、吴忠军：《乡村振兴战略下民族地区农民可持续增收路径研究——以广西龙胜各族自治县为例》，《广西民族研究》2021 年第 2 期。

[4] 李学良：《农村教育的"离农""向农"之争——兼论农村教育的价值取向》，《教育学术月刊》2018 年第 2 期。

[5] 姚林香：《统筹城乡就业的财政政策选择》，《财政研究》2007 年第 9 期。

[6] 李学良：《农村教育的"离农"、"向农"之争——兼论农村教育的价值取向》，《教育学术月刊》2018 年第 2 期。

2008年国际金融危机后，大批农民工因东部外贸加工行业受到严重冲击而被迫失业返乡，西部地区农村劳动力培训重心调整到服务返乡农民工上，通过技能提升培训和返乡创业培训，帮助农民工实现再就业和创业[①]。此外"农村空心化、农业兼业化、农民老龄化"极大影响我国农业粮食生产的稳定发展，借以农民工回流契机，2009年起"阳光工程"等系列农村劳动力培训政策开始重视农业技术培训，提出开展多元化、多层次的农业技能培训，对返乡农民工开展农机、农技和农业经营管理培训，培养懂技术会经营的新型农民，重心向农回归[②]。2014年以后我国全面开展新型职业农民培育工程，通过新型经营主体培育和青年农场主培育等，培养一批会经营懂生产的职业农民，西部农村劳动力培训政策转向强调发挥农民在乡村振兴中的主体作用，政策重心倾向"向农振兴"。

（三）政策执行从"政府主导"向"一主多元"转变

随着西部地区农村劳动力培训体系的不断完善，培训执行从"政府主导"向"一主多元"的模式转变。西部大开发以来，农村劳动力培训以政府主导方式开展，如"阳光工程""雨露计划"和新型职业农民培育等培训工程通过中央层面制定相应的政策方针进行引导，"农广校"主要承接了农村劳动力培训的任务，呈现出"政府主导"的培训模式。直到2005年，中央提出通过财政补贴的方式，通过培训券补助的方式，鼓励各类培训机构参与到农村劳动力培训中来；2006年，中央推行订单式培训、开展培训基地认证和规范台账制度等方式，逐步形成了农广校、中高等职业院校、企业和其他相关培训机构多元参与的农村劳动力培训体系。2011年，农业部发布《全国农民教育培训"十二五"发展规划》提出，广泛吸收高等院校、科研院所、龙头企业和民间组织参加农民教育培训。经过长期积累和不断完善，我国农村劳动力培训已初步建立了中央政府主导、多级政府执行、学校主办、农民自主和企业参与的"政府主导、多元办学"的农民教育培训机制[③]：一是各级地方政府根据当地培训需求和培训资源直接组织开展培训，如农业部开展"病虫害专业防治员"培训、人社部组织"农民工就业技能"培训等；二是各类职业院校和培训机构开发农业专业，

---

① 童文胜：《国际金融危机背景下基于价值链理论的中国农民工就业问题研究》，《武汉金融》2011年第1期。
② 焦伟杰：《可持续发展教育：培养新型农民的新理念》，《职教论坛》2010年第16期。
③ 王玉峰、高亚楠：《我国农村劳动力培训模式分析》，《职教论坛》2018年第7期。

创新农学结合的办学模式面对农民招生①，如各高等院校承接青年农场主的培育；三是农民自愿组织小规模培训，自主选拔农业经验丰富、操作技能熟练的农民在实践操作中传授劳动经验；四是企业贯彻产学结合的培训理念，开拓出"学徒制"等新型培养模式②，建立了相应的培训部门，组织开展农民工职业技能提升培训，提升农村劳动力的劳动绩效。多主体之间通过紧密合作，逐步提升我国农村劳动力培训的效率③。

二　展望

在共同富裕的背景下，农村劳动力培训需要适应乡村振兴需求，统筹农村劳动力培训资源，健全质量保障与评估机制，进一步提升培训效率和质量，为农村振兴培育一批高素质农民。

（一）完善适应乡村振兴的培训体系

随着全面脱贫的实施，我国农村生活水平逐步改善，但仍然存在东西部差异大、城乡差异大等问题，实施乡村振兴是实现共同富裕必经之路。"以农民为中心、以富民为根"的乡村振兴是解决"新三农"问题的根本路径，是实现共同富裕的必经之路。乡村振兴人才先行，探索农民职业化路径，构建新型农业经营主体，以培育新型职业农民为途径解决"农民荒"问题，为我国乡村振兴注入新的活力，加速推动我国农业现代化发展。农村劳动力培训可以有效提升农民的创新创业就业能力和综合素质水平，帮助农民发展致富，从根本上解决"三农"问题，实现乡村振兴④。响应国家"乡村振兴"发展战略，西部地区需结合农民发展需求，完善劳动力培训政策：一是继续加强农民职业技能培训，稳定农村劳动力就业转移，结合地域特色、行业特征、技能特点，培养高技能人才和乡村工匠⑤；二是加强农村创新驱动发展，紧扣乡村振兴目标，培育壮大农村创业创新

---

① 刘国永：《我国农村劳动力转移培训实践与政策思考》，《华东师范大学学报》（哲学社会科学版），2006年第4期。

② 闫志利、蔡云凤：《新型职业农民培育：历史演进与当代创新》，《职教论坛》2014年第19期。

③ 马建富、黄晓斌：《新型职业农民职业教育培训社会支持体系的建构》，《职教论坛》2017年第16期。

④ 曾阳、黄崴：《社会流动视域下的教育管理：基点、举措、趋向及保障》，《广州大学学报》（社会科学版）2014年第6期。

⑤ 翟俊卿、莫文天：《区域职业教育一体化：加勒比共同体"教育就业计划"解读》，《职业技术教育》2019年第4期。

带头人队伍，积极引导发挥"领头雁"作用，带动农村创业就业，实现共同富裕[1]；三是大力培育新型职业农民和农村实用人才，遴选有意愿、有基础的农村新青年接受中高等职业教育[2]，鼓励农村新青年掌握更高层次的文化知识，为农业现代化和产业化发展培养一批高素质人才，为乡村振兴培养一批有活力的主力军[3]。

（二）整合多元分散的培训资源

农村劳动力培训体现在农民农业劳作和转移创业就业的方方面面，根据培训所涉及内容不同，分别由人社部、农业部、扶贫办、科技部、林草局等多部门负责开展，在培训落实过程中出现重复培训和资源浪费的现象。因此，需要整合各部门分散的培训资源，发挥乡村振兴局统筹协调的功能，通过对农业部、人社部、科技部、教育部等部门培训工作的重新规划安排，增强培训资源的利用效率[4]：一是统筹培训投入资源，将师资力量、财政补贴、培训基地、实训基地等资源整合成一盘棋，建设高水平的培训学校，建设高素质的劳动力培训师资队伍，建设综合能力强的实训基地，使农民培训更加规范化、科学化，提高农村劳动力培训质量[5]；二是统筹培训规划和方案，建立连带责任机制，各部门间分工协作、互相监督，统一调度分散的培训资源，保障劳动力培训能够有效开展，确保培训资源可以充分发挥作用[6]；三是共建培训共享平台，农村劳动力培训需要多部门共同参与，通过共建政校企民培训共享平台，实现各主体之间的资源共享和信息联动，实时根据劳动力培训的个人需求和市场需求，合理规划农村劳动力的规模，增强培训的针对性和实效性[7]。

---

[1] 苏江：《乡村振兴战略背景下新型职业农民教育体系的优化》，《教育与职业》2019年第19期。

[2] 教育部职业教育与成人教育司课题组、张昭文：《新生代农民工职业教育研究》，《中国职业技术教育》2012年第6期。

[3] 翁杰、郭天航：《中国农村转移劳动力需要什么样的政府培训？——基于培训效果的视角》，《中国软科学》2014年第4期。

[4] 郑爱翔：《农村劳动力转移就业培训现状及提升策略——基于江苏省的调查》，《职业技术教育》2013年第25期。

[5] 瞿晓理、刘轩：《地方政府开展流动劳动力教育培训的风险评估——基于劳动力供给侧结构优化的现实需求》，《地方财政研究》2016年第7期。

[6] 孙诚：《我国农村劳动力就业现状、挑战与有效措施》，《职教论坛》2018年第7期。

[7] 王玉峰、高亚楠：《我国农村劳动力培训模式分析》，《职教论坛》2018年第7期。

（三）健全质量保障与评估机制

当前西部地区农村劳动力培训仍旧存在"培训落实不到位"和"无法适应市场需求"的问题，需要健全培训质量保障及评估机制来解决培训存在的不足：一是加快职业教育和农村新成长劳动力培训的融合，确保农村"两后生"能够接受中等职业教育，扩大农村劳动力接收高等职业教育的比例，整体提升农村劳动力的科学文化素养，健全适应乡村振兴的农村人才结构[①]；二是完善"政校企"就业创业服务平台，建立职业技能培训和就业、创业培训与创业孵化对接机制，提高培训后就业创业成功率[②]；三是合理运用大数据发展成果，建立农村劳动力信息库，按照劳动力不同年龄阶段、技能掌握和就业等情况合理分析，回应农村劳动力的个性化需求，对农村劳动力培训做出精准规划、精准培训和帮扶，有利于各级政府对农村劳动力培训有效实施和精准监管[③]；四是完善农村劳动力培训激励机制，鼓励农民参加培训并完成职业资格鉴定，为接受培训的农民颁发示范户荣誉表彰，为获取职业资格证书的农民给予先进表彰，充分提升农民参与培训的积极性[④]；五是引入农村劳动力培训第三方验收机制，从培训组织、开展和鉴定上有效监督，保障培训的真实性和资格鉴定的客观性，确保农村劳动力的质量。

---

① 陈鹏、王晓利：《"扶智"与"扶志"：农村职业教育的独特定位与功能定向》，《苏州大学学报》（教育科学版）2019年第4期。
② 王洪才、赵祥辉、韩竹：《以"院园融合"为基点构建一体化创新创业教育体系》，《现代教育管理》2019年第7期。
③ 罗敏：《机遇、挑战与选择：大数据时代的精准扶贫》，《当代经济管理》2018年第12期。
④ 王秀芝、孙妍：《转移劳动力培训效果研究——基于个人培训、企业培训与政府培训的比较》，《软科学》2016年第1期。

第九章

西部地区公共健康政策

公共健康将保障和维护公众健康水平作为导向，由政府主导、社会协同、全体社会成员参与共享，通过运用健康相关理论与方法，预防和控制疾病与伤残，降低和消除健康风险，改善和促进人的生理、心理健康和社会适应能力，以提高全民健康水平、维护社会稳定与发展的公共事业①。本章主要研究西部地区公共健康相关政策。

随着经济社会的快速发展，人民健康状况得到极大改善，但区域之间、城乡之间公共健康发展不平衡问题仍较为突出②，特别是在西部一些经济欠发达地区，存在着医疗水平弱、医疗设施数量不足且设备落后等问题，严重制约了西部地区公共健康事业的发展。在此背景下，国家以西部大开发、健康中国建设等战略为依托，实施了一系列公共健康相关政策，通过完善公共卫生服务、医疗服务、医疗保障和药品供应保障四大体系等，逐步提升了西部地区的公共健康服务水平。本章对 2000—2019 年西部地区公共健康政策进行梳理，厘清西部大开发以来公共健康建设布局、政策变化特点和变化趋势等内容，对更好建设西部地区医疗卫生体系、提高西部公共健康服务水平、实现健康中国战略具有积极意义。

第一节 西部地区公共健康政策概述

本章主要研究国家层面出台的、有利于西部地区医疗卫生发展的政

---

① 周庆誉、高翔、施培武等：《公共健康与公共健康体系的内涵》，《中国卫生资源》2021 年第 6 期；郝模：《追求卓越——构建适宜公共健康体系》，中共中央党校出版社 2021 年版。

② 郑文升、蒋华雄、艾红如等：《中国基础医疗卫生资源供给水平的区域差异》，《地理研究》2015 年第 11 期；陈成文：《牢牢扭住精准扶贫的"牛鼻子"——论习近平的健康扶贫观及其政策意义》，《湖南社会科学》2017 年第 6 期。

策。政策文本搜集以中共中央、国务院及其各部委官网、北大法意网为主，辅以中国知网、百度等网站，将区域限定为西部地区、民族地区和贫困地区，以公共健康、医疗卫生、医疗机构和医疗队伍等为关键词进行检索。初次检索共获取2000年1月1日至2019年12月31日期间230项文本，经筛选剔除后，剩余相关度较高的政策文本143项（见附录7）。

一 政策数量

2000—2019年，国家为促进西部地区的公共健康发展累计出台了143项政策，政策发布具有鲜明的阶段性特征，在波动中呈现总体增长的发展态势，如图9-1所示。

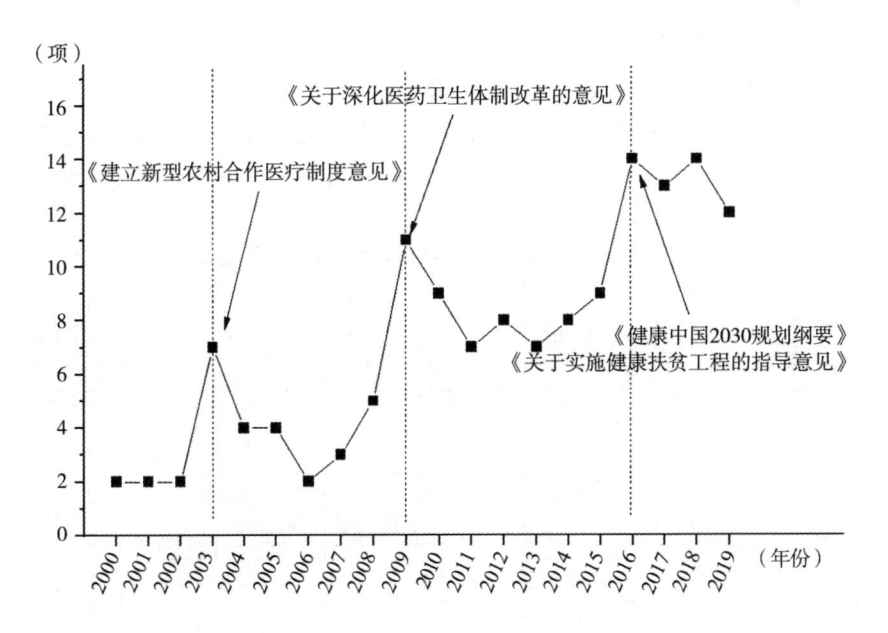

图9-1 2000—2019年西部地区公共健康政策数量

根据不同时期政策内容的侧重点、医疗体系制度建设的改革走向和关键事件节点，西部地区公共健康政策发展轨迹可以划分为四个阶段：第一阶段为2000—2002年，2002年药监局出台了《加强药品监督管理系统对口支援西藏工作的意见》，加大各地食品药品监管系统对西藏地区的支援力度，帮助西藏食品药品监督管理工作的发展提高。第二阶段为2003—

2008年，2003年国务院出台了《建立新型农村合作医疗制度意见》，开始在各地开展新型农村合作医疗试点工作。同年非典疫情暴发，发改委、卫生部出台了《突发公共卫生事件医疗救治体系建设规划》，相关政策紧密出台，医疗卫生类政策出现小高峰。第三阶段为2009—2015年，2009年中共中央、国务院出台了《关于深化医药卫生体制改革的意见》，国家做出医药卫生体制改革的决定，政策达到阶段性峰值11项。第四阶段是2016—2019年，2016年国家卫生计生委、国务院扶贫办等15部门联合发布了《关于实施健康扶贫工程的指导意见》，为西部贫困边远地区的医疗与健康发展提供政策支持。同年10月，国务院制定了《健康中国2030规划纲要》，推动健康中国建设，提高国家人民健康水平。

二 发文部门

西部地区公共健康政策的发文部门共计26个，分为两个层次，如表9-1所示，第一层次是中共中央和国务院层面的直接发文，该类政策数量分别为4项和37项，在顶层制度政策的指引下，为西部地区公共健康

表9-1　2000—2019年西部地区公共健康政策发文部门统计表　　单位：项

层次	发文部门	发文总量	单独发文	发文部门	发文总量	单独发文
中共中央、国务院	中共中央	4	—	国务院	37	33
中共中央和国务院各部委及其直属机构	卫健委	89	42	解放军总后勤部	2	—
	财政部	42	1	水利部	2	—
	人社部	28	9	中央军委后勤保障部	2	—
	发改委	16	1	农业农村部	2	—
	民政部	11	—	生态环境部	2	—
	国务院扶贫办	11	—	建设部	2	—
	国家市监局	9	1	国资委	2	—
	教育部	9	—	中央军委政治工作部	2	—
	国家医保局	5	—	科技部	2	—
	中国残联	4	—	国家民委	2	—
	中央编办	2	—	工信部	2	—
	银保监会	3	—	国家监察委	1	—

发展指明了方向；第二层次是中共中央和国务院各部委及其直属机构，发文数量较为靠前的有卫健委89项、财政部42项、人社部28项，其余发改委、国家药监局等部门发文较少。其中，卫健委单独发文数量为42项，主持或参与联合发文数量为47项，在发文部门中发文数量最多，其次是财政部、人社部。说明西部地区公共健康政策制定以卫健委为主，其他各部门联合发文进行补充完善。

根据前文四个阶段的划分，构建发文部门的合作网络图，如图9－2至图9－5所示。

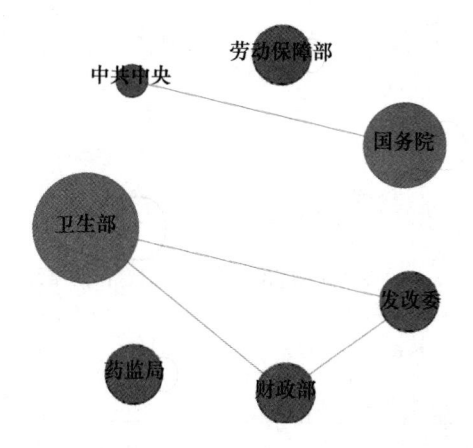

图9－2 2000—2002年发文部门合作网络图

2000—2019年，公共健康政策发文部门数量逐渐增加，但政策数量有所减少，发文主体间的联系更为紧密。其中发文部门最多的是卫健委、财政部、国务院和人社部。2000—2002年，政策发文部门共有7个，政策发文数量为6项，该阶段部门间的联系网络密度较低，发文主体间的合作相对较弱。2003—2008年，政策发文部门增至9个，政策发文数量为25项，该阶段部门间的联系程度有所提升。2009—2015年，政策发文部门增至16个，政策发文数量达到59项，公共健康政策制定的部门增多，各部门合作较为紧密。2016—2019年，政策发文部门数量进一步增至22个，政策发文数量回落至53项，该阶段政策颁布主体丰富，网络连接的密度增高，发文主体间的联系紧密。

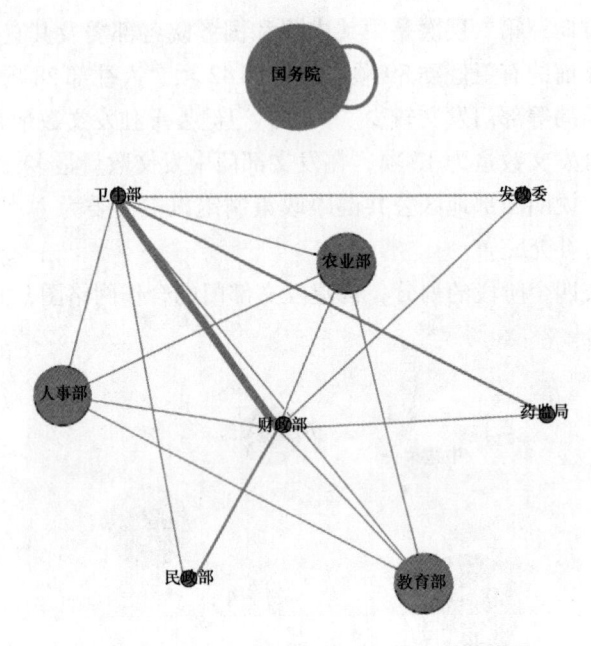

图 9 - 3　2003—2008 年发文部门合作网络图

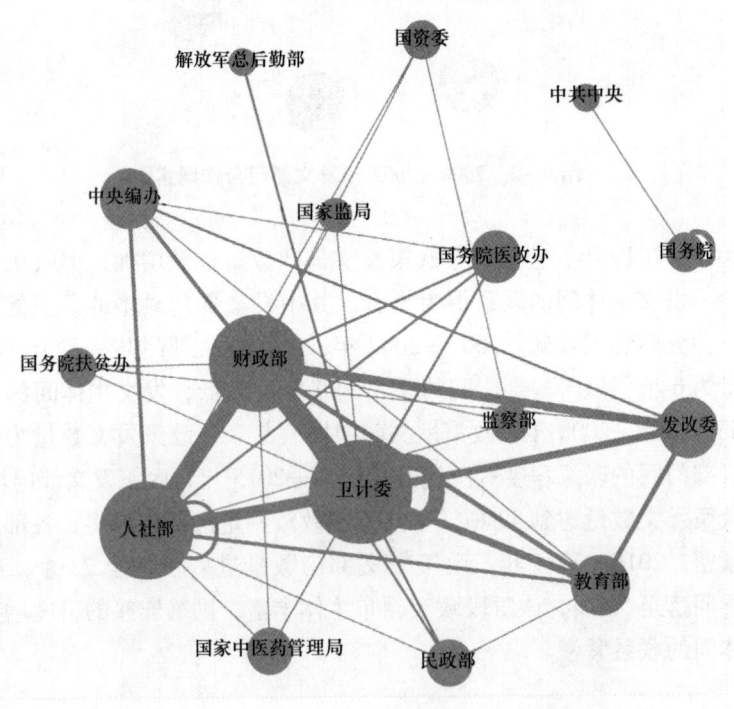

图 9 - 4　2009—2015 年发文部门合作网络图

第九章 西部地区公共健康政策

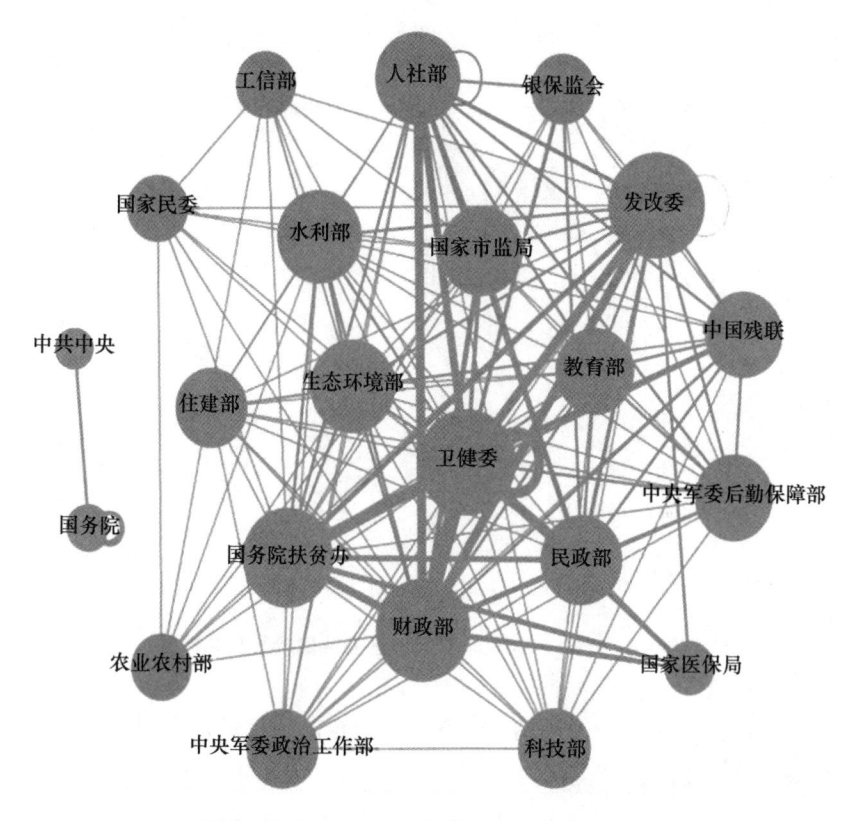

图 9-5　2016—2019 年发文部门合作网络图

三　政策文种

2000—2019 年，我国西部地区公共健康政策涉及意见、通知、方案、规划、办法、纲要、计划和决定 8 类，如图 9-6 所示，以意见和通知为主要形式，分别达到 48 项和 41 项，占所搜集政策数量的 33.57% 和 28.67%，而纲要、计划、决定等文种占比较小。

四　政策类型

根据西部地区公共健康政策的内容范围，本章将西部地区 2000—2019 年的公共健康政策分为三大类，包括宏观指导政策、专项支持政策和保障配套政策，如图 9-7 所示。总体上，西部地区医疗卫生体系以宏观指导政策为引导、专项支持政策为主体，辅以保障配套型政策展开建设。其中专

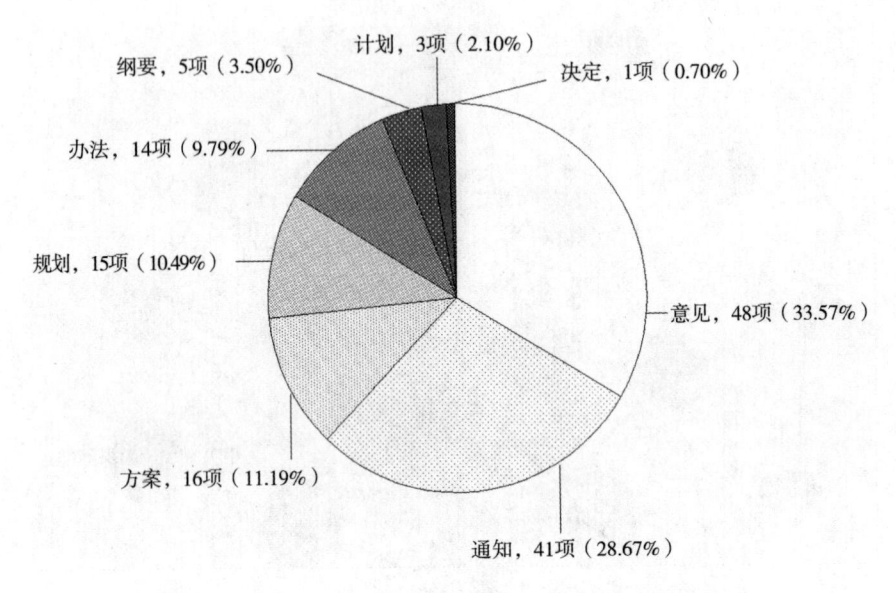

图9-6 2000—2019年西部地区公共健康政策文种图

项支持政策数量最多，占比为51.05%，为西部地区的公共健康服务体系建设提供了重要的政策支持。

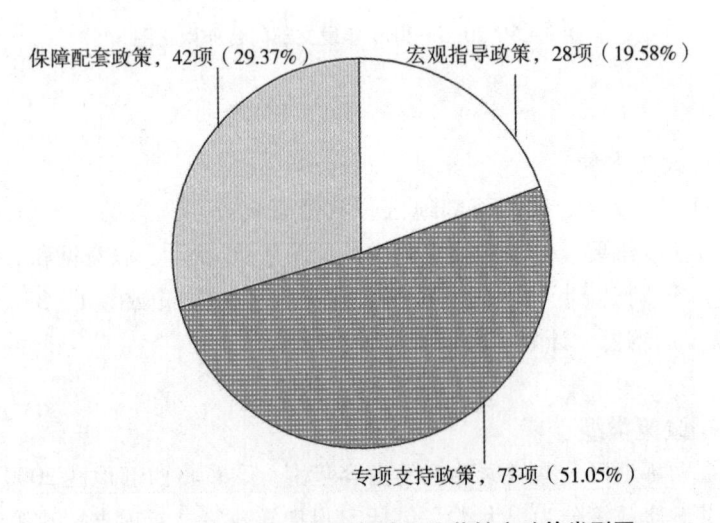

图9-7 2000—2019年西部地区公共健康政策类型图

第九章 西部地区公共健康政策

（一）宏观指导政策

国家在对全国医疗卫生体系建设做出整体规划布局的基础上，出台促进西部地区公共健康发展的宏观性政策。该类型政策共有28项，主要分为两大类：一类是针对全国医疗卫生体系建设现状所出台的政策，该类政策从总体上把握国家医疗卫生体系建设发展路径，同时为西部地区的医疗卫生事业建设提供指导方向，如《关于深化医药卫生体制改革的意见》《"健康中国2030"规划纲要》等。另一类政策是面向西部地区的宏观公共健康政策，此类政策明确了西部地区或西部贫困地区公共健康建设的重要性，为西部地区医疗卫生体系的发展进行战略规划，综合指导西部地区的卫生建设，如《中西部地区新型农村合作医疗管理能力建设项目管理方案》《贫困地区健康促进三年攻坚行动方案》等。

（二）专项支持政策

国家各部门为发展医疗卫生体系建设，在综合指导政策基础上出台了一系列促进西部地区公共健康发展的专项支持政策，该类型政策共计73项，主要包括公共卫生、医疗、医保、医药四大类：一是涉及西部地区公共卫生体系建设的政策，如《突发公共卫生事件医疗救治体系建设规划》提出，对承担应对突发公共卫生事件的西部困难地区医疗机构，给予专项转移支付支持，帮助其改善基础设施落后、技术力量薄弱等问题，加快西部地区公共卫生事业发展。二是涉及西部地区医疗服务体系建设的政策，如《关于东西部地区医院省际对口支援工作有关问题的通知》提出，通过对口支援全面提高西部地区医院医疗服务能力。三是涉及西部地区医疗保障体系建设的政策，如《关于整合城乡居民基本医疗保险制度的意见》提出，整合城镇居民基本医疗保险和新型农村合作医疗，为西部地区建立统一的城乡居民基本医保制度指明了方向。四是涉及西部地区药品供应体系建设的政策，如《关于加强药品监督管理系统对口支援西藏工作的意见》提出将食品药品检验检测能力建设项目纳入地方发展规划，切实提高西藏食品药品检验检测能力和食品药品监管队伍专业水平。

（三）保障配套政策

国家为推进西部地区公共健康卫生服务体系的发展出台了一系列辅助性保障配套政策。该类型政策共计42项，主要涵盖三个方面：一是人才保障类政策，这类政策提出要积极引导各类优秀卫生人才向西部地区和艰苦地区流动，提高西部地区卫生人才队伍的整体素质，为西部地区卫生事业发展和人民群众健康提供人才和智力保障，如《关于加强卫生人才队伍建设的意见》。二是财政保障类政策，这类政策规范了中央补助西部地区卫生事业专项资金的管理，提高了卫生资金的使用效益，如《中央补助地方卫生事业专项资金管理暂行办法》。三是物力保障类政策，这类政策关注通过利用电子信息技术，将医疗与大数据建设相结合，建立权威统一的医疗信息中心，实现各类信息系统的互联互通和数据共享，促进健康医疗大数据的发展，如《关于加快推进电子健康卡普及应用工作的意见》。

第二节 西部地区公共健康政策发展与演变

通过对143项公共健康政策文本进行可视化分析，得到西部地区公共健康政策文本高频词云图，如图9-8所示，词云图中字体越大代表关键词出现频率越高。图9-8中"医疗"和"服务"两词出现频率最高，直接反映了本章研究主题主要围绕医疗和服务。其次，"医疗卫生""医疗卫生机构""公共卫生""基层""医疗保险""支援"等词出现频率较高，反映出西部地区医疗卫生服务体系的建设重点，主要关注基层公共卫生服务、医疗卫生人才队伍培养和基本医疗保险制度的宏观建设框架。

一 医疗市场化阶段（2000—2002年）

伴随着市场经济的发展与进步，"效率优先"也逐渐成为卫生健康领域的重要发展理念，强调运用经济手段对卫生健康事业进行管理，更加重视工作效率[①]。2000年，国务院出台了《城镇医药卫生体制改革指导意见》，该政策主要是对前期政策的调整和延续。次年，《完善城镇医疗卫生机构补偿机制落实补偿政策的若干意见》指出要不断完善城镇医疗卫生机构补偿机制，弱化药品收益对医院的补偿作用，建立适应社会主义市场经济要求的城镇医药卫生体制。2002年，药监局出台了《加强药品监督管理系统对口支援西藏工作的意见》，通过提高食品药品监管系统对西藏地区的支援力度，以实现西藏地区食品药品监督管理工作的持续发展与提高。西部地区的医疗卫生工作也在此框架基础上做出了一些调整和完善，例如

---

① 曹琦、崔兆涵：《我国卫生政策范式演变和新趋势：基于政策文本的分析》，《中国行政管理》2018年第9期。

第九章 西部地区公共健康政策

图 9-8 2000—2019 年西部地区公共健康政策高频词云图

转变公立医疗卫生机构运行机制,多种形式任用医院院长,扩大医院的运营自主权[1];应对以药养医问题,实行医药分开核算、分别管理;对非营利性医疗卫生机构的收入实行总量控制,调整医疗服务价格等[2]。与此同时,西部地区地理环境相对特殊,其长期存在着传染病地方病高发、因病致贫返贫等问题,随着西部大开发序幕的拉开,这些问题逐步受到重视。这一阶段国家医疗卫生体系朝着市场化发展方向推进,西部地区延续前期医改工作,与国家步调保持一致。

2000—2002 年,政策文本网络图划分为 4 个社团,如图 9-9 所示,分别是社团 1 "药品"、社团 2 "对口支援"、社团 3 "农村卫生"、社团 4 "职工基本医疗保险"。

该阶段各社团关键节点的中心度相对较大,政策内容关注重点较为突出,因该阶段社团划分较少,各社团单独分类为四类:第一类为社团 1,主要关注弱化药品收益,以"药品""医疗卫生机构""补偿机制""价

---

[1] 何玮、刘丽杭:《公立医院自主权改革之路径》,《学术界》2015 年第 8 期。
[2] 刘伟:《试论"以药养医"与"医药分开核算、分别管理"》,《中国全科医学》2002 年第 12 期。

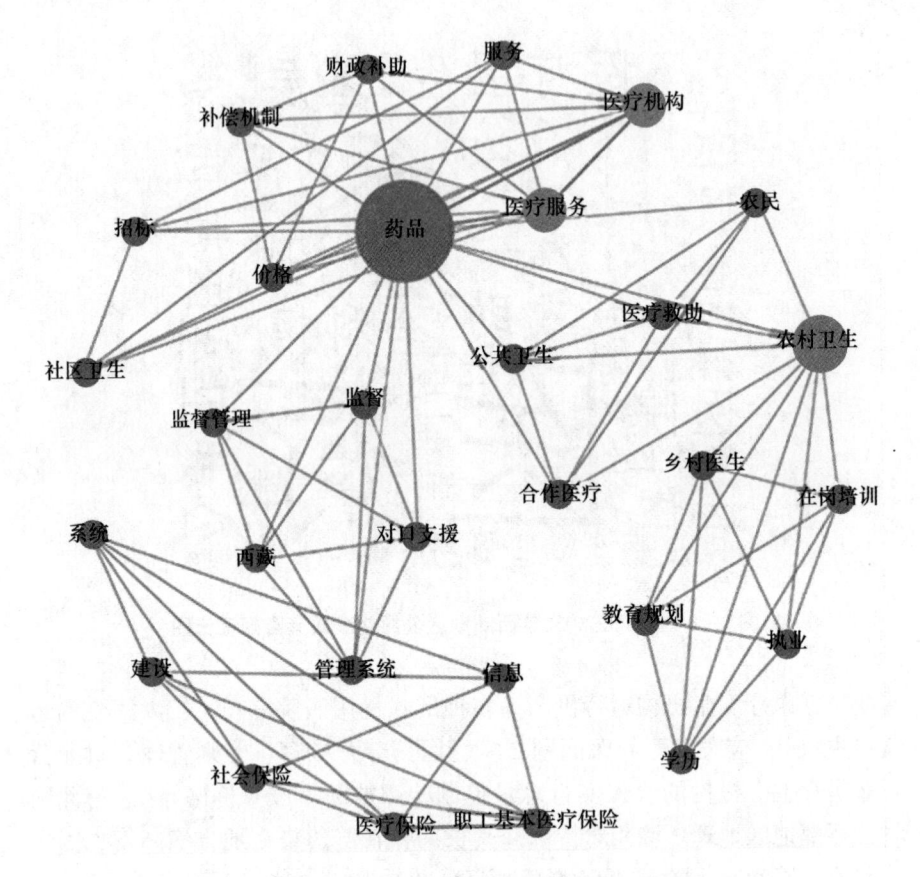

图 9-9 2000—2002 年西部地区公共健康政策文本网络图

格"为核心词。该阶段政府集中力量完善医疗卫生机构补偿机制，采取一系列措施逐步弱化药品收益对医院的补偿作用，落实医疗服务价格及财政补助等政策，加强对医疗卫生机构的宏观管控[①]。第二类为社团 2，主要关注对口支援问题，以"西藏""对口支援""管理系统""药品"为核心词。该阶段以西藏为西部地区代表，中央确定了支援西藏药品监督管理的工作方案，自此对口支援逐步发展成为中央支援西部地区医疗卫生建设的重要举措。第三类为社团 3，主要关注农村卫生工作，以"农村卫生"

---

① 郭堞、孙振球、何琼等：《我国基本药物制度现存的问题及建议》，《中南大学学报》（社会科学版）2012 年第 3 期。

"农民""乡村医生"为核心词。该阶段国家为加强农村卫生工作采取了一系列措施,在农村卫生服务网络、医疗队伍和管理体制建设等方面做出努力,重点解决西部地区农民因患传染病、地方病等大病而出现的因病致贫、返贫问题。第四类为社团4,主要关注医疗保险制度建设,以"职工基本医疗保险""建设""系统"为核心词。该阶段政府规范各地城镇职工基本医疗保险管理信息系统建设,推动全国社会保险管理信息系统的一体化建设,持续完善城镇职工医疗保险制度改革工作[1]。总体来看,该阶段的医疗卫生体系建设重点集中在农村卫生、药品、保险制度等方面,延续了1985年以来的医改任务,为后续的公共健康建设夯实基础,但此时的西部地区政策尚不突出,同全国医改步调保持一致。

二 政府责任回归阶段(2003—2008年)

随着医疗卫生机构补偿机制的完善与城镇职工医疗保险制度的发展,西部地区的公共健康服务水平有所改善,但前期的市场化改革,一定程度上导致了城乡鸿沟不断扩大,政府责任缺位,医疗机构的逐利性明显[2],尤其是医疗费用上涨、农民医疗费用负担重、农村医疗卫生资源缺失等问题突出[3]。2003年,国务院出台了《建立新型农村合作医疗制度意见》,开始在各地开展新型农村合作医疗试点工作,建立农村基本医疗卫生保障制度,减轻农民因疾病带来的经济负担[4],为完善我国基本医疗保险体系建设,实现全民医保奠定了坚实基础。与此同时,突如其来的"非典"疫情考验了我国公共卫生服务体系,而农村地区特别是西部农村地区,其公共卫生服务更是短板中的短板。为弥补西部地区医疗卫生水平落后的问题,2004—2006年,国务院、卫生部等部门出台了《突发公共卫生医疗救治体系建设规划》、《万名医师支援农村卫生工程》和《三支一扶计划》等政策,构建了突发公共卫生事件应急管理体系、加强了基层医疗卫生服务体系建设、完善了农村三级卫生服务网络工作目标,多方面支持西部地

---

[1] 于瑞均:《信息技术在医疗保险事业中的应用研究》,《科技管理研究》2009年第11期。
[2] 曹琦、崔兆涵:《我国卫生政策范式演变和新趋势:基于政策文本的分析》,《中国行政管理》2018年第9期。
[3] 先德强、程文玉:《西部农村地区医疗卫生现状和对策》,《中国卫生事业管理》2008年第8期。
[4] 郑功成:《中国社会保障改革与经济发展:回顾与展望》,《中国人民大学学报》2018年第1期。

区医疗卫生体系的发展。2008年，卫生部出台了《关于做好农村卫生人员培训和二级以上医疗卫生机构对口支援乡镇卫生院项目有关工作的通知》，提出二级以上医疗卫生机构对口支援乡镇卫生院，通过对基本医疗服务能力、合理用药等方面进行培训，促进了西部农村地区卫生工作人员医疗技术水平的提高。这一阶段更加关注西部地区的农村卫生建设工作，农民医疗保险体系得到完善，基层公共卫生服务水平有所提升，政府对医疗卫生体系建设的关注点开始由效率转向公平。

2003—2008年，政策文本网络图划分为9个社团，如图9-10所示，分别是社团1"专项资金"、社团2"乡村医生"、社团3"新农合"、社团4"农村卫生"、社团5"卫生人才队伍"、社团6"医疗救助"、社团7"传染病"、社团8"试点"、社团9"地方病"。

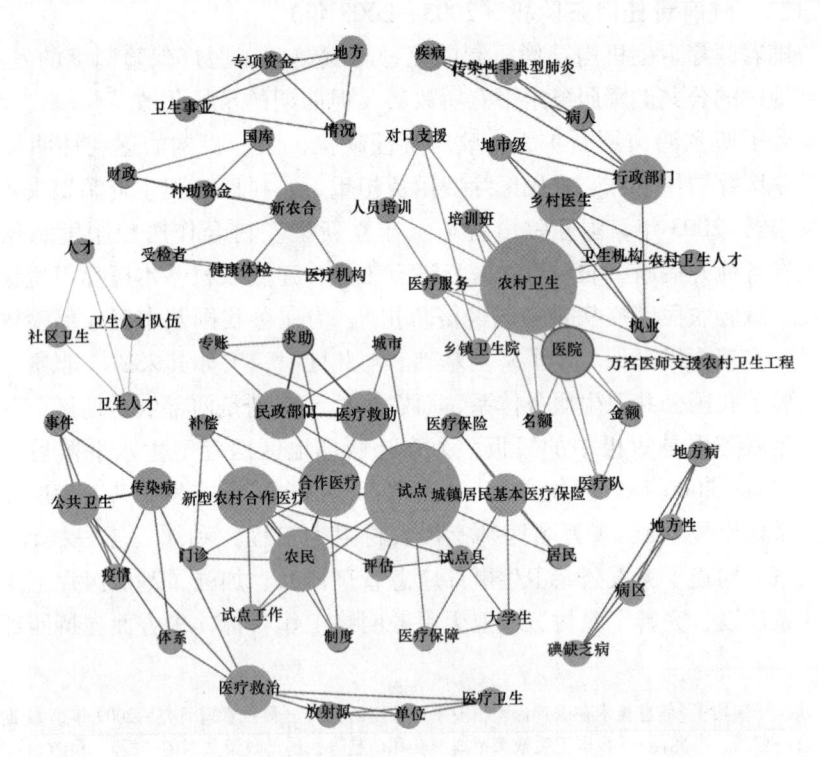

图9-10 2003—2008年西部地区公共健康政策文本网络图

该阶段各社团关键节点的中心度较大，且较为突出，说明各社团的中心主题较为明确，可以依据各社团的相关度将该阶段的社团大致分为三类：第一类主要关注农村医疗卫生建设，包括社团2、社团4和社团5，以"农村卫生"、"乡村医生"和"卫生人才"等为核心词。该阶段西部地区落实农村卫生人才培养方案，推进相应试点工作，组建为农民服务的医疗卫生队伍，进而提高农村公共健康服务水平。第二类主要关注公共卫生，包括社团1、社团7和社团9，以"传染病"、"地方病"和"专项资金"等为核心词。为提高疾病防治水平，该阶段政府颁布了一系列卫生应急和地方病防治政策，通过专项资金，提升西部地区公共卫生服务水平。第三类主要关注新农合建设，包括社团3、社团6和社团8，以"新型农村合作医疗"、"试点"和"卫生事业"等为核心词。该阶段国家在西部地区展开新农合制度建设，实行个人缴费、集体扶持和政府资助相结合的筹资机制，帮助农民抵御重大疾病风险，推进农村医疗卫生服务体系的发展[①]。这一阶段新型农村合作医疗制度、农村医疗卫生服务能力、农村医疗卫生人才队伍均得到了一定程度的发展，为后续的西部地区深化医改打下了坚实基础。

三 医改深化阶段（2009—2015年）

2009年，中共中央、国务院出台了《关于深化医药卫生体制改革的意见》，意见提出要在2009—2011年重点抓好五项改革，重申了政府在医疗卫生体系建设中的主导地位，揭开了新一轮医药卫生体制改革的序幕。为促进医改进行，中共中央及国务院陆续发布关于深化医药卫生体制改革的相关工作安排，深化改革成为核心政策议题。2012年，卫生部出台了《关于印发"十二五"期间卫生扶贫工作指导意见》，提出要努力完成中央确定的卫生扶贫工作任务，大力提高西部贫困地区基本医疗卫生服务的公平性和可及性。2015年，国务院出台了《关于进一步加强乡村医生队伍建设的实施意见》，指出要进一步加强乡村医生队伍建设，切实筑牢农村医疗卫生服务网底。这一阶段，西部地区政府围绕基本医疗保障制度、国家基本药物制度、基层医疗卫生服务体系、基本公共卫生服务和公立医院改革等五项重点进行改革，以中央文件为指示，制定相关医疗政策，提出着力加快健全全民医保体系、巩固完善基本药物制度、建立基层医疗卫生机

---

① 宋培培、徐凌中：《不同视角下影响参合农民住院补偿因素探讨》，《中国卫生经济》2008年第5期。

构运行新机制、深入推进地方病传染病防治工程、加快中医药服务能力建设等工作任务，紧跟国家步伐，实现医改制度在基层的深化发展，加强政府在医疗体系建设中的主导地位。

2009—2015年，政策文本网络图划分为11个社团，如图9-11所示，分别是社团1"医疗救助"、社团2"基本医疗"、社团3"公共卫生服务"、社团4"护理"、社团5"公共卫生"、社团6"基本医疗保险"、社团7"医院"、社团8"卫生人才"、社团9"医疗卫生机构"、社团10"全科医生"、社团11"医疗卫生服务体系"。

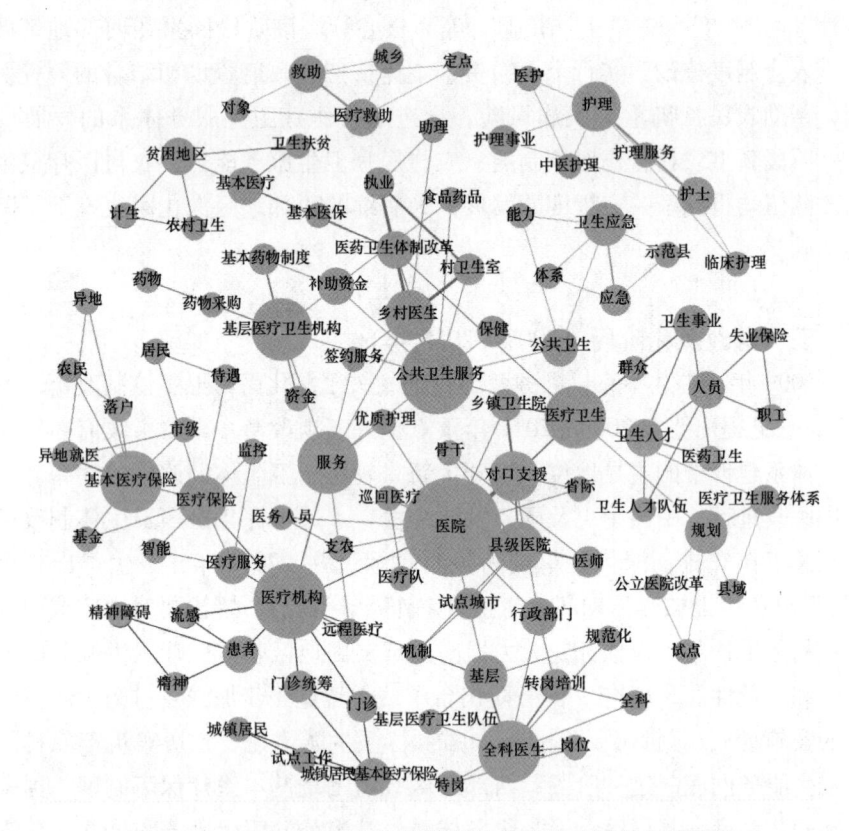

图9-11 2009—2015年西部地区公共健康政策文本网络图

该阶段公共健康政策密度较高，各类政策间相互联系程度较为紧密，但网络略为分散。各社团关键节点的中心度相对较大，政策内容关注重点较为突出，可以依据主题的相关度将该阶段的社团大致分为四大类：第一类主要关注深化医药卫生体制改革,包括社团 2、社团 3、社团 5 和社团 11,以"基本医疗""公共卫生服务""公共卫生""公立医院改革"为核心词。该阶段西部地区进行新一轮医药卫生体制改革,重点关注公立医院综合改革、基本公共卫生服务、基本药物制度等方面,建立覆盖城乡居民的基本医疗卫生制度,逐步满足人民群众多层次的医疗卫生需求。第二类主要关注城乡医疗卫生事业协调发展,社团 7 独立分类,以"医院"、"对口支援"和"城乡"为核心词。该阶段西部地区政府健全以县级医院为龙头、乡镇卫生院和村卫生室为基础的农村医疗卫生服务网络,建立城市医院对口支援农村医疗卫生工作的制度,鼓励优质的卫生资源下沉,促进城乡卫生事业协调发展[①]。第三类主要关注医疗卫生人才队伍,包含社团 4、社团 8 和社团 10,以"卫生人才队伍"、"全科医生"和"护理"为核心词。该阶段通过制定和实施人才队伍发展规划,多渠道、多方式提升医护人员业务能力,同时扩大全科医生培养培训规模,鼓励受过规范化培训的全科医生到西部地区基层服务,以缓解医护人员紧缺的情况。第四类主要关注医疗保障体系,包含社团 1、社团 6 和社团 9,以"医疗救助"、"医疗卫生机构"和"基本医疗保险"为核心词。此阶段全面建设以基本医疗保险为主体,医疗救助为托底,补充医疗保险等共同发展的多层次医疗保障制度体系,逐步提高居民医疗保障水平,实现"病有所医、医有所保"。这一阶段国家全面深化医药卫生体制改革,构建起多层次医疗保障体系,强化了医疗卫生服务的公益性,西部地区根据自身医疗卫生发展需求,通过实施城乡对口支援、鼓励医生下基层等措施,大幅提升了西部地区基层医疗卫生服务能力。

四 健康导向阶段(2016 年及以后)

随着医药卫生体制改革的不断深化,我国健康领域改革发展取得显著成就的同时,人民健康水平也持续提高,但健康服务供给总体不足与需求不断增长之间的矛盾依然突出。2016 年,党中央、国务院召开 21 世纪第一次全国卫生与健康大会,明确了建设健康中国的大政方针。与此同时,我国打响脱贫攻坚战,国家卫生计生委等 15 部门联合出台了《关于实施

---

① 叶海燕、王莉、吴茜等:《遵义地区二三级医院护理高危风险管理现状调查》,《护理学杂志》2019 年第 18 期。

健康扶贫工程的指导意见》，提出将精准扶贫与深化医药卫生体制改革紧密结合，发挥健康扶贫、医保扶贫在防范和化解"因病致贫、因病返贫"中的重要作用，采取加大地方病防控力度、提供医疗健康签约服务等措施，实现西部地区农村贫困人口医疗保障水平提升的政策目标。同年10月，中共中央、国务院出台了《"健康中国2030"规划纲要》，确立推进健康中国建设的行动纲领[①]。2017年，党的十九大将"实施健康中国战略"提升到国家整体战略层面统筹谋划。2018年，卫健委、发改委等部门出台了《健康扶贫三年攻坚行动实施方案》，指出要聚焦深度贫困地区和公共健康服务薄弱环节，加大政策供给和投入支持力度，保障贫困人口享有基本医疗卫生服务。2019年，卫健委出台了《关于进一步加强贫困地区卫生健康人才队伍建设的通知》，聚焦贫困地区脱贫攻坚和卫生健康服务薄弱环节，开展全科医生特岗计划和农村订单定向医学生培养工作，切实提高了西部地区医疗卫生服务能力和服务水平。这一阶段显示了"健康中国"战略从理念到行动的迈进，也体现了我国健康战略在政策层面的重大进展，标志着我国卫生政策从"治病导向"向"健康导向"的理念转变。

2016年以后，政策文本网络图划分为9个社团，如图9-12所示，分别是社团1"医师"、社团2"贫困人口"、社团3"服务"、社团4"医疗"、社团5"全科医生"、社团6"药品"、社团7"互联网+"、社团8"职工基本医疗保险"、社团9"新农合"。

该阶段各社团关键节点的中心度相对较大，政策内容关注重点较为突出。可以依据主题的相关度将这一时期的社团大致分为五类：第一类主要关注家庭医生服务，包含社团1、社团3和社团5，以"服务"、"健康中国"和"全科医生"为核心词。中央在全科医生制度基础上提出家庭医生签约服务计划，为西部贫困农村家庭提供基本医疗和健康管理等签约服务，以促进健康中国战略实施[②]。第二类主要关注健康扶贫工作，社团2独立分类，以"贫困人口"、"健康扶贫"和"地方病"为核心词。这一阶段国家实施健康扶贫工程，通过在贫困地区全面推行门诊统筹、对患慢性病和大病的农村贫困人口进行分类救治、实施全国三级医院与重点贫困地区县级医院的一对一帮扶等措施，防止"因病致贫、因病返贫"现象，

---

① 王秀峰：《健康中国战略的地位、作用与基本要求》，《卫生经济研究》2019年第4期。
② 刘利群：《推进家庭医生签约服务加强分级诊疗制度建设》，《中国全科医学》2018年第1期。

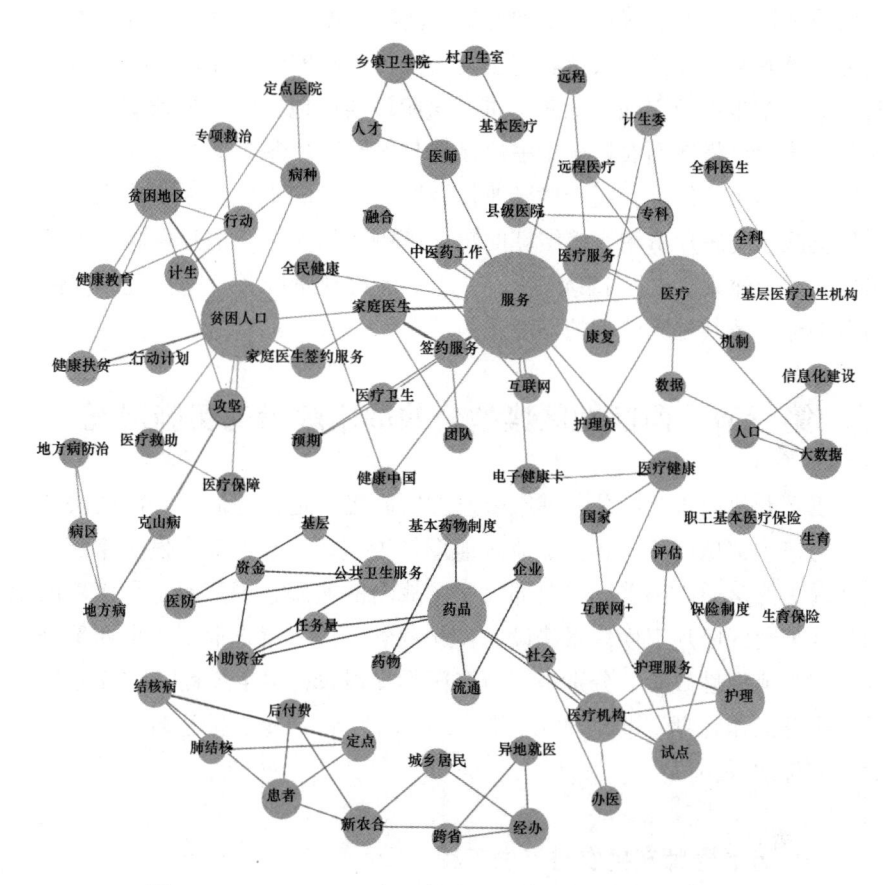

图 9-12　2016—2019 年西部地区公共健康政策文本网络图

大幅提升西部贫困边远地区的公共健康服务水平。第三类主要关注医疗服务信息化，包含社团 4 和社团 7，以"互联网+"、"信息化建设"和"远程医疗"为核心词。该阶段国家出台了一系列政策促进医疗服务信息化建设，推动西部地区的政府健康医疗信息系统和公众健康医疗数据联合互融，提高西部贫困边远地区的医疗服务可及性[1]。第四类主要关注基本药物制度，社团 6 独立分类，以"药品"、"基本药物制度"和"补助资金"为核心词。该阶段为健全药品供应保障体系、保障群众基本用药、减轻患

---

[1] 许晖、于超、王亚君：《模块化与开放性双重视角下的平台型组织价值创造机制研究——以浪潮和东软为例》，《科学学与科学技术管理》2021 年第 2 期。

者用药负担，西部地区进一步完善基本药物制度，缓解居民"看病贵"的问题。第五类主要关注医疗制度建设，包含社团 8 和社团 9，以"新农合"和"职工基本医疗保险"为核心词。该阶段西部地区继续推动基本医疗保险制度建设，将新型农村合作医疗保险与城镇居民基本医疗保险合并为城乡居民基本医疗保险，逐步将异地长期居住人员和常驻异地工作人员纳入异地就医住院医疗费用直接结算的覆盖范围，切实增强医疗保险制度的公平性、适应流动性和可持续性[①]。自此，优化健康服务、完善健康保障成为西部地区公共健康政策的发展主题。

第三节 西部地区典型公共健康政策的实施情况

改革开放以来我国公共健康事业发展缓慢，远远滞后于经济的快速增长，与东中部地区相比，西部地区地理位置偏远、自然灾害发生率高，卫生状况更为落后。随着国家西部大开发战略的实施，国家制定了多项政策帮扶西部地区医疗卫生体系建设，在此背景下，本章选取了 3 项西部地区医疗卫生典型性政策，分别是"万名医师支援农村卫生工程"、"家庭医生签约服务工作计划"与"地方病防治工作计划"，重点关注政策脉络、内容和实施效果。

一 万名医师支援农村卫生工程

"万名医师支援农村卫生工程"由中央财政支持、各级卫生行政部门和中医药管理部门负责，组织中西部地区城市中高级医务人员到县、乡镇开展卫生支援工作，该工程与对口支援、定点帮扶、卫生下乡工作相结合，致力于增强县级医院的医疗卫生服务能力。工程自 2005 年启动，是中央为提高农村公共健康服务水平、协调城乡医疗卫生体系均衡发展所出台的一项帮扶性政策，是新时期政府加强城市卫生支援农村卫生的重大决策。

（一）政策脉络

21 世纪初，我国农村卫生基础薄弱，卫生人才匮乏，缺医少药问题广泛存在，为了帮扶农村卫生工作的建设与发展，2002 年，中共中央、国务

---

① 王震：《新冠肺炎疫情冲击下的就业保护与社会保障》，《经济纵横》2020 年第 3 期。

院出台了《关于进一步加强农村卫生工作的决定》,该决定提出要加大卫生支农和扶贫力度,建立对口支援制度,重点支援县级医疗卫生机构和乡镇卫生院建设。2003年,卫生部出台了《关于城市卫生支援农村卫生工作的意见》,进一步要求支援单位和受援单位以签订协议书的形式确定对口支援关系,以便更好展开支援帮扶工作。为贯彻落实党的十六届三中、四中全会精神,进一步加强农村卫生工作,2005年《关于实施"万名医师支援农村卫生工程"的通知》的出台代表着"万名医师支援农村卫生工程"正式启动,该工程由中央财政给予支持,组织中西部地区城市中高级医务人员到县、乡镇开展卫生支援工作,三年后形成一项制度。

(二)政策内容

1. 派遣对象:中西部各项目省级卫生行政部门、中医药管理部门组织本行政区域内三级医院(综合医院为主)每年向本省国家扶贫开发工作重点县的每个县医院派驻5名(中医院派3名)副主任医师以上人员或高年资主治医师,根据需要也可以再派遣一名护理管理人员,每名派驻人员连续工作一年后再轮换。

2. 派遣任务:派驻人员主要承担农村常见病、多发病、疑难病症的诊疗服务,提高县医院的技术水平;开展临床教学和技术培训,通过组织查房、手术示教、疑难病例和死亡病例讨论等各种临床带教形式培训县医院医务人员,提高其业务素质;对县医院的管理工作提出建议;充分发挥中医药特色与优势,提高农村中医药服务水平。

3. 经费保障与管理:中央财政2004年按照每名派驻医师每年2.4万元对中西部地区给予补助,后续年度补助标准,则根据实际考评情况核定;各级财政安排的补助经费,主要用于派出医师的工资补贴等。卫生部等部门对各项目地区的执行情况进行不定期抽查,同时进行监督管理与考核评估等工作,对相关派驻医师工作进行表彰或处罚。

(三)政策效果

为支持"万名医师支农"工程,2005年中央财政安排专项资金,覆盖中西部地区592个国家扶贫开发工作重点县的县医院、西藏自治区4所县医院和新疆生产建设兵团4所团场医院,共计600所县医院,其中10%为县级中医院。2006年已扩大到西部地区11个省的375个国家扶贫开发工作重点县的1300所乡镇卫生院。2007年支援乡镇卫生院扩展到中西部21个省的592个国家扶贫开发工作重点县的3644所乡镇卫生院。

"万名医师支援农村卫生工程"在甘肃省部分乡镇卫生院进行了优先试点工作，后逐步扩展到中西部地区和东部贫困地区。甘肃省作为西部地区优先试点省份，通过建立完善对口支援机制，连续多年实施"万名医师支农"项目，推动优质资源下沉至各县乡，为甘肃省广大县级及以下医疗卫生机构在医院管理、诊疗水平和人才培养等方面做出了较大贡献，如表9-2所示。但该工程在甘肃省实施过程中仍存在着诸如支援目标和受援需求不一致、预期支援目标制定过高和监管机制不健全等问题。

表9-2 2005—2018年甘肃省"万名医师支援农村卫生工程"实施情况

年份	实施情况
2005	从全省二级以上医疗卫生机构抽调1265名医护人员，分赴全省43个国扶县和6个少数民族县的县级医院及350个乡镇卫生院，开展卫生支农工作
2006	省卫生厅、省财政厅与10个受援市州政府签订城市医生支援农村卫生工作责任书，43个受援县的县医院总数不变
2007	支农队员累计接诊患者88万人次；为受援地培训卫生技术人员25万人次；10个常见病种在县内医疗卫生机构治疗费用大幅度下降，为农民群众减轻经济负担3000多万元
2008	全省在张家川县等43个受援县的县医院（含5所县级中医院）和榆中县夏官营等350个乡镇卫生院开展卫生支农工作
2009	全省共1261名卫生专业技术人员参加对口支援农村卫生工作
2010	全省共1320名卫生专业技术人员参加对口支援农村卫生工作
2011	全省共1321名卫生专业技术人员参加对口支援农村卫生工作
2012	全省共1320名卫生专业技术人员参加对口支援农村卫生工作
2013	截至2013年，共选派11623名医护人员下乡支农，受援单位逐步扩大到省扶县和部分少数民族县，受援县级医院和卫生院的门诊量分别比项目实施前平均增加了35%和68%，住院病人人数分别增长了131%和160%。支农队共开展手术7.84万余台次。此外，支农队员还指导受援单位开展新技术和新项目3473项，带教基层卫生人员18788人，举办培训班9.06万次，培训人员108.6万人次
2014	全省派遣超1000名卫生专业技术人员参加对口支援农村卫生工作，同时确保受援县级医疗小组每组有3人在岗，受援乡级医疗小组每组有2人在岗
2015	全省共1221名卫生专业技术人员参加对口支援农村卫生工作

续表

年份	实施情况
2016	全省共1298名卫生专业技术人员参加对口支援农村卫生工作。省卫生计生委借助现代网络媒体手段，对全省每个受援点卫生支农队员在岗情况进行实时检查，共核查支农队员在岗情况1万多人次
2017	全省共1110名卫生专业技术人员参加对口支援农村卫生工作，支农队员在岗情况较往年有了大幅提升，在岗率达到85.32%
2018	全省共1074名卫生专业技术人员参加对口支援农村卫生工作。省卫生健康委将支援范围调整为"两州一县"和18个省定深度贫困县以及兰州新区

资料来源：甘肃省政府官方网站和各新闻官方网站等。

二 家庭医生签约服务工作计划

"家庭医生签约服务工作计划"是指采取团队服务形式，鼓励基层医疗卫生机构注册全科医生以及具备能力的乡镇卫生院医师和乡村医生为基层提供签约服务。该计划于2018年出台，是贯彻党中央脱贫攻坚决策部署和推进健康中国建设的重要举措，致力于2020年对建档立卡贫困人口实现家庭医生签约服务应签尽签的工作目标，重点加强对已签约贫困人口的规范管理与健康服务，综合提升贫困人口健康水平。

（一）政策脉络

为深化医药卫生体制改革，加强基层医疗卫生队伍人才建设，2010年，财政部、发改委等部门出台了《以全科医生为重点的基层医疗卫生队伍建设规划》，该规划指出以全科医生为重点的人才队伍要不断发展壮大，全科医生及家庭医生制度的重要性愈发显现。2011年，卫生部出台了《医药卫生中长期人才发展规划（2011—2020年）》，正式提出探索建立家庭医生制度，强化基层医疗卫生人才队伍建设。2016年，卫计委、国务院扶贫办等部门出台了《关于实施健康扶贫工程的指导意见》，提出推动基层医疗卫生机构为农村贫困人口家庭提供基本医疗、公共卫生和健康管理等签约服务，东部省份要在东西部扶贫协作框架下，加大对贫困地区医疗卫生事业的支持力度。2018年，国家卫健委出台了《建档立卡贫困人口慢病家庭医生签约服务工作方案》，该方案树立了两年内对建档立卡贫困人口实现家庭医生签约服务应签尽签的工作目标。自此，"签约服务"正式成为健康扶贫工程的一项重要措施，家庭医生签约服务工作计划作为西部地区健康扶贫的典型性举措，在一定程度上提升了西部贫困地区公共健康水平。

（二）政策内容

家庭医生团队为签约居民提供基本医疗、公共卫生和约定的健康管理服务，发挥着健康服务"守门人"的作用，重点解决群众看病就医的问题。自2016年《关于实施健康扶贫工程的指导意见》出台后，2017年至2019年国家卫健委连续三年出台《关于做好家庭医生签约服务工作的通知》，对医生签约服务工作计划的内容、任务等做出了明确规定，2019年工作重点则放在家庭医生服务的质量提高方面，着力提升签约居民满意度。

基本医疗服务：涵盖常见病和多发病的中西医诊治、合理用药、就医路径指导和转诊预约等。

公共卫生服务：涵盖国家基本公共卫生服务项目和规定的其他公共卫生服务。

健康管理服务：各地结合实际情况，建立基础性签约服务包，包含建立电子健康档案、优先预约就诊、转诊绿色通道、预防接种等内容；并设计针对不同人群多层次、多类型的个性化签约服务包，例如健康评估、特定人群和特殊疾病健康管理等服务。

（三）政策效果

《关于做好2017年家庭医生签约服务工作的通知》设立了以省为单位在85%以上的地市开展家庭医生签约服务工作，签约服务人群覆盖率达到30%以上，重点人群签约服务覆盖率达到60%以上的工作目标。各省份陆续采取多项措施来支持家庭医生服务工作计划的进行，如财政方面：2018年云南省家庭医生签约基本服务收费标准为每人每年36元，其中医保基金支付12元、财政基本公共卫生服务支付12元、居民个人支付12元，使家庭医生签约服务成为每位居民都能负担的一项基础医疗服务[1]。总的来看，家庭医生签约团队作为健康服务的"守门人"，投身于国家医疗健康体系建设，为西部地区健康扶贫工程发挥了重要的积极影响，具体如表9-3所示。但该计划在实施过程中仍存在着服务质量难以保障、服务存在瞄准偏误等问题[2]。

---

[1] 昆明市人民政府：《云南省家庭医生签约服务每人每年36元》，http://www.km.gov.cn/c/2018-08-08/2704730.shtml，2018年8月8日。

[2] 孙华君、陈平、黄登敏等：《家庭医生签约服务现状及对策》，《卫生经济研究》2018年第11期。

表 9-3　　西部省份家庭医生签约服务工作计划政策实施效果

省份	实施效果
广西	截至 2019 年底，112.13 万名贫困患者得到诊疗服务；586.3 万名贫困人口得到家庭医生签约服务覆盖。2020 年基本实现了常住贫困人口家庭医生签约服务全覆盖
甘肃	截至 2017 年 5 月底，家庭医生签约服务覆盖率达 23.69%，重点人群签约服务覆盖率达 40.76%，建档立卡贫困人口签约服务覆盖率达 42.61%
云南	截至 2020 年 6 月，组建家庭医生团队数 26542 个，参与签约服务的医生达 61190 人，已签约 1537.89 万人，签约率为 31.91%。2020 年度已签约人口中高血压、糖尿病、严重精神障碍和肺结核患者接受履约服务达 95% 以上
陕西	截至 2018 年 1 月，残疾儿童和持证残疾人的精准康复家医生签约服务工作已在 12 个试点县区展开
重庆	截至 2020 年 2 月，共组建家庭医生团队 8427 个，签约 752 万余人
四川	2018 年初，全省家庭医生签约服务覆盖率达 54.81%，重点人群签约率 84.22%，建档立卡贫困人口家庭医生签约服务率 100%
贵州	截至 2020 年 7 月，建档立卡已签约贫困人口中 44.28 万名高血压患者、8.12 万名糖尿病患者、1.58 万名肺结核患者和 7.20 万名严重精神障碍人群接受了履约服务
宁夏	截至 2018 年 5 月底，宁夏共组建家庭医生团队 1679 个，完成常住人口签约 256 万人，签约服务覆盖率达到 37.9%；重点人群和慢病人群签约服务覆盖率达到 67.1%；完成农村建档立卡贫困人口签约 50.8 万人，签约率 98%
西藏	截至 2018 年第二季度，组建家庭医生团队 2961 个，签约人数超 132 万人次，家庭医生签约服务覆盖率 43.29%，重点人群签约率达 70.72%
新疆	截至 2017 年 8 月，全疆已组建家庭医生团队 7037 个，常住人口签约率为 34.43%，重点人群签约率为 49.75%，贫困人口签约服务率 35.4%
内蒙古	2016 年，家庭医生签约覆盖率达到 25.4%，重点人群达到 49.1%。2020 年已组建家庭医生团队 9528 个

资料来源：各省政府官方网站和新闻官方网站等。

三　地方病防治工作计划

"地方病防治工作计划"旨在预防和控制地方病流行，维护病区群众身体健康，从而促进病区经济与社会的协调发展。长期以来，我国中央政府将地方病防治作为西部地区医疗卫生工作的重点之一，各地区根据地方病病种和防治工作所处的不同阶段，因地制宜地制定和实施干预措施，并取得一定成效。

(一) 政策脉络

我国各地因地理环境等因素,呈现不同的地方病流行趋势,严重影响居民的身体健康①。中华人民共和国成立之初,克山病、血吸虫病等地方病大多集中在西藏、青海等西部偏远贫困地区,危害人民生命健康。改革开放后,地方病防治工作进入攻坚时期,国家出台了《全国地方病防治工作规划(1986—1990年)》等一系列政策,重点部署了该时期的地方病防治工作。进入21世纪以后,地方病防治工作不断深入,规范化防治的要求也越来越高。2004年,财政部、发改委等部门出台了《全国重点地方病防治规划(2004—2010年)》,采取加强病情监测、推进健康教育、加大干预力度的防治措施,提出到2010年全国95%以上的县(市)实现消除碘缺乏病,地方性氟中毒、地方性砷中毒、大骨节病等重点地方病的发病水平要显著降低的工作目标。2011年以后我国实现了"努力消除"地方病危害的防治目标,地方病防治迈向"控制消除"阶段。2012年,国务院出台了《"十二五"全国地方病防治规划》,规划提出利用加大资金投入、提高防治能力和加强检查评估等保障措施,持续消除碘缺乏、地方性氟中毒等危害,基本消除大骨节病和克山病。2016年,卫计委、国务院扶贫办等部门出台了《关于实施健康扶贫工程的指导意见》,提出要加大贫困地区慢性病、传染病、地方病防控力度,基本控制西部农牧区包虫病流行,有效遏制布病流行。2017年,卫计委、发改委等部门出台了《"十三五"全国地方病防治规划》,规划提出要通过实施综合防控、加强监测评估和宣传教育工作,稳步推进地方病控制和消除工作。为持续推进地方病综合防治、巩固防治成果,2018年,国家卫生健康委等10部门联合出台了《地方病防治专项三年攻坚行动方案(2018—2020年)》,方案提出3年内持续消除碘缺乏危害、有效控制和消除血吸虫病危害等防治目标,助力国家实现脱贫攻坚。

(二) 政策内容

现如今我国地方病防治工作从病症急救发展到病因研究、从典型调查发展到全面普查、从预防为主发展到防治结合,逐步实现了病区分布清晰、防治措施有序、防治体系完备的新局面。2018年《地方病防治专

---

① 赵周华、霍兆昕:《农村基础设施建设对贫困民族地区减贫的影响——基于内蒙古20个国家级贫困县的实证研究》,《湖北民族大学学报》2020年第2期。

项三年攻坚行动方案（2018—2020 年）》提出重点防控措施强化行动、现症病人救治救助行动等六项重点任务，吹响了我国地方病防治攻坚的号角，进一步推动了国家和西部地方病防治的工作进程，如表 9-4 所示。

表 9-4 《地方病防治专项三年攻坚行动方案（2018—2020 年）》政策内容一览表

重点任务	具体操作
重点防控措施强化行动	1. 改善病区婴幼儿营养状况；坚持易地育人；采取易地搬迁 2. 加强燃煤污染型氟砷中毒防治措施后期管理和维护 3. 加快推进饮水型氟砷中毒病区、水源性高碘病区改水工作 4. 完善砖茶氟限量等标准；培育低氟砖茶消费市场；严格进行市场监管 5. 在缺碘地区继续落实食盐加碘策略，维持人群碘营养适宜水平 6. 在血吸虫病流行区坚持以控制传染源为主的防治策略，统筹综合治理阻断措施
现症病人救治救助行动	1. 做好现症地方病病人、血吸虫病确诊病例治疗和社区管理 2. 开展大骨节病、氟骨症、克汀病人残疾评定工作，将符合标准的病人纳入残疾人保障范围；将符合条件的病人家庭，纳入最低生活保障等社会救助范围，提高其救助水平；对现症病人家庭采取教育扶贫、产业扶贫、就业扶贫等综合帮扶措施
监测评价全覆盖行动	1. 开展信息化管理，实现监测全覆盖 2. 各省份在 2020 年底前完成对地方病病区的控制和消除评价工作，国家卫生健康委适时开展抽查复核
群众防病意识提高行动	1. 开发权威的科普材料，打造全媒体平台 2. 开展形式多样的健康教育和科普宣传，加强健康促进
防治能力提升行动	1. 强化国家级专业机构建设 2. 加强重点地区地方病防治能力建设 3. 稳定防治队伍，多途径解决防治力量不足的问题
科技防病突破行动	1. 在国家科技计划项目中支持大骨节病、克山病病因研究，组织多部门、多学科联合攻关，在仍然有新发病例的地区开展病因研究 2. 筛选大骨节病、氟中毒、砷中毒的有效治疗药物，提高治疗效果 3. 开展血吸虫病各项相关研究 4. 抢救性保存我国地方病生物样本资源，为继续开展病因、致病机理等科学研究做好基础储备

(三) 政策效果

西部地区由于疾病病种多、病情重、范围广，至今仍是我国地方病防控工作的重点，历经多年政府对地方病的防治工作，西部地区地方病严重流行的趋势总体已得到控制，地方病防治工作成效显著，具体如表9-5所示。但部分地区的地方病防治工作仍存在着工作重要性认识不足、医务人员专业水平差、部分地区防控效果不明显等问题。

表9-5　　　　　西部省份典型性地方病防治政策实施效果

省份	典型性地方病防护成效
广西	2011—2015年，发现并治疗管理活动性肺结核患者16.8万例，成功治疗率保持在85%以上，肺结核报告发病率、死亡率出现下降趋势
云南	2004—2016年，中央财政及省、州、县财政投入项目资金约19.88亿元用于血吸虫病防治。截至2017年该省血吸虫病得到了有效控制，其疫情已下降到历史最低水平
陕西	2020年9月，经国家卫健委评估，陕西省62个大骨节病病区县、29个克山病病区县、107个碘缺乏病病区县、8个燃煤污染型氟（砷）中毒病区县、3个饮水型砷中毒病区县全部达到消除标准，61个饮水型氟中毒病区县全部达到控制标准，实现了地方病防治专项三年攻坚行动目标
重庆	截至2019年底，在4个区县探索试点建设尘肺病康复站20个，按照"三个一点"要求投入财政资金，依托重庆市职防院对康复站医务人员分期进行专业培训，共培养50余人
贵州	2005年，利用中央转移支付大规模实施炉灶改良，截至2018年底已有29个氟病区县（市、区）达到消除水平
青海	截至2018年9月底，包虫病防治攻坚成效明显，人均平均患病率由2012年的0.63%降至目前的0.3%，全省连续6年、青藏铁路沿线连续16年未发生人间鼠疫疫情
宁夏	2016—2020年，继续实施食盐加碘消除碘缺乏危害策略，实现居民户合格碘盐食用率大于90%，截至2020年，95%以上的县保持消除碘缺乏危害状态
西藏	截至2019年2月，全区包虫病患者筛查人数已达到290余万人，查出病例26846例，确定13家包虫病手术治疗定点医院，安排了150张专用床位，已完成手术治疗1025例。包虫病患病率从2017年的72%降至2019年底的0.26%
新疆	2019年，将贫困人口大病专项救治病种扩大至32种，确定164个定点诊疗医院，结核病的报告发病率从2010年的1570/10万降至2019年底的169/10万

续表

省份	典型性地方病防护成效
内蒙古	2006 年，开始实施中央补助公共卫生大骨节病防治项目，每年开展 5—10 个大骨节病病区旗县监测工作。2015 年全区 18 个病区旗县都进行了两轮以上的监测工作，以病区村（自然村或行政村）为单位，检诊率达 95% 以上

资料来源：各省政府官方网站和新闻官方网站等。

第四节 小结与展望

一 小结

西部大开发以来，中央制定多项政策支持西部地区公共健康事业发展，通过建设覆盖城乡居民的公共卫生服务体系、医疗服务体系、医疗保障体系和药品供应保障体系等方式，大幅提升西部地区的公共健康服务水平，为西部地区人才保障提供基本的健康支持，为推动健康中国建设提供有力保障。

（一）政策导向由"市场化"回归"公益性"

医疗卫生改革初期，卫生部出台了《关于深化卫生改革的几点意见》，要求加强医疗卫生单位经营开发能力，明确"支持有条件的单位办成经济实体或实行企业化管理，做到自主经营、自负盈亏"，旨在利用市场经济手段驱动医疗卫生体制变革。西部地区政府在该阶段持续扩大医疗卫生单位自主权，医疗卫生总体水平得到一定提升，但同时居民个人医疗费用支出增加，城乡间医疗卫生资源供给不均衡，农村居民"看病难、看病贵"的问题日益突出。2003 年，国务院出台了《关于建立新型农村合作医疗制度意见》，新农合的最大特征是政府首次直接介入建立在传统上的由农民及其自己的组织成立的医疗合作制度，这标志着公共健康的政策导向开始逐步回归"公益性"。同年，"非典"疫情的暴发更是对医疗卫生体系造成严重冲击，政府及各界人士认识到效率和市场化导向的弊端，从而引发了对新一轮医改方向的探讨[1]。2009 年，中共中央、国务院出台了《深化医药卫生体制改革的意见》，新医改正式开启，西部地区逐步解决城镇职工

---

[1] 吴文强、郭施宏：《价值共识、现状偏好与政策变迁——以中国卫生政策为例》，《公共管理学报》2018 年第 1 期。

医疗保险、城镇居民医疗保险和新型农村合作医疗保险制度间的衔接问题，明确提出将基本医疗卫生制度作为公共产品向全民提供，强调了医疗卫生的公益性质，重申了政府在医疗卫生体系建设中的主导地位，不断推进医疗卫生体系发展。2016年国家提出"健康中国战略"，同时出台《关于实施健康扶贫工程的指导意见》，将精准扶贫与深化医改紧密结合，防范化解西部贫困边远地区"因病致贫、因病返贫"现象，公共健康事业回归公益性质。整体来看，西部地区公共健康政策的价值取向与我国经济体制改革密切相关，呈现了由"市场化"逐步回归"公益性"的变迁特征[1]。

（二）政策体系由"零散分割"发展为"系统完备"

西部大开发以来，西部地区在国家引导之下，根据不同阶段的经济社会发展需要，制定并实施了一系列公共健康政策。西部地区在延续前期医改工作中，继续完善城镇医疗卫生机构补偿机制、弱化药品收益，同时医疗卫生体系的过度市场化造成了城乡医疗卫生资源失衡的问题[2]。2003年，国务院出台了《关于建立新型农村合作医疗制度意见》，西部地区在新型农村合作医疗保险制度的政策导向下，开始在农村卫生服务网络、医疗队伍、管理体制建设等方面做出努力，改善农村医疗卫生环境。同年，"非典"疫情的暴发致使医疗卫生体系的问题显现出来，此时国务院紧急出台了《突发公共卫生事件医疗救治体系建设规划》，西部地区开始关注医疗卫生突发事件的解决。但这一时期公共健康政策仍然存在关注点较为分散，政策体系呈现"零散分割"的特征，政策制定缺乏系统全面的规划设定，大多政策的制定属于医疗卫生事件的应急反应。2009年，中共中央、国务院出台了《关于深化医药卫生体制改革的意见》，提出了"四梁八柱"的改革方案，完善了公共卫生服务、医疗服务、医疗保障和药品供应保障四大体系，西部地区在前期医疗卫生工作基础之上深化医药卫生体制改革，逐步形成系统化的政策体系。随后，《关于进一步完善城乡医疗救助制度的意见》的出台，建立健全了覆盖城乡的基本医疗卫生制度，提出要为人民群众提供全方位全周期的健康

---

[1] 王延隆、余舒欣、龙国存等：《循序渐进：中国卫生与健康政策百年发展演变、特征及其启示》，《中国公共卫生》2021年第7期。

[2] 翟文康、张圣捷：《政策反馈理论视域：中国医疗卫生政策钟摆式变迁及其逻辑》，《中国卫生政策研究》2021年第9期。

服务，满足人民群众对美好生活需要的发展愿景①。此后，公共健康的相关政策不断出台，公共健康政策体系由最初的"零散分割"向"系统完备"方向发展。

（三）政策重心由"治病导向"转为"健康导向"

在西部大开发政策扶持下，西部地区医疗卫生环境显著改善、医疗卫生资源持续增加、医疗卫生服务能力有了明显提升，与此同时随着社会主要矛盾的转化，人们对医疗卫生服务"量"的追求已提升为"质"的需要，公共健康政策目标也由"治病导向"转化为"健康导向"。西部大开发初期，西部地区医疗卫生条件差、资源匮乏、卫生人才不足，且部分贫困边远地区的地方病防控效率较低，农民因患传染病、地方病而出现的因病致贫、返贫问题未得到有效防治。在这样的环境下，2003年，民政部、卫生部等部门出台了《关于实施农村医疗救助的意见》，西部地区以疾病救治为中心，强化医疗救助的同时实施新型农村合作医疗制度，给予患病群众一定的财政补助，保障农村居民"病有所医、医有所保"，提升人民群众的健康水平。新医改政策实施后，西部地区医疗卫生机构、医疗卫生人才队伍以及药品流通体系都得到了建设性发展，医保全民覆盖的目标得到基本实现。2010年，卫生部出台的《关于加强乡村医生队伍建设的意见》，主要是为了适应农村居民日益增长的医疗卫生服务需求，仍主要关注"病有所医"，体现出"治病导向"这一政策重心。随着中国特色社会主义的新时期发展，西部地区将人民健康放在优先发展的战略地位，实施"健康中国"战略，通过普及健康生活、优化健康服务、完善健康保障、建设健康环境、发展健康产业，以期为人们提供全方位全周期的高质量健康管理。公共健康政策目标实现了从"服务患者"向"服务群众"发展、从"关注疾病救治"向"关注疾病预防"转变，从"以疾病为中心"向"以人民健康为中心"迈进②，同时国家实施健康扶贫工程，致力于提升西部地区的公共健康服务水平，保障贫困人口健康，西部地区医疗卫生体系建设得到长足发展。

---

① 尹力：《深化医药卫生体制改革实现人人享有基本医疗卫生服务》，《中国卫生经济》2009年第9期。

② 尚虎平、黄六招：《新中国农村合作医疗参合率变迁研究——基于中央层面316份合作医疗政策文件的计量探索》，《中国农村经济》2020年第7期。

二 展望

健康中国建设是实现"两个一百年"和"中国梦"的健康基础,面对持续存在的疫情防控压力,西部地区公共健康投资需要坚持预防为主的方针,构建优质高效的公共健康服务体系,推动基本医疗卫生服务公平可及,实现公共健康全民共建共享,全方位促进西部地区公共健康事业发展,为西部地区人力资本的长效积累提供健康保障。

(一)建立优质高效公共健康服务体系

促进西部地区公共健康事业蓬勃发展,需要各级各类医疗卫生机构根据不同的功能定位,充分发挥各自的优势,搭建合作互补、优质高效的医疗卫生服务体系[1]。在未来的医疗卫生服务体系建设中,需要形成一个"横向到边(系统内外覆盖方方面面各个环节)"、"纵向到底(三级医疗卫生服务网络)"、职责明确、任务清晰、协调运行的服务体系,共同落实"预防为主、防治结合"的健康理念。横向方面,要完善包括覆盖城乡居民的公共卫生服务体系、基层医疗卫生服务体系、基本医疗保障体系、药品供应保障体系的"四位一体"的基本医疗卫生制度,并注重公立医院的改革,逐步建立起维护公益性、协调积极性的公立医院运行新机制。纵向方面,要通过整合医疗、纵向联合,创新不同层级医疗机构协同机制,实现急慢分治、分级诊疗,打通上下转诊通道,创新基层医疗卫生服务运行机制,建立基本公共卫生服务项目,扩大服务内容。总之,建立优质高效的医疗卫生服务体系要兼顾多个层面,不断健全医疗卫生服务体系的科学治理体系,在此基础上强调完善医疗卫生体系重点职能的构建以及基层医疗卫生服务体系的分工合作,并不断加强政府投入与人才队伍的建设。建立优质高效的公共健康服务体系,不仅是推动"健康中国"建设的主要内容,也是提升西部地区民生福祉的重要保障[2]。

(二)促进公共健康资源公平可及

优化医疗卫生资源配置,推动基本医疗卫生服务公平可及,不仅有利于满足人民群众日益增长的公共健康需要,也是实施"健康中国"战略的

---

[1] 毛阿燕、孟月莉、严晓玲等:《促进健康中国建设中公共卫生体系的职责与使命》,《中国公共卫生》2021年第9期。

[2] 华颖:《健康中国建设:战略意义、当前形势与推进关键》,《国家行政学院学报》2017年第6期。

题中应有之义。从中央层面来看，一方面中央政府应制定科学规划，做好宏观布局，促进医疗卫生资源向西部偏远农村地区倾斜；另一方面中央政府应根据西部地区人民对医疗卫生服务的实际需求，在卫生人员配置、财政支持和设施配备等方面，持续增加西部地区的医疗卫生资源总量，推动优质医疗卫生资源扩容下沉，综合提升西部地区的医疗卫生服务能力。从地方层面来看，西部地区应在中央政府宏观引导之下，均衡医疗卫生资源配置，推动医疗卫生资源的补短补缺和布局优化：首先，加强基层医疗卫生人才队伍建设，增加基层医护人员配置，通过健全培训机制等方式，以增量带动存量，提升公共医疗卫生服务能级；其次，盘活现有医疗卫生资源，提高急诊和重大病症等方面的服务能力，同时补齐疾病防治的资源短板，将医疗卫生服务关口前移，推动"预防为主、防治结合"方针的贯彻落实，不仅"治大病"，也要"治未病"[①]；最后，统筹规划医疗卫生资源布局，鼓励医疗卫生资源充足的东部地区卫生人员以对口支援、医师多点执业等方式[②]，充实强化西部地区尤其是西部农村地区基层医疗卫生服务能力，促进城市优质资源向农村偏远地区流动，推动医疗卫生服务均等化发展。此外，地方政府应加强与中央政府之间的协调配合，形成发展合力，使西部地区医疗卫生资源向配置合理、结构优化和规模科学的方向迈进，切实促进西部地区基本医疗卫生服务的公平可及。

（三）实现公共健康全民共建共享

新时代西部地区建构人类公共健康命运共同体，要求公共健康治理向"大健康"方向迈进，使健康政策融入所有政策，实现公共健康全民共建共享，进而在实践中落实"健康中国"战略[③]。一方面，政府要在健康领域建立起多部门协同治理体系。"健康中国"战略关乎政府多部门的行政权限，不仅应当实现政府内跨部门协作，还应该"因事制宜"地将多部门协调治理有机整合，科学划分各公共健康机构职责，并在政策制定中采取健康优先的服务理念，注重分工整合，实现政府内部跨部门协作。另一方

---

① 郭建：《健康医疗大数据应用中的伦理问题及其治理思考》，《自然辩证法研究》2020年第3期。

② 逯进、周惠民：《中国省域人力资本空间溢出效应的实证分析——基于ES-DA方法和空间Lucas模型》，《人口学刊》2014年第6期。

③ 仇雨临、王昭茜：《我国医疗保险制度发展四十年：进程、经验与展望》，《华中师范大学学报》（人文社会科学版）2019年第1期。

面，发动全社会力量参与公共健康体系构建，实现多元协同的治理路径：政府要积极创造良好的政策环境，引导市场、社会非政府组织和居民个人等多方力量的合作，鼓励社会力量提供数量更多、质量更优的健康产品和服务，推动公共健康领域统筹发展，共同为全民公共健康服务；在"预防为主"的大健康格局的背景下，大力发展兼具健康效应、经济效应、社会效应的健康产业，将健康产业作为未来经济支柱产业；同时充分利用大数据功能，实现医保与医疗治理现代化，推动健康管理不断向智能化方向发展，最终实现公共健康全民共建共享。

第十章

西部地区人才帮扶政策

人才帮扶是一项具有中国特色的引导人力资本向西部地区合理流动的政策措施,在中央政府统筹规划下,各级政府根据西部地区发展需求,通过定向招聘、挂职锻炼、对口支援、交流合作等手段,向其提供教育、医疗卫生、农业技术等领域人才支持缓解受援地人才短缺、技术落后等问题。本章主要研究国家层面针对西部地区开展的人才帮扶政策。

长期以来,西部地区政府投资所形成的人力资本存在较大规模的流失,大量优质人才流向东部经济发达省份,加剧了西部地区人才短缺问题,降低了政府公共人力资本投资的积极性[①]。在这种背景下,国家实施了一系列人才帮扶政策措施,利用行政、财政等手段调控人才空间布局,建立起合理有序的人才流动机制,有效弥补了西部地区人力资本不足与流失的问题。在各类人才帮扶政策助推下,西部经济社会发展取得重大成就,但人才资源依然面临结构性短缺、增长缓慢和内生动力不足等问题,未来人才帮扶政策仍需要进一步的发展和完善。在此背景下,本章对2000—2019年西部地区人才帮扶政策的演进过程进行梳理,厘清人才帮扶政策的发展逻辑,这是对中国特色公共人力资本投资政策的一种经验总结,同时也对未来西部人才资源发展有着重要意义。

第一节 西部地区人才帮扶政策概述

本章主要研究国家层面涉及西部地区人才帮扶的相关政策,政策文本搜集以中共中央、国务院及其各部委官网、北大法意网为主,辅以中国知

[①] 周均旭、常亚军:《中西部"双一流"高校毕业生的空间流向及其网络特征》,《重庆高教研究》2021年第2期。

网、百度等网站,将区域限定为西部地区、民族地区和贫困地区,以人才帮扶、人才援助、人才引进等关键词进行检索。初次检索共获取2000年1月1日至2019年12月31日期间176项文本,经筛选剔除后,剩余相关度较高的政策文本104项(见附录8)。

一 政策数量

2000—2019年,国家为推进西部地区人才帮扶工作的实施累计出台了104项政策,政策发布具有明显的阶段性特征,呈现波动增长的发展态势,如图10-1所示。

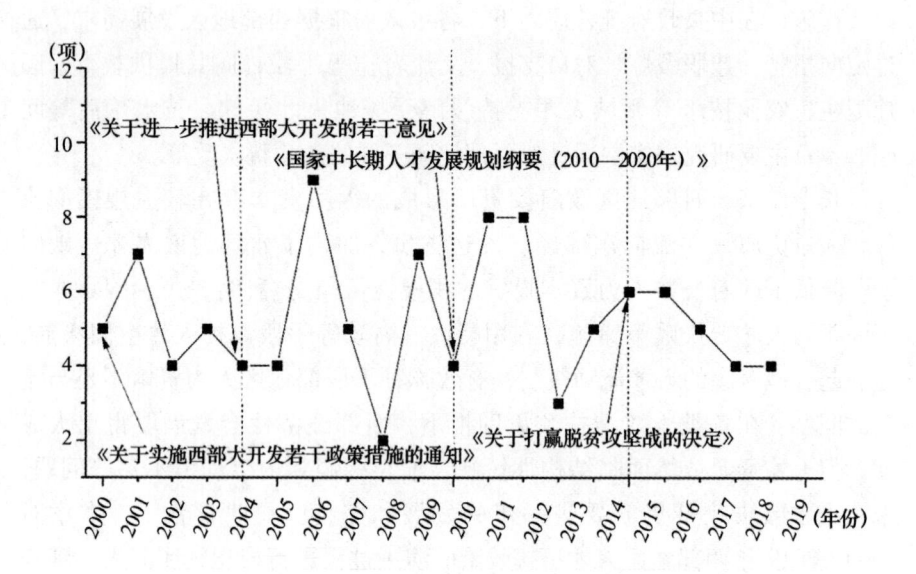

图10-1 2000—2019年西部地区人才帮扶政策数量

根据不同时期政策内容的侧重点,西部地区人才帮扶政策大致可以划分为四个阶段:第一阶段为2000—2003年,以2000年《关于实施西部大开发若干政策措施的通知》为起点,明确了人才帮扶在西部大开发中的重要地位与作用,其间围绕西部大开发战略的内容与需求出台了21项人才帮扶政策;第二阶段为2004—2009年,2004年国务院出台《关于进一步推进西部大开发的若干意见》,对西部大开发政策措施进行改进和加强,各部门人才帮扶政策面临调整完善,政策数量在2006年达到顶峰;第三阶段为2010—2014,2010年我国制定了第一份《国家中长期人才发展规划纲要

(2010—2020年)》，明确未来一个时期人才发展的整体战略，提出要实施一系列重大人才政策和工程，后续西部地区人才帮扶重点围绕这些政策工程展开，政策数量在2011年再次出现小幅度增长；第四阶段为2015年及以后，2015年中共中央、国务院出台《关于打赢脱贫攻坚战的决定》，脱贫攻坚成为这一时期西部地区发展的重要任务，各类人才帮扶政策同"精准扶贫"措施紧密结合，同时我国社会主义进入新时代，西部地区人才战略进行了新一轮的调整提升。

二 发文部门

西部地区人才帮扶政策的发文部门共有39个，可以分为两个层次，如表10-1所示，第一层次是中共中央和国务院层面的直接发文，数量分别为19项和29项，说明在顶层制度政策的引导下，明确了西部地区人才帮扶政策的发展方向；第二层次是中共中央和国务院各部委及其直属机构，

表10-1　2000—2019年西部地区人才帮扶政策发文部门统计表　　单位：项

层次	发文部门	发文总量	单独发文	发文部门	发文总量	单独发文
中共中央、国务院	中共中央	19	2	国务院	29	12
中共中央和国务院各部委及其直属机构	人社部	42	9	最高法院	1	—
	教育部	36	7	最高检察院	1	—
	财政部	30	—	国家工商总局	1	—
	中组部	21	4	国家税务总局	1	—
	共青团中央	13	1	国家外专局	1	—
	发改委	15	5	国资委	1	—
	卫健委	10	1	国务院侨办	1	—
	国务院扶贫办	9	—	海关总署	1	—
	中央编办	8	—	外交部	1	—
	农业农村部	6	—	中国人民银行	1	—
	科技部	4	1	中宣部	1	—
	国务院西部开发办	3	—	国家林业局	1	—
	中国科学院	3	—	全国妇联	1	—

续表

层次	发文部门	发文总量	单独发文	发文部门	发文总量	单独发文
中共中央和国务院各部委及其直属机构	国家中医药局	3	—	工信部	1	—
	解放军总后勤部	2	—	文化部	1	—
	公安部	2	—	水利部	1	—
	商务部	2	—	中国科协	1	—
	民政部	2	—	全国学联	1	—
	中央文明办	1	1	—	—	—

发文数靠前的部门为人社部42项、教育部36项、财政部30项、中组部21项，说明西部地区人才帮扶政策主要是以人社部、教育部、财政部、中组部为主，其他部门联合发文进行补充完善。

根据前文四个阶段的划分，构建发文部门的合作网络图，如图10-2至图10-5所示。

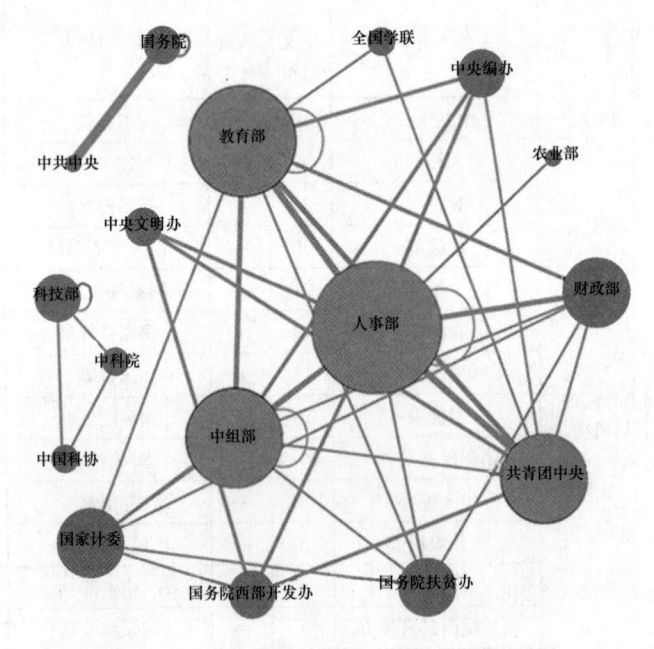

图10-2 2000—2003年发文部门合作网络图

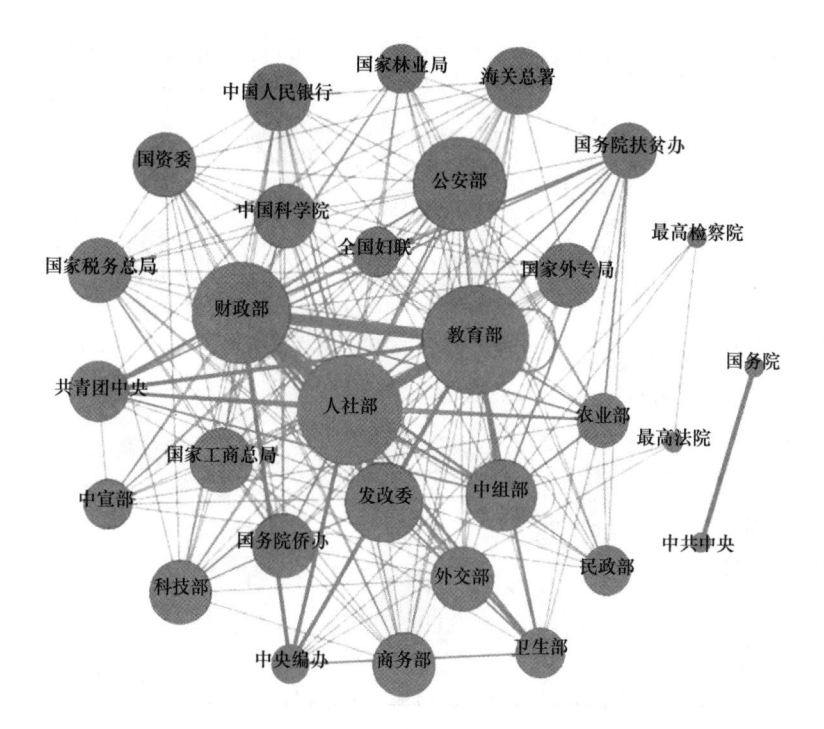

图 10-3　2004—2009 年发文部门合作网络图

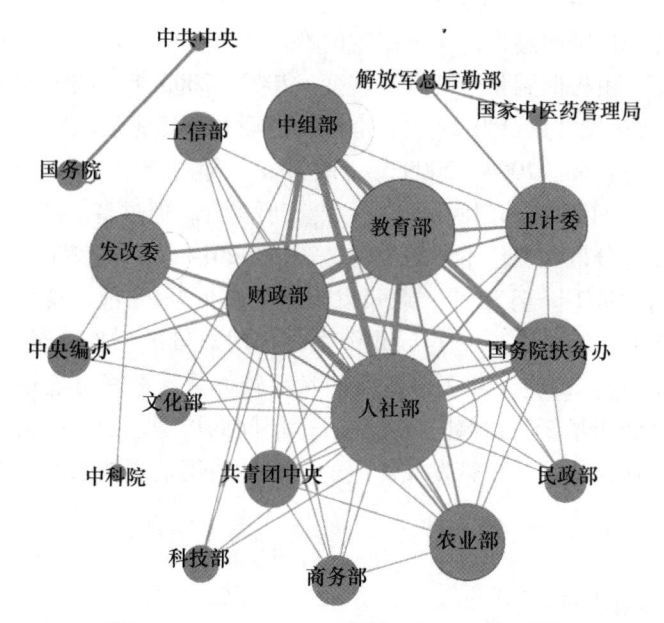

图 10-4　2010—2014 年发文部门合作网络图

· 281 ·

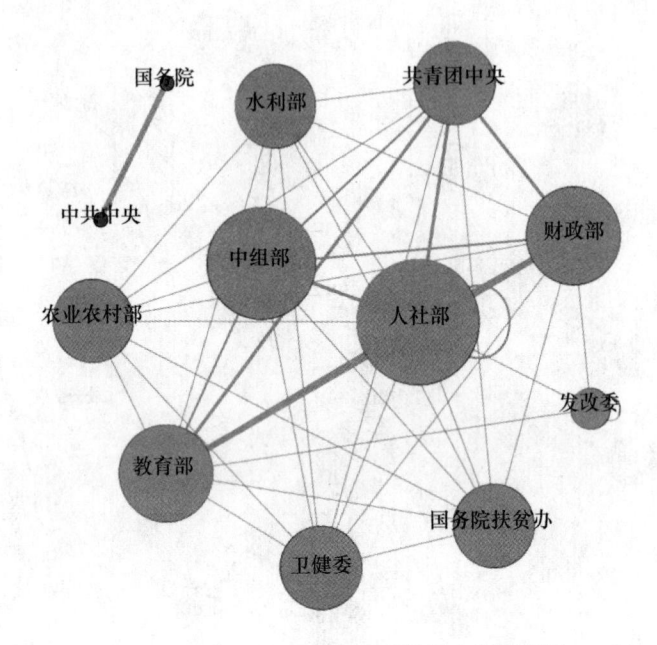

图 10-5　2015—2019 年发文部门合作网络图

2000—2019 年，西部地区人才帮扶政策发文部门数量和政策发布数量均经历了先升后降的过程，政策制定的部门更加集中。发文部门的联系特征大致经历了由松散到紧密的发展转变。2000—2003 年，政策发文部门共有 17 个，政策发文数量为 21 项，部门间的联系网络密度较低，发文部门间的合作相对较弱。2004—2009 年，政策发文部门陡增至 30 个，政策发文数量也增至 31 项，部门间的联系程度有所提升，但过多的部门参与也导致了政策较为分散、责任不清等问题。2010—2014 年，相较于前一阶段政策发文部门数量下降至 20 个，政策发文数量减少至 28 项，说明政策集中程度有所提升。2015—2019 年，政策发文部门数量进一步减至 12 个，政策发文数量减至 25 项，发文部门间的联系较为紧密，网络连接的密度较高，说明在经历了新一轮部门改革后，部门间的协调性明显提升。总结来看，西部地区人才帮扶政策发文部门的变化同我国治理体系发展变化规律相一致。

三　政策文种

2000—2019 年，我国西部地区人才帮扶政策涉及意见、通知、规划、方案、计划、办法和决定 7 类，如图 10-6 所示，以意见和通知为主要形式，分别达到 37 项和 30 项，占所搜集政策数量的 35.24% 和 28.57%，其次是规划，共计 16 项，占比 15.24%，剩余方案、计划、办法等文种占比较小。

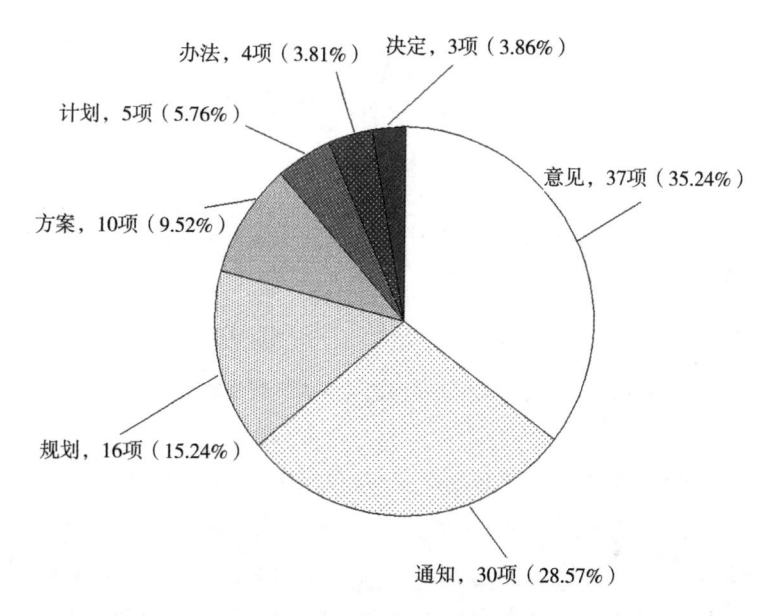

图 10-6 2000—2019 年西部地区人才帮扶政策文种图

四 政策类型

根据西部地区人才帮扶政策的内容范围，本章将西部地区 2000—2019 年的人才帮扶政策分为三大类，包括宏观指导政策、专项支持政策和保障配套政策，如图 10-7 所示。总体上，西部地区人才帮扶的宏观指导性政策占据主导地位，体现了国家在重大战略和规划中对于人才资源的重视程度，保障配套政策所占比重过低，同政策总体数量严重不匹配，且此类政策较为分散，并未形成有力的人才帮扶制度保障体系。

（一）宏观指导政策

国家在有关重大规划或重大战略中，对西部地区人才发展进行了相关布局，并明确了相关人才帮扶问题的宏观性政策。该类政策共有 50 项，主要包括两大类：一类是面向或涉及西部地区发展的规划性政策，这类政策指出了人才在西部地区发展中的重要作用，明确了各个阶段西部地区人才

保障配套政策，11项（10.48%）

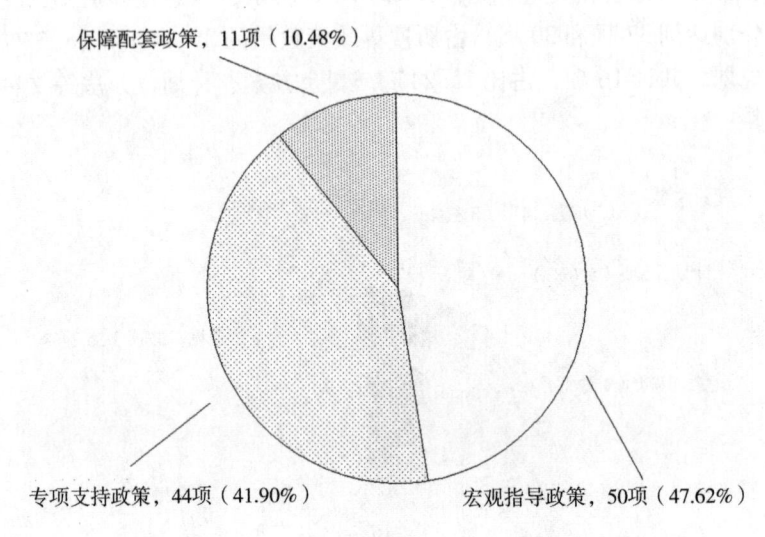

专项支持政策，44项（41.90%）　　宏观指导政策，50项（47.62%）

图 10-7　2000—2019 年西部地区人才帮扶政策类型图

开发的各项宏观政策，提出西部大开发战略需要吸引和利用好人才，鼓励各部门出台配套的吸引人才、留住人才、鼓励人才的政策，如《关于实施西部大开发若干政策措施的通知》和《关于打赢脱贫攻坚战的决定》等；另一类是以人才队伍建设为主线的宏观规划性政策，这类政策对我国人才结构、人才布局、人才发展体制机制、人才资源的开发等方面做出了重要部署，其中西部地区人才开发与引进是各项规划的重要内容，明确了不同时期西部地区人才帮扶的主体、形式和目标，是落实各项人才工程的重要指导，如《西部地区人才开发十年规划》和《国家中长期人才发展规划纲要（2010—2020 年）》等。

（二）专项支持政策

根据国家各项规划的整体布局，各部委出台的面向西部地区的某一类型人才的引进政策，此类政策对人才帮扶的具体内容和实施过程做了较为明确的规定。该类型政策共计 44 项，主要包括以下两类：一是与基层人才相关的帮扶政策，这类政策加强对西部边远地区的基层人才帮扶，带动更多人才投入西部的基层服务建设中去，如《县乡实用人才工程实施方案》、《关于实施大学生志愿服务西部计划的通知》和《关于组织开展高校毕业生到农村基层从事支教、支农、支医和扶贫工作的通知》等；二是与高层次人才相关的政策，这类政策以高校人才、科技人才等为引进主体，从而更好地带动西部地区科技与产业的高质量发展，如《万名专家服务基层行动计划实施方案》、《边远贫困地区、边疆民族地区和革命老区人才帮扶计划科技人员专项计划实施方案》和《关于申报西部和东北地区高层次人才援助项目的通知》等。

（三）保障配套政策

在西部地区人才帮扶政策具体实施过程中，国家配套出台了一系列辅助性保障配套政策。该类政策共计11项，主要涵盖两个方面：一是制度建设方面，这类政策通过人才管理办法等对西部地区人才帮扶工作做出明确规定，如《对口支援新疆干部和人才管理办法》和《关于进一步做好艰苦边远地区县乡事业单位公开招聘工作的通知》等；二是财政支持方面，这类政策针对在西部边远地区进行帮扶工作的人才提供具体的指导和财力保障，激励人才帮扶政策的继续实施，如《高校毕业生"三支一扶"计划中央补助专项经费管理办法》和《高等学校毕业生国家助学贷款代偿资助暂行办法》等。

第二节　西部地区人才帮扶政策发展与演变

通过对104项西部地区人才帮扶政策文本进行词频分析，绘制出西部地区人才帮扶政策高频词云图，如图10-8所示。可以看出，图10-8中出现频率较高的词包括"西部地区""人才""高校""服务""扶贫""毕业生""基层"等，对其进行政策话语意义分析可以看出，国家对于西部地区人才帮扶主线较为清晰，基本围绕西部基层、贫困地区展开，重点在于引导青年人才为西部地区发展服务。

一　战略布局阶段（2000—2003年）

在西部大开发战略实施之初，人才资源的重要地位就得到了充分的重视，2000年国务院《关于实施西部大开发若干政策措施的通知》中，明确指出"要吸引和利用好人才，制定有利于西部地区吸引人才、留住人才、鼓励人才创业的政策，加强对西部地区提供智力服务和人才支持"。以此为基础，2002年，中共中央、国务院出台了《西部地区人才开发十年规划》，进一步奠定了西部地区未来一个时期的人才帮扶基调，各项人才帮

图10-8　2000—2019年西部地区人才帮扶政策高频词云图

扶政策也基本围绕西部大开发的布局展开。与此同时，1999年高校大规模扩招后，大量高校毕业生将涌入就业市场，面临着一定的就业压力，引导毕业生到西部地区就业成为促进西部开发和缓解就业问题的有效手段。在这种背景下，国家集中出台了《关于配合实施西部大开发战略全面推进青年志愿者扶贫接力计划的通知》和《关于进一步做好促进高校毕业生就业工作的意见》、《关于选拔高校毕业生到西部基层工作的通知》和《关于实施大学生志愿服务西部计划的通知》等促进高校毕业生参与服务西部开发的重要政策。总的来看，这一时期西部大开发战略是人才帮扶政策的重要引领，高校毕业生是人才帮扶的重要主力。

2000—2003年，政策文本网络图划分为6个社团，如图10-9所示，分别是社团1"高校毕业生"、社团2"人才队伍"、社团3"津贴"、社团4"西部大开发"、社团5"人才资源"、社团6"技术"。

该阶段政策文本的网络分析，全景式地展现了这一时期西部地区人才帮扶政策的关注焦点，其中主题词"西部大开发"在政策文本网络中的中心度最高，表明这一时期西部大开发是人才帮扶政策重要引领。按照主题相关度可以将该阶段的社团大致分为四大类：第一类主要关注人才帮扶工

第十章 西部地区人才帮扶政策

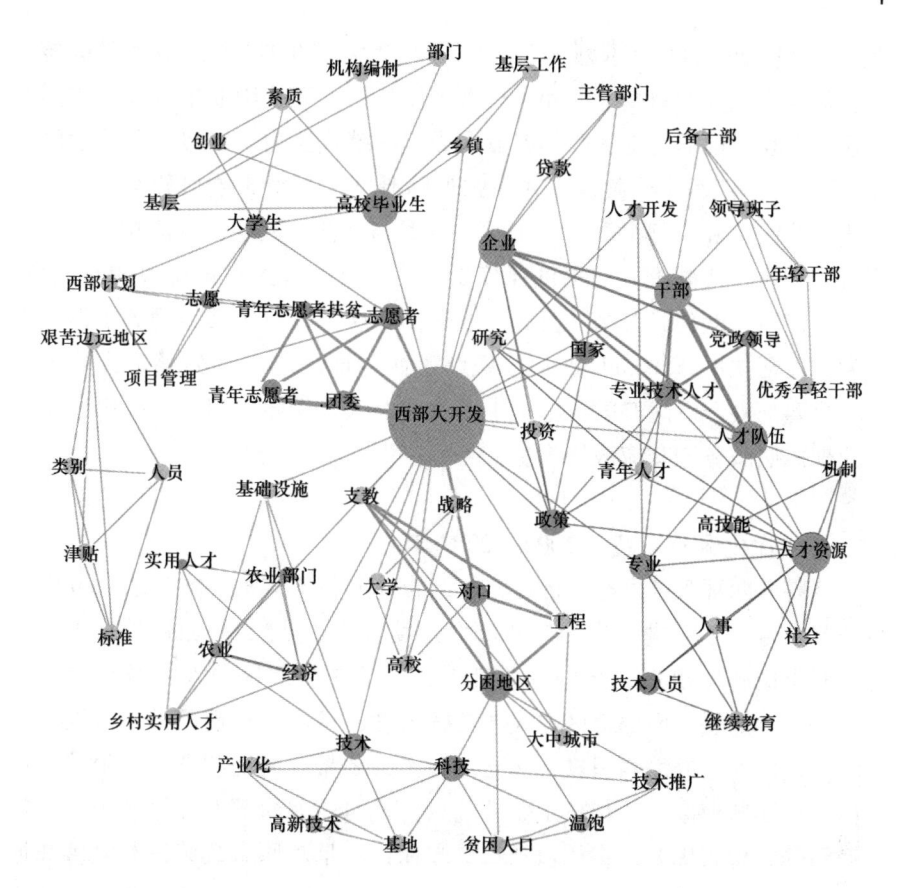

图 10-9 2000—2003 年西部地区人才帮扶政策文本网络图

程,包含社团4和社团6,以"西部大开发""对口""贫困地区""农业""技术"为核心词。根据西部大开发战略指引,通过实施对口支援工程、县乡实用人才工程,支援西部老少边穷地区人才队伍建设,扶植本土人才从根本上扭转西部地区人才短缺局面。第二类主要关注专业人才到西部交流锻炼,包含社团2和社团5,以"干部""企业""人才队伍""人才资源"为核心词。通过出台挂职锻炼、人才服务等专项政策,促进各类专业人才通过兼职、定期服务、技术开发、项目引进、科技咨询等方式到西部地区交流锻炼,灵活提供技术和智力支持[①]。第三类主要关注引导高校毕

---

① 宋宝香、王耀:《对干部挂职锻炼的系统思考——人力资源管理的视角》,《中国人力资源开发》2005年第12期。

业生西部就业,社团1单独分类,以"大学生"和"高校毕业生"为核心词。随着毕业分配制度取消和高校大规模扩招,高校毕业生就业困难问题凸显,鼓励高校毕业生到西部就业成为缓解就业压力、支援西部建设的重要手段[①]。第四类主要关注人才帮扶保障制度,社团3单独分类,以"艰苦边远地区"和"津贴"为核心词。对参与帮扶的人才,在津贴补助、档案管理和晋升选拔等方面提供保障支持,但此类政策在该阶段相对较少,显示出保障力度相对较弱。由此可以看出,这一阶段的政策明确了西部大开发人才帮扶的基本布局,初步缓解了西部地区对于部分紧缺人才的需求,为西部大开发战略的实施提供了有力的人才保障,但是帮扶手段主要以短期志愿服务和交流锻炼为主。

二 优化调整阶段(2004—2009年)

伴随着西部大开发战略的深入,结合前期各项政策实施效果,2004年国务院出台《关于进一步推进西部大开发若干意见》,对西部地区大开发各项政策措施做出进一步的调整部署,要求在前期各项人才政策的基础上,进一步加强对西部地区的人才帮扶力度,指出要重视西部地区领导人才和高层次人才的培养引进,建立对各类人才帮扶制度和资金保障等。这一阶段,西部地区人才帮扶工作的重点,是对前期西部大开发各项人才帮扶政策的完善与提升,主要包括三个方面:一是对原有政策进行完善和加强,提升前期人才帮扶规模和水平,如提出要深化"博士服务团计划""大学生志愿服务西部计划",选派更多的青年到西部地区锻炼和发展;二是出台更具有针对性的人才扶持政策,填补前期人才帮扶政策的空白,如为进一步吸引高校毕业生到西部地区就业,中组部出台的"三支一扶"计划、教育部出台的"特岗教师"计划;三是出台了大量配套性的保障政策,为各项人才帮扶计划的落实提供制度、资金等方面的保障,如《完善艰苦边远地区津贴制度实施方案》《高校毕业生"三支一扶"计划中央补助专项经费管理办法》等。

2004—2009年,政策文本网络图划分为9个社团,如图10-10所示,分别是社团1"教师队伍"、社团2"实用人才"、社团3"国家"、社团4

---

① 孟芳兵:《大学生志愿服务西部计划服务期满志愿者就业对策研究》,《中国青年研究》2010年第2期。

"高校毕业生"、社团5"对口"、社团6"卫生人才队伍"、社团7"市场"、社团8"艰苦边远"、社团9"基层"。

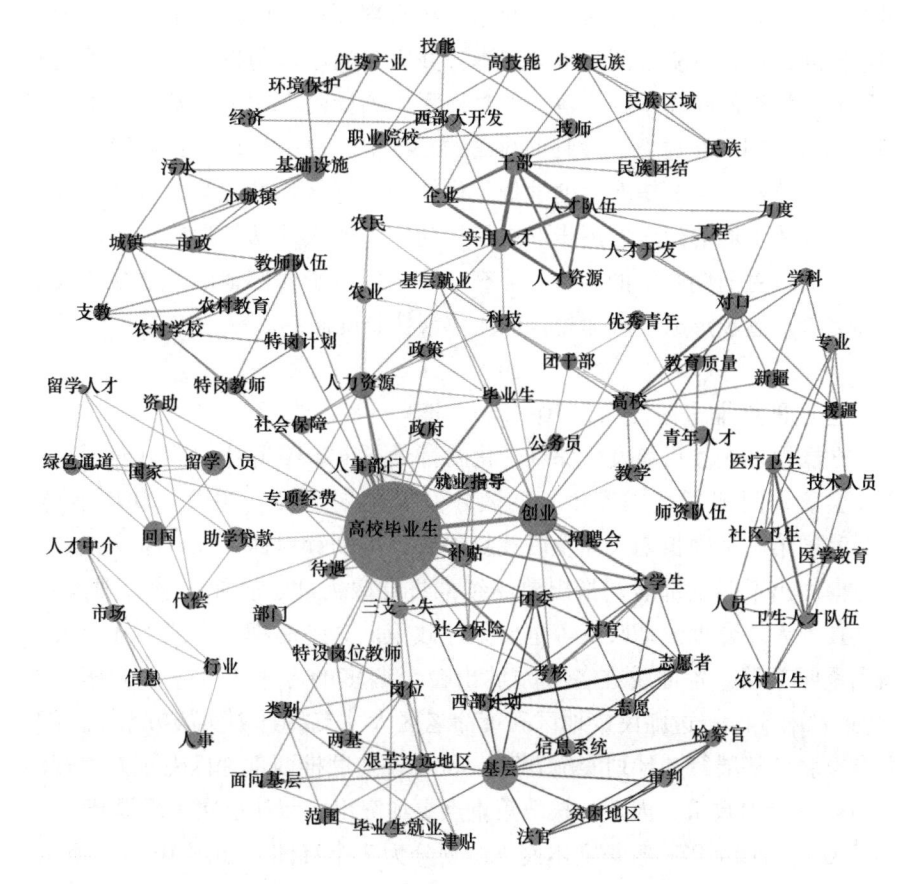

图10-10 2004—2009年西部地区人才帮扶政策文本网络图

相较于前一阶段，该阶段政策的覆盖范围更广、关注点更多，政策网络密度也有所提升。以主题的相关度为依据，将该阶段社团大致分为以下四类：第一类主要关注对原有帮扶政策的完善和加强，包括社团2、社团4、社团5和社团9，以"高校毕业生""实用人才""基层""对口"为核心词。主要是对前期人才帮扶政策进行调整完善，深化"大学生志愿服务西部计划"和"对口支援"等重点帮扶工程，扩大人才帮扶的覆盖领域，选派更多的青年人才到西部特别是老、少、边、穷地区锻炼和发展。第二类主要关注对前期人才帮扶政策的补充，包含社团1、社团6和社团8，以

"卫生人才队伍"、"教师队伍"和"艰苦边远地区"为核心词。为提高人才帮扶政策的覆盖面和针对性，各部委新出台了"三支一扶"计划、"特岗教师"计划、卫生人才援助等政策，将教育领域、医疗卫生领域作为人才帮扶的重点，以实现西部地区基本公共服务的改善与发展。第三类主要关注人才帮扶保障体系的构建，包含社团3和社团7，以"国家"和"市场"为核心词。在原有人才补助津贴的基础上，进一步出台针对留学人员绿色通道政策、高校毕业生助学贷款代偿政策等保障性政策，重视对人才中介和人才市场的建设，逐步形成了较为完善的人才帮扶保障体系。可以看出，通过对前期政策的调整和补充，该阶段对于西部地区人才帮扶政策更加完善，逐步形成了较为稳定的人才帮扶制度体系。

三 重点推进阶段（2010—2014年）

在国内外人才形势发生深刻变化的背景下，2010年中央召开全国人才工作会议，制定了《国家中长期人才发展规划纲要（2010—2020年）》。作为我国第一个中长期人才发展规划纲要，特别针对西部地区未来人才帮扶方向做出了明确部署，指出要继续推进党政人才、企业经营管理人才、专业技术人才合理流动政策等重要人才政策。这一时期，围绕上述重大政策和重要工程，各部委在各自领域出台了诸多的专项人才帮扶政策，如《边远贫困地区、边疆民族地区和革命老区人才支持计划实施方案》、《万名专家服务基层行动计划实施方案》和《科技助推西部地区专项发展行动计划》等专项政策，人才帮扶政策重点更加突出，帮扶层次不断提升。

2010—2014年，政策文本网络图划分为7个社团，如图10-11所示，分别是社团1"基层"、社团2"人力资源"、社团3"对口"、社团4"高校"、社团5"教师队伍"、社团6"贫困地区"、社团7"选派"。

该阶段西部地区人才帮扶政策网络较为分散，各类政策间相互联系程度较弱，体现了该阶段围绕重大人才工程分项推进的特征，每个社团间的独立性相对较高，均有着较为明确的焦点。具体可以分为以下六类：第一类主要关注基层公共服务人才帮扶，社团1单独分类，以"基层"和"高校毕业生"为核心词，关注对西部地区基本公共服务领域的人才帮扶，扩大第二轮次"三支一扶"覆盖范围，增加支教、支农、支医和扶贫等岗位细目，新实施全科医生制度，促进基本公共服务的均等化。第二类主要关注专业技术人才的支持与培养，社团2单独分类，以"人力资源"和"高

第十章 西部地区人才帮扶政策

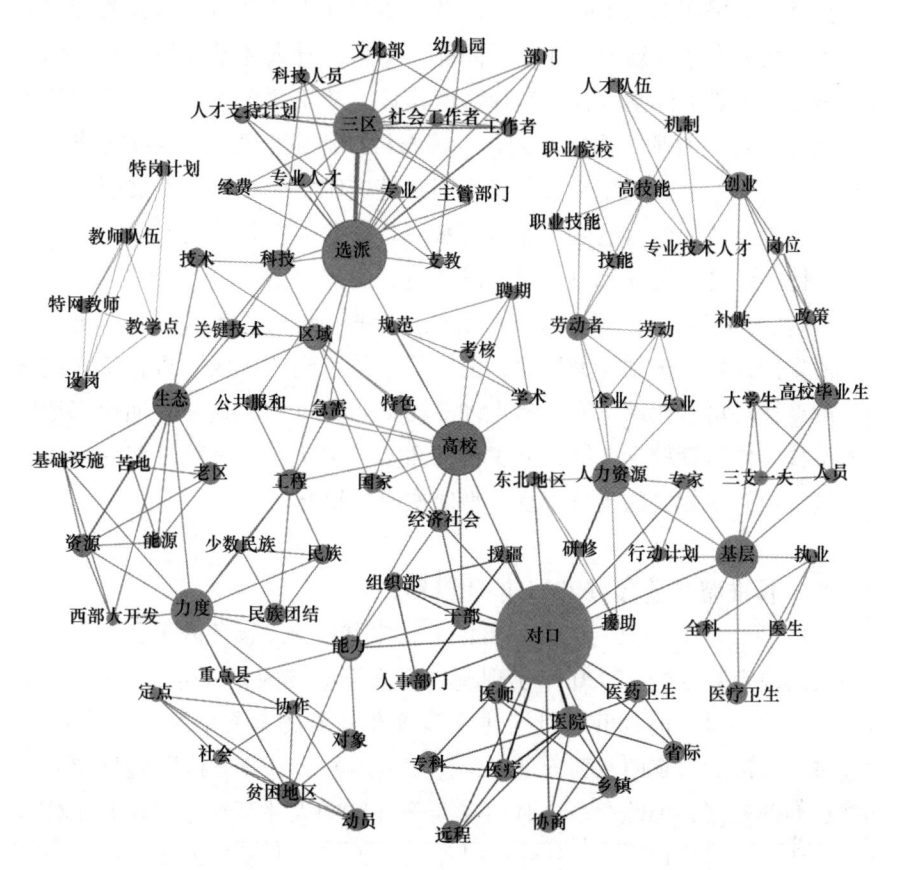

图 10-11 2010—2014 年西部地区人才帮扶政策文本网络图

技能"为核心词，针对西部地区对专业技术人才的需求，出台"万名专家服务基层""科技助推西部转型发展行动"等专项计划，引导各类专业技术人才向西部企业、社会组织和基层一线流动。第三类主要关注医院对口支援帮扶，社团 3 单独分类，以"对口"和"医院"为核心词。继续实施"东西部医院对口支援"和"城乡医院对口支援"等专项计划，重点以人才、技术、重点专科为核心，提高西部地区医疗卫生服务水平[①]。第四类主要关注高校人才引进，社团 4 单独分类，以"高校"和"区域"为核心

---

① 肖政、汪成琼、廖蓉蓉等：《我国医疗支援县级医院的机制及策略研究》，《重庆医学》2014 年第 36 期。

· 291 ·

词。在对口支援西部高校的基础上，鼓励高层次人才向西部高校流动，各项人才奖励和人才计划向西部地区倾斜，支持海外人才西部任教和合作科研。第五类主要关注基础教育教师队伍建设，社团5单独分类，以"教师队伍"和"特岗教师"为核心词。完善农村教师补充机制，继续实施"特岗教师"计划，并将范围扩大到集中连片特殊困难地区和重点贫困县等区域，重点提高薄弱落后地区教师队伍水平。第六类主要关注"三区"人才专项支持，包含社团6和社团7，以"选派""三区"、"贫困地区"和"力度"为核心词。针对边远贫困地区、边疆民族地区和革命老区出台专项人才支持计划，选派优秀教师、医生等工作者到"三区"进行工作或服务、重点扶持培养西部急需紧缺人才。由此可以看出，这一时期西部地区人才帮扶工作尽管较为分散，但工作的重点十分突出，围绕某些专项主题有所侧重地开展相关的支持，且水平层次有所提升。

四 精准帮扶阶段（2015年及以后）

2015年，中共中央、国务院出台了《中共中央 国务院关于打赢脱贫攻坚战的决定》，要在2020年实现现行标准下的贫困人口全部脱贫，"脱贫攻坚"成为这一时期我国社会主义现代化建设的重要主题。客观上看，我国贫困地区大多集中在西部地区，深度贫困的"三州三区"地区更是全部都在西部地区，因此，这一时期在西部地区的人才帮扶上，扶贫工作发挥了重要的引导作用[①]。党中央和国务院明确指出要发挥人才在脱贫攻坚过程中的重要作用，制定符合实际人才帮扶办法，开展实施重要的人才扶贫工程，提升人才帮扶的水平和效果。与此同时，西部大开发战略实施近20年，西部地区的总体面貌发生了重大变化，各项人才帮扶政策的实施，初步改善了西部地区人才短缺问题。但是，随着我国社会主义进入新时代、区域发展协调进入新阶段，西部地区面临着新的发展形势和发展问题，"大水漫灌"式的人才帮扶政策不再适合西部地区的未来需要[②]。因此，如何在保障西部地区人才帮扶规模的基础上，实现人才供给与需求的均衡，确保人才帮扶质量和效果，也成了这一时期重点关注的问题。

2015—2019年，政策文本网络图划分为8个社团，如图10-12所示，

---

① 赵艳霞：《精准扶贫呼唤"精准"的人才队伍》，《人民论坛》2017年第1期。
② 倪好：《新时代西部地区高质量发展的人才支撑策略》，《宏观经济管理》2020年第8期。

分别是社团 1 "机制"、社团 2 "高校"、社团 3 "公共卫生"、社团 4 "对口"、社团 5 "人力资源"、社团 6 "基层"、社团 7 "教师队伍"、社团 8 "专家"。

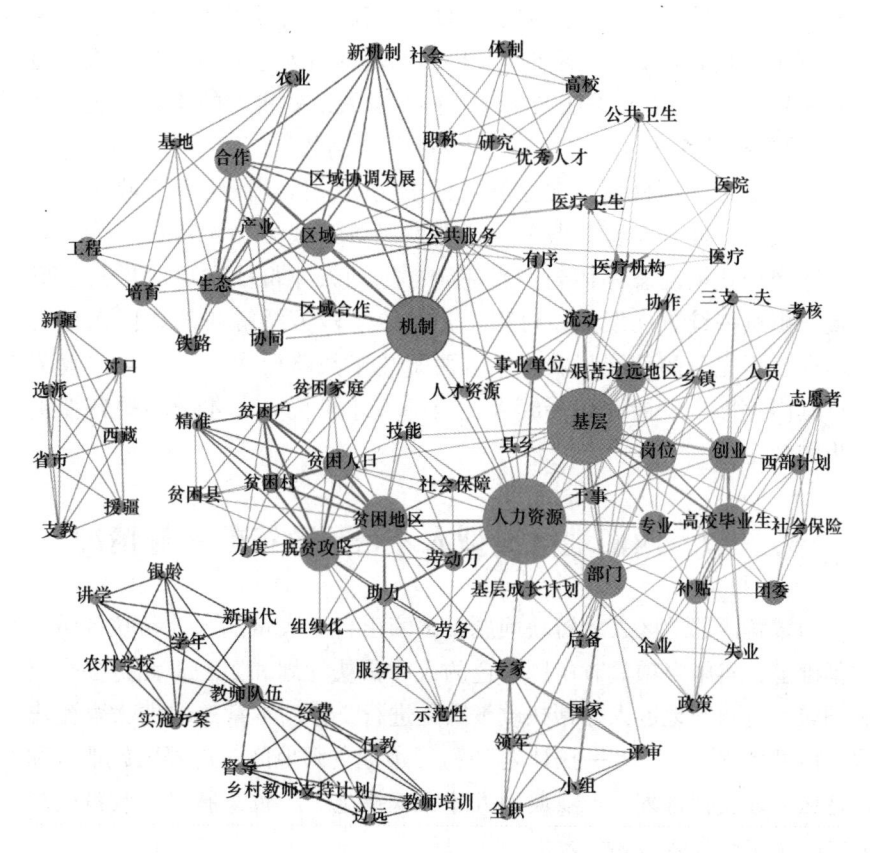

图 10 - 12 2015—2019 年西部地区人才帮扶政策文本网络图

该阶段人才帮扶政策有着较为明确的主题，以脱贫攻坚、基层服务和区域协调为主题的三大社团居于整体网络的主要位置。具体来看，根据社团主题相关度主要可以分为以下三类：第一类主要关注人才帮扶与脱贫攻坚，包含社团 5 和社团 8，以"人力资源""贫困地区""专家""全职"为核心词。围绕脱贫攻坚重点任务，根据贫困地区发展需求，选派优秀干部和专家挂职第一书记和驻村工作队，加大对深度贫困地区各类人才选聘力度，精准引才、精准育才和精准用才助力脱贫攻坚。第二类主要关注高素质基层人才队伍建设，包含社团 3、社团 6 和社团 7，以"基层""高校毕业生""公共卫生""医疗机构""教师队伍""新时代"为核心词。建设高素质基层人才队伍，在满足西部地区基层人才数量需求的基础上，该阶段更加重视对人才队伍素质的提升，通过强化教育培训、实践锻炼、职业发展、管理服务等全链条的扶持措施，实施乡村教师支持计划、银龄讲学计划等专项支持计划，满足新时代西部基层对人才队伍结构、素质能力的要求[①]。第三类主要关注区域人才协调发展长效机制的构建，包含社团1、社团2和社团4，以"机制""区域""高校""社会""对口""援疆"为核心词。积极探索建立健全合作互助、利益补偿等区域人才协调发展新机制，提升在公共服务、产业发展等领域的人才帮扶水平，对各类人才帮扶政策动态评估与调整完善，推动人才帮扶向更深层次、更高质量、更可持续方向发展。可以看出，该阶段为缓解西部地区人才资源不均衡、不充分的发展现状，结合脱贫攻坚战略要求，人才帮扶政策更注重其内生性、发展性和持续性，西部人才成长与人才循环的良性生态逐步实现。

第三节　西部地区典型人才帮扶政策的实施情况

为缓解西部地区人才短缺问题，国家出台了大量的人才帮扶政策，在此基础上，实施多项具有中国特色的人才帮扶计划和工程，涵盖多个层次和领域，对西部地区人才帮扶政策实施进行支撑。本章选取"大学生志愿服务西部计划""三支一扶计划"和"边远贫困地区、边疆民族地区和革命老区人才支持计划"3项典型人才帮扶措施，对政策脉络、政策内容和实施效果进行深入分析。

一　大学生志愿服务西部计划

"大学生志愿服务西部计划"简称"西部计划"，由团中央、教育部、财政部、人力资源社会保障部自2003年开始联合实施，每年招募一定数量的普通高等学校应届毕业生或在读研究生，到西部基层开展为期1—3年的教育、卫生、农技、扶贫以及青年中心建设和管理等方面志愿服务工作，

---

① 马抗美：《新时代人才流动的新导向——鼓励人才沉到基层一线和困难艰苦的地方》，《人民论坛》2018年第25期。

鼓励志愿者服务期满后扎根西部地区就业创业①。

(一) 政策脉络

党中央在西部大开发总体部署中，明确指出要推动青年人才向西部地区流动，促进西部地区的教育、卫生、农技、扶贫等社会事业的发展。2002年，中共中央、国务院出台《西部人才开发十年规划》，将高校毕业生作为西部地区人才帮扶的重点群体，要求鼓励引导高校毕业生到西部地区就业，并在户籍制度、工资待遇等方面予以补助。2003年，共青团中央、教育部、全国学联出台《关于进一步做好促进高校毕业生就业工作的意见》，指出高校毕业生数量与社会需求量相比不足、地区分布和专业结构上不平衡等问题，要求出台专门的引导政策，鼓励毕业生到西部地区就业，树立一批投身西部大开发、投身基层和祖国最需要的地方的毕业生先进典型。同年，共青团中央、教育部等部门联合出台《关于实施大学生志愿服务西部计划的通知》，标志着"大学生志愿服务西部计划"正式实施。2005年，共青团中央、教育部等联合出台《关于做好大学生志愿服务西部计划志愿者就业服务工作的意见》，要求以建立长效就业服务机制为保障，鼓励大学生志愿者到西部地区基层就业创业。2009年，共青团中央、教育部出台了《关于实施大学生志愿服务西部计划基层青年工作专项行动的通知》，对"西部计划"进行了各方面的完善，通过选派西部计划志愿者到中西部县级团组织服务，进一步推动团的基层组织和基层工作。2015年，中青联出台《关于进一步加强大学生志愿服务西部计划工作的通知》，健全和完善了西部计划工作的组织领导、政策保障、管理体系和运行机制。大学生志愿服务西部计划吸引了一大批优秀志愿者扎根西部、扎根基层、扎根民族地区和艰苦地区，为促进西部地区经济社会发展做出了积极的贡献。

(二) 政策内容

以2019年"西部计划"实施方案为例，由中央财政支持，面向普通高等学校应届毕业生或在读研究生，按照公开招募、自愿报名、组织选拔、集中派运的方式，鼓励各地参照全国项目要求规范实施西部计划地方项目，如表10-2所示。

---

① 常春梅：《"大学生志愿服务西部计划"的青年政策探析》，《中国青年政治学院学报》2012年第4期。

表10-2　　2019年大学生志愿服务西部计划政策内容一览表

分类	具体内容
服务规模	(1) 招募选派2万名西部计划全国项目志愿者到西部地区基层工作。西部计划志愿者服务期为1—3年，服务协议一年一签； (2) 实施7个专项：基础教育、服务"三农"、医疗卫生、基层青年工作、基层社会管理、服务新疆、服务西藏
服务岗位	(1) 岗位设置：岗位设置向"三区三州"等深度贫困地区调整，支持民族地区、边疆地区、贫困地区、革命老区，服务单位的确定采用申报制度； (2) 岗位类别：基础教育、服务"三农"、医疗卫生、基层青年工作、基层社会管理
招募选拔	(1) 招募指标：全国项目办根据历年招募情况和国家对口帮扶、对口援疆、对口援藏机制等，建立相关省份对口招募机制，明确省内招募指标、对口招募省招募指标，各省可在招募总指标10%内进行自主调整； (2) 各省招募办负责本省报名志愿者的选拔统筹工作，可单独或会同、指导报名学生所在高校项目办开展审核、笔试、面试、心理测试、体检与公示等选拔工作，与志愿者签订招募协议书并向志愿者发放《确认通知书》
保障机制	(1) 政策保障：服务2年以上且考核合格的西部计划志愿者，服务期满后3年内报考硕士研究生的，初试总分加10分，同等条件下优先录取；参加机关事业单位考录招聘、各类企业就业、自主创业、落户、升学等方面可同等享受应届高校毕业生的相关政策；可享受相应的学费补偿和助学贷款代偿政策等相关优惠政策； (2) 资金保障：中央财政按照西部地区每人每年3万元（南疆四地州、西藏每人每年4万元）、中部地区每人每年2.4万元的标准给予补助，通过一般性转移支付体制结算方式拨付省级财政部门；地方各级财政要统筹中央财政补助资金按月发放志愿者工作生活补贴，承担志愿者社会保险单位缴纳部分。此外，鼓励各地为志愿者提供各类社会保险，提供伙食、交通、住宿等方面的便利，并提供相应的绩效奖励

（三）政策效果

西部计划是政府引导青年人才合理流动的典型政策，开创了共青团组织实践育人的新途径，取得了良好社会效益。一方面，"西部计划"的实施缓解了高校扩招后毕业生的就业压力，拓宽了高校毕业生的就业渠道，志愿服务成为其在就业和升学外的又一选择；2003—2019年，西部计划实施的17年间，累计招募应届毕业生近30万人，从事基础教育、农业科技、医疗卫生、基层青年工作、服务新疆、服务西藏等方面服务，为西部地区发展做出了突出贡献①。另一方面，西部计划的实施切实缓解了西部地区尤其是老少边穷地区的青年人才短缺问题，为这些地区的教育、医疗等公共服务的发展提供了重要的人才帮扶，实现了人才在东西部之间的合理流动②。整体来看，"西部计划"服务人数呈现逐渐递增态势，从2003年的5000—6000名，到2019年的2万名，说明国家对于西部地区人才帮扶力度是不断增大的。在每年项目实施过程中，都会结合西部地区发展需要进行调整，例如在2006年将法律援助方面的内容纳入服务项目，2009年将灾后重建服务纳入项目，2013年后将扶贫纳入工作的重点内容，服务范围向深度贫困的"三州三区"调整，具体如表10-3所示。

表10-3　　　　2003—2019年西部计划选拔人数及服务内容　　　　单位：名

年份	选拔人数	当年新增服务内容
2003	5000—6000	西部贫困县的乡镇从事为期1—2年的教育、卫生、农技、扶贫以及青年中心建设和管理等方面的志愿服务工作
2004	6000	新增湖北恩施、湖南湘西两个自治州的贫困县
2005	8622	新增海南部分地区贫困县
2006	6500	新增农村中小学现代远程教育工程志愿服务行动、农村文化建设志愿服务行动、西部基层检察院志愿服务行动、西部基层法律援助志愿服务行动等专项行动，启动西部基层人民法院志愿服务行动和开发性金融志愿服务行动
2007	7000	新增农村中小学现代远程教育工程志愿服务行动、农村文化建设志愿服务行动、西部基层检察院志愿服务行动、西部基层法律援助志愿服务行动等专项行动，启动西部基层人民法院志愿服务行动和开发性金融志愿服务行动
2008	7000	新增区域化推进农村共青团工作和建设（以下简称"农村区域化"）和西部农村平安建设等专项行动
2009	10000	新增灾后重建（原抗震救灾）等专项行动，新增基层青年工作专项行动（原"农村区域化"专项行动不再单独实施）

---

① 中国青年网：《大学生志愿服务西部计划项目介绍》，http://xibu.youth.cn/xmjs/201510/t20151015_7212132.htm，2018年5月3日。

② 王处辉、张倩颖：《"大学生志愿服务西部计划"的实践效果与建议》，《江苏高教》2008年第4期。

续表

年份	选拔人数	当年新增服务内容
2010	8700	新增新疆双语教学（原新疆汉语教学）
2011	10040	将原有服务划分为基础教育、农业科技、医疗卫生、基层青年工作、服务新疆、服务西藏、基层社会管理等7个专项。"青年志愿者扶贫接力计划研究生支教团"项目纳入基础教育专项实施；保留基层青年工作专项；设立服务新疆、服务西藏专项
2012	17000	将原有服务划分为基础教育、农业科技、医疗卫生、基层青年工作、服务新疆、服务西藏、基层社会管理等7个专项。"青年志愿者扶贫接力计划研究生支教团"项目纳入基础教育专项实施；保留基层青年工作专项；设立服务新疆、服务西藏专项
2013	17000	适当调整实施区域和服务专项的实施规模，保持少数民族地区万人实施规模，加大四省藏区和中央确定的西部连片特困地区派遣力度
2014	17500	适当调整实施区域和服务专项的实施规模，保持少数民族地区万人实施规模，加大四省藏区和中央确定的西部连片特困地区派遣力度
2015	18300	关注支教扶贫实效，深化基层青年工作专项，推进西部计划志愿者兼任基层团干部工作
2016	18300	关注支教扶贫实效，深化基层青年工作专项，推进西部计划志愿者兼任基层团干部工作
2017	18300	关注支教扶贫实效，深化基层青年工作专项，推进西部计划志愿者兼任基层团干部工作
2018	18300	体现支持民族地区、边疆地区、贫困地区、革命老区，保持和扩大相关地区实施规模，岗位设置进一步向深度贫困地区调整。推动优秀人才从东、中部地区向西部地区流动的示范作用，加强东、中部地区青年学生招募选拔
2019	20000	岗位设置进一步向"三州三区"等深度贫困地区调整，进一步体现支持民族地区、边疆地区、贫困地区、革命老区扩大基础教育和服务三农专项，提升支教扶贫实效

资料来源：各年度大学生志愿服务西部计划实施方案。

二 高校毕业生"三支一扶"计划

"三支一扶"是毕业生基层落实政策，指大学生在毕业后到农村基层从事支农、支教、支医和扶贫工作，由中组部、人社部、教育部等八部门2006年开始联合实施。该计划以公开招募、自愿报名、组织选拔、统一派遣的方式实施。

(一) 政策脉络

2005年中共中央办公厅、国务院办公厅出台《关于引导和鼓励高校毕业生面向基层就业的意见》，指出随着经济体制改革的深化和经济结构的战略性调整，一方面高校毕业生就业面临着一些困难和问题，另一方面广大基层特别是西部地区、艰苦边远地区和艰苦行业以及广大农村还存在人才匮乏的状况，需要鼓励广大高校毕业生到基层就业。在此基础上，2006年中组部、人事部等八部门联合出台《关于组织开展高校毕业生到农村基层从事支教、支农、支医和扶贫工作的通知》，决定组织开展第一轮为期5年的高校毕业生到农村基层开展支教、支农、支医和扶贫工作。2011年和2016年又分别出台《关于继续做好高校毕业生"三支一扶"计划实施工作的通知》和《中共中央组织部等九部门关于实施第三轮高校毕业生"三支一扶"计划的通知》，组织开展了第二轮、第三轮"三支一扶"计划。同时，为保障该政策进一步落实，各部门相继出台诸多配套政策，如《关于统筹实施引导高校毕业生到农村基层服务项目工作的通知》《高校毕业生"三支一扶"计划中央补助专项经费管理办法》等，在经费支持、就业保障方面予以了支持。

(二) 政策内容

"三支一扶"计划从2006年开始连续5年，每年招募2万名高校毕业生，主要安排到乡镇从事支教、支农、支医和扶贫工作，如表10-4所示。

表10-4 高校毕业生"三支一扶"计划政策内容一览表

分类	具体内容
组织实施	(1)"三支一扶"计划的实施在各地党委、政府领导下，以地方为主实施，由全国"三支一扶"工作领导小组和工作协调管理办公室负责总体规划，根据各省基层需求情况，研究确定招募计划； (2) 各省成立由人事、教育、财政、农业、卫生、扶贫、团委等部门组成的工作领导小组和工作协调管理办公室，根据下达的计划，研究制定具体的实施办法，面向社会公开招募岗位和数量，落实本地区基层服务岗位
招募选拔	按照公开招募、自愿报名、组织选拔、统一派遣的方式，每年招募高校毕业生，主要安排到乡镇从事支教、支农、支医和扶贫工作，满足落后地区教育、农业、卫生、水利和扶贫等事业发展对人才的需求，坚持为基层输送和培养青年人才，引导高校毕业生到基层就业创业，服务期限一般为2—3年

续表

分类	具体内容
保障机制	(1) 政策保障：对参与服务的高校毕业生提供必要的管理服务工作，包括：工作期间给予一定的生活、交通补贴，统一办理人身意外伤害保险和住院医疗保险，由地方财政安排专项经费予以支付；为每名"三支一扶"人员落实各项社会保险，社会保险的单位缴纳部分由地方财政负担，个人缴纳部分从"三支一扶"人员工作生活补贴中代扣代缴；服务期满后提供相关的就业支持，享受国家助学贷款代偿政策，报考党政机关公务员的适当增加分，到西部地区和艰苦边远地区服务2年以上，服务期满后3年内报考硕士研究生的，初试总分加10分，同等条件下优先录取。事业单位和公务员招录中，拿出一定比例定向招录的办法，招聘与服务期满考核合格"三支一扶"大学生等。此外，在任职锻炼、技能培训、创新创业方面同样给予一定的支持。 (2) 资金保障：2016年起，中央财政按照每人2000元标准，给予每名新招募且在岗服务满6个月以上的"三支一扶"人员一次性安家费补贴。2018年，第三轮次服务计划，中央财政补助标准提高到西部地区每人每年3万元（其中新疆南疆四地州、西藏自治区每人每年4万元），中部地区每人每年2.4万元，东部地区每人每年1.2万元，并且可以享受艰苦边远地区津贴

（三）政策效果

与"大学生志愿服务西部计划"不同，"三支一扶"主要实施单位是地方政府，所覆盖的地区不仅仅局限于西部，招募对象也不仅仅面向应届毕业生，多数省份三年内大学毕业生均可报名。因此，"三支一扶"计划更具灵活性：一方面，其主要是地方政府主导招募实施，岗位的设置和人员安排更加符合地方发展需要，能够很好地缓解西部地区的人员供需矛盾；另一方面，"三支一扶"覆盖范围更广，一定程度上扩大了人才的供给规模，有利于更好地满足西部地区发展需要[①]。此外，各地方在制定面向"三支一扶"的就业服务政策上也更具操作性和可行性，所提供的特色就业政策，能够更好地吸引毕业生扎根西部。

2006—2020年三个轮次"三支一扶"计划，15年间至少选拔了32.5万人，从事支教、支农、支医和扶贫工作，为基层公共事业发展提供了有力支持，具体实施情况如表10-5所示。此外，在第二轮和第三轮"三支一扶"实施过程中，围绕西部地区发展的现实需要，服务范围向贫困地区、艰苦边远和少数民族地区倾斜，服务内容也逐渐扩大到供销合作、农

[①] 张旭东、夏徽：《高校毕业生"三支一扶"政策发展的SWOT战略选择与对策——以黑龙江省为例》，《黑龙江高教研究》2012年第12期。

村合作经济、农村电子商务、农村饮水安全、农田水利、生态保护、文化建设等领域。

表10–5　　　　2006—2020年"三支一扶"计划政策实施效果

轮次	主要工作内容
第一轮次 （2006—2010年）	（1）全国共选派14.3万名高校毕业生参加"三支一扶"，其中，支教类占35.72%，支农类占34.82%，支医类占14.27%，扶贫类占15.19%。中西部地区吸纳"三支一扶"大学生比例较高，2010年已达到65%，较好地体现了鼓励大学生到西部去、到农村去的政策导向。 （2）整体素质逐步提高，本科及以上学历所占比例由2006年的40.56%提高到2010年的59.32%，党员团员的比例在90%以上。大学生服务期满，整体就业率超过80%，其中大部分选择扎根基层
第二轮次 （2011—2015年）	（1）全国共招募13.3万人，农村基层公共服务机构是吸纳服务期满"三支一扶"大学生最多的就业载体；从地方层面看，"三支一扶"大学生配置向艰苦地区倾斜的取向十分突出。比如，新疆对南疆四地州和伊犁州给予重点支持，5年中上述五地的招募数量占自治区总量的近60%。 （2）本科及以上学历者规模较大且年度占比逐年提升，如四川第二轮计划期间，本科学历人员占比达到40%，较第一轮有较大幅度提高；四川第二轮计划期内到艰苦边远地区服务和地震灾区服务的"三支一扶"大学生占到近一半
第三轮次 （2016—2020年）	着重加强对有空编的基层服务单位岗位征集，招募计划适当向辖区内的贫困地区、艰苦边远地区和少数民族地区倾斜。进一步加大扶贫岗位开发力度，积极拓展供销合作、农村合作经济、农村电子商务、农村饮水安全、农田水利、生态保护、文化建设等领域服务岗位

资料来源：各轮次"三支一扶"计划通知。

三　边远贫困地区、边疆民族地区和革命老区人才支持计划

边远贫困地区、边疆民族地区和革命老区人才支持计划，简称"三区人才支持计划"，是由中组部等10部门共同组织，从2011年开始实施，提升边远贫困地区、边疆民族地区和革命老区（以下简称"三区"）学校教师队伍素质，为"三区"教育改革和发展提供人才支持。

（一）政策脉络

2010年，我国第一份中长期人才发展规划纲要出台，该纲要在对我国过去人才工作进行总结和对当前所面临的人才形势研判的基础上，对未来时期我国人才发展目标和任务做出明确部署，提出了实施12项重大人才工程，其中就包括边远贫困地区、边疆民族地区和革命老区人才支持计划。为贯彻落实人才规划纲要的精神，2011年中组部牵头部委出台了《边远贫

困地区、边疆民族地区和革命老区人才支持计划实施方案》，该方案明确指出要充分发挥政府主导作用，有计划地为边远贫困地区、边疆民族地区和革命老区输送和培养科教文卫等领域急需紧缺人才，为促进实现基本公共服务均等化目标、推动区域协调发展提供人才支持和智力服务，以提升其公共服务水平、改善民生。在此基础上，各部委相继出台了面向边远贫困地区、边疆民族地区和革命老区专项人才支持方案。

（二）政策内容

"三区"人才支持计划自实施开始，每年引导10万名优秀教师、医生、科技人员、社会工作者、文化工作者，安排到"三区"县、乡一级有关单位一线的专业工作岗位，以全日工作形式为受援地提供服务，时间一般不少于1年，每年重点扶持培养1万名"三区"急需紧缺人才。

第一，支持范围。以县为基本单元，主要是国家确定的连片特困地区覆盖的县（680个）、国家扶贫开发工作重点县（152个）和省级扶贫开发工作重点县（418个）。第二，人员选派。参与选派和培养的人员主要是优秀的科技、教育、文化、卫生、社会工作等公共服务领域的专业技术人员，同时兼顾受援地急需紧缺的其他人才，选派的人员一般具有中级以上专业技术职称或职业水平，以就近就便、本省调配的形式为主，调动省会城市、中心城市的人才资源和培训资源支持省内受援地及人才资源和培训资源相对薄弱的省区。第三，保障支持。符合条件的人员在职务安排、职称晋升、研究生考试等方面给予政策支持，且各领导部门负责制订本部门支持人员的奖励计划。在经费保障方面，中央和地方各级财政为实施各专项提供经费支持。各部门具体实施方案，如表10-6所示。

表10-6　　　　边远贫困地区、边疆民族地区和革命老区
各专项人才支持计划实施方案

类型	选派人员	实施方案
教师专项	每年选派约3万名，培养3000名	教育部每年下达"三区"教师专项计划选派教师分省任务，各省根据受援地需求，制订具体选派方案。以2013年为例，以受援县在校生人数为基数，按照不低于每2600名学生选派1名支援教师的标准确定。选派教师来源主要从省会城市、中心城市办学水平高、教育质量好的学校选派，原则上选派中级以上专业技术职务的骨干教师。选派教师必须到受援县的县级以下（含县）学校连续任教一个完整的学年

续表

类型	选派人员	实施方案
医务工作者专项	每年选派约3万名，培养2500名	—
文化工作者专项	每年选派约1.9万名，培养1500名	文旅部每年向各省下达文化工作者专项选派人员任务，各省制订具体选派方案，并上报文旅部。资格要求：选派具备专业技术职务的优秀文化工作者，也可招募有文化艺术专业背景的志愿者，或大专院校艺术学院学生。选派人员必须到受援县的县级以下（含县城）有关单位一线的文化专业岗位工作1年，或设立短期服务项目。按照平均每县1—2人的标准，为当地文化工作者到省会城市、中心城市文化单位接受专业培训或挂职锻炼
科技人员专项	每年选派约2万名，培养2500名	选派对象主要为省会城市、中心城市和省内其他县、市能够解决受援县科技需求的、具有中级专业技术职称以上的现代农业、工业、服务业以及农村环保、信息化等行业科技人员。主要工作内容为围绕受援地支柱产业的科技需求，提供公益专业技术服务，或者与农民结成利益共同体、创办领办农民合作社、企业等，为受援地培养本土科技人才，服务时间不少于1年
社会工作者专项	每年选派约1000名，培养500名	选派条件：取得助理社会工作师、社会工作师职业水平证书，或具有社会工作专业本科以上学历，且具有1年以上专业社会工作经验，支持选派在读社会工作硕士、博士研究生为"三区"提供专业服务。选派方式，调动省会城市、中心城市相关事业单位、社区、民办社会工作服务机构和高校社会工作专业人才资源，部分地区可采用对口支援方式；选派人员为受援地提供服务时间一般为1年或设立必要的短期服务项目。服务领域，主要是面向老年人福利机构、残疾人福利和服务机构、儿童福利机构等社会福利机构

注：医务工作者专项实施方案无法公开获取。
资料来源：各部门人才支持专项计划的通知。

(三) 政策效果

"三区"人才支持计划，通过选派专业人员和协助培养的方式，改善了边远贫困地区人才资源紧缺状况，为脱贫攻坚的实现打下了坚实基础。按照计划方案，2011—2020年五个专项约选派了100万专业人才，为受援地培养、培训了10000名紧缺人才。例如截至2017年，在甘肃省"三区支教计划"实施的三年中，共向计划实施的受援地区输送各学段支教教师

5352 人次，其中紧缺学科 1889 人次，占选派教师人次的 35%[①]；2014—2019 年，内蒙古全区累计选派"三区"科技人员 5083 人次，涉及农业、畜牧业、科研管理、加工制造等多个领域，获得中央财政支持经费 10166 万元，培训经费 116 万元，自治区配套培训经费 135 万元[②]。相较于其他人才扶持项目，"三区"人才支持计划有着显著的优势：一是援助地更加聚焦，主要是面向发展落后的边远贫困地区、边疆民族地区和革命老区；二是援助内容更加广泛，五项援助内容基本覆盖了受援地教育、医疗、农业等各个方面需求；三是援助方式更加合理，采取就近援助原则，自下而上上报需求方案；四是援助标准更高，要求选派人员具有中级职称，要求在一线岗位进行服务，并且要为当地协助培养相关人才[③]。

但是，在计划实施过程中，仍暴露出一些问题。首先，可供选派的人数不足，由于采用就近援助方式，西部省区自身人才基数较小，难以达到较高的选派标准；其次，人员培训难度较大，边远贫困地区由于当地人员底子薄弱，短期内培训很难起到立竿见影的效果。

第四节　小结与展望

一　小结

西部大开发以来，国家实施了一系列人才帮扶政策，覆盖了多个层次和各个领域，在缓解西部人才短缺问题上发挥了重要作用，为西部地区经济社会发展源源不断地注入新鲜血液，扶植带动了西部地区本土人才的成长与发展，是一项伟大的中国创举与特色工程。

（一）政策目标从"服务西部开发"向"驱动西部发展"跃升

随着人才在经济发展中的作用与地位凸显，西部地区人才帮扶政策的出发点发生了重要转变，由原来的服务性、保障性上升到驱动性、引领性，本质上反映的是政府对人才在经济社会发展中功能与定位的深化过

[①] 赵宁：《支教政策的成效、困境与突围——基于甘肃省"三区支教计划"的研究》，《西北成人教育学院学报》2018 年第 3 期。

[②] 郭文君：《浅论内蒙古"三区"科技人员专项计划发展策略》，《内蒙古科技与经济》2020 年第 14 期。

[③] 严娟、郑红梅、茶本平等：《云南省"三区"科技人才的实施及效果》，《云南科技管理》2020 年第 4 期。

程。21世纪之初,要素驱动、投资驱动是我国经济发展重要动力来源[①],西部大开发的主要任务也是围绕基础设施改善、产业结构调整和生态环境建设等领域展开,人才资源在西部开发中是一种服务性、保障性的地位。在2002年《"十五"西部开发总体规划》等重要政策中,对人才帮扶的定位是为各领域开发提供人才支持、智力服务,各项人才帮扶政策措施也大都同西部大开发战略紧密相关。而随着经济发展动能转换,西部地区依靠物质资本投入的要素驱动模式效益减弱,创新驱动与人才驱动在西部地区经济社会发展中的地位越来越重要。在此背景下,政府日益重视人才引领性、驱动性作用的发挥,在2010年国务院出台《国家中长期人才发展规划纲要(2010—2020年)》后,人才帮扶逐步上升到各项发展政策中的关键位置,帮扶措施的覆盖范围、层次水平也逐渐提高,覆盖到各级教育、医疗卫生、"三农"建设和科技创新等多个领域。尤其是党的十八大后,更加强调通过人才帮扶政策引导创新创业、带头脱贫致富等。可以看出,现阶段对西部人才帮扶不再只是以满足人才需求为目的,更是要通过人才帮扶为西部地区高质量发展注入新动能。

(二)政策重心从"规模扩张"向"质量提升"转变

随着西部地区人才资源问题的变化,人才帮扶政策内容与重心也有所改变,从最初侧重覆盖范围、人员数量的规模性扩张,逐步转变为强调体系完善、层次水平等质量方面的提升。西部大开发之初,面临的最主要人才问题是数量短缺,已有人才难以满足各领域大规模开发的需求[②],普遍性提升人才供给规模是前期政策关注的重点。与此同时,高校大规模扩招后,毕业生就业困难问题的出现,国家密集出台政策鼓励其到西部去、到基层和艰苦地区就业。因此,高校毕业生成为满足西部地区人才规模需求的重要来源,开展了"西部计划"、"三支一扶"和"特岗教师"等大学生专项就业计划,引导大量毕业生到西部就业创业。然而,前期帮扶大都针对基层人才短缺问题,西部创新驱动和高质量发展所需要的专业性、高层次人才依然匮乏。因此,近年来人才帮扶政策更加重视质量和水平的提升,强调对各领域的专业人才、技术骨干和领军人才进行帮扶,如出台高层次人才援助、万名专家服务基层等行动计划,为西部地区经济科技重点

---

① 江飞涛、武鹏、李晓萍:《中国工业经济增长动力机制转换》,《中国工业经济》2014年第5期。

② 杨云彦:《西部开发中的人力资本投资与人才问题》,《统计与决策》2002年第3期。

领域、重点产业、战略性新兴产业、特色优势产业、重大基础设施等提供人才支持。由此可以看出，西部地区形成了多领域、多层次的人才帮扶政策格局，高校毕业生是保障西部人才帮扶规模的主力，专业性、技术性是近年来人才帮扶政策的重要内容。

（三）政策措施从"外生援助"向"内生培植"升级

西部地区人才帮扶政策从以交流锻炼、志愿服务为主的外生性援助，逐步向长效引入、本土化发展的内生性培植措施升级。在政策早期，为完成行政性任务要求，调动全国资源和力量支援西部地区建设，很多帮扶政策是以短期项目服务的方式进行的，包括选派干部支援西部、招募志愿者以及挂职锻炼等。此类政策更偏向于运动式治理，在一段时间将某项人才帮扶政策作为政治任务来实现，其优点在于可以集中力量、整合资源、短期内实现目标，但同样存在着政策短视、效果不可持续等问题[①]。在这种情况下，一些稳定性、长期性的政策陆续出台，每年定期选派、招聘各类人才到西部地区就业，保障西部地区人才的持续性供给。例如，"西部计划"就是典型的长期性人才帮扶政策，截至2019年，该计划实施17年间累计招募应届毕业生近30万人。然而，在服务期满后，这些政策所引入的人才同样存在着较高的流动率和流失率，能够长期扎根西部的人才比例较低。因此，降低外部人才依赖，增强西部地区对人才的培养与保留，成为现阶段人才帮扶政策关注的重点，实施了"三区"人才支持计划、如毕业生基层成长计划、乡村教师支持计划等。总的来说，当前人才帮扶政策中教育培养、扶植培训以及成长支持等内生性帮扶措施日益突出，政府对西部地区人才培养与成长的根本性问题关注度不断提升。

二 展望

在新时代推进西部大开发形成新发展格局的背景下，西部地区人才发展形势与需求发生重大变化，在总结、反思既往人才帮扶经验的基础上，人才帮扶政策需要迈向更高的层次和水平。

（一）统筹推进普遍提升与差异帮扶

国家做出推进西部大开发形成新格局的重大决策部署，对西部经济社

[①] 张文礼、王达梅：《科层制市场机制：对口支援机制的反思》，《西北师大学报》（社会科学版）2017年第5期。

会发展提出更高的发展目标与要求。针对大保护、大开放、高质量发展的新格局发展要求，西部地区人才帮扶政策要进一步转型升级，为避免以往帮扶政策分散性、笼统性、资源配置错位等问题，应按照普遍性提升与差异性帮扶的思路统筹推进：一方面，是准确把握新格局下西部地区对人才资源的普遍性需求，从顶层设计上对人才帮扶的规模布局、结构布局进行规划，以此为基础对现有人才帮扶政策体系进行优化，实现人才帮扶的层次结构、行业结构和内容结构能够契合高质量发展要求；另一方面，人才帮扶政策要回应区域差异化的发展诉求。未来，西部地区内部面临的发展问题差异化将逐渐扩大，内陆地区同边疆民族地区、经济开发区同生态保护区、城市地区同农村地区之间对于人才资源需求不尽相同。西部地区人才帮扶政策要在确保宏观战略规划一致的基础上，根据区域发展的特色化、差异化需求，有重点地展开行动，例如针对边疆民族地区，在人才帮扶政策中要对民族文化传承、边疆安全稳定、边境贸易发展等领域进行重点支持。

（二）增强政府与社会多元主体协同

在西部地区人才帮扶的历史实践中，形成了对政府主导的行政性帮扶模式严重路径依赖，实施主体和用人单位以政府部门或事业单位为主，企业和社会组织参与程度很低，这造成了以往帮扶政策过度追求短期成效、持续性动力不足以及效率不高等问题[1]。因此，未来要创新人才帮扶政策的手段措施，积极引入市场、社会等多元主体的参与，形成协同共治效应：首先，打破人才帮扶领域一元主导的惯性思维，在政府主导的基本框架下，政策制定层面就要明确多元主体的地位与作用，畅通政府与其他主体协同治理的体制机制，拓宽人才资源培养与引进的渠道；其次，要创造性构建协同帮扶模式，通过税收优惠等政策支持，激发市场主体参与人才帮扶的积极性，探索性将"PPP模式"等合作模式应用到人才帮扶中去，发挥企事业单位在人才帮扶、使用和培养中的主体性作用；最后，要重视社会组织在西部地区人才帮扶中的能动作用，在教育、医疗、社会工作等具有准公共性质社会服务中，政府资源供给不足，企业缺乏参与动力，社会组织则成为了重要的补足力量，要鼓励公益性社会组织发展，搭建好对接服务平台，吸引更多人才志愿服务西部发展。

---

[1] 石绍宾、樊丽明：《对口支援：一种中国式横向转移支付》，《财政研究》2020年第1期。

（三）综合优化发展资源与成长环境

从生态系统理论来看，人才作为一种要素资源，其成长与发展并不是孤立的，系统内外的资源与环境会产生重要影响[①]，意味着人才帮扶如果只关注人才资源本身，其成效会大打折扣。然而，西部地区人才帮扶政策长期以来的工作重心在"引"，对于人才成长与发展的关注不够，"引得来、留不住"成为困扰西部人才帮扶的一大难题。因此，未来人才帮扶政策要朝着构建良性人才生态升级，推动人才的发展资源与成长环境综合优化，实现"引才"、"留才"与"育才"的有机衔接：从人才发展资源来看，要加大对于西部地区人才培养与发展的支持力度，进一步提升帮扶人才的工资待遇、发展路径以及福利保障等，尤其是要提升扎根基层服务的教师、医生等待遇水平，加大在培训成长、研修研讨、职称晋升等发展机会的倾斜力度；从人才成长环境来看，挖掘西部地区在绿色生态、沿边开放等特色优势，构建集群式的事业发展平台，同时继续加大西部地区交通运输、通信邮电等基础设施建设，重点缩小教育、医疗等公共服务地区和城乡差距，提高地方政府人才服务的效率与水平等。此外，根据人才生态论观点，人才帮扶政策也要增强同区域要素资源的黏滞性、同其他领域发展政策的协同性，以形成人才成长与发展合力。

[①] 商华、王苏懿：《价值链视角下企业人才生态系统评价研究》，《科研管理》2017年第1期。

第三部分
实证研究

第十一章

实证部分研究设计

从前文政策研究可以看出，国家在政策上对西部地区公共人力资本投资进行了大力的支持，尤其是对公共教育和公共健康领域的发展给予了较多的关注。西部地区国家财政性教育经费支出在2000年仅为580.69亿元，到2019年大幅增长到10993.78亿元，年均增长达8.23%；政府卫生支出经费在2011年为2151.03亿元，到2019年增长到5135.33亿元，年均增长达11.49%。然而，从政策实施到资源投入，再到形成有效的产出效益，是一个漫长且复杂的过程，政府对西部地区公共人力资本投资的整体水平如何？投入产出效率如何？发挥了怎样的经济社会效益？则是政策研究基础上需要进一步关注的问题。

当前，国内涉及西部地区公共人力资本投资的实证研究可以分为两个方面：一方面关注投资过程中的相关问题，如西部公共人力资本投资充足性[1]、均衡性[2]和产出效率等问题[3]；另一方面关注投资取得的效益问题，

---

[1] 余游:《中国区域间基本公共服务投入差距及影响因素分析——以义务教育为例》,《云南财经大学学报》2012年第2期；陈晓宇:《我国教育经费充足问题的回顾与展望》,《教育发展研究》2012年第1期；沈百福:《公共教育投入的地区差异及变化》,《教育理论与实践》2014年第19期。

[2] 谢蓉:《基本公共教育资源均衡配置定量研究》,《教育科学》2012年第6期；梁朋、康珂:《基本公共教育均等化：基于财政预算投入的测量与评价》,《中共中央党校学报》2013年第6期；屈沙、钟若愚:《中国公共人力资本投资的空间分布及动态演变》,《统计与决策》2020年第23期。

[3] 李郁芳、于之倩:《中国地方政府公共教育的支出效率及其影响因素研究》,《福建师范大学学报》（哲学社会科学版）2013年第5期；周胜:《公共教育经费配置的效率差异与对策——基于中国各地区数据的经验研究》,《技术经济与管理研究》2014年第4期；贾婷月:《公共基础教育配置效率：资源优化还是资源浪费》,《上海财经大学学报》2017年第1期。

主要集中在经济增长[①]、脱贫增收[②]以及社会平等[③]等方面，认为公共人力资本投资对于西部地区经济社会发展是存在较为明显的促进与改善作用的。但是，也有研究持相反观点，如孙玉环和季晓旭[④]、孙嘉尉等[⑤]、周泽炯和马艳平[⑥]、张同功等[⑦]，认为西部地区公共人力资本投资效益并不高。总体来看，公共人力资本投资的效益问题深受学界关注，研究较为丰富，但也存在一些不足：已有对西部地区公共人力资本投资效益的实证研究视野相对较窄，大都从经济性效益视角出发，忽视了经济社会效益的复杂性；在研究过程中，大都以关注全国层面的投资效益为主，仅将西部地区作为一个比较样本进行分析，缺少对西部地区系统性、深入性的研究。

基于此，本部分按照资源配置水平—投入产出效率—经济社会效益的思路展开，采用统计学、计量经济学等实证研究方法，对西部地区公共教育和公共健康的资源投入、产出效率和多维效益进行考察，在实证结果的基础上，结合相关理论与西部发展实际，为未来西部地区公共人力资本投资的优化提供政策建议。

---

① 杨大楷、孙敏：《我国公共投资经济增长效应的实证研究》，《山西财经大学学报》2009年第8期；杨博文、高岩：《公共教育支出对区域经济增长的影响研究——基于东中西三大区域面板数据的分析》，《价格理论与实践》2019年第9期；封世蓝、程宇丹、龚六堂：《公共人力资本投资与长期经济增长——基于新中国"扫盲运动"的研究》，《北京大学学报》（哲学社会科学版）2021年第3期。

② 林迪珊、张兴祥、陈毓虹：《公共教育投资是否有助于缓解人口贫困——基于跨国面板数据的实证检验》，《财贸经济》2016年第8期；丁忠民、玉国华：《社会保障、公共教育支出对居民收入的门槛效应研究》，《西南大学学报》（社会科学版）2017年第4期；张俊良、张兴月、闫东东：《公共教育资源、家庭教育投资对教育贫困的缓解效应研究》，《人口学刊》2019年第2期。

③ 曲创、许真臻：《我国公共教育支出受益归宿的地区分布研究》，《山东大学学报》（哲学社会科学版）2009年第6期；李祥云、禹文颂、陈珊：《公共教育支出与居民收入分配差距》，《财经问题研究》2018年第8期；何宗樾、宋旭光：《公共教育投入对高等教育入学机会的影响：机制分析与差异研究》，《高等教育研究》2019年第7期；侯慧丽：《市场化教育与公共教育对教育不平等的作用机制》，《中国青年研究》2020年第12期。

④ 孙玉环、季晓旭：《教育投入对中国经济增长作用的区域差异分析——基于多指标面板数据聚类结果》，《地理研究》2014年第6期。

⑤ 孙嘉尉、顾海、马超：《人力资本投资与经济增长——基于我国1997—2010年省级面板数据的分析》，《软科学》2014年第3期。

⑥ 周泽炯、马艳平：《公共教育与健康人力资本对经济增长的影响研究》，《商业经济与管理》（社会科学版）2017年第2期。

⑦ 张同功、张隆、赵得志等：《公共教育支出、人力资本积累与经济增长：区域差异视角》，《宏观经济研究》2020年第3期。

第一节 研究对象

实证部分将公共教育投资和公共健康投资两个方面,作为西部地区公共人力资本投资效益的主要研究对象。主要原因如下:一方面,教育投资和健康投资是公共人力资本投资的两个主要领域,健康投资在人力资本形成中起着基础性与保障性的作用,是人力资本健康成长与发展的基础,而教育投资则在人力资本形成中起着主导性和发展性作用,是影响人力资本质量与水平的关键因素[1];另一方面,研究公共教育和公共健康投资有着重要意义,教育和健康作为一个国家或地区最重要的基本公共产品,两者投资水平的高低基本代表了该区域公共人力资本投资的整体水平,对它们进行系统性的研究能够充分反映西部地区公共人力资本投资的成效与问题。此外,从研究的可行性来看,公共教育和公共健康投资占据了我国公共人力资本投资绝大部分资金,相较于其他投资领域,各项数据也更加容易获取与衡量,便于开展较长周期、较为系统的研究。

在研究过程中,如表 11-1 所示,公共教育投资采用国家财政性教育经费作为代理指标,它是我国政府教育经费统计数据中主要的统计口径之一,也是已有公共教育投资研究中普遍采用的衡量指标[2];公共健康投资则采用政府卫生支出作为代理指标,同样是我国政府卫生经费统计中的官方统计口径,也是公共健康投资相关研究中普遍采用的指标[3]。

---

[1] Schultz, T. W., "Investment in Human Capital", The American Economic Review, Vol. 51, No. 1, 1961, pp. 1 – 17; Grossman, M., "On the Concept of Health Capital and the Demand for Health", Journal of Political Economy, Vol. 80, No. 2, 1972, pp. 223 – 255.

[2] 杨大楷、孙敏:《中国公共教育投资促进经济增长的实证研究》,《财贸研究》2009 年第 5 期;顾昕、周适:《中国公共教育经费投入与支出的现实审视》,《河北学刊》;张晓娣:《公共教育投资与延长人口红利——基于人力资本动态投入产出模型和 SAM 的预测》,《南方经济》2013 年第 11 期。

[3] 王俊:《中国政府卫生支出规模研究——三个误区及经验证据》,《管理世界》2007 年第 2 期;方敏:《国家应该花多少钱用于健康?——卫生投入与健康结果的文献评估》,《公共行政评论》2015 年第 1 期;郭锋、张毓辉、万泉等:《党的十八大以来我国政府卫生投入分析》,《中国卫生经济》2019 年第 4 期。

表 11 - 1　　公共教育投资和公共健康投资的代理指标与含义

研究对象	代理指标	具体含义
公共教育投资	国家财政性教育经费	主要包括一般公共预算安排的教育经费，政府性基金预算安排的教育经费，国有及国有控股企业办学中的企业拨款，校办产业和社会服务收入用于教育的经费等
公共健康投资	政府卫生支出	各级政府用于医疗卫生服务、医疗保障补助、卫生和医疗保障行政管理、人口与计划生育事务性支出等各项事业的经费

此外，为了解公共教育和公共健康投资的结构，进一步对其投资层级和类别细分：一方面，对公共教育投资分层，借鉴陈晋玲[1]、刘新荣和占玲芳[2]等人研究，以教育发展阶段为依据，将公共教育投资划分为基础教育、中等教育和高等教育三级投资。其中，基础教育包括普通小学和普通初中；中等教育包括普通高中和中等职业学校；高等教育主要涉及高等学校，包括普通高等学校和成人高等学校。另一方面，对公共健康投资分类，借鉴医疗卫生研究中常用的人、财、物的划分方法[3]，在政府卫生经费支出的基础上，将公共健康投资按照投入类型，细分为卫生硬件投入和软件投入，分别采用床位数和卫生技术人员数进行衡量。

第二节　研究思路

一　研究思路

本部分对西部地区公共人力资本投资的实证研究，根据经济学中投入产出的逻辑思想，按照"资源投入—产出效率—多维效益"的思路展开：首先，采用描述性统计方法，对西部地区公共教育投资和公共健康投资的

---

[1] 陈晋玲：《教育层次结构与经济增长关系的实证研究——基于2000—2011年面板数据分析》，《重庆大学学报》（社会科学版）2013年第5期。

[2] 刘新荣、占玲芳：《教育投入及其结构对中国经济增长的影响》，《教育与经济》2013年第3期。

[3] 张楠、孙晓杰、李成等：《基于泰尔指数的我国卫生资源配置公平性分析》，《中国卫生事业管理》2014年第2期；彭莎莎、徐慧兰：《长沙市2007—2013年卫生资源配置公平性分析》，《中国卫生政策研究》2015年第8期。

规模水平、负担水平和投资结构进行考察，以了解西部地区公共人力资本投资的资源投入水平；其次，构建公共教育和公共健康投资投入产出评价指标体系，采用 DEA-BCC 模型和 Malmquist 指数法，对基础教育、中等教育、高等教育以及公共健康投资效率进行综合评价；最后，从经济发展、创新驱动和民生福祉三个维度出发，采用计量经济学的方法，深入分析西部地区公共教育投资和公共健康投资产生的经济社会效益，详细思路见图 11-1。

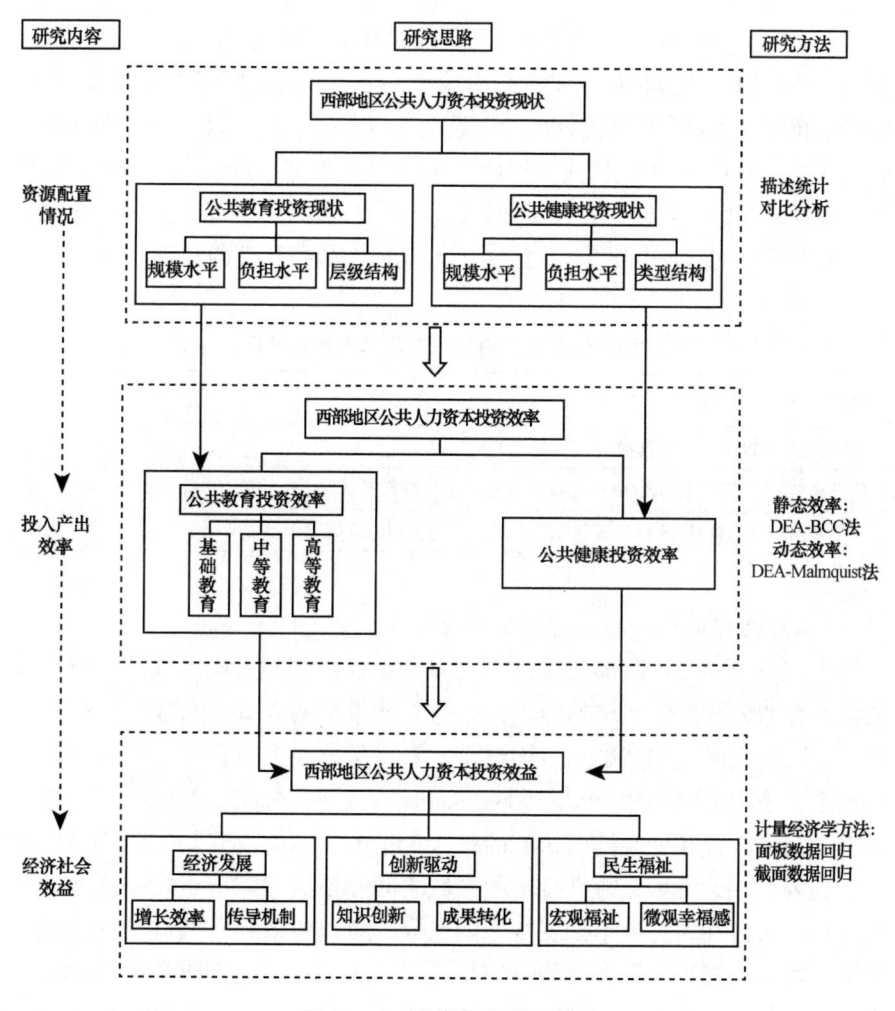

图 11-1 实证部分研究思路

二 研究步骤

基于以上思路，实证部分沿着资源投入—产出效率—多维效益的链条环节，主要关注以下三大部分内容。

（一）西部地区公共人力资本投资现状

该部分主要研究公共人力资本投资的投资规模、负担水平和投资结构，如表11-2所示。首先，对西部地区公共人力资本投资经费的总体规模和人均规模进行计算，并进行区域间与省际间的比较分析；其次，通过计算公共人力资本投资占GDP比重和占全社会总投资经费比重，分析西部地区投资的经济负担与政府负担水平；最后，考察公共教育投资经费在基础教育、中等教育和高等教育层次之间的分配情况，以及公共健康投资中硬件和软件投入水平，明确细分领域的投资情况。对公共人力资本投资现状研究，能够清晰地反映投资的规模性、充足性和均衡性等资源投入情况，是对前文政策研究相关内容的验证与延伸，也是后文中效率与效益研究的基础。

表11-2　　西部地区公共人力资本投资现状主要研究内容

研究内容	主要指标
投资规模	投资经费总规模、投资经费人均规模
负担水平	投资经费占GDP的比重、占全社会总投资经费比重
投资结构	不同层级的公共教育投资情况、不同类型的公共健康投资情况

（二）西部地区公共人力资本投资效率

该部分主要关注西部地区公共人力资本投资的投入产出效率问题，即公共教育和公共健康领域的经费投入与其所带来的教育与医疗产出的对比分析。在前人研究的基础上，构建了一套衡量公共人力资本投资效率的指标体系，采用DEA-BCC模型和Malmquist指数法，分别对基础教育、中等教育、高等教育和公共健康领域的投入产出的静态效率和动态效率进行评价，如表11-3所示，并进行不同区域之间和不同时间节点之间效率的比较分析。对公共人力资本投资效率的研究，可以有效揭示西部地区公共人力资本投资的资源配置能力与使用情况，厘清当前影响其投资效率的主要因素，为各级政府提高公共人力资本投资的效能与质量、减少资源浪费提供科学依据。

表 11-3　西部地区公共人力资本投资效率主要研究内容

效率评价	主要内容	方法
静态效率	（1）西部公共人力资本投资综合效率现状； （2）规模效率与纯技术效率的分解； （3）同基期年份综合效率、规模效率与纯技术效率对比分析	DEA-BCC 模型
动态效率	（1）考察期内西部公共人力资本投资全要素生产率的变化情况； （2）影响西部公共人力资本投资要素生产率变动的关键因素	Malmquist 指数法

（三）西部地区公共人力资本投资经济社会效益

该部分主要是对西部地区公共人力资本投资效益进行实证检验，是本书关注的核心内容，也是本书的落脚点。由于公共人力资本投资的效益是一个复杂的体系，包括直接效益和间接效益、宏观效益和微观效益以及经济和社会效益等多个方面，需要从多个维度进行分析。因此，本书在理论分析基础上，结合我国当前社会主义现代化建设的需求，采用面板数据回归等方法，重点研究西部地区公共教育和公共健康投资对区域经济发展、创新驱动和民生福祉三个维度的影响，如表 11-4 所示。该部分实证结果，能够揭示公共人力资本投资在西部经济社会发展中发挥了怎样的作用以及相关机制如何，为西部地区公共人力资本投资策略调整、效益实现以及成果共享提供参考，对实现高质量发展、共同富裕有着重要意义。

表 11-4　西部地区公共人力资本投资效益研究的主要内容

效益维度	研究内容	主要方法
经济发展	（1）公共教育和公共健康投资对西部经济增长的影响及其传导机制； （2）不同层级公共教育投资和不同类型公共健康投资对西部经济增长的影响及差异； （3）西部公共人力资本投资影响的时间空间差异分析	面板数据回归、中介效应检验、泰尔指数计算等
创新驱动	（1）公共教育投资和公共健康投资对西部创新价值链（知识创新—技术转化）两个阶段的影响； （2）不同层级公共教育投资和不同类型公共健康投资对西部创新价值链影响及差异； （3）公共教育投资和公共健康投资对西部创新价值链影响非线性关系	面板数据回归、门槛效应检验等

续表

效益维度	研究内容	主要方法
民生福祉	（1）宏观层面上，西部地区公共教育投资和公共健康投资对生活消费、就业收入、文化教育和安全健康方面的影响以及时间维度上的变化； （2）微观层面上，西部地区公共教育投资和公共健康投资对居民主观幸福感的影响，以及经济社会地位和财政透明度在其中的作用机制	熵值法、面板数据回归、截面数据回归、中介效应检验、调节效应检验等

第三节 结构安排

按照上述框架划分，实证部分具体章节构成如下。

第十一章，实证部分研究设计。对研究对象、研究思路和结构安排进行了明确阐述。

第十二章，西部地区公共人力资本投资现状。重点描述了2000—2019年西部地区公共教育投资和公共健康投资的规模、结构及其变化趋势，并进一步总结了西部地区公共人力资本投资的特点。

第十三章，西部地区公共人力资本投资效率。首先，对公共人力资本投资效率测算的思路、方法与数据进行了介绍；其次，按照基础教育、中等教育、高等教育和公共健康投资的划分方式分为4个小节进行了具体测算；最后，按照静态和动态两个维度进行效率分析，根据效率测度结果提出研究结论及启示。

第十四章，西部地区公共人力资本投资的经济发展效益。首先，总结梳理前人相关研究的现状与不足，在理论分析的基础上提出研究假设，构建面板数据计量模型，考察了公共教育投资和公共健康投资对西部地区经济发展的影响及其作用机制。其次，进一步分析不同级别公共教育和不同类型公共健康投资影响的差异，并考察了十八大前后这种影响的变化趋势。最后，尝试用公共人力资本投资差距解释区域经济发展差距，并对本章研究进行总结。

第十五章，西部地区公共人力资本投资的创新驱动效益。首先，提出了本章研究的主要问题，在理论分析的基础上，将创新价值链分为知识创新和成果转化两个阶段，并提出研究假设，构建固定效应模型，分析公教育投资和公共健康投资对西部地区创新价值链的异质性影响；其次，对公共教育投资进行分级研究，探讨不同层级公共教育投资对创新价值链的作用机制；最后，进一步搭建门槛回归模型来研究公共人力资本投资与区域创新价值链之间的非线性关系，并提出研究结论与启示。

第十六章，西部地区公共人力资本投资的民生福祉效益。本章共分为3个小节：第一节为本章思路，主要包括选题的背景及现实研究意义，在理论上对民生福祉的内涵进行界定，划分出宏观和微观两条实证思路；第二节为宏观实证部分，通过构建多维民生福祉综合评价体系，考察西部地区公共教育投资和公共健康投资对民生福祉的影响作用，而后针对各级公共教育投资和各类公共健康投资对民生福祉的作用差异进行探究，并进一步分析了十八大前后这种差异的变化趋势；第三节为微观实证部分，利用微观调查数据和省份层面数据，分析公共教育和健康投资对西部地区居民幸福感的影响效用，以社会经济地位为中介变量、财政透明度为调节变量，探究这两个变量在公共人力资本投资影响居民幸福感过程中的作用机理，为西部地区民生福祉发展提供理论参考。

第十二章

西部地区公共人力资本投资现状

本章从公共教育投资和公共健康投资两个维度考察了我国西部地区公共人力资本投资现状，分别从投资的绝对水平、负担水平和投资结构来进行分析：绝对水平可以直接反映西部地区及各省份公共人力资本投资的整体状况和变动趋势；负担水平重点体现公共人力资本投资的经济负担和财政负担情况；投资结构体现不同层级的教育投资与不同类别的健康投资状况。研究西部地区公共人力资本投资的发展现状及演变趋势，有助于掌握西部地区人力资本发展中存在的突出问题，为后文实证研究奠定基础。

第一节 西部地区公共教育投资的现状分析

政府公共投资是我国教育投资的主要来源，2019年全国教育经费支出50178.12亿元，其中国家财政性教育经费39905.08亿元，占总教育经费的79.53%。本节选用国家财政性教育经费来代表政府公共教育投资，研究西部地区公共教育投资的现状。

根据2001—2020年《中国教育经费统计年鉴》，本节分别从投资绝对水平、负担水平和支出结构三个维度梳理我国西部地区及各省份的公共教育投资现状。由于我国教育资源配置的区域差距较大，将西部地区与东、中部地区的公共教育投资现状进行了对比，得出西部地区发展的特点，并对差异产生的原因进行分析。

一 西部地区公共教育投资的绝对水平

（一）公共教育投资的整体规模

国家财政性教育经费是指中央和地方财政部门的财政预算中实际用于

教育的费用①，能够反映各区域和各省间的公共教育投资整体规模。2000—2019 年我国国家财政性教育经费规模持续增长，从 2562.61 亿元扩大到了 39905.08 亿元，增长规模达 14.57 倍，年均增长率为 15.55%，增长速度较快。

1. 地区层面。如图 12-1 所示，2000—2019 年我国各地区国家财政性教育经费整体呈现稳步增长态势，西部与中部基本相当，但是与东部存在较大差距，且有进一步扩大的趋势，不同地区之间教育支出差距较为明显。从变化趋势看，2019 年西部地区国家财政性教育经费为 10993.78 亿元，较 2000 年的 580.69 亿元增长了近 18 倍，但是比东部地区少 8107.49 亿元，仅为东部地区的 57.56%。从增长速度看，区域间政府教育投资增速也略微存在差距，特别是 2012 年国家财政性教育经费达到 GDP 的 4% 后，

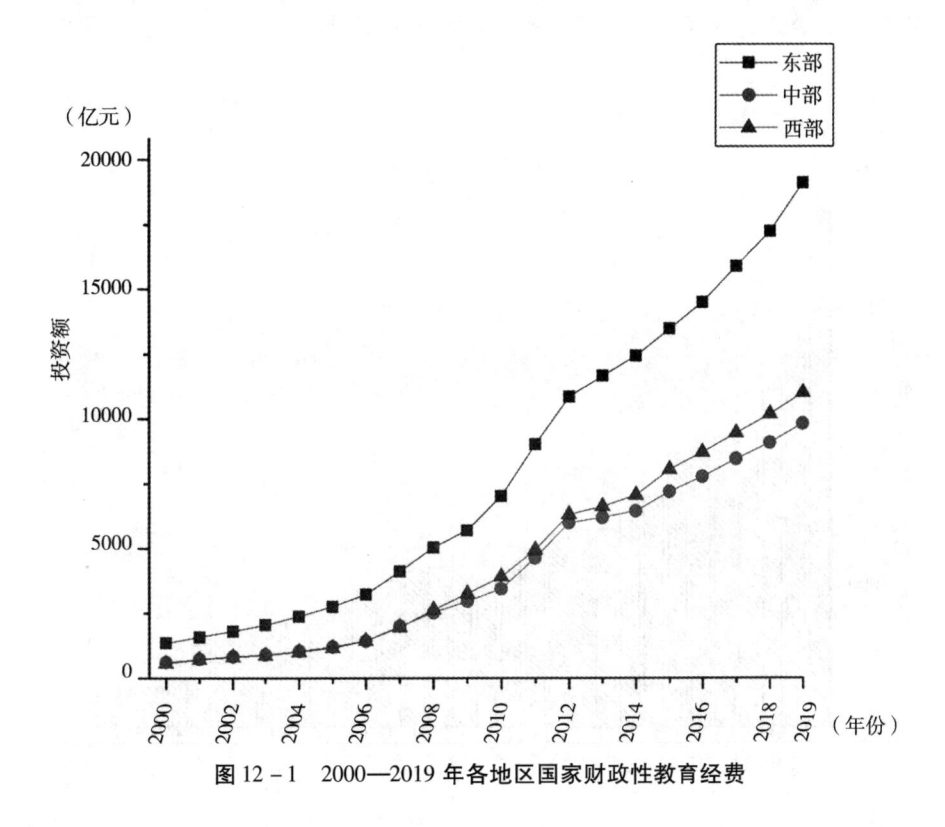

图 12-1 2000—2019 年各地区国家财政性教育经费

---

① 曲铁华、朱永坤：《城乡一体化：农村义务教育发展困境的突破口》，《教育理论与实践》2014 年第 25 期。

政府教育经费投资增长逐渐放缓，2012—2019年西部地区年均增长率为8.23%，低于东部地区的8.43%，高于中部地区的7.31%，西部与东部地区的支出差距逐渐拉大，区域间公共教育发展仍然十分不均衡。

2. 省级层面。如图12-2所示，2019年全国31个省份平均国家财政性教育经费为1287.26亿元，有12个省份处于平均值之上，其中西部地区只有四川达到全国平均水平，2019年政府教育经费支出为1954.08亿元，排在全国第七，只有位于全国第一的广东的51.14%。教育资源分配省际差异显著，不均衡现象较为明显，广东、江苏等排名前五的省份公共教育投资就占据了当年全国公共教育投资的32.84%，而西部地区的青海、宁夏在全国排名最低，排名最低的宁夏财政性教育经费支出仅为223.78亿元。即使是西部地区内部省份也存在较大差异，可能与各省份人口规模存在联系。总之，由于经济发展水平、教育规模差异等因素的影响，西部地

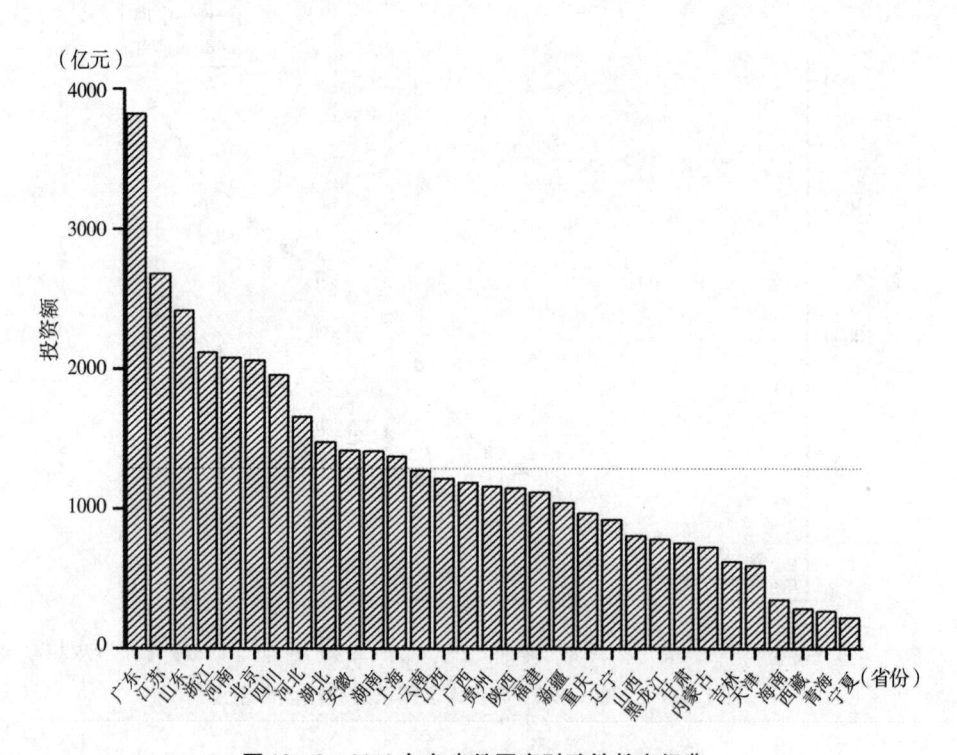

图12-2 2019年各省份国家财政性教育经费

区各省份公共教育投资落后于东、中部各省份，仍有较大的增长空间[①]。

（二）公共教育投资的人均规模

本节通过人均国家财政性教育经费来反映公共教育投资的人均规模，剔除各个区域的经济发展水平和人口规模差异的影响，更好地体现教育资源配置的效率，反映各区域和各省份间的公共教育支出差异。我国人均国家财政性教育经费由 2000 年的 203.39 元增长至 2019 年的 2842.55 元，增长幅度为 2639.16 元，增长了近 13 倍。

1. 地区层面。如图 12-3 所示，各地区人均国家财政性教育经费均呈上涨趋势，西部地区人均国家财政性教育经费始终低于东部地区，但一直高于中部地区。从变化趋势看，2000—2019 年西部地区人均教育经费从

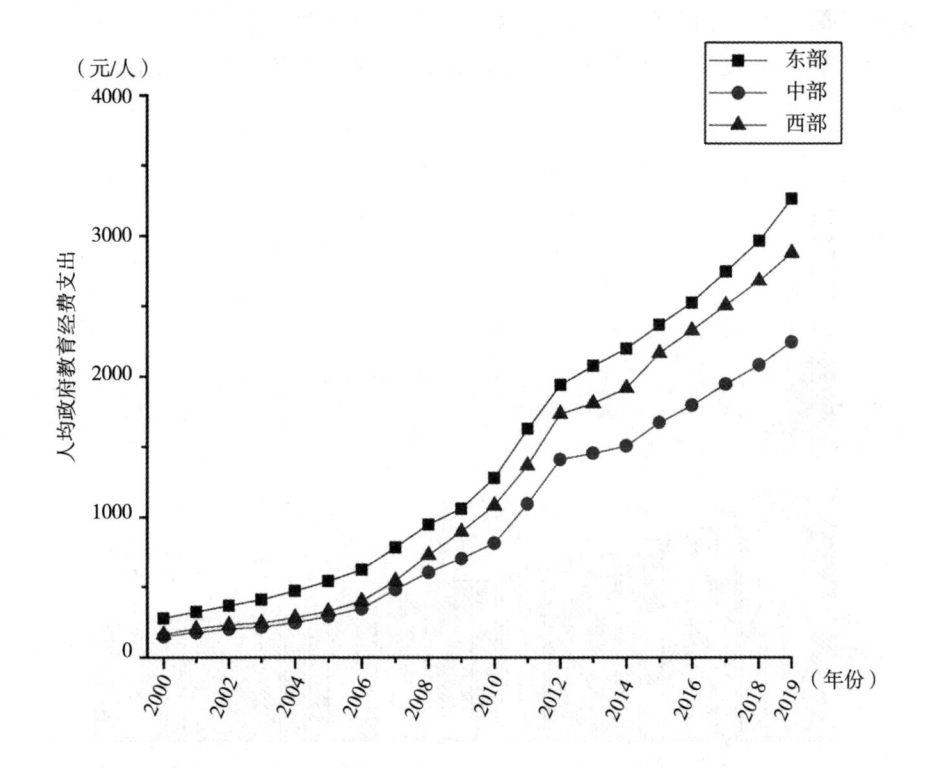

图 12-3 2000—2019 年各地区人均国家财政性教育经费

---

① 周海涛、王艺鑫：《中西部教育研究的热点领域与发展趋势——基于 CNKI 核心数据库文献的可视化知识图谱分析》，《西北师大学报》（社会科学版）2021 年第 6 期。

162.96元增长到了2879.46元,增长了近17倍。从增长速度看,2000—2019年西部地区人均国家财政性教育经费年均增长率为16.32%,高于东、中部的13.81%和15.34%,西部地区人均教育经费增长最快。

2. 省级层面。如图12-4所示,2019年全国31个省份人均国家财政性教育经费平均值为3313.99元,有10个省份处于平均值以上,西部地区有西藏、新疆和青海3个省份达到全国平均水平,其中西部地区排名最高的西藏人均国家财政性教育经费为8084.31元,仅比排名最高的北京低1474.29元。西部省份人均国家财政性教育经费差异较大,四川政府教育经费总额排名第一,但作为2019年西部地区人口最多的省份,人均支出排名最低,比西藏少5751.08元,仅为西藏的28.86%。西藏、青海等省份尽管经济发展水平落后,公共教育投资总额不高,但当地人口总量较少,适龄学子少,因此人均国家财政性教育经费高于全国平均水平。

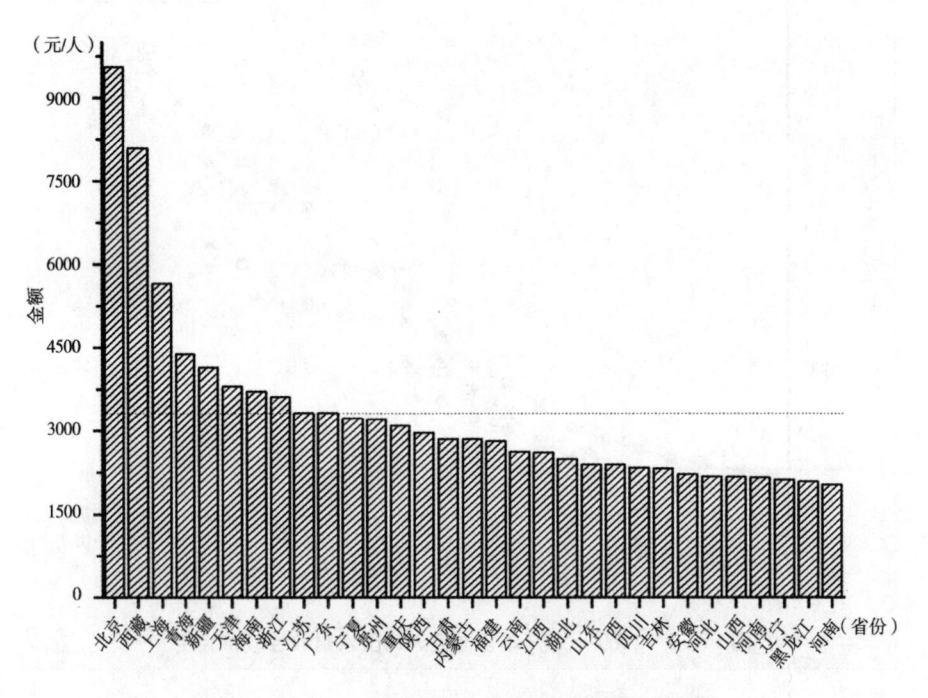

图12-4 2019年各省份人均国家财政性教育经费

二 西部地区公共教育投资的负担水平

（一）经济负担水平

国家财政性教育经费占 GDP 的比重是反映经济负担水平的重要指标，2000—2019 年国家政府教育经费支出占 GDP 的比重持续增长，由 2.56% 变动到了 4.05%[①]，增长幅度为 1.49%。2019 年西部和中部地区政府教育经费支出占 GDP 的比重均高于 4%[②]，而东部地区则未达到这个水平。

1. 地区层面。如图 12-5 所示，我国各地区国家财政性教育经费占 GDP 的比重存在明显差异，西部地区国家财政性教育经费占 GDP 的比重始

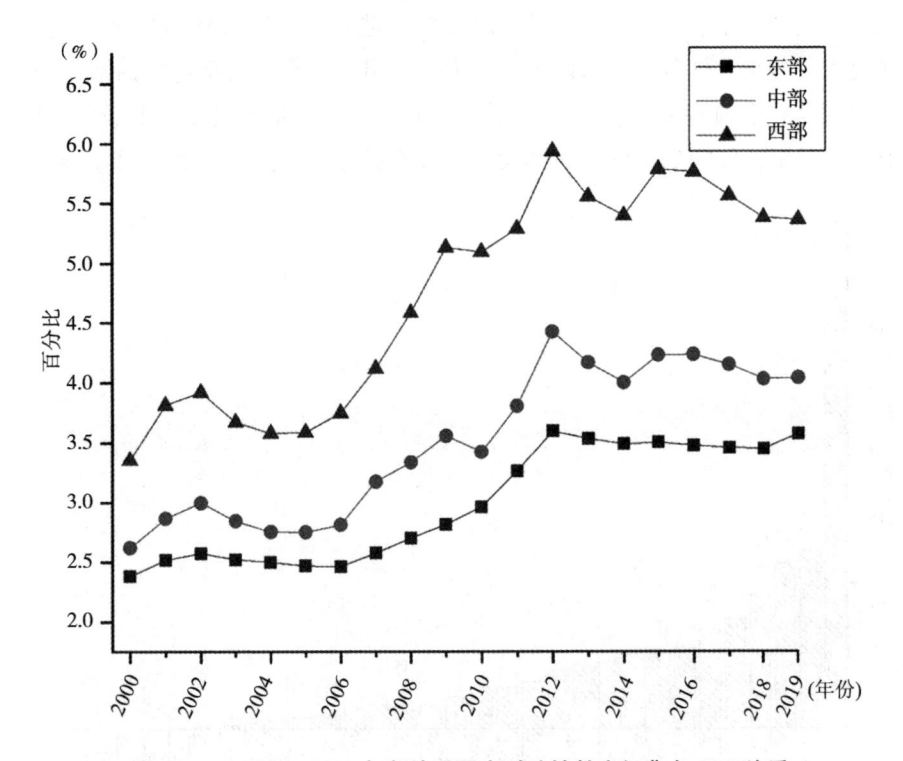

图 12-5 2000—2019 年各地区国家财政性教育经费占 GDP 比重

---

① 由于统计口径的不同以及 GDP 数据修正，所得数据与教育部发布数据略有出入。

② 中共中央、国务院在 1993 年颁布的《中国教育改革和发展纲要》中明确提出：要逐步提高国家财政性教育经费支出占国内生产总值的比例，到 20 世纪末达到 4%。2010 年 7 月，《国家中长期教育改革和发展规划纲要（2010—2020 年）》确立了国家财政性教育经费占 GDP 的比例在 2012 年达到 4% 的目标。

终维持在全国最高位,从变化趋势看,2000—2019 年西部地区国家财政性教育经费占 GDP 的比重从 3.35% 增至 5.37%,东部、中部地区分别从 2.38%、2.62% 增至 3.57%、4.04%,其中西部地区国家财政性教育经费占 GDP 的比重 2007 年已达到 4%,全国 2012 年达到 4%,东部地区仍有不足。从增长速度看,各地区国家财政性教育经费占 GDP 的比重都呈大体向上增长的趋势,2000—2019 年西部地区占比增长了 2.02%,高于东、中部地区的 1.19% 和 1.42%。总的来说,西部地区公共教育投资增长较快,国家财政性教育经费占 GDP 的比重也比东部、中部地区要高。

2. 省级层面。如图 12-6 所示,2019 年国家财政性教育经费占 GDP 的比重达到 4% 的有 20 个省份,其中西部 12 个省份全部达到 4% 的标准。特别值得关注的是,排名前 5 的西藏、青海、甘肃、新疆、贵州均为西部省份,其中西藏在全国最高,达到 16.71%,反观发达的东部地区则普遍较低,福建全国最低,仅为 2.64%。西部大多数省份教育经费占 GDP 的比重高于东

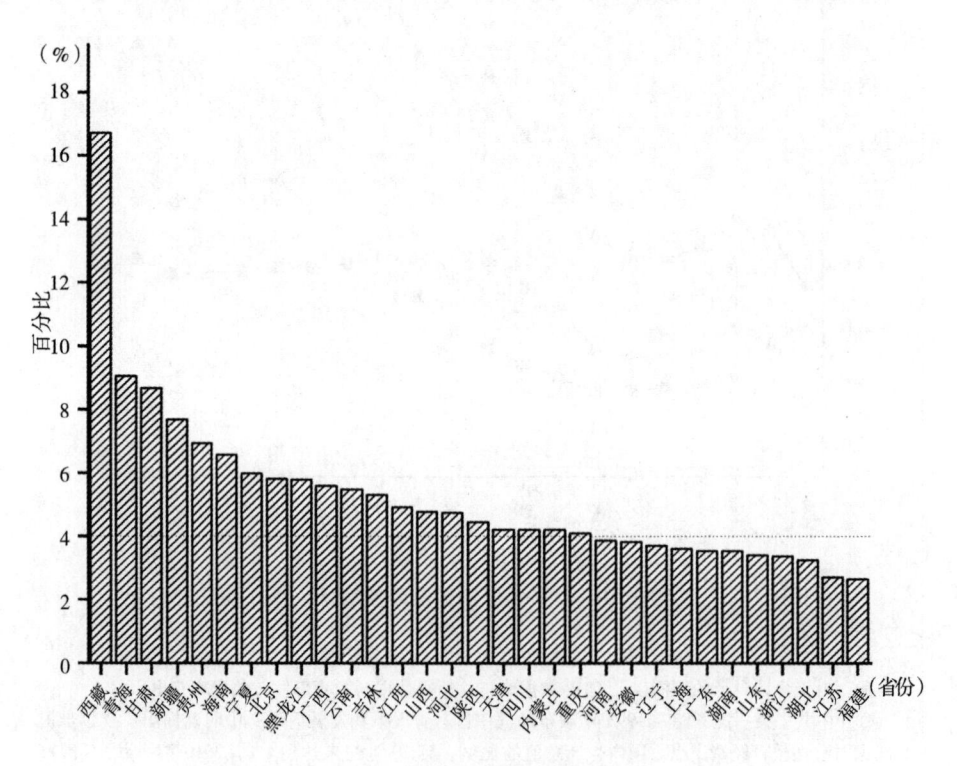

图 12-6 2019 年各省份国家财政性教育经费占 GDP 比重

部和中部地区,一方面是因为西部省份总体经济发展水平落后于全国平均水平,GDP 总量小,因此政府教育经费支出占 GDP 的比重较高;另一方面是因为东部发达省市人口众多,学校密集,存在规模效应,而西部省份地广人稀、居住分散,教育发展成本较高①。

(二) 政府负担水平

国家财政性教育经费占总教育经费支出的比重能够反映各个区域的政府负担水平。2000—2019 年我国政府教育经费支出占总教育经费支出的比重由 66.58% 上升至 79.75%,增长了 13.17%,整体呈波动上升的趋势,上升速度较快。

1. 地区层面。如图 12-7 所示,各地区国家财政性教育经费占总教育经费支出的比重均呈现波动上升趋势,西部地区的教育经费占比水平明显高于东部和中部地区。具体来看,西部地区政府教育经费占比由 2000 年的

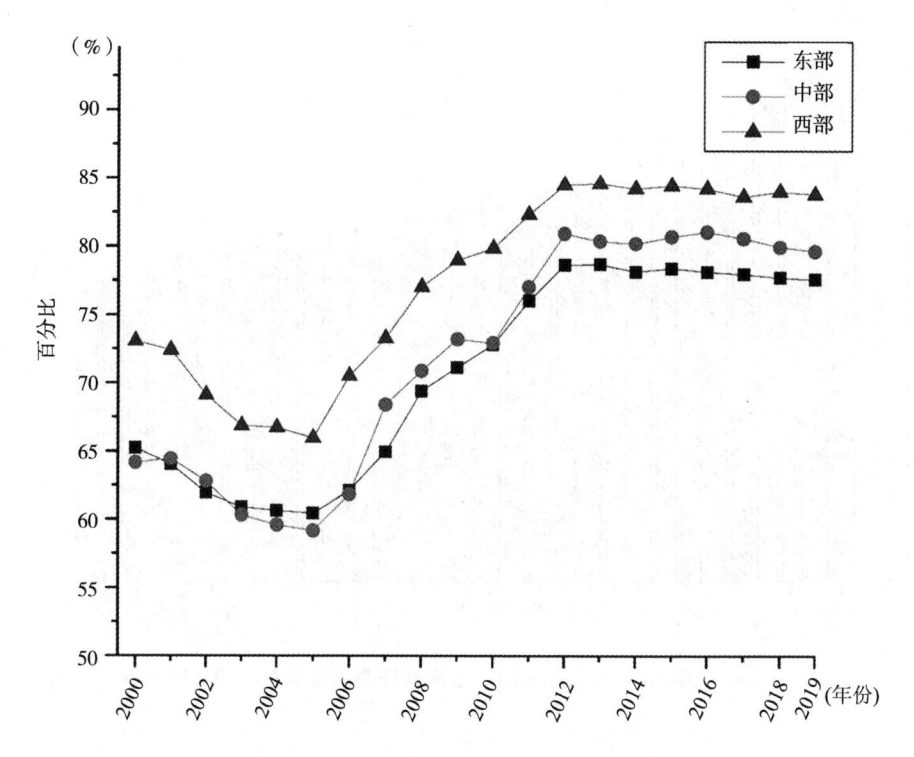

图 12-7 2000—2019 年各地区国家财政性教育经费占总教育经费支出比重

---

① 张丽君、董益铭、韩石:《西部民族地区空间贫困陷阱分析》,《民族研究》2015 年第 1 期。

73.05%增长到了2019年的83.83%,可见西部地区公共教育投资处于绝对地位。同时,2019年支出占比比东部地区高4.08%,说明相较于东部地区,西部地区公共教育投资可能过于依赖政府,社会投入教育机制不够完善,教育经费来源缺乏多样性,而东部发达地区社会资源丰富,经费来源比较广泛,除了政府投资外,还有民办学校中举办者投入、社会捐赠经费、企事业单位投资等来源[①]。

2. 省级层面。如图12-8所示,从省级层面来看,2019年各省份国家财政性教育经费占总教育经费支出的比重平均值为81.98%,西部12个省份中有9个省份达到全国平均水平,其中排名靠前的大多是西藏、青海、新疆等经济欠发达省份。一方面,国家对西部地区的转移支付力度不断

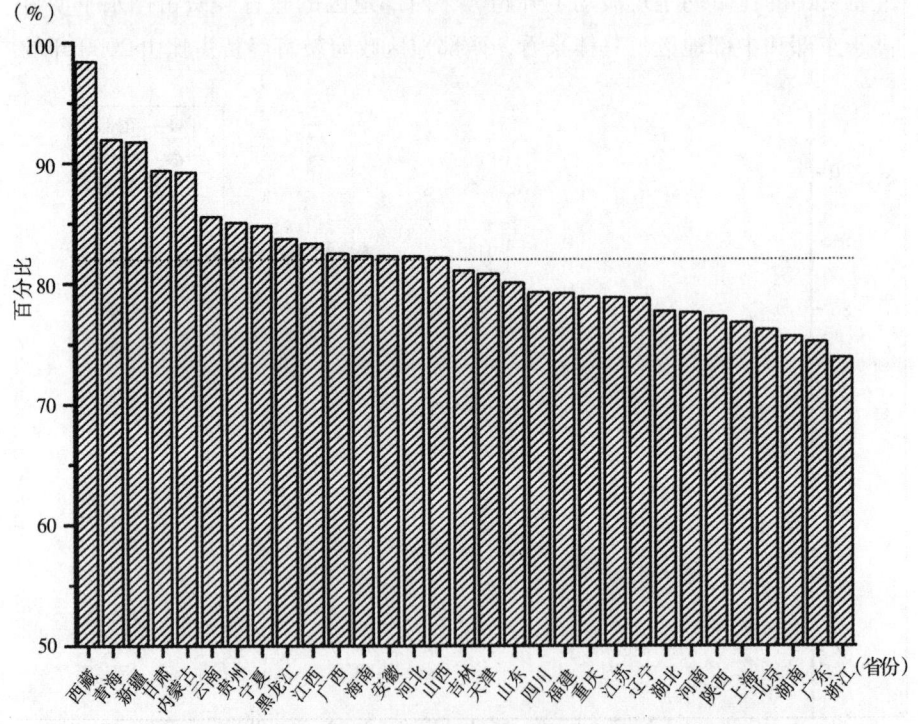

图12-8 2019年各省份国家财政性教育经费占总教育经费支出比重

---

① 张同功、张隆、赵得志等:《公共教育支出、人力资本积累与经济增长:区域差异视角》,《宏观经济研究》2020年第3期。

加大，促进了西部地区公共教育投资①；另一方面，在国家推行教育服务均等化的背景下，西部地区是重点和难点地区，但是由于社会力量不足，必然需要政府付出更多努力，但公共教育投资过于依赖政府，也带来较大的经济负担。

三 西部地区公共教育投资结构

教育投资结构是公共教育投资在各层次教育之间的分配，了解西部地区公共教育投资结构现状，有利于教育资源的优化配置，促进社会效益最大化。基于《中国教育经费统计年鉴》数据的可得性，选用一般公共预算教育经费（包括教育事业费，基建经费和教育费附加）中的一般公共预算教育事业费和基本建设支出来反映公共教育投资结构，后文也是如此。2000年我国基础、中等②、高等教育投资占比分别为53.67%、20.42%、25.91%，2019年投资占比分别为59.6%、17.97%、22.43%，总体来看，我国基础教育支出远高于中等教育和高等教育，且投资比例有所提升，而中等、高等教育投资占比呈下降趋势。

1. 地区层面。如图12-9所示，西部地区各层次教育经费支出相差较大。具体来看，2019年西部地区基础、中等、高等教育投资占比分别为63.5%、17.89%、18.61%，政府基础教育经费支出是中等、高等教育经费支出的4倍左右，西部地区政府基础教育经费支出最多。从变化趋势看，2019年基础教育占比为63.5%，较2000年的60.21%有所提升，说明近年来政府对于基础教育的投资支出不断加大。可见现阶段，基础教育是西部地区教育投资的主要内容，其所占总投资的比重高于全国平均的59.6%。但同时2019年西部地区高等教育投资占比为18.61%，低于全国平均水平的22.43%，侧面反映出西部地区可能存在高等教育发展不平衡不充分的问题。

2. 省级层面。如图12-10所示，2019年教育投资结构省际差距较大。西部省份基础教育总体占比较高，高等教育总体占比较低。西部各省份教育投资结构也有所差异，新疆的高等教育占比较低，仅有14.16%，而陕西的高等教育占比达到28.47%，原因之一是陕西本科学校数量位居

---

① 高跃光、范子英：《财政转移支付、教育投入与长期受教育水平》，《财贸经济》2021年第9期。
② 根据本书实证研究设计，此处及后文所指的中等教育主要包括普通高中和中等职业学校。

全国第三，高校众多。可见西部地区有限的教育经费首先保证了基础教育的需求，西部大多数省份高等教育投资较少，与获得了绝大部分投资的基础教育形成鲜明的对比[①]。

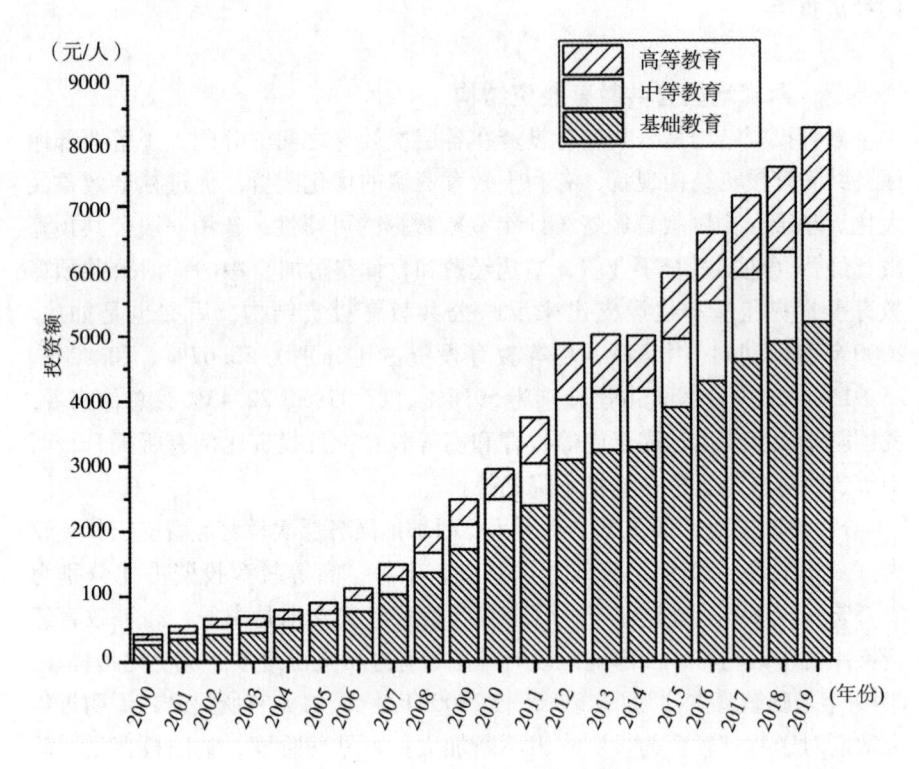

图12-9　2000—2019年西部地区教育投资结构

四　小结

我国西部地区的公共教育投资水平不断提升，但仍然存在许多问题，解决这些问题是加快西部地区人力资本发展的关键所在。通过对西部地区公共教育投资现状的研究，发现西部地区公共教育投资呈现以下几个特点。

1. 从绝对水平来看，西部地区公共教育投资规模不断增长，但仍存在较大提升空间。投资规模上，西部地区2019年国家财政性教育经费突破

---

① 邬大光、王怡倩：《我国东西部高等教育发展水平的若干分析》，《兰州大学学报》（社会科学版）2021年第5期。

10000亿元，较2000年增长了18倍左右，但是其总量规模与东部地区仍存在一定差距，并且差距有进一步扩大趋势；人均规模上，西部地区2019年人均国家财政性教育经费达到2879.46元，年均增速达16.32%，整体表现较好，略高于全国平均水平。由于西部地区存在地广人稀的特征，教育投资的规模效应、集聚效应不足，实际人均能够获得的教育资源仍是十分有限的[①]。

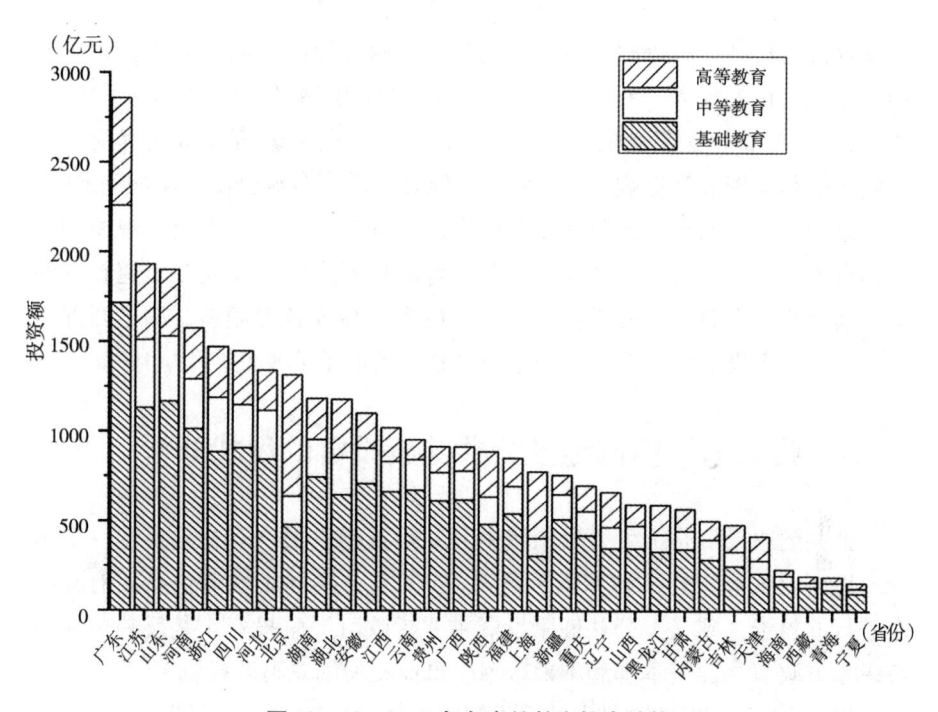

图12-10 2019年各省份教育投资结构

2. 从负担水平来看，西部地区国家财政性教育经费占GDP和占总教育经费的比重均有所提升。在国家财政性教育经费占GDP的比重上，2000—2019年从3.35%增至5.37%，高于其他地区，且2007年就达到了4%的标准，说明西部地区的公共教育经费支出增长速度赶超了经济发展的速度，也反映了较低经济发展水平下的政府教育负担。在国家财政性教

---

① 石玉昌：《西部地区教育公平70年："要上学"与"上好学"》，《西南大学学报》（社会科学版）2019年第6期。

育经费占总教育经费的比重上,由 2000 年的 73.04% 增长到了 2019 年的 83.83%,是三大地区中占比最高的地区,在西部地区教育发展中政府作为投资主体具有不可替代的作用,是资金的主要来源,但也反映了西部教育投资渠道单一、对政府的依赖过大等问题。

3. 从投资结构来看,西部地区公共教育投资以基础教育投资为主。2019 年西部地区基础教育支出占比比全国平均水平高 3.9%,高等教育投资占比比全国平均水平低 3.82%,相对于全国整体水平,西部地区基础教育投资占比较高,高等教育投资占比较低。西部地区内部各省份教育投资结构差距也较为显著,新疆的高等教育占比仅为 14.16%,高校众多的陕西则有 28.47%,是新疆的 2 倍左右。西部地区公共教育投资比例受经济发展水平和学校数量影响较大,但也可能存在教育资源分配不均的问题。

总的来说,西部地区公共教育投资已得到较大提升,但投资规模和水平仍有不足,西部政府要加强对公共教育的投资力度、建立多渠道教育经费筹措机制,在打牢基础教育的同时向中等、高等教育倾斜,满足西部地区对人力资本发展的需要,改善教育经费配置的不公平性[1]。

第二节 西部地区公共健康投资的现状分析

公共健康投资是卫生筹资领域中公共筹资的重要内容,是实现一个国家或地区卫生筹资公平的基本手段[2]。广义上公共健康投资包括政府与社会进行的投资,狭义上公共健康投资主要指政府卫生投资,是反映中央与各级地方政府为促进本国和本地区卫生事业发展的总财政投资[3]。

根据 2012—2020 年《中国卫生健康统计年鉴》,本节分别从公共健康投资绝对水平、负担水平和投资结构三个维度梳理我国西部地区及各省份公共健康投资现状,并对西部和东、中部地区的公共健康投资现状与变动趋势进行对比分析,得出西部地区公共健康事业发展的特点,并对差异产生的原因进行分析。

---

[1] 戴平生:《基于基尼系数的我国教育经费配置区域与结构公平性分析》,《系统工程理论与实践》2014 年第 6 期。

[2] 郭锋、张毓辉、万泉等:《2017 年中国卫生总费用核算结果与分析》,《中国卫生经济》2019 年第 4 期。

[3] 顾昕:《公共财政转型与政府卫生筹资责任的回归》,《中国社会科学》2010 年第 2 期。

第十二章 西部地区公共人力资本投资现状

一 西部地区公共健康投资的绝对水平

（一）公共健康投资的整体规模

公共健康投资的整体规模用政府卫生支出来表示，主要是指各级政府用于医疗卫生服务、医疗保障补助、卫生和医疗保险行政管理事务、人口与计划生育事务支出等各项事业的经费，能够反映各区域和各省份间的公共健康投资绝对规模。2011—2019年①我国政府卫生支出规模持续增长，从7464.18亿元扩大到了18016.95亿元，增长了1.4倍，年均增长率为11.64%，整体保持较快速度增长。

1. 地区层面。如图12-11所示，2011—2019年我国各地区公共健康

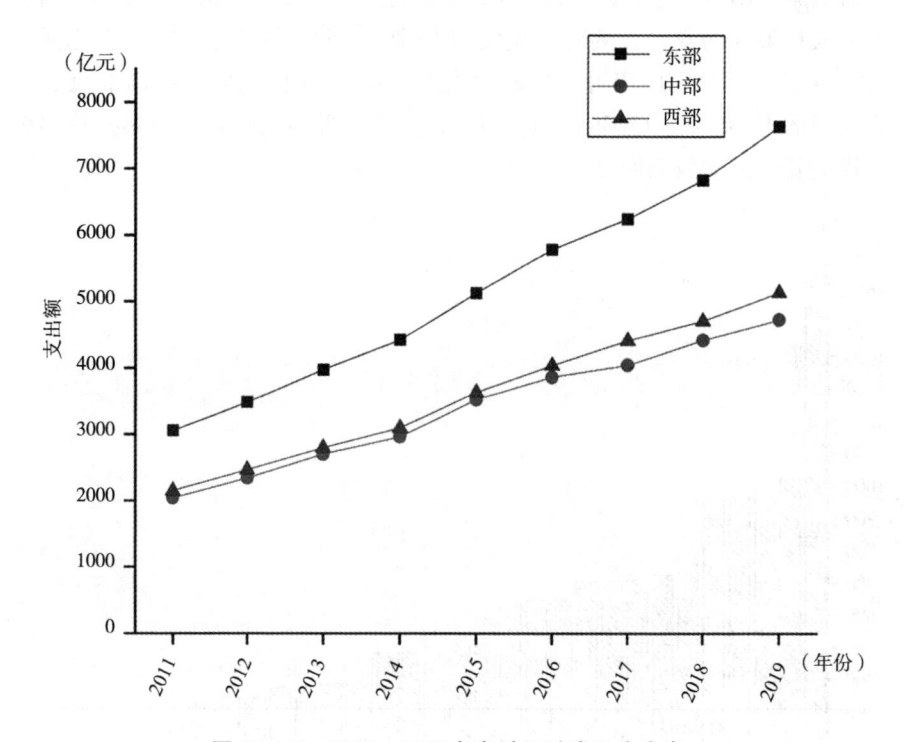

图12-11　2011—2019年各地区政府卫生支出

---

① 根据《中国卫生健康统计年鉴》数据的可获得性，本书中所使用的卫生经费仅包含2011—2019年数据，其中2011年政府卫生支出未包含西藏数据，2012年起才将西藏纳入统计。

投资的整体规模均呈现持续增长态势，西部地区与中部地区大致相当，低于东部地区。2019 年我国西部地区政府卫生支出为 5135.33 亿元，比中部地区高 408.1 亿元，比东部低 2500.33 亿元。从增长速度来看，2011—2019 年西部地区政府卫生支出年均增长率为 11.49%，低于东部地区的 12.14%，高于中部地区的 11.06%，但西部与中部地区政府卫生支出增长势头相似，与东部地区的差距有进一步拉大的趋势。

2. 省级层面。如图 12-12 所示，各省份公共健康投资的整体规模存在较大差异。2019 年全国平均政府卫生支出为 564.46 亿元，有 14 个省份处于平均值以上，其中西部地区有 3 个省份，即四川、云南和广西。四川作为西部地区人口最多的省份，2019 年政府卫生支出为 1020.72 亿元，比政府卫生支出全国第一的广东少 645.38 亿元。青海、西藏和宁夏作为西部地区人口最少的省份，政府卫生支出分别为 158.00 亿元、126.47 亿元和 112.54 亿元，分别比四川少 862.72 亿元、894.25 亿元和 908.18 亿元，仅为四川的 15.48%、12.39% 和 11.03%，可见西部地区公共健康投资整体规模的省际差异较为明显。

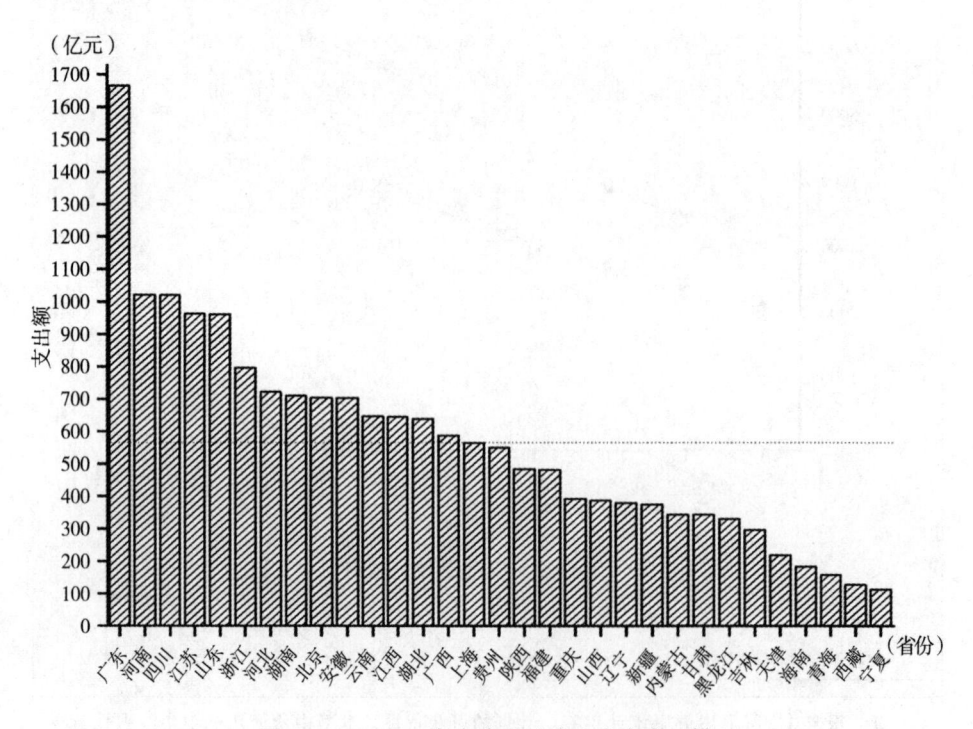

图 12-12 2019 年各省份政府卫生支出规模

(二) 公共健康投资的人均规模

公共健康投资的人均规模用人均政府卫生支出表示，是衡量公共健康投资水平的重要标准之一，能够直观地反映公共健康投资分配到个人的情况。从全国来看，2011—2019 年人均政府卫生支出从 609.43 元提高至 1459.89 元，增长了 139.55%。

1. 地区层面。如图 12-13 所示，2011—2019 年各地区公共健康投资的人均规模一直保持增长态势。2019 年西部地区人均政府卫生支出为 1345.03 元，高于东部、中部地区的 1304.86 元和 1082.04 元。从变化趋势来看，2011—2019 年西部地区人均政府卫生支出增长了 746.18 元，与东部地区的 754.31 元基本持平，高于中部地区的 600.09 元，在增长趋势上表现较优。2019 年，西部地区人口数占全国总人口数的 27.20%，而西部地区政府卫生支出占全国政府卫生支出的 29.35%，高于人口比重，主要原因之一是西部地区多数省份地广人稀，卫生事业发展落后，

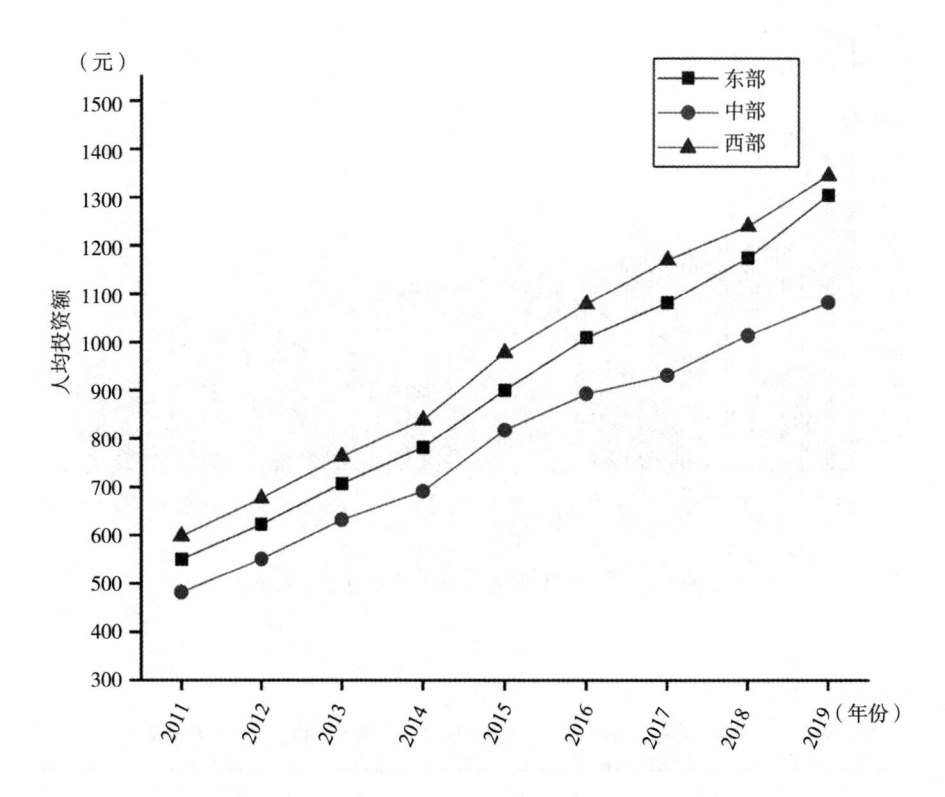

图 12-13 2011—2019 年各地区人均政府卫生支出

满足同等条件的医疗设施建设和群众健康需求需要更多的公共健康投资①。

2. 省级层面。如图12-14所示，2019年全国平均人均政府卫生支出为1459.89元，共有8个省份处于平均值以上，其中西部地区有5个省份，特别是西藏人均政府卫生支出达到3603.13元，位居全国第一，青海人均政府卫生支出达到2598.68元，位居全国第三，但这些西部省份的人口规模均小于1000万人。而四川和广西作为西部省份中人口排名第一和第二的人口大省，人口众多，医疗资源相对不足，公共健康投资的人均规模较低，均未达到全国平均水平。

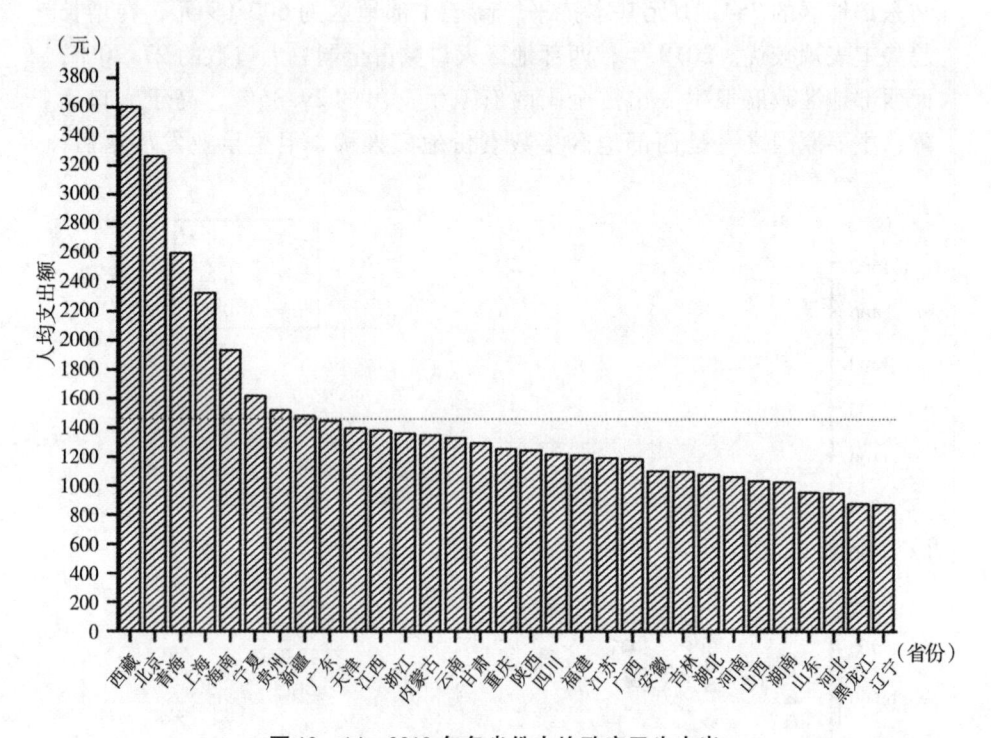

图12-14 2019年各省份人均政府卫生支出

---

① 哈梅芳、代越：《西部民族地区公共卫生服务项目绩效结构模型构建与实证分析——基于N省的数据调查》，《青海民族研究》2017年第2期；张涛、孙立奇、李书婷等：《我国公共卫生资源配置的公平与效率分析——基于HRAD和DEA的研究》，《中国卫生政策研究》2017年第9期。

二 西部地区公共健康投资的负担水平

（一）经济负担水平

公共健康投资的经济负担水平用政府卫生支出占 GDP 的比重来表示，其能够说明一个地区在一定时期内用于医疗卫生服务所消耗的公共资源与该地区社会经济产出间的关系，代表当地医疗卫生的经济负担水平。2011—2019 年，我国政府卫生支出占 GDP 比重由 1.88% 增长到 2.39%，增长了 0.51%。

1. 地区层面。如图 12-15 所示，西部地区公共健康投资的经济负担水平所占比重最高，中部次之，东部最低。2019 年西部地区政府卫生支出占 GDP 比重为 2.51%，相比 2011 年增加了 0.21%，东部、中部地区分别为 1.43% 和 1.95%，增长了 0.33% 和 0.27%，均呈现小幅上升趋势，各地区政府卫生支出增速均基本上跑赢地区 GDP 增速，但西部地区占比增长

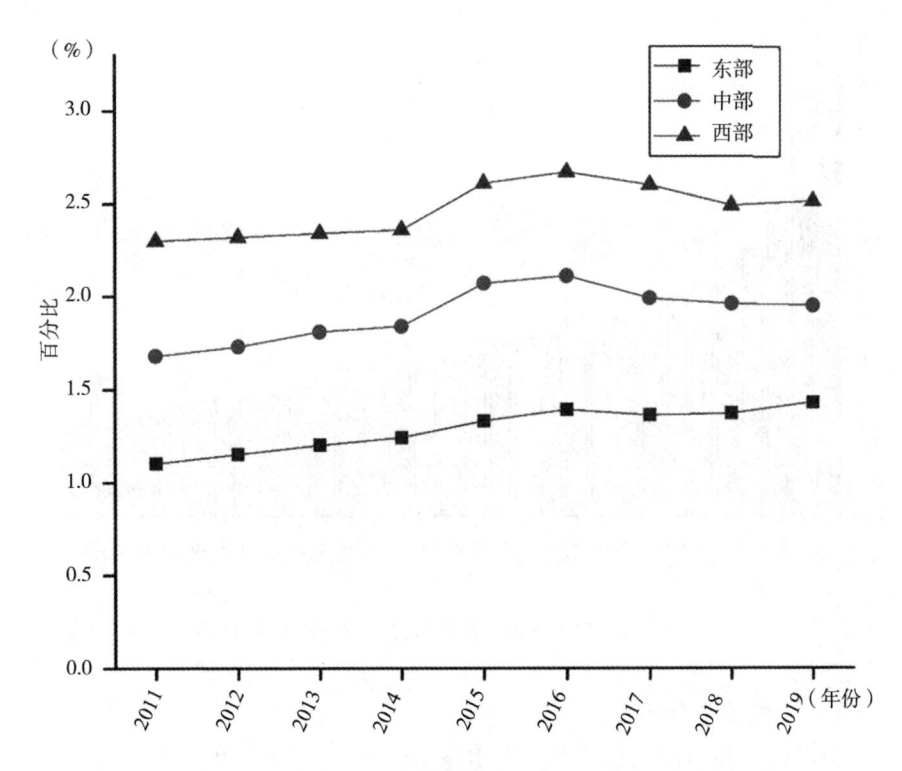

图 12-15　2011—2019 年各地区政府卫生支出占 GDP 比重

幅度最小，有放缓趋势。

2. 省级层面。如图 12-16 所示，各省份公共健康投资的经济负担水平所占比重存在较大差异。整体来看，全国政府卫生支出占 GDP 比重为 2.39%，有 12 个省份处于平均值以上，其中西部地区有 8 个省份达到全国平均水平。值得关注的是，西藏在各省份中居于第一，占比达到 7.45%；青海和甘肃位居第二和第三，占比分别达到 5.37% 和 3.93%；贵州、宁夏和云南等西部省份也排在前列，大部分经济相对落后的西部省份的政府卫生支出占 GDP 比重均高于全国平均水平，占比相对较高。而经济较为发达的浙江、福建和江苏等东部地区公共健康投资的经济负担水平均排在全国末端。

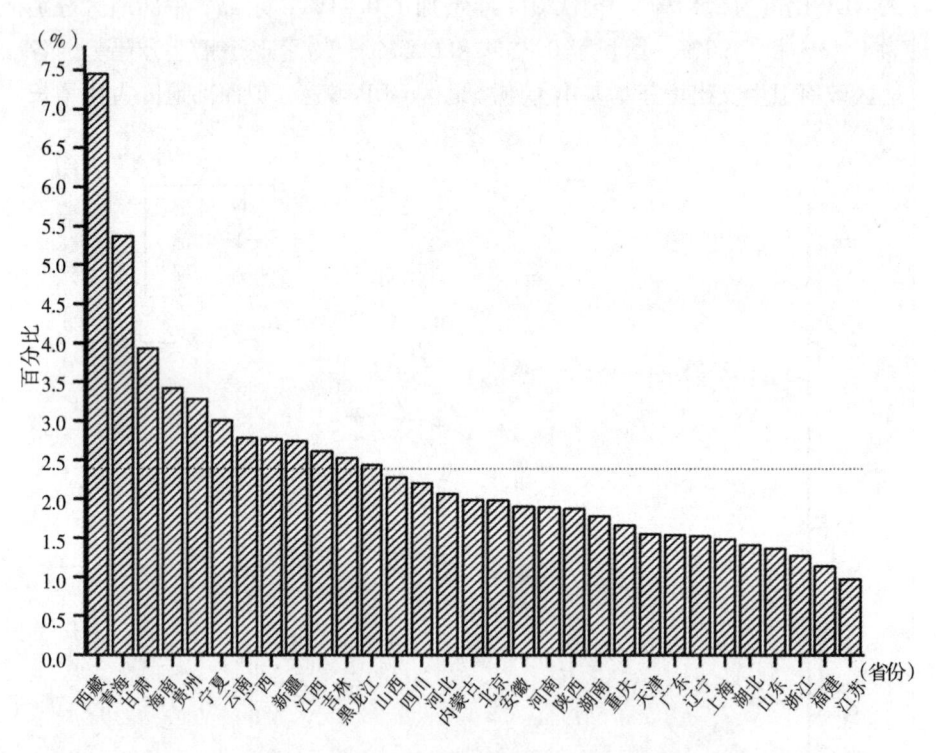

图 12-16　2019 年各省份政府卫生支出占 GDP 比重

（二）政府负担水平

公共健康投资的政府负担水平用政府卫生支出占卫生总费用来表示，其所占比重能够说明一个国家（或地区）在一定时期内用于卫生医疗服务

第十二章 西部地区公共人力资本投资现状

所消耗的公共资源与私人资源间的关系[①]。2011—2019 年,我国政府卫生支出和卫生总经费均逐年增长,但我国政府卫生支出占卫生总经费比重由 32.45% 降至 30.08%,下降 2.37 个百分点,说明政府卫生支出增长速度低于卫生总经费的同期增长速度。

1. 地区层面。如图 12-17 所示,2011—2019 年各地区公共健康投资的政府负担水平均呈下降趋势。2019 年西部地区政府卫生支出占卫生总经费的比重为 31.80%,东部、中部地区分别为 24.10% 和 28.06%,西部地区支出占比明显高于其他地区。从变化趋势来看,2011—2019 年西部地区政府卫生支出占卫生总经费的比重下降了 1.48%,显著低于东部、中部地区下降的 2.43% 和 4.09%。政府卫生支出占卫生总经费比重的下降,说明各地区公共健康投资的政府负担水平均呈现减轻趋势。

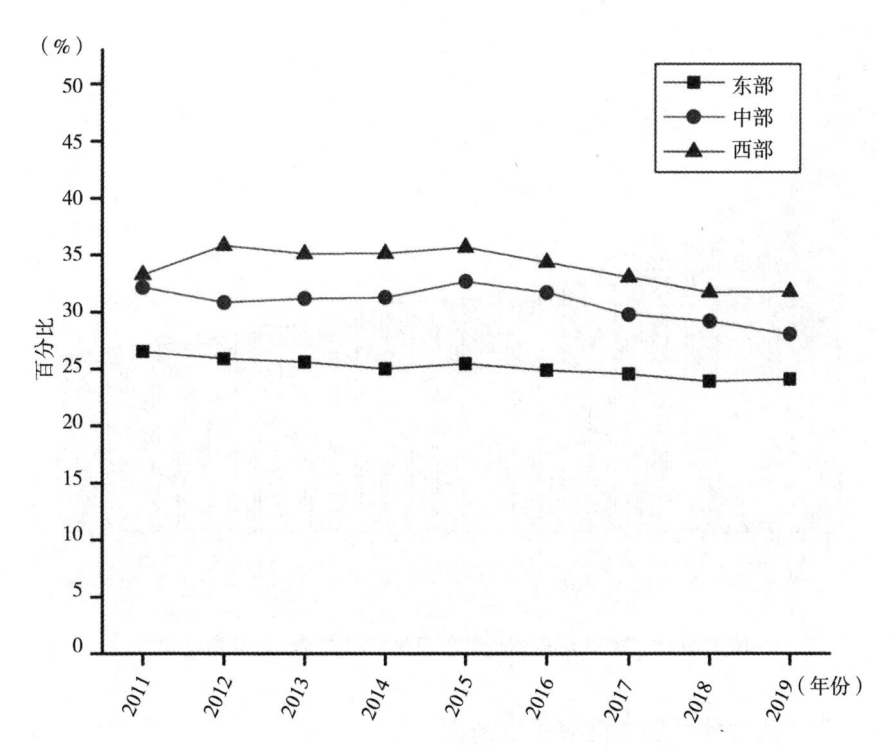

图 12-17 2011—2019 年各地区政府卫生支出占卫生总经费比重

[①] 李丽清、钟蔓菁、易飞等:《我国卫生筹资水平的公平性分析》,《中国卫生经济》2018 年第 1 期。

2. 省级层面。如图 12-18 所示，2019 年政府卫生支出占卫生总经费比重平均值为 30.08%，有 10 个省份处于平均值以上，其中西部地区有 7 个省份，西藏仍位于全国第一，达到了 66.87%；青海位居第二，达到了 44.49%；贵州、江西和甘肃等西部省份也都居于前列，政府卫生支出占卫生总经费比重普遍较高，而江苏和辽宁等东部省份则排名靠后，占比普遍较低。从卫生总经费筹集的角度分析，这意味着西部地区从社会渠道筹集到的卫生费用支出能力弱于东部地区，西部地区公共健康投资的政府负担水平较重，地区卫生筹资不平衡的问题依然存在①。

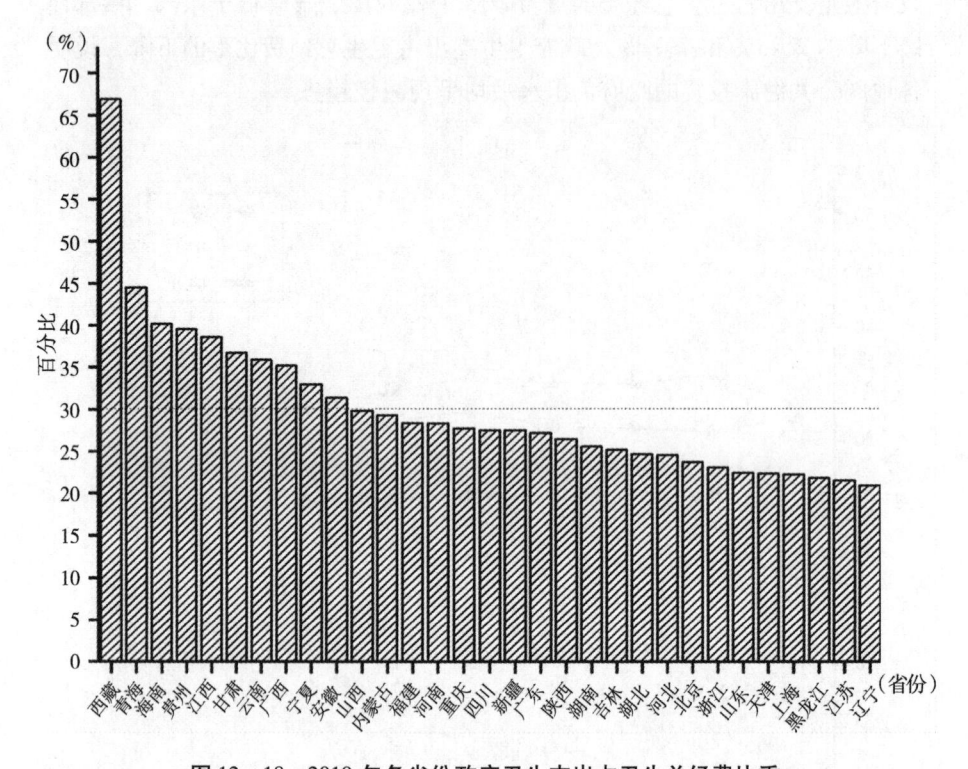

图 12-18　2019 年各省份政府卫生支出占卫生总经费比重

三　西部地区公共健康投资结构

在公共健康投资过程中，将其进一步分解为硬件支出和软件支出。硬

---

①　高颖、李丽清：《我国卫生筹资公平性的泰尔系数分析》，《中国卫生统计》2018 年第 4 期。

件支出指标采用每十万人拥有床位数,软件支出指标采用每十万人卫生技术人员数。2000—2019 年,每十万人拥有床位数从 2000 年的 278.63 张上升至 2019 年的 623.75 张,年均增长率为 4.33%;每十万人卫生技术人员数从 397.57 人上升至 735.09 人,年均增长率为 3.29%。

(一)每十万人拥有床位数

1. 地区层面。如图 12-19 所示,2000—2019 年间各地区的医疗床位数投入显著增加。其中 2000 年西部地区起点最低,但在实行西部大开发战略后,其增长速度逐渐加快,2007 年超过了中部地区,2010 年超过了东部地区。新医改政策实施后西部地区每十万人拥有床位数快速提升,且差异逐年拉大[①]。从变化趋势看,2019 年西部地区每十万人拥有床位数达到 684.07 张,相比于 2000 年增长 194.23%。从增长速度看,2000—2019 年

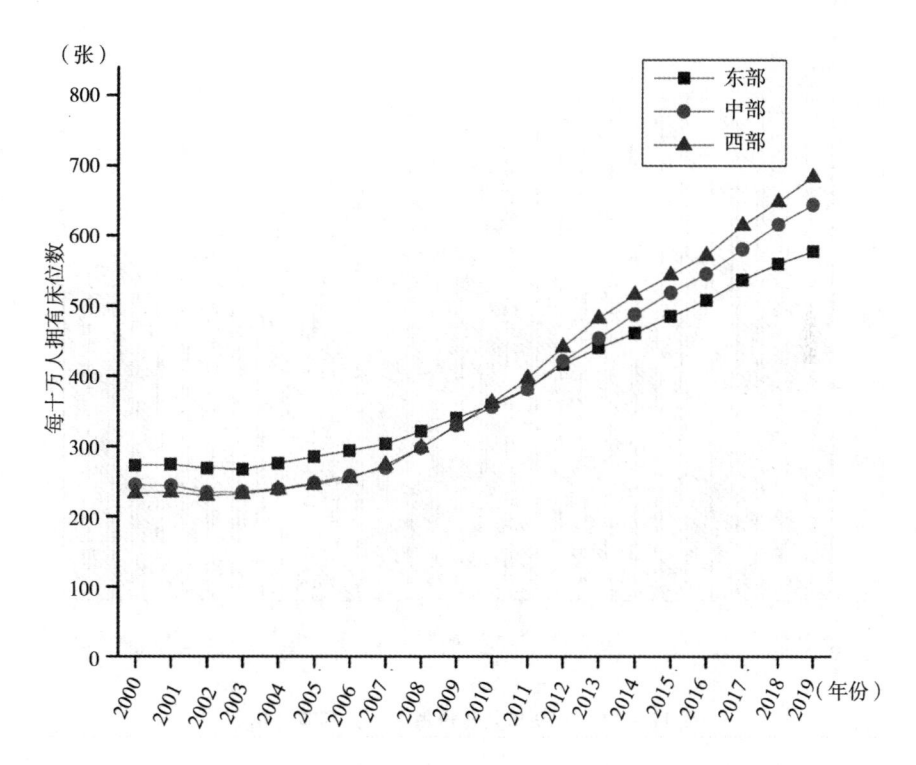

图 12-19 2000—2019 年各地区每十万人拥有床位数

---

① 宋宿杭、孟庆跃:《我国新医改前后卫生资源配置公平性分析》,《中国卫生政策研究》2017 年第 9 期。

西部地区每十万人拥有床位数年均增长率为5.84%,明显高于东部地区的4.03%和中部地区的5.22%。

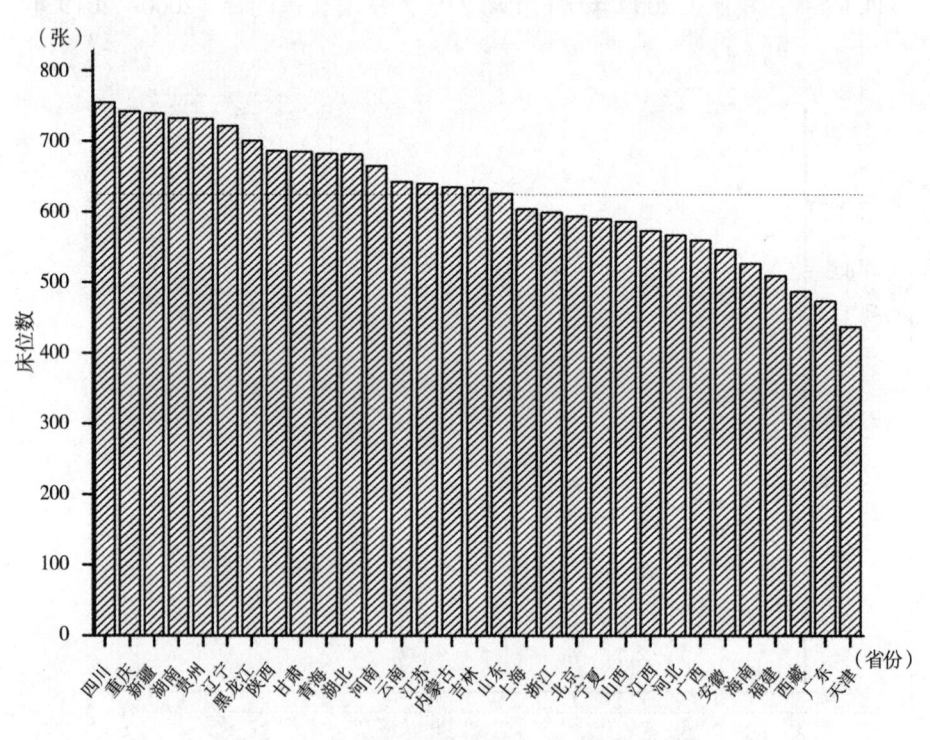

2. 省级层面。如图12-20所示,2019年各省份每十万人拥有床位数省际差异仍较为显著。2019年全国每十万人拥有床位数均值为623.75张,有17个省份处于全国平均水平之上,其中西部地区9个省份,西部地区人均拥有床位资源整体高于全国平均水平。西部省份间每十万人拥有床位数相差较大,2019年四川、重庆和新疆为每十万人拥有床位数最多的三个西部省份,分别有754.34张、742.02张和738.91张,而广西和西藏虽然在公共健康投资的政府负担和经济负担水平中均占比较高,但是其省内每十万人拥有的床位数仅有559.19张和486.13张,未达到全国平均水平。

图12-20 2019年各省份每十万人拥有床位数

(二)每十万人卫生技术人员数

1. 地区层面。如图12-21所示,2000—2019年各地区每十万人卫生技术人员数总体增加。从变化趋势看,2000年西部地区每十万人卫生技术人员数最少，但增长速度最快，2011 年西部地区每十万人卫生技术人员数就超过了中部地区，2019 年西部地区每十万人卫生技术人员数达到 737.17 人，相比于 2000 年增长了 1.29 倍。从增长速度来看，2000—2019 年西部地区年均增长率为 4.46%，明显高于东部地区的 3.67% 和中部地区的 3.32%，并继续保持快速增长的态势，与东部地区的差距逐渐缩小。

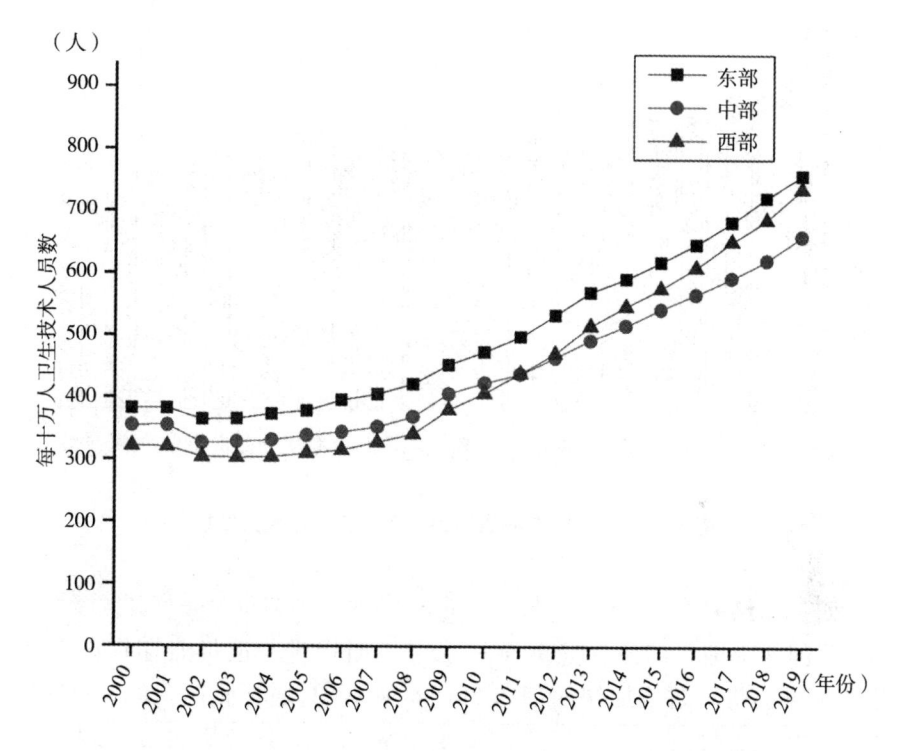

图 12-21 2000—2019 年各地区每十万人卫生技术人员数

2. 省级层面。如图 12-22 所示，我国每十万人卫生技术人员数配置不均衡问题仍然存在。2019 年全国每十万人卫生技术人员数均值为 735.09 人，有 11 个省份处于全国平均水平之上，西部地区有 6 个省份，其中陕西和宁夏每十万人卫生技术人员数最多，分别为 912.90 人和 797.29 人，与浙江、上海等东部省份基本持平。但是西藏和甘肃等西部省份虽然在公共健康投资的政府负担和经济负担所占比重较大，但是每十万人卫生技术人员数仍较低，仅有 596.67 人和 675.64 人，均未达到全国平均水平。

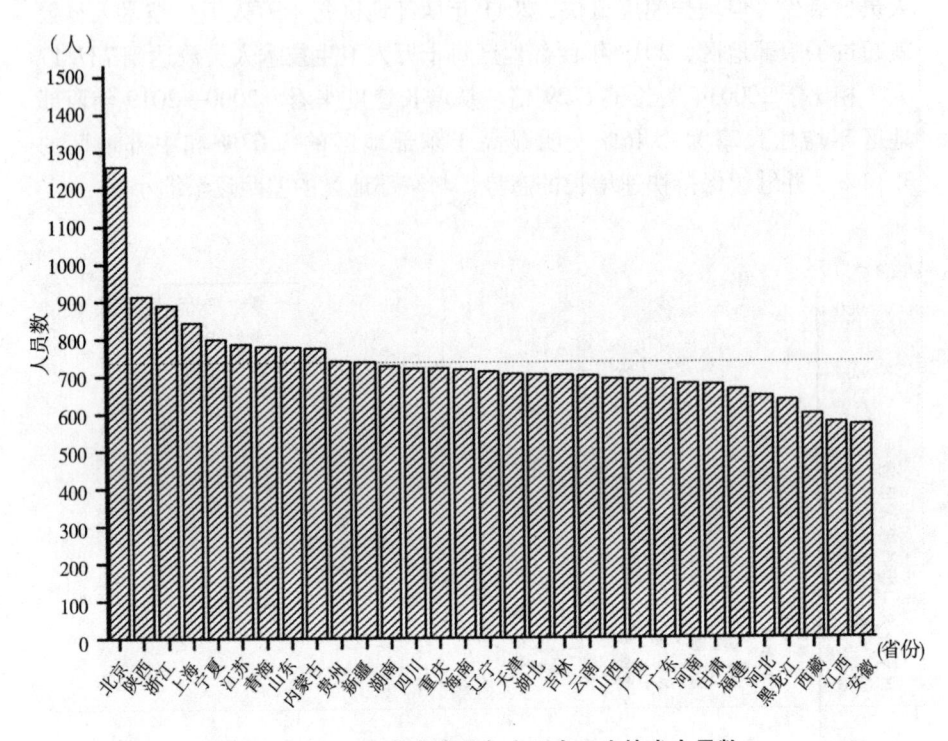

图12-22 2019年各省份每十万人卫生技术人员数

四 小结

我国西部地区的公共健康投资水平不断提升，但仍然存在许多问题，解决这些问题是加快西部人力资本发展的关键所在。通过对西部地区公共健康投资现状的研究，发现西部地区公共健康投资呈现以下几个特点。

1. 从绝对水平看，西部地区公共健康投资规模不断扩大。投资规模上，2019年西部地区政府卫生支出为5135.33亿元，年均增长率为11.49%，略高于中部地区，但明显低于东部地区，且与东部地区的差距有进一步扩大的趋势；人均规模上，2019年西部地区人均政府卫生经费达到1345.03元，相比于东、中部地区，西部地区人均政府卫生支出更高。西部地区需要缩小与东、中部地区卫生资源配置差异，提升区域间公共健康投资的公平性①，同时减少城乡二元化，缩小省际差异②。

2. 从负担水平看，西部地区经济负担水平和政府负担水平所占比重均高于东部、中部地区。在政府卫生支出占 GDP 的比重上，2019 年西部地区政府卫生支出占 GDP 的比重为 2.51%，略高于东部、中部地区，但这并非是由于公共健康资源总量充裕，而是西部经济发展水平落后、GDP 总量较少所致。在政府卫生支出占卫生总经费的比重上，2019 年西部地区政府卫生支出比重由 2011 年的 33.28% 下降至 31.80%，但仍高于东部、中部地区。近几年来，西部政府卫生支出的实际增速逐渐下降，说明西部地区公共健康投资的整体规模在不断扩大的同时，政府负担水平有减弱趋势，这可能是卫生经费筹资渠道更加多元、社会卫生投资不断增加所致。

3. 从投资结构来看，随着西部地区卫生健康总体水平提升，公共健康投资结构得到很大改善。西部地区每十万人拥有卫生技术人员数和拥有床位数增速均明显高于东、中部地区，2011 年西部地区每十万人拥有床位数超过了东部和中部地区，但是西部地区地广人稀，人口规模较小，卫生健康资源的地理可及性较弱，投资结构仍待优化③。同年，西部地区每十万人拥有卫生技术人员数超过了中部地区，与东部地区差距逐渐缩小，但是数量高不代表质量好，西部地区高学历卫生技术人员数量偏少，整体素质偏低④。

总的来说，西部地区公共健康投资明显改善，但需要扩宽筹资渠道，吸引更多高素质的卫生技术人员服务西部，提高医疗床位数的可及性，满足西部地区对医疗卫生资源的需求。

---

① 李丽清、钟蔓菁、易飞等：《我国卫生筹资水平的公平性分析》，《中国卫生经济》2018 年第 1 期。

② 皖怡：《我国公共卫生资源配置的公平性评价研究：基于公平基准方法的实证分析》，《中国卫生经济》2014 年第 1 期。

③ 崔志军、郑晓瑛：《我国 25 省区卫生资源首位集中分析：兼议首位度方法在区域卫生资源配置公平性研究中的应用》，《人口与发展》2014 年第 6 期。

④ 房慧莹、姜可欣、李鹏等：《西部贫困地区卫生人力资源管理思考》，《医学与社会》2018 年第 5 期。

第十三章

西部地区公共人力资本投资效率

第一节 研究设计

通过西部地区公共人力资本投资的现状分析可以看出，中央对公共人力资本投资领域的投入规模逐年递增，但财政资金的投入不能仅注重规模效益，要提高其效率和质量，还需注重资源配置方式及转化效率的提升。研究公共人力资本投资效率问题，可以对资源投入规模的合理性、充分性进行分析，针对西部地区提供优化资源配置的政策建议，避免规模报酬递减和投入资源冗余问题，是推动西部地区公共人力资本发展的必要之举。

作为公共人力资本投资的两个主要方面，公共教育和公共健康投资效率的研究受到了国内外学者的普遍关注。Levin[1]将DEA模型运用于教育生产的技术效率测量后，Herrera、Pang[2]、Torres-Samuel 等[3]学者相继从不同视角对本国或国际公共教育投资效率进行测算，Kirigia 等[4]、Nayar 等[5]、

---

[1] Levin, H. M., "Measuring Efficiency in Educational Production", Public Finance Quarterly, Vol. 2, No. 1, 1974, pp. 3-24.

[2] Herrera, S., and Pang, G., "Efficiency of Public Spending in Developing Countries: An Efficiency Frontier Approach", The World Bank Policy Research Working Paper Series, 2005, No, 3645.

[3] Torres-Samuel, M., Vásquez, Cl., Luna, M., et al., "Performance of Education and Research in Latin American Countries through Data Envelopment Analysis (DEA)", Procedia Computer Science, Vol. 170, 2020, pp. 1023-1028.

[4] Kirirgia, JM., Sambo, LG., Scheel, H., "Technical Efficiency of Public Clinics in Kwazulu Natal Province of South Africa", East African Medical Journal, Vol. 78, No. 3, 2001, pp. 1-14.

[5] Nayar, P., Ozcan, YA., Yu, F., et al., "Benchmarking Urban Acute Care Hospitals: Efficiency and Quality Perspectives", Health Care Management Review, Vol. 38, No. 2, 2013, pp. 137-145.

Lionel[①]则对公共健康投资的卫生服务效率进行了测算,在以上对教育和健康投入产出效率的分析过程中,数据包络分析法(DEA)是较为普遍采用的研究方法。随着 DEA 效率评价方法在学界的推广,我国学者也逐渐采用该方法对国内公共人力资本投资效率问题展开研究,如王巍等[②]、兰舟和何娟[③]、赵琦[④]、闻勇和薛军[⑤]、周均旭和刘子俊[⑥]等对我国义务教育、职业教育以及高等教育投入产出效率进行测算,刘自敏和张昕竹[⑦]、屠彦[⑧]、李俭峰和杨棪[⑨]、周子超[⑩]与梁星等[⑪]等分别从效率收敛性、预算约束、影响因素和财政支出绩效等方面对公共健康投资效率进行研究。总体来看,效率问题是公共人力资本投资领域学者关注的一个重点问题,DEA 的测算方法也是国内外普遍采用的测度方法,但现有研究对西部地区公共人力资本投资方面关注较少,缺少一定针对性和系统性。

基于此,本章将采用 DEA 数据包络分析法和 Malmquist 指数法,研究公共教育投资和公共健康投资的效率,即分别为基础教育、中等教育、高等教育与公共健康构建了投入产出效率指标体系,从全国、区域以及省级层面研究其静态效率、动态效率,着重对西部地区进行效率评估,并进行

---

① Lionel, D. T., "Determinants of Health Spending Efficiency: A Tobit Panel Data Approach Based on DEA Efficiency Scores", Act a Universitatis Danubius. conomica, Vol. 11, No. 4, 2015, pp. 56 – 71.

② 王巍、王志浩、刘宇新:《高等教育投入产出的 DEA 规模效率研究》,《中国管理科学》2013 年第 S2 期。

③ 兰舟、何娟:《基于 DEA 方法对我国普通小学义务教育财政支出的绩效评价》,《中国市场》2014 年第 39 期。

④ 赵琦:《基于 DEA 的义务教育资源配置效率实证研究——以东部某市小学为例》,《教育研究》2015 年第 3 期。

⑤ 闻勇、薛军:《乡村振兴战略背景下我国城乡义务教育财政投入效率研究》,《教育与经济》2019 年第 3 期。

⑥ 周均旭、刘子俊:《省际均等化视角下我国义务教育投入效率研究》,《现代教育管理》2021 年第 9 期。

⑦ 刘自敏、张昕竹:《我国政府卫生投入的动态效率及其收敛性研究——基于修正的 Malmquist 指数法》,《软科学》2012 年第 12 期。

⑧ 屠彦:《我国政府医疗卫生支出效率及其影响因素研究》,《财会月刊》2015 年第 33 期。

⑨ 李俭峰、杨棪:《基于 DEA 的中部地区基本公共服务财政支出效率分析》,《财会月刊》2017 年第 2 期。

⑩ 周子超:《中国省级政府医疗卫生支出效率及其影响因素研究——基于新冠疫情背景下的反思》,《经济问题探索》2021 年第 2 期。

⑪ 梁星、李洪利、张弛:《预算约束、财政透明度与民生财政支出绩效》,《会计之友》2021 年第 15 期。

比较分析，为完善西部地区公共人力资本投资、调整资源配置结构、提高资源利用率提供科学依据。

一 研究思路

本章将对公共人力资本投资效率的研究，分为基础教育、中等教育、高等教育与公共健康四个方面，依次研究其投入产出效率，具体研究思路如图13-1所示。效率分析分静态和动态两个维度进行，其中，静态效率分析既包括2018年的效率现状测度分析，同时还选取了基期年份进行效率对比分析；动态效率分析，按照从全国到西部地区，再到西部各省份的顺序，对Malmquist效率及其效率分解层面进行分析。最终，根据各层级公共教育和公共健康投资的效率测度结果，提出研究结论及启示。

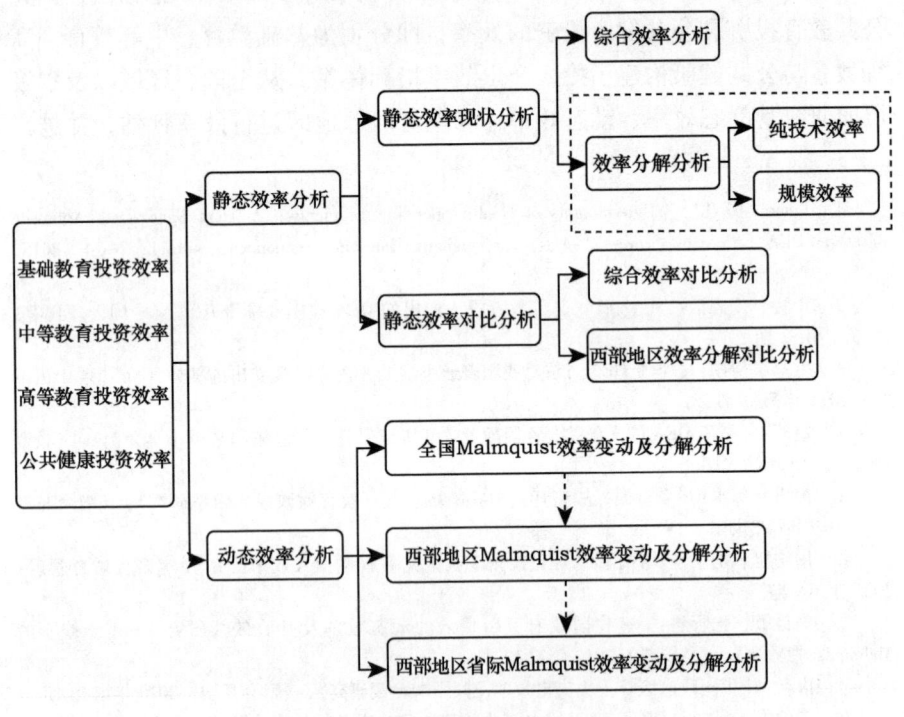

图13-1 公共人力资本投资效率研究思路

本章共分为5节，内容安排为：第一节研究设计部分，主要包括本章的研究思路和研究方法，说明投入—产出指标体系的变量选取和数据来源。第二节、第三节和第四节分别对应公共教育投资的三个层级：基础教育、中等教育和高等教育，而第五节则对应公共健康投资，每节按图13-1的研究思路对其投入的静态效率和动态效率分别进行测度，在此基础上提出能够有效提升西部地区公共教育和公共健康投资效率的对策建议。

二 DEA 方法概述

（一）DEA 模型

DEA 方法是对 Farrell 于 1957 年提出的单投入单产出技术效率比较方法的延伸，是一种旨在解决多个决策单元（DMU）多投入、多产出的效率评价方法[①]。DEA 方法目前主要有两种研究思路，分别考察规模报酬不变（CCR）和规模报酬可变（BCC）情况下多投入多产出决策单元的相对效率，即综合效率。综合效率可以从投入产出两个角度衡量，分为投入导向和产出导向两类。

在模型选择方面，本书选用 BCC 模型进行研究，BCC 模型比 CCR 模型增加了技术效率的分解，即综合效率（TC）＝纯技术效率（PEC）×规模效率（SEC），意味着技术效率的改进是纯技术效率（纯粹由技术产生的效率）和规模效率（某个决策单元的生产规模与其最优生产规模之间的距离以及改进空间）共同作用的结果，因此选择该模型，便于更具体深入地分析各决策单元效率表现的原因。

$$\begin{cases} \max \alpha \\ \text{s.t.} \sum_{j=1}^{n} \lambda_j x_j + s^- = x_0 \\ \sum_{j=1}^{n} \lambda_j y_j - s^+ = \alpha y_0 \\ \sum_{j=1}^{n} \lambda_j = 1 \\ s^+ \geq 0, s^- \geq 0, \lambda_j \geq 0, j = 1, \cdots, n \end{cases} \quad (13-1)$$

式（3-1）中 α 为决策单元 DMU 的相对效率衡量指标，其值越大表

[①] Cooper, W. W., Seiford, L. M., Tone, K., Data Envelopment Analysis: A Comprehensive Text with Models, Applications, References and DEA Solver Software, New York: Springer, 2007.

示决策单元越有效；λ_j 为根据第 j 个决策单元重新构造一个有效 DMU 组合式第 j 个决策单元的组合比例；x_j、y_j 分别为第 j 个决策单元的投入、产出向量；s^- 与 s^+ 则分别表示输入和输出的松弛变量；x_0 与 y_0 分别为决策单元的投入、产出。

(二) Malmquist 指数法

DEA 方法仅能处理时间序列和横截面数据，不能解释决策单元效率的动态变化，Malmquist 指数则可以反映一段时期内投入效率的动态变动情况，利用多种投入与产出变量进行效率分析，它将生产率的变化原因分为技术进步变化与技术效率变化，并进一步把技术效率变化细分为纯技术效率变化与规模效率变化[①]。Malmquist 生产率指数利用距离函数的比率来计算投入产出效率，有下列三个经典公式说明 Malmquist 生产率指数的原理：

$$M_{i,t+1}(x_i^t, y_i^t, x_i^{t+1}, y_i^{t+1}) = \left[\frac{D_i^t(x_i^{t+1}, y_i^{t+1}) D_i^{t+1}(x_i^{t+1}, y_i^{t+1})}{D_i^t(x_i^t, y_i^t) D_i^{t+1}(x_i^t, y_i^t)}\right]^{1/2}$$

(13-2)

式 (13-2) 中，x_i^t、x_i^{t+1} 分别表示第 i 个地区 t 和 $t+1$ 期的投入向量；y_i^t、y_i^{t+1} 分别表示在 i 地区 t 和 $t+1$ 时的产出向量；$D_i^t(x_i^t, y_i^t)$ 和 $D_i^{t+1}(x_i^{t+1}, y_i^{t+1})$ 分别表示时期 t 和时期 $t+1$ 的距离函数：

$$M_{i,t+1}(x_i^t, y_i^t, x_i^{t+1}, y_i^{t+1}) = \underbrace{\frac{D_i^{t+1}(x_i^{t+1}, y_i^{t+1})}{D_i^t(x_i^t, y_i^t)}}_{EF_i^{t+1}} \underbrace{\left[\frac{D_i^t(x_i^t, y_i^t)}{D_i^{t+1}(x_i^t, y_i^t)} \frac{D_i^t(x_i^{t+1}, y_i^{t+1})}{D_i^{t+1}(x_i^{t+1}, y_i^{t+1})}\right]^{1/2}}_{TC_i^{t+1}}$$

(13-3)

式 (13-3) 是式 (13-2) 的变形，用来表示技术变化与技术效率变化的分离。第一部分 EF，就是从 t 到 $t+1$ 期生产效率的变化；而第二部分 TC，就是从 t 到 $t+1$ 期技术的变化率：

$$M_{v,c}^{t,t+1} = \frac{D_v^{t+1}(x_i^{t+1}, y_i^{t+1})}{D_v^t(x_i^t, y_i^t)} \times \left[\frac{D_v^t(x_i^t, y_i^t)}{D_c^t(x_i^t, y_i^t)} \frac{D_v^{t+1}(x_i^{t+1}, y_i^{t+1})}{D_c^{t+1}(x_i^{t+1}, y_i^{t+1})}\right]$$

---

① 刘秉镰、李清彬：《中国城市全要素生产率的动态实证分析：1990—2006——基于 DEA 模型的 Malmquist 指数方法》，《南开经济研究》2009 年第 3 期。

$$\times \left[\frac{D_c^t(x_i^t, y_i^t)}{D_c^{t+1}(x_i^t, y_i^t)} \frac{D_c^t(x_i^{t+1}, y_i^{t+1})}{D_c^{t+1}(x_i^{t+1}, y_i^{t+1})} \right] \quad (13-4)$$

式（13-4）进一步将综合效率变化分解为纯技术效率变化和规模效率变化。注脚 v 表示变动规模报酬，注脚 c 为固定报酬，第一项表示变动规模下的纯技术效率变化，第二项是规模效率变化，第三项表示技术变化率。

三 指标设计与数据来源

（一）指标设计

使用 DEA-BCC 模型与 Malmquist 指数法计算公共教育投资与公共健康投资的投资效率，首先要选取合适的投入和产出指标。由于 DEA 评价方法要求各投入、产出指标必须明确而且可量化，所以本书使用可量化指标对决策单位进行评价。借鉴前人研究成果，在坚持科学性、可比性、独立性原则的基础上，按照 DEA 模型指标总数不超过决策单元总数 50% 的基本要求，最终确立了评价各级教育经费投入产出效率的指标体系[1]。

在教育投资效率指标设计方面：投入指标，参考闻勇和薛军[2]、苏荟和白玲[3]等人的研究，选取各级教育经费支出作为投入指标；产出指标，以教育培养质量衡量教育投资产出，在校生数量和教师数量是常用的衡量教育培养质量的产出指标，因此采用学校数、在校生数和专任教师数作为产出指标[4]，其中高等教育产出指标增加论文数和专利授权数，如表 13-1 所示。

在公共健康投资效率指标设计方面：投入指标，根据人、财、物划分公共健康投入指标，人力方面选择卫生技术人员数指标，物力方面选择实际开放床位数指标，财力方面选择医疗业务支出指标；产出指标，以医疗服务量衡量公共健康产出，选择总诊疗人次数和出院人数作为产

---

[1] 周小健、姜管徐：《基于 DEA 的卫生资源配置效率评价分析》，《现代预防医学》2010 年第 20 期。

[2] 闻勇、薛军：《乡村振兴战略背景下我国城乡义务教育财政投入效率研究》，《教育与经济》2019 年第 3 期。

[3] 苏荟、白玲：《我国高职教育经费投入效率及影响因素的空间计量分析》，《职业技术教育》2020 年第 36 期。

[4] 罗红云、庄馨予、张斌：《西北五省职业教育财政投入效率评价及影响因素研究——基于 DEA-Malmquist 指数三分法》，《中国职业技术教育》2020 年第 27 期。

出指标。

表 13 – 1　　投入—产出指标

指标类别		指标名称	指标说明
基础教育	投入指标	基础教育经费（万元）	小学教育经费投入 + 初中教育经费投入
		基础教育学校数（所）	小学学校数 + 初中学校数
	产出指标	基础教育在校生数（人）	小学在校生数 + 初中在校生数
		基础教育专任教师（人）	小学专任教师数 + 初中专任教师数
中等教育	投入指标	中等教育经费（万元）	高中教育经费投入 + 中职教育经费投入
		中等教育学校数（所）	高中学校数 + 中职学校数
	产出指标	中等教育在校生数（人）	高中在校生数 + 中职在校生数
		中等教育专任教师（人）	高中专任教师数 + 中职专任教师数
高等教育	投入指标	高等教育经费（万元）	高等教育经费投入
		高等教育学校数（所）	普通高等学校数
	产出指标	高等教育在校生数（人）	普通高等学校在校生数
		高等教育专任教师（人）	高等院校专任教师数
		学术论文数（篇）	高校发表学术论文数
		专利授权数（项）	高校专利授权合计数
公共健康	投入指标	政府卫生支出（万元）	各级政府用于医疗卫生服务、医疗保障补助、卫生和医疗保障行政管理、人口与计划生育事务性支出等各项事业的经费
	产出指标	卫生技术人员数（人）	包括执业（助理）医师、注册护士、药师（士）、技师（士）等卫生专业人员
		实际开放床位数（张）	年内医院各科每日夜晚 12 点开放病床数总和，不论该床是否被病人占用，均计算在内
		总诊疗人次数（人次）	所有诊疗工作的总人次数
		出院人数（人）	报告期内所有住院后出院的人数

（二）数据来源

根据数据的可获得性，本章将除西藏以及港澳台外的其余 30 个省份作为决策单元（DMU），教育投资效率研究所使用的数据均来自于《高等学校科技统计资料汇编》、中经网和国家统计局官方网站。公共健康投资效率的数据来源于历年《中国卫生健康统计年鉴》。为与后续研究保持一致，对各类教育经费和公共健康费用进行平减折算。需要说明的是，由于部分指标缺失，本书尽量获取较长的年份，如表13-2所示。

表13-2　　　　　　　　公共人力资本投资数据来源

数据单元	数据期年	数据来源
基础教育	全国30个省份2011—2018年的面板数据	《高等学校科技统计资料汇编》、中经网和国家统计局官方网站
中等教育	全国30个省份2008—2018年的面板数据	
高等教育	全国30个省份2000—2018年的面板数据	
公共健康	全国30个省份2011—2018年的面板数据	《中国卫生健康统计年鉴》

第二节　西部地区基础教育投资效率

近年来，我国不断加大对基础教育的重视程度，资源投入逐年上升，西部地区2011年基础教育投入为2890.64亿元，至2018年已达到6515.54亿元，年均增长12.3%。但在基础教育全面普及的背景下，西部地区教育资源配置不平衡、资源利用不充分的问题日益突出，严重阻碍了基础教育的内涵式发展[1]。因此，对基础教育进行投资效率评价，系统测算其办学效率，可以促进投资合理流动，形成积极的投资导向。

一　基础教育投资静态效率分析

为探究西部地区基础教育投资的投入产出效率变化情况，首先对2018年静态效率进行现状分析，然后对2011年和2018年静态效率进行对比。

（一）基础教育投资静态效率现状分析

1. 综合效率。从全国层面看，2018年我国30个省份综合效率平均值为0.652，仅河南的基础教育投资综合效率达到1，处于有效状态，其余省份的综合效率都小于1，处于无效状态，反映出我国基础教育投入效率水

---

[1] 贾婷月：《公共基础教育配置效率：资源优化还是资源浪费》，《上海财经大学学报》2017年第1期；刘宏燕、陈雯：《中国基础教育资源布局研究述评》，《地理科学进展》2017年第5期。

平整体偏低的现状,如表13-3所示。从地区间比较来看,西部地区2018年综合效率平均值为0.658,东部和中部分别为0.560和0.771,西部要高于东部,北京(0.244)、天津(0.397)、上海(0.410)等东部省份,基础教育综合效率表现不如青海(0.428)、新疆(0.543)、重庆(0.603)等西部效率较差省份。这表明基础教育效率水平不与区域经济发展水平成正比,该结论同李生滨等[1]、张瑞晶和贾鸿[2]等人研究一致,西部地区较为贫困落后,对教育经费的需求更加迫切,相对有限的经费投入较广的区域,经费利用程度较高,而东部省份投资规模大并且较为集中,存在着一定的资源冗余,导致了西部效率要比东部高。

从西部地区看,各省份均处于无效状态,即使是综合效率水平最好的甘肃(0.902),也未达到有效,而青海(0.428)和新疆(0.543)综合效率水平位于西部落后水平,只分别发挥了42.8%和54.3%的效率水平,表明西部地区内部的基础教育投资效率差距较大,各省份在资源配置能力和投入规模方面有较大差异。

表13-3 2018年基础教育投资效率评价指标表

区域	省份	综合效率	纯技术效率	规模效率	变化
东部	北京	0.244	0.256	0.953	递增
	天津	0.397	0.467	0.850	递增
	河北	0.785	0.793	0.990	递增
	辽宁	0.899	0.979	0.919	递增
	上海	0.410	0.453	0.906	递增
	江苏	0.537	0.603	0.892	递减
	浙江	0.466	0.469	0.993	递增
	福建	0.570	0.589	0.968	递增
	山东	0.738	0.881	0.838	递减
	广东	0.573	0.941	0.609	递减
	海南	0.546	0.706	0.773	递增
	东部平均值	0.560	0.649	0.881	—

[1] 李生滨、李延喜、栾庆伟:《区域教育投资效率及其布局优化控制分析》,《当代经济管理》2012年第4期。

[2] 张瑞晶、贾鸿:《财政分权、地方政府财政竞争与公共教育效率——基于受限Tobit面板模型的实证分析》,《兰州财经大学学报》2019年第1期。

续表

区域	省份	综合效率	纯技术效率	规模效率	变化
中部	山西	0.871	0.932	0.935	递增
	安徽	0.705	0.718	0.983	递增
	江西	0.657	0.673	0.976	递增
	湖南	0.723	0.733	0.987	递增
	湖北	0.627	0.641	0.977	递增
	河南	1	1	1	不变
	吉林	0.807	0.911	0.886	递增
	黑龙江	0.774	0.84	0.922	递增
	中部平均值	0.771	0.806	0.958	—
西部	内蒙古	0.613	0.678	0.904	递增
	广西	0.762	0.784	0.972	递增
	重庆	0.603	0.642	0.939	递增
	四川	0.685	0.687	0.997	递增
	贵州	0.655	0.672	0.974	递增
	云南	0.748	0.760	0.984	递增
	陕西	0.670	0.704	0.952	递增
	甘肃	0.902	0.980	0.921	递增
	青海	0.428	0.615	0.697	递增
	宁夏	0.634	1	0.634	递增
	新疆	0.543	0.566	0.96	递增
	西部平均值	0.658	0.735	0.903	—
全国	总平均值	0.652	0.722	0.910	—

2. 纯技术效率和规模效率。将综合效率进一步分解为纯技术效率与规模效率，从全国层面看，2018年我国基础教育投资的纯技术效率和规模效率的均值分别为0.722和0.910，整体均处于DEA无效状态。其中，规模效率的平均值更加接近于效率前沿面，规模报酬均处于递增阶段，表明加大投入规模可以达到更有效的产出水平，而纯技术效率是导致全国基础教育经费投入整体效率低下的主要原因，各省在加大基础教育资源投入的同时，也要重视资源配置水平的提高。

为明确基础教育投资效率分布情况，以纯技术效率和规模效率的全国平均值为临界值，用横轴表示纯技术效率，纵轴表示规模效率，通过构建基于纯技术效率和规模效率的四象限散点图，将全国30个省份的投资效率划分为四个象限，如图 13-2 所示。

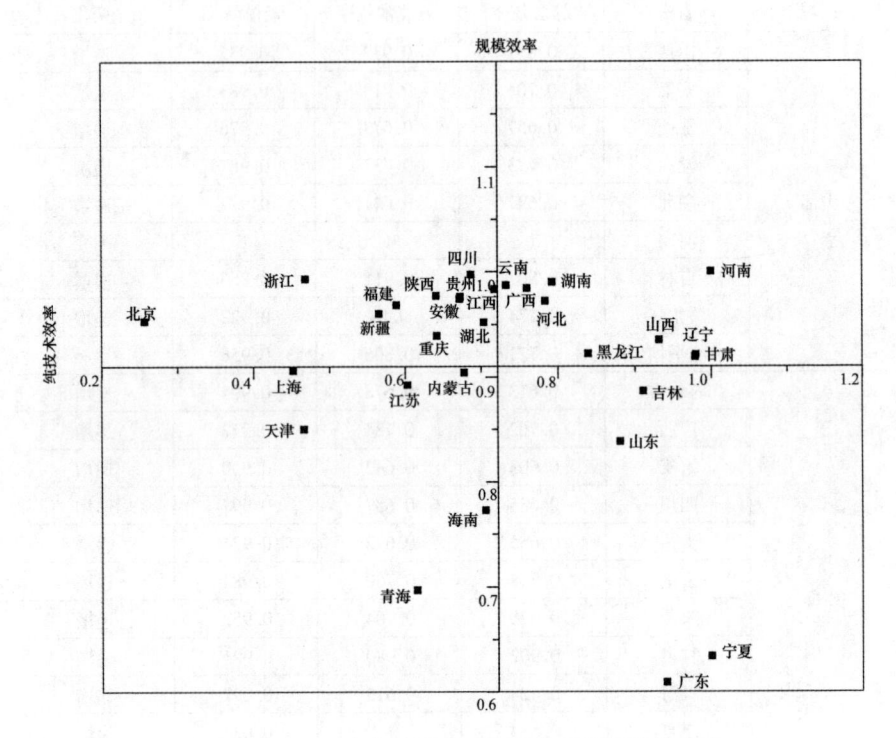

图 13-2 2018 年基础教育投资综合效率分解散点图

从各省份基础教育投资效率的分布特征来看，共 9 个省份的基础教育投资效率水平聚集在第一象限，这些省份纯技术效率和规模效率都超过了全国平均水平；有 11 个省份落在第二象限，这些省份的纯技术效率水平低于全国均值，但规模效率却高于平均水平；有 6 个省份落在第三象限，纯技术效率和规模效率都有欠缺；其余 4 个省份落在第四象限，这些省份的纯技术效率高于全国均值，但规模效率仍处于全国平均水平之下。

西部分布特征基本与全国保持一致，在第一、二、三、四象限的省份分别有 3 个、5 个、2 个和 1 个。

第一象限，包括广西、云南和甘肃 3 个省份，具有纯技术效率和规模效率双高的特征，以上省份基础教育投资效率在西部地区保持着相对较高水平。

第二象限，包括四川、贵州、新疆、陕西和重庆 5 个省份，属于规模效率较高但纯技术效率低于全国平均水平的情况，说明这些省份应重视纯技术效率的改进，提升内部管理水平和资源配置能力，进而实现基础教育经费的优化配置。

第三象限，包括内蒙古和青海 2 个省份，纯技术效率和规模效率同时低于全国平均水平，基础教育经费的管理水平以及投入规模同时表现相对较差，应在保证资源投入的同时，着重改进资源配置水平。

第四象限，仅宁夏落在第四象限，纯技术效率较高但规模效率欠缺，表明宁夏综合效率改进方向是加大投入规模以促进效率提升。

（二）基础教育投资静态效率对比分析

为探究样本期内我国基础教育投资静态效率变动情况，本节将 2011 年静态效率水平与 2018 年的静态效率水平进行了对比分析，剖析西部各省份基础教育投资效率变动的内在原因。

1. 综合效率对比分析。根据基础教育投入、产出效率，绘制 2011 年与 2018 年综合效率对比雷达图，如图 13-3 所示，2018 年我国基础教育

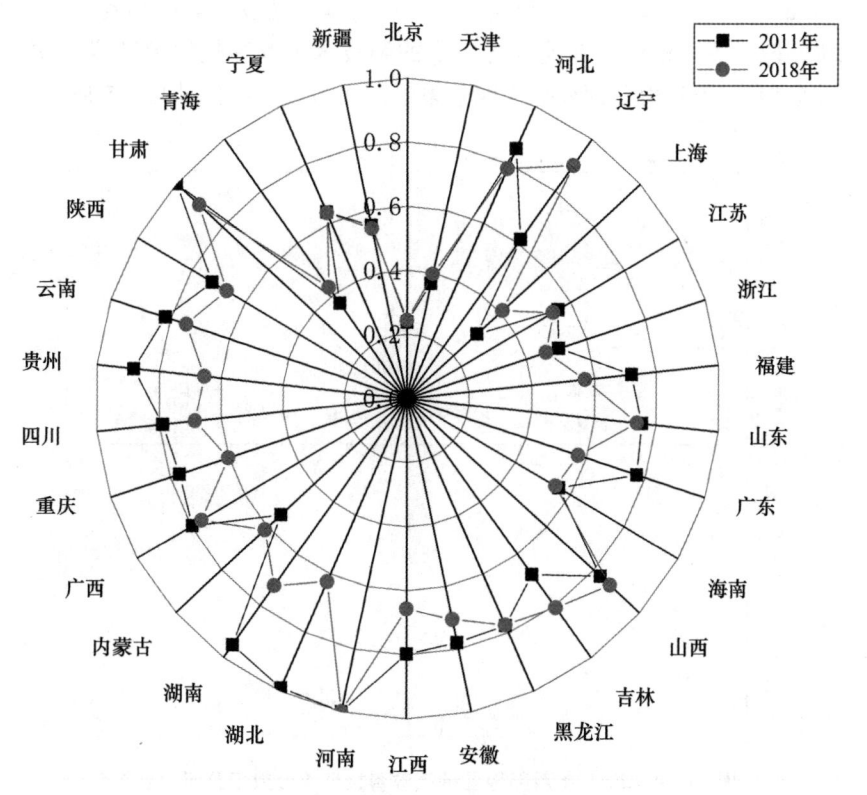

图 13-3　2011 年与 2018 年综合效率对比雷达图

投资的综合效率平均值为 0.652，较 2011 下降了 0.065，全国多数省份的综合效率水平都出现了不同程度的下降。分地区来看，2018 年西部地区综合效率均值为 0.658，较 2011 年降低了 0.058，东部和中部地区平均值分别较 2011 年下降了 0.007、0.079。

从西部各省份来看，相较于 2011 年，仅内蒙古和青海两个省份综合效率水平略有提升，其余省份均有所下降，其中，贵州的综合效率水平降幅最大，从 0.883 下降到 0.655，西部各省份综合效率的变化特点与全国基本一致。从基础教育发展的角度看，增加西部地区教育经费的投入是必要的，但不能仅仅只关注经费简单的增加，也要重视教育资源配置效率的提高，才能避免加剧投资效率低下的情况，整体提高综合效率。

2. 西部地区纯技术效率和规模效率对比分析。为详细解释西部地区各省份效率水平变动的原因，从纯技术效率和规模效率两个分解效率方面进一步分析。以纯技术效率和规模效率的全国平均值为坐标原点，用横轴表示纯技术效率，纵轴表示规模效率，构建基于纯技术效率和规模效率的四象限散点图，根据西部地区各省份的纯技术效率和规模效率变化情况，将前后期 11 个省份分别划分为四个象限，如图 13-4 和图 13-5 所示。

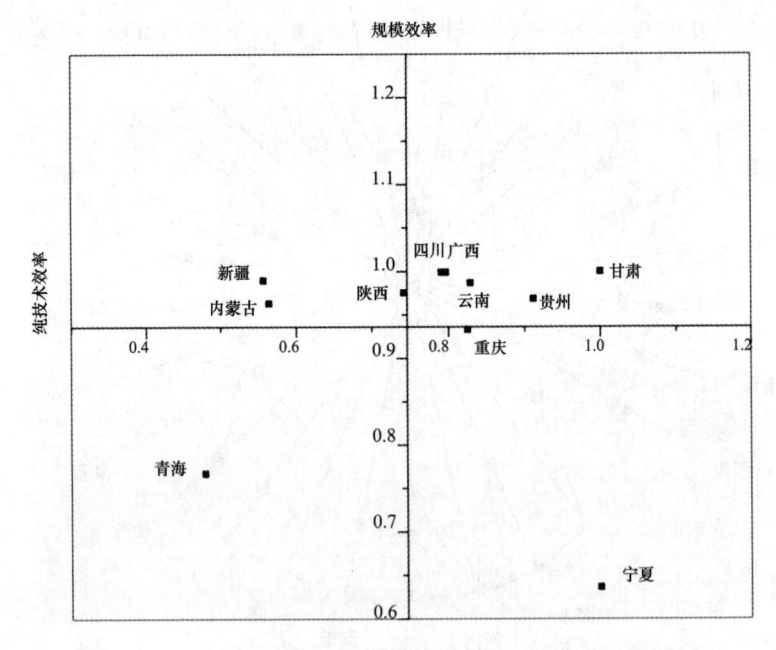

图 13-4 2011 年西部地区基础教育投资综合效率分解散点图

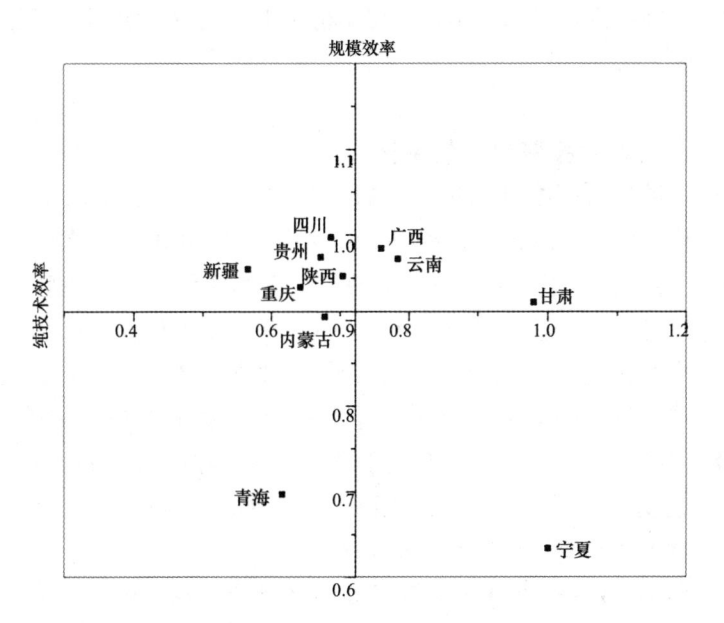

图 13-5　2018 年西部地区基础教育投资综合效率分解散点图

对比 2011 年和 2018 年西部省份基础教育投资综合效率的分解状况，各省份的主要聚集象限发生了转移，从第一象限改变为第二象限。内蒙古、四川、贵州和重庆 4 个省份发生了象限转移，其余省份均未变化。

第一象限，广西、云南和甘肃的纯技术效率和规模效率仍保持在全国较高水平，尽管这些省份位于较偏远地区，但基础教育的资源配置水平和投入规模均处在相对合理的状态。

第二象限，四川和贵州由第一象限转向第二象限，规模效率始终高于均值，但纯技术效率有所下滑，重庆由第四象限转变为第二象限，其规模效率得到提升而纯技术效率有所下降。这些省份的规模效率均高于均值，但纯技术效率低于平均水平，说明其资源配置水平未能跟上投入规模的提升，难以使所投资源得到较为有效的配置。

第三象限，内蒙古由第二象限转变为第三象限，规模效率降低至全国均值以下，纯技术效率始终有所欠缺，其在资源配置水平和投入规模方面都有一定不足；青海始终位于第三象限的中下位置，在前后期对比变化不大，纯技术效率和规模效率均处于较低水平。

第四象限，宁夏始终位于第四象限，纯技术效率高于均值但规模效率相对欠缺,在投入规模相对不足的现实情况下,其对资源的管理能力难以得到有效的发挥。

二 基础教育投资动态效率分析

为了能够从时间维度上进一步探究基础教育投资效率的动态变化情况,基于前文所选定的指标,利用 2011 年至 2018 年的面板数据,采用产出导向的 Malmquist 指数方法进行测算,对全国整体、西部地区和西部各省份基础教育投资动态效率进行测算,从时间维度上研究我国基础教育投资动态效率的变化。需要说明的是,根据全要素生产率指数评价效率的基本原理,若 Malmquist 指数 > 1,则表示全要素生产率水平提高;若 Malmquist 指数 < 1,则表示全要素生产率效率水平下降;若 Malmquist 指数 = 1,则表示全要素生产率水平没有变化。同时,将全要素生产率进一步分解为技术效率变化和技术进步变化。

(一)全国基础教育投资 Malmquist 效率变化整体分析

2011—2018 年基础教育经费投资的 Malmquist 效率变化均值为 0.993,全要素生产率呈下降态势,年均效率水平下降 0.007,如表 13-4 所示。具体来看,我国基础教育投资的 Malmquist 效率变化整体大致呈现"先升后降再升"的波动特征。从效率分解来看,技术效率变化提升了 0.061,而技术进步变化则下降了 0.122,因此,技术进步变化是基础教育投资效率 Malmquist 效率变化逐年下降的主要原因,同李毅等[1]的研究结论一致。

表 13-4　2011—2018 年全国基础教育 Malmquist 效率变化、技术效率变化及技术进步变化

时间	技术效率变化	技术进步变化	纯技术效率变化	规模效率变化	Malmquist 效率变化
2011—2012 年	0.976	0.758	1.020	0.957	0.740
2012—2013 年	1.076	0.943	1.021	1.055	1.015
2013—2014 年	0.937	1.014	0.965	0.971	0.951
2014—2015 年	0.883	0.968	0.923	0.956	0.855

---

[1] 李毅、杨焱灵、吴思睿:《城乡义务教育优质资源配置效率的问题及对策——基于 DEA Malmquist 模型》,《中国教育学刊》2021 年第 1 期。

续表

时间	技术效率变化	技术进步变化	纯技术效率变化	规模效率变化	Malmquist效率变化
2015—2016 年	0.999	0.897	0.984	1.016	0.896
2016—2017 年	1.061	0.878	1.058	1.003	0.931
2017—2018 年	1.031	0.935	1.016	1.015	0.964
均值	0.997	0.910	0.996	0.903	0.993

注：表中均值为几何均值。

（二）西部地区基础教育投资 Malmquist 效率变化分析

将 2011—2018 年西部地区基础教育的 Malmquist 效率变化进一步分解为技术效率变化和技术进步变化两部分，如图 13-6 所示。

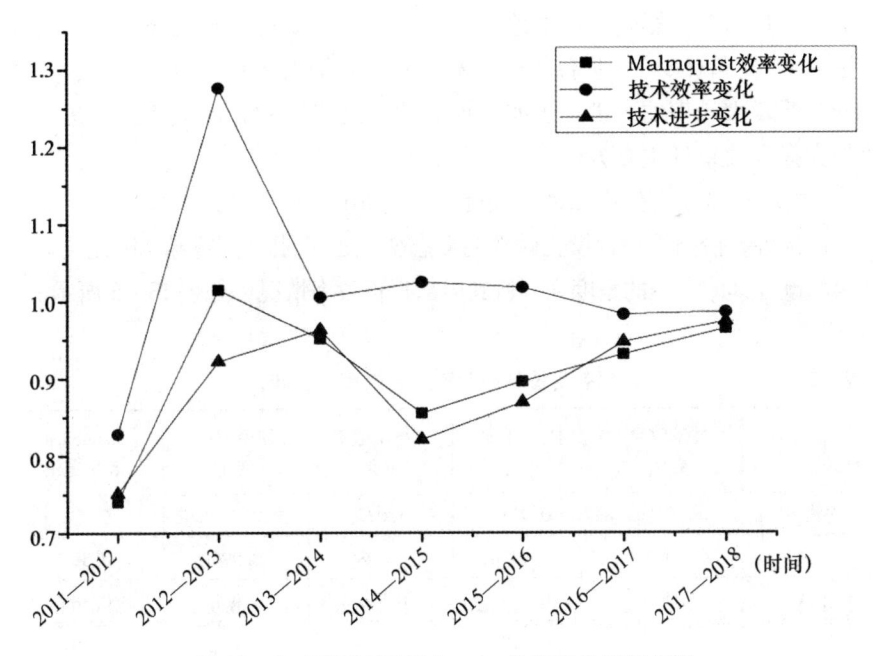

图 13-6 西部地区 Malmquist 效率变化及其分解

西部地区基础教育投资 Malmquist 效率变化均值为 0.894，说明全要素生产率整体处于下降状态。在不同时间段 Malmquist 效率变化的差距相对明显，在 2011—2013 年有所提高，2013—2015 年出现下降趋势，而后

2015—2018年再次提升，总体来看，样本期内西部地区Malmquist效率变化规律与全国一致，同样呈现"先升后降再升"的波动特征。尽管样本期内西部基础教育投资全要素生产率水平在不断波动，但近期逐渐呈现趋于稳定且小幅增长的态势。

值得注意的是，2012年前后，基础教育全要素生产率有着较大的变动。分析认为，2012年国家针对基础教育颁布了较多政策，如国务院《关于深入推进义务教育均衡发展的意见》《关于规范农村义务教育学校布局调整的意见》等政策针对基础教育提出了均衡发展的阶段性指标，明确了深入推进基础教育发展的具体政策措施，保证了基础教育办学资源、教师资源的均衡配置，因此出现较大波动调整，而后在2015年开始逐步发挥作用，全要素生产率开始稳步提升。

从效率分解角度来看，Malmquist效率变化同时受到技术效率变化和技术进步变化的双重影响，西部地区平均技术效率变化和平均技术进步变化分别为1.01和0.889，且各年的技术效率变化均大于技术进步变化，说明提升全要素生产率的关键在于如何提高技术进步变化，即应将技术进步变化作为提升效率的主要方向。

（三）西部各省份基础教育投资Malmquist效率变动分析

西部各省份高等教育投资效率的动态变化也可能存在差异，因此进一步从西部地区具体省份的角度来分析其内部投资效率情况，如表13-5所示。

表13-5　　　　西部各省份基础教育投资效率动态变化

省份	技术效率变化	技术进步变化	纯技术效率变化	规模效率变化	Malmquist效率变化
内蒙古	1.017	0.918	1.027	0.991	0.934
广西	0.994	0.892	0.998	0.996	0.886
重庆	0.966	0.918	0.965	1.001	0.886
四川	0.980	0.918	0.980	1	0.899
贵州	0.958	0.910	0.957	1.001	0.871
云南	0.987	0.859	0.988	1	0.849
陕西	0.989	0.918	0.993	0.997	0.908
甘肃	0.985	0.855	0.997	0.988	0.843
青海	1.022	0.915	1.036	0.986	0.936

续表

省份	技术效率变化	技术进步变化	纯技术效率变化	规模效率变化	Malmquist效率变化
宁夏	0.999	0.901	1	0.999	0.901
新疆	0.998	0.918	1.002	0.996	0.916
均值	0.990	0.902	0.995	0.996	0.894

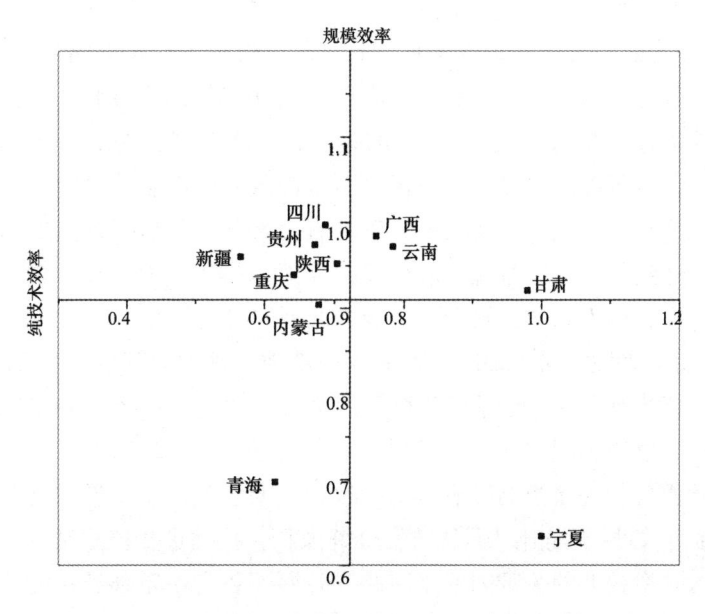

图 13-7 2018 年西部地区基础教育投资综合效率分解散点图

如图 13-7 所示，西部地区各省份 Malmquist 效率均小于 1，处于下降状态，且各省份均低于全国 0.993 的均值，说明西部各省份无论是经济发展较好的重庆和陕西，还是欠发达的青海和宁夏，基础教育投资的全要素生产率均处于较低水平。西部各省份中，技术进步变化普遍要低于技术效率变化，表明技术创新水平不足是全要素生产率较低的主要因素，与全国结论较为一致。

总结来看，西部各省份的平均 Malmquist 效率变化指数整体不高，技术进步变化长期处于退化状态，且技术进步变化始终是导致全要素生产率低下的主要原因。技术进步的恶化，说明西部各省份目前基础教育发展的粗放型特征明显，存在潜在技术退步，因此，促进基础教育经费资源的技术创新和技术引进是提升西部地区整体投资效率的改进方向。

三 小结

以 2011—2018 年基础教育投入产出数据为基础，选取经费作为投入指标，以学校数、在校生数和专任教师数为产出指标，采用 DEA-BCC 模型和 Malmquist 指数法分别测算和评价了西部地区基础教育投资的静态效率和动态效率，得出以下主要结论。

1. 静态效率方面，2018 年西部地区综合效率为 0.658，各省份均处于无效状态且内部存在较大差距，略高于全国 0.652 的平均水平，相比 2011 年，总体下降了 0.065。值得注意的是，西部多数省份的综合效率反而高于北京、上海等经济发达省份，这表明基础教育的综合效率水平并不与区域经济发展水平成正比。从效率分解来看，西部各省份规模报酬均处递增阶段，未达到最佳规模效应，应继续扩大资源投入，而纯技术效率则要低于规模效率，应着重改进资源配置能力低下的问题。

2. 动态效率方面，2011—2018 年西部地区基础教育投资 Malmquist 效率变化均值为 0.894，说明基础教育的全要素生产率处于下降状态，在变动趋势上，整体呈现"先升后降再升"的波动特征。2012 年，受国家大力发展基础教育相关政策的影响，基础教育全要素生产率出现波动调整，在 2015 年后开始稳步提升。但从效率分解来看，技术进步仍是制约基础教育经费投入效率提升的关键因素，因此提升西部各省份基础教育的技术和管理创新水平是未来改进全要素生产率的主要方向。

基于上述研究结论，得出以下基础教育发展的启示。

1. 合理配置投入资源，实现基础教育优质均衡。西部地区整体基础教育处于规模报酬递增阶段，扩大投入可以达到更优产出效率，因此应继续加大对西部地区的资源倾斜，缩小与东部地区的差距，实现高质量的教育资源配置，以达到最佳规模效应，提高整体综合效率。

2. 改进资源管理能力，提高区域整体办学质量。资源利用效率不高导致西部各省份基础教育综合效率总体较为不足，因此应完善资源分配机制，处理好教育资源省内优化与省际协调的关系，同时，以基础教育教学方式改革为主要方向，逐步摆脱技术创新不足的问题，利用现代信息技术、网络技术，开展智慧课堂、连线教学，提高欠发达地区对优质教育的可及性，提高区域整体基础教育办学质量。

第三节　西部地区中等教育投资效率

现阶段西部地区已经全面实现了城乡免费义务教育，而中等教育在整个教育体系中起着承上启下的重要作用，肩负着培养具有创新精神和实践能力人才的重任，是不可或缺的一级重要教育机构[1]。目前，我国中等教育采取的是普通教育和职业教育并行发展的二元结构，而其发展主要依靠地方财政投资[2]；西部地区普通高中长期以来在资源供给、经费保障和均衡发展等方面存在诸多深层次的现实困境，部分经济较好地区"择校"盛行，有限的教育投资未能惠及普通大众[3]；而中等职业教育近年来快速发展，规模和资源投入力度不断增加，但其区域均衡性和效率性方面存在一定问题[4]。在此背景下，科学、合理地对教育投入的总体情况进行综合衡量，测算评价普通高中教育和中等职业教育的办学效率，可以引导教育投资的合理流动，形成积极的投资导向。

一　中等教育投资静态效率分析

为探究 10 年中西部地区中等教育投资的投入产出效率变化情况，首先对 2018 年静态效率进行现状分析，然后对 2008 年和 2018 年静态效率进行对比。

（一）中等教育投资静态效率现状分析

1. 综合效率。从全国层面看，2018 年我国 30 个省份综合效率平均值为 0.820，如表 13-6 所示，其中，仅有 5 个省份的中等教育综合效率达到 1，处于有效状态，而西部地区各省份均处于无效状态。从西部地区看，2018 年各省份综合效率平均值为 0.790，低于全国均值，值得注意的是，最高的云南省为 0.945，而最低的宁夏和重庆仅为 0.559 和 0.596，区域内

---

[1] 徐桂庭：《我国中等教育职普比结构问题的政策发展轨迹及理性思考》，《职教论坛》2016 年第 19 期。

[2] 岳金凤、郝卓君：《中等职业教育高质量发展报告——基础与方向》，《职业技术教育》2021 年第 36 期。

[3] 解百臣、付辰、邓英芝：《基于 DEA 视窗分析理论的普通高中教育效率研究》，《现代远程教育研究》2012 年第 2 期。

[4] 胡斌武、叶萌、庞尧等：《中等职业教育发展的均衡性与效率性实证检验——基于省际面板数据的分析》，《教育研究》2017 年第 3 期。

部综合效率也有较大差异。规模报酬方面，西部地区除青海和宁夏外，其余省份都是规模报酬递减的，说明西部地区中等教育处于粗放式发展状态，过于重视规模的投入，应转向高质量发展，注重教育产出的质量。

表13-6　　　　　2018年中等教育投资效率评价指标表

区域	省份	综合效率	纯技术效率	规模效率	变化
东部	北京	1	1	1	不变
	天津	0.879	0.887	0.991	递增
	河北	0.811	1	0.811	递减
	辽宁	1	1	1	不变
	上海	1	1	1	不变
	江苏	0.468	0.726	0.644	递减
	浙江	0.638	0.851	0.75	递减
	福建	0.882	0.952	0.926	递减
	山东	0.470	0.751	0.625	递减
	广东	0.608	1	0.608	递减
	海南	0.880	0.911	0.967	递增
	东部平均值	0.785	0.916	0.847	—
中部	山西	1	1	1	不变
	安徽	0.857	0.967	0.886	递减
	江西	0.959	1	0.959	递减
	湖南	0.871	1	0.871	递减
	湖北	0.782	0.895	0.874	递减
	河南	0.822	1	0.822	递减
	吉林	1	1	1	不变
	黑龙江	0.973	0.977	0.996	递减
	中部平均值	0.908	0.980	0.926	—
西部	内蒙古	0.918	0.955	0.961	递减
	广西	0.776	0.838	0.926	递减
	重庆	0.596	0.614	0.972	递减
	四川	0.778	0.963	0.809	递减
	贵州	0.669	0.728	0.918	递减

续表

区域	省份	综合效率	纯技术效率	规模效率	变化
西部	云南	0.945	1	0.945	递减
	陕西	0.842	0.915	0.920	递减
	甘肃	0.926	0.929	0.997	递减
	青海	0.939	1	0.939	递增
	宁夏	0.559	1	0.559	递增
	新疆	0.747	0.781	0.956	递减
	西部平均值	0.790	0.884	0.900	—
全国	总平均值	0.820	0.921	0.888	—

2. 纯技术效率和规模效率。将综合效率进一步分解为纯技术效率和规模效率，从全国层面来看，2018 年中等教育投资纯技术效率和规模效率的均值分别为 0.921 和 0.888，纯技术效率高于规模效率，其中，有 13 个省份的中等教育投入纯技术效率达到有效水平，而仅有 5 个省份的规模效率有效。

进一步剖析中等教育投资效率，基于 2018 年效率测算结果，将中等教育投资纯技术效率以及规模效率的平均值作为临界值，构建四象限散点图，将全国 30 个省份的投资效率划分四种类型进行分析，如图 13-8 所示。

全国有 12 个省份落在第一象限，其纯技术效率和规模效率均处于全国平均水平之上，中等教育资源投入产出转化效率较高；7 个省份落在第二象限，说明规模配置能力较优，但纯技术效率过低是阻碍综合效率提升的主要因素；4 个省份落在第三象限，纯技术效率、规模效率均低于全国平均水平，说明纯技术效率和规模效率均过低的双重因素制约着综合效率的提升；7 个省份落在第四象限，其规模效率在平均值以下，存在着规模投入不合理的问题，需要加大中等教育资源投入规模。

西部地区分布在第一、二、四象限的省份分别有 4 个、5 个和 2 个。

第一象限，包括甘肃、内蒙古、云南和青海 4 个省份，纯技术效率和规模效率都处于全国平均水平之上，说明在既定投资规模水平下，中等教育资源的配置能力和管理水平相对合理。

第二象限，包括重庆、贵州、新疆、广西和陕西 5 个省份，这些省份

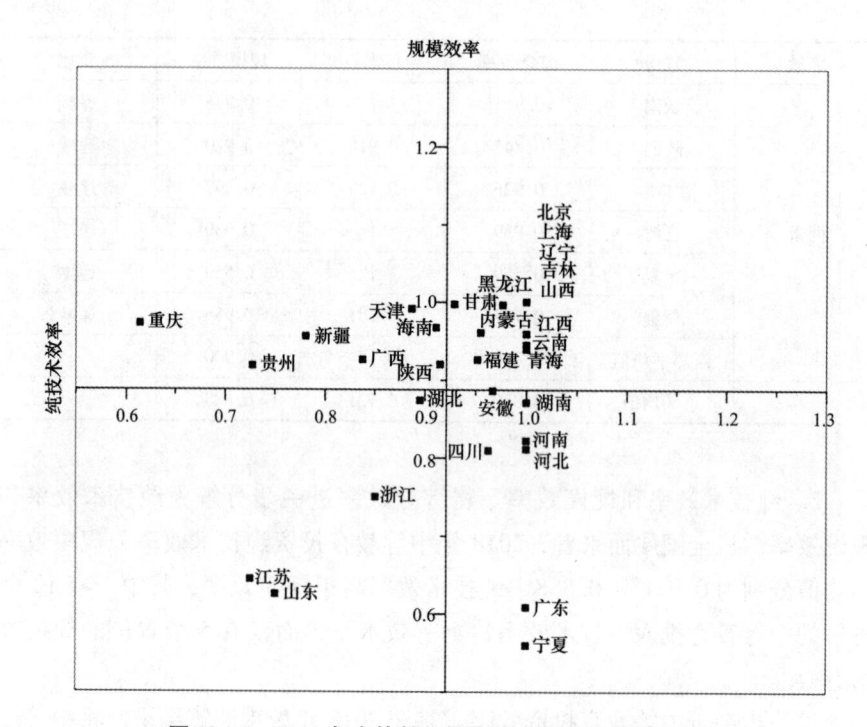

图 13-8　2018 年中等教育投资综合效率分解散点图

有着较高的规模效率,但纯技术效率明显未跟上规模效率的发展速度,落后于全国平均水平。

第四象限,包括四川和宁夏 2 个省份,纯技术效率高于均值但规模效率相对欠缺,在西部地区中等教育投入规模不足的大环境下,资源配置能力难以得到有力发挥,进而导致了综合效率低的局面。

(二) 中等教育投资静态效率对比分析

为客观评价 2018 年中等教育投资静态效率实际情况,据所能获取最早年份的中等教育投资数据,选取 2008 年作为基期,对 2008 年和 2018 年中等教育投资静态效率进行分析与比较,进一步探讨影响我国中等教育投资静态效率水平的原因。

1. 综合效率对比分析。根据中等教育投入产出效率,绘制 2008 年与 2018 年综合效率对比雷达图,如图 13-9 所示,2018 年我国中等教育投资的平均综合效率为 0.820,较 2008 年下降了 0.005,综合效率水平有所下滑。分地区来看,2018 年西部综合效率均值为 0.790,较 2008 年下降了

0.148，而东部和中部地区分别下降了 0.019 和 0.032。

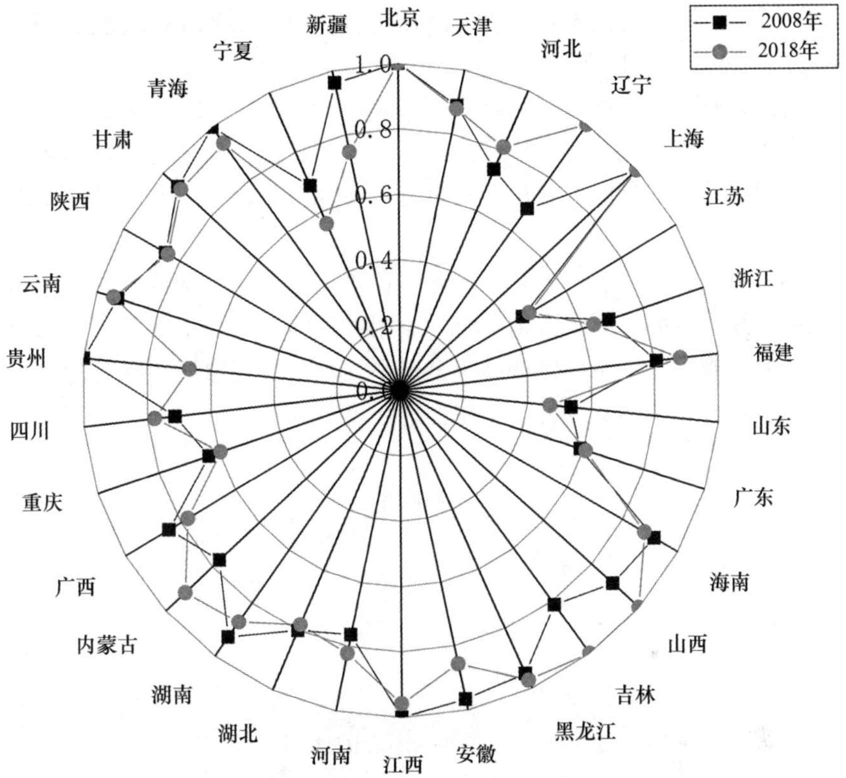

图 13-9 2008 年与 2018 年综合效率对比雷达图

从西部各省份来看，多数省份中等教育投资综合效率均有所下降，相较于 2008 年，内蒙古、四川和云南 3 个省份中等教育投资综合效率水平有所上升，其中内蒙古提升幅度最大，增长了 0.148，而其余 9 个省份综合效率均有所下降，其中数贵州最为严重，在 2008 年综合效率达到 1，处于有效状态，而 2018 年下降至 0.669，下降了 0.331，出现较大程度下滑。总体来看，西部地区总体综合效率有所下滑，2008 年有贵州和青海两省综合效率处于有效状态而 2018 年各省份均处于无效状态，表明西部地区在资源投入规模和内部管理水平方面有所恶化。

2. 西部地区纯技术效率与规模效率对比分析。为详细解释西部地区各省份效率水平下降的原因，从纯技术效率和规模效率两个分解效率方面进一步分析。以纯技术效率和规模效率的平均值为坐标原点，用横轴表示纯技术效率，纵轴表示规模效率，对前后期进行对比分析，分别构建基于2008年和2018年纯技术效率变动和规模效率变动的四象限散点图，如图13-10和图13-11所示。

对比2008年中等教育投资综合效率的分解状况，2018年西部有7个省份发生了象限变化，分别位于第一、二、四象限，并未有省份落入第三象限，说明除第一象限的省份，其余省份在规模效率或纯技术效率上略有短板。

第一象限，青海、甘肃和云南始终位于第一象限，保持着较高的纯技术效率和规模效率；内蒙古则由第二象限转化为第一象限，其纯技术效率有所提升，规模效率始终保持高于全国平均水平，资源配置和管理水平得到优化，综合效率趋向改善，总体上达到较高水平。

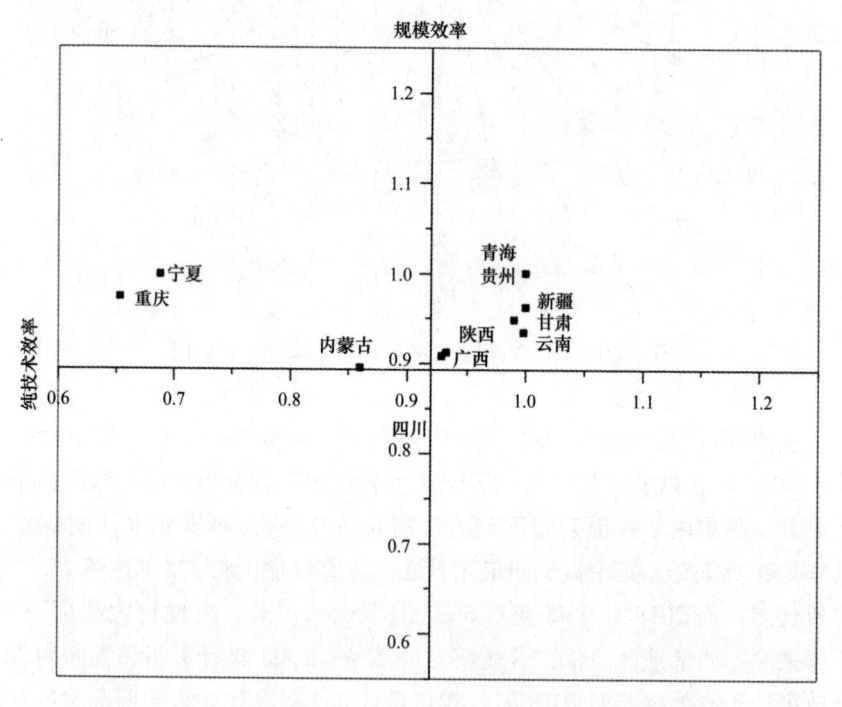

图13-10 2008年西部地区中等教育投资综合效率分解散点图

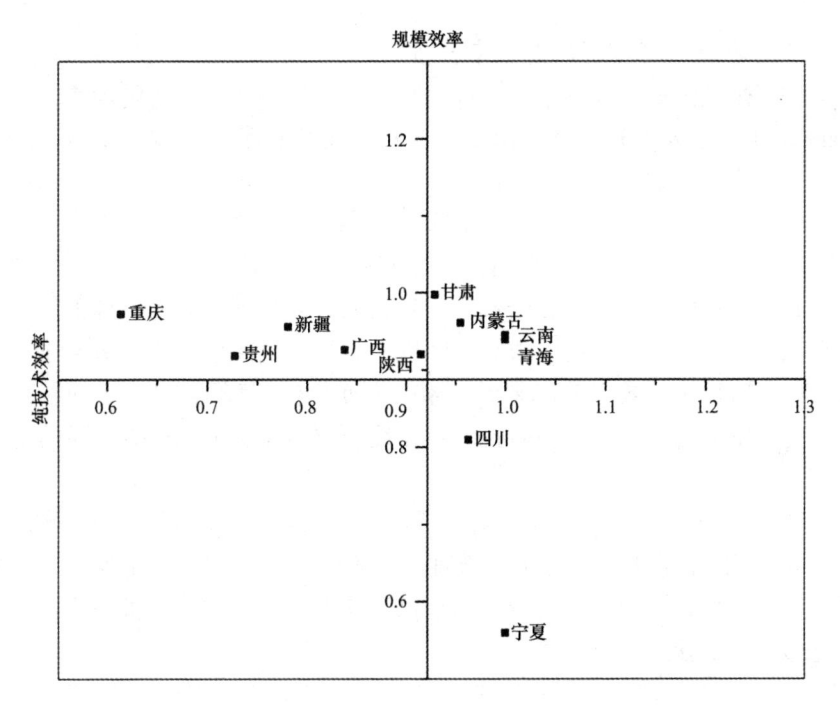

图 13-11 2018 年西部地区中等教育投资综合效率分解散点图

第二象限，除重庆未变，陕西、广西、贵州和新疆 4 个省份从第一象限转化为第二象限，规模效率始终高于全国均值，但纯技术效率有所下滑，说明这些省份中等教育的资源配置水平较为有限，限制了投入资源的转化，未能使所得资源达到相对有效的利用。

第四象限，宁夏由第二象限转变为第四象限，其纯技术效率得到提升而规模效率有所下降；四川由第三象限转变为第四象限，其纯技术效率有所提升，但规模效率始终落后于全国均值。这些省份都有着相对较高的纯技术效率，但在规模效率方面有所不足，应继续加大投入，充分发挥其资源配置水平，以达到更为有效的产出成果。

总结来看，西部各省份中等教育规模效率普遍处于相对较高水平，象限变动更多是因为纯技术效率下降导致的，说明纯技术效率不足是阻碍中等教育发展的主要因素，应着重提高资源配置水平和内部管理能力，降低投入资源的浪费，提高中等教育总体综合效率。

二 中等教育投资动态效率分析

进一步从时间维度上探究中等教育投资效率的动态发展规律，运用 Malmquist 指数方法分别对全国整体、西部地区和西部各省份 2008—2018 年中等教育投资的动态效率进行评价。

（一）全国中等教育投资 Malmquist 效率变化整体分析

2008—2018 年我国中等教育投资的 Malmquist 效率变化均值为 0.934，Malmquist 指数均小于 1，处于效率下降状态，但其下降曲线总体上呈现出逐渐放缓的趋势，说明我国中等教育投入全要素生产率在不断改善中，如表 13-7 所示。从效率分解来看技术效率变化仅下降了 0.001，而技术进步变化则下降了 0.065，表明技术进步变化是 Malmquist 效率下降的主要原因。

Malmquist 效率水平不高的主要原因是技术进步变化退化所致，年均下降 0.065，技术进步变化对中等教育全要素生产率表现出明显影响。总体来看，中等教育资源投入的配置水平存在较大改进空间，规模效率呈现下降态势，资源投入有所欠缺。

表 13-7　2008—2018 年全国中等教育 Malmquist 效率变化、技术效率变化及技术进步变化

年份	技术效率变化	技术进步变化	纯技术效率变化	规模效率变化	Malmquist 效率变化
2008—2009	1.029	0.869	0.996	1.033	0.895
2009—2010	0.980	0.948	1.008	0.972	0.928
2010—2011	1.011	0.890	1.015	0.997	0.900
2011—2012	0.991	0.884	0.973	1.019	0.876
2012—2013	1.028	0.930	1.020	1.008	0.956
2013—2014	0.988	1.005	0.968	1.020	0.992
2014—2015	0.988	0.930	0.992	0.996	0.919
2015—2016	0.982	0.965	1.009	0.973	0.948
2016—2017	0.988	0.978	1.001	0.987	0.966
2017—2018	1.008	0.962	1.021	0.988	0.970
均值	0.999	0.935	1	0.999	0.934

(二) 西部地区中等教育投资 Malmquist 效率变化分析

将 2008—2018 年西部地区中等教育的 Malmquist 效率变化进一步分解为技术效率变化和技术进步变化两部分，如图 13-12 所示。

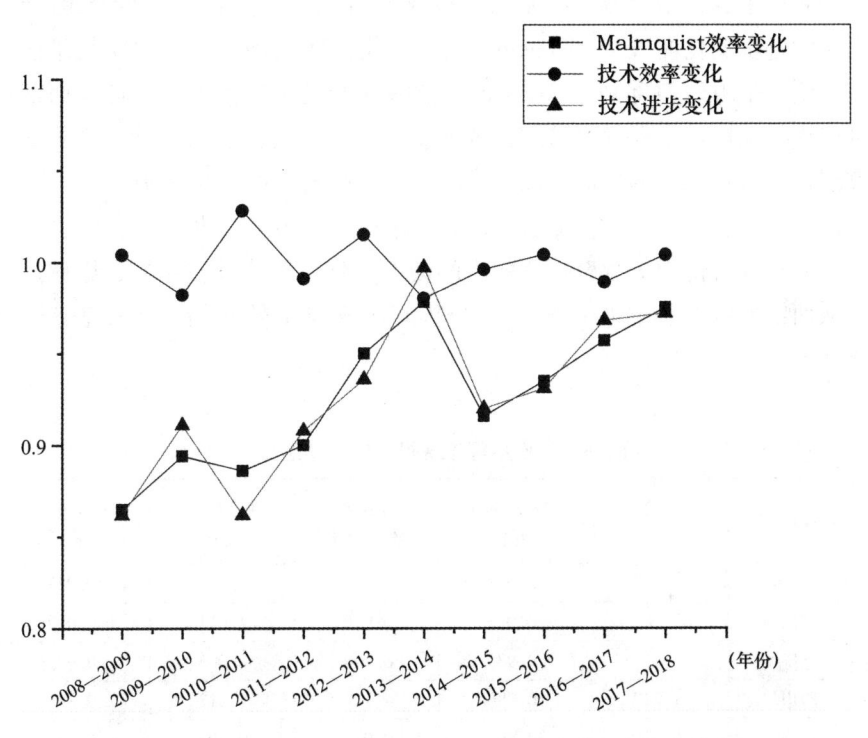

图 13-12 西部地区中等教育投资 Malmquist 效率变化及其分解

西部地区中等教育经费投入 Malmquist 效率变化均值为 0.925，整体处于效率下降状态，从时间变化趋势来看，下降趋势放缓，表明西部地区 Malmquist 效率处于逐步改善状态。

进一步分析 Malmquist 效率变动趋势的原因，2010—2014 年间表现出明显的上升态势，可能的原因是 2010 年党中央、国务院颁布《国家中长期教育改革和发展规划纲要（2010—2020 年）》，加大对教育管理的重视，提出加快普及高中阶段教育，全面提高学生综合素质，推动多样化发展，明确了系统的中等教育发展方向，中等教育进入质量提升阶段。2014 年后中等教育出现调整，而后又在 2015 年稳步拉升，可能的原因是我国在 2014 年开始全面深化改革，充分发挥市场活力，提出更高标准，2015 年教育部发布《职业院校数字校园建设规范》和《教育部 2015 年工作要点》，促使信息技术在教学、管理等方面的应用，推动了中等教育实现教育现代化，在管理上走向规范化、科学化轨道，逐步提升了中等教育的全要素生产率。

总体来看，中等教育技术效率变化曲线总体高于技术进步变化曲线，而技术进步变化曲线和 Malmquist 效率变化曲线波动一致，说明技术进步效率低下是阻碍西部地区 Malmquist 效率提升的主要因素。因此，西部地区应继续保持对中等教育管理技术的重视，通过技术创新和管理方式变革实现资源转化能力的提高，以此带动区域生产效率水平的提高。

（三）西部各省中等教育投资 Malmquist 效率变化分析

西部各省份中等教育投资效率的动态变化也可能存在差异，因此进一步从西部地区具体省份的角度来分析其内部投资效率情况，如表 13 - 8 所示。

表 13 - 8　　　　西部各省份中等教育投资效率动态变化

省份	技术效率变化	技术进步变化	纯技术效率变化	规模效率变化	Malmquist效率变化
内蒙古	1.026	0.958	1.015	1.011	0.983
广西	1.001	0.916	0.990	1.011	0.917
重庆	1	0.935	0.997	1.003	0.935
四川	1.012	0.886	1	1.012	0.896
贵州	0.970	0.897	0.975	0.995	0.871
云南	1.006	0.915	1	1.006	0.920
陕西	1.005	0.929	1	1.005	0.934
甘肃	1.004	0.913	1.001	1.004	0.917
青海	1	0.943	1	1	0.943
宁夏	0.986	0.942	1.038	0.950	0.929
新疆	0.982	0.951	0.980	1.002	0.934
均值	0.999	0.926	0.999	1	0.925

西部地区各省份中等教育投资 Malmquist 效率变化均小于 1，平均值为 0.925，全要素生产率处于下降状态，仅有内蒙古、青海和重庆 3 个省份效率水平高于全国平均水平，其余西部省份均未达到全国均值，说明西部地区无论是经济较好的四川和重庆等省份，还是经济欠发达的青海和宁夏等

省份,中等教育都处于较为落后状态,尤其四川和贵州等省份Malmquist效率变化则处于全国落后水平。剖析各省份Malmquist效率变化处于下降状态的原因,可以发现,除贵州、宁夏和新疆3个省份外,其余各省份的技术效率变化均大于1,但各省的技术进步变化均处于退化状态,说明技术创新能力不足仍然是影响各省份全要素生产率提升的主要因素,应着重加强对技术创新的重视,逐步改进区域技术创新水平。

三 小结

以2008—2018年中等教育投入产出数据为基础,选取经费作为投入指标,以学校数、在校生数和专任教师数为产出指标,采用DEA-BCC模型和Malmquist指数法分别测算和评价了西部地区中等教育投资的静态效率和动态效率,得出以下主要结论。

1. 静态效率方面,2018年西部综合效率为0.790,低于全国0.820的平均水平,未有省份达到综合效率有效状态,且相比2008年综合效率水平有所下滑,这表明近年来西部地区中等教育整体存在资源利用率不高和有效产出不足等问题。从效率分解来看,西部多数省份是规模报酬递减的,存在粗放式发展的现象,且纯技术效率较低,管理水平和资源配置能力较低,是导致西部地区效率低下的主要原因。

2. 动态效率方面,2008—2018年西部地区中等教育投资Malmquist效率变化均值为0.925,在变动趋势上呈现波浪式上升,这表明全要素生产率位于较低水平,但处在逐渐改善之中。效率分解来看,西部地区技术进步变化曲线和Malmquist效率变化曲线波动一致,各省份的全要素生产率下降也主要是因为技术进步变化所致,说明管理创新和技术创新是制约西部地区中等教育全要素生产率提升的关键因素。

基于上述研究结论,得出以下中等教育发展的启示。

1. 协调中等教育资源配置,提高资源利用水平。现阶段,国家大力发展中等教育,为其发展提供了资源投入和政策支持,但是多数省份是规模报酬递减的,资源投入所能带来的规模效应不佳,因此要合理规划资源投入,切忌盲目追求规模扩张,应转向高质量发展,优化"普职"资源投入结构,有重点、有针对地对普通高中和中等职业教育的投入资源进行合理配置。同时,要加强管理制度改进,开展中等教育质量评价,着重关注办学方向、课程教学、教师发展、学校管理和学生发展等,摆脱粗放式发展的问题，降低因管理落后而造成的资源冗余，提高对中等教育投入资源的配置能力和利用效率。

2. 改进中等教育发展模式，注重创新技术应用。技术创新不足、更新缓慢是西部地区中等教育发展的最大短板，因此需要进行教学管理方式的改革，依靠网络化教学发展趋势，在普通高中方面，重视信息化的应用，通过网络平台、远程教学技术，全面提高普通高中学校办学质量；在职业教育方面，要深化产教融合和校企合作，通过对企业仿真模拟、线上教学培训等技术的应用，达到高质量的产出效率。

第四节 西部地区高等教育投资效率

高等教育作为中等教育基础上实施的一种专业教育，其向受教育者传授高层次的新知识和新技术，肩负着培养各类高素质专门人才的重要使命。高等教育发展能够提升科技创新能力、支撑经济社会发展，对提高国家整体核心竞争力具有基础性和关键性作用[1]。教育财政支持对高校建设、师资引进、学生培养、学术产出等方面起到了重要作用[2]，西部地区对高等教育的投入规模从 2000 年的 82.04 亿元增长到 2018 年的 1298.87 亿元，年均增长 16.6%。然而，对于西部地区来说，要实现高等教育的高质量发展仍面临很多挑战。因此，需要关注西部地区高等教育投入资源的配置与利用情况，测算和评估高等教育投资效率。

一 高等教育投资静态效率分析

为探究近 20 年西部地区高等教育投资的投入产出效率变化情况，首先对 2018 年静态效率进行现状分析，然后对 2000 年和 2018 年静态效率进行对比。

(一) 高等教育投资静态效率现状分析

1. 综合效率。从全国层面来看，2018 年我国 30 个省份综合效率平均值为 0.859，仅 7 个省份的高等教育投资综合效率达到 1，处于有效状态，

---

[1] 胡德鑫：《国际比较视野下我国高等教育对经济增长的贡献研究——基于 1996—2014 年的数据》，《现代教育管理》2017 年第 9 期。
[2] 杨会良、杨雅旭、张伟达：《京津冀高校教育财政投入产出效率研究——基于 DEA 模型的分析》，《经济研究参考》2017 年第 28 期。

其余省份的综合效率都小于1，处于无效状态，综合效率仍有待提升，如表13-9所示。从西部地区看，2018年的综合效率平均值为0.838，低于全国均值；仅有四川和云南的高等教育投资综合效率有效，其余省份综合效率均未达到有效状态，特别是青海的综合效率处于全国最低水平。规模报酬方面，西部地区除四川、贵州、云南之外，其余省份都是规模报酬递增的，说明投入规模相对不足，还有可增加的空间。

表13-9　　　　2018年高等教育投资效率评价指标表

区域	省份	综合效率	纯技术效率	规模效率	变化
东部	北京	0.602	0.966	0.623	递减
	天津	0.678	0.679	0.998	递增
	河北	0.905	1	0.905	递减
	辽宁	1	1	1	不变
	上海	0.753	0.754	0.999	递增
	江苏	1	1	1	不变
	浙江	1	1	1	不变
	福建	0.840	0.888	0.945	递减
	山东	0.986	1	0.986	递减
	广东	0.647	1	0.647	递减
	海南	0.774	1	0.774	递增
	东部平均值	0.835	0.935	0.898	—
中部	山西	0.999	1	0.999	递减
	吉林	0.772	0.785	0.983	递增
	黑龙江	1	1	1	不变
	安徽	0.904	1	0.904	递减
	江西	0.876	0.973	0.900	递减
	河南	1	1	1	不变
	湖北	0.848	0.903	0.939	递减
	湖南	0.952	0.989	0.963	递减
	中部平均值	0.919	0.956	0.961	—

续表

区域	省份	综合效率	纯技术效率	规模效率	变化
西部	内蒙古	0.699	0.701	0.997	递增
	广西	0.936	0.954	0.981	递增
	重庆	0.911	0.939	0.971	递增
	四川	1	1	1	不变
	贵州	0.762	0.809	0.942	递减
	云南	1	1	1	不变
	陕西	0.968	0.975	0.993	递增
	甘肃	0.627	0.635	0.988	递增
	青海	0.594	1	0.594	递增
	宁夏	0.904	1	0.904	递增
	新疆	0.820	0.829	0.989	递增
	西部平均值	0.838	0.895	0.942	—
全国	总平均值	0.859	0.926	0.931	—

2. 纯技术效率和规模效率。将综合效率进一步分解为纯技术效率和规模效率，从全国层面看，2018年我国高等教育投资纯技术效率和规模效率的均值分别为0.926和0.931，整体均处于DEA无效状态，规模效率水平略优于纯技术效率，如图13-13所示。

从各省份高等教育投资效率的分布特征来看，近半省份聚集在第一象限，纯技术效率和规模效率都高于平均水平，其余各省份基本均匀分布第二和第四象限，在纯技术效率或规模效率方面存在不足，没有省份分布在第三象限。值得注意的是，纯技术效率有效的省份要多于规模效率有效的省份，但因一些省份的纯技术效率过低，进而拉低整体均值。

西部地区分布在第一、二、四象限的省份分别有5个、4个和2个。

第一象限，包括云南、四川、陕西、广西和重庆5个省份，纯技术效率和规模效率均领先于全国平均水平。分类来看，四川、陕西和重庆是传统的高等教育强省，省内都有多所双一流建设高校，经费投入规模充足，同时也重视对资源配置和管理技术的改进，有着较高的投入产出转化效率；而云南和广西的高等教育基础相对薄弱，都只有1所双一流建设高校，在较为有限的资源投入下，高等教育经费利用率和投入产出能力相对较为

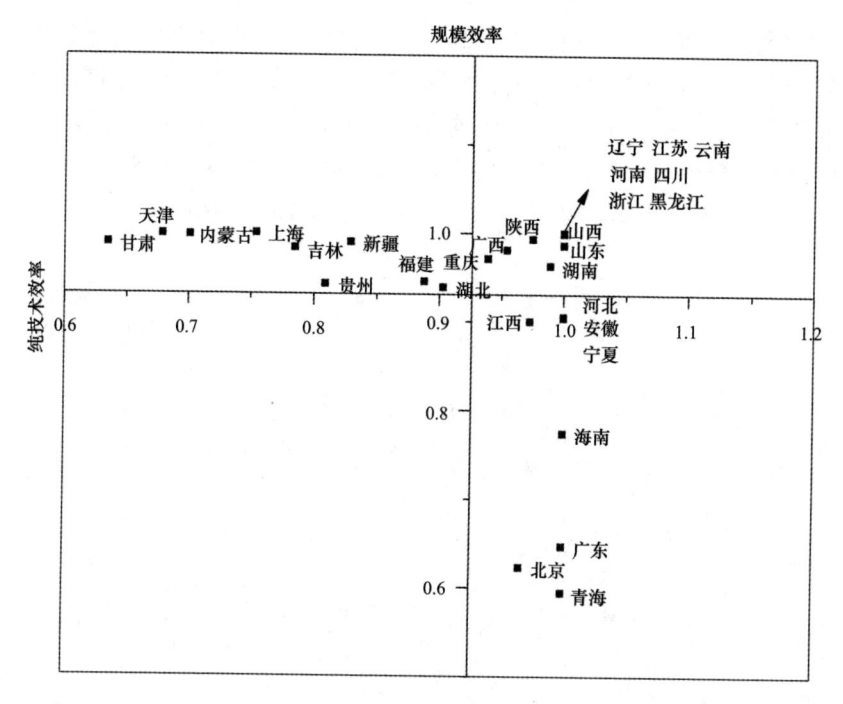

图 13-13 2018 年高等教育投资综合效率分解散点图

合理，应继续保持并进行适当提高。

第二象限，包括甘肃、内蒙古、新疆和贵州 4 个省份，规模效率较高而纯技术效率低于平均值，说明这些省份在既定投入规模下，有限管理技术难以将所得资源进行相对合理的配置，纯技术效率还需要进行提升。值得注意的是，甘肃是其中唯一拥有 985 高校的省份，但是纯技术效率处于全国末位，说明应该在保证规模效率的同时，也应注重高校内部管理人员、科研人员和资金的合理安排与管理体制的改进，从总体上提高综合效率。

第四象限，包括宁夏和青海 2 个省份，纯技术效率较高而规模效率低于均值，高等教育投入资源无法充分满足现实需求，处于较低水平，特别是青海，2018 年高等教育经费投入位于全国最低，应有针对性地扩大投入，适当调整高等教育投资规模。

（二）高等教育投资静态效率对比分析

为了进一步探究高校扩招至高等教育普及化期间，西部地区高等教育投资效率变动情况，选取 2000 年高等教育投资效率与 2018 年进行对比分析，探究高等教育投资效率的变化和发展规律。

1. 综合效率对比分析。根据高等教育投入、产出效率，绘制2000年与2018年综合效率对比雷达图，如图13-14所示，2018年我国高等教育投资的综合效率平均值为0.859，较2000年上升了0.042，综合效率水平有所提升。分地区来看，2018年西部地区综合效率均值为0.838，较2000年上升了0.032，东部和中部地区分别上升了0.104和0.012。

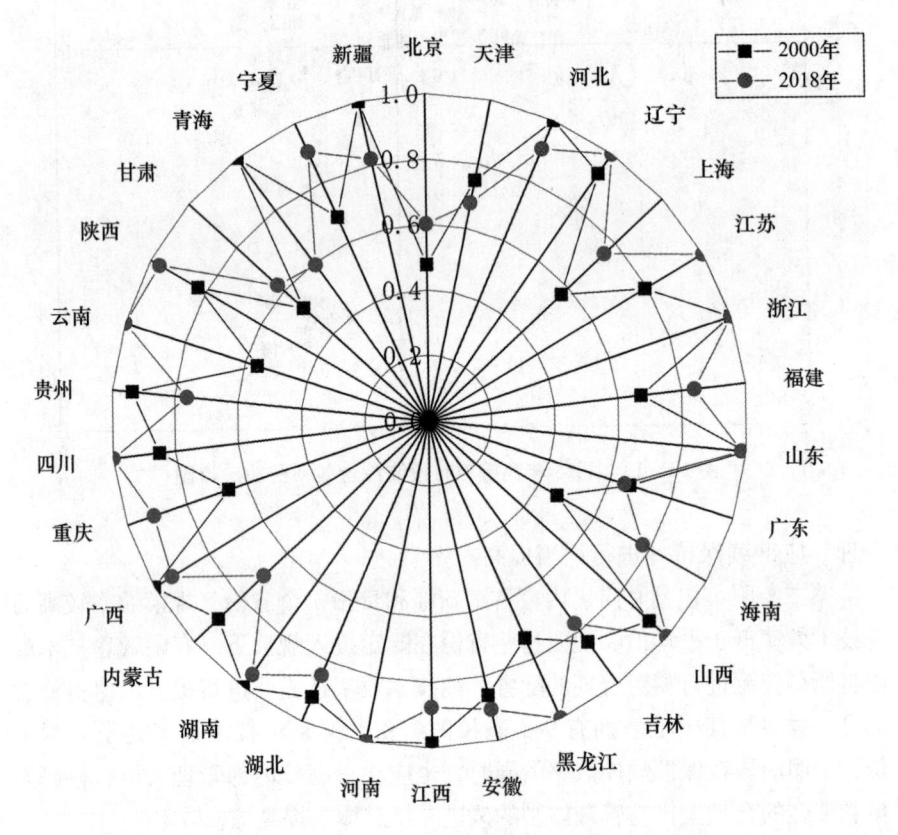

图13-14 2000年与2018年综合效率对比雷达图

从西部各省份来看，相较于2000年，四川、重庆、陕西、云南、甘肃和宁夏6个省份高等教育投资综合效率水平有所上升，其中云南的提升幅度最大，增长了0.440，而广西、新疆、内蒙古、贵州和青海5个省份高等教育投资综合效率水平有所下降，其中青海的综合效率下降幅度最大，下降了0.406。总体来看，西部地区超过一半省份的高等教育投资综合效率有所提升，表明西部地区资源配置水平和内部管理能力有所改善，但要注意的是，这些省份多为西部地区的教育强省；而效率下降的省份多位于老少边穷地区，需要继续重视其高等教育的发展和综合效率的提高。

2. 西部地区纯技术效率和规模效率对比分析。为详细解释西部地区各省份效率水平变动的原因，从纯技术效率和规模效率两个分解效率方面进一步分析。以纯技术效率和规模效率的全国平均值为坐标原点，用横轴表示纯技术效率，纵轴表示规模效率，构建基于纯技术效率和规模效率的四象限散点图，根据西部地区各省份的纯技术效率和规模效率变化情况，将前后期 11 个省份分别划分为四个象限，如图 13 – 15 和图 13 – 16 所示。

对比 2018 年和 2000 年西部省份高等教育投资综合效率的分解状况，有 9 个省份发生了象限变化，各省份纯技术效率和规模效率的相对水平在近 20 年发生了较大变动。

第一象限，除广西和陕西未变，云南、重庆、四川由第二象限转变为第一象限，其纯技术效率有所提升，规模效率始终保持高于全国平均水平，这些省份的高等教育投资整体管理体制逐渐完善，高校对资金、人员等各项资源的配置和利用得到优化，总体上综合效率相对较高。

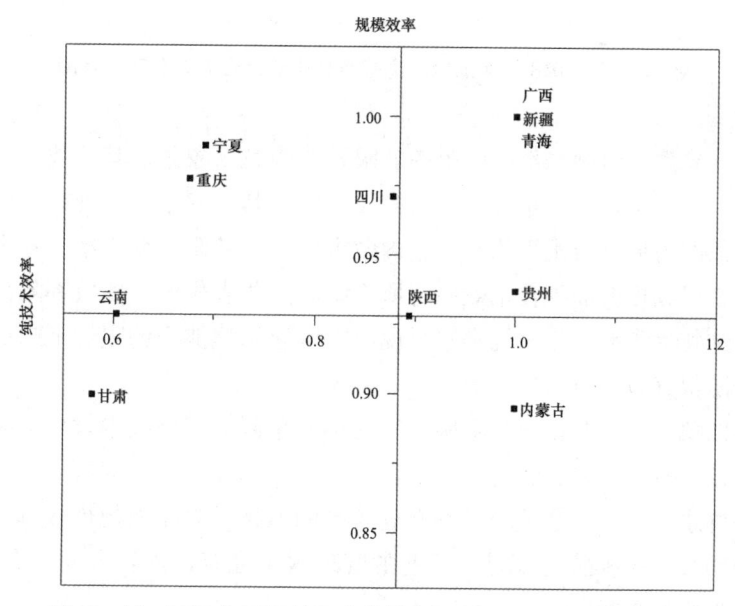

图 13 – 15 2000 年西部地区高等教育投资综合效率分解散点图

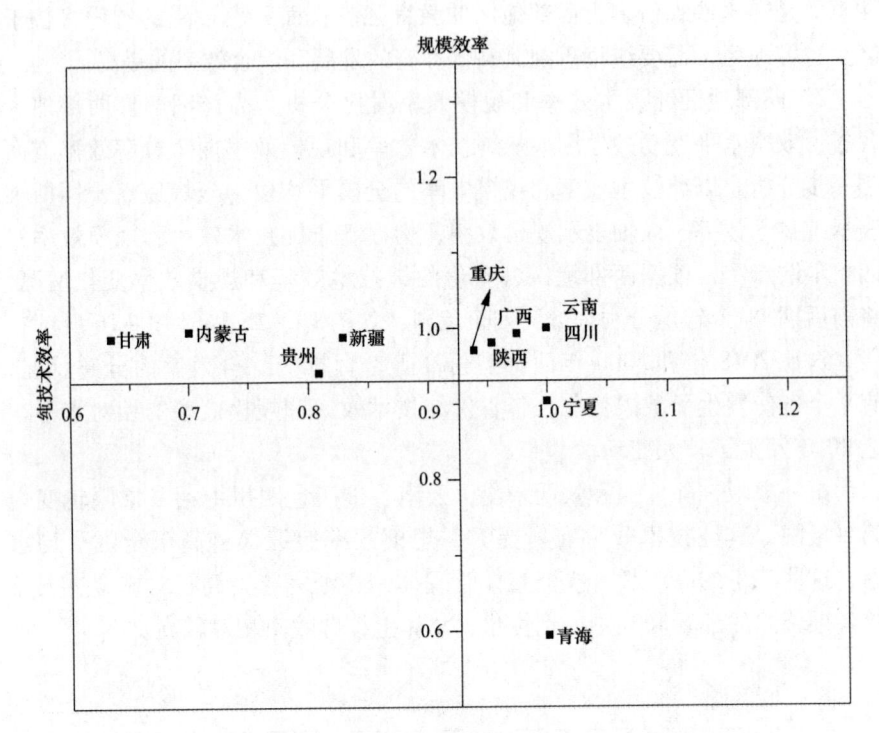

图 13-16　2018 年西部地区高等教育投资综合效率分解散点图

第二象限，贵州和新疆由第一象限转变为第二象限，其纯技术效率有所退步；而甘肃由第三象限转变为第二象限，其规模效率得到提升而纯技术效率依旧落后于全国平均水平；内蒙古由第四象限转变为第二象限，其规模效率得到提升而纯技术效率有所下降。这些省份的规模效率均高于均值，但纯技术效率低于平均水平，说明在资源管理能力的限制下未能使所投入资源得到较为有效的配置。

第四象限，宁夏由第二象限转变为第四象限，其纯技术效率得到提升而规模效率有所下降；青海由第一象限转变为第四象限，规模效率下降至全国平均水平之下。这些省份都有着较高的纯技术效率而规模效率有所欠缺，说明投入规模较为不足，目前的管理水平在资源配置方面仍有余力，应继续加大资源投入。

总结来看，除青海和宁夏外，西部多数省份规模效率都有较为明显的进步，但各省技术效率进步情况参差不齐、存在较大差异。因此，应重视规模效率的逐步改进，同时也要加强各省份的教育管理交流合作，加大技术创新力度。

二 高等教育投资动态效率分析

为了从时间维度上进一步探究高等教育投资效率的动态发展规律，运用 Malmquist 指数法对全国整体、西部地区和西部各省份 2000—2018 年高等教育投资的动态效率分别进行评价。

（一）全国高等教育投资 Malmquist 效率变化整体分析

2000—2018 年高等教育投资的 Malmquist 效率变化均值为 0.948，处于效率下降状态，年均效率水平降低 0.052，如表 13-10 所示。具体来看，我国高等教育投资的 Malmquist 效率变化在 2000—2004 年有所提高，2004—2012 年呈现下降状态，2012—2014 年呈上升趋势，而 2014—2018 年略有下降，整体变化呈现出"M 形"的波动趋势。从效率分解来看，技术效率变化提升了 0.003，而技术进步变化下降了 0.055，因此技术进步变化是 Malmquist 效率变化下降的主要原因。

表 13-10　2000—2018 年全国高等教育 Malmquist 效率变化、技术效率变化及技术进步变化

年份	技术效率变化	技术进步变化	纯技术效率变化	规模效率变化	Malmquist 效率变化
2000—2001	0.941	0.937	0.949	0.992	0.881
2001—2002	1.077	0.946	1.067	1.009	1.019
2002—2003	0.984	1.161	0.991	0.993	1.142
2003—2004	1.007	1.112	1.024	0.983	1.120
2004—2005	0.969	1.024	0.968	1	0.992
2005—2006	1.082	0.910	1.047	1.034	0.985
2006—2007	0.938	1.001	0.948	0.989	0.938
2007—2008	1.024	0.882	1.032	0.992	0.902
2008—2009	1.026	0.876	0.995	1.031	0.898
2009—2010	0.937	0.989	0.968	0.968	0.926
2010—2011	1.028	0.692	1.010	1.018	0.711
2011—2012	1.046	0.762	1.038	1.008	0.797

续表

年份	技术效率变化	技术进步变化	纯技术效率变化	规模效率变化	Malmquist效率变化
2012—2013	1.066	0.993	1.035	1.030	1.058
2013—2014	0.974	1.065	0.993	0.981	1.037
2014—2015	1.019	0.891	0.993	1.026	0.908
2015—2016	0.984	0.960	1.020	0.965	0.945
2016—2017	1.006	0.933	0.988	1.017	0.938
2017—2018	0.975	0.999	1.001	0.974	0.974
均值	1.003	0.945	1.003	1	0.948

（二）西部地区高等教育投资 Malmquist 效率变化分析

将 2000—2018 年西部地区高等教育的 Malmquist 效率变化进一步分解为技术效率变化和技术进步变化两部分，如图 13-17 所示。

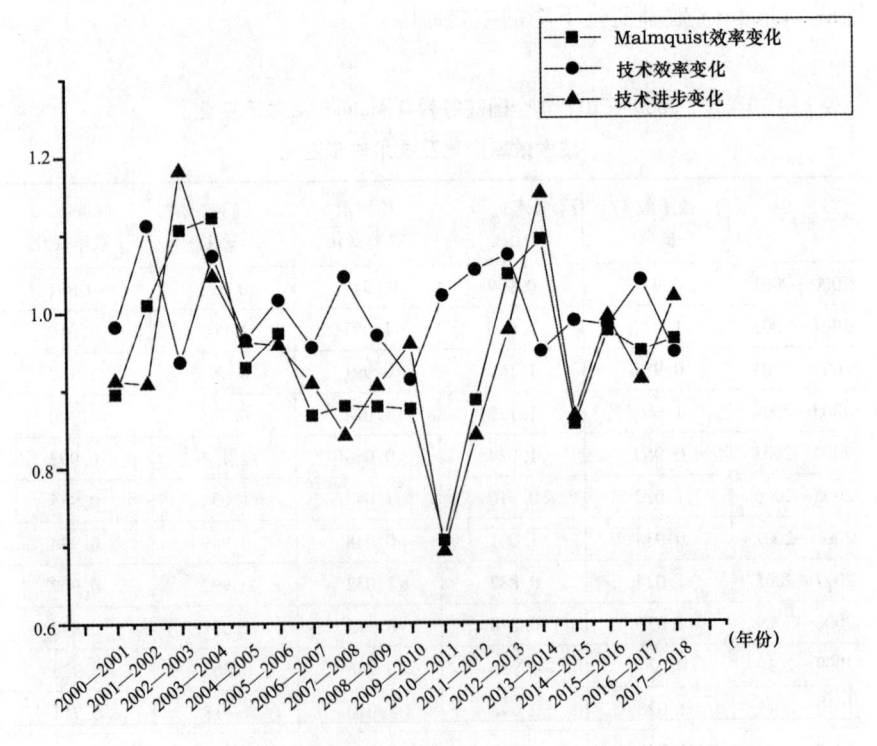

图 13-17 西部地区高等教育投资 Malmquist 效率变化及其分解

西部地区高等教育投资 Malmquist 效率变化均值为 0.939，整体处于效率下降状态。在不同时间段 Malmquist 效率变化的差距相对明显，2000—2004 年西部地区高等教育投资效率呈现持续增长趋势，2004—2011 年效率表现为下降态势，2011 年后效率值有所增加，随后趋于稳定。总体来看，西部地区 Malmquist 效率变化与全国波动趋势相近，也是整体上呈现"M 形"的波浪式变化。

进一步分析，2004 年后出现逐年下降趋势，可能的原因是高等教育在校生扩招趋于较稳定状态，而技术管理能力和教学创新水平跟不上学生规模的提升。2011 年是西部高等教育投资的重要转折点，2011 年之后 Malmquist 效率转变较为明显，原因可能在于 2011 年国家针对西部高等教育颁布了《中西部高等教育振兴计划（2012—2020 年）》，西部高校获取到大量的教育资源投入和政策优惠，其基础设施建设、资源配置能力、技术管理水平、高校学术与创新能力有所进步。2014 年以来趋于稳定但效率值仍小于 1，可能的原因是 2015 年国务院印发《统筹推进世界一流大学和一流学科建设总体方案》，提出了更高的评价标准，更加注重高校师资教学能力、学生培养质量、学术产出和经济价值创造等方面，各省高等教育面临新一轮提档与转化[①]。

总结来看，技术进步变化的曲线和 Malmquist 效率变化曲线一致，说明 Malmquist 效率变化浮动主要归结于技术进步效率的变化，技术进步对高等教育投资效率表现出较为明显的影响作用，应加大重视对教育管理技术的创新，继续完善资源配置能力和内部管理水平，同时保证资源投入的稳步提升。

（三）西部各省份高等教育投资 Malmquist 效率变化分析

西部各省份高等教育投资效率的动态变化也可能存在差异，因此进一步从西部地区具体省份的角度来分析其内部投资效率情况，如表 13-11 所示。

表 13-11　　　　　西部各省份高等教育投资效率动态变化

省份	技术效率变化	技术进步变化	纯技术效率变化	规模效率变化	Malmquist 效率变化
内蒙古	0.986	0.905	0.980	1.006	0.893

---

① 周海涛、胡万山：《地方高校高水平学科建设的模式、难点与对策》，《高等教育研究》2020 年第 3 期。

续表

省份	技术效率变化	技术进步变化	纯技术效率变化	规模效率变化	Malmquist效率变化
广西	1	0.932	1	1	0.932
重庆	1.013	0.996	1.007	1.006	1.008
四川	1	0.968	1	1	0.968
贵州	0.986	0.911	0.991	0.995	0.898
云南	1.026	0.959	1.016	1.011	0.984
陕西	1	1.055	1	1	1.055
甘肃	1.012	0.934	0.999	1.013	0.944
青海	0.972	0.874	1	0.972	0.849
宁夏	1.012	0.903	1.017	0.995	0.914
新疆	0.990	0.914	0.990	0.999	0.905
均值	1	0.940	1	1	0.939

Malmquist 效率变化大于 1 的省份，仅有重庆和陕西，说明两地高等教育全要素生产率在稳步提升。原因可能在于，两省内有较多双一流建设高校，无论是教育质量还是教育资源均处于领先水平，投入资源充足，内部的配置结构较为完善，在教育教学、学科建设、学术平台构建等方面稳步提升，进而提高了高等教育资源利用效率，推动优秀人才培养、学术论文、专利等教育的产出成果在数量和质量上整体逐步改善，从整体上改进了高等教育投资效率[①]。

而 Malmquist 效率变化小于 1 的省份有 9 个，其中青海、内蒙古、贵州、新疆 4 个省份的效率下降是技术效率变化和技术进步变化双重作用的结果，特别是青海的 Malmquist 效率变化下降幅度最大，年均下降 0.151，这些省份需根据自身发展阶段，改善高等教育内部资源配置方式，优化投入结构，从总体上提升区域技术水平；宁夏、广西、甘肃、四川和云南 5 个省份的效率下降主要归结于技术进步变化的降低，其中，宁夏的 Malmquist 效率变化下降幅度最大，年均下降 0.086，这些省份需

---

① 周敏、向定峰：《重庆市高等教育资源配置绩效及影响因素分析》，《西南师范大学学报》（自然科学版）2015 年第 4 期；郭霄鹏、边瑞瑞：《"一带一路"战略背景下陕西高等教育发展问题及对策研究》，《理论导刊》2016 年第 8 期。

提高对技术创新的重视，引进先进管理技术，从而提高组织整体效能。

总体来看，西部地区大部分省份因技术进步变化致使全要素生产率整体呈现下降状态，说明应加大对高等教育管理技术创新水平的改善，重视技术效率变化和技术进步变化的提高，加强区域整体投入产出转化效率。

三 小结

以 2000—2018 年高等教育投入产出数据为基础，选取教育经费作为投入指标，以学校数、在校生数、任职教师数、学术论文数和专利授权数为产出指标，采用 DEA-BCC 模型和 Malmquist 指数法分别测算和评价了西部地区高等教育投资的静态效率和动态效率，得出以下主要结论。

1. 静态效率方面，2018 年西部地区综合效率为 0.838，略低于全国平均水平 0.859，仅四川和云南达到综合效率有效状态；相比 2000 年，以四川、陕西、重庆为代表的高教强省综合效率普遍提升，而以广西、贵州、青海为代表的老少边穷地区的高教弱省效率则有所下降。通过效率分解看出，规模效率的提升是西部高等教育综合效率提升的主要原因，多数省份仍处于规模报酬递增状态，而纯技术效率不足则是限制效率提升的重要因素。这表明，西部地区高等教育的发展主要得益于投资规模改善，但是尚未达到最优状态，仍有一定的提升空间，同时也普遍存在管理水平和技术水平跟不上投资规模提升的问题。

2. 动态效率方面，2000—2018 年西部地区高等教育投资 Malmquist 效率变化均值为 0.939，说明全要素生产率整体处于下降状态。在变动趋势上，整体呈现"M 形"波浪式变化，国家高等教育发展的重大政策对西部地区高等教育全要素生产率的变动有着显著影响。通过效率分解来看，技术进步变化曲线和 Malmquist 曲线变化相对一致，西部地区大部分省份的全要素生产率下降也主要是因为技术进步变化所致，说明管理创新和技术创新是制约西部地区高等教育全要素生产率提升的关键因素。

基于上述研究结论，得出以下高等教育发展的启示。

1. 紧抓国家政策机遇，加大投资倾斜力度。西部各省份高等教育普遍处于规模报酬递增阶段，尤其是以广西、宁夏、青海等为代表的高教弱省，继续加大资源投入，可以达到更高的产出成果。同时，西部地区高等教育发展较为依赖国家政策倾斜，需积极采取措施强化教育基础薄弱省份政策帮扶，例如"高校对口帮扶政策"保证了各省的高等教育水平不掉队。西部地区也应结合国家战略发展，抓住国家政策机遇，尤其对"双一流建设方案"加大重视，建设一批高质量、专业性、特色化的区域强校，最大限度缩小高等教育的"区域鸿沟"。

2. 提升高校治理能力，改善资源管理水平。西部地区高等教育总体存在纯技术效率参差不齐的问题，要实现西部地区高等教育现代化，就要以现代大学治理体系为支撑，全面提升高校内部管理水平，推进高校管理体制和人才流动机制的完善，同时，健全绩效评估机制，加强绩效考核和经费审查，保证创新成果的有效产出和所得资源的合理配置，在总体上提升西部地区高等教育综合效率。

3. 依托当地经济发展重视科技应用融合，管理创新和技术创新不足是制约西部地区高等教育全要素生产率提升的关键因素，要结合国家创新驱动战略，依托当地经济发展，联合特色产业，打造科技创新平台，创新人才培养机制，通过创新创业大赛、校外项目培训等方式着重改善西部高校的办学条件、科研能力，加强区域、省际间经验交流与教育合作，以获取办学经验，推动优势学科建设，实现高校学科建设的地区专业性，实现全要素生产率的稳步提升。

第五节　西部地区公共健康投资效率

随着我国医药卫生体制改革的不断深入，政府在公共健康领域的主导作用日益增强，我国政府卫生支出已从 2000 年的 709.52 亿元增长至 2019 年的 18016.95 亿元，政府卫生支出占卫生总费用的比重也由 2000 年的 15.47% 增长至 2019 年的 27.36%[1]。政府卫生支出的不断增加，极大缓解了"看病难、看病贵"的问题[2]，然而由于人口结构变化和人们对公共健康需求的不断增加，公共健康资源供需矛盾日益突出[3]，卫生资源配置不合理[4]、地

---

[1] 数据来源于《2020 年中国卫生健康统计年鉴》。

[2] 程琳、廖宇岑：《地方政府医疗卫生支出效率及其影响因素分析：基于异质性随机前沿模型》，《中国卫生经济》2015 年第 1 期；余栋、石大千：《成本约束、不确定性与公共卫生支出效率测算》，《统计与决策》2018 年第 6 期。

[3] 王俊豪、贾婉文：《中国医疗卫生资源配置与利用效率分析》，《财贸经济》2021 年第 2 期。

[4] 周迪、袁结松：《兼顾效率与公平的中国卫生资源配置：问题发现及政策路径》，《中国卫生政策研究》2018 年第 3 期。

区分布不均衡①、资源利用效率不高②等仍是制约我国尤其是西部地区卫生事业发展的重要原因。因此，本节基于实现"人人享有基本医疗卫生服务"的目标，使有限的公共健康资源服务最大化，对公共健康投资效率进行测算和评估。

一 公共健康投资效率静态分析

为探究西部地区公共健康投资的投入产出效率变化情况，首先对2018年静态效率进行现状分析，然后对2011年和2018年静态效率进行对比。

（一）公共健康投资静态效率现状分析

1. 综合效率。从全国层面来看，2018年我国30个省份综合效率平均值为0.912，其中达到有效状态的省份有8个，占被评价省份的26.67%，说明以上省份公共健康投资得到了充分利用，产出达到相对最佳状态，剩余多数省份未能达到公共健康资源投入、产出最佳状态，如表13-12所示。就西部地区而言，仅广西和四川2个省份的公共健康投资综合效率有效，其余省份综合效率并未达到最优状态，其中综合效率值最低的省份为内蒙古，仅为0.681，说明与其他有效省份相比，内蒙古仅发挥了68.10%的效率水平。规模报酬方面，除广西、四川和云南外，西部地区多数省份是递增，且未有递减省份，说明增加投入规模，可以获得更多公共健康产出。

表13-12　　　　　2018年公共健康投资效率评价指标表

区域	省份	综合效率	纯技术效率	规模效率	规模报酬
东部	北京	0.979	0.990	0.989	递增
	天津	0.912	1	0.912	递增
	河北	0.910	0.910	1	不变
	辽宁	0.923	0.993	0.929	递增
	上海	1	1	1	不变
	江苏	0.924	0.941	0.982	递减

---

① 梁玮佳、唐元懋：《我国卫生资源配置的空间非均衡研究》，《卫生经济研究》2018年第9期。

② 李芙蓉、袁清青、陈丹镝：《中国卫生资源配置结构、公平性及利用效率评价》，《医学与社会》2020年第10期。

续表

区域	省份	综合效率	纯技术效率	规模效率	规模报酬
东部	浙江	1	1	1	不变
	福建	0.892	0.901	0.991	递增
	山东	0.987	1	0.987	递减
	广东	1	1	1	不变
	海南	0.784	0.969	0.809	递增
	东部平均值	0.937	0.973	0.964	—
中部	山西	0.686	0.702	0.977	递增
	安徽	0.947	0.949	0.998	递增
	江西	1	1	1	不变
	湖南	1	1	1	不变
	湖北	1	1	1	不变
	河南	0.997	1	0.997	递减
	吉林	0.703	0.724	0.971	递增
	黑龙江	0.842	0.939	0.897	递增
	中部平均值	0.897	0.914	0.980	—
西部	内蒙古	0.681	0.701	0.972	递增
	广西	1	1	1	不变
	重庆	0.983	1	0.983	递增
	四川	1	1	1	不变
	贵州	0.972	0.983	0.989	递增
	云南	0.967	0.968	1	不变
	陕西	0.898	0.907	0.990	递增
	甘肃	0.928	0.980	0.948	递增
	青海	0.708	1	0.708	递增
	宁夏	0.838	1	0.838	递增
	新疆	0.902	0.934	0.966	递增
	西部平均值	0.898	0.952	0.945	—
全国	总平均值	0.912	0.950	0.961	—

2. 纯技术效率和规模效率。将综合效率进一步分解为纯技术效率与规模效率，2018 年我国公共健康投资纯技术效率和规模效率均值分别为

0.950 和 0.961，整体未达到 DEA 有效状态。为明确公共健康投资效率的改进方向，基于 2018 年效率测算结果，将纯技术效率和规模效率的均值作为坐标原点，构建四象限散点图，将全国 30 个省市区的投资效率划分为四种类型进行分析，如图 13-18 所示。

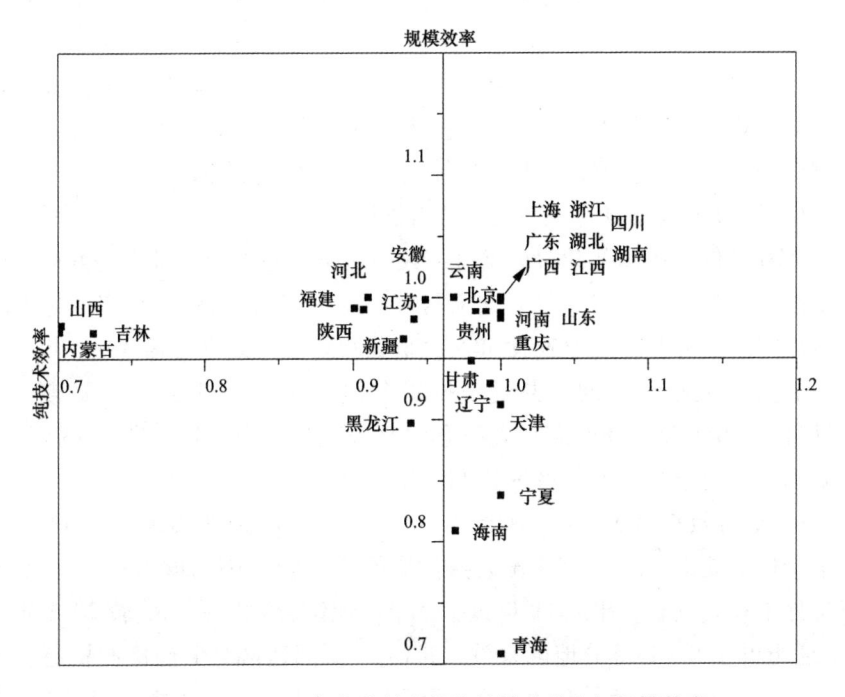

图 13-18　2018 年公共健康投资纯技术效率与规模效率

从各省份公共健康投资效率的分布特征来看，共 14 个省份聚集第一象限，纯技术效率和规模效率都高于平均水平，黑龙江因纯技术效率和规模效率均处于较低水平，落入第三象限，其余各省份基本均匀分布第二象限和第四象限，在纯技术效率或规模效率方面存在不足。

西部省份分布在第一、二、四象限的分别有 5 个、3 个和 3 个。

第一象限，包括四川、广西、重庆、贵州和云南 5 个省份，纯技术效率和规模效率均领先于全国平均水平。分类来看，四川和重庆的经济状况较好，不仅现有的医疗卫生技术水平和医疗卫生管理能力处于全国较高水平，而且卫生资源投入规模相对较为合理，公共健康投入产出转换更加有效。广西、贵州和云南地处较偏远地区，在较为有限的资源投入下,达到相对较高的投入产出转化效率,应继续保持并进行适当提高。

第二象限,包括内蒙古、陕西和新疆3个省份,规模效率较高而纯技术效率低于平均值。这些省份在后续的公共健康投资过程中需要着重进行纯技术效率的改进,即提高医疗卫生技术和卫生管理水平以改善卫生资源配置效率。

第四象限,包括甘肃、宁夏和青海3个省份,纯技术效率较高而规模效率低于均值,这些省份卫生资源投入相对不足,现有的卫生资源无法满足群众的公共健康需求,需要适当扩大公共健康投资规模。

(二)公共健康投资静态效率对比分析

随着"健康中国"建设的推进,人民对全面建成小康社会美好生活的追求激发了多层次、多样化的健康需求[①],部分地区医疗卫生资源供需矛盾更加突出。为客观评价2018年公共健康投资静态效率实际情况,本书根据所能获取最早年份的公共健康投资数据,选取2011年作为基期,对2011年和2018年公共健康投资静态效率进行分析与比较,进一步探讨影响我国公共健康投资静态效率水平的原因。

1. 综合效率对比分析。如图13-19所示,对比2018年和2011年公共健康投资效率,2018年全国公共健康投资综合效率均值为0.912,8个省份处于有效状态,比2011年减少2个,但综合效率平均值较2011年的0.864上升了0.048。分地区来看,2018年西部地区公共健康投资有较大幅度增长,由2011年的0.846增长至2018年的0.898,增长了0.052。东部与中部地区分别增长了0.038和0.056。

从西部各省份来看,相较于2011年,仅广西和四川2个省份公共健康投资综合效率有效,相比2011年减少1个,其余省份综合效率均未达到有效状态,且内蒙古、陕西、青海和宁夏的综合效率明显低于其他省份。以内蒙古为例,其公共健康投资综合效率较低的原因可能是由于内蒙古地域辽阔但人口密度较小,造成各级医疗机构的服务半径过大,医疗卫生服务可及性较差,单位面积医疗卫生资源配置水平偏低[②]。总体来看,2018年

---

① 周明海:《习近平总书记关于健康中国的重要论述研究》,《山东社会科学》2020年第8期。
② 咸本松、傅海虹、张楠等:《"十二五"期间内蒙古自治区卫生资源配置现状及公平性变化趋势研究》,《中国卫生资源》2018年第1期;李勇、檀楠楠:《我国医疗卫生资源配置效率的实证》,《统计与决策》2021年第13期。

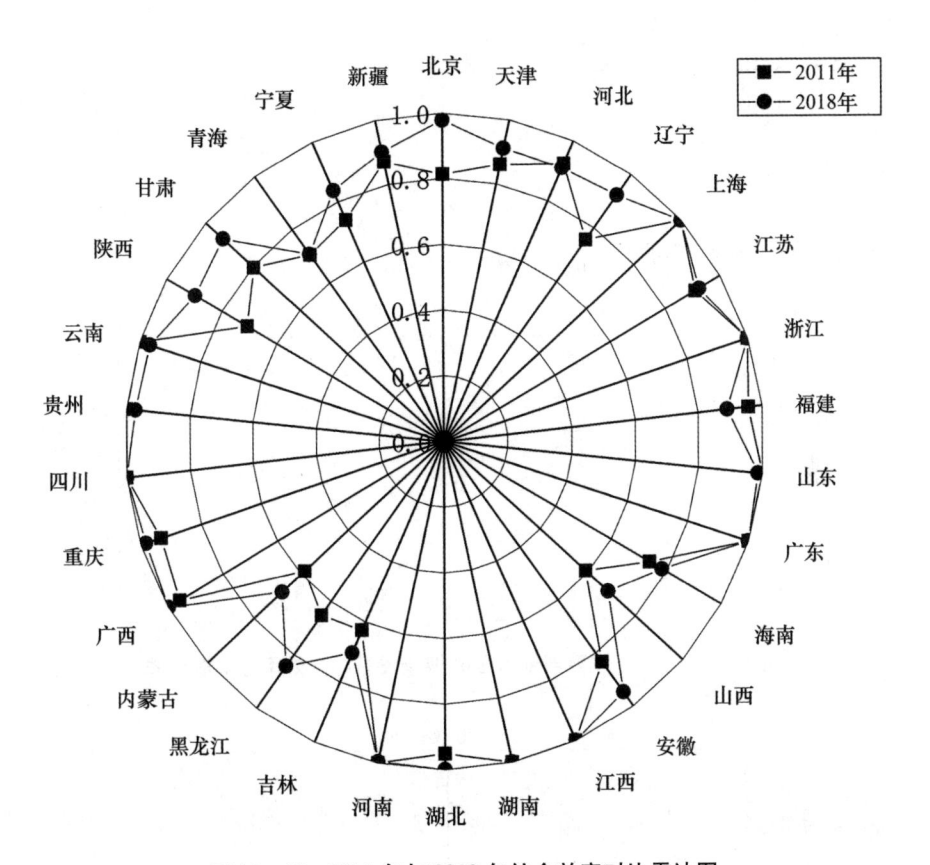

图 13-19 2011年与2018年综合效率对比雷达图

我国公共健康投资综合效率有明显进步，但部分西部省份公共健康投资并未得到充分利用，需要继续重视其公共健康投资的发展和综合效率的提高。

2. 西部地区纯技术效率和规模效率对比分析。为详细解释西部地区各省公共健康投资效率变动情况，以纯技术效率均值和规模效率的全国平均值为原点，分别绘制2011年和2018年西部地区公共健康投资纯技术效率与规模效率四象限散点图，如图13-20和图13-21所示。

对比2011年和2018年西部省份公共健康投资综合效率的分解状况，仅甘肃发生了象限变化，其余省份均未发生变化。

甘肃由第二象限转变为第四象限，纯技术效率得到优化，领先于全国平均水平，规模效率下降至低于全国均值，说明甘肃省公共健康投资纯技

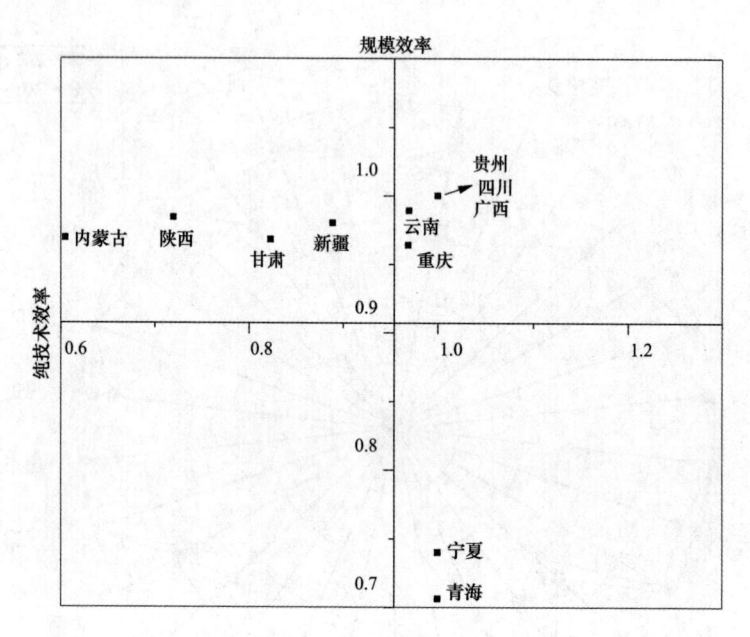

图 13-20 2011 年西部地区公共健康投资综合效率分解散点图

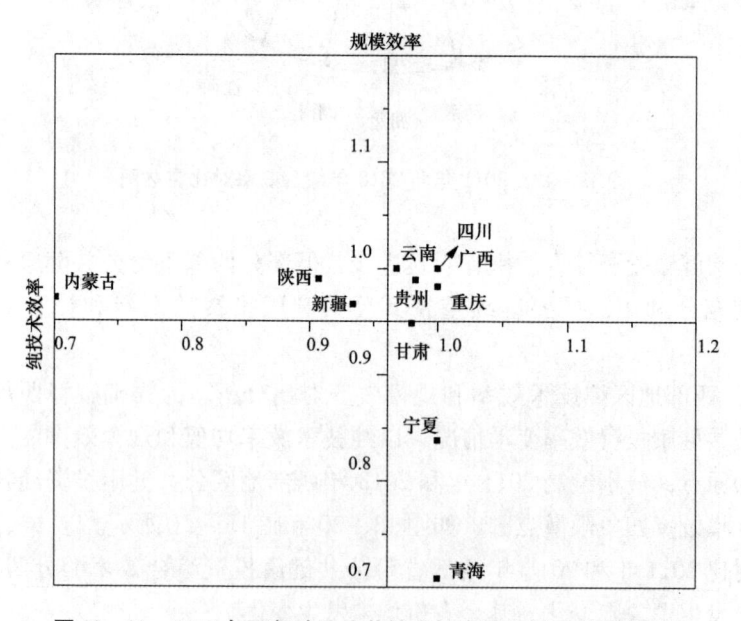

图 13-21 2018 年西部地区公共健康投资综合效率分解散点图

术效率有了一定改善，医疗卫生技术水平与医疗卫生机构管理能力得到一定提高，后续仍需注重规模效率的改进，可适当扩大公共健康投资规模，实现卫生资源的优化配置。

总体来看，西部地区纯技术效率和规模效率有效的省份占同等数量，近半省份位于第一象限，其余省份均匀分布在第二、四象限，未有省份分布在第三象限，综合效率相对不足的省份在纯技术效率或规模效率单一方面略有短板，因此在未来一段时间内，我国公共健康投资需要有针对性地侧重于各省相对薄弱方面，对卫生管理水平和卫生资源投入着重改进。

二 公共健康投资动态效率分析

DEA-BCC 模型仅能对某一时期公共健康投资效率进行横截面分析，本书运用 Malmquist 方法对全国整体、西部地区和西部各省份 2011—2018 年不同时期的公共健康投资的动态效率分别进行测算，求出可以作为垂直比较分析的生产率指数，反映一个连续时间段内公共健康投资的动态关联[①]。

（一）全国公共健康投资 Malmquist 效率变化整体分析

如表 13-13 所示，2011—2018 年全国公共健康投资 Malmquist 全要素生产率指数均值为 0.985，呈现波动下降趋势，年均效率水平降低 0.015，除 2011—2012 年大于 1 外，其余年份均小于 1。总体来看，投资技术效率变化历年基本稳定，但随着技术进步变化值减小，引起全要素生产率指数的较大下降，原因可能是，随着我国各省份公共健康资源投入的增加，单位卫生资源投入所带来的效益产出呈现递减现象，即政府医疗卫生支出效率的效益递减，政府需要考虑的是改善公共健康资源分配结构和提高卫生资源利用效率，减少对卫生资源投入的依赖[②]。

---

① 李向前、李东、黄莉：《中国区域健康生产效率及其变化——结合 DEA、SFA 和 Malmquist 指数的比较分析》，《数理统计与管理》2014 年第 5 期。

② 孙燕铭：《当前卫生资源配置状况及政府责任的思考》，《华东经济管理》2006 年第 6 期。

表 13-13　历年 Malmquist 效率变化、技术效率变化及技术进步变化

时期	技术效率变化	技术进步变化	纯技术效率变化	规模效率变化	Malmquist 效率变化
2011—2012 年	1.017	1.017	1.016	1.002	1.035
2012—2013 年	1.011	0.965	1.010	1.002	0.975
2013—2014 年	1.012	0.967	1.005	1.007	0.979
2014—2015 年	1.001	0.940	1	1.001	0.941
2015—2016 年	1.022	0.976	1.019	1.003	0.998
2016—2017 年	0.996	0.997	1	0.996	0.992
2017—2018 年	1.003	0.976	1.003	1	0.979
均值	1.009	0.977	1.008	1.001	0.985

（二）西部地区公共健康投资 Malmquist 效率变化分析

将 2011—2018 年西部地区公共健康投资 Malmquist 效率变化进一步分解为技术效率变化和技术进步变化两部分，如图 13-22 所示。

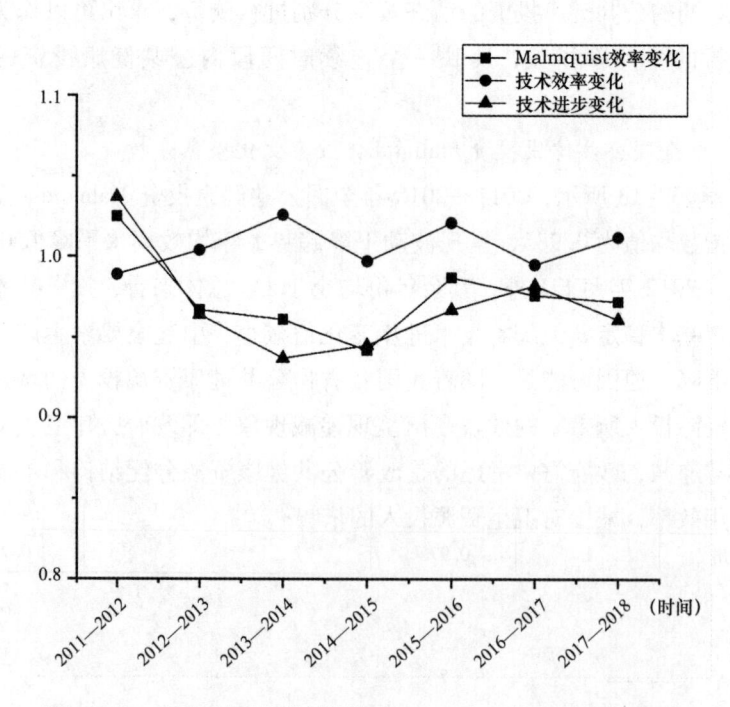

图 13-22　西部地区公共健康投资 Malmquist 效率变化及其分解

西部地区公共健康投资 Malmquist 效率变化均值为 0.976，低于全国 0.985 的平均水平，整体处于效率下降状态，仅 2011—2012 年处于大于 1 的水平，其余年份均小于 1，技术进步变化曲线与全要素生产率变动情况相似，技术效率变化指数则呈现波动增长趋势。

从发展趋势来看，整体呈现小幅波动变化，在 2013 年前有下降态势，而在 2013 年后趋于窄幅波动状态，始终以小于 1 的水平上升。可能的原因是，2012 年 10 月国务院发布《卫生事业发展"十二五"规划》，为公共健康服务建设提出了较为系统的发展方案，保证了我国卫生体系的稳定改进。总体来看，西部地区公共健康投资效率对卫生资源投入规模的依赖较大，新医改以来，西部地区公共健康投入规模不断扩大，多数医疗卫生机构过于关注医疗规模的扩张[1]，而忽视了医疗卫生机构内部管理[2]，部分医疗卫生机构存在规模不合理，床位、人员等资源未能有效协调利用的现象，因此，应当注重现有卫生资源的均衡配置，加强医疗管理质量，科学化医疗卫生机构绩效考核方式。

(三) 西部各省份公共健康投资 Malmquist 效率变化分析

西部各省份公共健康投资效率的动态变化也可能存在差异，因此进一步从西部地区具体省份的角度来分析其内部投资效率情况，如表 13-14 所示。

表 13-14　　　　　西部各省份公共健康投资效率动态变化

省份	技术效率变化	技术进步变化	纯技术效率变化	规模效率变化	Malmquist 效率变化
内蒙古	1.007	0.969	1.010	0.997	0.976
广西	1	0.963	1	1	0.963
重庆	1.007	0.978	1.003	1.004	0.985
四川	1	0.962	1	1	0.962
贵州	1	0.976	1	1	0.976

---

[1] 匡莉:《公立医院规模持续恶性扩张机制——"一环、两流、三切点"理论模型的构建》，《中国卫生政策研究》2011 年第 4 期。

[2] 方洁、方亮、林军:《基于规模经济和动态能力的医院发展战略分析：以武汉市城区 16 家三级医院为例》，《中国卫生经济》2015 年第 4 期。

续表

省份	技术效率变化	技术进步变化	纯技术效率变化	规模效率变化	Malmquist效率变化
云南	1	0.969	1	1	0.969
陕西	1.030	0.957	1.030	1	0.986
甘肃	1.002	0.965	1.006	0.996	0.968
青海	0.993	0.985	1	0.993	0.978
宁夏	1.024	0.964	1	1.024	0.987
新疆	1.004	0.980	1.002	1.002	0.983
均值	1.006	0.970	1.005	1.001	0.976

西部地区各省份Malmquist效率变化总体处于下降状态，平均值为0.976，效率下降0.024，技术效率变化和规模效率变化均大于1，技术进步变化则下降了0.030，说明全要素生产率的下降主要来自于技术进步变化的下降。从各省份来看，西部地区11个省份的技术进步变化指数均小于1，其中四川、广西技术进步变化指数最低，分别为0.962和0.963，这是导致两省全要素生产率指数明显低于其他省份的关键原因。技术进步代表着医疗卫生行业技术水平的创新与进步，与医疗卫生人才队伍建设和医疗设施设备建设密切相关[①]。虽然近年西部地区对医疗设备和基础设施建设不断加强，但是人才配备、先进医疗技术的创新与开展等无法通过单纯的硬件投入得到增强[②]，同时人才队伍建设需要一定的周期，医务人员技术创新和技术水平提升的速度落后于医院硬件设施的建设速度，从而出现设备利用不足而导致公共健康投资效率下降的现象。

从技术效率变化来看，除青海省外，其余省份技术效率变化均大于1，说明青海省的公共健康投资技术效率变化未对全要素生产率的改进起到积极影响。进一步对技术效率变化指数进行分解，可以看出各省份公共健康投资纯技术效率变化均大于1，各省份公共健康技术运用水平整体得到提高，内蒙古、甘肃和青海规模效率变化小于1，其余省份的规模效率变化

---

① 金荣学、宋弦：《新医改背景下的我国公共医疗卫生支出绩效分析——基于DEA和Malmquist生产率指数的实证》，《财政研究》2012年第9期。

② 张榆、彭琰：《基于DEA Malmquist指数的云南省县级综合医院运行效率评价》，《医学与社会》2020年第9期。

均大于1，大部分地区处于规模收益递增或维持稳定的状态，实现了规模优化。

三 小结

以2011—2018年公共健康投入产出数据为基础，选取卫生技术人员数、床位数以及政府卫生支出作为投入指标，以急诊诊疗人次数和出院人数作为产出指标，采用DEA-BCC模型和Malmquist指数法分别测算和评价了西部地区公共健康投资的静态效率和动态效率，得出以下主要结论。

1. 静态效率方面，2018年西部地区综合效率为0.898，仅广西和四川达到综合效率有效状态，略低于全国0.912的平均水平，但相比2011年总体上升了0.052。从效率分解来看，多数省份是规模报酬递增的，未有递减省份，说明增加投入规模，可以获得更多公共健康产出，纯技术效率略优于规模效率，说明在新医改后西部医疗卫生资源管理能力也是有所提升的。总体来看，整体效率逐渐向好，但仍有较大提升空间，部分西部省份公共健康投资并未得到充分利用，需要继续重视其公共健康投资的发展和综合效率的提高。

2. 动态效率方面，2011—2018年西部地区公共健康投资Malmquist效率变化均值为0.976，说明全要素生产率处于下降状态。从变动趋势来看，整体呈现窄幅波动状态，西部地区公共健康投资效率较为稳定。通过效率分解来看，技术进步变化曲线与全要素生产率变动情况相似，西部各省份全要素生产率下降也主要是因为技术进步变化导致，表明西部地区公共健康投资的资源配置水平相对较低，缺乏一定的医疗技术创新，难以通过自身力量将现有资源进行充分利用而有效提升全要素生产率。

基于以上研究结论，本书得出以下公共健康发展启示。

1. 加大公共健康投资规模，全面提升医疗服务质量。西部多数省份公共健康投资收益仍处于规模报酬递增阶段，应继续加大对医疗卫生机构的资金投入力度，升级西部地区医疗卫生机构诊疗设备，引进并培养专业卫生技术人员和护理人员，加强公共健康人才队伍建设，建立良好的人才培养机制，从而全面提升西部地区医疗服务水平。

2. 建立现代医疗管理制度，改进公共健康服务效率。规范管理是医疗卫生机构健康运行的前提，政府应当加强在公共健康发展方向、政策、引导、规划、评价等方面的宏观管理，加大对医疗行为、医疗费用等方面的监管力度,逐步建立科学有效的现代管理制度。同时要利用现代医疗卫生技术,强化医疗卫生科技支撑,提升服务保障,加强区域间学术交流合作,不断提升医疗技术水平,提供更多满足人民群众健康需求的医药卫生技术和健康产品。

3. 依托现代先进医疗技术,提升医疗技术创新水平。充分学习和利用现代的智慧医院、云诊断等先进的卫生技术手段,为医疗机构提供更高的运营效率,因此应转变卫生机构发展方向,加快医疗卫生科技成果转化和应用,公共健康管理部门应当从注重卫生资源的数量投入转向质量提升,优化公共健康发展战略布局,同时引进先进医疗设备和技术,加强对诊疗技术的创新与运用,促进医疗技术水平进步和服务质量提升,进一步改善医院运行效率[①]。

---

① 韩雪梅:《基于 DEA 的我国西部地区卫生资源配置的效率评价》,《兰州学刊》2014 年第 6 期;韩芸倩、胡琦、王立先等:《我国卫生资源配置效率的省际差异分析》,《中国社会医学杂志》2016 年第 1 期。

第十四章

西部地区公共人力资本投资的
经济发展效益

第一节 本章思路

一 问题提出

当前,我国西部地区仍面临资源禀赋约束较大、生产效率低下、低端产能过剩、环境污染加剧等问题,传统的经济发展动能不仅无法带动经济的新一轮提质增速,更无法适应高质量发展的新目标和新要求,亟待寻求适应于新阶段的经济发展的新动能[1]。人力资本投资可以有效提升劳动者素质,促进技术结构升级和技术创新,进而提高劳动生产率并促进产业结构升级,对于实现西部地区经济发展动能转化、创造动力优势具有重要意义[2]。

公共人力资本投资主要集中在教育和健康投资两个方面,其对经济发展的影响,受到了诸多学者的关注。早在 20 世纪 60 年代初,舒尔茨[3]、贝克尔[4]便揭示了公共教育投资对经济发展的促进作用;此后,国内外学

---

[1] 李梦欣、任保平:《新时代西部地区经济新动能培育:框架、现状、评价与路径》,《西部论坛》2019 年第 6 期。

[2] 林毅夫、苏剑:《论我国经济增长方式的转换》,《管理世界》2007 年第 11 期;董翔宇、赵守国、王忠民:《从人口红利到人力资本红利——基于新经济生产方式的考量》,《云南财经大学学报》2020 年第 2 期。

[3] Schultz, T. W., "Investment in Human Capital", The American Economic Review, Vol. 51, No. 1, 1961, pp. 1 – 17.

[4] Becker, G. S., "Investment in Human Capital: A Theoretical Analysis", Journal of Political Economy, Vol. 70, No. 5, 1962, pp. 9 – 49.

者 Barro[①]、Angelopoulos 等[②]、沈利生和朱运法[③]、周英章和孙崎岖[④]、刘晔和黄承键[⑤]、熊文渊[⑥]、浦小松[⑦]等均利用国外和国内的数据以实证方式证实了这一观点；而黄燕萍等[⑧]、吴宇晖和付淳宇[⑨]、方颀等[⑩]学者还进一步对不同层级教育投资在经济发展中的作用进行了分析，但并未得出一致的结论。此外，也有学者从区域对比的视角，认为虽然公共教育投资对经济发展有明显的促进作用，但是在西部地区促进作用最低[⑪]。公共健康投资作为人力资本投资的重要部分，能够推动全民健康和医疗

[①] Barro, R. J.," Noteson Growth Accounting", Journal of Economic Growth, Vol. 4, No. 2, 1999, pp. 119 – 137.

[②] Angelopoulos, V., McFadden, JP., Larson, D., et al.," Tail Reconnection Triggering Substorm Onset", Science, Vol. 321, No. 5891, 2008, pp. 931 – 935.

[③] 沈利生、朱运法：《人力资源开发与经济增长关系的定量研究》，《数量经济技术经济研究》1997 年第 12 期。

[④] 周英章、孙崎岖：《我国教育投入对实际经济增长的贡献实证分析》，《中国软科学》2002 年第 7 期。

[⑤] 刘晔、黄承键：《我国教育支出对经济增长贡献率的实证研究——基于省际面板数据时空差异的分析》，《教育与经济》2009 年第 4 期。

[⑥] 熊文渊：《我国 FDI、公共教育投资与经济增长关系的实证研究（1985—2012）》，《学术论坛》2013 年第 4 期。

[⑦] 浦小松：《公共教育投入结构、延迟效应与经济增长——基于面板分位数模型的研究》，《现代教育管理》2016 年第 9 期。

[⑧] 黄燕萍、刘榆、吴一群等：《中国地区经济增长差异：基于分级教育的效应》，《经济研究》2013 年第 4 期。

[⑨] 吴宇晖、付淳宇：《分级教育、人力资本与区域经济增长》，《社会科学辑刊》2014 年第 3 期。

[⑩] 方颀、褚玉静、朱小川：《分层级教育投入的国民经济产出效果研究——基于教育投入的时间滞后效应》，《大连理工大学学报》（社会科学版）2018 年第 1 期。

[⑪] 周泽炯、马艳平：《公共教育与健康人力资本对经济增长的影响研究》，《商业经济与管理》（社会科学版）2017 年第 2 期；张同功、张隆、赵得志等：《公共教育支出、人力资本积累与经济增长：区域差异视角》，《宏观经济研究》2020 年第 3 期。

卫生事业发展[1]，提升国民健康素质[2]，进而促进经济发展[3]；但是，Landau[4]、Knowles 和 Owen[5]、Gong 等[6]等学者则认为公共健康投资对经济发展的贡献较小。也有学者在对公共健康投资的研究中，将其划分出硬件投资[7]和软件投资[8]，进而对经济效益进行深入研究。综上，尽管公共人力资本投资对经济发展影响的研究已取得了相对丰富的成果，但是仍有值得关注的问题：一是对于西部地区而言，公共人力资本投资对经济发展的影响作用，并没有得出较为一致的结论；二是不同层级公共教育投资、不同类型公共健康投资的经济效益仍需进行深入研究。

当前，我国经济正由高速增长阶段向高质量发展阶段转变，在转型升级的过程中，工业化存在产业结构不合理、产业发展模式粗犷等问题[9]。基于此，我国力求通过调节产业结构、促进产业结构优化升级来实现高质量发展。近年来也有学者强调人力资本在与产业结构等匹配时才能发挥积极作用，如封世蓝等[10]、谈镇等[11]在探究人力资本水平、人力资本结构对经

---

① 李卫平、钟东波：《中国医疗卫生服务业的现状、问题与发展前景》，《中国卫生经济》2003 年第 5 期。

② 韩子荣、尚铁力：《我国医疗卫生服务业面临的挑战与改革思路》，《学习与探索》2007 年第 3 期。

③ Mayer, D., "The Long Term Impact of Health on Economic Growth in Latin America", World Development", Vol. 29, No. 6, 2001, pp. 1025 – 1033.; Barro, RJ., "Health and Economic Growth", Annals of Economics and Finance, Vol. 14, No. 2, 2013, pp. 329 – 366; 王弟海、黄亮、李宏毅：《健康投资能影响跨国人均产出差距吗？——来自跨国面板数据的经验研》，《经济研究》2016 年第 8 期；封岩、柴志宏：《健康人力资本对经济增长的影响》，《经济与管理研究》2016 年第 2 期；张芬、李晓妍：《健康投资对经济增长影响的实证分析》，《统计与决策》2017 年第 20 期。

④ Landau, D. L., "Government Expenditure, Human Capital Creation and Economic Growth", Journal of Public Budgeting, Accounting & Financial Management, Vol. 9, No. 3, 1997, pp. 467 – 487.

⑤ Knowles, S., Owen, P. D., "Education and Health in an Effective Labour Empirical Growth Model", Economic Record, Vol. 73, No. 223, 1997, pp. 314 – 328.

⑥ Gong, L., Li, H., Wang, D., "Health Investment, Physical Capital Accumulation, and Economic Growth", China Economic Review, Vol. 23, No. 4, 2012, pp. 1104 – 1119.

⑦ 文建东、花福秀：《健康、环境、生产性基础设施与经济增长》，《审计与经济研究》2016 年第 4 期。

⑧ 梁玮佳、唐元懋：《我国卫生资源配置的空间非均衡研究》，《卫生经济研究》2018 年第 9 期。

⑨ 吴红蕾：《新型城镇化视角下产城融合发展研究综述》，《工业技术经济》2019 年第 9 期。

⑩ 封世蓝、程宇丹、龚六堂：《公共人力资本投资与长期经济增长——基于新中国"扫盲运动"的研究》，《北京大学学报》（哲学社会科学版）2021 年第 3 期。

⑪ 谈镇、杜永娇、张一飞：《人力资本结构高级化与经济高质量发展——基于分位数回归和中介效应模型的实证检验》，《经济论坛》2021 年第 10 期。

济发展的作用时，构建了将产业结构作为中介变量的模型，发现其具有正向中介效应。为此，进一步推论西部地区公共人力资本投资对经济发展是否产生影响时，同样要经过这一中介效应。

综上所述，本章分析了全国和西部地区公共人力资本投资对经济发展的影响的基础上，进一步探究了教育分层、健康分类后的公共人力资本投资是如何对经济发展产生影响的，随后引入产业结构和城镇化作为中介变量，对公共人力资本投资作用于经济发展的中介机制进行研究。

二 研究假设

（一）公共人力资本投资与区域经济发展

公共教育投资对经济的影响通常被归结为两个方面——内部作用和外溢作用[1]。Lucas[2]认为，内部作用体现在可以提高一个人的素质和能力，从而提高其为社会经济发展做贡献的能力。公共教育经费进入教育系统后，可以促进知识、技能的传递，提升人力资本水平，培养出各级各类人才，形成经济发展所需要的人力资本积累，进而传递到经济发展[3]。对于教育投资的外溢作用，认为当人力资本进入到生产部门后，会通过技术模仿和技术创新提高其他资本的利用效率，进而促进整体劳动生产率提高，最终传导到区域经济发展[4]；刘国余[5]曾将教育的外溢作用归为提高生产率、提高身体素质、改善人力资本市场双方选择效率等12个方面。因此，西部地区公共教育投资能通过内部和外溢作用，提高人力资本水平，提高劳动生产率，进而促进经济发展。

---

[1] Lucas, Jr. R. E., "On the Mechanics of Economic Development", Journal of Monetary Economics, Vol. 22, No. 1, 1988, pp. 3–42；蔡增正：《教育对经济增长贡献的计量分析——科教兴国战略的实证依据》，《经济研究》1999年第2期；接玉芹：《教育投资对经济发展的外溢性研究——基于我国省际面板数据实证分析》，《财经问题研究》2012年第2期。

[2] Lucas, Jr. R. E., "On the Mechanics of Economic Development", Journal of Monetary Economics, Vol. 22, No. 1, 1988, pp. 3–42.

[3] 郭继强：《人力资本投资的结构分析》，《经济学》（季刊）2005年第2期；张同功、张隆、赵得志等：《公共教育支出、人力资本积累与经济增长：区域差异视角》，《宏观经济研究》2020年第3期。

[4] 许长青：《教育投资的外溢效应及其内在化》，《教育学术月刊》2015年第3期；薛勇军：《教育投资对经济增长的外溢效应研究——基于中国能否跨越"中等收入国家陷阱"的思考》，《技术经济与管理研究》2020年第9期。

[5] 刘国余：《基于菲德模型的我国教育外溢效应面板估计》，《地方财政研究》2014年第3期。

公共健康投资影响经济发展的作用方式主要包括直接作用和间接作用：直接作用方面，公共健康投资作为一种政府财政支出，可以扩大需求并刺激消费，直接对地区经济发展产生影响。间接作用方面，一方面，健康投资可以通过改善劳动者身体素质，实现健康人力资本和个人劳动能力的提升，进而影响劳动者劳动能力或效用水平[1]，带动社会劳动生产率[2]；另一方面，健康投入作为一种服务型消费时，可以满足居民保健和医疗的健康需求，改善劳动者的健康状况，从而显著增加个体的健康存量水平，延长个体参加生产劳动的时间，增加个体未来的经济收入，以此促进经济发展[3]。西部地区传染病、地方病等依旧严重，急需改善该地区劳动力的健康状况，而公共健康投资可以通过直接和间接双重作用，对经济发展起到积极影响。

基于以上分析，提出假设：

假设1：公共教育投资对西部地区经济发展具有正向影响。

假设2：公共健康投资对西部地区经济发展具有正向影响。

（二）公共人力资本投资结构与区域经济发展

学界普遍认为各层次教育投资所形成的人力资本存量水平是不同的，对于经济发展的影响作用也是存在差异的[4]。基础教育是一种注重公平性和均衡性的教育类型，是个体终身教育的奠基部分，可以使劳动者获得最基本的世界观、价值观以及初等的生存技能，进而增加初级人力资

---

[1] Muurinen, J. M., "Demand for Health: A Genera lised Grossman Model", Journal of Health Economics, Vol. 1, No. 1, 1982, pp. 5 – 28.

[2] 王弟海、龚六堂、李宏毅：《健康人力资本、健康投资和经济增长——以中国跨省数据为例》，《管理世界》2008年第3期；王弟海、崔小勇、龚六堂：《健康在经济增长和经济发展中的作用——基于文献研究的视角》，《经济学动态》2015年第8期；刘瀑：《教育层次结构与区域产业结构调整优化关系研究——基于河南省面板数据的实证检验》，《经济经纬》2016年第2期。

[3] 张辉：《健康对经济增长的影响：一个理论分析框架》，《广东财经大学学报》2017年第4期。

[4] 黄燕萍、刘榆、吴一群等：《中国地区经济增长差异：基于分级教育的效应》，《经济研究》2013年第4期；才国伟、刘剑雄：《收入风险、融资约束与人力资本积累——公共教育投资的作用》，《经济研究》2014年第7期；卜振兴：《论教育投入及其结构对经济增长的作用》，《西南大学学报》（社会科学版）2015年第5期；唐军、陈亚梦、王乐乐：《教育经费投入对区域经济增长影响的实证研究》，《数学的实践与认识》2017年第9期；方颃、褚玉静、朱小川：《分层级教育投入的国民经济产出效果研究——基于教育投入的时间滞后效应》，《大连理工大学学报》（社会科学版）2018年第1期；杨帆、赵越、岳圣元：《金融发展、财政教育支出与人力资本积累——基于我国"政府—市场"二元作用的思考》，《金融理论与实践》2021年第8期。

本积累，满足劳动密集型和劳动技能密集型产业的发展需求[1]；中等教育由衔接高等教育的普通高中教育和衔接劳动力市场的中等职业教育所组成，提供了一种技能型人力资本[2]，能够培养适应当前我国产业结构的劳动力[3]，其中，普通高中教育是一种衔接性质的教育，为学生提供进入高等教育进修的机会[4]，而中等职业教育是一种专业型的教育，培养了专业技能型人才[5]；而高等教育投资能够培养大批具有一定理论知识基础和创新能力的高素质劳动力，促进科学技术进步传播速度，推动高素质人才聚集，提升劳动生产率水平，实现产业结构优化升级[6]，因此，西部地区各层级教育投资培养的人才类型不同，对经济发展产生的作用也存在差异。

不同类型的健康投资对于经济发展的作用同样也是不同的。公共健康的硬件投资，主要进行公共医疗设施的改善，是提升整体公共健康服务水平的基础，可以增加居民预防和救治地方病及传染病的机会，改善区域医疗卫生服务环境，进而提高劳动者身体素质，增加劳动收入并防止贫困发生，最终影响经济发展[7]。而软件投资，主要在于医疗卫生技术人员数量和质量的提升，一方面，扩大卫生技术人员、医师等人才队伍，在引入专业人才的同时培养本地区医疗卫生服务人员。另一方面，强化健康服务人员能力，提升卫生服务质量水平，并保证卫生服务的效率与公平。医疗卫生技术人员的能力高低决定了医疗的服务范围和服务

---

[1] 陈启斐、王双徐：《义务教育均等化与西部地区经济增长：基于"两基"计划的研究》，《教育与经济》2021 年第 4 期。

[2] 纪雯雯、赖德胜：《人力资本结构与创新》，《北京师范大学学报》（社会科学版）2016 年第 5 期。

[3] 单德朋：《教育效能和结构对西部地区贫困减缓的影响研究》，《中国人口科学》2012 年第 5 期；邵波：《论应用型本科人才》，《中国大学教学》2014 年第 5 期；刘瀑：《教育层次结构与区域产业结构调整优化关系研究——基于河南省面板数据的实证检验》，《经济经纬》2016 年第 2 期。

[4] 晏成步：《二十年来高中阶段教育普及发展的政策文本分析》，《现代教育管理》2017 年第 6 期。

[5] 石伟平、郝天聪：《新时代我国中等职业教育发展若干核心问题的再思考》，《教育发展研究》2018 年第 19 期。

[6] 陈霞、刘斌：《高等教育投资对经济增长的影响分析——基于投资异质性视角》，《当代教育论坛》2019 年第 4 期。

[7] 胡畔：《任重道远：从基本公共服务供给看新型城镇化》，《城市发展研究》2012 年第 7 期。

水平,是提升健康人力资本水平的关键,因此对于经济发展也有重要影响[1]。

基于以上分析,提出假设:

假设3:不同层级的公共教育投资对西部地区经济发展的影响具有差异。

假设4:不同类型的公共健康投资对西部地区经济发展的影响具有差异。

(三)产业结构的中介效应

公共人力资本投资所形成的人力资本,要与产业结构匹配时[2],才能转化为生产的推动力,促进经济发展[3]。产业结构具有乘数效应、反馈效应和溢出效应[4],公共人力资本投资可以提升一个国家或地区的人力资本水平,进而推动新的产业部门的形成、促进传统产业的改造升级,对产业结构产生影响[5]。同时,在产业结构适应需求变化并且充分利用技术的前提条件下,会使得投入要素更多转移至高效率部门,提高资源利用效率、提高全社会劳动生产率、刺激社会需求与消费,进而影响经济发展[6]。因此,产业结构在公共人力资本投资对经济发展的影响中可能具有中介作用。

基于以上分析,提出假设:

假设5:公共人力资本投资作用于经济发展的过程中,产业结构会发

---

[1] 陈钊、刘晓峰、汪汇:《服务价格市场化:中国医疗卫生体制改革的未尽之路》,《管理世界》2008年第8期;王文静、吕康银、王迪:《教育人力资本、健康人力资本与地区经济增长差异——基于中国省际面板数据的实证研究》,《经济与管理》2012年第9期;Anand, S., Brnighausen, T., "Health Worker Sat the Core of theHealth System: Framework and Research Issues", Health Policy, Vol. 105, No. 2 – 3, 2012, pp. 185 – 191.

[2] 封世蓝、程宇丹、龚六堂:《公共人力资本投资与长期经济增长——基于新中国"扫盲运动"的研究》,《北京大学学报》(哲学社会科学版)2021年第3期。

[3] 林江、张佐敏:《分税制背景下公共产品供给对地区收入差距的影响》,《财贸经济》2013年第1期;周茂、李雨浓、姚星等:《人力资本扩张与中国城市制造业出口升级:来自高校扩招的证据》,《管理世界》2019年第5期。

[4] 郑红玲、刘肇民、刘柳:《产业关联乘数效应、反馈效应和溢出效应研究》,《价格理论与实践》2018年第4期。

[5] 张国强、温军、汤向俊:《中国人力资本、人力资本结构与产业结构升级》,《中国人口·资源与环境》2021年第10期;王力南:《产业结构调整的驱动因素:人力资本投资》,《统计与决策》2012年第6期。

[6] 于斌斌:《产业结构调整与生产率提升的经济增长效应——基于中国城市动态空间面板模型的分析》,《中国工业经济》2015年第12期。

挥正向中介效应。

本章中介效应的基本模型见图 14-1。

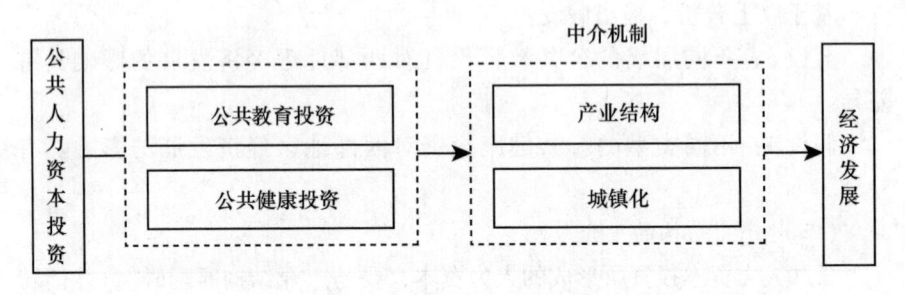

图 14-1 中介效应基本模型

第二节 实证分析

一 模型构建与变量说明

（一）计量模型

1. 基本模型。根据理论分析并参考已有文献，公共教育与健康投资能够对经济增长产生重要影响。本书借鉴钞小静和任保平[1]、解洪涛[2]、吴俊培和赵斌[3]以及周泽炯和马艳平[4]等人的研究，将公共教育投资和公共健康投资引入到生产函数中，建立如下形式的面板模型：

$$\ln PGDP_{it} = \alpha_0 + \alpha_1 \ln EDU_{it} + \theta \ln X_{it} + \varepsilon_{it} \quad (14-1)$$

$$\ln PGDP_{it} = \alpha_0 + \alpha_2 \ln HEA_{it} + \theta \ln X_{it} + \varepsilon_{it} \quad (14-2)$$

其中，i 表示省份，t 表示年份；$PGDP$ 表示经济发展水平，EDU 表示公共教育投资，HEA 表示公共健康投资，X 表示影响经济发展水平的控制变量，α_1、α_2 分别度量了公共教育投资、公共健康投资对经济发展的影响，θ 度量控制变量对经济发展的影响，ε_{it} 为随机扰动项。

---

[1] 钞小静、任保平：《中国公共支出结构对经济增长影响的实证分析：1987—2004》，《经济评论》2007 年第 5 期。

[2] 解洪涛：《公共支出结构、人力资本积累与中国经济增长路径》，《现代财经》（天津财经大学学报）2014 年第 8 期。

[3] 吴俊培、赵斌：《人口老龄化、公共人力资本投资与经济增长》，《经济理论与经济管理》2015 年第 10 期。

[4] 周泽炯、马艳平：《公共教育与健康人力资本对经济增长的影响研究》，《商业经济与管理》（社会科学版）2017 年第 2 期。

2. 中介模型。本章选取"产业结构"作为公共人力资本投资影响经济发展的中介变量,借鉴温忠麟等①构建的中介效应模型将基准回归模型进一步扩展为式 (14-3) —式 (14-5),建立中介效应模型。

首先,检验公共教育投资是否影响了经济发展。

$$\ln PGDP_{it} = \beta_0 + \beta_1 \ln EDU_{it} + \theta \ln X_{it} + \varepsilon_{it} \quad (14-3)$$

其次,检验公共教育投资是否影响了产业结构。

$$\ln IND_{it} = \gamma_0 + \gamma_1 \ln EDU_{it} + \theta \ln X_{it} + \varepsilon_{it} \quad (14-4)$$

最后,将公共教育投资与产业结构同时纳入模型中回归。

$$\ln PGDP_{it} = \omega_0 + \omega_1 \ln EDU_{it} + \omega_2 \ln IND_{it} + \theta \ln X_{it} + \varepsilon_{it} \quad (14-5)$$

因公共健康投资对经济发展影响的中介效应模型与上式逻辑相同,故不加赘述。其中,如果公式 (14-5) 中的回归系数 ω_1 和 ω_2 均显著,且回归系数 ω_1 的绝对值相比 β_1 的绝对值有所下降,说明存在部分中介效应,即人力资本投资对经济发展的影响部分来自于产业结构的传导;如果回归系数 ω_2 显著、ω_1 不显著,则存在完全中介效应,即人力资本投资对经济发展的影响完全来自产业结构的传导。

(二) 数据来源及说明

基于数据可得性和可比性原则,选取了全国 30 个省份 2000—2018 年的面板数据②(不包括香港、澳门、台湾、西藏)。数据来源于 2000—2018 年各省统计年鉴、《中国统计年鉴》、《中国劳动统计年鉴》、《中国教育经费统计年鉴》、《中国教育统计年鉴》、《中国卫生健康统计年鉴》、《人口统计年鉴》、《中国社会统计年鉴》及国家统计局和中经网统计数据库,个别年份缺失数据采用插值法补足。考虑到变量的内生性问题和遗漏变量的误差问题,以 2000 年为基期,运用各地区居民消费价格指数对所选取的时间序列数据进行平减处理,同时取对数消除异方差。

(三) 变量选取及描述性统计

1. 被解释变量。对经济增长的研究中,常用国内生产总值(GDP)、国民生产总值(GNP)、人均国内生产总值(人均 GDP)等作为代理变量

---

① 温忠麟、张雷、侯杰泰等:《中介效应检验程序及其应用》,《心理学报》2004 年第 5 期。
② 由于数据的可获得性,公共健康投资所采用的数据为 2011—2018 年。

衡量一个国家（或地区）经济发展，本书借鉴杨建芳等[①]和王弟海[②]等人的做法，选择人均 GDP（$PGDP$）。

2. 解释变量。本书将公共人力资本投资分为公共教育投资和公共健康投资，一是公共教育投资（EDU），使用一般公共预算教育事业费和基本建设支出表示；二是公共健康投资（HEA），选择政府卫生支出作为代理指标，健康投资分类采用每十万人医疗卫生机构床位数作为硬件设施投资的代理变量，用每十万人拥有卫生技术人员数作为软件设施投资的代理变量。

3. 控制变量。由于经济活动中影响其发展的因素有很多，本书最终选取固定资产投资（INV）、对外开放水平（$OPEN$）、政府干预水平（GOV）和创新能力（PAT）作为控制变量。固定资产投资（INV）：固定资产投资对于经济发展的影响已经被诸多学者所证实[③]，本书采用固定资产投资占 GDP 比重表示。对外开放水平（$OPEN$）：借鉴吴俊培和赵斌[④]的研究，选取进出口总额占 GDP 比重作为衡量指标。政府干预水平（GOV）：政府干预水平也是衡量市场化水平的重要指标，本书借鉴东方[⑤]的变量选取方式，采用一般公共预算占 GDP 的比重代表政府干预程度，政府干预程度越高即市场化水平也就越低。创新能力（PAT）：专利授权数代表该地区有效的知识和技术产出，该变量越大则创新水平越高，因此本书选专利授权数来表示创新能力。

4. 中介变量。本书选取产业结构（IND）作为人力资本投资影响经济发展的中介变量。其中，产业结构选取产业结构高级化作为代理变量[⑥]，具体如表 14-1 所示。

---

① 杨建芳、龚六堂、张庆华：《人力资本形成及其对经济增长的影响——一个包含教育和健康投入的内生增长模型及其检验》，《管理世界》2006 年第 5 期。

② 王弟海、黄亮、李宏毅：《健康投资能影响跨国人均产出差距吗？——来自跨国面板数据的经验研究》，《经济研究》2016 年第 8 期。

③ 刘金全、于惠春：《我国固定资产投资和经济增长之间影响关系的实证分析》，《统计研究》2002 年第 1 期；宋丽智：《我国固定资产投资与经济增长关系再检验：1980—2010 年》，《宏观经济研究》2011 年第 11 期。

④ 吴俊培、赵斌：《人口老龄化、公共人力资本投资与经济增长》，《经济理论与经济管理》2015 年第 10 期。

⑤ 东方：《新常态背景下的中国土地财政与经济增长》，《经济问题探索》2018 年第 1 期。

⑥ 张远军：《城市化与中国省际经济增长：1987—2012——基于贸易开放的视角》，《金融研究》2014 年第 7 期。

表 14-1 变量描述性统计

变量类型	变量	名称	样本数	平均值	标准差	最小值	最大值
被解释变量	ln$PGDP$	人均 GDP	570	10.01	0.82	7.92	11.94
核心解释变量	lnEDU	公共教育投资	570	14.91	1.12	11.61	17.31
	lnHEA	公共健康投资	240	5.76	0.63	3.81	7.27
	ln$BEDU$	基础教育投资	570	4.89	1.10	1.67	7.29
	ln$MEDU$	中等教育投资	570	3.67	1.09	0.81	6.17
	ln$HEDU$	高等教育投资	570	3.80	1.23	-0.14	6.47
	lnHAR	健康硬件投资	570	5.88	0.35	5.02	6.58
	lnTEC	健康软件投资	570	6.11	0.32	5.28	7.08
控制变量	lnINV	固定资产投资	570	-0.52	0.45	-1.55	0.46
	ln$OPEN$	对外开放水平	570	-1.65	0.95	-4.38	0.50
	lnGOV	政府干预水平	570	-1.63	0.44	-2.67	-0.24
	lnPAT	创新能力	570	8.82	1.70	4.24	13.07

二 实证结果分析

（一）基准回归

公共人力资本投资与经济发展的基本回归结果如表 14-2 所示，其中，模型（1）和模型（2）分别表示了全国层面和西部地区公共教育投资与经济发展的关系。可以看到，全国和西部公共教育投资均在 1% 的置信水平上显著为正，系数值分别为 0.825 和 0.852，差异不大。这表明，公共教育投资对西部地区经济发展有促进作用，即使在基础设施落后、产业结构较差的发展环境下，对经济发展的贡献依然能够和全国持平。此前，周泽炯和马艳平[①]认为西部地区公共人力资本投资的促进作用相对较低，而本书则发现，在公共教育投资规模相对有限的条件下，西部公共教育投资仍然是推动经济发展的重要动力。假设 1 得到验证。

模型（3）和模型（4）分别表示了全国层面和西部地区公共健康投资与经济发展的关系。可以看到，全国和西部公共健康投资均同样在 1% 的置信水平上显著为正，系数值分别为 0.693 和 0.615，说明公共健康投资

---

① 周泽炯、马艳平：《公共教育与健康人力资本对经济增长的影响研究》，《商业经济与管理》（社会科学版）2017 年第 2 期。

对全国和西部经济发展均有显著的促进作用，假设2成立。其中，公共健康投资对西部地区经济发展的促进作用略低于全国水平，可能的原因是，西部地区公共健康投资规模有限，且投资效率较低，带来的人力资本积累速度较慢，导致人力资本投资对经济发展具有较低的贡献率[①]。

表14-2　　公共教育投资与公共健康投资对经济发展的影响

变量	教育 模型（1）全国	教育 模型（2）西部	健康 模型（3）全国	健康 模型（4）西部
ln*EDU*	0.825*** (44.19)	0.852*** (33.42)		
ln*HEA*			0.693*** (24.32)	0.615*** (9.82)
ln*INV*	0.137*** (8.81)	0.102*** (3.63)	0.0344** (2.02)	0.0464 (1.20)
ln*PAT*	0.0478*** (4.42)	0.0424*** (2.83)	0.0403** (2.43)	0.0746** (2.38)
ln*OPEN*	0.0589*** (5.61)	0.0516*** (4.50)	0.0245 (1.17)	0.0426 (1.54)
ln*GOV*	-0.653*** (-16.99)	-0.656*** (-14.46)	-0.541*** (-11.08)	-0.573*** (-5.91)
常数项	-9.625*** (-16.31)	-9.766*** (-13.63)	0.615 (1.15)	0.602 (0.62)
样本量	570	209	240	88
R^2	0.989	0.994	0.951	0.955

注：*表示在10%水平上显著，**表示在5%水平上显著，***表示在1%水平上显著，下同。

（二）稳健性检验

基于基准回归模型，从以下两个方面展开稳健性检验。

---

① 杨建芳、龚六堂、张庆华：《人力资本形成及其对经济增长的影响——一个包含教育和健康投入的内生增长模型及其检验》，《管理世界》2006年第5期。

第十四章 西部地区公共人力资本投资的经济发展效益

1. 内生性问题——工具变量法。考虑到模型设定可能存在由于遗漏变量及变量之间的双向因果关系等产生内生性问题，导致回归结果不稳健，本节使用滞后一期的解释变量作为工具变量，采用二阶段最小二乘法（2SLS）进行稳健性检验，同时解决内生性问题。回归结果如表14-3所示，从结果中可以看出，核心解释变量总教育经费与政府卫生支出的符号及显著性与基准回归保持一致，其他控制变量也与基准回归基本保持一致。因此，回归结果可靠。

表14-3　　　　　　　　基于2SLS内生性问题的检验

变量	教育 模型（1）全国	教育 模型（2）西部	健康 模型（3）全国	健康 模型（4）西部
lnEDU	0.795***	0.800***		
	(35.72)	(21.75)		
lnHEA			0.777***	0.822***
			(25.66)	(15.44)
ln$OPEN$	0.0272***	-0.000110	0.0687***	0.0737***
	(2.65)	(-0.01)	(2.83)	(3.02)
lnINV	0.128***	0.148***	0.0160	-0.0380
	(6.42)	(4.19)	(0.77)	(-1.37)
lnGOV	-0.674***	-0.658***	-0.544***	-0.598***
	(-15.26)	(-10.03)	(-8.41)	(-6.14)
lnPAT	0.0769***	0.0666***	-0.0147	-0.0515*
	(5.91)	(3.02)	(-0.87)	(-1.85)
样本量	540	198	210	77
R^2	0.987	0.989	0.942	0.964

2. 稳健性检验——替换核心解释变量。本书采用替换公共教育投资和公共健康投资核心解释变量来进行稳健性分析。其中，公共教育投资采用人均总教育经费（$PEDU$），公共健康投资采用人均政府卫生支出（$PHEA$），回归结果如表14-4所示，核心解释变量回归结果全部显著，且回归系数符号与基准回归保持一致，回归结果较为稳健。

表 14-4　　　　　以人均人力资本投资水平为解释变量回归

变量	教育 模型（1）全国	教育 模型（2）西部	健康 模型（3）全国	健康 模型（4）西部
ln$PEDU$	0.786***	0.794***		
	(44.77)	(27.38)		
ln$PHEA$			0.714***	0.640***
			(24.20)	(9.52)
lnINV	0.0423***	0.138***	0.0373**	0.0459
	(2.64)	(4.20)	(2.18)	(1.17)
ln$OPEN$	0.0145	-0.00398	0.0214	0.0393
	(1.39)	(-0.29)	(1.02)	(1.40)
lnGOV	-0.530***	-0.577***	-0.539***	-0.556***
	(-14.61)	(-11.02)	(-10.99)	(-5.60)
lnPAT	0.106***	0.0768***	0.0519***	0.0823**
	(10.96)	(4.50)	(3.20)	(2.61)
常数项	5.477***	5.229***	12.83***	11.50***
	(14.82)	(10.64)	(18.95)	(6.91)
样本量	570	209	240	88
R^2	0.989	0.991	0.951	0.953

（三）分层级和分类型回归

如表 14-5 所示，模型（1）—模型（3）分别汇报了西部地区公共教育投资不同层级的回归结果，可见，基础、中等和高等教育投资均在 1% 的水平上正相关，回归系数分别为 0.547、0.423 和 0.441，说明基础教育、中等教育和高等教育投资均会对经济发展产生促进作用。这是因为，基础教育可以发掘个体自身潜力，实现个人本体价值，并为个体终身发展奠定基础，其质量决定了国民素质的高低[①]；中等教育和高等教育则可以培养高素质劳动力，促进科技创新和技术升级，进而实现经济发展[②]。值

---

① 柳海民、邹红军：《高质量：中国基础教育发展路向的时代转换》，《教育研究》2021年第4期；杨成荣、张屹山、张鹤：《基础教育公平与经济社会发展》，《管理世界》2021年第10期。

② 赵树宽、余海晴、刘战礼：《高等教育投入与经济增长关系的理论模型及实证研究》，《中国高教研究》2011 年第 9 期。

得注意的是，基础教育的回归系数最大，说明西部地区基础教育投资对经济发展的促进作用最明显，有研究指出基础教育具有基础性和先导性的服务效果，可以匹配西部地区相对落后的经济发展环境，满足劳动力密集型和资源依赖型为主的产业发展的需要，使得基础教育投资具有显著的经济收益[1]。因此，不同层级的公共教育投资对西部地区经济发展的影响具有差异，假设3得到验证。

表 14-5　　　　　　　　西部地区教育投资分层

变量	基础教育	高等教育	中等教育
	模型（1）	模型（3）	模型（2）
ln*BEDU*	0.547***		
	(17.89)		
ln*MEDU*		0.441***	
		(12.15)	
ln*HEDU*			0.423***
			(11.73)
ln*INV*	0.254***	0.354***	0.316***
	(5.93)	(6.90)	(5.98)
ln*PAT*	0.203***	0.204***	0.247***
	(10.30)	(7.74)	(10.08)
ln*OPEN*	0.0353*	0.0587***	0.0649***
	(1.91)	(2.61)	(2.84)
ln*GOV*	-0.362***	-0.0859	-0.128
	(-5.39)	(-1.14)	(-1.63)
常数项	1.935**	5.982***	5.307***
	(2.49)	(7.13)	(6.02)
样本量	209	209	209
R^2	0.984	0.976	0.975

[1] 盛乐：《人力资本投资与经济增长关系的实证研究》，《经济问题探索》2000年第6期；亓寿伟、俞杰、陈雅文：《中国基础教育支出效率及制度因素的影响——基于局部前沿效率方法的分析》，《财政研究》2016年第6期；陈晋玲：《教育层次结构对产业结构优化升级的影响研究——基于空间杜宾模型》，《技术经济》2020年第10期。

西部地区不同类型健康投资对经济发展的影响见表14-6，模型（4）和模型（5）分别为医疗卫生硬件投资和软件投资的回归结果。每十万人拥有卫生机构床位数和卫生技术人员数都在1%的置信水平上显著为正，且回归系数分别为0.677和0.444，说明公共健康硬件和软件投资都会促进经济发展，且不同类型的公共健康投资对西部地区经济发展的影响具有差异。医疗卫生基础设施建设是医疗卫生事业发展的物质基础，是提供医疗卫生服务的必备条件[1]，保证了劳动者获得基本的医疗卫生服务机会；而医疗卫生技术人员可以使劳动者获得更高水平的保健及救治服务，激发其身体潜力，更好地服务于经济社会建设。通过完善医疗卫生基础设施和加强医疗技术人员队伍建设，可以有效提高区域医疗卫生服务水平，改善西部地区劳动力身体素质，进而促进经济发展[2]。其中，硬件投资的回归系数值更大，说明硬件投资对于经济发展有着更大的贡献，可能的原因是，西部地区医疗卫生水平整体偏低，医疗物资不够充裕，完善医疗卫生基础设施建设，可以提供更多的医疗服务救治机会，进而提高区域劳动力健康状况，促进经济发展[3]。假设4得到验证。

表14-6　　　　　　　　西部地区健康投资分类

变量	医疗卫生硬件 模型（4）	医疗卫生软件 模型（5）
$\ln HAR$	0.677***	
	(6.75)	
$\ln TEC$		0.444***
		(3.57)
$\ln INV$	0.427***	0.453***
	(7.05)	(6.92)
$\ln PAT$	0.233***	0.321***
	(6.16)	(7.72)

[1] 曾宪新：《西部大开发十年来我国西部地区卫生事业发展研究》，《理论学刊》2010年第11期。
[2] 孟庆跃：《医改应解决医疗服务供需失衡问题》，《卫生经济研究》2014年第10期。
[3] 孙健、张体栋、张释文：《中国农村地区卫生基础设施建设研究》，《广东社会科学》2020年第3期。

续表

变量	医疗卫生硬件 模型（4）	医疗卫生软件 模型（5）
ln*OPEN*	0.0782***	0.0865***
	(2.92)	(3.00)
ln*GOV*	0.448***	0.516***
	(5.64)	(5.48)
常数项	8.937***	10.28***
	(9.63)	(10.58)
样本量	209	209
R^2	0.966	0.960

三 中介机制

为了探究公共人力资本投资对经济发展的影响路径或传导机制，本节将产业结构和城镇化作为中介变量，做中介效应检验。

以产业结构作为中介变量的回归结果详见表14-7。模型（1）—模型（3）为公共教育投资对经济发展的中介效应检验，从中可以看出，在公共教育投资促进经济发展的过程中，产业结构存在着部分中介效应。教育投资在提升人力资本水平的同时，带来了技术结构的升级和技术创新，技术水平的提升既提高了劳动生产率，又推动产业结构升级[1]，而人力资本水平与产业结构的动态匹配会促进经济发展，这一结论与诸多学者的研究结论保持一致[2]。

需要特别关注的是，在模型（4）—模型（6）中，尽管产业结构同样存在部分中介效应，但是产业结构的系数估计值为负，这意味着公共健康投资会通过产业结构这一中介变量对经济发展产生一定的阻碍，这与姚瑶等[3]认为的公共健康投资对产业结构具有正向作用的研究结论具有差异，

---

[1] 刘智勇、李海峥、胡永远等：《人力资本结构高级化与经济增长——兼论东中西部地区差距的形成和缩小》，《经济研究》2018年第3期。

[2] 张国强、温军、汤向俊：《中国人力资本、人力资本结构与产业结构升级》，《中国人口·资源与环境》2021年第10期；周少甫、王伟、董登新：《人力资本与产业结构转化对经济增长的效应分析——来自中国省级面板数据的经验证据》，《数量经济技术经济研究》2013年第8期。

[3] 姚瑶、刘斌、刘国恩：《健康投资的产业结构效应：来自OECD等国家的宏观证据》，《财经研究》2017年第5期。

可能的原因是公共健康投资的收益往往在初级劳动者身上更为明显,因而更有助于劳动密集型产业的发展①,但这与西部地区力求通过产业结构升级带动经济发展的现状不匹配,挤占其他资本的投入空间,从而产生了抑制作用。假设5中产业结构的正向中介效应未得到验证。

表14-7　　　　　　　　　　产业结构的中介作用

变量	教育			健康		
	模型(1) ln*PGDP*	模型(2) ln*IND*	模型(3) ln*PGDP*	模型(4) ln*PGDP*	模型(5) ln*IND*	模型(6) ln*PGDP*
ln*EDU*	0.852***	0.0281***	0.815***			
	(33.42)	(5.14)	(31.20)			
ln*IND*			1.334***			-2.965***
			(4.14)			(-4.08)
ln*HEA*				0.615***	-0.0347***	0.512***
				(9.82)	(-3.77)	(8.24)
ln*INV*	0.102***	0.00301	0.0979***	0.0464	-0.000810	0.0440
	(3.63)	(0.50)	(3.63)	(1.20)	(-0.14)	(1.26)
ln*PAT*	0.0424***	-0.0167***	0.0647***	0.0746**	0.00145	0.0789***
	(2.83)	(-5.18)	(4.21)	(2.38)	(0.31)	(2.77)
ln*OPEN*	0.0516***	0.0150***	0.0317***	0.0426	0.00108	0.0458*
	(4.50)	(6.08)	(2.63)	(1.54)	(0.27)	(1.82)
ln*GOV*	-0.656***	0.0162*	-0.677***	-0.573***	-0.0802***	-0.811***
	(-14.46)	(1.67)	(-15.44)	(-5.91)	(-5.63)	(-7.69)
常数项	-9.766***	0.749***	-10.77***	0.602	0.187	1.156
	(-13.63)	(4.87)	(-14.76)	(0.62)	(1.31)	(1.30)
样本量	209	209	209	88	88	88
R^2	0.994	0.628	0.994	0.955	0.642	0.964

四　进一步分析:时空差异

(一)时间差异

在不同的时期,人力资本投资的各个层次对于经济增长的影响是不同

---

①　余勃:《产业升级背景下的农民工就业策略》,《农业经济》2013年第7期。

的，本节以 2012 年作为划分时间区间的重要界限，主要原因在于：一是 2012 年召开的十八大是重要的时间节点，标志着我国全面建设小康社会进程进入决胜阶段；二是 2012 年后我国逐步进行经济转型，经济发展方式渐渐转变、产业结构发生调整，开始由经济高速增长向高质量发展过渡，形成了经济发展新常态。在此基础上，将时间区间分为 2000—2011 年以及 2012—2018 年两个样本期。

西部地区公共教育投资分时回归结果见表 14-8。2012 年之前，基础、中等和高等教育经费支出均在 1% 的水平上显著正相关。其中，基础教育

表 14-8　　　　　　　西部地区公共教育投资分时回归

变量	2000—2011 年			2012—2018 年		
	模型（1）	模型（2）	模型（3）	模型（4）	模型（5）	模型（6）
ln$BEDU$	0.742***			0.0995**		
	(22.71)			(2.27)		
ln$MEDU$		0.662***			0.147***	
		(10.16)			(4.28)	
ln$HEDU$			0.403***			0.196***
			(9.19)			(2.82)
lnINV	0.176***	0.356***	0.417***	0.143**	0.140**	0.137**
	(4.33)	(5.41)	(6.23)	(2.40)	(2.57)	(2.36)
lnPAT	0.112***	0.111**	0.297***	0.314***	0.305***	0.266***
	(4.76)	(2.53)	(7.94)	(12.65)	(13.89)	(7.83)
ln$OPEN$	0.0171	0.108***	0.0623	0.0142	0.0338	0.0489
	(0.80)	(3.01)	(1.65)	(0.30)	(0.77)	(0.99)
lnGOV	-0.573***	-0.326***	-0.159	-0.811***	-0.702***	-0.696***
	(-7.97)	(-2.66)	(-1.33)	(-5.27)	(-4.93)	(-4.48)
常数项	-0.529	3.615**	4.730***	-1.216	-0.0542	0.213
	(-0.60)	(2.50)	(3.22)	(-0.77)	(-0.04)	(0.14)
样本量	132	132	132	77	77	77
R^2	0.987	0.962	0.958	0.855	0.879	0.861

的回归系数为 0.742，高于中等教育和高等教育，说明基础教育对于经济发展有着更大的贡献。而 2012 年之后，各层次回归结果系数符号保持一致，但是系数值与前一阶段相比整体下降，分别为 0.0995、0.147 和 0.196，这主要是由于十八大后整体经济增速放缓，经济发展趋于收敛。值得注意的是，同前一阶段相比，中等教育和高等教育系数值高于基础教育，说明基础教育对西部地区经济发展的促进作用有所下降，这表明随着西部地区产业结构转型和升级，基础教育培育的初级劳动力逐渐不能满足经济发展的需要，而开始转向接受过一定专业技能、具备一定技术手段的专业型劳动力[1]。

西部地区公共健康投资分时回归结果见表 14-9。2012 年之前，床位数的系数值为显著正相关，但是卫生技术人员数并没有通过显著性检验，说明前一阶段西部地区硬件设施投资对经济发展有显著促进作用，而软件投资影响效果不显著。这表明，西部地区存在医疗基础设施建设不够完善、基础医疗服务能力不足的现实状况，健康硬件设施投资成为这一时期公共健康投资的重点，这与诸多学者的研究结论一致[2]。2012 年之后，健康人力资本的各类型均呈现显著正相关，且系数值相较于前一阶段整体上升，说明西部地区医疗卫生硬件投资和软件投资对于经济发展均产生了显著的正向影响，且公共健康投资对于西部地区经济发展的贡献越来越大。可能的原因是，西部地区健康投资的效率逐渐提高，对于经济发展的贡献逐渐加大；此外，西部地区居民健康意识逐渐提升，越来越重视地方病和传染病的预防和救治工作，因此对医疗卫生服务人员的数量和质量需求逐渐提高[3]。

表 14-9　　　　　　西部地区公共健康投资分阶段回归

变量	2000—2011 年		2012—2018 年	
	模型（1）	模型（2）	模型（3）	模型（4）
ln*HAR*	0.627***		1.132***	
	(3.81)		(15.18)	

[1]　彭国华：《技术能力匹配、劳动力流动与中国地区差距》，《经济研究》2015 年第 1 期。
[2]　喻旭兰、李洋、张欣欣：《我国通货膨胀区域差异的实证研究》，《统计研究》2014 年第 2 期；吕志芳、陈英：《西部中小城市住宅地价空间分异规律及影响因素研究——以天水市为例》，《甘肃农业大学学报》2017 年第 5 期。
[3]　仇雨临、王昭茜：《我国医疗保险制度发展四十年：进程、经验与展望》，《华中师范大学学报》（人文社会科学版）2019 年第 1 期。

续表

变量	2000—2011 年		2012—2018 年	
	模型（1）	模型（2）	模型（3）	模型（4）
ln*TEC*		0.170		1.182***
		(0.85)		(12.32)
ln*INV*	0.585***	0.629***	0.0482	-0.0217
	(7.44)	(7.64)	(1.67)	(-0.61)
ln*PAT*	0.268***	0.360***	0.0608***	0.0362
	(4.95)	(6.62)	(2.87)	(1.32)
ln*OPEN*	0.104**	0.106**	-0.0103	-0.0486*
	(2.23)	(2.10)	(-0.45)	(-1.81)
ln*GOV*	0.399***	0.496***	-0.329***	-0.209**
	(3.27)	(3.94)	(-4.13)	(-2.13)
常数项	8.606***	11.55***	-0.575	0.380
	(4.78)	(6.10)	(-0.77)	(0.43)
样本量	132	132	77	77
R^2	0.936	0.928	0.967	0.955

（二）空间差距

东、中、西三大地区间的差距是中国经济总体差距的主要来源[1]。关于经济发展差距的研究，学者们从地理因素[2]、对外开放程度[3]、基建投资[4]和交通设施[5]等诸多方面进行研究，本章则主要探究公共人力资本投资差距对经济发展差距的影响作用。

为了分析公共人力资本投资等因素差异对地区经济差异的实际影响，

---

[1] 林毅夫、蔡昉、李周：《中国经济转型时期的地区差距分析》，《经济研究》1998 年第 6 期。
[2] 陆大道、刘卫东：《论我国区域发展与区域政策的地学基础》，《地理科学》2000 年第 6 期。
[3] 王成岐、张建华、安辉：《外商直接投资、地区差异与中国经济增长》，《世界经济》2002 年第 4 期。
[4] 张明源、李震：《基建投资可以缩小区域经济增长差距吗——基于人口流动视角的分析》，《山西财经大学学报》2021 年第 6 期。
[5] 刘生龙、胡鞍钢：《交通基础设施与经济增长：中国区域差距的视角》，《中国工业经济》2010 年第 4 期。

基于龚六堂和谢丹阳①、刘智勇等②的思路，构建如下实证分析模型：

$$V(PGDP_{it}) = \sigma_0 + \sigma_1 V(\ln EDU_{it} \mid \ln HEA_{it}) + \sigma_2 V(INV_{it}) + \sigma_3 V(OPEN_{it})$$
$$+ \sigma_4 V(PAT_{it}) + \sigma_5 V(GOV_{it}) + \varepsilon_{it} \qquad (14-6)$$

其中，$V(PGDP)$、$V(\ln EDU \mid \ln HEA)$、$V(INV)$、$V(OPEN)$、$V(PAT)$、$V(GOV)$ 依次代表人均 GDP、公共人力资本投资、固定资产投资占 GDP 比重、进出口总额占 GDP 比重、专利授权数、一般公共预算占 GDP 的比重在东、中、西三大地区之间的差异程度。其中，被解释变量人均 GDP 差异程度采用泰尔指数分解所得到的东、中、西三大地区间的差异指数③衡量，其他指标的差异程度均采用变异系数来衡量。

公共人力资本投资等因素差距对地区经济差距的实际影响的回归结果见表 14-10。模型（1）—模型（4）为公共教育投资差异对地区经济发展差距的影响，可见，公共教育投资对于地方经济差距的回归系数在 1% 的水平上显著正相关，说明公共教育投资差距会影响地区经济差异。模型（2）—模型（4）为公共教育投资差异分层的回归结果，发现无论是系数大小还是显著性，高等教育投资均要高于其他层级的教育投资，说明高等教育投资差距是造成经济发展地区差距的主要因素。分析认为，与普惠性的基础教育不同，高等教育存在严重的两极分化，高等教育发展水平与经济发展水平联系密切，因此，其投资水平的差异会进一步扩大这一局面，从而造成经济发展差距扩大④；且高等教育具备更大的发展潜力，当这种潜力变现为高素质劳动力时，会促进生产率提高而作用到经济发展⑤。因此，高等教育投资差异所产生的效果更容易传导到经济发展水平上，从而扩大地区经济发展差距。

---

① 龚六堂、谢丹阳：《我国省份之间的要素流动和边际生产率的差异分析》，《经济研究》2004 年第 1 期。

② 刘智勇、李海峥、胡永远等：《人力资本结构高级化与经济增长——兼论东中西部地区差距的形成和缩小》，《经济研究》2018 年第 3 期。

③ 林毅夫、蔡昉、李周：《中国经济转型时期的地区差距分析》，《经济研究》1998 年第 6 期。

④ 赵冉、韩旭：《高等教育、创新能力与经济增长耦合协调发展及空间演进分析》，《黑龙江高教研究》2019 年第 2 期；别敦荣、易梦春：《高等教育普及化发展标准、进程预测与路径选择》，《教育研究》2021 年第 2 期。

⑤ 孙忠铭、高安京：《高等教育国际化与西部地区高等教育发展研究》，《陕西师范大学学报》（哲学社会科学版）2004 年第 1 期。

表14-10　公共人力资本投资差距对地区经济发展差距的影响

变量	教育				健康		
	模型（1）	模型（2）	模型（3）	模型（4）	模型（5）	模型（6）	模型（7）
lnEDU	0.155***						
	(3.69)						
ln$BEDU$		0.0515*					
		(1.89)					
ln$MEDU$			0.0667**				
			(2.21)				
ln$HEDU$				0.133***			
				(3.30)			
lnHEA					-0.148		
					(-1.77)		
lnHAR						0.0171	
						(0.68)	
lnTEC							0.134***
							(5.69)
lnINV	-0.119	-0.0102	0.0177	-0.00565	-0.185**	0.0874	0.0458
	(-1.70)	(-0.12)	(0.28)	(-0.11)	(-5.85)	(0.81)	(1.38)
lnPAT	0.0121	-0.00377	0.0214	0.0108	0.0104	0.0288	-0.0186
	(0.53)	(-0.12)	(0.66)	(0.52)	(1.80)	(0.80)	(-0.65)
ln$OPEN$	0.593***	0.629***	0.505**	0.322	-0.0555	0.616**	0.557***
	(4.21)	(3.41)	(2.85)	(1.59)	(-0.46)	(2.52)	(6.09)
lnGOV	0.0943	-0.0117	0.0306	0.00817	0.0430	0.0194	0.0900*
	(1.67)	(-0.17)	(0.48)	(0.14)	(2.55)	(0.31)	(1.89)
常数项	-0.0684***	-0.0214	-0.0331	-0.0489**	0.0730	-0.0425	-0.158***
	(-3.21)	(-0.84)	(-1.38)	(-2.46)	(2.92)	(-1.42)	(-5.57)
怀特检验	0.3918	0.3918	0.3918	0.3918	0.3918	0.3918	0.3918
BP检验	0.4026	0.4083	0.1168	0.2374	0.7140	0.6688	0.0252
样本量	19	19	19	19	8	19	19
R^2	0.967	0.950	0.958	0.966	0.978	0.944	0.983

模型（5）—模型（7）为公共健康投资对地区经济发展差距影响的回归结果。公共健康投资差异对经济发展差距的回归结果不显著，说明公共健康投资差异对东、中、西经济发展差距影响力很小，但是进一步分析公共健康投资不同类型对经济发展差距的影响，可以发现，虽然硬件投资的回归结果依旧不显著，但是软件投资对于地区经济发展差距的影响存在显著正相关，说明对医疗卫生软件的投资差异会进一步拉大地区经济发展差距。

第三节 小结

本书利用2000—2018年我国30个省份的面板数据，在考察了公共教育投资和公共健康投资对区域经济发展影响的基础上，分层次、分类型进行研究，并进一步考察了产业结构和城镇化的中介效应，得到如下结论。

1. 公共人力资本投资对我国经济发展有着显著的促进作用，其中，西部地区公共教育投资对经济发展的贡献依然能够和全国持平，而公共健康投资的经济效益略低于全国水平。在有限的投资水平和较为落后的发展环境下，公共人力资本投资仍然是推动西部经济发展的重要动力。

2. 从公共人力资本投资结构来看，不同层级的公共教育投资和不同类型的公共健康投资均对西部经济发展起到促进作用。值得注意的是，2012年以后，中等教育、高等教育投资以及卫生技术人员投入对于西部地区经济发展促进作用更为明显，说明人力资本投资结构的高级化更匹配西部地区经济发展现状。

3. 产业结构在公共人力资本投资作用于经济发展过程中发挥中介作用，存在部分中介效应。其中，公共教育投资会通过产业结构对经济发展起到正向影响，而健康人力资本投资则会通过产业结构对经济增长产生一定的阻碍。

4. 公共人力资本投资差距是造成西部地区同东、中部地区经济发展差距的原因之一，高等教育投资和卫生技术人员投入是尤其重要的影响因素，说明西部地区高层次人力资本投资的欠缺拉大了区域之间的经济发展差距。

据此，提出以下启示和建议。

1. 加大公共人力资本投资力度，重视高层次人力资本投资。为促进区域经济均衡发展，西部地区应加大公共人力资本投资倾斜力度，在保证提高人力资本存量的同时，更加注重对中、高等教育和健康软件的投资。一方面，制定高等教育投资策略，满足西部地区科技创新和产业结构升级的需要[1]；另一方面，加强健康软件投资力度，培训本地区医疗卫生服务人员并引进高水平医疗卫生技术人才[2]。以此调整和引导不同层次人力资本的流动方向，推动人力资本结构的优化调整，进而加快人力资本结构高级化进程[3]。

2. 调节产业结构，促进产业结构升级，推动经济发展。产业结构优化会吸纳公共人力资本投资[4]，激发各级教育发展潜力，为此，政府应加强不同类型人才培养，如劳动型、技能型和高知识、高技能的创新型人才等，提高人力资本与产业结构的匹配程度。在推动新型城镇化提质增速的过程中，进一步推动产业结构升级，坚持中国特色新型工业化、信息化、城镇化、农业现代化四化并驱，重点推进城镇化和工业化的良性互动，加快实现产业结构高级化，打造高质量发展新高地[5]。

---

[1] 李威、陈鹏：《振兴西部高等教育：真实的命题而非虚妄的猜忌》，《重庆高教研究》2021年第1期。

[2] 马理、黎妮、马欣怡：《破解胡焕庸线魔咒实现共同富裕》，《财政研究》2018年第9期。

[3] 谈镇、杜永娇、张一飞：《人力资本结构高级化与经济高质量发展——基于分位数回归和中介效应模型的实证检验》，《经济论坛》2021年第10期。

[4] 何小钢、罗奇、陈锦玲：《高质量人力资本与中国城市产业结构升级——来自"高校扩招"的证据》，《经济评论》2020年第4期。

[5] 刘富华、梁牧：《新型城镇化、人力资本与产业结构升级——基于人口老龄化的调节效应》，《湖南师范大学》（社会科学学报）2021年第6期。

第十五章

西部地区公共人力资本投资的创新驱动效益

第一节 本章思路

一 问题提出

西部大开发战略实施以来,西部地区在基础设施完善、产业结构升级等方面取得良好成效①,但经济增长动力不足等问题依然存在,亟须从传统的要素驱动转向创新驱动②。创新驱动实质上是人才驱动,人力资本通过其累积经验的不同影响着区域创新能力的高低,从而对转换增长动力、优化经济结构、构建新发展格局贡献力量,最终能够推动区域的高质量发展③。在加快推进西部大开发形成新格局的背景下,发挥公共人力资本投资对西部地区创新驱动的促进作用,能够有效提高区域创新效益,对于建设创新型国家、推进西部地区经济高质量发展具有重要的现实意义。

人力资本作为区域创新的要素资源和知识载体④,在人力资本存量、人力资本结构、人力资本投资对区域创新的作用方面受到了国内外学者的

---

① 李海龙、高德步、谢毓兰:《以"大保护、大开放、高质量"构建西部大开发新格局的思路研究》,《宏观经济研究》2021年第6期。
② Wei, S. J., Xie, Z., Zhang, X., "From 'MadeinChina' to 'Innovated In China': Necessity, Prospect, and Challenges", Journal of Economic Perspectives, Vol. 31, No. 1, 2017, pp. 49–70.
③ 赵馨燕:《人力资本对创新能力作用研究的述评——基于区域经济增长的视角》,《技术经济与管理研究》2017年第12期。
④ 高素英、陈蓉、张艳丽等:《京津冀人力资本与区域科技创新能力的关系研究》,《天津大学学报》(社会科学版)2011年第6期。

广泛关注。在人力资本存量方面，国外学者 Lucas[1]、Aghion 和 Howitt[2]、Crespi 和 Zuniga[3] 提出人力资本存量是推动国家技术进步的根本推动力；国内学者杨俊等[4]、钱晓烨等[5]、张春红[6]、王艳涛和谷晓莉[7]进一步对我国省级层面的数据进行实证分析，发现人力资本存量与创新活动高度相关，能够有效吸收和模仿国外先进技术，对技术创新具有显著促进作用。在人力资本结构方面，Vandenbussche 等[8]把人力资本划分为高素质和低素质人力资本两种类型，发现高素质人力资本对技术创新有更重要影响；Koellinger[9]、华萍[10]、彭国华[11]也都认为只有接受过高等教育的人力资本才对区域技术创新有显著的促进作用；孙早和侯玉琳[12]则认为高技术技能型人力资本对技术创新更重要。在人力资本投资方面，教育和健康是两种重要的人力资本投资形式：Nelson 和 Phelps[13]、Stadler[14]等指出，教育投资能够通过提升人力资本水平以提高模仿和吸收先进技术的能力，从而驱动新

---

[1] Lucas, Jr. R. E., "On the Mechanics of Economic Development", Journal of Monetary Economics, Vol. 22, No. 1, 1988, pp. 3–42.

[2] Aghion, P., Howitt, P., "A Model of Growth Through Creative Destruction", Econometrica, Vol. 60, No. 2, 1992, pp. 323–352.

[3] Crespi, G., Zuniga, P., "Innovation and Productivity: Evidencefrom Six Latin American Countries", World Development, Vol. 40, No. 2, 2012, pp. 273–290.

[4] 杨俊、李晓羽、杨尘：《技术模仿、人力资本积累与自主创新——基于中国省际面板数据的实证分析》，《财经研究》2007 年第 5 期。

[5] 钱晓烨、迟巍、黎波：《人力资本对我国区域创新及经济增长的影响——基于空间计量的实证研究》，《数量经济技术经济研究》2010 年第 4 期。

[6] 张春红：《人力资本、研发投入对区域创新能力的影响》，《统计与决策》2019 年第 18 期。

[7] 王艳涛、谷晓莉：《教育人力资本对区域技术创新影响的实证研究》，《科技管理研究》2019 年第 5 期。

[8] Vandenbussche, J., Aghion, P., Meghir, C., "Growth, Distance to Frontier and Composition of Human Capital", Journal of Economic Growth, Vol. 11, No. 2, 2006, pp. 97–127.

[9] Koellinger, P., "Why are Some Entrepreneurs More Innovative Than Others?", Small Business Economics, Vol. 31, No. 1, 2008, pp. 21–37.

[10] 华萍：《不同教育水平对全要素生产率增长的影响——来自中国省份的实证研究》，《经济学》（季刊）2005 年第 4 期。

[11] 彭国华：《我国地区全要素生产率与人力资本构成》，《中国工业经济》2007 年第 2 期。

[12] 孙早、侯玉琳：《政府培训补贴、企业培训外部性与技术创新——基于不完全劳动力市场中人力资本投资的视角》，《经济与管理研究》2019 年第 4 期。

[13] Nelson, R. R., Phelps, ES., "Investment in Humans, Technological Diffusion, and Economic Growth", The American Economic Review, Vol. 56, No. (1/2), 1966, pp. 69–75.

[14] Stadler, M., "Engines of Growth: Education and Innovation", Review of Economics, Vol. 63, No. 2, 2012, pp. 113–124.

知识的产生并加快技术扩散进程；而王弟海等[1]则认为健康投资能够改善劳动者的身体素质并提高抵御疾病风险的能力、增强科研人员的体力和精力，从而对区域创新产生有益影响。然而，健康投资本身相关的统计资料缺失较多，在一些实证研究中经常把人力资本投资狭义地等同于教育投资，这样可能造成把健康及人力资本的其他形成因素对增长的影响都归功于教育，高估教育投资的重要性[2]。因此，对西部地区公共人力资本投资的效益分析，有必要区分教育和健康两种人力资本投资对区域创新的异质性影响，并且对不同教育层次和不同健康类型投资的作用展开分解研究。

创新是一个复杂的过程，既往对人力资本投资和区域创新的关系研究中，大都将创新活动看作一个"黑箱"，较少关注创新在不同阶段的异质性特征，可能导致难以识别创新过程中的薄弱环节[3]。基于此，Hansen和Birkinshaw[4]提出创新价值链的概念，将创新过程分解为创意的产生、转化与扩散等阶段。结合中国实际，余泳泽和刘大勇[5]将区域创新价值链分成知识创新、科研创新和产品创新三个阶段。庞瑞芝和李鹏[6]、宇文晶等[7]、李东海[8]则依据从要素投入到知识凝结，再到创新成果实现的过程，将其划分为知识创新与成果转化创新两个阶段，其中知识创新阶段关注从人员、物质等创新要素投入到知识理论、技术研究方面取得的成果；成果转化阶段考虑到技术成果转化为经济效益并创造出商业价值的能力，与产品

---

[1] 王弟海、崔小勇、龚六堂：《健康在经济增长和经济发展中的作用——基于文献研究的视角》，《经济学动态》2015年第8期。

[2] 杨建芳、龚六堂、张庆华：《人力资本形成及其对经济增长的影响——一个包含教育和健康投入的内生增长模型及其检验》，《管理世界》2006年第5期；杨明海、刘凯晴、谢送爽：《教育人力资本、健康人力资本与绿色技术创新——环境规制的调节作用》，《经济与管理评论》2021年第2期。

[3] 刘和东、陈文潇：《高新技术企业创新系统"黑箱"解构及效率评价》，《科技进步与对策》2019年第3期。

[4] Hansen, M. T., Birkinshaw, J., "The Innovation Value Chain", Harvard Business Review, Vol. 85, No. 6, 2007, pp. 121–130、142.

[5] 余泳泽、刘大勇：《我国区域创新效率的空间外溢效应与价值链外溢效应——创新价值链视角下的多维空间面板模型研究》，《管理世界》2013年第7期。

[6] 庞瑞芝、李鹏：《中国工业创新：过程、效率与模式——基于2001—2008年大中型工业企业的数据》，《产业经济研究》2011年第2期。

[7] 宇文晶、马丽华、李海霞：《基于两阶段串联DEA的区域高技术产业创新效率及影响因素研究》，《研究与发展管理》2015年第3期。

[8] 李东海：《产业结构优化对区域创新效率的影响研究——基于创新价值链视角》，《经济问题》2020年第10期。

市场紧密衔接（见图 15-1）。但是当前仅有少量学者从创新价值链视角研究人力资本投资对区域创新的影响，如刘树峰等[1]基于创新价值链视角，将创新过程分为知识凝结阶段和市场转化阶段，在分析我国区域创新的影响因素时把人力资本投资作为影响因素的一部分进行研究；何声升[2]从创新价值链视角出发，将创新行为划分为研究开发阶段和成果转化阶段，但仅从人力资本投资对某一创新主体（高校）创新绩效的直接影响方面进行分析，并没有系统深入研究。

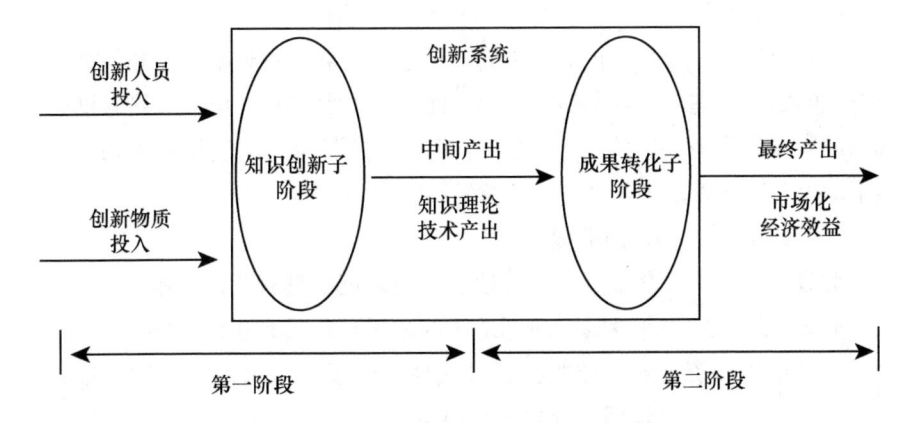

图 15-1 创新价值链视角下技术创新活动框架

综上所述，如图 15-1 所示，基于创新价值链视角，从公共教育和健康两个维度，实证考察西部地区公共人力资本投资对区域创新的影响，并解析不同层级教育投资和不同类型健康投资的作用，从而能够检验西部地区公共人力资本投资对创新驱动的多方面影响，为推进创新驱动经济高质量发展提供借鉴与参考。

二 研究假设

（一）公共人力资本投资与创新驱动

公共教育投资是形成人力资本的主要来源，人力资本的存量和累积速度

---

[1] 刘树峰、杜德斌、覃雄合等：《基于创新价值链视角下中国创新效率时空格局与影响因素分析》，《地理科学》2019 年第 2 期。
[2] 何声升：《高校科技创新绩效影响因素分位研究——创新价值链理论视角》，《高校教育管理》2020 年第 5 期。

很大程度上决定着区域创新水平和可持续发展能力①。具体而言：知识创新阶段，公共教育投资能够提高社会整体受教育程度，还能使劳动者具有更强的自主学习与模仿能力，也更容易创造出新知识、新观点和新技术，形成知识创新②；此外，政府对教育事业的公共投资能够为学校、科研院所等知识研发机构提供直接财政经费支持，有助于其知识创新③。成果转化阶段，公共教育投资能够使区域具有更丰富的人力资本储备，而人力资本存量丰富的国家或地区能很好地吸收新知识、新技术和新思想，更新劳动者的知识结构，适应新的经济环境。从教育部门接受教育后的劳动者走向生产部门后，可以有效地学习、吸收、扩散和传播知识创新成果，并对新产品和新技术进行有效的经营管理、市场营销，有利于促进技术承接和溢出，最终有助于将知识成果转化为经济效益④。总之，公共教育投资为知识创新和成果转化提供了动力，决定着区域创新的可持续发展能力。

基于以上分析，提出假设：

假设1：公共教育投资对西部地区的知识创新具有正向影响。

假设2：公共教育投资对西部地区的成果转化具有正向影响。

公共健康投资能够有效改善健康水平，健康作为人力资本的基础，是人力资本存在和发挥效用的前提，而健康状况和身体素质的改善是提升区域创新能力的保障⑤：知识创新阶段，公共健康投资主要通过提供卫生资金、床位等医疗资源来提高劳动者的身体素质，使劳动者更少生病并增加预期寿命长度，从而能够提供更多的生产能量⑥，有更强的体能、精力及心理保障进行知识创新活动，从而对论文、专利等创新成果产生重要作

---

① 彭国华：《我国地区全要素生产率与人力资本构成》，《中国工业经济》2007年第2期。
② 俞宪忠：《全球化竞争：人力资本与知识创新》，《经济问题》2017年第1期；梁军、郑青：《教育人力资本及其溢出效应对中国科技创新的影响研究——基于省际面板数据的经验分析》，《上海大学学报》（社会科学版）2018年第6期。
③ 周业安、程栩、赵文哲等：《地方政府的教育和科技支出竞争促进了创新吗？——基于省级面板数据的经验研究》，《中国人民大学学报》2012年第4期。
④ 董亚娟、孙敬水：《中国教育支出对生产率的影响及溢出效应》，《山西财经大学学报》2010年第9期；傅利平、王向华、王明海：《我国区域创新系统中高校主体功能有效性实证研究》，《情报杂志》2012年第3期。
⑤ 杨明海、刘凯晴、谢送爽：《教育人力资本、健康人力资本与绿色技术创新——环境规制的调节作用》，《经济与管理评论》2021年第2期。
⑥ 杨建芳、龚六堂、张庆华：《人力资本形成及其对经济增长的影响——一个包含教育和健康投入的内生增长模型及其检验》，《管理世界》2006年第5期。

用；成果转化阶段，公共健康投资也能对成果转化产生作用，主要表现在良好的健康状况能够保证创业者等相关劳动人员有足够的身体素质和心理意志承受高强度的工作，促使劳动者更高效率地将知识和技能转化为现实的生产力，从而拉动创新成果转化[1]。此外，公共健康投资也会对教育的投资回报率产生间接影响，能够显著降低教育人力资本折旧率，使公共教育投资发挥出最大效用[2]，且高素质人力资本对健康需求更为强烈，医疗设施完善、基础公共卫生服务较发达的地区更容易吸引创新型人才的集聚[3]，有助于知识创新和成果转化。

基于以上分析，提出假设：

假设3：公共健康投资对西部地区的知识创新具有正向影响。

假设4：公共健康投资对西部地区的成果转化具有正向影响。

（二）公共人力资本投资结构与创新驱动

不同层级的教育人力资本所具备的知识积累、知识结构与技能水平等方面存在差异，从而对区域创新的影响可能存在异质性特征[4]：基础教育作为最基本的教育层次，能够培养学生的创新性思维并掌握基础知识[5]，为创新型人才的培养和创新型国家的建设打下根基[6]。中等教育作为基础教育的延续和高等教育的基本前提，是承上启下的过渡阶段：高中教育是学生接触科技知识、培养良好兴趣的重要阶段，有助于创新能力的培养[7]；而中等职业教育更注重知识运用的实用性和可操作性，在实用性的基础上更适合进行可行性的创新[8]。高等教育投资对区域创新具有非常明显的支

---

[1] 王弟海、崔小勇、龚六堂：《健康在经济增长和经济发展中的作用——基于文献研究的视角》，《经济学动态》2015年第8期。

[2] 张辉：《健康对经济增长的影响：一个理论分析框架》，《广东财经大学学报》2017年第4期。

[3] 崔丹、李国平、吴殿廷等：《中国创新型人才集聚的时空格局演变与影响机理》，《经济地理》2020年第9期；古恒宇、沈体雁：《中国高学历人才的空间演化特征及驱动因素》，《地理学报》2021年第2期。

[4] 裴开兵：《研发人力资本配置与技术创新——异质教育层次视角》，《科技进步与对策》2021年第14期。

[5] 顾明远：《基础教育与创新精神》，《中国教育学刊》1999年第2期。

[6] 张向葵：《美国基础教育在培养诺贝奖得主中的奠基作用及其启示》，《外国教育研究》2008年第8期。

[7] 刘彭芝：《关于培养拔尖创新人才的几点思考》，《教育研究》2010年第7期。

[8] 邓峰：《技术创新能力与教育投资关联度研究——以新疆为例》，《技术经济与管理研究》2012年第4期；郝硕博、倪霓：《创新异质性、公共教育支出结构与经济增长》，《财贸经济》2014年第7期。

撑作用，能够加强高校这一创新主体进行知识生产、科技成果转化的能力，是推动区域科技创新的重要力量①。

不同类型的公共健康投资的侧重点也有所差异，对区域创新产生的作用有所不同：健康硬件投资能够有效增强我国整体医疗卫生服务能力，改善区域医疗卫生服务环境，为劳动者提供预防和救治传染病等疾病的机会②，也能够提高创新人才的身体素质和健康水平，增强其体力、精力并最终影响区域创新③。而健康软件投资能够加强医疗卫生队伍建设，以满足人们对高质量健康资源的需求，使劳动者获得更高水平的保健及救治服务，激发其身体潜力，从而有利于创新成果的产出。总之，近年来西部地区在公共健康的硬件和软件设施方面都加大了投资，但是医疗床位数等硬件设施的增加可以通过加大政府财政支持来快速实现，而卫生技术人员数、医生数等软件的培养需要时间，其人力资源效应的发挥具有滞后性④，因此两者对区域创新会产生不同程度的影响⑤。

基于以上分析，提出假设：

假设5：不同层级的公共教育投资对西部地区创新价值链的影响存在差异。

假设6：不同类型的公共健康投资对西部地区创新价值链的影响存在差异。

第二节　实证分析

一　模型构建与变量说明

（一）计量模型

构建基本面板回归模型，实证检验公共教育和公共健康投资对全国、

---

① 赖德胜、王琦、石丹淅：《高等教育质量差异与区域创新》，《教育研究》2015年第2期；钟之阳、周欢：《区域创新系统视角下高等教育投入对区域科技创新效率影响研究》，《江苏高教》2018年第10期。

② 武之更、韩玉珍：《公立医院创新能力评价模型构建研究》，《中国医院管理》2012年第12期。

③ 卫平、薛冰：《医疗卫生资源对医院创新的空间溢出效应研究》，《中国医院管理》2017年第8期。

④ 陶春海、郭同济、许可：《我国医疗卫生资源配置均等化水平测度》，《统计与决策》2019年第24期。

⑤ 乔正荣、何东山、郭朝伟：《城市区级医院管理创新与驱动的实践探索》，《中国医院管理》2015年第10期。

西部地区创新价值链的作用。第一阶段的模型如下：

$$\ln PAT_{it} = a_0 + \alpha_1 \ln EDU_{it} + \beta \ln X_{it} + \varepsilon_{it} \quad (15-1)$$

$$\ln PAT_{it} = \alpha_0 + \alpha_1 \ln HEA_{it} + \beta \ln X_{it} + \varepsilon_{it} \quad (15-2)$$

第二阶段模型构建如下：

$$\ln NEW_{it} = \alpha_0 + \alpha_1 \ln EDU_{it} + \alpha_2 \ln PAT_{it} + \beta \ln X_{it} + \varepsilon_{it} \quad (15-3)$$

$$\ln NEW_{it} = \alpha_0 + \alpha_1 \ln HEA_{it} + \alpha_2 \ln PAT_{it} + \beta \ln X_{it} + \varepsilon_{it} \quad (15-4)$$

其中，i 表示省份，t 表示年份。PAT 表示专利授权数，NEW 表示高技术产业新产品销售收入，EDU 与 HEA 分别表示公共教育投资和公共健康投资，X 为控制变量，α 和 β 为待估参数，ε 为随机误差。

（二）数据来源及说明

考虑到统计口径及数据的可获得性，选取我国 30 个省份 2000—2018 年的面板数据（不包括香港、澳门、台湾、西藏），主要来源于各省统计年鉴、《中国统计年鉴》和《中国科技统计年鉴》等。部分缺失数值使用插值法进行补充，以 2000 年为基期，运用各地区居民消费价格指数对所选取的时间序列数据进行平减处理，同时取对数消除异方差性。在对面板数据进行相关估计之前，对各变量的时间序列进行平稳性检验，以避免出现伪回归问题，结果显示所有变量平稳，说明可以采用面板模型估计方法对设定的模型进行进一步估计。

（三）变量选取及描述性统计

1. 被解释变量。知识创新阶段选取发明、实用新型和外观设计三种专利之和的专利授权数（PAT）作为衡量指标。成果转化阶段选取新产品销售收入（NEW）作为衡量指标。

2. 解释变量。公共教育投资（EDU）使用国家财政性教育经费衡量，公共健康投资（HEA）使用政府卫生支出作为衡量指标。公共教育投资划分为基础教育（$BEDU$）、中等教育（$MEDU$）和高等教育投资（$HEDU$）三个层级，分别使用各层级的一般公共预算教育事业费和基本建设支出衡量，公共健康投资划分为健康硬件投资（HAR）和健康软件投资（TEC）两种类型，分别使用每十万人医疗卫生机构床位数和每十万人拥有卫生技术人员数衡量。

3. 控制变量。在文献研究基础上，从对外开放程度（$OPEN$）、基础设施建设（INF）、研发投入强度（$R\&D$）、城镇化率（URB）和产业结构（$INDUS$）5 个方面选取控制变量，分别选取进出口总额占该地区 GDP 的比重、每平方公里等级公路里程数、R&D强度、城镇年末常住人口占年末总人口的比重和第三产业占第二产业的比重来测量。同时，考虑到创新价值链的关联性，将知识创新产出作为成果转化阶段的一个控制变量，具体如表15-1所示。

表15-1　　　　　　　　变量描述性统计

变量类型	变量	名称	样本数	平均值	标准差	最小值	最大值
被解释变量	ln*PAT*	知识创新	570	9.44	1.72	4.82	13.58
	ln*NEW*	成果转化	570	13.58	2.64	1.60	19.14
解释变量	ln*EDU*	公共教育投资	570	14.91	1.12	11.61	17.29
	ln*HEA*	公共健康投资	240	14.95	0.64	12.96	16.47
	ln*BEDU*	基础教育投资	570	14.10	1.10	10.88	16.50
	ln*MEDU*	中等教育投资	570	12.88	1.09	10.02	15.38
	ln*HEDU*	高等教育投资	570	13.01	1.23	9.07	15.68
	ln*HAR*	健康硬件投资	570	5.88	0.35	5.02	6.58
	ln*TEC*	健康软件投资	570	6.11	0.32	5.28	2.39
控制变量	ln*OPEN*	对外开放程度	570	-1.65	0.95	-4.38	0.50
	ln*INF*	基础设施建设	570	3.97	0.89	0.73	5.35
	ln*R&D*	研发投入强度	570	0.03	0.68	-1.89	1.82
	ln*URB*	城镇化率	570	3.90	0.31	2.91	4.55
	ln*INDUS*	产业结构	570	0.03	0.35	-0.65	1.61

二　实证结果分析

（一）基准回归

1. 公共教育投资对创新价值链的影响。公共教育投资与区域创新价值链的基准回归结果如表15-2所示，为了防止可能出现的内生性问题，将核心解释变量统一滞后1期。其中，模型（1）和模型（2）分别表示全国层面和西部地区公共教育投资与知识创新的关系。可以看到，公共教育投资的系数分别为1.013和1.152，表示每增加1%的公共教育投资，全国和西部地区在知识创新阶段的产出分别提高1.013%和1.152%，说明公共教育投资能够显著促进知识创新。可能的解释是，公共教育投资可以提高区域人力资本存量，增强人才集聚效应，使该地区对信息的获取和运用能力以及对知识、技术的吸收能力更有优势，产生知识溢出，从而拥有更多的知识储备与更强的科研创新能力，有助于提高区域创新效率和降低成本，促进创新知识的产出[1]。同时，政府也可以通过公共教育投资提高公共基础设施建设和公共服务质量，建立良好的教育和科学平台，吸引创新人才流入本地，并激励其在本地从事人力资本培育和科学研究活动，对本地区知识创新产生重要影响[2]。假设1得到验证。

模型（3）和模型（4）分别表示全国和西部地区公共教育投资与成果转化的关系，为了体现两阶段的联系，将知识创新阶段的被解释变量视为创新成果转化阶段的一个控制变量。可以看到，全国层面的公共教育投资能够促进创新成果转化，公共教育投资的系数为0.685，表示每增加1%的公共教育投资，成果转化阶段的产出提高0.685%；西部地区虽有正向影响，但没有通过显著性检验，表示公共教育投资并未明显促进西部地区的创新成果转化。可能的解释是，由于西部地区的对外开放程度、研发强度、城镇化水平等经济、社会环境处于相对劣势地位，导致企业、人才流向经济发展水平较高的东部发达地区[3]，使得外部的市场环境和产业环境对创新成果转化存在一定的限制。同时，受到高校自身科研管理能力[4]、产学研合作[5]等多种因素的限制，高校等知识创新主体的研究成果与企业生产需求无法有效开展系统有效的对接和整合[6]，区域创新链与产业链存

---

[1] 谢兰云：《中国省域R&D投入对经济增长作用途径的空间计量分析》，《中国软科学》2013年第9期；王雅洁、张淼：《中国省域知识溢出对区域创新的影响研究——基于吸收能力的视角》，《华东经济管理》2020年第8期。

[2] 周业安、程栩、赵文哲等：《地方政府的教育和科技支出竞争促进了创新吗？——基于省级面板数据的经验研究》，《中国人民大学学报》2012年第4期。

[3] 李志、曹雨欣：《我国西部地区柔性引才困境及路向研究》，《重庆大学学报》（社会科学版）2022年第3期。

[4] Feng, Y. J., Lu, H., Bi, K., "An AHP/DEA Method for Measurement of the Efficiency of R&D Management Activities in Universities", International Transactions in Operational Research, Vol. 11, No. 2, 2004, pp. 181–191.

[5] 王江哲、刘益、陈晓菲：《产学研合作与高校科研成果转化：基于知识产权保护视角》，《科技管理研究》2018年第17期。

[6] 何彬、范硕：《中国大学科技成果转化效率演变与影响因素——基于Bootstrap DEA方法和面板Tobit模型的分析》，《科学学与科学技术管理》2013年第10期；覃雄合、杜德斌、刘树峰等：《中国省际高校科研成果转化效率时空格局与影响因素——基于网络SBM模型的评价》，《地理研究》2017年第9期；林青宁、毛世平：《高校科技成果转化效率研究》，《中国科技论坛》2019年第5期。

在缺口，最终导致将知识成果转化为实际效益的能力受到限制，成果转化效率较低[①]。与假设2有所不符。

表 15-2　　基准回归结果

变量	知识创新阶段		成果转化阶段	
	模型（1）全国	模型（2）西部	模型（3）全国	模型（4）西部
l.lnEDU	1.013***	1.152***	0.685***	0.625
	(23.79)	(18.15)	(4.050)	(1.513)
l.lnPAT			0.260**	0.464*
			(2.234)	(1.721)
ln$OPEN$	-0.0621	0.0524	-0.187	-0.744***
	(-1.404)	(1.069)	(-1.493)	(-3.866)
lnINF	0.163**	0.149*	-0.0798	-0.159
	(2.565)	(1.705)	(-0.445)	(-0.467)
ln$R\&D$	0.144**	-0.515***	1.093***	1.572***
	(2.008)	(-5.367)	(5.374)	(3.864)
lnURB	0.0898	-0.236	0.472	-0.820
	(0.786)	(-1.307)	(1.461)	(-1.141)
ln$INDUS$	0.271***	0.784***	-0.433*	-0.237
	(3.419)	(5.847)	(-1.870)	(-0.403)
常数项	-7.254***	-8.405***	-0.629	1.804
	(-17.24)	(-16.84)	(-0.442)	(0.624)
样本量	540	198	540	198
R^2	0.939	0.957	0.711	0.684

2. 公共健康投资对创新价值链的影响。公共健康投资与区域创新价值链的基准回归结果如表15-3所示。其中，模型（1）和模型（2）分别表示全国和西部地区公共健康投资与知识创新的关系。可以看到，系数分

[①] 刘志华、李林、姜郁文：《我国区域科技协同创新绩效评价模型及实证研究》，《管理学报》2014年第6期；段云龙、乐念、王墨林：《产学研区域共生系统协同创新效率研究》，《中国科技论坛》2019年第7期；杨柏、陈银忠、李爱国等：《政府科技投入、区域内产学研协同与创新效率》，《科学学研究》2021年第7期。

别为 0.898 和 1.148,全国和西部地区的公共健康投资能够促进知识创新。公共健康投资是其他人力资本存在和发挥作用的基础与前提,宏观上通过增加政府医疗卫生投入,对环境污染进行治理可以降低死亡率、改善生育率以及延长寿命,微观上通过增加食品和医疗支出,以改善劳动者健康状况,优化劳动者消费决策[①],共同实现减少劳动力生病时间、有效改善

表 15-3　　　　　　　　　　　基准回归结果

变量	知识创新阶段		成果转化阶段	
	模型(1)全国	模型(2)西部	模型(3)全国	模型(4)西部
l.lnHEA	0.898***	1.148***	-0.300	1.716
	(5.930)	(2.675)	(-0.661)	(1.369)
l.lnPAT			0.535**	0.516
			(2.494)	(1.364)
ln$OPEN$	0.0219	0.0412	-0.856***	-1.248***
	(0.226)	(0.332)	(-3.307)	(-3.585)
lnINF	0.677	1.180	3.284***	6.189**
	(1.553)	(1.170)	(2.813)	(2.169)
ln$R\&D$	0.241	-0.0732	-0.287	-0.848
	(1.412)	(-0.264)	(-0.626)	(-1.090)
lnURB	1.547**	0.144	4.102**	-10.22**
	(2.578)	(0.103)	(2.463)	(-2.578)
ln$INDUS$	-0.228	0.136	-0.318	1.982**
	(-1.428)	(0.408)	(-0.739)	(2.116)
常数项	-12.53***	-12.61***	-18.02***	-2.816
	(-6.372)	(-4.049)	(-2.971)	(-0.269)
样本量	210	77	210	77
R^2	0.785	0.841	0.556	0.754

[①] 龙海明、陶冶:《健康投资对中国经济发展的影响研究——基于省级面板数据的空间计量检验》,《湖南大学学报》(社会科学版) 2017 年第 4 期。

劳动者的身体素质和健康状况等目的,从而提高劳动生产率,直接推动知识创新产出的增长。假设3得到验证。

模型(3)—模型(4)分别表示全国和西部地区公共健康投资与成果转化的关系。可以看到,全国层面的公共健康投资系数为负,而西部地区的系数为正,均没有通过显著性检验,说明公共健康投资并没有明显促进西部的创新成果转化。可能的解释是,一方面,我国整体上尤其是西部地区面临着产业结构不合理和成果转化环境较为落后等问题,缺乏持续稳定推进成果转化的客观条件[1];另一方面,公共健康投资属于基础性、保障性投资,在推动创新成果转化方面发挥的作用有限,而对医疗卫生等健康资源的过多投入会占用政府大量的公共资金,可能造成教育经费、科研经费等其他资源支出的减少,产生"挤占效应",从而对成果转化产生不利影响[2]。假设4未得到验证。

3. 稳健性检验。为了保证结论的稳健性,使用滞后1期的人均公共教育投资替换解释变量对两阶段的公共教育投资进行稳健性检验;使用滞后1期的人均公共健康投资替换解释变量对两阶段的公共健康投资进行稳健性检验。通过表15-4和表15-5的模型(1)—模型(8)可以看出,前后结果一致,相关系数的回归结果基本保持不变,说明基准回归结果较为稳健,进一步验证了公共教育投资和公共健康投资对创新价值链所发挥的作用。

表15-4　　　　　　　　公共教育投资稳健性检验结果

变量	知识创新阶段		成果转化阶段	
	模型(1)全国	模型(2)西部	模型(3)全国	模型(4)西部
l. ln$PEDU$	0.938***	1.080***	0.795***	0.269
	(20.08)	(15.82)	(5.025)	(0.696)
l. lnPAT			0.240**	0.654**
			(2.229)	(2.560)

---

[1] 沈坤荣、徐礼伯:《中国产业结构升级:进展、阻力与对策》,《学海》2014年第1期;袁航、朱承亮:《西部大开发推动产业结构转型升级了吗?——基于PSM-DID方法的检验》,《中国软科学》2018年第6期。

[2] 王弟海、崔小勇、龚六堂:《健康在经济增长和经济发展中的作用——基于文献研究的视角》,《经济学动态》2015年第8期;余泳泽:《中国区域创新活动的"协同效应"与"挤占效应"——基于创新价值链视角的研究》,《中国工业经济》2015年第10期。

续表

变量	知识创新阶段		成果转化阶段	
	模型（1）全国	模型（2）西部	模型（3）全国	模型（4）西部
ln*OPEN*	-0.164***	-0.0320	-0.238*	-0.795***
	(-3.475)	(-0.606)	(-1.928)	(-4.189)
ln*INF*	0.219***	0.169*	-0.188	-0.0575
	(3.131)	(1.741)	(-1.042)	(-0.165)
ln*R&D*	0.302***	-0.456***	1.087***	1.779***
	(3.984)	(-4.387)	(5.486)	(4.456)
ln*URB*	0.215*	0.0670	0.388	-0.457
	(1.739)	(0.354)	(1.215)	(-0.669)
ln*INDUS*	0.401***	0.801***	-0.430*	-0.354
	(4.726)	(5.472)	(-1.881)	(-0.606)
常数项	9.436***	9.917***	12.56***	8.375*
	(13.96)	(10.79)	(6.092)	(1.872)
样本量	540	198	540	198
R^2	0.928	0.949	0.716	0.681

表15-5　　　　　　　　　公共健康投资稳健性检验结果

变量	知识创新阶段		成果转化阶段	
	模型（5）全国	模型（6）西部	模型（7）全国	模型（8）西部
l.ln*PHEA*	0.894***	1.017**	-0.499	0.868
	(5.385)	(2.265)	(-1.054)	(0.677)
l.ln*PAT*			0.556***	0.608
			(2.682)	(1.618)
ln*OPEN*	-0.00462	0.0232	-0.882***	-1.290***
	(-0.0473)	(0.185)	(-3.435)	(-3.680)
ln*INF*	0.817*	1.633*	3.444***	7.641***
	(1.862)	(1.686)	(2.973)	(2.759)
ln*R&D*	0.248	-0.120	-0.277	-0.998
	(1.434)	(-0.430)	(-0.606)	(-1.276)

续表

变量	知识创新阶段		成果转化阶段	
	模型（5）全国	模型（6）西部	模型（7）全国	模型（8）西部
ln*URB*	1.662***	0.579	4.301**	-8.479**
	(2.728)	(0.415)	(2.573)	(-2.118)
ln*INDUS*	-0.178	0.227	-0.240	2.193**
	(-1.109)	(0.683)	(-0.564)	(2.351)
常数项	10.18**	12.56	-30.09**	19.24
	(2.315)	(1.033)	(-2.573)	(0.566)
样本量	210	77	210	77
R^2	0.778	0.836	0.558	0.748

（二）分层级和分类型回归

公共人力资本投资对提升区域创新能力发挥着主要作用，对不同层次教育投资和不同类型健康投资的影响进行分析，能够为西部地区投资结构优化提供参考。

在公共教育投资方面，通过表15-6可以看出，模型（1）—模型（3）西部地区的基础、中等和高等教育投资对知识创新的影响系数分别是0.856、0.784和0.835，均呈现正向影响。这表明，西部各层次公共教育投资均能够对知识创新产生积极作用，特别是基础和高等教育投资发挥的促进作用更为明显。有研究指出，基础教育能够带来知识储备，为知识型创新人才的培养发挥了基础性和先导性作用[①]；而高等学校在区域创新系统中承担着核心创新主体的角色，是创新知识生产和传递的重要源头[②]，与一般的劳动力相比，其培养出的高层次人才凝聚了知识和能力，是知识生产、创新成果转化的主要载体[③]。

---

① 杨欣、张辉蓉、宋乃庆：《基础教育对创新人才培育的障碍与对策》，《中国教育学刊》2012年第11期。
② 白致铭、汤苍松：《高等教育公共科技经费投入对区域创新发展的影响》，《黑龙江高教研究》2019年第11期。
③ 陈淑云、杨建坤：《人口集聚能促进区域技术创新吗——对2005—2014年省级面板数据的实证研究》，《科技进步与对策》2017年第5期。

表 15-6　　　　　　　　西部地区教育投资分层

变量	知识创新阶段			成果转化阶段		
	模型（1）	模型（2）	模型（3）	模型（4）	模型（5）	模型（6）
l. ln*BEDU*	0.856***			0.0232		
	(12.11)			(0.078)		
l. ln*MEDU*		0.784***			-0.0398	
		(13.29)			(-0.142)	
l. ln*HEDU*			0.835***			0.373
			(12.94)			(1.305)
l. ln*PAT*				0.780***	0.816***	0.592***
				(3.597)	(3.462)	(2.663)
ln*OPEN*	0.00246	-0.0097	0.0161	-0.798***	-0.802***	-0.768***
	(0.040)	(-0.167)	(0.272)	(-4.182)	(-4.211)	(-4.032)
ln*INF*	0.320***	0.466***	0.561***	0.0357	0.0577	-0.0190
	(2.915)	(4.849)	(5.996)	(0.103)	(0.179)	(-0.060)
ln*R&D*	-0.270**	-0.212*	0.537***	1.922***	1.956***	1.604***
	(-2.328)	(-1.958)	(-4.407)	(5.189)	(5.417)	(3.861)
ln*URB*	0.463**	0.575***	0.507**	-0.268	-0.228	-0.500
	(2.218)	(2.979)	(2.551)	(-0.408)	(-0.358)	(-0.779)
ln*INDUS*	1.031***	0.864***	0.917***	-0.412	-0.429	-0.337
	(6.262)	(5.379)	(5.668)	(-0.705)	(-0.736)	(-0.581)
常数项	6.752***	5.646***	6.290***	5.338**	5.655***	3.540
	(-11.48)	(-10.92)	(-11.50)	(2.346)	(2.724)	(1.637)
样本量	198	198	198	198	198	198
R^2	0.934	0.939	0.937	0.680	0.680	0.683

而模型（4）—模型（6）西部地区的基础、中等和高等教育投资均没有通过显著性检验，对成果转化产生的影响并不明显，与前文基准回归的结果保持一致。值得关注的是，与基础、高等教育相比，中等教育投资不仅对知识创新阶段影响相对较弱，对成果转化阶段甚至表现为负向影响。

这与华萍①、郝硕博和倪霓②的研究结论一致，中等教育在整个教育系统中发挥着衔接作用，倾向于培养出技术模仿型劳动力，其带来的人力资本水平提升对知识创新产生促进作用，而对于成果转化来说，并未产生较为明显的作用。综上，西部地区不同层级公共教育投资对知识创新和成果转化的影响存在差异，假设5得到验证。

在公共健康投资方面，通过表15-7可以看出，知识创新阶段，模型（1）和模型（2）西部地区的健康硬件投资和健康软件投资的影响系数分别为1.884和1.840，均为显著的正向影响，说明两种类型投资都有利于促进知识创新。而成果转化阶段，模型（3）和模型（4）西部地区两种类型的公共健康投资对成果转化的影响也呈现显著正相关，与基准回归结果

表15-7　　　　　　　　西部地区健康投资分类

变量	知识创新阶段		成果转化阶段	
	模型（1）	模型（2）	模型（3）	模型（4）
$l.\ln HAR$	1.884***		1.447**	
	(13.61)		(2.101)	
$l.\ln TEC$		1.840***		1.445**
		(9.110)		(2.034)
$l.\ln PAT$			0.406*	0.539***
			(1.670)	(2.656)
$\ln OPEN$	-0.0715	-0.0401	-0.813***	-0.786***
	(-1.247)	(-0.594)	(-4.334)	(-4.185)
$\ln INF$	0.627***	1.154***	0.0326	0.285
	(7.123)	(12.75)	(0.105)	(0.858)
$\ln R\&D$	0.0667	0.250**	1.843***	1.941***
	(0.663)	(2.148)	(5.595)	(5.940)
$\ln URB$	0.686***	1.092***	-0.474	-0.386
	(3.673)	(5.141)	(-0.768)	(-0.631)

---

① 华萍：《不同教育水平对全要素生产率增长的影响——来自中国省份的实证研究》，《经济学》（季刊）2005年第4期。

② 郝硕博、倪霓：《创新异质性、公共教育支出结构与经济增长》，《财贸经济》2014年第7期。

续表

变量	知识创新阶段		成果转化阶段	
	模型（1）	模型（2）	模型（3）	模型（4）
ln*INDUS*	0.129	0.666***	-0.806	-0.649
	(0.706)	(3.303)	(-1.342)	(-1.113)
常数项	-7.871***	-9.476***	0.857	-0.216
	(-13.26)	(-10.44)	(0.318)	(-0.0673)
样本量	198	198	198	198
R^2	0.941	0.917	0.687	0.687

有所不同。分析认为，西部地区的公共健康经费有一部分投入到基本公共卫生服务项目，如健康档案建设、健康教育服务、卫生计生监督等，不能直接对劳动者身体素质和心理意志发挥作用，对创新成果转化的影响不明显。但对西部地区实施健康硬件和软件设施的投资能够直接缓解医疗资源不足的问题、满足现实需求，从而有助于区域创新成果转化水平的提升。值得注意的是，健康硬件投资的影响系数在两个阶段都略高于健康软件投资，有研究认为，医疗床位数等硬件设施的增加可以通过加大政府财政支持来快速实现，而卫生技术人员数、医生数等软件的培养需要时间，其人力资源效应的发挥具有滞后性[①]，因此硬件投资对区域创新发挥的作用略高于软件投资。以上可以看出，不同类型的公共健康投资对知识创新和成果转化发挥的影响有所不同，假设6得到验证。

（三）进一步分析：门槛效应

人力资本存量是影响人力资本投资与区域创新关系的重要因素，大多数学者将人力资本投资与区域创新之间的关系简单归结为线性相关关系，忽略了人力资本存量变化导致的非线性特征。进一步构建门槛模型，分别选取大专及以上从业人员比重（WEDU）和人口死亡率的倒数（DEATH）来代表教育人力资本存量和健康人力资本存量，探究西部地区公共人力资本投资对创新价值链的门槛影响作用。第一阶段模型如下：

$$\ln PAT_{it} = \alpha_0 + \alpha_1 \ln EDU_{it} \times I(\ln WEDU \leq \theta) + \alpha_2 \ln EDU_{it} \times I(\ln WEDU > \theta)$$

---

① 陶春海、郭同济、许可：《我国医疗卫生资源配置均等化水平测度》，《统计与决策》2019年第24期。

$$+\beta_1\ln X_{it}+\varepsilon_{it} \quad (15-5)$$

$$\ln PAT_{it}=\alpha_0+\alpha_1\ln HEA_{it}\times I(\ln DEATH\leqslant\theta)+\alpha_2\ln HEA_{it}\times I(\ln DEATH>\theta)$$
$$+\beta_1\ln X_{it}+\varepsilon_{it} \quad (15-6)$$

第二阶段模型如下：

$$\ln NEW_{it}=\alpha_0+\alpha_1\ln EDU_{it}\times I(\ln WEDU\leqslant\theta)+\alpha_2\ln EDU_{it}\times I(\ln WEDU>\theta)$$
$$+\alpha_3\ln PAT_{it}+\beta_1\ln X_{it}+\varepsilon_{it} \quad (15-7)$$

$$\ln NEW_{it}=\alpha_0+\alpha_1\ln HEA_{it}\times I(\ln DEATH\leqslant\theta)+\alpha_2\ln HEA_{it}\times I(\ln DEATH>\theta)$$
$$+\alpha_3\ln PAT_{it}+\beta_1\ln X_{it}+\varepsilon_{it} \quad (15-8)$$

其中，θ 为估算门槛值，其他变量的含义与前文一致，为防止异方差，数据进行对数化处理。

表15-8是公共人力资本投资对知识创新阶段门槛的显著性检验、门槛估计值和置信区间，公共教育投资和公共健康投资对知识创新阶段分别在5%和1%的统计水平上具有显著的单一门槛效应，但不存在双重和三重门槛。

表15-8　知识创新阶段门槛效应显著性检验和置信区间

门槛变量	门槛数	F值	P值	10%临界值	5%临界值	1%临界值	门槛值	95%置信区间
ln$WEDU$	单一门槛	28.42**	0.050	21.747	26.791	35.405	2.859	(2.828, 2.869)
ln$DEATH$	单一门槛	30.84***	0.000	9.528	11.170	13.518	0.148	(0.146, 0.150)

在公共教育投资对知识创新的非线性影响方面，西部地区大专及以上从业人员比重的门槛值为2.859，从而划分为两个区间：ln$WEDU$≤2.859，ln$WEDU$>2.859，前者为第一区间，后者为第二区间。如表15-8所示，当教育人力资本存量低于门槛值2.859时，公共教育投资的影响系数为1.173；而当教育人力资本存量高于门槛值时，公共教育投资的影响系数提高到1.194，此时的促进作用于门槛值前有了一定幅度的提高，说明公共人力资本投资对区域创新影响的发挥会受到本地区教育人力资本存量的影响。教育人力资本存量越高，越能更好地吸收和消化新知识并将新知识转化为新产品和新技术，实现对技术的原始创新和再创新，而教育人力资本存量较低的地区对新知识的认知能力和整合能力较差，从而影响到该地区

对新技术的利用能力①。因此，当教育人力资本存量跨越门槛值后，西部地区公共教育投资对知识创新的促进作用会更加显著。

在公共健康投资对知识创新的非线性影响方面，西部地区人口死亡率倒数的门槛值为 0.148，从而划分为两个区间：ln$DEATH$ ≤ 0.148，ln$DEATH$ > 0.148。如表 15 - 8 所示，当健康人力资本存量低于门槛值 0.148 时，公共健康投资的影响系数为 1.096；而当健康人力资本存量越过门槛值后，公共健康投资的影响系数提高到 1.117。上述结果表明，公共健康投资对知识创新的影响随着健康人力资本存量的提高呈现出规模报酬递增效应。在健康人力资本存量越丰富的地方，劳动者的身体素质和健康状况越好，整体健康损耗越小，从而有更多的机会和更充沛的体力精力从事知识创新活动，进而提升西部地区的知识创新水平。因此，当健康人力资本存量跨越门槛值后，西部地区公共健康投资对知识创新的促进作用会更加显著，具体如表 15 - 9 所示。

表 15 - 9　　　　　　　　　门槛模型估计结果

变量	公共教育投资 模型（1）	公共健康投资 模型（2）
ln$OPEN$	0.0582	0.0298
	(1.089)	(0.24)
lnINF	0.0065	1.409
	(0.065)	(1.40)
ln$R\&D$	- 0.595 ***	- 0.0262
	(- 5.714)	(- 0.09)
lnURB	- 0.318	0.0703
	(- 1.617)	(0.05)
ln$INDUS$	0.968 ***	0.142
	(6.778)	(0.43)
第一区间	1.173 ***	1.096 **
	(15.22)	(2.57)

① 高彩梅、朱先奇、史彦虎：《基于门槛模型的人力资本与区域技术创新研究》，《科技管理研究》2014 年第 2 期。

续表

变量	公共教育投资 模型（1）	公共健康投资 模型（2）
第二区间	1.194***	1.117**
	(15.61)	(2.63)
常数项	-8.152***	-12.67***
	(-13.90)	(-4.11)
样本量	198	77
R^2	0.949	0.847
F	536.4	46.51

第三节 小结

基于创新价值链视角，将区域创新划分为知识创新和成果转化两个阶段，以2000—2018年我国30个省份的统计数据为样本，构建基本面板回归模型和门槛模型，通过对全国层面的对比分析，实证考察了西部地区公共教育投资和公共健康投资对区域创新价值链的影响。主要结论如下。

1. 从创新价值链（知识创新—成果转化）视角来看，公共人力资本投资具有一定的创新驱动效应，能够明显促进西部地区知识创新；但是，受到外部市场环境、产业结构以及产学研协同合作水平的约束，公共人力资本投资没有对西部地区技术成果转化产生显著影响。

2. 基础、中等和高等教育投资同样仅在知识创新阶段具有促进作用，对成果转化阶段没有显著影响。由于各层级公共教育所形成的知识积累、技能水平等有所不同，不同层级公共教育投资的影响存在一定差异，中等教育对西部地区知识创新的影响相对较弱。

3. 健康硬件和软件投资能够有效促进西部地区知识创新和成果转化，两者的直接投入可以改善西部地区卫生资源不足的问题，满足创新人才的健康需求，提高创新产出；而受到投资性质的影响，健康硬件投资对区域创新发挥的作用略高于软件投资。

4. 在进一步分析中，公共人力资本投资对知识创新的作用存在人力资本存量的非线性影响，当教育人力资本存量和健康人力资本存量发展到一定阶段后，公共教育和健康投资对知识创新的促进作用出现不同程度的提升。

据此，提出以下启示和建议。

1. 发挥公共人力资本投资的作用，提高西部地区创新成果转化能力。成果转化需要的是创新链与产业链的相互结合，而西部地区缺少健全的协同创新环境，将知识成果转化为经济效益的能力受到较大限制。因此，要充分发挥公共教育投资在成果转化阶段的知识溢出效应，并支持西部地区加快健全医疗卫生体制从而发挥公共健康投资的保障作用。重视和支持科技成果转化服务体系的建设，把科技成果转化服务体系的建设作为解决当前科技链与产业链相脱节问题的突破口，发挥税收、贷款等政策的支持作用，创造企业与高等院校、科研院所的协同创新环境，促进科技成果转化。

2. 优化公共人力资本投资结构，适应创新驱动需求。西部地区针对基础、中等和高等教育的发展情况，要采取差异性的教育发展政策，注重改善科研与教学基础设施，提升学校办学条件和教学质量，提高西部落后地区的人力资本素质。根据不同类型健康投资的侧重点进行合理投资，注重提高医疗卫生资源配置水平，加强以政府为主导的公共卫生服务体系建设，为科研人员提供健康保障。

3. 注重人力资本存量的积累，夯实西部地区创新人才基础。创新驱动的本质是人才驱动，在加大公共人力资本投资以促进人力资本存量提升的同时，采取恰当的人才政策，完善并落实人才配套福利政策，如落户政策、科研资金补助政策等，实现人才政策与区域创新驱动和经济社会发展战略规划的精准对接，吸引并留住西部地区的高素质创新人才。

第十六章

西部地区公共人力资本投资的民生福祉效益

第一节 本章思路

党的十九大报告指出:"增进民生福祉是发展的根本目的。"而民生福祉既包括物质文明的充分发展,也包括提升人的价值和潜能,是人民基本生活状态和基本发展机会等方面的综合[1],可分为客观福祉和主观福祉两类:客观福祉关注社会整体发展趋势,通过反映人民生活状况的社会和经济指标从宏观层面评价;主观福祉则侧重于个体对身边社会环境的感知,通常以主观幸福感或生活满意度从微观层面评价[2]。长期以来,以发达地区为"中心"、西部欠发达地区为"外围"的发展格局,使得西部地区人力资本投资水平较低,且已经成为阻碍民生福祉水平提升的主要原因,加大公共人力资本投资是增进西部地区民生福祉的关键所在[3]。

已有研究认为,无论是宏观层面还是微观层面,教育和健康等公共人力资本投资均对民生福祉存在一定的影响。在宏观层面上,公共教育投资

---

[1] 范如国、张宏娟:《民生福祉评价模型及增进策略——基于信度、结构效度分析和结构方程模型》,《经济管理》2012年第9期。

[2] Bernstein, M., "Well-Being", American Philosophical Quarterly, Vol. 35, No. 1, 1998, pp. 39 – 55; Forgeard, M. J. C., Jayawickreme, E., Kern, M. L., et al., "Doing the Right Thing: Measuring Wellbeing for Public Policy", International Journal of Wellbeing, Vol. 1, No. 1, 2011, pp. 79 – 106; Summers, J. K., Smith, L. M., Case, J. l., et al. , "A Review of the Elements of Human Well-Being with an Emphasis on the Contribution of Ecosystem Services", Ambio, Vol. 41, No. 4, 2012, pp. 327 – 340.

[3] 郭天珞:《提升人力资本质量是改善民生的长远之计》,《中国人才》2010年第22期;张荐华、高军:《中国改革开放40年中的区域经济发展不平衡问题与对策研究》,《当代经济管理》2019年第2期。

可以在促进经济发展、缓解贫困等方面增进民生福祉：熊文渊[①]、浦小松[②]与郭东杰和魏熙晔[③]指出公共教育投资有利于加快人力资本积累，是未来经济社会发展的新引擎，对经济发展具有显著促进作用，能够推动经济发展和社会进步，提升民生福祉；Díaz[④]和帅昭文[⑤]认为公共教育投资是不发达地区减贫和预防返贫的关键，能够提高人力资本水平，从而阻断贫困代际传递，是彻底摆脱贫困的重要推手，对民生福祉具有显著增进作用。公共健康投资则可以在保障人民健康、提高社会产出水平等方面增进民生福祉：Sachs[⑥]和李翠锦[⑦]证实了政府在医疗卫生方面的公共健康投资，可以为人民提供医疗保障，避免因病致贫等问题，在保障人民健康方面起到基础性作用，有助于民生福祉改善；Hosoya[⑧]和吕娜[⑨]则认为公共健康投资是提高全社会投资产出的基础，有利于经济社会的持续发展，是促进社会进步、增进民生福祉的必要条件。

在微观层面上，公共教育投资可以在促进就业、提高收入和提高社会经济地位等方面增加居民幸福感：黄嘉文[⑩]、王希元和梁巧玲[⑪]认为教育可以提高人力资本水平，帮助就业者在劳动力市场中获得更好的工作机会，

[①] 熊文渊：《我国FDI、公共教育投资与经济增长关系的实证研究（1985—2012）》，《学术论坛》2013年第4期。

[②] 浦小松：《公共教育投入结构、延迟效应与经济增长——基于面板分位数模型的研究》，《现代教育管理》2016年第9期。

[③] 郭东杰、魏熙晔：《人力资本、收入分配与经济发展》，《中国人口科学》2020年第2期。

[④] Díaz, B. Z., "Different Impact Channels of Education on Poverty", Estudios Gerenciales, Vol. 26, No. 114, 2010, pp. 13-37.

[⑤] 帅昭文：《人力资本提升视角下扶贫工程成效评估体系的"光环效应"——以教育扶贫和健康扶贫为例》，《华南师范大学学报》（社会科学版）2019年第6期。

[⑥] Sachs, J. D., "Rapid Population Growth Saps Development", Science, Vol. 297, 2002, p. 341.

[⑦] 李翠锦：《农户人力资本投资与农村贫困关系的实证研究》，《安徽农业科学》2010年第14期。

[⑧] Hosoya, K., "Health, Longevity, and the Productivity Slowdown", Journal of Political Economy, Vol. 38, 2002, pp. 1273-1294.

[⑨] 吕娜：《微观数据视角下健康人力资本的收入效应研究》，《商业经济研究》2015年第9期。

[⑩] 黄嘉文：《教育程度、收入水平与中国城市居民幸福感——一项基于CGSS2005的实证分析》，《社会》2013年第5期。

[⑪] 王希元、梁巧玲：《人口老龄化、高等教育投入与产业结构升级——理论机制探讨与省际面板数据的实证分析》，《南京审计大学学报》2021年第5期。

提高个人的工资收益，而收入与居民的主观幸福感呈正相关关系；闫丙金[1]和李颖晖[2]等认为教育具有社会分层功能，居民受教育水平越高，其社会经济地位也越高，较高的社会经济地位可以给人带来更多安全感，有利于个人幸福感的提升。公共健康投资可以在满足不同群体的卫生需求、提升居民生活质量和心理健康水平等方面增进民生福祉：Blanchflower 和 Oswald[3]认为加大健康投资有利于建立多层次的公共卫生服务体系，可以满足不同群体的医疗卫生需求，提升居民幸福感；薛新东和宫舒文[4]认为居民健康水平提升有助于改善生活质量，从而提升居民幸福感；宋广文等[5]、种聪和岳希明[6]等学者认为心理健康是影响居民幸福的重要因素，积极健康的情绪对幸福感具有正向作用。

然而，民生福祉是复杂的，仅仅关注宏观层面或微观层面并不能代表民生福祉，同时关注民生福祉的客观和主观方面逐渐成为总的趋势和方向[7]。因此，本书将公共教育投资和公共健康投资作为公共人力资本投资的两个主要方面，探究公共人力资本投资对宏观层面民生福祉和微观层面居民幸福感的影响。

第二节 宏观实证部分

一 问题提出

宏观层面，民生福祉已成为衡量国家综合发展水平和国际竞争力的重要指标，对民生福祉进行研究可以更好地了解某一地区人民生活的客观条

---

[1] 闫丙金：《收入、社会阶层认同与主观幸福感》，《统计研究》2012年第10期。

[2] 李颖晖：《教育程度与分配公平感：结构地位与相对剥夺视角下的双重考察》，《社会》2015年第1期。

[3] Blanchflower, D. G., Oswald, A. J., "Well-Being Over Time in Britain and the USA", Journal of Public Economics, Vol. 88, No. 7 - 8, 2004, pp. 1359 - 1386.

[4] 薛新东、宫舒文：《居民主观幸福感的评价体系及影响因素分析》，《统计与决策》2015年第7期。

[5] 宋广文、何云凤、丁琳等：《有留守经历的中学生心理健康、心理弹性与主观幸福感的关系》，《中国特殊教育》2013年第2期。

[6] 种聪、岳希明：《经济增长为什么没有带来幸福感提高？——对幸福感影响因素的综述》，《南开经济研究》2020年第4期。

[7] 占少贵、王圣云、傅春：《福祉研究文献综述》，《广西社会科学》2014年第12期。

件，是衡量整体社会福利的关键①。

客观上，民生福祉又是一个复杂的指标体系，不仅包括人民基本的衣食住行②，还涵盖了医疗健康③、文化教育④、社会发展⑤、经济发展⑥、社会和谐⑦、生态环境⑧等诸多方面。然而，现有文献在公共人力资本投资和民生福祉关系的研究中，大多是从某个单一维度进行展开：如在公共教育投资方面，学者们关注到其在帮助人民摆脱贫困⑨、缩小城乡收入差距⑩、促进就业增加收入⑪等方面对民生福祉的促进作用；在公共健康投资方面，也有学者关注到其在促进经济持续增长中发挥着基础性作用⑫，能够在提高居民生活质量⑬、增加居民收入⑭、提高社会生产力水平⑮和为社会提供

---

① 陈明星、周园、汤青等：《新型城镇化、居民福祉与国土空间规划应对》，《自然资源学报》2020年第6期。

② 赵彦云、王雪妮：《中国民生发展国际竞争力实证分析》，《中国人民大学学报》2015年第2期。

③ 邹安全、杨威：《基于民生视角的城市居民幸福指数提升策略——以长沙市为例》，《中国行政管理》2012年第11期。

④ 薛新东、宫舒文：《居民主观幸福感的评价体系及影响因素分析》，《统计与决策》2015年第7期。

⑤ 王二威、齐延信、廖爱红：《基于改进TOPSS方法的珠三角城市民生状况评价》，《数学的实践与认识》2016年第1期。

⑥ 叶胥、谢迟、毛中根：《中国居民民生获得感与民生满意度：测度及差异分析》，《数量经济技术经济研究》2018年第10期。

⑦ 李金昌、史龙梅、徐蔼婷：《高质量发展评价指标体系探讨》，《统计研究》2019年第1期。

⑧ 万广华、吕嘉滢：《中国高质量发展：基于人民幸福感的指标体系构建及测度》，《江苏社会科学》2021年第1期。

⑨ 林迪珊、张兴祥、陈毓虹：《公共教育投资是否有助于缓解人口贫困——基于跨国面板数据的实证检验》，《财贸经济》2016年第8期。

⑩ 李昕、关会娟：《各级教育投入、劳动力转移与城乡居民收入差距》，《统计研究》2018年第3期。

⑪ 李麦收、高星：《金融发展、教育人力资本与居民收入》，《教育经济评论》2021年第6期。

⑫ Hosoya, K., "Health, Longevity, and the Productivity Slowdown", Journal of Political Economy, Vol. 38, 2002, pp. 1273 - 1294.

⑬ Bukenya, J. O., Gebremedhin, T. G., Schaeffer, P. V., "Analysis of Quality of Life and Rural Development: Evidence from West Virginia Data", Growth and Change, Vol. 34, No. 2, 2003, pp. 202 - 218.

⑭ 鲁元平、张克中：《经济增长、亲贫式支出与国民幸福——基于中国幸福数据的实证研究》，《经济学家》2010年第11期。

⑮ 刘婷：《人力资本健康投资的价值分析》，《华章》2012年第30期。

更多医疗保障服务①等方面增进民生福祉。较少有学者在探究公共人力资本投资对民生福祉的作用时，将民生福祉视为一个复杂的体系进行研究，因此本书先将与民生福祉有关的多个维度进行复合，再对公共人力资本投资和民生福祉的关系进行研究，具有一定创新价值。

关于教育和健康对民生福祉的影响也需要进一步深入分析。如有学者认为，接受不同层级教育所产生的人力资本，在就业、收入上有较大差异，从而会对民生福祉产生不同影响②；也有研究指出，在公共健康投资方面，不同类型的卫生资源供给和配置水平差距较大，突出表现在硬件和软件资源方面，加大公共健康投资有助于医疗卫生资源供给的均等化发展，提高医疗卫生服务水平，进而增进民生福祉③。

综上所述，本节构建一个包含就业收入、文化教育、生活消费、安全健康四个维度在内的民生福祉复合指标体系，使用熵值法测量民生福祉；并在分析西部地区公共教育和公共健康投资对民生福祉作用的基础上，将公共教育投资分为基础、中等、高等三个层级，将公共健康投资分为硬件、软件两类，分别探究各级公共教育投资和各类公共健康投资对民生福祉的影响作用。

二 研究假设

（一）公共人力资本投资与民生福祉

公共教育投资对于民生福祉的影响已被诸多学者所证实，大致可分为直接和间接两种途径：一方面，教育本身就是民生福祉的重要组成部分，是一种基本的民生，加大公共教育投资能够有效支持教育事业的发展，帮助不发达地区的家庭缓解教育负担，有助于提升居民的受教育机会，因此加大公共教育投资会对民生福祉具有直接的改善作用④。另一方面，加大公共教育投资能够在促进经济发展、居民就业、提高收入和摆脱贫困等方

---

① 王兵、杨宝：《村庄公共支出规模、结构和农民幸福感》，《中国行政管理》2018年第2期。
② 郭庆旺、贾俊雪：《公共教育政策、经济增长与人力资本溢价》，《经济研究》2009第10期；赵树宽、余海晴、刘战礼：《高等教育投入与经济增长关系的理论模型及实证研究》，《中国高教研究》2011年第9期。
③ 贺买宏、王林、贺加等：《我国卫生资源配置状况及公平性研究》，《中国卫生事业管理》2013年第3期。
④ 谭维智：《国家视角下的教育民生论》，《教育研究》2014年第12期；何宗樾、宋旭光：《教育普及攻坚：个体决策机制与公共财政影响》，《财经问题研究》2020年第1期。

面改善民生福祉：如 Lucas[1]将人力资本视为生产最终产品的投入要素，直接对经济增长发挥作用，教育是加快人力资本积累的主要方式，因此加大公共教育投资有利于提升人力资本水平，促进地区经济发展，进而增进民生福祉；Ross 和 Van Willigen[2]强调公共教育投资可以帮助人们获得更优质的工作机会，提升自身生活质量进而改善民生福祉；蔡文伯等[3]通过研究教育投资对地区脱贫的影响作用，发现教育投资对地区脱贫具有积极作用。因此，加大西部地区公共教育投资有助于改善民生福祉。

在公共健康投资对民生福祉影响的相关文献中，大量研究证实了二者的正相关性[4]。公共健康投资对民生福祉的影响途径主要有三种：一是公共健康投资有利于健康人力资本积累，提升居民健康水平，减轻居民医疗卫生支出负担，从而能够直接改善民生福祉[5]。二是公共健康投资能够改善居民健康状况，能够在提升居民收入和促进经济增长等方面增进民生福祉，如于大川[6]认为加大健康投资能够提高劳动生产率进而促进居民增收，骆永民[7]发现健康人力资本水平较高的地方会有更高的产出效率，更有利于地区经济发展。三是健康人力资本作为一种基础资本储备，是整个人力资本投资过程的基础和前提，公共健康投资可以通过提升教育人力资本来促进劳动生产，进而改善民生福祉[8]。因此，加大西部地区公共健康投资

---

[1] Lucas, Jr. R. E., "On the Mechanics of Economic Development", Journal of Monetary Economics, Vol. 22, No. 1, 1988, pp. 3-42.

[2] Ross, C. E., Van, Willigen, M., "Education and the Subjective Quality of Life", Journal of Health and Social Behavior, Vol. 38, No. 3, 1997, pp. 275-297.

[3] 蔡文伯、黄晋生、袁雪：《教育投入对地区脱贫的影响：动态约束与边际收益——以新疆贫困县为例》，《教育经济评论》2021年第1期。

[4] Bjornskov, C., Dreher, A., Fischer, J. A. V., "The Bigger the Better? Evidence of the Effect of Government Size on Life Satisfaction Around the World", Public Choice, Vol. 130, No. 3, 2007, pp. 267-292；鲁元平、张克中：《经济增长、亲贫式支出与国民幸福——基于中国幸福数据的实证研究》，《经济学家》2010年第11期。

[5] 韩民春、刘甲炎：《健康投资的收入增长效应及城乡和地域差异化研究》，《中国卫生经济》2013年第7期；吕娜、邹薇：《健康人力资本投资与居民收入——基于私人和公共部门健康支出的实证分析》，《中国地质大学学报》（社会科学版）2015年第1期；李昊、张昭：《健康冲击对家庭教育投资影响的实证分析》，《统计与决策》2020年第24期。

[6] 于大川：《健康人力资本对农民农业收入增长的影响研究》，《社会保障研究》2013年第2期。

[7] 骆永民：《公共卫生支出、健康人力资本与经济增长》，《南方经济》2011年第4期。

[8] [美]西奥多·W. 舒尔茨：《论人力资本投资》，吴珠华等译，北京经济学院出版社1990年版；Bloom, D. E., Canning, D., "The Health and Wealth of Nations", Science, Vol. 287, No. 5456, 2000, pp. 1207-1209.

有助于实现民生福祉的改善。

基于以上分析，提出假设：

假设1：公共教育投资对西部地区民生福祉具有正向影响。

假设2：公共健康投资对西部地区民生福祉具有正向影响。

(二) 公共人力资本投资结构与民生福祉

加大公共教育投资有利于增进民生福祉，但不同层级的公共教育投资对民生福祉的影响有所不同[1]。一般认为，教育投资层级越高对民生福祉的影响越大，陈锋[2]结合教育扶贫背景，认为高等教育投资是改善民生福祉的重要因素，加大高等教育投资能够缩小城乡教育投资差距，缓解城乡收入差距的不断扩大，有利于改善民生福祉。然而，也有学者认为并不是受教育水平越高对民生福祉的促进作用越大，如 Hartog 和 Oosterbeek[3] 研究发现，尽管政府加大基础、中等和高等教育投资均对民生福祉有促进作用，但比较来看，中等教育的促进作用更为明显，即更高一级的教育投资不一定对民生福祉更具促进作用，张学志和才国伟[4]认为仅接受过初等教育的人的民生福祉要高于接受过中等教育的人。因此，不同层级的教育投资对民生福祉所产生的影响作用存在差异。

有学者认为健康硬件投资和健康软件投资具有不同的作用效果[5]。健康硬件投资主要作用于床位等硬件资源，可以在短期内通过增加投资得到迅速增长，健康软件投资主要用于卫生人员等软件资源，其数量和质量难以在短期内有所提升[6]。加大健康硬件投资能够提升以床位为代表的基础

---

[1] Veenhoven, R., "Well-Being in the Welfare State: Level not Higher, Distribution not More Equitable", Journal of Comparative Policy Analysis: Research and Practice, Vol. 2, No. 1, 2000, pp. 91 – 125; Hessami, Z., "The Size and Composition of Government Spending in Europe and its Impact on Well Being", Kyklos, Vol. 63, No. 3, 2010, pp. 346 – 382.

[2] 陈锋:《教育扶贫背景下高等教育资本投资与城乡收入差距的关系探讨》,《黑龙江高教研究》2020 年第 12 期。

[3] Hartog, J., Oosterbeek, H., "Health, Wealth and Happiness: Why Pursue a Higher Education?", Economics of Education Review, Vol. 17, No. 3, 1998, pp. 245 – 256.

[4] 张学志、才国伟:《收入、价值观与居民幸福感——来自广东成人调查数据的经验证据》,《管理世界》2011 年第 9 期。

[5] 梁玮佳、唐元懋:《我国卫生资源配置的空间非均衡研究》,《卫生经济研究》2018 年第 9 期。

[6] 罗宁、杨玉萍、杨蕴芝等:《1978—2017 年云南省卫生资源配置公平性变化趋势分析》,《医学与社会》2020 年第 2 期；卢小兰、张可心:《武汉市卫生资源配置公平性与效率的时空特征研究》,《医学与社会》2021 年第 9 期。

医疗资源供给水平，是实现人人享有基本卫生服务的关键，既能满足人民最基本的卫生保健需求，又可以为人民群众的健康提供一定的保障[1]。而卫生人员的数量和质量是决定卫生服务质量好坏的关键因素，加大健康软件投资可以提升以卫生技术人员为代表的软件资源水平，培养高质量的卫生人才，有助于医疗卫生队伍建设，使人民享受到更高质量的医疗卫生服务，提升人民福祉[2]。因此，不同类型的健康投资对民生福祉所产生的影响有所不同。

基于以上分析，提出假设：

假设3：不同层级的公共教育投资对西部地区民生福祉起到的促进作用具有差异。

假设4：不同类型的公共健康投资对西部地区民生福祉起到的促进作用具有差异。

三 民生福祉指标体系的构建与测度

（一）指标体系构建

宏观层面民生福祉的测度大多通过指标体系来进行量化。如国民幸福指数[3]、人类发展指数（HDI）[4] 等。在我国，学者往往多角度选取客观指标构建福祉测度的指标体系，既包括生计层面的就业、医疗、生活、教育等基本需求，还涵盖对于社会发展、社会和谐以及生态环境等方面的追求[5]。

基于对已有研究的借鉴，遵循目的性、科学性、可获性等原则，将民生福祉指标测度体系划分为就业收入、文化教育、生活消费、安全健康四个维度，构建包含12项指标的民生福祉发展评价指标体系，如表16-1所

---

[1] 彭莎莎、徐慧兰：《长沙市2007—2013年卫生资源配置公平性分析》，《中国卫生政策研究》2015年第8期；杨展、胡晓、陈饶等：《我国基层医疗卫生资源配置公平性研》，《中国卫生资源》2017年第2期。

[2] 张彦琦、唐贵立、王文昌等：《基尼系数和泰尔指数在卫生资源配置公平性研究中的应用》，《中国卫生统计》2008年第3期；宋宿杭、孟庆跃：《我国新医改前后卫生资源配置公平性分析》，《中国卫生政策研究》2017年第9期。

[3] 钟永豪、林洪、任晓阳：《国民幸福指标体系设计》，《统计与预测》2001年第6期。

[4] Desai, M., "Human Development: Concepts and Measurement", European Economic Review, Vol. 35, No. 2-3, 1991, pp. 350-357.

[5] 周四军、庄成杰：《基于距离综合评价法的我国国民幸福指数NHI测评》，《财经理论与实践》2008年第5期；赵彦云、王雪妮：《中国民生发展国际竞争力实证分析》，《中国人民大学学报》2015年第2期；郑功成：《中国社会保障改革与经济发展：回顾与展望》，《中国人民大学学报》2018年第1期。

示。具体指标说明如下。

1. 就业收入。就业收入从就业水平、收入水平、收入差距三个层面测度。其中，就业是经济发展的基础、居民收入的主要渠道，采用城镇登记失业率反映社会就业水平[①]；收入是民生福祉的核心内容，采用城镇居民人均可支配收入衡量居民收入水平[②]；城乡收入差距可以反映出区域间的发展是否均衡，采用城乡居民收入差距衡量收入差距[③]。

2. 文化教育。文化教育从文化服务、教育资源、受教育程度三个层面衡量。其中，文化服务可以体现人民群众日益增长的文化需求，采用图书新出版种数反映文化服务水平[④]；教师数量是影响教育事业发展的重要因素，采用生师比衡量地区教育资源情况；提高受教育水平是提高农村劳动力素质的重要途径，采用劳动年龄人口平均受教育年限来衡量受教育程度。

3. 生活消费。生活消费从生活水平、消费水平与城镇化水平三个层面测度。其中，汽车的拥有情况和居民消费水平一定程度上是生活水平和生活质量的体现，分别采用每十万人拥有民用汽车数量[⑤]、居民消费水平[⑥]来衡量居民的生活和消费水平；城镇化是人口向城市集聚的过程，能够极大促进社会生产力的进步，采用城镇化率来衡量地区城镇化水平。

4. 安全健康。安全健康从人民健康、交通安全、社会安定程度三个层面测度。其中，健康是影响劳动生产效率的重要因素，采用人口死亡率反映人民健康[⑦]；交通事故会严重威胁到居民的人身安全，采用每十万人交通事故数衡量交通安全；社会安定是人民的生活压力相对较小的体现，

[①] 徐熙：《就业是最大的民生——实现更高质量和更充分就业的首都实践》，《前线》2018年第12期。

[②] 王圣云、罗玉婷、韩亚杰等：《中国人类福祉地区差距演变及其影响因素——基于人类发展指数（HDI）的分析》，《地理科学进展》2018年第8期。

[③] 陈斌开、林毅夫：《发展战略、城市化与中国城乡收入差距》，《中国社会科学》2013年第4期。

[④] 于泽、朱学义：《基于熵权法的文化产业社会效益评价实证研究》，《出版科学》2014年第3期。

[⑤] 卢嘉瑞：《现代消费视野与提高生活质量》，《经济评论》2005年第2期。

[⑥] 王蓓、马文科：《我国城镇与农村居民收入和消费结构统计分析》，《统计与决策》2013年第16期。

[⑦] 魏敏、李书昊：《新时代中国经济高质量发展水平的测度研究》，《数量经济技术经济研究》2018年第11期。

采用社会不安定指数来衡量社会安定程度①。

表 16-1　　　　　　　民生福祉指标体系构建

目标	子系统	准则层	具体测度指标	指标衡量方式	属性
民生福祉	就业收入	就业水平	城镇登记失业率	城镇登记失业率	(-)
		收入水平	城镇居民人均可支配收入	城镇居民人均可支配收入	(+)
		收入差距	城乡收入差距	城镇居民人均可支配收入/农村居民人均可支配收入*	(-)
	文化教育	文化服务	图书新出版种数	图书新出版种数	(+)
		教育资源	小学生师比	普通小学在校学生数/普通小学专任教师数	(-)
		受教育程度	劳动力受教育年限	劳动力受教育年限之和/劳动力总数	(+)
	生活消费	生活水平	每十万人拥有民用汽车数量	民用汽车拥有量/年末常住人口	(+)
		消费水平	居民消费水平	居民消费水平	(+)
		城镇化水平	城镇化率	城镇人口/年末常住人口	(+)
	安全健康	人民健康	人口死亡率	人口死亡率	(-)
		交通安全	每十万人交通事故数	交通事故发生数/年末常住人口	(-)
		社会安定程度	社会不安定指数	CPI+城镇登记失业率	(-)

注：其中（+）表示指标为正向指标，（-）表示指标为负向指标。

*2013 年以前未统计农村人均可支配收入，使用农村人均纯收入进行替代②。

（二）测度方法

本书使用熵值法来测度 2000—2018 年间中国 30 个省份民生福祉指数（WLB），针对缺失数据，在保证数据可靠前提下，采用插值法补足。

---

① 李金昌、史龙梅、徐蔼婷：《高质量发展评价指标体系探讨》，《统计研究》2019 年第 1 期；张涛：《高质量发展的理论阐释及测度方法研究》，《数量经济技术经济研究》2020 年第 5 期。

② 陈斌开、林毅夫：《发展战略、城市化与中国城乡收入差距》，《中国社会科学》2013 年第 4 期；叶菁菁：《中国居民消费升级水平的地区差异、分布动态及收敛性研究》，《经济问题探索》2021 年第 4 期。

熵值法是一种客观赋权法,可以较好地克服指标赋权的主观性,权重具有更高可信度[1]。其主要思想是:首先通过标准化处理,使基础指标在同一数量级,从而避免因数量级差异造成的偏误;其次通过熵值法对各指标进行赋权,然后测算得到各省民生福祉指数。熵值法的具体步骤如下[2]。

1. 原始数据标准化:由于指标的量纲和正负取向不同,采用极差法对原始数据进行标准化。

正向指标计算方法:

$$X'_{ij} = \frac{X_{ij} - min(X_{1j}, X_{2j}, \cdots, X_{nj})}{max(X_{1j}, X_{2j}, \cdots, X_{nj}) - min(X_{1j}, X_{2j}, \cdots, X_{nj})},$$
$$i = 1, 2, \cdots, n; j = 1, 2, \cdots, m \quad (16-1)$$

负向指标计算方法:

$$X'_{ij} = \frac{max(X_{1j}, X_{2j}, \cdots, X_{nj}) - X_{ij}}{max(X_{1j}, X_{2j}, \cdots, X_{nj}) - min(X_{1j}, X_{2j}, \cdots, X_{nj})},$$
$$i = 1, 2, \cdots, n; j = 1, 2, \cdots, m \quad (16-2)$$

其中,i表示省份,j表示测度指标;X和X'分别表示原始的和标准化后的民生福祉指数;$max(X)$和$min(X)$分别表示X的最大值与最小值。

2. 定义分数区间:借鉴《中国区域人才竞争力研究报告》的标准化方法[3],运用具有单调性和凸性特征的指数功效函数来进行标准化,使原始数据标准化后落在60—100之间,转换函数如下:

$$Y = 60 e^{\frac{x - X_{min}}{X_{max} - X_{min}} \ln(0.6)} \quad (16-3)$$

其中,Y为标准化后的数据,X_{max}为样本数据的最大值,X_{min}为样本数据的最小值。

3. 求各指标的信息熵:根据信息熵的计算公式,计算出各个指标的信息熵(E_j)。

$$E_j = \frac{1}{\ln(m)} \sum_{i=1}^{m} P_{ij} \ln(P_{ij}) \quad (16-4)$$

---

[1] 孙才志、童艳丽、刘文新:《中国绿色化发展水平测度及动态演化规律》,《经济地理》2017年第2期。

[2] 金昌东、张宝雷、康洁铭:《经济高质量发展水平及其耦合协调性研究——基于山东省17地市面板数据》,《生态经济》2021年第7期。

[3] 赵紫燕、于飞:《中国区域人才竞争力研究报告(2017)》,《国家治理》2017年第22期。

$$P_{ij} = \frac{Y_{ij}}{\sum_{i=1}^{m} Y_{ij}} \qquad (16-5)$$

4. 确定各指标权重并计算得分：通过信息熵计算各指标的权重（W_j）。

$$W_j = \frac{1 - E_j}{\sum_{j=1}^{n}(1 - E_j)} \qquad (16-6)$$

$$U = \sum_{j=1}^{n} W_j Y_{ij} \qquad (16-7)$$

(三) 综合评价

根据上述民生福祉评价指标体系及测算方法，测算得到 2000—2018 年我国 30 个省份的民生福祉水平，如表 16-2 所示。

2018 年绝大多数西部省份的民生福祉水平都低于全国平均值，说明西部地区在就业收入、文化教育、生活消费和安全健康等方面民生福祉综合水平较低。但是从整体时间变化来看，西部各省份的民生福祉水平均得到了不同程度的改善，尽管不同年度的民生福祉水平出现小幅波动，但整体呈稳定上升态势。随着社会经济不断进步，人民生活水平不断提升，生活质量有所改善，基本生活得到保障，民生福祉逐步得到提高[①]。

表 16-2　　　　　　　　　**各省份民生福祉水平**

地区	2000 年	2005 年	2010 年	2015 年	2018 年	总排名
北京	80.47	83.96	89.76	88.69	91.00	1
天津	76.91	77.93	79.78	83.22	84.87	3
河北	72.97	73.43	74.49	78.24	79.31	17
山西	73.48	73.61	75.32	79.16	80.62	12
内蒙古	73.61	74.16	76.04	79.98	81.10	10
辽宁	75.63	74.02	76.69	79.71	79.69	9
吉林	75.93	75.67	76.78	79.99	80.25	6
黑龙江	76.58	75.62	77.07	78.17	79.26	8

---

① 周沛：《基于"增进民生福祉"的制度性福利与服务性福利整合研究》，《东岳论丛》2018 年第 5 期；李文：《我国改革开放以来的民生福祉增进》，《广东社会科学》2019 年第 1 期。

续表

地区	2000 年	2005 年	2010 年	2015 年	2018 年	总排名
上海	74.84	78.77	81.31	84.68	87.91	2
江苏	73.68	73.79	76.36	80.38	82.63	7
浙江	73.12	73.81	77.14	82.14	84.92	5
安徽	71.88	70.76	73.5	77.25	78.72	22
福建	73.29	73.45	76.09	78.23	79.64	15
江西	73.00	72.98	73.86	76.81	78.27	18
山东	73.97	74.02	75.46	78.7	80.01	13
河南	73.13	72.11	72.85	76.77	78.10	20
湖北	73.60	72.68	74.24	79.23	79.08	16
湖南	71.32	71.96	72.88	75.72	77.36	25
广东	75.09	74.81	78.42	81.91	83.28	4
广西	71.38	70.63	73.01	76.35	78.06	24
海南	74.08	73.71	75.09	79.03	80.07	14
重庆	71.14	70.97	73.45	76.74	78.69	23
四川	70.32	70.00	72.39	75.60	77.65	28
贵州	68.16	68.23	70.61	74.20	75.78	30
云南	69.65	69.40	70.98	75.00	77.08	29
陕西	70.96	71.51	73.61	77.76	78.84	21
甘肃	70.50	70.09	72.46	77.19	77.05	27
青海	71.92	71.60	71.56	76.02	77.87	26
宁夏	70.62	72.12	73.39	78.61	79.22	19
新疆	72.44	73.93	76.41	79.82	80.79	11
均值	73.12	73.32	75.37	78.84	80.24	—

注：限于篇幅，表中仅列出隔年数据。

根据我国经济发展水平差异，参考多数学者的做法，划分为东、中、西三个地区，绘制样本期内三大地区的民生福祉年平均值变化趋势，如

图 16-1 所示。由图 16-1 可见，地区间民生福祉水平的发展差异较为明显，西部地区的民生福祉水平明显低于东部、中部地区。东部地区具有良好的经济基础，可以为人民提供更好的教育医疗和更充分的就业，而西部地区受经济发展水平、地理环境等诸多因素的制约，导致经济社会发展处于较为落后状态，民生福祉水平亟待提升。从地区间民生福祉的变动趋势来看，西部地区民生福祉年均增长率为 0.55%，略高于东、中部的 0.52% 和 0.44%，说明尽管目前西部地区的民生福祉水平最低，但较高的年均增长率使其与东部地区的民生福祉差距正在逐渐缩小，说明在西部大开发战略的不断推动下，西部地区经济社会加快发展，人民生活质量和福祉水平有了明显的提升①。

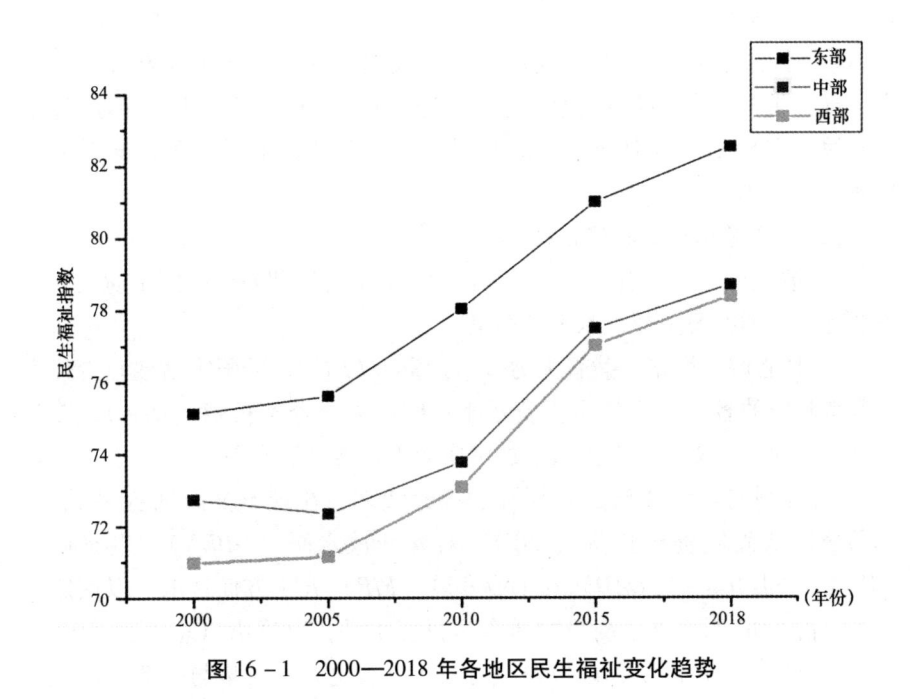

图 16-1 2000—2018 年各地区民生福祉变化趋势

四 模型构建与变量说明

（一）计量模型

经过 Hausman 检验判断，选择固定效应模型，实证检验教育人力资本

---

① 杨庆育：《我国西部开发政策轨迹及其效应》，《改革》2016 年第 5 期。

投资和健康人力资本投资对我国民生福祉的作用。模型构建如下：

$$\ln WLB_{it} = \alpha_0 + \alpha_1 \ln EDU_{it} + \beta_1 \ln X_{it} + \varepsilon_{it} \quad (16-8)$$

$$\ln WLB_{it} = \alpha_0 + \alpha_2 \ln HEA_{it} + \beta_2 \ln X_{it} + \varepsilon_{it} \quad (16-9)$$

其中，i 表示省份，t 表示年份。WLB 表示民生福祉水平，EDU 与 HEA 分别表示教育人力资本投资和健康人力资本投资，X 为其他控制变量，α 和 β 为待估参数，ε 为随机误差。

（二）数据来源及说明

基于数据的有效性和可获得性，选取了全国 30 个省份 2000—2018 年的面板数据[①]（不包括香港、澳门、台湾、西藏）。数据主要来源于《中国统计年鉴》、《中国劳动统计年鉴》、《中国教育经费统计年鉴》、《中国教育统计年鉴》、《中国卫生健康统计年鉴》、《人口统计年鉴》、《中国社会统计年鉴》、各省份统计年鉴及国家统计局和中经网统计数据库，部分缺失数值使用插值法进行补充，以 2000 年为基期，运用各地区居民消费价格指数对所选取的时间序列数据进行平减处理，同时取对数消除异方差。

（三）变量选取及描述性统计

1. 被解释变量。被解释变量为民生福祉水平（WLB），使用前文以熵值法计算得到的民生福祉水平来衡量。

2. 核心解释变量。教育人力资本投资（EDU），以国家财政教育经费来衡量政府的教育人力资本投资水平；健康人力资本投资（HEA），以政府公共卫生经费支出来衡量政府的健康人力资本投资水平。

3. 控制变量。影响民生福祉的因素较多，在现有文献研究基础上，本书分别从固定资产投资（INV）、对外开放水平（OPEN）、生态环境（SO_2）、公共物品（ROAD）和工业发展（FIR）五个方面选取。以固定资产投资占 GDP 的比重来衡量物质资本投资水平，以进出口总值占 GDP 比重来衡量对外开放水平，以报告期内工业二氧化硫排放量与生活二氧化硫排放量之和来衡量地区生态环境，以人均拥有城市道路面积来衡量公共服务水平，以规模以上工业企业数来衡量工业化发展水平，具体如表 16-3 所示。

---

① 由于数据的可获得性，公共健康投资所采用的数据为 2011—2018 年。

表 16-3　　　　　　　　　　变量描述性统计

变量类型	变量	名称	样本数	平均值	标准差	最小值	最大值
被解释变量	lnWLB	民生福祉水平	570	4.32	0.05	4.22	4.51
解释变量	lnEDU	公共教育投资	570	14.91	1.12	11.61	17.31
	lnHEA	公共健康投资	240	14.98	0.64	13.03	16.48
	lnBEDU	基础教育投资	570	14.11	1.11	10.89	16.51
	lnMEDU	中等教育投资	570	12.88	1.09	10.02	15.39
	lnHEDU	高等教育投资	570	13.02	1.24	9.07	15.69
	lnHAR	健康硬件投资	570	5.89	0.36	5.03	6.58
	lnTEC	健康软件投资	570	6.12	0.32	5.28	7.08
控制变量	lnINV	固定资产投资	570	-0.53	0.45	-1.55	0.47
	lnOPEN	对外开放水平	570	-1.65	0.96	-4.38	0.50
	lnSO$_2$	生态环境	570	3.83	1.03	-1.04	5.30
	lnROAD	公共物品	570	2.54	0.36	1.40	3.25
	lnFIR	工业发展	570	8.66	1.19	5.81	11.09

五　实证结果分析

(一) 基准回归

将公共教育投资和公共健康投资对全国及西部民生福祉的影响进行基准回归,如表 16-4 所示。模型 (1) 和模型 (2) 分别检验了公共教育投资对全国和西部地区的回归结果,可以看出,回归结果均在 1% 的置信水平上正向显著,说明公共教育投资对全国和西部地区民生福祉都有着显著的促进作用。这表明,公共教育投资对西部地区民生福祉改善有着重要意义,即使在西部地区相对薄弱的教育基础和落后的教育水平下,依然能够在就业、收入等方面有效促进居民的民生福祉水平。但是相对于全国,这种促进作用在西部地区的表现较弱,这与张望[①]、周泽炯和马艳平[②]、方超和黄斌[③]的研究结论一致,他们认为西部地区经济发展相对缓慢,人力资本流失严重,公共教育投资效率较低,增加公共教育投资会对物质资本投资以及私人投资产生较强的挤出效应,因此公共教育投资对民生福祉的促进作用在西部地区相对较弱,假设1得到验证。

模型(3)和模型(4)分别检验了公共健康投资对全国和西部地区的回归结果,可以看出,回归结果均在1%的置信水平上正向显著,说明公共健康投资对全国和西部地区民生福祉都有着显著的促进作用。这表明公共健康投资在增进西部地区民生福祉中发挥着重要作用,能够推动西部地区医疗卫生事业发展,提升人民健康水平,并且这种提升作用在西部地区尤为明显。这与韩民春和刘甲炎[④]的研究结论吻合,他们认为西部地区的健康投资长期处于偏低水平,根据边际收益递减定律,具有较低健康投资的西部会有相对较高的边际收益水平,因此,西部地区的公共健康投资能够对于居民收入具有更高的收入增长效益,能够有效提升居民收入,进而增进民生福祉,假设2得到验证。

表16-4 教育人力资本投资与健康人力资本投资对民生福祉的影响

变量	教育		健康	
	模型(1) 全国	模型(2) 西部	模型(3) 全国	模型(4) 西部
lnEDU	0.0325***	0.0217***		
	(19.15)	(6.52)		
lnHEA			0.0576***	0.0630***
			(15.44)	(10.54)

---

① 张望:《财政支出结构、人力资本积累与经济增长》,《产业经济研究》2011年第2期。
② 周泽炯、马艳平:《公共教育与健康人力资本对经济增长的影响研究》,《商业经济与管理》(社会科学版)2017年第2期。
③ 方超、黄斌:《教育投入对中国经济增长的影响——基于增长回归框架的空间计量研究》,《大连理工大学学报》(社会科学版)2018年第6期。
④ 韩民春、刘甲炎:《健康投资的收入增长效应及城乡和地域差异化研究》,《中国卫生经济》2013年第7期。

续表

变量	教育		健康	
	模型（1）全国	模型（2）西部	模型（3）全国	模型（4）西部
lnINV	0.00839**	0.0320***	0.0060	0.0209***
	(2.31)	(4.84)	(1.62)	(3.81)
ln$OPEN$	-0.0117***	-0.00874***	0.0044	-0.0004
	(-5.34)	(-3.30)	(1.48)	(-0.12)
lnSO_2	-0.0137***	-0.0177***	-0.0036***	-0.0017
	(-10.85)	(-8.15)	(-2.86)	(-0.73)
ln$ROAD$	-0.00171	0.0204**	0.0107*	0.0162**
	(-0.43)	(2.49)	(1.81)	(2.20)
lnFIR	0.0000235	-0.00265	0.0069	-0.0076
	(0.01)	(-0.43)	(1.32)	(-1.13)
常数项	3.879***	4.010***	3.430***	3.430***
	(102.31)	(65.59)	(58.09)	(40.89)
样本量	450	165	240	88
R^2	0.890	0.926	0.8950	0.9480

注：*表示在10%水平上显著，**表示在5%水平上显著，***表示在1%水平上显著，括号内为t值，下同。

（二）稳健性检验

基于基准回归模型，为解决可能存在的反向因果而产生的内生性问题，将核心解释变量均滞后一期对全国和西部地区的民生福祉水平重新进行固定效应估计，以检验模型的稳健性，如表16-5所示。通过模型（1）和模型（4）可以看出，前后结果一致，相关系数的回归结果基本保持不变，回归结果较为稳健。

表 16-5 替换变量稳健性检验

变量	教育 模型（1）全国	教育 模型（2）西部	健康 模型（3）全国	健康 模型（4）西部
$l.\ln EDU$	0.0340***	0.0258***		
	(21.66)	(8.45)		
$l.\ln HEA$			0.0456***	0.0534***
			(12.76)	(8.66)
$\ln INV$	0.00431	0.0246***	0.0063**	0.0225***
	(1.24)	(3.91)	(1.97)	(4.65)
$\ln OPEN$	-0.0104***	-0.00788***	0.0032	0.0010
	(-5.05)	(-3.19)	(1.13)	(0.33)
$\ln SO_2$	-0.0115***	-0.0152***	-0.0043***	-0.0020
	(-9.47)	(-7.32)	(-3.72)	(-0.86)
$\ln ROAD$	-0.00511	0.0142*	0.0149***	0.0176**
	(-1.36)	(1.86)	(2.73)	(2.50)
$\ln FIR$	0.00144	-0.00265	0.0022	-0.0143**
	(0.50)	(-0.46)	(0.44)	(-2.06)
常数项	3.850***	3.958***	3.6460***	3.6350***
	(108.11)	(69.41)	(64.49)	(43.62)
样本量	450	165	210	77
R^2	0.903	0.936	0.891	0.937

（三）分层级和分类型回归

将公共教育投资分为三个层级，就不同层级教育投资对西部地区民生福祉的影响进行分析，如表 16-6 所示。模型（1）—模型（3）分别表示三级教育投资与民生福祉的关系。可以看出，三级教育投资的回归结果均在 1% 的置信水平上正向显著，说明西部地区的基础、中等和高等教育投资均能显著地增进民生福祉，但各级教育投资的作用效果存在差异，其中中等教育投资的促进效果最为显著，假设 3 得到验证。

基础教育在整个教育过程中具有基础性和先导性作用，加大基础教育投资能提升不发达地区基础教育可及性，减少居民的教育负担进而增进民生福祉[①]。我国高等教育发展具有非均衡特征，西部高等资源始终较为匮乏，加大高等教育投资，提高高等教育生均投入，通过人力资本的不断积累，可以促进西部地区产业结构升级，提高居民就业质量进而改善民生福祉[②]。值得注意的是，加大中等教育投资对于西部地区民生福祉的促进作用最为突出，这与单德朋[③]、黄燕萍等[④]、张辉和易天[⑤]等人的研究结论一致，他们认为不同层次教育具有不同的目标和定位，而我国正在经历着工业化中期阶段向后期阶段迈进的过程，经济社会的发展对高技能型人力资本产生大量的需求，因而这一阶段中等教育所培养出来的高技能人才更符合社会发展现实需求，可以在缓解地区经济发展不均衡和缩小城乡收入差距等方面发挥更重要的作用。

表 16 - 6 西部地区教育投资分层

变量	基础教育投资 模型（1）	中等教育投资 模型（2）	高等教育投资 模型（3）
ln*BEDU*	0.0293 *** (15.96)		
ln*MEDU*			0.0313 *** (18.18)
ln*HEDU*		0.0296 *** (18.26)	
ln*INV*	0.0140 *** (3.63)	0.0130 *** (3.58)	0.0109 *** (2.96)
ln*OPEN*	-0.0119 *** (-5.04)	-0.0143 *** (-6.48)	-0.0133 *** (-6.01)

[①] 陈前恒、林海、郭沛：《贫困地区农村基础教育可及性与农民的主观幸福感》，《中国人口科学》2011 年第 5 期。

[②] 张邦辉、刘淳、彭馨：《人力资本视角下高等教育发展对产业结构升级影响的实证研究——基于 VAR 模型的回归估计》，《特区经济》2014 年第 12 期。

[③] 单德朋：《教育效能和结构对西部地区贫困减缓的影响研究》，《中国人口科学》2012 年第 5 期。

[④] 黄燕萍、刘榆、吴一群等：《中国地区经济增长差异：基于分级教育的效应》，《经济研究》2013 年第 4 期。

[⑤] 张辉、易天：《分级教育、人力资本与中国城乡收入差距》，《广西社会科学》2017 年第 11 期。

续表

变量	基础教育投资 模型（1）	中等教育投资 模型（2）	高等教育投资 模型（3）
lnSO_2	-0.0150*** (-11.02)	-0.0141*** (-11.03)	-0.0144*** (-11.26)
ln$ROAD$	0.0039 (0.92)	-0.0023 (-0.56)	-0.0058 (-1.39)
lnFIR	-0.0017 (-0.51)	0.0033 (1.04)	-0.0032 (-1.03)
常数项	3.959*** (99.72)	3.952*** (107.88)	4.001*** (113.85)
样本量	165		165
R^2	0.926		0.924

将公共健康投资分为两类，就不同类型的健康投资对西部地区民生福祉的影响进行分析，如表 16-7 所示。模型（4）和模型（5）分别表示两类健康投资与民生福祉的关系。可以看出，回归结果均在 1% 的置信水平上正向显著，说明西部地区公共健康的硬件投资和软件投资均能显著改善民生福祉，但作用效果存在差异，其中软件投资对民生福祉的改善作用最为显著，假设 3 得到验证。

西部地区受经济发展、医疗卫生环境及卫生服务可及性等因素的制约，整体医疗卫生资源供给不足，需求也更加迫切[1]，因此，加大硬件设施投资和软件设施投资能够满足人民的基本医疗需求，缩小与东部、中部地区间的健康差异，增进西部地区民生福祉[2]。其中，健康软件投资对于民生福祉的改善作用更为显著，这与贺买宏等[3]、简文清[4]和罗慧等[5]的研

---

[1] 李跃平、林民强、魏琴等:《中国老年人健康状况分布特征及其影响因素分析》,《中国卫生统计》2015 年第 3 期；贾欣欣、胡红岩、王萱萱等:《我国 15 岁及以上居民自评健康状况及其影响因素分析》,《中国卫生政策研究》2016 年第 6 期。

[2] 解垩:《中国地区间健康差异的因素分解》,《山西财经大学学报》2011 年第 8 期。

[3] 贺买宏、王林、贺加等:《我国卫生资源配置状况及公平性研究》,《中国卫生事业管理》2013 年第 3 期。

[4] 简文清:《卫生资源配置失衡对居民健康的影响：基于城乡和区域视角》,《中国卫生经济》2016 年第 8 期。

[5] 罗慧、农艺、唐忠:《广西医疗卫生资源配置的空间分布及聚集性分析》,《中国卫生资源》2017 年第 2 期。

究结论一致,他们认为西部地区自然条件落后,卫生资源较为匮乏,且卫生技术人员配置的地理分布公平性相对较低,加大卫生软件投资引导各类优秀卫生人才向西部地区流动,更有助于西部卫生事业的可持续发展,为西部人民提供更多健康保障。

表 16-7　　　　　　　　西部地区健康投资分类

变量	健康硬件投资 模型(4)	健康软件投资 模型(5)
$\ln HAR$	0.0781*** (17.02)	
$\ln TEC$		0.0988*** (19.15)
$\ln INV$	0.0170*** (4.67)	0.0168*** (4.90)
$\ln OPEN$	-0.0171*** (-7.56)	-0.0157*** (-7.31)
$\ln SO_2$	-0.0119*** (-8.42)	-0.0082*** (-5.71)
$\ln DL$	-0.0059 (-1.36)	0.0014 (0.36)
$\ln FIR$	-0.0102*** (-3.15)	-0.0076** (-2.48)
常数项	3.996*** (108.64)	3.798*** (92.97)
样本量	165	165
R^2	0.932	0.930

（四）进一步分析：分阶段考察

以 2012 年召开的党的十八大为重要节点，分为 2000—2011 年及 2012—2018 年两个样本期，进一步考察不同时段公共人力资本投资对民生福祉的影响作用，如表 16-8 和表 16-9 所示。模型（1）—模型（3）检验了 2000—2011 年公共教育投资对西部地区的回归结果（见表 16-8），可以看出，基础教育投资作用并不显著，中等和高等教育投资分别在 5% 和 1% 置信水平上显著正相关。这表明，在 2012 年之前，加大中等教育和高等教育投资能够显著增进西部地区民生福祉，基础教育投资对民生福祉的促进作用并不显著。这一时期，为促进西部地区的经济发展和缩小东西部之间的经济差距，中央政府开始实施西部大开发战略，在此背景下，西部地区的社会经济得到了快速发展，对高素质人才的需求日趋凸显，因此，接受过中等和高等教育的群体有更多的人力资本积累，对经济增长的促进效应更大，更有利于促进西部地区经济发展和社会进步，实现民生福祉的提升①。

模型（4）—模型（6）检验了 2012—2018 年公共教育投资对西部地区的回归结果（见表 16-8），可以看出，基础教育投资在 5% 的置信水平上显著正相关，中等和高等教育投资对民生福祉作用不显著。这表明，在 2012 年之后，加大基础教育投资更有利于增进民生福祉，中等和高等教育投资对民生福祉的作用并不显著。这一时期，我国进入经济转型阶段，更加重视经济发展的质量提升和均衡发展，加快人力资本积累是经济高质量发展的重要推动力②。但西部地区经济发展水平始终较为落后，存在人力资本积累不足和人才匮乏等问题，不能够满足区域经济高质量发展的要求③。而基础教育对于国民素质的提升和人才培养具有战略先导作用，随着经济社会的发展和人民群众生活水平的整体提高，接受更高水平的基础教育已经成为新的时代要求④，因此加大基础教育投资对于西部民生福祉

---

① 周少甫、王伟、董登新：《人力资本与产业结构转化对经济增长的效应分析——来自中国省级面板数据的经验证据》，《数量经济技术经济研究》2013 年第 8 期；裴玲玲：《科技人才集聚与高技术产业发展的互动关系》，《科学学研究》2018 年第 5 期。

② 张卓元：《中国经济转型：从追求数量粗放扩张转变为追求质量提高效率——中共十八大后十年经济走势》，《当代经济研究》2013 年第 7 期。

③ 杜育红、梁文艳：《农村教育与农村经济发展：人力资本的视角》，《北京师范大学学报》（社会科学版）2011 年第 6 期；任保平、张倩：《西部大开发 20 年西部地区经济发展的成就、经验与转型》，《陕西师范大学学报》（哲学社会科学版）2019 年第 4 期。

④ 杨小敏、杜育红、赵佳音：《国家免费基础教育向高中阶段延伸的前瞻研究》，《中国教育学刊》2015 年第 11 期。

的提升更具促进作用。

表 16-8　　西部地区教育投资分层

变量	2000—2011 年			2012—2018 年		
	模型 (1)	模型 (2)	模型 (3)	模型 (4)	模型 (5)	模型 (6)
ln$BEDU$	0.0068			0.0099**		
	(1.56)			(2.16)		
ln$MEDU$		0.0090**			0.0014	
		(2.20)			(0.37)	
ln$HEDU$			0.0095***			0.0056
			(3.18)			(0.85)
lnINV	0.0577***	0.0524***	0.0528***	0.0234***	0.0258***	0.0261***
	(5.48)	(4.90)	(5.88)	(3.32)	(3.57)	(3.64)
ln$OPEN$	-0.0063	-0.0062	-0.0077*	-0.0064	-0.0088**	-0.0075
	(-1.40)	(-1.40)	(-1.83)	(-1.50)	(-2.02)	(-1.60)
lnSO_2	-0.0008	-0.0013	-0.0021	-0.0158***	-0.0188***	-0.0179***
	(-0.10)	(-0.17)	(-0.29)	(-6.52)	(-8.86)	(-7.25)
ln$ROAD$	0.0018	0.0007	-0.0019	0.0372***	0.0307***	0.0291***
	(0.19)	(0.08)	(-0.21)	(3.58)	(2.98)	(2.79)
lnFIR	0.0006	-0.0003	0.0013	0.0127	0.0096	0.0083
	(0.01)	(-0.04)	(0.21)	(1.37)	(1.01)	(0.86)
常数项	4.1920***	4.1800***	4.1700***	4.0330***	4.2090***	4.1670***
	(59.67)	(61.66)	(65.43)	(35.46)	(47.86)	(41.15)
样本量	88	88	88	77	77	77
R^2	0.791	0.797	0.810	0.869	0.860	0.861

模型 (7) 和模型 (8) 与模型 (9) 和模型 (10) 分别检验了 2000—2011 年和 2012—2018 年公共健康投资对西部地区的回归结果 (见表 16-9)。可以看出，前后两个时期，健康硬件投资和健康软件投资均始终在 1% 的置信水平上显著正相关，且在后一时期，二者对民生福祉的改善作用都有所提升。这表明，无论在 2012 年之前还是在 2012 年之后，加大健康硬件投资和健康软件投资均对西部地区民生福祉具有明显改善作用，且在后一时期，这种改善作用进一步加强。

随着社会经济总量增加和居民收入快速增长,人民的卫生服务需求日益多样化,也衍生出与健康相关的各种问题,其中人口老龄化问题使人民对医疗卫生服务的需求进一步扩大,对医疗卫生事业的发展提出了新的要求[①]。在硬件投资方面,加大健康硬件投资能够加强基础设施建设,为人民提供更多卫生服务机会,有利于实现"健康中国战略"下"人人享有基本医疗卫生服务"的目标;在软件投资方面,加大健康软件投资能够优化医疗卫生人才队伍,为人民提供更高质量的医疗服务,进而增进民

表16-9　　　　　　　　　西部地区健康投资分阶段回归

变量	2000—2011年		2012—2018年	
	模型(7)	模型(8)	模型(9)	模型(10)
ln*HAR*	0.0326***		0.0811***	
	(2.96)		(6.39)	
ln*TEC*		0.0467***		0.0784***
		(2.92)		(5.90)
ln*INV*	0.0484***	0.0475***	0.0232***	0.0196***
	(4.74)	(4.54)	(4.16)	(3.36)
ln*OPEN*	0.0070	0.0109	-0.00643**	-0.0082***
	(0.92)	(1.34)	(-2.60)	(-3.41)
ln*SO*$_2$	-0.0060	-0.0050	-0.0081**	-0.0105***
	(-1.39)	(-1.13)	(-2.44)	(-3.08)
ln*ROAD*	0.0003	0.0002	0.0124	0.0116
	(0.04)	(0.03)	(1.47)	(1.31)
ln*FIR*	0.0033	0.0047	-0.0082	-0.0064
	(0.53)	(0.74)	(-1.04)	(-0.80)
常数项	4.0410***	3.9270***	3.8550***	3.8990***
	(44.52)	(31.74)	(48.10)	(49.06)
样本量	88	88	77	77
R^2	0.807	0.807	0.916	0.911

---

① 王弟海、崔小勇、龚六堂:《健康在经济增长和经济发展中的作用——基于文献研究的视角》,《经济学动态》2015年第8期;李乐乐、杨燕绥:《人口老龄化对医疗费用的影响研究——基于北京市的实证分析》,《社会保障研究》2017年第3期。

生福祉[①]。

六 小结

本书从宏观层面构建了包含就业收入、文化教育、生活消费、安全健康四个维度在内的民生福祉复合指标体系，利用 2000—2018 年 30 个省份的面板数据，使用熵值法测算了各省份的民生福祉水平，考察了公共人力资本投资对民生福祉的影响，并对公共教育投资和公共健康投资两个方面分别进行了分层级和分类别回归，主要研究结论如下。

1. 我国民生福祉水平在不断提升，但西部地区民生福祉始终低于东部、中部地区。西部地区受经济发展水平、地理环境等诸多因素的制约，经济社会发展处于较为落后状态，就业收入、文化教育、生活消费、安全健康等方面的民生福祉的水平落后于全国，未来仍有较大提升空间。

2. 公共人力资本投资能够改善我国民生福祉水平，即使在社会经济发展相对落后的情况下，公共教育投资和公共健康投资仍然能够有效促进西部地区民生福祉改善。与全国相比，公共教育投资对西部地区民生福祉的促进作用相对较弱，公共健康投资对西部地区民生福祉的促进作用更明显。

3. 从投资结构来看，基础、中等和高等教育投资对西部地区民生福祉均有积极促进作用，但 2012 年以后，基础教育投资对西部民生福祉的改善作用更为明显；健康硬件投资和健康软件投资也均对西部地区民生福祉有着显著的促进作用，并且两者促进作用在 2012 年以后进一步提升。

据此，提出以下启示和建议。

1. 加大公共人力资本投资是增进西部地区民生福祉的重要手段。当前，西部地区民生福祉低于全国水平，在"十四五"提出的"民生福祉达到新水平"的发展目标之下，要充分重视公共人力资本投资作用的发挥。尤其是要加大公共教育和公共健康的投资规模，缩小西部地区同东部、中部地区之间的投资差距，稳步提升教育质量，持续提高人民健康水平，为西部居民生活消费、文化教育、就业收入等方面的发展提供持续动力，夯

[①] 林金雄、龚静、申树群：《"十二五"期间广东省医疗卫生资源配置的公平性研究》，《现代预防医学》2018 年第 6 期；覃洁芳、彭蓉、姚焰坤等：《广西壮族自治区 14 个地市卫生资源发展的均衡性研究》，《卫生软科学》2019 年第 2 期；迟福林：《以人民健康至上的理念推进公共卫生治理体系变革》，《行政管理改革》2020 年第 4 期。

实民生福祉基石。

2. 公共人力资本投资对西部地区民生福祉的促进作用因不同社会发展阶段的投资需求而异，应根据不同阶段的投资需求，动态调整投资重点。从现阶段西部地区民生福祉需要来看，西部民众对于卫生健康的需求日益凸显，公共健康投资是未来公共人力资本投资需要关注的重点领域；而对公共教育投资而言，应该有侧重点地进行投资，基础教育在国民素质的提升和人才培养方面具有基础性和先导性作用，更加符合民众对教育公平的诉求，加大基础教育投资对促进社会公平正义和增进西部地区民生福祉具有重要意义。

第三节 微观实证部分

一 问题提出

就业与收入、文化与教育、生活与消费、安全与健康等内容在一定程度上能够反映民生福祉的客观发展水平，是民生福祉发展状况的宏观映射；而幸福感是民生福祉微观层面上的具体体现。当前我国 GDP 总量已突破 100 万亿元，经济发展达到新高度，但是联合国发布的《世界幸福报告（2021）》显示，中国位列全球幸福国家排行榜第 84 名，整体仍处于中等偏下水平，"伊斯特林悖论"的出现，说明增强人民群众幸福感的任务使命依然艰巨。本节以居民幸福感作为民生福祉的微观代理变量，将公共人力资本投资对西部地区居民幸福感的影响效应做进一步探究。

当前，国内外关于公共人力资本投资与居民幸福感的研究，多数是从公共财政支出视角出发，例如 Ott[1]发现，教育和健康财政支出能够显著提升居民的幸福感，而转移支付对居民的幸福感呈现负向影响；谢舜等[2]认为，政府用于科教文卫等方面的财政支出对居民的幸福感有积极影响，但其对于不同人群的作用存在显著差异；赵新宇等[3]发现公共财政支出总额

---

[1] Ott, J., "Level and Inequality of Happiness in Nations: Does Greater Happiness of a Greater Number Imply Greater Inequality in Happiness?", Journal of Happiness Studies, Vol. 6, No. 4, 2005, pp. 397–420.

[2] 谢舜、魏万青、周少君：《宏观税负、公共支出结构与个人主观幸福感兼论"政府转型"》，《社会》2012 年第 6 期。

[3] 赵新宇、范欣、姜扬：《收入、预期与公众幸福感——基于中国问卷调查数据的实证研究》，《经济学家》2013 年第 9 期。

第十六章 西部地区公共人力资本投资的民生福祉效益

对居民幸福感的作用虽不显著,但教育和健康财政支出却能够显著提高公众的幸福感;还有学者验证了财政亲贫式支出和民生性支出当中教育和健康对居民幸福感的积极效用[1]。然而,也有部分学者认为公共人力资本投资并不利于居民幸福感的提升,如 Witter 等[2]认为,受过更高教育的人们更加难以实现他们的工作期望,因此降低了人们对生活的满意度;余英[3]认为,在预算约束下,公共教育投资会挤占国家在住房、交通等领域的公共开支,从而影响居民幸福感提升;汤凤林和雷鹏飞[4]指出,公共健康投资结构不合理和资金使用效率低下等问题会影响居民幸福感的提升;殷金朋等[5]指出,尽管我国公共健康投资不断增加,但医疗保障供求结构间矛盾和医疗执业环境压力会使人们产生焦虑等不良情绪,不利于居民幸福感的提升。综上,国内外研究普遍认为公共人力资本投资会对居民幸福感产生影响,但这种影响十分复杂。因此对于我国西部地区来讲,公共人力资本投资对居民幸福感的影响效应仍具有进一步研究的意义与价值。

随着我国经济社会的快速发展,一些学者开始强调居民社会经济地位对幸福感的重要作用。社会经济地位在很大程度上取决于个体所拥有的物质财富和社会资源,包含个人的受教育程度和工资收益等重要内容,而这些都可以通过公共人力资本投资获得有效提升[6]。此外,众多学者研究指出,随着个人社会经济地位的提高,幸福感也随之增强[7]。而社会经济地位在西部地区公共人力资本投资影响居民幸福感过程中是否同样起到重要

---

[1] 罗能生、钟发宝:《我国财政支出结构影响国民幸福的实证研究》,《广西社会科学》2015年第7期;倪志良、陈永立、殷金朋:《财政分权、收入差距与国民幸福感——基于 CGSS2010 数据的经验研究》,《经济经纬》2016年第4期。

[2] Witter, R. A., Okun, M. A., Stock, W. A., et al., "Education and Subjective Well-Being: A Meta-Analysis", Educational Evaluation and Policy Analysis, Vol. 6, No. 2, 1984, pp. 165 - 173.

[3] 余英:《教育如何影响幸福——教育、公共教育支出与主观幸福的研究进展》,《北京大学教育评论》2014年第3期。

[4] 汤凤林、雷鹏飞:《收入差距、居民幸福感与公共支出政策——来自中国社会综合调查的经验分析》,《经济学动态》2014年第4期。

[5] 殷金朋、赵春玲、贾占标等:《社会保障支出、地区差异与居民幸福感》,《经济评论》2016年第3期。

[6] Becker, G. S., "Health as Human Capital: Synthesis and Extensions", Oxford Economic Papers, Vol. 59, No. 3, 2007, pp. 379 - 410.

[7] 王晓慧:《社会经济地位对老年人主观幸福感的影响研究》,《大连理工大学学报》(社会科学版)2021年第3期。

作用，学界尚未有明确定论。同时，在推进国家治理体系和治理能力现代化的大背景下，人民群众对政府管理提出了更高的要求，财政信息的公开透明成为人们关注的焦点之一。例如梁城城[1]研究发现民生类支出可以显著促进居民幸福感的提升，而财政透明度对居民幸福感具有显著影响。根据 2019 年《中国财政透明度报告》，西部地区各省平均财政透明度为49.2，低于全国 53.3 的平均水平。要让公共人力资本投资在西部地区发挥更大效益，需要进一步认识财政透明度在其中发挥的作用。

总的来看，国内外学者在公共人力资本投资对居民幸福感影响研究中，大多只进行了简单的效用分析，并未深入探讨其背后的作用机理。因此，本节利用 CGSS 2017 微观调查数据和省份层面数据，重点分析公共教育和健康投资对西部地区居民幸福感的影响效用，并尝试以社会经济地位为中介变量、财政透明度为调节变量，探究这两个变量在公共人力资本投资影响居民幸福感过程中的作用机理，为西部地区民生福祉发展提供理论参考。

二 研究假设

（一）公共人力资本投资与居民幸福感

公共教育投资不仅通过职业和收入等渠道对个人幸福产生影响，还能够赋予人们精神幸福的能量[2]。一方面，公共教育投资能够提高人力资本水平，提升个人在劳动力市场中的核心竞争力，帮助就业者获得更好的工作机会[3]，进而提高工资收益，而收入与居民的幸福感呈正相关关系[4]。另一方面，公共教育投资对居民个人的自我效能感和社会网络支持等方面都有着积极影响，这些因素大多与居民的幸福感有着密切关联[5]：人们通过接受教育活动，易产生"自信"或"自我评价"效应，进而提升自我效能感，对个人幸福产

---

[1] 梁城城：《地方政府财政行为如何影响居民主观幸福感：来自中国的经验证据》，《贵州财经大学学报》2017 年第 4 期。
[2] 余英：《教育如何影响幸福——教育、公共教育支出与主观幸福的研究进展》，《北京大学教育评论》2014 年第 3 期。
[3] 王贤：《高职教育人力资本投资收益：问题与策略》，《高教探索》2015 年第 6 期。
[4] 黄嘉文：《教育程度、收入水平与中国城市居民幸福感——一项基于 CGSS2005 的实证分析》，《社会》2013 年第 5 期。
[5] 陈作松、季浏：《身体锻炼对高中学生幸福感的影响及其心理机制》，《心理学报》2006 年第 4 期。

生积极作用[1];同时教育还可以提高个人能力,减少了会使人际关系紧张的失业和贫困等因素,实现社会网络支持,进而显著增加个人幸福感[2]。

公共健康投资是保障居民身心健康的重要途径[3],对提升居民幸福感有着积极影响:首先,公共健康投资可以缓解居民在医疗方面的压力,刺激居民非医疗消费来提高生活满意度[4];其次,公共健康投资可以通过缩小居民收入差距来提升居民的幸福水平[5];最后,公共健康投资可以满足不同群体的医疗卫生需求,从而有效提高居民幸福[6]。而健康是一切幸福和美好生活的基础:当身体状况良好时,个体对幸福的感受更多受其他因素的影响,但当身体健康状况较差时,身体疾病造成的生理痛苦或心理压力往往成为人们追求幸福的重要阻碍因素[7];积极健康的情绪对幸福感具有正向作用,消极悲伤的情绪则产生负向作用[8]。

基于上述分析,本节提出如下假设:

假设1:公共教育投资对我国西部地区居民的幸福感具有积极影响;

假设2:公共健康投资对我国西部地区居民的幸福感具有积极影响。

(二)社会经济地位的中介效应

社会经济地位是衡量社会分层和流动的核心变量,是个人收入水平、受教育程度、职业层次以及声望水平等个人经济、生活特征的综合体现,影响着人们的生活方式、行为能力和社会态度[9]。公共人力资本投资对改

---

[1] Cunado, J., de Gracia, F. P., "Does Education Affect Happiness? Evidence for Spain", Social Indicators Research, Vol. 108, No. 1, 2012, pp. 185–196.

[2] Chen, W., "How Education Enhances Happiness: Comparison of Mediating Factors in Four East Asian Countries", Social Indicators Research, Vol. 106, No. 1, 2012, pp. 117–131.

[3] Hessami, Z., "The Size and Composition of Government Spending in Europe and its Impact on Well-Being", Kyklos, Vol. 63, No. 3, 2010, pp. 346–382.

[4] 胡洪曙、鲁元平:《公共支出与农民幸福感——基于 CGSS 数据的实证分析》,《财贸经济》2012 年第 0 期。

[5] 汤凤林、雷鹏飞:《收入差距、居民幸福感与公共支出政策——来自中国社会综合调查的经验分析》,《经济学动态》2014 年第 4 期。

[6] 耿嘉川、苗俊峰:《公共卫生支出的经济增长效应》,《社会科学研究》2008 年第 5 期。

[7] 陈丛刊:《中国特色社会主义体育道路的形成逻辑、实践优势与发展指向》,《武汉体育学院学报》2021 年第 9 期。

[8] 种聪、岳希明:《经济增长为什么没有带来幸福感提高?——对幸福感影响因素的综述》,《南开经济研究》2020 年第 4 期。

[9] Cockerham, W. C., "Health Lifestyle Theory and the Convergence of Agency and Structure", Journal of Health and Social Behavior, Vol. 46, No. 1, 2005, pp. 51–67.

善个人生活、提高个人社会经济地位发挥着重要作用[1]；健康可以引导个人社会经济地位的流动，这表现在健康的人更容易向上流动，不健康的人容易向下流动[2]；而教育具有社会分层功能，居民受教育水平越高，其社会经济地位也越高[3]。此外，处于不同社会经济地位层次的个体幸福感有明显差异，低社会经济地位的个体生活满意度较低，而高阶层的个体更易获得较高的幸福感[4]，具体表现为：社会经济地位较低的个体面临危机较多，更易产生消极心理和危险行为，损害身心健康[5]；而处于较高社会经济地位的人们生活环境较为优越，带来一定安全感，可以缓解负面情绪造成的身心危害，有利于个人幸福感的提升[6]。

基于上述分析，本节提出如下假设：

假设3：公共教育投资可通过"社会经济地位"这一中介影响西部地区居民幸福感；

假设4：公共健康投资可通过"社会经济地位"这一中介影响西部地区居民幸福感。

（三）财政透明度的调节效应

财政透明度作为透明度问题在公共财政领域中的延伸，其目的在于向公众公开政府的结构和职能、财政政策的意向、公共部门账户和财政预测[7]。在政府公共财政支出对居民幸福感的影响路径探析中，一般认为，财政透明度可以通过提升基本公共产品的投入效率和供给水平来影响居民的幸福水平[8]。具体来看，财政透明度可以通过抑制公共人力资本投资领

---

[1] 谭涛、张茜、刘红瑞：《我国农村老年人口的健康不平等及其分解——基于东中西部的实证分析》，《南方人口》2015年第3期。

[2] West, P., "Rethinking the Health Selection Explanation for Health Inequalities", Social Science & Medicine, Vol. 32, No. 4, 1991, pp. 373–384.

[3] 李颖晖：《教育程度与分配公平感：结构地位与相对剥夺视角下的双重考察》，《社会》2015年第1期。

[4] Fromm, E., Anderson, L. A., The Sane Society, London: Routledge, 2017.

[5] Wilkinson, R. G., Pickett, K. E., "The Problems of Relative Deprivation: Why Some Societies Do Better Than Others", Social Science & Medicine, Vol. 65, No. 9, 2007, pp. 1965–1978.

[6] 胡荣、肖和真：《中日韩三国居民主观幸福感比较研究》，《南开学报》（哲学社会科学版）2021年第4期。

[7] Craig, J. D., Kopits, M. G., Transparency in Government Operations, Washington, D. C.: International Monetary Fund, 1998.

[8] 李湛、何鹏飞、梁若冰等：《财政透明度与居民幸福感》，《宏观经济研究》2019年第10期。

域的官场腐败、提高投资效率和民主参与度等方面来影响居民幸福感的提升：首先，较高的财政透明度能够减少官员在公共人力资本投资领域的腐败行为①；其次，随着财政透明度的增加，公众能够获取更多公共人力资本投资领域的相关信息，一定程度上降低了官员"偷懒"动机②，促进教育和健康财政资金的使用效率③；最后，政府公开教育和健康财政信息，可以在一定程度上降低公众获取公共人力资本投资领域的信息成本，提高公众民主参与热情，进而通过程序正义、社会公平等"程序效用"来影响民众的幸福感④。

基于上述分析，本节提出如下假设：

假设5："财政透明度"在公共教育投资对西部地区居民幸福感的影响过程中起到调节作用；

假设6："财政透明度"在公共健康投资对西部地区居民幸福感的影响过程中起到调节作用。

综上所述，本节综合考虑公共人力资本投资、居民社会经济地位、财政透明度和居民幸福感，建立如下分析框架，如图16-2所示，重点分析公共教育和公共健康投资对西部地区居民幸福感影响过程中的中介和调节作用，以期为研究居民幸福感提供一个新的视角。

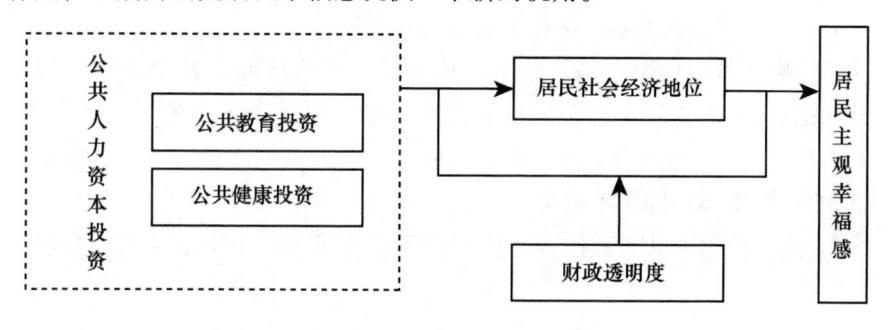

图16-2 理论分析框架图

---

① 黄寿峰、郑国梁：《财政透明度对腐败的影响研究——来自中国的证据》，《财贸经济》2015年第3期。

② 孙琳、方爱丽：《财政透明度、政府会计制度和政府绩效改善——基于48个国家的数据分析》，《财贸经济》2013年第6期。

③ 梁城城：《财政透明度促进财政资金使用效率的拐点在哪里？——民生领域财政投资效率的经验验证》，《现代财经》（天津财经大学学报）2017年第6期。

④ Stutzer, A., Frey, B. S., "Political Participation and Procedural Utility: An Empirical Study", European Journal of Political Research, Vol. 45, No. 3, 2006, pp. 391–418.

三 模型构建与变量说明

（一）计量模型

1. 基本模型。本节的被解释变量"居民幸福感"为有序离散变量，因此采用 Ordered Probit 模型分析公共人力资本投资对居民幸福感的影响，具体模型如下：

$$Happy_{ij} = \alpha_1 \ln EDU_j + \alpha_2 Macro_j + \alpha_3 Micro_{ij} + \mu_{ij} \quad (16-10)$$

$$Happy_{ij} = \alpha_1 \ln HEA_j + \alpha_2 Macro_j + \alpha_3 Micro_{ij} + \mu_{ij} \quad (16-11)$$

其中，j 表示省份，i 表示被调查者，$Happy$ 表示幸福感水平。调查问卷问题为"总的来说，您觉得您的生活是否幸福？"被调查者需选择 1—5 之间的整数，分别表示"非常不幸福""比较不幸福""说不上幸福不幸福""比较幸福""非常幸福"。EDU 表示公共教育投资，HEA 表示公共健康投资。$Macro$ 为影响居民幸福感的宏观因素，包括城乡居民收入差距、通货膨胀率和城镇登记失业率；$Micro$ 为影响居民幸福感的微观因素，体现为性别（$GNDR$）、年龄（AGE）、民族（NAT）、宗教信仰（REL）、受教育年限（$LITER$）、政治面貌（$PARTY$）、健康状况（PHY）、婚姻状况（$MARRY$）、户籍状况（$RURAL$）、社会公平感知（$FAIR$）和个人收入（GAP）等个体特征变量。μ 表示模型的残差项。

2. 中介效应模型。基于前文理论分析，本节选取"社会经济地位感知"作为公共人力资本投资影响居民幸福感的中介变量，在式（16-10）和式（16-11）的基础上建立中介效应模型，进一步检验公共人力资本投资影响居民幸福感的作用机理。

首先，检验公共教育投资和公共健康投资是否影响了个人的社会经济地位。

$$Esta_{ij} = \beta_1 \ln EDU_j + \beta_2 Macro_j + \beta_3 Micro_{ij} + \mu_{ij} \quad (16-12)$$

$$Esta_{ij} = \beta_1 \ln HEA_j + \beta_2 Macro_j + \beta_3 Micro_{ij} + \mu_{ij} \quad (16-13)$$

接下来，将公共教育投资、公共健康投资与社会经济地位感知同时纳入模型中进行回归。若 γ_2 显著，则说明中介效应存在，即公共人力资本投资可以通过个人的社会经济地位影响居民的幸福感。

$$Happy_{ij} = \gamma_1 \ln EDU_j + \gamma_2 Esta_{ij} + \gamma_3 Macro_j + \gamma_4 Micro_{ij} + \mu_{ij} \quad (16-14)$$

$$Happy_{ij} = \gamma_1 \ln HEA_j + \gamma_2 Esta_{ij} + \gamma_3 Macro_j + \gamma_4 Micro_{ij} + \mu_{ij} \quad (16-15)$$

3. 调节效应模型。基于前文理论分析，本节选取"财政透明度"作为公共人力资本投资影响居民幸福感的调节变量,首先在式(16-10)的基础上引入财政透明度变量,简单分析其对居民幸福感的直接影响,构建式(16-16)和式(16-17):

$$Happy_{ij} = \delta_1 \ln EDU_j + \delta_2 Macro_j + \delta_3 Tr_j + \delta_4 Micro_{ij} + \mu_{ij} \quad (16-16)$$

$$Happy_{ij} = \delta_1 \ln HEA_j + \delta_2 Macro_j + \delta_3 Tr_j + \delta_4 Micro_{ij} + \mu_{ij} \quad (16-17)$$

接着建立调节效应模型,将财政透明度、公共人力资本投资及两者的交互项同时纳入式(16-18)和式(16-19):

$$Happy_{ij} = \varepsilon_1 \ln EDU_j + \varepsilon_2 Macro_j + \varepsilon_3 Tr_j + \varepsilon_4 Micro_{ij}$$
$$+ \varepsilon_5 \ln EDU_j \times Tr_j + \mu_{ij} \quad (16-18)$$

$$Happy_{ij} = \varepsilon_1 \ln HEA_j + \varepsilon_2 Macro_j + \varepsilon_3 Tr_j + \varepsilon_4 Micro_{ij}$$
$$+ \varepsilon_5 \ln HEA_j \times Tr_j + \mu_{ij} \quad (16-19)$$

通过以上模型,观测财政透明度、公共人力资本投资及两者交互项的回归系数来判断这些因素对居民幸福感的影响效应。

(二)数据来源及说明

本节使用的是《中国综合社会调查(CGSS)》2017年项目数据,调查对象来自除港澳台及新疆、西藏和海南以外的28个省(自治区、直辖市),根据研究需要,整理得到全国11353份个体研究样本,按照区域划分,进一步得到2529份西部地区的个体研究样本。省级宏观数据来源于中国国家统计局和《中国教育经费统计年鉴》等,使用滞后一期(即2016年)的数据;财政透明度为省级层面变量,来源于2019年《中国财政透明度报告》。

(三)变量选取及描述性统计

各变量的描述性统计见表16-10。2016年我国被调查对象的幸福感均值为3.856,说明我国大多居民的幸福感介于"幸福"和"比较幸福"之间;而西部地区被调查对象的幸福感均值为3.746,略低于全国平均水平。另外,从全国层面来看,公共教育投资和公共健康投资均值分别为2.806和1.137,公共教育投资均值是公共健康投资均值的两倍多,但其标准差较大,说明我国公共教育投资力度相对较大,但存在一定的省际差异;从西部地区来看,公共教育投资和公共健康投资均值分别为1.934和1.037,均落后于全国平均水平,说明我国西部地区在公共人力资本投资领域还有较大的提升空间。其余变量可据表分析,在此不作赘述,具体如表16-10所示。

表16-10　　　　　　　　　　　　变量统计性描述

变量类型	变量	名称	变量描述	平均值	标准差	最小值	最大值
被解释变量	HAP	幸福感	赋值为1—5，幸福感逐次增加	3.85	0.84	1	5
核心解释变量	lnEDU	公共教育投资	国家财政性教育经费支出（省级）（千元/人）	2.8	1.66	1.53	7.59
	lnHEA	公共健康投资	政府卫生支出（省级）（千元/人）	1.13	0.4	0.73	2.13
控制变量	GNDR	性别	男性赋值为1，女性赋值为0	0.47	0.49	0	1
	AGE	年龄	（岁）	51.24	16.74	18	103
	NAT	民族	汉族赋值为0，少数民族赋值为1	0.04	0.2	0	1
	REL	宗教信仰	有宗教信仰赋值为1，无则赋值为0	0.1	0.3	0	1
	PARTY	政治面貌	党员赋值为1，非党员赋值为0	0.11	0.32	0	1
	PHY	健康状况	赋值为1—5，健康状况依次增强	3.46	1.09	1	5
	MARRY	婚姻状况	已婚和同居赋值为1，其他赋值为0	0.77	0.41	0	1
	RURAL	户籍状况	城镇户籍赋值为1，非城镇户籍赋值为0	0.37	0.48	0	1
	FAIR	社会公平	赋值为1—5，社会公平感依次增强	3.1	1.06	1	5
	LITER	受教育年限	赋值为0—6，受教育年限依次上升	2.28	1.54	0	6
	GAP	城乡居民收入差距	城镇居民可支配收入与农村居民人均纯收入之比	2.47	0.31	1.84	3.44
	INFL	通货膨胀率	消费者价格指数CPI（省级）	1.01	0.01	0.97	1.05
	EMP	就业水平	城镇登记失业率（%）	3.25	0.78	1.4	4.2

续表

变量类型	变量	名称	变量描述	平均值	标准差	最小值	最大值
中介变量	ESTA	社会经济地位	赋值为1—5，社会经济地位依次上升	2.22	0.87	1	5
调节变量	TRANS	财政透明度	省级财政透明度	53.94	12.39	26.98	69.38

四 实证结果分析

在基准回归之前本节使用 Pearson 方法估计了各变量间相关系数，发现所有变量间相关系数值均低于 0.6，初步判断模型不存在多重共线的问题；接着采用方差膨胀因子检验，VIF 均值为 1.29，且所有的 VIF 都低于 3，进一步说明该模型不存在严重的多重共线问题。同时，为消除异方差影响，本书将核心解释变量取对数处理。

（一）基准回归

1. Ordered Probit 模型回归。首先运用 Ordered Probit 模型估计公共人力资本投资对居民幸福感的影响，并在此模型基础上，进一步采用 OLS 模型进行稳健性检验。如表 16-11 所示，全国和西部地区公共人力资本投资影响居民幸福感的 Ordered Probit 回归结果见模型（1）—模型（4），OLS 回归结果见模型（5）—模型（8）。

可以看出，OLS 回归结果与 Ordered Probit 回归模型基本保持一致，不论从全国层面来看，还是从西部地区来看，公共教育投资和公共健康投资的系数均显著为正，说明公共教育和健康投资对全国及西部地区居民幸福感有积极影响。假设 1 和假设 2 得到验证。这与胡洪曙和鲁元平[1]等人的研究结论一致，政府对于教育和健康方面的投资可以缓解居民在教育、医疗和养老等方面的压力，降低居民预防性储蓄，提供消费支持，正是由于公共财政支出对居民消费的促进作用，使之成为促进居民幸福感上升的主要因素。而西部地区的公共服务资源配置水平较低，教育和医疗卫生服务资源相对短缺[2]，因而政府进行公共人力资本投资可以有效满足西部地区

---

[1] 胡洪曙、鲁元平：《公共支出与农民幸福感——基于 CGSS 数据的实证分析》，《财贸经济》2012 年第 10 期。

[2] 任喜萍：《我国城市公共服务资源配置空间格局及驱动机制》，《当代经济管理》2018 年第 10 期。

居民的教育和健康需求，促进居民幸福感提升。

表16-11　公共人力资本投资影响居民幸福感的基本回归

变量	Ordered Probit 模型估计				OLS 模型估计			
	全国		西部		全国		西部	
	模型(1)	模型(2)	模型(3)	模型(4)	模型(5)	模型(6)	模型(7)	模型(8)
ln*EDU*	0.153*** (4.50)		0.804*** (4.21)		0.0978*** (4.20)		0.499*** (3.56)	
ln*HEA*		0.0905*** (2.07)		0.582*** (3.27)		0.0540* (1.80)		0.342*** (2.63)
GNDR	-0.171*** (-7.95)	-0.171*** (-7.95)	-0.0758 (-1.67)	-0.0767* (-1.69)	-0.114*** (-7.70)	-0.114*** (-7.70)	-0.0530 (-1.57)	-0.0538 (-1.59)
AGE	0.00947*** (11.34)	0.00957*** (11.46)	0.0110*** (6.18)	0.0108*** (6.09)	0.00613*** (10.74)	0.00621*** (10.87)	0.00758*** (5.77)	0.00751*** (5.71)
NAT	0.0520 (0.98)	0.0576 (1.09)	0.199** (2.29)	0.177** (2.03)	0.0224 (0.62)	0.0263 (0.72)	0.127* (1.96)	0.113* (1.75)
REL	0.0517 (1.44)	0.0481 (1.34)	-0.0250 (-0.26)	0.00749 (0.08)	0.0339 (1.37)	0.0315 (1.27)	-0.0163 (-0.23)	0.00545 (0.08)
PARTY	0.129*** (3.52)	0.130*** (3.54)	0.218** (2.29)	0.224** (2.36)	0.0793*** (3.20)	0.0795*** (3.20)	0.150** (2.17)	0.154** (2.22)
PHY	0.259*** (23.54)	0.257*** (23.42)	0.246*** (11.10)	0.245*** (11.04)	0.183*** (24.52)	0.182*** (24.39)	0.184*** (11.37)	0.184*** (11.32)
MARRY	0.250*** (9.87)	0.248*** (9.80)	0.207*** (4.02)	0.213*** (4.13)	0.184*** (10.55)	0.183*** (10.48)	0.170*** (4.40)	0.174*** (4.50)
RURAL	0.0107 (0.41)	0.0223 (0.85)	0.0272 (0.45)	0.0196 (0.32)	0.00531 (0.29)	0.0130 (0.72)	0.00646 (0.14)	0.00215 (0.05)
FAIR	0.314*** (30.49)	0.314*** (30.43)	0.317*** (15.24)	0.315*** (15.15)	0.225*** (32.59)	0.225*** (32.53)	0.244*** (16.16)	0.242*** (16.06)
LITER	0.0809*** (8.16)	0.0835*** (8.43)	0.0791*** (3.63)	0.0767*** (3.52)	0.0600*** (8.84)	0.0617*** (9.10)	0.0604*** (3.73)	0.0591*** (3.64)
GAP	-0.0652* (-1.82)	-0.0840** (-2.36)	-0.316*** (-2.66)	-0.164 (-1.49)	-0.0622** (-2.51)	-0.0748*** (-3.04)	-0.186** (-2.09)	-0.0899 (-1.09)
INF	0.147 (0.18)	-0.909 (-1.15)	-2.452 (-1.27)	-1.018 (-0.54)	-0.0608 (-0.11)	-0.776 (-1.42)	-1.696 (-1.19)	-0.799 (-0.57)

续表

变量	Ordered Probit 模型估计				OLS 模型估计			
	全国		西部		全国		西部	
	模型（1）	模型（2）	模型（3）	模型（4）	模型（5）	模型（6）	模型（7）	模型（8）
EMP	0.00160	-0.0162	-0.0906	-0.0767	0.000890	-0.0109	-0.0214	-0.0138
	(0.10)	(-1.02)	(-1.51)	(-1.28)	(0.08)	(-1.01)	(-0.48)	(-0.31)
常数项					2.092***	2.967***	3.706**	2.872*
					(3.45)	(5.21)	(2.39)	(1.89)
样本量	11353	11353	2529	2529	11353	11353	2529	2529
R^2					0.176	0.175	0.177	0.175

注：*表示在10%水平上显著，**表示在5%水平上显著，***表示在1%水平上显著。以下同。

2. 边际效应分析。为进一步观察各解释变量变动一个单位所引起的西部地区居民幸福感变化的概率，本书对各变量对居民幸福感影响的边际效应值进行了计算，在此仅展示核心解释变量的边际回归结果，如表16-12所示。公共教育投资每增加一个单位，居民感到"非常不幸福"、"比较不幸福"和"说不上幸福不幸福"的概率分别降低4.3%、9.8%和8.9%，居民感到"比较幸福"和"非常幸福"的概率分别提高6.1%和16.9%；而公共健康投资每增加一个单位，居民感到"非常不幸福"、"比较不幸福"和"说不上幸福不幸福"的概率分别降低3.1%、7.1%和6.5%，居民感到"比较幸福"和"非常幸福"的概率分别提高4.4%和12.3%。可以发现，公共人力资本投资对西部地区居民幸福感具有显著的促进作用，并且相较于公共教育投资，公共健康投资对居民幸福感的边际贡献更为突出，这与前文的基本回归结果保持一致。

表16-12　公共人力资本投资影响居民幸福感的边际效应回归结果

变量	非常不幸福1	比较不幸福2	说不上幸福不幸福3	比较幸福4	非常幸福5
ln*EDU*	-0.043***	-0.098***	-0.089***	0.061***	0.169***
	(-3.87)	(-4.14)	(-4.17)	(3.8)	(4.22)
ln*HEA*	-0.031***	-0.071***	-0.065***	0.044***	0.123***
	(-3.11)	(-3.24)	(-3.25)	(3.05)	(3.28)

（二）社会经济地位的中介作用

对公共人力资本投资影响西部地区居民幸福感做中介作用检验，建立以居民社会经济地位为中介变量的效应模型，对应调查问卷中的问题为"综合来看，在目前这个社会上，您本人的社会经济地位属于？"被调查者需选择 1—5 之间的整数，从小到大，分别表示其社会经济地位位于"下层""中下层""中层""中上层""上层"。

运用逐步回归法进行检验，中介效应模型输出结果见表 16-13，模型（1）—模型（3）和模型（4）—模型（6）分别为公共教育投资和公共健康投资对居民幸福感的中介效应检验结果。由表 16-13 可知，社会经济地位在公共人力资本投资提升居民幸福感过程中起到一定的中介作用，假设 3 和假设 4 成立。公共教育投资兼具效率和公平属性，有助于促进个体人力资本水平的提升，是帮助个人摆脱阶层束缚、获得公平就业机会、实现向上流动的重要途径[①]；而公共健康投资可以保护并改善人们的健康水平，提升个人劳动生产率，增加工资收益，对居民个人社会经济地位的提高有

表 16-13　　　　社会经济地位的中介作用（逐步回归法）

变量	教育			健康		
	模型（1）	模型（2）	模型（3）	模型（4）	模型（5）	模型（6）
	幸福感	社会经济地位	幸福感	幸福感	社会经济地位	幸福感
ln*EDU*	0.804***	0.639***	0.693***			
	(4.21)	(3.46)	(3.61)			
ESTA			0.262***			0.264***
			(9.09)			(9.19)
ln*HEA*				0.582***	0.465***	0.497***
				(3.27)	(2.75)	(2.78)
控制变量	YES	YES	YES	YES	YES	YES
样本量	2529	2529	2529	2529	2529	2529

---

① 吴愈晓：《教育分流体制与中国的教育分层（1978—2008）》，《社会学研究》2013 年第 4 期；才国伟、刘剑雄：《收入风险、融资约束与人力资本积累——公共教育投资的作用》，《经济研究》2014 年第 7 期。

一定积极影响①。另外,西部地区物质资源相对匮乏,社会经济地位的高低在一定程度上决定着个人是否能够获取到丰富的社会资源②;同时,社会经济地位如何,还意味着个人休闲娱乐选择的多寡③,因此社会经济地位对西部地区居民幸福水平的影响也就更加深刻。

(三) 财政透明度的调节作用

表16-14将西部地区财政透明度在公共人力资本投资对居民幸福感影响过程中的作用机理进行了检验。其中模型(1)和模型(3)是在基准回归的模型基础上加入了财政透明度变量;模型(2)和模型(4)则是进一步加入了财政透明度和财政透明度与公共人力资本投资的交互项,来反映公共人力资本投资对居民幸福感的调节作用。

表16-14证明了财政透明度对公共人力资本投资影响居民幸福感有调

表16-14　　　　　　　　财政透明度的调节作用

变量	教育		健康	
	模型(1)	模型(2)	模型(3)	模型(4)
$\ln EDU$	0.689***	0.673***		
	(3.58)	(3.50)		
$\ln HEA$			0.595***	1.464***
			(3.34)	(5.15)
$TRANS$	0.631***	0.606***	0.694***	0.967***
	(4.85)	(4.63)	(5.37)	(6.58)
$\ln EDU*TRANS$		3.596**		
		(1.92)		
$\ln HEA*TRANS$				15.525***
				(3.93)
控制变量	YES	YES	YES	YES
样本量	2529	2529	2529	2529

---

① 吕娜、邹薇:《健康人力资本投资与居民收入——基于私人和公共部门健康支出的实证分析》,《中国地质大学学报》(社会科学版)2015年第1期。

② 郑莉、曾旭晖:《社会分层与健康不平等的性别差异:基于生命历程的纵向分析》,《社会》2016年第6期。

③ [美]索尔斯坦·凡勃伦:《有闲阶级论》,蔡受百译,商务印书馆1964年版。

节作用，假设5和假设6得到了支持，即在其他条件不改变的情况下，财政透明度可以强化公共教育和健康投资对居民幸福感的提升效用。随着社会的深刻变革，传统公共行政理论已经不能适应现代民主治理的需要，政府改革运动开始更多地强调服务、责任、透明和回应[1]，因此财政信息的公开透明被认为是维持并提升政府治理能力的有效途径[2]。而西部地区公共人力资本投资领域的信息公开，可以使公民和社会更好地监督政府行为，有效提高教育和健康财政资金的使用效率，提升民众满意度，进而强化公共人力资本投资对居民幸福感的提升效用[3]。

五 小结

本节从微观层面，将2017年的中国综合社会调查（CGSS）数据和省级数据相结合，以居民幸福感作为主观民生福祉的代理变量，利用Ordered Probit等计量模型实证分析了公共人力资本投资对西部地区主观民生福祉的影响，并进一步考察了社会经济地位的中介效应和财政透明度的调节效应。主要研究结论如下。

1. 公共人力资本投资对西部地区居民幸福感具有显著的提升效应，政府进行公共人力资本投资可以有效满足西部居民教育和健康需求，进而改善居民幸福水平。从边际贡献来看，相较于公共教育投资，公共健康投资对居民幸福感的边际贡献更为突出。

2. 社会经济地位在公共人力资本投资影响西部居民幸福感过程中具有中介效应，即公共教育投资和公共健康投资可以通过改善个人经济社会地位对居民幸福感起到正向促进作用。

3. 财政透明度在公共人力资本投资提升西部地区居民幸福感的过程中起到调节作用，即财政透明度的提高可以在一定程度上强化公共人力资本投资对西部地区居民幸福感的提升效应。

基于上述研究结论，获得启示如下。

要提高公共人力资本投资水平，促进西部人民幸福感提升。实现人民对美好生活的向往是新时代党和政府的庄严承诺，在新时代西部大开发形成新格局的进程中，要充分重视西部人民幸福感的改善。而公共人力资本

---

[1] 郑浩生：《财政信息公开的政府驱动力分析》，《地方财政研究》2020年第8期。
[2] 秦龙：《地方政府债务信息披露指数的构建与分析》，《财会月刊》2021年第13期。
[3] 储德银、左芯：《财政公开的经济社会效应研究新进展》，《经济学动态》2019年第5期。

投资作为与居民幸福生活密切关联的内容,各级政府要把握好、应用好其重要作用:要优化西部公共医疗卫生资源配置,建立优质公共健康服务体系,促进卫生健康全民共建共享,防止出现因病致贫返贫问题;加大西部公共教育财政支持力度,缩小区域间、城乡间的发展差距,促进教育资源的公平享有,保障西部居民教育权利和发展权利,增进公平感和获得感。

1. 重点关注对经济社会地位弱势群体的公共人力资本投资。经济社会地位对居民幸福感有着重要影响,是公共人力资本投资作用的关键中介变量。因此要加大对低学历、低收入等相对弱势群体的公共人力资本投资,实现其人力资本水平的提升,从而促进高质量就业,增加个人收入,实现社会阶层跃迁,促进社会公平。

2. 提高公共人力资本投资领域的财政透明度。政府信息的公开透明是推动我国治理能力现代化的内容之一,而教育和医疗等领域财政信息公开化逐渐成为民众关注的焦点。要促进公共人力资本投资财政资金透明化管理,遏止相关腐败问题的发生,畅通群众监督与举报渠道,增进人民的信任与信心,切实提升资金的使用效率和效果。

第四部分

结　论

第十七章

研究结论、对策建议与展望

第一节 研究结论

本书从政策研究和实证研究两个方面,对西部地区公共人力资本投资展开了较为系统全面的研究:政策研究部分搜集整理了学前教育、基础教育、职业教育、高等教育、农村劳动力培训、公共健康和人才帮扶等7个方面的800多条政策,采用文本量化分析和社会网络方法,按照"外部特征—内容特征—效果评价"的思路,对政策数量、政策文种、政策类型和发文部门等外部性特征描述分析,再提取政策文本关键词,绘制出高频词云图和政策文本网络图,分析不同阶段政策发展与演变等内部性特征,并结合部分典型投资政策具体分析评价政策实施效果,归纳和总结各领域政策的演进逻辑和未来发展方向。实证研究部分以西部地区公共教育投资和公共健康投资两大领域为重点,并在对教育分层和健康分类的基础上,利用统计宏观面板数据和2017年CGSS微观数据,按照"资源投入—产出效率—多维效益"的思路,首先,对西部地区公共人力资本投资的现状进行统计描述,分析其绝对水平、负担水平以及投资结构;其次,使用DEA-BCC模型和Malmquist指数法分别对公共教育和公共健康投资进行静、动态效率测算;最后,采用面板数据回归等方法,从直接和间接效益、宏观和微观效益以及经济和社会效益等多个维度分析西部地区公共教育和公共健康投资的影响,并探究其作用机制和影响差异。

通过上述研究,得出西部地区公共人力资本投资及其效益的主要结论如下。

一 坚持公平正义的价值导向,体现政府责任担当

我国西部地区公共人力资本投资在价值上坚持以公平正义为导向,在

体现社会主义本质特征的同时,彰显了社会主义制度的优越性,具体表现在公共人力资本投资的公益性和均衡性两个方面。当前我国社会主要矛盾是人民日益增长的美好生活需要同不平衡不充分的发展之间的矛盾,而公益性则体现在政府以社会发展和人民群众的现实需要为出发点,扩大公益性投资规模,服务于满足人民生活、生存与发展的直接需求投资规模;均衡性体现在政府从国家战略层面考虑,在满足充分发展的基础上,注重资源分配均衡,积极促进东西部均衡、城乡均衡、群体均衡,努力实现共同富裕和经济社会全面发展。

1. 政府承担了基本公共人力资本投资的主要公益责任,满足人民的基本需求,使发展成果惠及人民,体现了政府的责任担当。在公共教育投资上,政府不断提高投资的公益程度,例如第四章学前教育政策,在经历了一段市场化、社会化的曲折道路之后,最终重新回归公益普惠;而第五章基础教育政策,则明确以法律形式确立了义务教育的公益性,积极落实"两免一补",政策价值从"起点公平"到"过程公平"再到"结果公平"始终都在坚持公平导向;第六章职业教育和第七章高等教育方面,对贫困家庭的补助帮扶等政策也都体现出公平公益性质;在培训投资上,第八章农村劳动力培训政策,政府通过"雨露计划""阳光工程",主动对农村贫困劳动力培训和引导,提高其自我发展能力,体现政府在公益行为中的责任担当;健康投资上,在第九章公共健康部分,经过新一轮医改之后,政府通过"健康扶贫工程""健康中国战略"等措施,保障了西部农村居民"病有所医,医有所保",防止农民出现因病致贫、因病返贫等问题,确保西部地区公共健康政策价值取向从"市场化"向"公益性"回归。此外,从第十二章政府投资现状的分析中,也能发现西部地区在经济发展水平有限的情况下,公共教育和健康的投资规模仍然在不断加大,政府的负担水平不断提升,表明在西部地区公共人力资本投资的公益性程度不断提升,政府承担了更多的投资责任。可见,西部地区公共人力资本投资坚持公益导向,意味着政府以人民的需求为导向,以改善人民生活为己任,主动承担提供公共产品的职责,反映建立服务型政府的决心,同时,还能够分担人力资本投资成本,提高经济社会可持续发展能力,体现政府的责任担当。

2. 政府通过西部地区公共人力资本投资,努力缩小区域、城乡和群体差距,追求均衡发展。在区域均衡方面,第四章和第五章学前教育和基础教育部分，中央政府制定了"国培计划"，采取骨干教师脱产研修、集中培训和大规模教师远程培训相结合等方式，对西部农村教师群体进行有针对性的专业培训，旨在提高其整体素质；第六章职业教育部分，政府通过"东西协作"帮扶政策，支持西部与东部职业教育学校进行办学合作、共享资源；第七章高等教育部分，实施了"东西部高校对口支援计划""省部共建"等措施，通过培养西部地区师资队伍、加大资源倾斜力度等，促进了西部高校的造血能力和内涵式发展水平，推动了高等教育的均衡发展。此外，我国政府还通过区域结伴帮扶、以优势区域支援落后区域等方式，保证了均衡发展的动力支撑，如第十章人才帮扶政策中，"大学生志愿服务西部""三支一扶"等政策为西部地区均衡发展提供了人才支持。在城乡均衡方面，政府同样出台了系列政策以缩小城乡差距，促进城乡均衡发展，例如基础教育的"农村义务教育阶段学校教师特设岗位计划"，加强了农村师资队伍建设，提高了农村基础教育办学水平；公共健康政策中的"新型农村合作医疗制度""健康扶贫工程"，以及农村劳动力培训领域"阳光工程"等，都促进了西部农村人才队伍建设，改善了城乡间资源供给不均衡的状况，缩小了城乡发展差距。在群体均衡方面，第七章高等教育部分，政府出台了"能力提升工程""中西部高等教育振兴计划""省部共建"等政策，改善了西部地区高知识、高技能人才不足的状况，为经济高质量发展培育了一批高水平劳动者，满足西部经济社会发展的人才需求；第八章农村劳动力培训政策中，"阳光工程""雨露计划"等政策均针对粮食主产区、劳动力主要输出地区、贫困地区和革命老区的农村富余劳动力开展劳动技能培训，是农村贫困人口素质提升的重大工程计划，通过增强农村弱势群体的知识水平、专业技能和安全生产知识，提高综合素质，帮助农村富余劳动力实现转移就业。可见，公共人力资本投资的均衡性，体现在区域之间均衡协调发展，城乡之间资源共享、能力互补，群体之间机会均等、共同富裕。

在国家新发展理念下，西部地区公共人力资本投资坚持"公平正义"的价值导向：一方面注重公共人力资本投资公共服务的公益性，西部地区完全依赖市场和个体的供给无法满足现实需要，政府需要不断加大公共人力资本投资规模，以保证资源的充分供给，解决公共产品供给"不充分"的问题；另一方面注重公共投资分配的均衡性，努力缩小区域之间、城乡之间、群体之间的发展差距，促进公共人力资本投资均衡发展，以解决社会主要矛盾中"不均衡"的发展问题。公共人力资本投资为推动西部地区经济社会均衡协调发展、为共同富裕奠定了坚实的基础。

二 具有多维经济社会效益，是实现高质量发展的内生动力

在"公平正义"的价值导向下，西部地区公共人力资本投资不断加强投资力度提高投资规模，给西部地区带来了综合的经济社会效益，为推动西部高质量发展提供内生动力：在经济发展方面，加大西部地区公共人力资本投资能促进经济持续增长和缩小地区间经济发展差距，特别是产业结构在公共人力资本投资影响西部地区经济高质量发展的过程中发挥重要中介作用；在创新驱动方面，西部地区公共人力资本投资能够促进区域的创新知识产出和成果转化，特别是当区域人力资本存量积累到一定水平时，对知识创新的促进作用进一步加强，可以为西部高质量发展提供新动能；在民生福祉方面，西部地区公共人力资本投资既可以在宏观层面增进就业收入、文化教育、生活消费和安全健康等方面的民生福祉，也可以在微观层面改善居民的教育和健康水平进而显著提高居民幸福感。

1. 西部地区公共人力资本投资夯实了西部高质量发展的经济基础。在第十四章研究发现：加大西部地区公共教育和公共健康的投资规模既可以促进经济持续增长，也有利于缩小地区经济发展差距，而以高等教育为主的公共教育投资和以卫生技术人员为主的公共健康投资正是造成这种地区经济发展差距的主要因素；公共教育和健康投资的不同结构对经济发展的促进作用有所差异，在教育方面加大中等和高等教育投资，健康方面加大对于卫生技术人员的投资更匹配西部地区发展现状，更能满足西部地区经济发展的现实需求；西部地区公共人力资本投资为经济高质量发展提供了一定的人力资本储备，然而产业结构却在其中发挥着不同的中介作用，在西部地区当前的产业结构状况下，加大公共教育投资可以通过加快产业结构升级促进经济发展，而加大公共健康投资则会通过产业结构对经济发展产生一定的阻碍，不利于西部地区经济的高质量发展。

2. 西部地区公共人力资本投资为西部高质量发展提供新动力。在第十五章从创新价值链视角出发，将其划分为知识创新和成果转化两个阶段，研究发现：在知识创新方面，加大公共教育和健康的投资规模能够显著促进知识创新，特别是当西部地区人力资本存量累积到一定水平，公共教育和健康投资对知识创新的促进作用将进一步加强，不同结构的公共教育和健康投资对知识创新的促进作用也有所差异，在教育上加大以基础、高等为主的教育投资，在健康上加大以床位为主的健康硬件投资更有利于专利等创新成果的产出；在成果转化方面，公共教育和健康投资由于受到外部市场环境、产业结构等条件的约束，未能对西部地区的创新成果转化产生显著影响，加大以床位为主的健康硬件投资和以技术人员为主的健康软件投资能够改善西部地区卫生资源不足问题，满足创新人才的健康需求，提升知识成果转化为实际效益的能力，进而对西部地区创新成果的转化产生积极促进作用。

3. 西部地区公共人力资本投资对民生福祉存在显著改善作用，有利于高质量发展成果为全民所共享。在第十六章研究发现：宏观上，我国民生福祉水平不断提升，但西部民生福祉仍较为落后，加大公共教育和公共健康投资能够在就业收入、文化教育、生活消费和安全健康等方面提升西部地区民生福祉综合水平。在教育方面，各层级公共教育投资均能对民生福祉的改善产生显著促进作用，其中加大基础教育投资对于民生福祉的改善更为显著；在健康方面，无论是以床位为代表的健康硬件投资还是以卫生技术人员为代表的健康软件投资均能提升西部地区民生福祉水平。微观上，加大公共教育和公共健康投资不仅能够提高居民的受教育程度和自身健康状况，还可以有效增加收入、改善居民经济状况和个人社会经济地位，有效提升了西部地区居民幸福感。特别值得关注的是，财政透明度对西部地区公共人力资本投资影响居民幸福感具有正向调节作用。随着西部地区公共人力资本投资规模的不断加大，政府治理水平的提升可以有效提高教育和健康财政资金的使用效率，进而强化公共教育和公共健康投资对居民幸福感的提升效用。

总之，西部地区公共人力资本投资取得了一定的经济社会效益，在坚持创新、协调、绿色、开放、共享的新发展理念下，本书从经济发展、创新驱动和民生福祉三个维度进行了全面评估。然而西部地区公共人力资本投资所带来的社会经济效益非常复杂，不仅能够使得西部地区人民共享投资成果，还能够满足西部地区的发展诉求，帮助西部人民实现共同发展和共同富裕的目标，需要在考虑高质量发展的前提下进一步加强统筹规划以推进西部高质量发展。

三 受制于客观环境和治理能力，存在较大投资损失与风险

西部地区公共人力资本投资能够带来复杂多维的经济社会效益，但是

人力资本投资本身具有长期性、不确定性、滞后性和流动性等特点，同时，西部地区的教育、健康配置不均衡，产业转型升级进程缓慢，与东部地区之间的经济发展不平衡格局并未得到有效改善，且政府对公共人力资本投资资源的利用程度有限。由于受到这种客观环境和政府治理能力等因素的制约，西部地区公共人力资本投资存在着资金投入产出率不高、成果效益转化困难等损失与风险，可能会降低西部地区公共人力资本投资收益，阻碍经济社会的持续和健康发展。

1. 西部地区公共人力资本投资的效率较低，对规模效应的提升具有不利影响。第十二章分析结果显示，当前西部地区公共人力资本投资规模呈现不断增长的发展趋势，地区政府的经济负担水平较大，投入的资源能否顺利转换为经济社会效益是评价投资效果的主要方面。然而，第十三章对基础教育、中等教育、高等教育和健康投资的效率评价结果显示，西部地区公共人力资本投资效率均未达到最优状态，大部分省份低于全国平均水平。深入分析影响投资效率水平的原因，可能主要在于客观环境和政府治理能力不足：一是客观环境方面，由于西部多数省份地广人稀，经济发展水平较低，即使政府承担了过多的负担，但是部分省份人均拥有的床位数和卫生技术人员数较低，投资的覆盖面和可及性相对有限，投资效率不高，难以形成规模效应。二是政府治理能力方面，在第十三章各部分的投资效率评价中，发现纯技术效率和技术进步变化是导致投资效率低下的重要短板，反映出西部地区政府在管理和技术创新水平方面存在不足。如公共健康投资效率研究显示，西部地区政府缺乏医疗技术创新是导致资源配置水平较低的重要原因。此外对第四章—第十章政策报告中的发文部门网络图分析发现，虽然政策部门在政策制定方面的联系逐渐加强，但在政策实施和监督评估过程中仍然存在条块分割的问题，不同发文部门和领域之间的互动与衔接性不足，存在领域脱节、各自为政的问题。如农村劳动力培训政策中的"阳光工程"、"雨露计划"、新型职业农民培育工程分别由农业农村部、国务院和人社部等不同部门为主导，在不同阶段发挥了重要的作用，但是同时也反映出部门间需要统筹协调与配合，达到提升公共人力资本投资效率的目的。

2. 西部地区公共人力资本投资收益转化困难，难以取得预期的经济社会效益。实证研究发现，公共人力资本投资对经济发展、创新驱动和民生福祉发挥的推动作用有限，存在效益转化困难的现象，这也可以从客观环境和政府治理能力两个方面进行解释。一是客观环境方面，在第十四章研究发现，产业结构是公共人力资本投资对经济发展影响的重要因素，但是，由于西部地区的产业结构转型升级目前仍面临一系列现实难题：如普遍依赖于将自然资源、地理区位等要素优势转化成社会生产力的路径，技术创新水平较低从而导致内生动力不足等，因此，公共人力资本投资带来的高素质人力资本增长较难适应西部地区的中低端产业发展需求，对经济发展产生的推动作用受到限制。以上说明产业结构等方面低端锁定可能会影响公共人力资本投资的经济增长动能的释放。二是政府治理能力方面，第十五章研究发现，从创新价值链视角来看，西部地区公共人力资本投资能够明显促进知识创新，而没有对技术成果转化产生显著影响，主要原因在于，受到西部产学研协同合作水平的限制，高校等知识创新主体的研究成果与企业生产需求无法开展系统有效的对接和整合，区域创新链与产业链存在缺口，使得地区创新成果转化能力较为落后，缺乏持续稳定推进成果转化的产业支撑。以上说明产学研协同程度较低可能会限制创新驱动效益的发挥。第十六章研究发现，民生福祉存在复杂性、主观性等问题，会受到内外部多重因素的影响：一方面，宏观层面民生福祉的内涵包括就业收入、文化教育等四个维度，因此民生福祉水平的提升依赖于多个方面的共同作用，需要全面考虑公共人力资本投资对诸多因素的影响；另一方面，社会经济地位和财政透明度在西部地区公共人力资本投资对居民主观幸福感的传导机制中具有重要影响，然而西部地区仍面临相对贫困问题、政府财政透明、信息公开问题等，这均是影响人民幸福感和获得感的重要因素。

总之，受到西部地区复杂变化的经济社会等客观环境和政府治理能力的影响，西部地区公共人力资本投资仍面临投资效率不高等资源损失问题及效益成果转化困难等投资风险问题。因此，要从外部的客观环境和内部的政府治理能力两个方面出发，根据发展阶段和现实情况采取恰当的对策措施，达到降低损失和规避风险的目的，有效提升经济社会效益，实现西部地区的高质量发展。

第二节　基于整体性治理框架下的对策建议

新时代推进西部大开发新格局，需要进一步调整优化公共人力资本投资。从前文研究结论来看，公共人力资本投资涉及公共教育、卫生健康、技能培训和人才帮扶等多个领域，但不同领域分属不同部门管理，条块分割的权责配置模式与工作方式一定程度上保障了公共人力资本投资的执行与运行管理，同时也导致了公共人力资本投资的碎片化问题。在我国推进国家治理体系和治理能力现代化的时代背景下，结合西部地区公共人力资本投资所存在的碎片化现实困境，需要以整体性治理框架为指导进行有机协调与整合。本节依照整体性治理的核心理念，有针对性地从公共人力资本投资的理念目标、治理主体、治理机制以及治理环境四个维度入手，寻找迈向协调与整合的西部地区公共人力资本投资治理路径。

一　治理理念：整合国家理念与西部投资目标

为了顺应时代的新需要，推动西部大开发形成大保护、大开放、高质量发展的新格局，西部公共人力资本投资需要转变发展理念：以创新、协调、绿色、开放、共享的新发展理念促进西部地区经济发展与人口、资源、环境相协调，实现西部地区更高质量、更有效率、更加公平、更可持续的发展[1]。

（一）投资理念：契合国家新发展理念

首先，西部地区的公共人力资本投资要坚持创新、协调、绿色、开放、共享的新发展理念，推动西部地区的高质量发展。具体而言，公共人力资本投资要坚持创新发展理念，培养西部地区创新型人才，推动创新驱动；要坚持协调发展理念，加大西部地区教育和健康投资，缩小东西区域差距、城乡差距，并注重公共人力资本投资内部协调；要坚持绿色发展理念，通过教育培训，培养绿色观念，提高西部地区人力资本水平，推动产业绿色优化，进而支持绿色经济，创造绿色效益[2]；要坚持开放理念，以"一带一路"建设为契机，引导人才"西进"，形成内陆高水平开放新机制，深化国际合作，拓展区际交流；要坚持共享发展理念，稳步推进西部地区基本公共服务均等化，努力增进全体人民的获得感和幸福感，缩小人与人之间发展能力的差距，以推动实现西部人民的共同发展和共同富裕。

---

[1] 《中共中央国务院关于新时代推进西部大开发形成新格局的指导意见》。
[2] Tong, H., Wang, Y., XU, J., "Green Transformation in China: Structures of Endowment, Investment, and Employment", Structural Change and Economic Dynamics, 2020, Vol. 54, pp. 173 - 185.

其次，西部地区公共人力资本投资要不断激发西部地区发展的内生动力，满足西部地区发展需求，加快形成西部大开发的新格局。一方面，西部地区要加大公共人力资本投资水平，推进投资均等化。西部地区农村和欠发达地区的人力资本积累较为滞后，现有公共人力资本投资水平并不能满足广大人民群众的需要，因此应该要进一步提高普惠性公共人力资本投资，加大对西部农村和欠发达地区人力资本投资倾斜力度，逐步提高基本公共服务水平，缩小区域间差距。另一方面，要回应西部地区特色化的发展诉求。近年来西部地区内部差距有所扩大：内陆地区同边疆民族地区、经济开发区同生态保护区、城市地区同农村地区之间发展并不均衡，各地区对于人力资本发展需求不尽相同。因此要在确保宏观战略规划一致的基础上，根据区域发展的特色化、差异化需求有针对性地采取公共人力资本投资行动。

（二）投资目标：立足优化西部人力资本结构

西部地区的公共人力资本投资要为推动西部大开发新格局而服务，需要通过提高西部地区人力资本总量、提升质量、减少流失，来优化西部地区的人力资本结构。因此从人力资本存量、增量和流量三方面设置政策目标。

首先优化人力资本的存量。一是扩大存量基础。支持欠发达地区特别是"三区三州"等原深度贫困地区巩固教育脱贫攻坚成果；推动西部地区普惠性学前教育的发展，争取2035年西部地区全面普及学前三年教育[1]；提升西部地区义务教育巩固水平，力争西部各省份完成2035年义务教育巩固率97%的目标；进一步普及西部地区高中阶段教育，努力让西部各省份达到高中毛入学率97%的水平[2]。二是提高存量水平。完善西部地区全民终身学习的制度环境，强化继续教育与社会培训服务功能，扩大社区教育资源供给，建立健全社区教育办学网络，为西部地区的劳动者提供更加贴近、更加便利的教育。同时，加强西部地区健康人力资本的投资，持续改善农村医疗卫生条件，加快基层医疗卫生机构标准化建设，提高医护人员专业技术水平，通过加大公共健康投资，显著提高西部地区人均健康预期寿命，努力实现2030年人均预期寿命79岁的目标[3]。三是改善存量配置。

---

[1] 资料来自2018年中共中央 国务院《关于学前教育深化改革规范发展的若干意见》。
[2] 资料来自2019年中共中央 国务院《中国教育现代化2035》。
[3] 资料来自2016年中共中央 国务院《"健康中国2030"规划纲要》。

通过提高人力资本配置水平，让西部人力资本存量得到合理利用。一方面，由政府主导完善公益性的劳动力市场；另一方面，健全以市场导向的人力资源市场，同时加快人力资源市场条例立法进程，建立健全人力资源诚信体系、服务体系和市场监管体系建设。

其次提高人力资本的增量。一方面，扩大人力资本的数量。在保障基础教育均衡发展的基础上，逐步完善西部地区职业教育体系，努力保持高中阶段教育职普比大体相当，并大幅扩大面向中职毕业生的职业本科、高职招生的数量。同时，进一步推动普通高等院校扩招，扩招数量向西部地区倾斜。另一方面，提高人力资本的质量，适量往高层次人力资本投资倾斜，优化人力资本投资结构。对于高等职业教育，建设一批优秀高等职业学校和优质专业，推进西部地区高等职业教育提质培优，大力提升西部地区中等职业教育办学质量；对于普通高等教育，大力支持西部地区高校"双一流"建设，加强部区合建，立足西部特色，建设一批适应西部地区发展需求的学科。

二　治理主体：增强多元投资主体的协同合作

西部地区公共人力资本投资是在一个复杂的层级和部门体系下执行的。从纵向看，多层级的公共人力资本投资机制容易造成央地关系碎片化；从横向看，同级政府不同政府部门之间、政府社会之间，因地方政府或政府部门的自利性倾向，也会导致部际关系和政社关系的碎片化。因此，本书从央地关系、部际关系、政社关系三个方面加强多元投资主体的协同合作。

（一）央地关系：完善机制促进央地协同

西部地区公共人力资本投资的央地关系碎片化主要呈现出两个问题：第一个问题是对于义务教育、公共卫生及基层的基本医疗服务等公益性更强的人力资本投资，中央政府和西部各级地方政府事权、财权与财力之间不对称，导致西部地区基层政府承担压力过重[①]；第二个问题是对于职业教育、高等教育等市场性更强的人力资本投资，西部各级地方政府投资收益外溢严重，但并没有得到相应的补偿。因此，需要从纵向和横向完善转

---

① 刘松月：《教育事权与支出责任划分：概念界定、划分原则与解决方案》，《教育经济评论》2020年第2期。

移支付机制，以促进形成央地协同的格局。

首先，对于西部公共人力资本投资央地关系碎片化呈现的第一个问题，建议进一步明确中央和地方事权和支出责任，完善央地纵向转移支付机制。应当由中央研究制定全国统一标准，并由中央与地方按比例或以中央为主承担支出责任，按具体事项细化央地财政事权。针对西部地区经济实力较弱、财力不足的现实情况，对于义务教育，基层基本医疗服务等基础性、公益性、普惠性的投资，中央应持续加大投资总量。同时根据西部不同地区的财政状况，中央应通过一般性转移支付制度，承担更多的责任。此外，涉及阶段性任务和专项性工作的事项，所需经费可以由地方财政统筹安排，中央财政通过专项性转移支付统筹支持，以此促进投资的均衡性，比如对于农村义务教育阶段学校教师特设岗位计划教师补助可以由地方政府统筹计划，上报中央，由中央财政给予专项补助。

其次，对于第二个问题，建议由中央出面，协调地方建立区域之间的横向转移支付制度。对于西部地区，职业教育和高等教育很有可能面临人才流失的投资风险，因此需要由中央牵头、省级政府参与，在人力资本投资方与受益方联系密切的区域之间建立灵活的人力资本投资利益共享模式。在正确认识人力资本流动规律的基础上，打破人力资本使用的空间局限、制度局限。通过建立西部地区与东部地区人力资本合作共享平台，按照人力资本投资成本与流失量等因素，定向补偿给西部地区，减少公共人力投资主体与受益主体的错位。具体来说可以通过互联网等信息技术手段拓展人力资本使用空间，尝试采用"飞地模式""离岸模式"建立东西合作平台，实现区域优势资源互补，降低西部人力资本投资损失。

（二）部际关系：加强协作推动部门整合

公共人力资本投资涉及教育、健康等诸多领域，是一个复杂的系统工程，需要教育、卫生、财政等政府相关职能部门共同参与、分工协作。近年来，我国公共人力资本投资体系不断完善，各部门合作不断加强，但仍存在"部门主义""权责不明""管理混乱"等问题，需要进一步整合部际关系。

首先，通过加强顶层设计，明确公共人力资本投资各部门的权责分工。一是要明确职能交叉部门间关系，将有关职能进行整合。二是协调职能衔接部门间关系，在多部门联动中明确责任部门以及协同部门，强调责任部门在协作中的重要性。以教育政策为例，先以公民需求为导向，加强教育行政组织内部不同职能部门间的职能整合；再促进教育行政组织与其他行政部门的功能整合，由教育部牵头财政、卫生以及住建等相关部门，采取联席会议、派驻代表等形式做好政策协同，减少面对同一主体却政出多门的现象。

其次，通过制度建设，加强部门间的战略协作。一方面完善相应的制度保障信任，构建公共人力资本投资中各部门间信任的正式制度。公共人力资本投资领域涉及教育、健康、培训等多个方面，应该要从整体出发，针对跨部门协作的决策、执行和监督全过程，制定各方协调一致的政策计划、执行规划和相应的反馈制度。另一方面要构建同级地方政府和政府内部各职能部门间战略协作的非正式制度，要转变本位主义思想，打造信任文化，通过建立部门间磋商对话机制，及时交流公共人力资本投资合作中存在的问题。

最后，要健全监督管理体制，现有公共人力资本投资政策体系注重于对存在问题的解决，但是相应配套的监管制度往往缺失严重，因此要构建一个高效畅通的公共人力资本投资政策监管系统，通过引入第三方机构，确保各级公共人力资本投资督导部门在人事、财政和绩效评估等方面的独立性，以外部监督的形式化解我国公共人力资本投资政策的组织结构碎片化问题，避免象征性监督，从而推动公共人力资本投资的有效执行。

（三）政社关系：明确责任深化政社合作

西部政府组织在公共人力资本投资中发挥着主导作用，并未充分发挥社会力量。以教育投资为例，虽然西部地区经济发展较为落后，但西部政府教育投资占比甚至高于东部地区，达到50%以上，社会力量参与过少。因此西部地区公共人力资本投资需要明确责任，整合政社关系，充分发挥社会力量。

首先，要明确西部地区公共人力资本投资中政府和社会的责任。对于教育来说，不同的教育层级外部收益不同，因此要针对不同的教育层级分类管理：初等教育市场失灵严重，外部效应明显，政府应该要承担更多责任。中、高等教育市场失灵程度轻微，外部效应不太明显，个人收益大于社会收益，应由政府与市场配合供给。而对于健康来说，市场化导向可能会导致医疗服务公平性下降和卫生投入宏观效率低下的后果，造成看病贵和看病难的问题[1]，因此要坚持以政府主导，适当引入社会力量，健全医

---

[1] 方敏：《国家应该花多少钱用于健康？——卫生投入与健康结果的文献评估》，《公共行政评论》2015年第1期。

疗卫生多元筹资机制：公共卫生服务应主要通过政府筹资提供；基本医疗保险和基本医疗服务则可以由政府、社会和个人三方合理分担费用，而特需医疗服务则建议由个人自付或通过商业保险支付。

其次，充分发挥社会力量，完善以政府为主导，企业、家庭多层次协同发展的人力资本投资体系①。面对西部政府公共人力资本投资财政压力过大，财政经费捉襟见肘的现实情况，通过实施促进人才投资优先保证的财税金融政策，建立更加多元便利的融资渠道，完善政府、社会、个人多元人力资本投资机制，并设立合理的人力资本投资回报激励制度，鼓励和引导社会投资人力资本。以教育投资为例，可以在严格控制和稳步实施的前提下，落实对西部民办学校的人才鼓励政策和公共财政资助政策，支持民间资本特别是引进东部资本兴办高等学校、中小学校、幼儿园等各类教育机构。同时，也可以鼓励部委直属高校和地方高校"订单式"培养西部地区专业化人才。

三 治理机制：重构公共人力资本投资的行动过程

国家在西部地区出台和实施多项公共人力资本投资政策，在人力资本培养与提升方面起到了积极的促进作用，并对缩小区域发展差距，形成东中西相互促进、共同发展的新格局做出了切实贡献，但仍存在政策制定系统性和协调性不足，执行落实效率不高，缺乏科学全面的评价反馈机制等问题。因此，可以从公共人力资本投资的政策制定、执行落实和效果评价三个方面，重构公共人力资本投资行动过程，促进政策的科学实施与平稳运行。

（一）政策制定：统筹推动政策规划衔接

公共人力资本投资政策制定通常涉及多领域和多部门协调，过程中易出现多头领导、资金分散等现象，进而导致公共人力资本投资政策内容碎片化、政策间衔接性不足、政策过程缺乏连续性等问题。因此，需要统筹目标，系统推动政策规划衔接，最大限度发挥西部地区公共人力资本投资政策效能。

一方面，系统规划西部地区公共人力资本投资政策。政策制定应当切合西部地区发展目标，由中央国务院进行顶层设计与宏观指导，同时整合

---

① 张晓蓓、李子豪：《人力资本差异加剧了区域经济失衡吗》，《经济学家》2014年第4期。

跨部门力量，构建整体性公共人力资本投资框架，注重引进和培植西部地区高层次创新型和实用型人才，确保人才稳步增长、合理流动，使政策更好服务于西部地区经济社会发展。以教育政策为例，在教育政策的制定过程中，需要根据政策目标，充分考虑西部地区学龄人口流动、结构变化和教育发展的实际需求，尤其在乡村振兴和完善新型城镇化战略背景下，政策制定应当将教育质量提升与教育资源的城乡配置以及人口的流动与集聚结合起来①，以促进教育公平、满足人民群众不断增长的多层次、多样化的教育需求为发展方向，对教育规模、结构、质量等方面进行总体性规划设置，同时也对不同教育层次、不同教育类型进行专题政策规划，从而系统改善政策内容碎片化问题。

另一方面，提高公共人力资本投资政策衔接。公共人力资本投资政策之间是紧密联系、休戚相关的，这就要求更加一体化和系统化的政策衔接，形成部门协同、权责明晰、对接顺畅、运行高效的制度体系。如医疗卫生人才的培养与发展涉及医学院校教育、住院医师规范化培训、专科医师培训和毕业后继续医学教育等内容，这就对公共人力资本投资政策中的医疗卫生政策、教育发展政策、培训政策和人才帮扶政策之间的衔接与协调提出了较高的要求，为此应当加强各级各部门之间的医教协同政策衔接，及时出台配套政策，加快标准化和规范化临床教学培训基地建设，尤其注重西部边远地区医疗卫生人才队伍建设、培养与流动管理等。此外，应当重视西部地区教育链—产业链—人才链—创新链的衔接②，加强对区域间人才流动、人才培养、资源互认等方面的政策协调和制度衔接，确保政策互通互容，破解制约西部地区人才流动和发展的政策性障碍，营造完善配套的人才政策环境③。

（二）执行落实：精细化重构投资行动过程

西部大开发战略实施后，西部地区公共人力资本投资力度不断扩大，政府财政性教育经费支出与政府卫生支出逐年增长，然而长期以来，西部地区公共人力资本投资形式较为粗放，投资效率普遍不高，不仅导致了公

---

① 孙志军、郑磊：《"撤点并校"是否减少了教育资源投入》，《教育研究》2021 年第 11 期。
② 何琪：《区域人才共享：问题与对策》，《现代管理科学》2012 年第 3 期。
③ 施杨、赵曙明：《高层次创业人才政策工具挖掘及量化评价研究——基于江苏 6 个典型地区的调研》，《科学管理研究》2021 年第 5 期；陈芳、程贤文：《中部崛起的人才战略思考》，《管理世界》2007 年第 11 期。

共人力资本投资成本增高,还大大削弱了社会公众对政府部门的信任和满意程度。而精细化治理对西部地区公共人力资本投资行动过程提出了新的要求,其实质是用精准的治理成本、管理方式和技术手段[1],高效地提供优质全面的服务,精确打造公共人力资本投资特色实践路径。

首先,强化资金配置能力和水平。合理规划投资规模,处理好整体投资规模与各部分投资量级之间的相互关系,主管的教育、卫健和财政等部门应对公共人力资本投资地区、级别、类别等进行宏观调控,确保投资规模适度、投向合理。此外,对于公共人力资本投资总量的依赖弱化了西部地区优化投资结构的动力,资金管理能力也无法得到改善,应着重通过完善人力资本投资管理制度建设,加强对投资经费的监督与管理,从规模至上转向注重精细化管理,将公共人力资本投资模式的成本投入与效率回报控制在合理范围内。

其次,制定权责明晰的规范化管理制度。一方面,改变粗放的管理模式,将西部地区公共人力资本投资的管理目标、工作任务进行合理分解,通过对目标和工作任务的分类管理、量化考核等,达到公共人力资本投资精细化管理的目的。如在公共健康投资时,应当明确政府在健康投入和卫生人才培养等方面的目标,对医疗服务模式、医疗信息平台建设等工作进行系统管理,为居民提供精准精细化的基本医疗、公共卫生和健康管理服务,切实改善地区医疗卫生服务效率。另一方面,完善相关管理制度,提升西部地区教育、医疗等管理部门的服务能力,强化各部门专项和专业的公务人员业务素质、理论水平和管理能力,提高公共人力资本投资的信息透明度,重视对基层民众需求与诉求回应,提升公共人力资本投资的满意度。

最后,提高公共人力资本投资的技术资源应用与技术创新。技术赋能是实现西部公共人力资本投资体系与能力变革的重要基础,政府部门应立足于西部地区经济社会发展的需要,关注公共人力资本投资的投入—产出效率,借助区域高校和医疗卫生科研人才、科研机构等要素的投入,使科研成果、发明专利等创新技术转变为现实的生产力,促进西部地区公共人力资本投资全要素生产率持续上升。同时可以借助智能化与数字化手段,利用5G网络通信、大数据等现代信息技术,推动教育资源与医疗资源流

---

[1] 董慧:《城市治理的中国实践及其经验》,《湖北社会科学》2021年第11期。

动与下沉，进一步提高公共人力资本投资效率。

（三）效果评价：以高质量实现经济社会效益改善

高质量发展是新发展理念的重要体现，必须坚持创新、协调、绿色、开放、共享发展相统一。推动西部地区公共人力资本投资高质量发展不仅有助于加快新一轮西部大开发的发展步伐，还有助于缩小东部、中部、西部地区的发展差距，促进西部地区经济社会效益改善，最终实现全体人民共同富裕。

一方面，构建与经济社会高质量发展相适应的公共人力资本投资评价指标。科学全面的评价机制是提高西部地区公共人力资本投资质量的重要保障，考评指标应当围绕五大发展理念，坚持与西部地区经济社会高质量发展相适应的原则进行构建。一是创新发展方面，着重评价公共人力资本投资对技术创新与集成能力、成果转化以及对地区产业发展的实际贡献。二是协调发展方面，评价指标应当涵盖区域、城乡、社会协调发展等内容，具体可包括对西部地区城乡收入差距、教育与健康发展水平、就业机会等的考核。三是绿色发展方面，注重资源的合理有效利用，评价指标应当关注知识型人才、创新技术人才和管理经验人才储备对绿色经济发展的推动作用。四是开放发展方面，以"一带一路"倡议为契机，促进西部民族边疆地区的区位劣势转化为区位优势，评价指标注重衡量国际合作与交流、引进国际人才的数量及质量、对外开放深度等，提高西部地区对外开放水平，深度融入世界经济。五是共享发展方面，评价指标应当注重社会成员的获得感，关注西部地区城乡居民收入，注重教育、医疗卫生的可及性和公共服务均等化等评价，为地区经济社会高质量发展奠定动力基础。

另一方面，建立公共人力资本投资全过程评价机制，对公共人力资本投资进行长期的跟踪评价。公共人力资本投资政策制定后，对政策执行、投资效率测算、政策执行后带来的社会效益、存在问题及其影响因素等情况进行跟踪调查和分析评价，准确判断公共人力资本投资的价值与效果，根据评估结果、实际状况和发展态势，及时调整人力资本投资政策措施，不断提高人力资本使用水平，形成科学合理、公开透明的西部地区公共人力资本评价制度。同时还可引入第三方评价机制，客观地为中央向地区进行合理补偿提供依据，真正发挥考评的导向、规范和激励作用，既为检验公共人力资本投资活动提供手段，又为优化投资结构提供依据，不断推动公共人力资本投资政策评估的制度化与规范化发展。

第十七章 研究结论、对策建议与展望

四 治理环境：营造可持续发展的生态体系

根据可持续发展理论，人类社会的发展和财富价值创造都可以看作是由物质资本、自然资本、人力资本和社会资本四类资本决定的[①]，它们通过资源关系、技术关系和利益关系联结形成共生单元[②]。在经济社会发展中，这四大资本既可以相互替代补充，彼此之间也会存在约束，如人力资本具有的知识技能可以弥补区域自然资源上的天然劣势，而物质资本的丰沛程度也影响着人力资本的产出与效能。因此，在新时代要实现西部大开发新格局，不仅需要公共人力资本投资提升，也需要物质资本、自然资本和社会资本的协同发展，以提高公共人力资本投资效率、扩大投资效益，形成了持续发展效应。

（一）夯实西部地区物质资本基础

从生产过程来看，物质资本是经济社会发展的物质基础，而各类生产、生活等基础设施是区域物质资本的主要表现形式，可以分为"传统基础设施"和"新型基础设施"两个部分[③]。对于公共人力资本投资而言，以交通、运输和通信为代表的传统基础设施是人力资本形成有效产出、促进知识人才流动的基础，而以互联网、大数据为代表的新型基础设施则带来了公共人力资本投资形式、公共人力资本产出效率的革命性变化。

因此，要重视物质资本投资与公共人力资本投资的协同效应：一是优化传统基础设施投资。中央政府要继续加大对西部地区基础设施建设的支持力度，补齐西部地区在交通运输、便民利民和人居环境等方面设施短板，同时结合区域发展的特色和优势，重点开展一系列基础设施工程，如核心经济圈互通互联、边境口岸对外贸易设施、西部陆海新通道建设等，满足人力资本等要素的发展需求。二是加快新型基础设施建设布局。推进5G网络配套以及人工智能、工业互联网、物联网、云平台等通信和信息基础设施建设，在公共教育、医疗健康、技能培训和科研成果转化等领域推广信息技术应用，重点缩小区域间、城乡间的信息鸿沟，借助"新基建"

[①] 诸大建：《可持续性科学：基于对象—过程—主体的分析模型》，《中国人口·资源与环境》2016年第7期。

[②] 梁中：《基于生态学视角的区域主导产业协同创新机制研究》，《经济问题探索》2015年第6期。

[③] 尹贻林、卢晶：《我国公共投资范围研究》，《上海经济研究》2007年第10期。

突破公共人力资本投资的空间限制、降低投资成本和提高产出效率。三是提高西部地区产业发展水平。人力资本只有与物质资本结合才能实现其效益，产业平台则是两者结合的主要载体，要发挥物质资本和人力资本对产业的拉动作用，加快西部地区优势产业平台建设，实现西部地区产业结构多元化、特色化、合理化发展。

（二）发挥西部地区自然资本优势

自然资本是社会经济生产过程中发挥作用的自然要素的集合，与东部地区相比，西部地区具有更加丰富多样的自然资源，是西部地区发展的优势所在。而从人力资本与自然资本的交互关系来看，人力资本提升有助于提升公众环保意识、改善发展模式，进而促进自然资本的保护与投入；自然资本的提升则可以改善人类生存环境，进而有助于提升人力资本[1]。

所谓"绿水青山就是金山银山"，未来西部地区公共人力资本投资必然要同其自然资本相协调：一方面，要强化西部地区绿色生态建设，为人力资本成长与发展提供生态保障与发展机会。围绕国家生态文明建设和"大保护、大开放和高质量"的发展要求，进一步加大西部地区生态保护和生态工程建设，保护好西部地区优质的生态环境，在此基础上，走生态产业化和产业生态化发展之路，为人力资本创造新的教育、培训与就业机会。另一方面，要结合西部绿色发展战略，加强公共人力资本投资的针对性和前瞻性。注重培养树立西部民众绿色发展意识，通过人力资本发展创造和改进生产技术，带动西部地区生产模式、消费模式的改变，降低发展能耗与污染，构建人力资本与自然资本和谐发展的生态体系。

（三）加强西部地区社会资本培育

社会资本是集体行动的准则，涉及社会网络、社会规范和社会信任等方面，能够通过影响社会主体间的互动关系，进而影响物质资本、自然资本和人力资本的积累与使用[2]。相对于其他地区而言，西部地区具有多样的民族文化构成、复杂的社会形势以及落后的经济环境，其社会资本的整体水平不高，一定程度上会制约西部地区公共人力资本投资效益的实现。例如，前文研究中发现，西部地区市场机制、产权保护、"产学研"合作

---

[1] 胡鞍钢、周绍杰：《绿色发展：功能界定、机制分析与发展战略》，《中国人口·资源与环境》2014年第1期。

[2] 刘纪远、邓祥征、刘卫东等：《中国西部绿色发展概念框架》，《中国人口·资源与环境》2013年第10期。

等制度环境不足,就限制了公共人力资本投资的创新驱动效应,无法形成有效的技术转化。

因此,社会资本作为促进物质资本、自然资本和人力资本实现协同合作的软性支持要素,西部地区政府必然要给予充分重视,应采取一系列政策措施加以培育与改善。一是提高西部地区社会网络合作水平,增进各类生产要素之间协同合作。这种社会网络包含纵向区域间和横向领域间,一方面是构建"产学研"协同、产业链上下游协同等社会合作网络,实现人力资本等要素能够得到充分流动与利用,形成集聚规模效益;另一方面是促进区域间社会合作网络建设,如"一带一路"倡议协同、"东西协作"以及"经济双循环"等,增进区域之间的技术、资金、人才和市场等优势共享,以实现西部抱团式、集约式发展。二是加强西部地区的社会规范建设,优化发展的制度环境。要完善相关的法律法规保障,清除发展的制度障碍与壁垒,完善市场化合作与竞争机制,如深化要素市场化配置改革、促进科技创新体制发展、推进"放管服"改革、加大创新创业帮扶力度、提高金融服务水平等,为人力资本发展营造良性制度环境。三是提升西部地区社会信任水平,增进民众对西部发展信心。这就要求提高西部地区政府的公信力,促进各类信息公开透明、打击腐败行为,确保各类政策和措施真正惠及民众,同时做好各项兜底保障工作、加强收入分配调节,重视对相对贫困问题的治理,增强个体生计发展的韧性,以增进民生福祉、实现共同富裕。

第三节 不足和展望

舒尔茨提出的人力资本理论,揭示了人力资本是当今世界经济发展的主要动能,也指明了通过人力资本投资提升人力资本是各个国家和地区发展的第一要务,继而引发了教育经济学、健康经济学等一系列的分支学科对相关人力资本投资行为的深入系统研究。传统的人力资本理论为公共人力资本投资提供了理论依据,但是从区域视角结合中国实际,在研究的内涵和外延上还不足以解释和覆盖中国的各项公共人力资本投资的政策和行为。

人力资本投资能够提升人力资本,在所有的投资主体中,政府需要主动担当作为,特别是涉及一些基础性、公益性、普惠性的人力资本投资需要公共财政的投入。中国是一个发展中的社会主义大国，将公共教育和健康投资作为基本民生保障的重要方面，在公共人力资本投资方面有着自身的一些思路和特点，许多都是超出传统人力资本理论考虑的范围，因此非常有必要进行全面系统的梳理，本书尝试着对我国政府在西部地区公共人力资本投资的教育、培训、健康和迁移方面，对七类具体的政策进行了搜集整理，并采取政策文本分析等方法和工具进行了分析。

在我国政府财政支出项目中，教育和健康通常都被认为是政府应该提供的基本公共服务，但是，从人力资本理论角度看，这些都是区域重要的人力资本投资。既然是投资，就必然会追求获取相应的效益，这种效益的不对等性、复杂性、长期性、潜在性，为效益的评估带来了困难，特别是西部地区地方政府在人力资本投资上承担了沉重的负担，从长期来看，对于可持续发展、绿色发展是非常有益的，但是短期之内，由于人力资本的流动性，投资的成本和收益并不对等，能够为西部地区发展带来的效益究竟如何评判确实需要研究。本书尽管结合新发展理念，从经济发展、创新驱动和民生福祉方面进行了全面系统的评估，但是随着经济社会的不断发展变化，还需要进一步调整和追踪。

此外，为了结合西部地区边疆、民族、贫困等方面的特点，寻找独特的问题，2017—2019年，课题组利用假期时间，前后前往宁明、凭祥、龙州、东兴、富川、隆林、靖西等多个广西边境、民族县开展实地调研访谈，甚至发现，广西地方政府希望能够在跨境劳务合作方面进行突破，以解决招商引资和产业发展的人力资源瓶颈问题，这毫无疑问也是非常具有地方特色的创新举措，值得深入研究分析。但是由于新冠肺炎疫情的出现，实地调研变得困难，课题研究只能将重心放在宏观层面的效益分析上，大量采用面板数据进行数据挖掘和分析，只在微观层面的民生福祉上使用了公开数据库的调研数据，后续还希望能够有机会承担更多课题深入边疆地区、民族地区实地调研，将学问真正写在祖国的大地上，也从中国特色的公共人力资本投资实践的研究出发对人力资本理论等进行拓展和深化。

附录1

西部地区公共人力资本投资政策发文部门名称对照表

组织机构类别/序号	机构改革后发文部门名称	本书中的简称	机构改革前发文部门名称
中共中央、国务院			
1	中国共产党中央委员会	中共中央	—
2	中华人民共和国国务院	国务院	—
3	中国共产党中央军事委员会	中央军委	—
中共中央直属机构			
4	中国共产党中央委员会组织部	中组部	—
5	中国共产党中央委员会宣传部	中宣部	—
6	中国共产党中央委员会统一战线工作部	中央统战部	—
国务院组成部门			
7	中华人民共和国教育部	教育部	—
8	中华人民共和国财政部	财政部	—
9	中华人民共和国国家发展和改革委员会	发改委	国家计委
10	中华人民共和国人力资源和社会保障部	人社部	人事部、劳动和社会保障部
11	中华人民共和国农业农村部	农业农村部	农业部
12	中华人民共和国科学技术部	科技部	—
13	中华人民共和国住房和城乡建设部	住建部	建设部
14	中华人民共和国商务部	商务部	—
15	中华人民共和国外交部	外交部	—

续表

组织机构类别/序号	机构改革后发文部门名称	本书中的简称	机构改革前发文部门名称
16	中华人民共和国民政部	民政部	—
17	中华人民共和国水利部	水利部	—
18	中华人民共和国国家民族事务委员会	国家民委	—
19	中华人民共和国公安部	公安部	—
13	中华人民共和国审计署	审计署	—
14	中华人民共和国文化和旅游部	文旅部	文化部
15	中华人民共和国工业和信息化部	工信部	信息产业部
16	中华人民共和国退役军人事务部	退役军人事务部	—
17	中华人民共和国交通运输部	交通运输部	交通部、铁道部
18	中华人民共和国应急管理部	应急管理部	国家安监总局
19	中华人民共和国生态环境部	生态环境部	—
20	中华人民共和国国家卫生健康委员会	国家卫健委	卫生部、卫计委
21	中华人民共和国国家安全部	国家安全部	—
22	中华人民共和国司法部	司法部	—
23	中华人民共和国自然资源部	自然资源部	国土资源部
24	中国人民银行	中国人民银行	—
国务院直属特设机构			
25	国务院国有资产监督管理委员会	国资委	—
国务院直属机构			
26	国家市场监督管理总局	国家市监局	国家工商总局
27	国家税务总局	—	财政部税务总局
28	中华人民共和国海关总署	海关总署	—
29	国家广播电视总局	国家广电总局	国家新闻出版总署、国家新闻出版广电总局
30	国家体育总局	国家体育总局	—
31	国家医疗保障局	国家医保局	—

附录1　西部地区公共人力资本投资政策发文部门名称对照表

续表

组织机构类别/序号	机构改革后发文部门名称	本书中的简称	机构改革前发文部门名称
32	国家乡村振兴局	国家乡村振兴局	国务院扶贫办
国务院办事机构			
33	国务院侨务办公室	国务院侨办	—
国务院直属事业单位			
34	中国银行保险监督管理委员会	银保监会	银监会
35	中国证券监督管理委员会	证监会	
36	中国科学院	中科院	—
国务院部委管理的国家局			
37	国家林业和草原局（由自然资源部管理）	国家林草局	国家林业局
38	国家粮食和物资储备局（由国家发展和改革委员会管理）	国家粮食和物资储备局	国家粮食局
39	国家铁路局（由交通运输部管理）	国家铁路局	—
40	国家中医药管理局（由国家卫生健康委员会管理）	国家中医药管理局	
41	国家国防科技工业局（由工业和信息化部管理）	国家国防科工局	国防科工委
42	国家药品监督管理局（由国家市场监督管理总局管理）	国家药监局	—
其他机构			
43	国务院西部开发领导小组办公室	国务院西部开发办	—
44	国务院学位委员会	国务院学位委员会	—
45	国务院纠正行业不正之风办公室	国务院纠风办	—
46	国务院农村综合改革工作小组办公室	国务院农改办	国务院农村税务改革办

· 515 ·

续表

组织机构类别/序号	机构改革后发文部门名称	本书中的简称	机构改革前发文部门名称
47	中国共产党中央军事委员会后勤保障部	中央军委后勤保障部	—
48	中国共产党中央军事委员会政治工作部	中央军委政治工作部	解放军总政治部
49	中国共产党中央军事委员会联合参谋部	中央军委联合参谋部	解放军总参谋部
50	中国共产党中央社会治安综合治理委员会办公室	中央综治办	—
51	中国共产党中央精神文明建设指导委员会办公室	中央文明办	—
52	中国共产党中央机构编制委员会办公室	中央编办	—
53	中华人民共和国最高人民法院	最高法院	—
54	中华人民共和国最高人民检察院	最高检察院	—
55	全国大学生志愿服务西部计划项目管理办公室	西部计划项目办	—
56	中国共产主义青年团中央委员会	共青团中央	—
57	中国科学技术协会	中国科协	—
58	中国残疾人联合会	中国残联	—
59	中华全国妇女联合会	全国妇联	—
60	中华全国总工会	全国总工会	—
61	全国农村义务教育学生营养改善计划领导小组办公室	全国学生营养办	—
62	国家开发银行	国家开发银行	—
63	中华人民共和国国家监察委员会	国家监察委	国家监察部
64	中华人民共和国公安部交通管理局	交管局	—
65	国家矿山安全监察局	国家矿山安监局	国家煤矿安监局
66	中国民主促进会中央委员会	民进中央	—

附录2

西部地区学前教育政策

编号	政策名称	发布时间	发文部门
1	关于实施西部大开发若干政策措施的通知	2000年10月26日	国务院
2	关于加强中小学教师职业道德建设的若干意见	2000年8月15日	教育部
3	中国儿童发展纲要（2001—2010年）	2001年5月22日	国务院
4	关于基础教育改革与发展的决定	2001年5月29日	国务院
5	全国教育事业第十个五年计划	2001年7月26日	教育部
6	关于幼儿园教育指导纲要（试行）的通知	2001年8月1日	教育部
7	关于"十五"期间进一步推进特殊教育改革和发展的意见	2001年11月27日	教育部、国家计委等
8	关于"十五"期间教师教育改革与发展的意见	2002年3月1日	教育部
9	基础教育工作分类推进与评估指导意见	2002年8月16日	教育部
10	关于幼儿教育改革与发展的指导意见	2003年1月27日	教育部、中央编办等
11	2003—2007年教育振兴行动计划的通知	2004年2月20日	国务院
13	中华人民共和国民办教育促进法实施条例	2004年3月5日	国务院
12	关于做好中小学幼儿园安全工作的意见	2005年3月1日	教育部
14	关于规范小学和幼儿园教师培养工作的通知	2005年3月14日	教育部
15	关于加强中小学幼儿园校车安全管理的紧急通知	2005年3月18日	教育部
16	关于进一步做好中小学幼儿园安全工作六条措施	2005年6月15日	教育部
17	中小学幼儿园安全管理办法	2006年6月30日	教育部
18	国家教育事业发展"十一五"规划	2007年5月18日	教育部
19	关于加强民办学前教育机构管理工作的通知	2007年9月20日	教育部
20	关于做好中小学幼儿园安全工作的预警通知	2007年11月9日	教育部

续表

编号	政策名称	发布时间	发文部门
21	中小学幼儿园校车交通安全集中整治工作方案	2008年8月25日	交管局
22	关于做好冬季中小学幼儿园安全工作的通知	2009年12月8日	教育部
23	国家中长期教育改革和发展规划纲要（2010—2020年）	2010年7月8日	中共中央、国务院
24	关于进一步加强学校幼儿园安全防范工作建立健全长效工作机制的意见	2010年8月23日	中央综治委、教育部等
25	托儿所幼儿园卫生保健管理办法	2010年9月6日	卫生部、教育部
26	关于开展国家教育体制改革试点的通知	2010年10月24日	国务院
27	关于当前发展学前教育的若干意见	2010年11月21日	国务院
28	关于成立教育部学前教育三年行动计划推进工作领导小组的通知	2011年3月8日	教育部
29	关于建立学前教育资助制度的意见	2011年9月5日	财政部、教育部
30	关于加大财政投入支持学前教育发展的通知	2011年9月5日	财政部、教育部
31	关于实施幼儿教师国家级培训计划的通知	2011年9月5日	财政部、教育部
32	关于规范幼儿园保育教育工作防止和纠正"小学化"现象的通知	2011年12月28日	教育部
33	幼儿园收费管理暂行办法	2011年12月31日	发改委、教育部等
34	幼儿园教师专业标准（试行）	2012年2月10日	教育部
35	学前教育督导评估暂行办法	2012年2月12日	教育部
36	关于开展0—3岁婴幼儿早期教育试点工作有关事项的通知	2012年4月17日	教育部
37	托儿所幼儿园卫生保健工作规范	2012年5月9日	卫生部
38	国家教育事业发展第十二个五年规划	2012年6月14日	教育部
39	关于加强教师队伍建设的意见	2012年8月20日	国务院
40	关于加强幼儿园教师队伍建设的意见	2012年9月20日	财政部、教育部等
41	3—6岁儿童学习与发展指南	2012年10月9日	教育部
42	关于举办学前教育三年行动计划网络巡展的通知	2012年12月19日	教育部
43	幼儿园教职工配备标准（暂行）	2013年1月8日	教育部

续表

编号	政策名称	发布时间	发文部门
44	关于成立中小学校长和幼儿园园长国家级培训项目管理办公室的通知	2013年6月22日	教育部
45	关于建立中小学校舍安全保障长效机制意见的通知	2013年11月7日	国务院
46	中小学幼儿园应急疏散演练指南	2014年2月22日	教育部
47	关于实施第二期学前教育三年行动计划的意见	2014年11月15日	教育部、发改委等
48	幼儿园园长专业标准	2015年1月10日	教育部
49	中央财政支持学前教育发展资金管理办法	2015年7月1日	财政部、教育部
50	关于加强中小学幼儿园消防安全管理工作的意见	2015年8月6日	教育部、公安部
51	关于改革实施中小学幼儿园教师国家级培训计划的通知	2015年9月1日	教育部、财政部
52	中小学幼儿园教师国家级培训计划专项资金管理办法	2015年12月22日	财政部、教育部
53	幼儿园工作规程	2016年1月5日	教育部
54	中小学（幼儿园）安全工作专项督导暂行办法	2016年11月30日	教育部
55	关于进一步加强中小学校和幼儿园食品安全监督管理工作的通知	2016年12月7日	药监局、教育部
56	幼儿园建设标准	2016年12月14日	教育部
57	教育脱贫攻坚"十三五"规划	2016年12月16日	教育部、发改委等
58	国家教育事业发展"十三五"规划	2017年1月10日	国务院
59	关于实施第三期学前教育行动计划的意见	2017年4月13日	教育部、发改委等
60	幼儿园办园行为督导评估办法	2017年4月18日	教育部
61	关于加强中小学（幼儿园）安全工作的紧急通知	2017年4月19日	教育部
62	关于加强中小学幼儿园安全风险防控体系建设的意见	2017年4月25日	国务院
63	关于开展中小学（幼儿园）校车安全隐患排查整治工作的紧急通知	2017年5月11日	教育部
64	关于加强中小学（幼儿园）周边安全风险防控工作的紧急通知	2017年6月16日	教育部

续表

编号	政策名称	发布时间	发文部门
65	关于各地出台公办幼儿园教职工编制标准情况的通报	2017年7月13日	教育部
66	乡村校园长"三段式"培训指南	2017年7月24日	教育部
67	关于全面深化新时代教师队伍建设改革的意见	2018年1月20日	国务院
68	关于开展幼儿园"小学化"专项治理工作的通知	2018年7月4日	教育部
69	关于进一步加强中小学（幼儿园）安全工作的紧急通知	2019年9月3日	国务院
70	关于学前教育深化改革规范发展的若干意见	2018年11月7日	中共中央、国务院
71	新时代幼儿园教师职业行为十项准则	2018年11月8日	教育部
72	关于进一步加强中小学（幼儿园）预防性侵害学生工作的通知	2018年12月14日	教育部
73	关于开展城镇小区配套幼儿园治理工作的通知	2019年1月9日	国务院
74	学校食品安全与营养健康管理规定	2019年2月20日	教育部、药监局等
75	关于推荐2019—2022年教育部高等学校幼儿园教师培养等教学指导委员会委员的通知	2019年4月1日	教育部
76	关于成立国家教师教育咨询专家委员会的通知	2019年7月4日	教育部

附录3

西部地区基础教育政策

编号	政策名称	发布时间	发文部门
1	关于进行农村税费改革试点工作的通知	2000年3月2日	中共中央、国务院
2	关于对贫困地区小学生供应黑白版教科书的通知	2000年3月8日	教育部、新闻出版署
3	关于推动东西部地区学校对口支援工作的通知	2000年4月6日	中共中央、国务院
4	关于进一步加强农村中小学收费管理制止乱收费的通知	2000年9月1日	教育部、国家计委
5	关于实施西部大开发若干政策措施的通知	2000年10月26日	国务院
6	关于在中小学普及信息技术教育的通知	2000年11月14日	教育部
7	关于进一步做好农村税费改革试点工作的通知	2001年3月24日	国务院
8	关于基础教育改革与发展的决定	2001年5月29日	国务院
9	关于降低中小学教材价格深化教材管理制度改革意见	2001年6月4日	体改办、国家计委
10	关于对全国部分贫困地区农村中小学生试行免费提供教科书的意见	2001年6月7日	教育部、财政部
11	基础教育课程改革纲要（试行）	2001年6月8日	教育部
12	关于继续做好农村教育费附加征收管理工作的通知	2001年6月9日	教育部、财政部等
13	关于进一步做好治理教育乱收费工作的意见	2001年6月12日	国务院纠风办、教育部
14	国民经济和社会发展第十个五年计划科技教育发展重点专项规划（教育发展规划）	2001年6月18日	国家计委
15	全国教育事业第十个五年计划	2001年7月26日	教育部

续表

编号	政策名称	发布时间	发文部门
16	关于做好农村中小学公用经费标准定额核定工作、确保学校正常运转有关问题的通知	2001年8月21日	财政部、教育部
17	关于西部大开发若干政策措施实施意见	2001年9月29日	国务院西部开发办
18	关于加强基础教育办学管理若干问题的通知	2002年2月26日	教育部
19	关于"十五"期间教师教育改革与发展的意见	2002年3月1日	教育部
20	关于完善农村义务教育管理体制的通知	2002年4月14日	国务院
21	关于实施全国教师教育网络联盟计划的指导意见	2003年9月4日	教育部
22	关于进一步加强农村教育工作的决定	2003年9月17日	国务院
23	2003—2007年教育振兴行动计划	2004年2月10日	国务院
24	对农村义务教育阶段家庭经济困难学生免费提供教科书工作暂行管理办法	2004年2月16日	财政部、教育部
25	国家西部地区"两基"攻坚计划（2004—2007年）	2004年2月16日	教育部、发改委等
26	关于加快推进全国教师教育网络联盟计划，组织实施新一轮中小学教师全员培训的意见	2004年9月7日	教育部
27	关于进一步加强和改进师德建设的意见	2005年1月13日	教育部
28	关于进一步推进义务教育均衡发展的若干意见	2005年5月25日	教育部
29	关于引导和鼓励高校毕业生面向基层就业的意见	2005年6月29日	中共中央、国务院
30	关于深化农村义务教育经费保障机制改革的通知	2005年12月24日	国务院
31	关于推进社会主义新农村建设的若干意见	2005年12月31日	中共中央、国务院
32	关于确保农村义务教育经费投入加强财政预算管理的通知	2006年1月19日	财政部、教育部
33	全国农村义务教育阶段学生免收学杂费的实施管理办法	2006年1月19日	财政部、教育部
34	农村中小学公用经费支出管理暂行办法	2006年1月19日	财政部、教育部
35	关于组织开展高校毕业生到农村基层从事支教、支农、支医和扶贫工作的通知	2006年2月25日	中组部、人事部等

续表

编号	政策名称	发布时间	发文部门
36	农村义务教育经费保障机制改革中央专项资金支付管理暂行办法	2006年4月6日	财政部、教育部
37	关于实施农村义务教育阶段学校教师特设岗位计划的通知	2006年5月15日	教育部、财政部等
38	关于切实解决农村边远山区交通不便地区中小学生上学远问题有关事项的通知	2006年6月7日	教育部
39	关于实事求是地做好农村中小学布局调整工作的通知	2006年6月9日	教育部
40	关于在农村义务教育经费保障机制改革中坚决制止学校乱收费的通知	2006年7月6日	教育部、国务院纠风办等
41	关于加强农村义务教育经费保障机制改革督导工作的意见	2006年9月19日	教育部、财政部
42	国家西部地区农村寄宿制学校建设工程项目学校管理暂行办法	2006年9月28日	国务院
43	关于进一步加强中小学校校舍建设与管理工作的通知	2006年11月14日	教育部
44	中西部农村初中校舍改造工程总体方案	2007年4月18日	发改委、教育部
45	高等学校、义务教育学校、中等职业学校等教育事业单位岗位设置管理的三个指导意见	2007年5月7日	人事部、教育部
46	关于教育部直属师范大学师范生免费教育实施办法（试行）	2007年5月9日	教育部、财政部等
47	关于进一步做好农村义务教育经费保障机制改革有关工作的通知	2007年7月12日	教育部
48	关于调整完善农村义务教育经费保障机制改革有关政策的通知	2007年11月26日	财政部、教育部
49	关于开展清理化解农村义务教育"普九"债务试点工作意见	2007年12月19日	国务院农改办
50	关于做好免除城市义务教育阶段学生学杂费工作的通知	2008年8月12日	国务院
51	农村普通中小学校建设标准	2008年9月3日	住建部、发改委

续表

编号	政策名称	发布时间	发文部门
52	关于举办农村义务教育中小学校长预算管理专题培训班的通知	2008年10月23日	教育部
53	关于做好义务教育学校教师绩效考核工作的指导意见	2008年12月31日	教育部
54	关于继续组织实施"农村义务教育阶段学校教师特设岗位计划"的通知	2009年2月23日	教育部、财政部等
55	关于贯彻落实科学发展观进一步推进义务教育均衡发展的意见	2010年1月19日	教育部
56	关于深化基础教育课程改革进一步推进素质教育的意见	2010年4月27日	教育部
57	关于实施"中小学教师国家级培训计划"的通知	2010年7月1日	教育部、财政部
58	国家中长期教育改革和发展规划纲要（2010—2020年）	2010年7月29日	中共中央、国务院
59	关于开展国家教育体制改革试点的通知	2010年12月5日	国务院
60	关于大力加强中小学教师培训工作的意见	2011年1月4日	教育部
61	对口支援新疆干部和人才管理办法	2011年1月22日	中组部、人社部
62	关于实施农村义务教育学生营养改善计划的意见	2011年11月23日	国务院
63	中国农村扶贫开发纲要（2011—2020年）	2011年12月2日	中共中央、国务院
64	关于加强教师队伍建设的意见	2012年8月20日	国务院
65	关于深入推进义务教育均衡发展的意见	2012年9月5日	国务院
66	关于规范农村义务教育学校布局调整的意见	2012年9月6日	国务院
67	关于大力推进农村义务教育教师队伍建设的意见	2012年11月8日	教育部、财政部等
68	关于进一步做好农村义务教育学生营养改善计划有关工作的通知	2012年12月19日	教育部
69	关于落实中共中央国务院关于加快发展现代农业进一步增强农村发展活力若干意见	2013年2月7日	国务院
70	关于实施教育扶贫工程意见的通知	2013年7月29日	教育部、发改委等

续表

编号	政策名称	发布时间	发文部门
71	关于落实2013年中央1号文件要求对在连片特困地区工作的乡村教师给予生活补助的通知	2013年9月12日	教育部、财政部
72	关于建立中小学校舍安全保障长效机制意见	2013年11月7日	国务院
73	关于全面深化改革若干重大问题的决定	2013年11月12日	中共中央
74	关于全面改善贫困地区义务教育薄弱学校基本办学条件的意见	2013年12月31日	教育部、发改委等
75	中小学教师违反职业道德行为处理办法	2014年1月14日	教育部
76	关于开展农村义务教育学校基本办学条件专项督导的通知	2014年4月15日	教育部
77	关于推进县（区）域内义务教育学校校长教师交流轮岗的意见	2014年9月2日	教育部、财政部等
78	全国民族教育科研规划（2014—2020年）	2014年11月3日	教育部
79	关于进一步加强和改进师德建设的意见	2015年1月13日	教育部
80	关于加强新时期中小学图书馆建设与应用工作的意见	2015年5月20日	教育部、文化部等
81	乡村教师支持计划（2015—2020年）	2015年6月1日	国务院
82	关于深化中小学教师职称制度改革的指导意见	2015年8月28日	人社部、教育部
83	关于全面加强和改进学校美育工作的意见	2015年9月15日	国务院
84	关于进一步完善城乡义务教育经费保障机制的通知	2015年11月25日	国务院
85	全民科学素质行动计划纲要实施方案（2016—2020年）	2016年2月25日	国务院
86	关于加快中西部教育发展的指导意见	2016年5月11日	国务院
87	关于统筹推进县域内城乡义务教育一体化改革发展的若干意见	2016年7月11日	国务院
88	城乡义务教育补助经费管理办法	2016年11月11日	财政部、教育部
89	关于鼓励社会力量兴办教育促进民办教育健康发展的若干意见	2016年12月29日	国务院
90	国家教育事业发展"十三五"规划	2017年1月10日	国务院
91	义务教育小学科学课程标准	2017年2月6日	教育部

续表

编号	政策名称	发布时间	发文部门
92	关于进一步加强控辍保学提高义务教育巩固水平的通知	2017年7月28日	国务院
93	关于进一步加强全面改善贫困地区义务教育薄弱学校基本办学条件中期有关工作的通知	2017年7月3日	教育部、财政部
94	中小学综合实践活动课程指导纲要	2017年9月27日	教育部
95	关于深化教育体制机制改革的意见	2017年9月24日	中共中央、国务院
96	援藏援疆万名教师支教计划实施方案	2017年12月19日	教育部、发改委等
97	关于全面深化新时代教师队伍建设改革的意见	2018年1月20日	中共中央、国务院
98	深度贫困地区教育脱贫攻坚实施方案（2018—2020年）	2018年1月24日	教育部、国务院扶贫办
99	基本公共服务领域中央与地方共同财政事权和支出责任划分改革方案	2018年1月27日	国务院
100	关于切实减轻中小学生课外负担开展校外培训机构专项治理行动的通知	2018年2月22日	教育部、民政部等
101	教师教育振兴行动计划（2018—2022年）	2018年3月22日	教育部、发改委等
102	教育信息化2.0行动计划	2018年4月18日	教育部
103	关于全面加强乡村小规模学校和乡镇寄宿制学校建设的指导意见	2018年4月25日	国务院
104	银龄讲学计划实施方案	2018年7月4日	教育部、财政部
105	教育部直属师范大学师范生公费教育实施办法	2018年7月30日	国务院
106	关于进一步调整优化结构提高教育经费使用效益的意见	2018年8月17日	国务院
107	关于实施卓越教师培养计划2.0的意见	2018年9月30日	教育部
108	关于推进农村改革发展若干重大问题的决定	2018年10月12日	中共中央
109	中小学教师违反职业道德行为处理办法（2018年修订）	2018年11月8日	教育部
110	关于推动落实《国务院办公厅关于进一步调整优化结构提高教育经费使用效益的意见》的通知	2018年11月23日	教育部、发改委等
111	教育领域中央与地方财政事权和支出责任划分改革方案	2019年5月24日	国务院

续表

编号	政策名称	发布时间	发文部门
112	关于深化教育教学改革全面提高义务教育质量的意见	2019年6月23日	中共中央、国务院
113	关于编制义务教育薄弱环节改善与能力提升工作项目规划（2019—2020年）的通知	2019年8月21日	教育部、发改委等
114	关于加强新时代中小学思想政治理论课教师队伍建设的意见	2019年9月27日	教育部、中组部等
115	关于进一步加强农村义务教育学生营养改善计划有关管理工作的通知	2019年11月20日	教育部、发改委等
116	关于加强和改进新时代师德师风建设的意见	2019年12月6日	教育部、中组部等

附录4

西部地区职业教育政策

编号	政策名称	发布时间	发文部门
1	关于加强高职高专教育人才培养工作的意见	2000年1月17日	教育部
2	关于全面推进素质教育、深化中等职业教育教学改革的意见	2000年3月21日	教育部
3	关于加快少数民族和民族地区职业教育改革和发展的意见	2000年7月28日	国家民委、教育部
4	关于职业学校与乡镇成人文化技术学校联合举办中等职业学历教育的意见	2000年8月25日	教育部
5	关于"十五"期间加强中等职业学校教师队伍建设的意见	2001年11月21日	教育部
6	关于进一步办好五年制高等职业技术教育的几点意见	2002年3月27日	教育部
7	关于加强农村青年职业教育和成人教育的意见	2002年4月4日	教育部、共青团中央
8	关于加强高职（高专）院校师资队伍建设的意见	2002年5月15日	教育部
9	关于大力推进职业教育改革与发展的决定	2002年8月24日	国务院
10	关于进一步加强农村教育工作的决定	2003年9月17日	国务院
11	关于开展东部对西部、城市对农村中等职业学校联合招生合作办学工作的意见	2003年11月10日	教育部、财政部等
12	关于实施职业院校制造业和现代服务业技能型紧缺人才培养培训工程的通知	2003年12月3日	教育部、交通部等

续表

编号	政策名称	发布时间	发文部门
13	关于进一步加强中等职业学校实习管理工作的通知	2003年12月18日	教育部
14	教育部2003—2007年教育振兴行动计划	2004年3月3日	国务院
15	关于以就业为导向深化高等职业教育改革的若干意见	2004年4月6日	教育部
16	关于推进职业教育若干工作的意见	2004年5月8日	教育部、财政部
17	关于贯彻落实全国职业教育工作会议精神进一步扩大中等职业学校招生规模的意见	2004年7月15日	教育部
18	关于在职业学校逐步推行学分制的若干意见	2004年8月2日	教育部
19	关于进一步加强职业教育工作的若干意见	2004年9月14日	发改委、教育部等
20	2004—2010年西部地区教育事业发展规划	2004年9月23日	教育部、国务院西部开发办
21	关于组织制订和推进职业教育发展专项建设计划的指导意见	2004年9月28日	发改委、教育部等
22	关于加快发展中等职业教育的意见	2005年2月28日	教育部
23	中央财政支持的职业教育实训基地建设项目支持奖励评审试行标准	2005年6月22日	财政部、教育部
24	关于大力发展职业教育的决定	2005年10月28日	国务院
25	关于中等职业学校面向未升学高中毕业生开展职业教育与培训的意见	2006年3月20日	教育部
26	关于职业院校试行工学结合、半工半读的意见	2006年3月30日	教育部
27	关于教育系统贯彻落实《国务院关于解决农民工问题的若干意见》的实施意见	2006年5月17日	教育部
28	关于大力发展民办中等职业教育的意见	2006年8月27日	教育部
29	关于建立中等职业学校教师到企业实践制度的意见	2006年9月28日	教育部
30	关于完善中等职业教育贫困家庭学生资助体系的若干意见	2006年10月13日	教育部、财政部
31	关于在部分职业院校开展半工半读试点工作的通知	2006年10月19日	教育部

续表

编号	政策名称	发布时间	发文部门
32	关于实施国家示范性高等职业院校建设计划加快高等职业教育改革与发展的意见	2006年11月3日	教育部、财政部
33	关于全面提高高等职业教育教学质量的若干意见	2006年11月16日	教育部
34	关于进一步推动体育职业教育改革与发展的意见	2006年11月21日	国家体育总局、教育部
35	关于大力发展少数民族和民族地区职业教育的意见	2006年12月19日	国家民委、教育部
36	关于进一步做好广播电视大学系统中等职业教育工作的通知	2006年12月19日	教育部
37	关于实施中等职业学校教师素质提高计划的意见	2006年12月26日	教育部、财政部
38	西部大开发"十一五"规划	2007年3月1日	发改委、西部开发办
39	中等职业教育基础能力建设规划（2005—2010年）	2007年3月13日	发改委、教育部等
40	关于"十一五"期间加强中等职业学校教师队伍建设的意见	2007年4月13日	教育部
41	关于建立健全普通本科高校、高等职业学校和中等职业学校家庭经济困难学生资助政策体系的意见	2007年5月13日	国务院
42	中等职业学校重点专业师资培养培训方案、课程和教材开发项目实施办法	2007年8月29日	教育部、财政部
43	中等职业学校教师素质提高计划专项资金管理暂行办法	2007年9月21日	教育部、财政部
44	关于进一步深化中等职业教育教学改革的若干意见	2008年12月13日	教育部
45	关于制定中等职业学校教学计划的原则意见	2009年1月6日	教育部
46	关于切实做好返乡农民工职业教育和培训等工作的通知	2009年2月20日	教育部
47	关于加快高等职业教育改革促进高等职业院校毕业生就业的通知	2009年2月20日	教育部

续表

编号	政策名称	发布时间	发文部门
48	关于加强和改进中等职业学校学生思想道德教育的意见	2009年6月24日	教育部、中宣部等
49	关于中等职业学校农村家庭经济困难学生和涉农专业学生免学费工作的意见	2009年12月14日	财政部、教育部
50	关于做好农村妇女职业教育和技能培训工作的意见	2010年2月22日	教育部、全国妇联
51	关于应对企业技工荒进一步做好中等职业学校学生实习工作的通知	2010年3月24日	教育部
52	关于加强中等职业学校校园文化建设的意见	2010年6月21日	教育部、人社部
53	国家中长期教育改革和发展规划纲要（2010—2020年）	2010年7月29日	中共中央、国务院
54	关于扩大中等职业学校免学费政策覆盖的通知	2010年9月14日	财政部、教育部等
55	中等职业教育改革创新行动计划（2010—2012年）	2010年11月27日	教育部
56	关于加强退役士兵职业教育和技能培训工作的通知	2010年12月15日	国务院、中央军委
57	关于充分发挥行业指导作用推进职业教育改革发展的意见	2011年6月23日	教育部
58	国家中等职业教育改革发展示范学校建设计划项目管理暂行办法	2011年7月6日	教育部、财政部等
59	关于推进高等职业教育改革创新引领职业教育科学发展的若干意见	2011年9月29日	教育部
60	关于支持高等职业学校提升专业服务产业发展能力的通知	2011年9月30日	教育部、财政部
61	关于加快发展面向农村的职业教育的意见	2011年11月7日	教育部、财政部等
62	关于实施职业院校教师素质提高计划的意见	2011年11月8日	教育部、财政部
63	关于"十二五"期间加强中等职业学校教师队伍建设的意见	2011年12月24日	教育部
64	关于进一步完善职业教育教师培养培训制度的意见	2011年12月24日	教育部

续表

编号	政策名称	发布时间	发文部门
65	关于推进中等和高等职业教育协调发展的指导意见	2011年12月30日	教育部
66	关于推进新疆中等职业教育发展的意见	2012年4月16日	教育部
67	关于加快推进职业教育信息化发展的意见	2012年5月4日	教育部
68	关于扩大中等职业教育免学费政策范围进一步完善国家助学金制度的意见	2012年10月22日	财政部、教育部等
69	关于制订中等职业学校专业教学标准的意见	2012年12月17日	教育部
70	关于开展国家级农村职业教育和成人教育示范县创建工作的通知	2013年1月5日	教育部
71	中西部高等教育振兴计划（2012—2020年）	2013年2月28日	教育部、发改委等
72	关于推进职业院校民族文化传承与创新工作的意见	2013年5月27日	教育部、文化部等
73	关于实施教育扶贫工程意见	2013年7月29日	国务院
74	关于加快发展现代职业教育的决定	2014年6月22日	国务院
75	现代职业教育体系建设规划（2014—2020年）	2014年6月23日	教育部、发改委等
76	关于开展现代学徒制试点工作的意见	2014年8月27日	教育部
77	关于建立完善以改革和绩效为导向的生均拨款制度加快发展现代高等职业教育的意见	2014年10月30日	财政部、教育部
78	关于深入推进职业教育集团化办学的意见	2015年6月30日	教育部
79	关于加强雨露计划支持农村贫困家庭新成长劳动力接受职业教育的意见	2015年7月1日	国务院扶贫办、教育部等
80	关于推进职业院校服务经济转型升级面向行业企业开展职工继续教育的意见	2015年7月2日	教育部、人社部
81	关于深化职业教育教学改革 全面提高人才培养质量的若干意见	2015年7月27日	教育部
82	关于加快发展民族教育的决定	2015年8月17日	国务院
83	职业院校管理水平行动提升计划（2015—2018年）	2015年9月17日	教育部
84	高等职业教育创新发展行动计划（2015—2018）	2015年10月21日	教育部
85	关于加快中西部教育发展的指导意见	2016年6月15日	国务院

续表

编号	政策名称	发布时间	发文部门
86	职业教育专业教学资源库建设资金管理办法	2016年9月18日	教育部
87	现代职业教育质量提升计划专项资金管理办法	2016年12月5日	财政部、教育部
88	贯彻落实《职业教育东西协作行动计划（2016—2020年)》实施方案	2017年6月2日	教育部、国务院扶贫办
89	关于进一步推进职业教育信息化发展的指导意见	2017年9月5日	教育部
90	职业教育东西协作行动计划滇西实施方案（2017—2020年）	2017年9月8日	教育部
91	关于深化产教融合的若干意见	2017年12月19日	国务院
92	职业学校校企合作促进办法	2018年2月12日	教育部、财政部等
93	关于加快发展残疾人职业教育的若干意见	2018年4月23日	教育部、中国残联等
94	关于开展职业教育校企深度合作项目建设工作的通知	2018年10月19日	教育部
95	国家职业教育改革实施方案	2019年1月24日	国务院
96	中国教育现代化2035	2019年2月23日	中共中央、国务院
97	加快推进教育现代化实施方案（2018—2022年）	2019年2月23日	中共中央、国务院
98	关于实施中国特色高水平高职学校和专业建设计划的意见	2019年3月29日	教育部、财政部
99	职业教育改革成效明显的省（区、市）激励措施实施办法	2019年4月2日	教育部
100	关于深入学习贯彻《国家职业教育改革实施方案》的通知	2019年5月6日	教育部
101	高职扩招专项工作实施方案	2019年5月13日	教育部、发改委等
102	关于全面推进现代学徒制工作的通知	2019年5月15日	教育部
103	关于职业院校专业人才培养方案制订与实施工作的指导意见	2019年6月11日	教育部
104	关于调整职业院校奖助学金政策的通知	2019年6月28日	教育部、财政部
105	关于全面做好退役士兵职业教育工作的通知	2019年8月16日	教育部、财政部等

续表

编号	政策名称	发布时间	发文部门
106	关于深化中等职业学校教师职称制度改革的指导意见	2019年8月23日	人社部、教育部
107	关于办好深度贫困地区职业教育助力脱贫攻坚的指导意见	2019年10月16日	教育部
108	关于加强和改进新时代中等职业学校德育工作的意见	2019年11月21日	教育部
109	关于做好扩招后高职教育教学管理工作的指导意见	2019年12月25日	教育部

附录5

西部地区高等教育政策

编号	政策名称	发布时间	发文部门
1	关于实施"新世纪高等教育教学改革工程"的通知	2000年1月13日	教育部
2	关于推动东西部地区学校对口支援工作的通知	2000年4月6日	国务院、中共中央
3	关于东西部地区学校对口支援工作的指导意见	2000年4月20日	教育部、中组部等
4	高等学校骨干教师资助计划及其实施管理办法	2000年10月14日	教育部
5	关于实施西部大开发若干政策措施的通知	2000年10月26日	国家计委
6	关于开展高等学校重点学科评选工作的通知	2001年2月20日	教育部
7	中华人民共和国国民经济和社会发展第十个五年计划纲要	2001年4月24日	国务院
8	国家大学科技园"十五"发展规划纲要	2001年6月6日	教育部、科技部
9	关于实施"对口支援西部地区高等学校计划"的通知	2001年6月13日	教育部
10	全国教育事业第十个五年计划	2001年7月1日	教育部
11	"十五"科技教育发展专项规划	2001年8月9日	教育部
12	关于加强高等学校本科教学工作提高教学质量的若干意见	2001年8月28日	教育部
13	关于西部大开发若干政策措施的实施意见	2001年8月28日	国务院西部开发办
14	关于做好普通高等学校本科学科专业结构调整工作的若干原则意见	2001年10月25日	教育部
15	西部地区人才开发十年规划	2002年2月10日	国务院、中共中央
16	"十五"西部开发总体规划	2002年2月25日	国家计委、国务院西部开发办

续表

编号	政策名称	发布时间	发文部门
17	关于"十五"期间教师教育改革与发展的意见	2002年3月1日	教育部
18	西部大学校园计算机网络建设工程项目管理暂行办法	2002年7月4日	教育部、国家计委
19	关于深化改革加快发展民族教育的决定	2002年7月7日	国务院
20	关于"十五"期间加强"211工程"项目建设的若干意见的通知	2002年9月2日	国家计委、教育部等
21	教育信息化"十五"发展规划(纲要)	2002年9月4日	教育部
22	教育部"春晖计划"海外留学人才学术休假回国工作项目实施办法(试行)	2002年12月1日	教育部
23	高等学校重点实验室建设与管理暂行办法	2003年4月16日	教育部
24	关于进一步加强高等教育自学考试工作若干问题的意见	2003年3月7日	教育部
25	关于进一步加强人才工作的决定	2003年12月26日	国务院
26	普通高等学校基本办学条件指标(试行)	2004年1月4日	教育部
27	关于进一步做好教育援藏工作意见的通知	2004年1月14日	国务院
28	2003—2007年教育振兴行动计划	2004年2月10日	教育部
29	关于进一步推进西部大开发的若干意见	2004年3月11日	国务院
30	关于继续实施"985工程"建设项目的意见	2004年6月2日	教育部、财政部
31	"新世纪优秀人才支持计划"实施办法	2004年6月10日	教育部
32	高等学校"高层次创造性人才计划"实施方案	2004年6月10日	教育部
33	关于大力培养少数民族高层次骨干人才的意见	2004年7月8日	教育部、财政部等
34	关于进一步完善高等学校经济责任制加强银行贷款管理切实防范财务风险的意见	2004年7月13日	教育部、财政部
35	"985工程"建设管理办法	2004年7月20日	教育部
36	关于贯彻落实"十一五"规划纲要加强人才队伍建设的实施意见	2004年8月18日	中组部
37	关于设立教育部高等教育教学评估中心的通知	2004年8月27日	教育部
38	关于切实解决高校贫困家庭学生困难问题的通知	2004年9月3日	国务院

续表

编号	政策名称	发布时间	发文部门
39	关于进一步做好资助贫困家庭学生工作的通知	2004年9月9日	教育部
40	关于将中国下一代互联网示范工程（CNGI）项目配套经费纳入"985工程"设规划的通知	2004年9月13日	教育部
41	2004—2010年西部地区教育事业发展规划	2004年9月23日	教育部、国务院西部开发办
42	高等学校中长期科学和技术发展规划纲要	2004年11月15日	教育部
43	关于进一步推进国家大学科技园建设与发展的意见	2004年12月1日	科技部
44	关于实施研究生教育创新计划加强研究生创新能力培养 进一步提高培养质量的若干意见	2005年1月21日	教育部
45	普通高等学校少数民族预科班、民族班招生工作管理规定	2005年4月1日	教育部
46	关于实施"援疆学科建设计划"的通知	2005年4月15日	教育部
47	关于进一步加强高校科研经费管理的若干意见	2005年6月26日	教育部、财政部
48	关于对口支援西藏、新疆地区本科高等学校的通知	2005年10月27日	教育部
49	关于贯彻落实《中共中央 国务院关于进一步加强民族工作加快少数民族和民族地区经济社会发展的决定》做好民族教育工作的通知	2005年10月28日	教育部
50	关于实施科技规划纲要增强自主创新能力的决定	2006年1月26日	中共中央、国务院
51	国家中长期科学和技术发展规划纲要（2006—2020年）	2006年2月7日	发改委
52	中华人民共和国国民经济和社会发展第十一个五年规划纲要	2006年3月14日	国务院
53	关于进一步加强地方高等学校科技创新工作的若干意见	2006年3月23日	教育部、科技部
54	关于进一步加强高等学校学生资助工作机构建设的通知	2006年5月10日	教育部
55	关于进一步深入开展对口支援西部地区高等学校工作的意见	2006年9月11日	教育部

续表

编号	政策名称	发布时间	发文部门
56	关于所属高校"一提三优"工程的实施意见	2006年9月29日	国防科工委
57	关于加强国家重点学科建设的意见	2006年10月27日	教育部
58	国家"十一五"科学技术发展规划	2006年10月27日	科技部
59	国家重点学科建设与管理暂行办法	2006年10月27日	教育部
60	国家大学科技园认定和管理办法	2006年11月24日	科技部、教育部
61	国家大学科技园"十一五"发展规划纲要	2006年12月6日	科技部、教育部
62	关于实施高等学校本科教学质量与教学改革工程的意见	2007年1月22日	教育部、财政部
63	西部大开发"十一五"规划	2007年1月23日	发改委、国务院等
64	关于进一步深化本科教学改革全面提高教学质量的若干意见	2007年2月17日	教育部
65	关于开展高等学校实验教学示范中心建设和评审工作的补充通知	2007年4月13日	教育部
66	国家教育事业发展"十一五"规划纲要	2007年5月18日	教育部
67	关于编制2007—2010年中央与地方共建高校特色优势学科实验室项目规划的通知	2007年6月4日	财政部
68	关于加快研究型大学建设增强高等学校自主创新能力的若干意见	2007年7月10日	教育部
69	关于进一步加强国家重点领域紧缺人才培养工作的意见	2007年8月6日	教育部、发改委等
70	加强东西互动深入推进西部大开发意见	2007年8月13日	发改委、国务院等
71	关于完善中央高校预算拨款制度的通知	2008年10月8日	财政部、教育部
72	关于加强"质量工程"本科特色专业建设的指导性意见	2008年10月7日	教育部
73	关于进一步做好研究生培养机制改革试点工作的通知	2009年9月4日	教育部
74	高等学校和科研机构开展联合培养博士研究生工作暂行办法	2009年10月10日	教育部
75	关于进一步推进对口支援西部地区高等学校工作的意见	2010年1月22日	教育部
76	中央财政支持地方高校发展专项资金管理办法	2010年4月15日	财政部

附录5　西部地区高等教育政策

续表

编号	政策名称	发布时间	发文部门
77	国家中长期教育改革和发展规划纲要（2010—2020年）	2010年7月8日	中共中央、国务院
78	关于开展国家教育体制改革试点的通知	2010年10月24日	国务院
79	全国教育人才发展中长期规划（2010—2020年）	2011年1月14日	教育部
80	中华人民共和国国民经济和社会发展第十二个五年计划纲要	2011年3月14日	国务院
81	关于"十二五"期间实施"高等学校本科教学质量与教学改革工程"的意见	2011年7月1日	教育部、财政部
82	国家"十二五"科学和技术发展规划	2011年7月4日	科技部
83	关于进一步贯彻执行国家科研经费管理政策加强高校科研经费管理的通知	2011年11月2日	教育部
84	关于进一步加强高校实践育人工作的若干意见	2012年1月10日	财政部、教育部等
85	西部大开发"十二五"规划	2012年2月20日	发改委
86	关于进一步加强高等学校基础研究工作的指导意见	2012年3月9日	教育部
87	教育信息化十年发展规划（2011—2020年）	2012年3月13日	教育部
88	高等学校"十二五"科学和技术发展规划	2012年3月14日	教育部
89	关于实施高等学校创新能力提升计划的意见	2012年3月15日	财政部、教育部
90	关于全面提高高等教育质量的若干意见	2012年3月16日	教育部
91	高等教育专题规划	2012年3月21日	教育部
92	中西部高校基础能力建设工程实施方案	2012年4月27日	发改委、教育部
93	高等学校创新能力提升计划实施方案	2012年5月4日	财政部、教育部
94	关于加强高等学校青年教师队伍建设的意见	2012年9月20日	教育部、财政部等
95	关于深化科技体制改革加快国家创新体系建设的意见	2012年9月23日	中共中央、国务院
96	"十二五"国家自主创新能力建设规划	2013年1月15日	国务院
97	"985工程"建设管理办法	2013年1月16日	教育部、财政部
98	中西部高等教育振兴计划（2012—2020年）	2013年2月20日	财政部、发改委等
99	关于完善研究生教育投入机制的意见	2013年2月28日	教育部、财政部等
100	关于深化研究生教育改革的意见	2013年3月29日	财政部、发改委等

续表

编号	政策名称	发布时间	发文部门
101	关于2013年扩大实施农村贫困地区定向招生专项计划的通知	2013年5月30日	教育部
102	关于实施教育扶贫工程意见的通知	2013年7月29日	国务院
103	关于深入推进专业学位研究生培养模式改革的意见	2013年11月4日	教育部、人社部
104	全国民族教育科研规划（2014—2020年）	2014年11月2日	教育部
105	关于改进和加强研究生课程建设的意见	2014年12月5日	教育部
106	关于完善国家助学贷款政策的若干意见	2015年7月13日	教育部、财政部等
107	关于加快发展民族教育的决定	2015年8月11日	国务院
108	关于引导部分地方普通本科高校向应用型转变的指导意见	2015年10月21日	教育部、发改委等
109	统筹推进世界一流大学和一流学科建设总体方案	2015年10月24日	国务院
110	关于改革完善中央高校预算拨款制度的通知	2015年11月17日	财政部、教育部
111	中华人民共和国国民经济和社会发展第十三个五年规划纲要	2016年3月18日	国务院
112	关于中央部门所属高校深化教育教学改革的指导意见	2016年6月13日	教育部
113	关于加快中西部教育发展的指导意见	2016年6月15日	国务院
114	推进共建"一带一路"教育行动	2016年7月15日	教育部
115	高等学校"十三五"科学和技术发展规划	2016年11月18日	教育部
116	教育脱贫攻坚"十三五"规划	2016年12月16日	教育部、发改委等
117	西部大开发"十三五"规划	2016年12月23日	发改委
118	关于加强"十三五"期间教育对口支援西藏和四省藏区工作的意见	2016年12月29日	教育部
119	国家教育事业发展"十三五"规划	2017年1月10日	国务院
120	学位与研究生教育发展"十三五"规划	2017年1月17日	教育部、国务院学位委员会
121	统筹推进世界一流大学和一流学科建设实施办法（暂行）	2017年1月24日	教育部、财政部等

续表

编号	政策名称	发布时间	发文部门
122	关于坚持正确导向促进高校高层次人才合理有序流动的通知	2017年1月25日	教育部
123	关于进一步落实高等教育学生资助政策的通知	2017年3月28日	财政部、教育部等
124	关于加快直属高校高层次人才发展的指导意见	2017年7月31日	教育部
125	关于深化教育体制机制改革的意见	2017年9月24日	中共中央、国务院
126	关于深化产教融合的若干意见	2017年12月5日	国务院
127	关于全面深化新时代教师队伍建设改革的意见	2018年1月20日	中共中央、国务院
128	关于高等学校加快"双一流"建设的指导意见	2018年8月8日	教育部、财政部等
129	关于进一步调整优化结构提高教育经费使用效益的意见	2018年8月17日	国务院
130	来华留学生高等教育质量规范（试行）	2018年9月3日	教育部
131	关于加快建设高水平本科教育全面提高人才培养能力的意见	2018年10月8日	教育部
132	高等学校乡村振兴科技创新行动计划（2018—2022年)	2018年12月29日	教育部
133	加快推进教育现代化实施方案（2018—2022年）	2019年2月13日	中共中央、国务院
134	中国教育现代化2035	2019年2月23日	中共中央、国务院
135	关于实施一流本科专业建设"双万计划"的通知	2019年4月4日	教育部
136	教育领域中央与地方财政事权和支出责任划分改革方案	2019年5月24日	国务院
137	关于深化本科教育教学改革全面提高人才培养质量的意见	2019年10月8日	教育部
138	关于一流本科课程建设的实施意见	2019年10月30日	教育部

附录6

西部地区农村劳动力培训政策

编号	政策名称	发布时间	发文部门
1	关于实施西部大开发若干政策措施的通知	2000年10月26日	国务院
2	关于大力推进职业资格证书制度建设的若干意见	2000年12月8日	劳动保障部
3	劳动和社会保障事业发展第十个五年计划纲要	2001年4月24日	劳动保障部
4	农业科技发展纲要（2001—2010年）	2001年4月28日	国务院
5	全国教育事业第十个五年计划	2001年7月1日	教育部
6	国民经济和社会发展第十个五年计划人口就业和社会保障重点专项规划	2001年7月16日	国家计委
7	2001—2005年农机行业职业技能鉴定工作规划	2001年8月20日	农业部
8	关于加强农村青年职业教育和成人教育的意见	2002年4月4日	共青团中央、教育部
9	关于加强新阶段农村青年工作的意见	2002年4月5日	共青团中央、中央综治办等
10	加强职业培训提高就业能力计划	2002年7月25日	劳动保障部
11	关于大力推进职业教育改革与发展的决定	2002年8月24日	国务院
12	关于推进青年职业教育和培训工作的规划	2002年9月19日	共青团中央
13	关于进一步加强农村成人教育的若干意见	2002年11月21日	教育部
14	关于做好农民进城务工就业管理和服务工作的通知	2003年1月5日	国务院
15	关于贯彻《国务院关于做好农民进城务工就业管理和服务工作的通知》的通知	2003年1月21日	建设部
16	全国新型农民科技培训规划（2003—2010年）	2003年3月1日	农业部

续表

编号	政策名称	发布时间	发文部门
17	三年三千种职业培训教材开发计划	2003年4月16日	劳动保障部
18	2003—2010年全国农民工培训规划	2003年9月9日	农业部、劳动保障部等
19	关于进一步加强农村教育工作的决定	2003年9月17日	国务院
20	关于进一步加强人才工作的决定	2003年12月26日	中共中央、国务院
21	关于贯彻《中共中央、国务院关于促进农民增加收入若干政策的意见》的意见	2004年1月14日	农业部
22	关于促进农民增加收入若干政策的意见	2004年2月8日	中共中央、国务院
23	2003—2007年教育振兴行动计划	2004年2月10日	教育部
24	关于进一步推进西部大开发的若干意见	2004年3月11日	国务院
25	关于组织实施农村劳动力转移培训阳光工程的通知	2004年3月23日	农业部、财政部等
26	农村劳动力转移培训计划	2004年3月24日	教育部
27	关于进一步加强青年人才工作的意见	2004年4月25日	共青团中央
28	关于推进职业教育若干工作的意见	2004年4月30日	教育部、财政部
29	关于实施全国农村青年转移就业促进计划的意见	2004年5月8日	共青团中央、农业部等
30	关于贯彻落实《国务院关于进一步推进西部大开发的若干意见》的意见	2004年6月2日	建设部
31	关于贯彻《中共中央、国务院关于进一步加强人才工作的决定》的意见	2004年7月7日	建设部
32	县（市）科技工作年工作方案	2004年7月30日	科技部
33	关于进一步加强职业教育工作的若干意见	2004年9月14日	教育部、发改委等
34	2004—2010年西部地区教育事业发展规划	2004年9月23日	教育部、国务院西部开发办
35	关于推进农业科技入户工作的意见	2004年10月19日	农业部
36	关于实施"星火富民科技工程"的通知	2004年11月8日	科技部
37	关于进一步加强农村工作提高农业综合生产力若干政策的意见	2004年12月31日	中共中央、国务院
38	关于加快建筑业改革与发展的若干意见	2005年7月12日	建设部、发改委等

续表

编号	政策名称	发布时间	发文部门
39	关于建立和完善劳务分包制度发展建筑劳务企业的意见	2005年8月5日	建设部
40	关于加快推进贫困地区劳动力培训促进就业工作的通知	2005年8月16日	国务院扶贫办、劳动保障部
41	关于大力发展职业教育的决定	2005年10月28日	国务院
42	劳务输出输入工作要点的通知	2005年10月31日	劳动保障部
43	关于学习贯彻《国务院关于大力发展职业教育的决定》和全国职业教育工作会议精神的通知	2005年11月10日	教育部
44	关于进一步做好职业培训工作的意见	2005年11月24日	劳动保障部
45	关于推进社会主义新农村建设的若干意见	2005年12月31日	中共中央、国务院
46	关于贯彻落实《中共中央、国务院关于推进社会主义新农村建设的若干意见》的意见	2006年1月18日	农业部
47	关于实施《国家中长期科学和技术发展规划纲要（2006—2020年）》若干配套政策的通知	2006年2月7日	国务院
48	国家中长期科学和技术发展规划纲要（2006—2020年）	2006年2月9日	发改委
49	国家技能资格导航计划	2006年2月10日	劳动保障部
50	"十一五"交通教育与培训发展规划	2006年2月22日	交通部
51	全民科学素质行动计划纲要（2006—2010—2020年）	2006年3月20日	国务院
52	关于解决农民工问题的若干意见	2006年3月27日	国务院
53	关于实施农民工培训示范基地建设工程的通知	2006年4月8日	劳动保障部
54	铁道部贯彻落实《国务院关于解决农民工问题的若干意见》的通知	2006年4月28日	铁道部
55	卫生部关于贯彻落实《国务院关于解决农民工问题的若干意见》的通知	2006年4月30日	卫生部
56	农村劳动力技能就业计划	2006年5月12日	劳动保障部
57	关于加强涉农价格和收费管理为建设社会主义新农村服务的意见	2006年5月17日	发改委
58	关于教育系统贯彻落实《国务院关于解决农民工问题的若干意见》的实施意见	2006年5月17日	教育部

续表

编号	政策名称	发布时间	发文部门
59	关于工会系统各类职工学校改革与发展的意见	2006年6月16日	全国总工会
60	农民科学素质行动实施工作方案	2006年6月26日	农业部、中国科协等
61	统筹城乡就业试点工作指导意见	2006年7月26日	劳动保障部、发改委等
62	新农村建设科技促进行动	2006年7月31日	科技部
63	关于鼓励和引导农业产业化龙头企业参与新农村建设的意见	2006年8月15日	农业部
64	全国林业从业人员科学素质行动计划纲要（2006—2010—2020年）	2006年9月12日	国家林业局
65	劳动和社会保障事业发展"十一五"规划纲要	2006年10月13日	国务院
66	关于加强农民工安全生产培训工作的意见	2006年10月27日	应急管理部、教育部等
67	2006—2010年职业培训教材建设规划	2006年11月6日	劳动保障部
68	2006—2010年全国粮食行业教育培训规划要点	2006年11月30日	国家粮食局
69	关于进一步做好广播电视大学系统中等职业教育工作的通知	2006年12月19日	教育部
70	关于积极发展现代农业扎实推进社会主义新农村建设的若干意见	2006年12月31日	中共中央、国务院
71	关于实施"温暖工程李兆基金建筑业农民工培训"项目的通知	2007年3月3日	中共中央统战部、建设部
72	关于实施发展现代农业重点行动的意见	2007年3月13日	农业部
73	在贫困地区实施雨露计划的意见	2007年3月22日	国务院扶贫办
74	贫困青壮年劳动力转移培训工作实施指导意见	2007年3月22日	国务院扶贫办
75	关于大力发展林业职业教育的意见	2007年3月29日	国家林业局
76	全国农村经济社会发展"十一五"规划	2007年6月9日	发改委
77	关于加强农村实用人才队伍建设和农村人力资源开发的意见	2007年11月8日	国务院、中共中央
78	关于加强农村实用科技人才培养的若干意见	2007年12月24日	国家税务总局、教育部等

续表

编号	政策名称	发布时间	发文部门
79	建筑业农民工技能培训示范工程实施意见	2008年6月17日	人社部、住建部
80	关于促进以创业带动就业工作的指导意见	2008年9月26日	人社部、发改委等
81	关于推进农村改革发展若干重大问题的决定	2008年10月12日	中共中央
82	关于认真学习贯彻《中共中央关于推进农村改革发展若干重大问题的决定》的意见	2008年10月20日	全国妇联
83	关于切实做好当前农民工工作的通知	2008年12月30日	国务院
84	关于实施特别职业培训计划的通知	2009年1月7日	财政部、发改委等
85	关于深入扎实做好当前维护农民工合法权益工作的通知	2009年1月9日	全国总工会
86	关于应对国际金融危机保持西部地区经济平稳较快发展的意见	2009年9月30日	国务院
87	关于加大统筹城乡发展力度进一步夯实农业农村发展基础的若干意见	2009年12月23日	中共中央、国务院
88	关于进一步做好农民工培训工作的指导意见	2010年1月21日	国务院
89	关于进一步实施特别职业培训计划的通知	2010年2月10日	人社部、发改委等
90	国家中长期人才发展规划纲要（2010—2020年）	2010年4月1日	中共中央、国务院
91	关于中西部地区承接产业转移的指导意见	2010年8月31日	国务院
92	关于加强职业培训促进就业的意见	2010年10月20日	国务院
93	全国乡镇企业发展"十二五"规划	2011年5月1日	农业部
94	中国农村扶贫开发纲要（2011—2020年）	2011年5月27日	中共中央、国务院
95	人力资源和社会保障事业发展"十二五"规划纲要	2011年6月2日	人社部
96	兴边富民行动规划（2011—2015年）	2011年6月5日	国务院
97	全民科学素质行动计划纲要实施方案（2011—2015）	2011年6月19日	国务院
98	中国妇女发展纲要（2011—2020年）	2011年7月30日	国务院
99	农村实用人才和农业科技人才队伍建设中长期规划（2010—2020年）	2011年10月17日	农业部
100	关于加快发展面向农村的职业教育的意见	2011年10月25日	教育部、发改委等
101	国家人口发展"十二五"规划	2011年11月23日	国务院

续表

编号	政策名称	发布时间	发文部门
102	全国农民教育培训"十二五"发展规划	2011年12月6日	农业部
103	全国现代农业发展规划（2011—2015年）	2012年1月13日	国务院
104	全国农业科技促进年活动方案	2012年1月20日	农业部
105	促进就业规划（2011—2015年）	2012年1月24日	人社部、发改委等
106	全国农村经济发展"十二五"规划	2012年6月25日	发改委
107	新型职业农民培育试点工作方案	2012年8月1日	农业部
108	关于加强家政服务培训工作的通知	2013年3月19日	商务部
109	关于加强农业广播电视学校建设加快构建新型职业农民教育培训体系的意见	2013年7月13日	农业部
110	关于全面深化农村改革加快推进农业现代化的若干意见	2014年2月14日	中共中央、国务院
111	关于促进家庭农场发展的指导意见	2014年2月24日	农业部
112	国家新型城镇化规划（2014—2020年）	2014年3月17日	中共中央、国务院
113	农民工职业技能提升计划——"春潮行动"实施方案	2014年3月31日	人社部
114	关于进一步做好为农民工服务工作的意见	2014年9月12日	国务院
115	关于加大改革创新力度加快农业现代化建设的若干意见	2015年2月1日	中共中央、国务院
116	关于进一步做好新形势下就业创业工作的意见	2015年4月27日	国务院
117	现代青年农场主计划实施方案	2015年4月29日	农业部、教育部、共青团中央
118	关于统筹开展新型职业农民和农村实用人才认定工作的通知	2015年6月12日	农业部
119	关于支持农民工等人员返乡创业的意见	2015年6月17日	国务院
120	关于加快转变农业发展方式的意见	2015年7月30日	国务院
121	深化农村改革综合性实施方案	2015年11月2日	中共中央、国务院
122	关于打赢脱贫攻坚战的决定	2015年11月29日	中共中央、国务院
123	关于落实发展新理念加快农业现代化实现全面小康目标的若干意见	2015年12月31日	中共中央、国务院
124	关于加大脱贫攻坚力度支持革命老区开发建设的指导意见	2016年2月1日	中共中央、国务院

续表

编号	政策名称	发布时间	发文部门
125	关于深入推进新型城镇化建设的若干意见	2016年2月2日	国务院
126	全民科学素质行动计划纲要实施方案（2016—2020年）	2016年2月25日	国务院
127	关于加快中西部教育发展的指导意见	2016年5月11日	国务院
128	关于开展全国新型农业经营主体带头人轮训计划的通知	2016年6月23日	农业部
129	关于在打赢脱贫攻坚战中做好人力资源社会保障扶贫工作的意见	2016年8月4日	人社部
130	关于激发重点群体活力带动城乡居民增收的实施意见	2016年10月10日	国务院
131	全国农业现代化规划（2016—2020年）	2016年10月17日	国务院
132	"十三五"脱贫攻坚规划	2016年12月23日	国务院
133	"十三五"促进民族地区和人口较少民族发展规划	2016年12月24日	国务院
134	国家人口发展规划（2016—2030年）	2016年12月30日	国务院
135	关于深入推进农业供给侧结构性改革加快培育农业农村发展新动能的若干意见	2016年12月31日	中共中央、国务院
136	"十三五"全国新型职业农民培育发展规划	2017年1月9日	农业部
137	关于推进农业供给侧结构性改革的实施意见	2017年1月26日	农业部
138	关于做好当前和今后一段时期就业创业工作的意见	2017年4月13日	国务院
139	兴边富民行动"十三五"规划	2017年5月28日	国务院
140	关于加快培育新型林业经营主体的指导意见	2017年7月18日	国家林业局
141	关于实施乡村振兴战略的意见	2018年1月2日	中共中央、国务院
142	关于推进农业高新技术产业示范区建设发展的指导意见	2018年1月16日	国务院
143	关于推行终身职业技能培训制度的意见	2018年5月3日	国务院
144	关于打赢脱贫攻坚战三年行动的指导意见	2018年6月15日	中共中央、国务院
145	关于坚持农业农村优先发展做好"三农"工作的若干意见	2019年1月3日	中共中央、国务院

附录7

西部地区公共健康政策

编号	政策名称	发布时间	发文部门
1	关于城镇医药卫生体制改革的指导意见	2000年2月21日	国务院
2	城镇职工基本医疗保险管理信息系统建设指导意见	2000年3月9日	劳动保障部
3	2001—2010年全国乡村医生教育规划	2001年2月27日	卫生部
4	关于完善城镇医疗卫生机构补偿机制落实补偿政策的若干意见	2001年10月25日	财政部、卫生部等
5	关于加强药品监督管理系统对口支援西藏工作的意见	2002年1月30日	药监局
6	关于进一步加强农村卫生工作的决定	2002年10月19日	中共中央、国务院
7	关于加强农村卫生人才培养和队伍建设的意见	2003年1月7日	卫生部、教育部等
8	关于建立新型农村合作医疗制度意见	2003年1月16日	国务院
9	传染性非典型肺炎防治管理办法（中华人民共和国卫生部令第35号）	2003年5月12日	卫生部
10	突发公共卫生事件医疗救治体系建设规划	2003年9月29日	国务院
11	突发公共卫生事件与传染病疫情监测信息报告管理办法	2003年11月7日	卫生部
12	关于实施农村医疗救助的意见	2003年11月18日	民政部、卫生部等
13	关于进一步做好医疗卫生系统安全工作的紧急通知	2003年12月16日	卫生部
14	农村医疗救助基金管理试行办法	2004年1月5日	财政部、民政部
15	关于进一步做好新型农村合作医疗试点工作的指导意见	2004年1月13日	国务院

续表

编号	政策名称	发布时间	发文部门
16	中央补助地方卫生事业专项资金管理暂行办法	2004年5月2日	财政部、卫生部
17	全国重点地方病防治规划（2004—2010年）	2004年9月1日	财政部、发改委等
18	关于建立城市医疗救助制度试点工作意见	2005年3月14日	国务院
19	关于实施"万名医师支援农村卫生工程"的通知	2005年4月20日	卫生部
20	中国护理事业发展规划纲要（2005—2010年）	2005年7月20日	卫生部
21	关于做好新型农村合作医疗试点有关工作的通知	2005年8月10日	卫生部、财政部
22	关于开展儿童艾滋病抗病毒治疗工作的通知	2006年11月20日	卫生部
23	关于加强"十一五"期间卫生人才队伍建设的意见	2006年12月25日	卫生部
24	卫生事业发展"十一五"规划纲要	2007年5月21日	国务院
25	关于开展城镇居民基本医疗保险试点的指导意见	2007年7月10日	国务院
26	关于完善新型农村合作医疗统筹补偿方案的指导意见	2007年9月10日	卫生部、财政部等
27	关于扩大农村一技之长中医人员纳入乡村医生管理试点工作的通知	2008年1月10日	药监局、卫生部
28	新型农村合作医疗补助资金国库集中支付管理暂行办法	2008年4月14日	财政部
29	关于规范新型农村合作医疗健康体检工作的意见	2008年10月24日	卫生部
30	关于将大学生纳入城镇居民基本医疗保险试点范围的指导意见	2008年10月25日	国务院
31	关于做好农村卫生人员培训和二级以上医疗卫生机构对口支援乡镇卫生院项目有关工作的通知	2008年10月27日	卫生部
32	关于深化医药卫生体制改革的意见	2009年3月17日	中共中央、国务院
33	关于全面开展城镇居民基本医疗保险工作的通知	2009年4月8日	人社部、财政部
34	关于进一步完善城乡医疗救助制度的意见	2009年6月15日	民政部、财政部等

续表

编号	政策名称	发布时间	发文部门
35	关于促进基本公共卫生服务逐步均等化的意见	2009年7月7日	卫生部、财政部等
36	关于开展城镇居民基本医疗保险门诊统筹的指导意见	2009年7月24日	人社部、财政部等
37	关于进一步加强基本医疗保险基金管理的指导意见	2009年7月24日	人社部、财政部
38	城乡医院对口支援工作管理办法（试行）	2009年7月27日	财政部、卫生部
39	关于东西部地区医院省际对口支援工作有关问题的通知	2009年9月29日	卫生部
40	关于做好基本医疗保险参保人员甲型H1N1流感防治工作的通知	2009年11月6日	人社部
41	关于基本医疗保险异地就医结算服务工作的意见	2009年12月31日	人社部、财政部
42	关于加强卫生人才队伍建设的意见	2009年12月31日	卫生部、发改委等
43	关于加强乡村医生队伍建设的意见	2010年1月10日	卫生部
44	关于加强医院临床护理工作的通知	2010年1月19日	卫生部
45	公立医院改革试点指导意见	2010年2月11日	财政部、发改委等
46	以全科医生为重点的基层医疗卫生队伍建设规划	2010年3月25日	财政部、发改委等
47	全国农村中医药工作近期重点实施方案（2010—2011年）	2010年4月20日	卫生部
48	开展农村订单定向医学生免费培养工作实施意见	2010年6月2日	发改委、卫生部等
49	加快突发公共事件卫生应急体系建设和发展的指导意见	2010年6月11日	卫生部
50	建立和规范政府办基层医疗卫生机构基本药物采购机制指导意见	2010年11月19日	国务院
51	关于开展基层医疗卫生机构全科医生转岗培训工作的指导意见（试行）	2010年12月30日	卫生部
52	医药卫生中长期人才发展规划（2011—2020年）	2011年2月12日	卫生部

续表

编号	政策名称	发布时间	发文部门
53	关于加强"万名医师支援农村卫生工程"项目管理工作的通知	2011年3月1日	卫生部
54	关于普遍开展城镇居民基本医疗保险门诊统筹有关问题的意见	2011年5月24日	人社部
55	关于建立全科医生制度的指导意见	2011年7月1日	国务院
56	关于进一步加强乡村医生队伍建设的指导意见	2011年7月2日	国务院
57	国家卫生应急综合示范县（市、区）创建工作指导方案	2011年10月25日	卫生部
58	中国护理事业发展规划纲要（2011—2015年）	2011年12月31日	卫生部
59	全国地方病防治"十二五"规划	2012年1月12日	国务院
60	"十二五"期间深化医药卫生体制改革规划暨实施方案	2012年3月14日	国务院
61	关于实施卓越医生教育培养计划的意见	2012年5月7日	教育部、卫生部
62	县级医院骨干医师培训项目管理办法（试行）	2012年6月6日	财政部、卫生部
63	"十二五"期间卫生扶贫工作指导意见	2012年7月4日	卫生部
64	关于深化城乡医院对口支援工作进一步提高县级医院医疗服务能力的通知	2012年9月17日	卫生部、解放军总后勤部
65	关于继续开展东西部地区医院省际对口支援工作的通知	2012年9月17日	卫生部、解放军总后勤部
66	卫生事业发展"十二五"规划	2012年10月8日	国务院
67	关于开展乡村医生签约服务试点的指导意见	2013年4月16日	卫计委
68	关于加强中医护理工作的意见	2013年7月22日	卫计委
69	《国际卫生条例（2005）》加快推进公共卫生应急核心能力建设指导意见	2013年7月24日	国务院
70	关于进一步完善乡村医生养老政策提高乡村医生待遇的通知	2013年8月21日	卫计委
71	全国乡村医生教育规划（2011—2020年）	2013年10月18日	财政部、发改委等
72	关于开展全科医生特设岗位计划试点工作的暂行办法	2013年12月5日	卫计委、财政部等
73	城乡医疗救助基金管理办法	2013年12月23日	财政部、民政部
74	关于进一步深化城乡医院对口支援工作的意见	2014年2月9日	卫计委

续表

编号	政策名称	发布时间	发文部门
75	扎实推进农村卫生和计划生育扶贫工作实施方案	2014年7月17日	卫计委、发改委等
76	关于进一步加强基本医疗保险医疗服务监管的意见	2014年8月18日	人社部
77	关于推进医疗卫生机构远程医疗服务的意见	2014年8月21日	卫计委
78	关于开展基层医疗卫生机构医院感染管理培训工作的通知	2014年9月17日	卫计委
79	基层医疗卫生机构实施国家基本药物制度补助资金管理办法	2014年9月24日	财政部、卫计委
80	关于进一步做好基本医疗保险异地就医医疗费用结算工作的指导意见	2014年11月18日	人社部、财政部等
81	关于进一步落实受艾滋病影响儿童医疗教育和生活保障等政策措施的通知	2014年12月21日	卫计委、教育部等
82	关于进一步加强乡村医生队伍建设的实施意见	2015年3月6日	国务院
83	全国医疗卫生服务体系规划纲要（2015—2020年）	2015年3月6日	国务院
84	关于进一步深化优质护理、改善护理服务的通知	2015年3月12日	卫计委
85	关于全面推进基本医疗保险医疗服务智能监控的通知	2015年4月17日	人社部
86	关于进一步完善医疗救助制度全面开展重特大疾病医疗救助工作意见的通知	2015年4月21日	国务院
87	关于全面推开县级公立医院综合改革的实施意见	2015年4月23日	国务院
88	全国精神卫生工作规划（2015—2020年）	2015年6月4日	国务院
89	关于做好进城落户农民参加基本医疗保险和关系转移接续工作的办法	2015年8月27日	人社部
90	公共卫生服务补助资金管理暂行办法	2015年12月4日	财政部、卫计委等
91	关于整合城乡居民基本医疗保险制度的意见	2016年1月3日	国务院
92	关于促进医药产业健康发展的指导意见	2016年3月4日	国务院

续表

编号	政策名称	发布时间	发文部门
93	关于新增部分医疗康复项目纳入基本医疗保障支付范围的通知	2016年3月9日	人社部
94	关于推进家庭医生签约服务的指导意见	2016年5月25日	卫计委、发改委等
95	残疾人精准康复服务行动实施方案	2016年6月2日	中国残联、卫计委等
96	关于实施健康扶贫工程的指导意见	2016年6月21日	卫计委、国务院扶贫办等
97	关于促进和规范健康医疗大数据应用发展的指导意见	2016年6月21日	国务院
98	关于开展长期护理保险制度试点的指导意见	2016年6月27日	人社部
99	关于积极推动医疗、医保、医药联动改革的指导意见	2016年6月29日	人社部
100	关于进一步加强结核病防治工作的通知	2016年7月25日	卫计委
101	"健康中国2030"规划纲要	2016年10月1日	中共中央、国务院
102	全民健康保障工程建设规划	2016年11月23日	发改委
103	关于做好基本医疗保险跨省异地就医住院医疗费用直接结算工作的通知	2016年12月8日	人社部、财政部
104	"十三五"卫生与健康规划	2016年12月27日	国务院
105	中国遏制与防治艾滋病"十三五"行动计划	2017年1月19日	国务院
106	中国防治慢性病中长期规划（2017—2025年）	2017年1月22日	国务院
107	关于进一步改革完善药品生产流通使用政策的若干意见	2017年1月24日	国务院
108	关于开展公立医院薪酬制度改革试点工作的指导意见	2017年1月24日	人社部、财政部等
109	"十三五"全国人口健康信息化发展规划	2017年1月24日	卫计委
110	"十三五"全国结核病防治规划	2017年2月1日	国务院
111	农村贫困人口大病专项救治工作方案	2017年2月23日	卫计委、民政部等
112	农村贫困住院患者县域内先诊疗后付费工作方案	2017年2月24日	卫计委
113	"十三五"全国地方病防治规划	2017年3月16日	卫计委、发改委等
114	健康扶贫工程"三个一批"行动计划	2017年4月12日	卫计委、民政部等
115	关于做好残疾人家庭医生签约服务工作的通知	2017年9月25日	卫计委、中国残联

续表

编号	政策名称	发布时间	发文部门
116	关于推进中医药健康服务与互联网融合发展的指导意见	2017年12月4日	卫计委
117	进一步改善医疗服务行动计划（2018—2020年）	2017年12月29日	卫计委
118	关于改革完善全科医生培养与使用激励机制的意见	2018年1月14日	国务院
119	关于促进"互联网+医疗健康"发展的意见	2018年4月25日	国务院
120	关于促进护理服务业改革与发展的指导意见	2018年6月21日	卫健委、发改委等
121	建档立卡贫困人口慢病家庭医生签约服务工作方案	2018年7月12日	卫健委
122	关于进一步做好分级诊疗制度建设有关重点工作的通知	2018年8月7日	卫健委
123	关于完善国家基本药物制度的意见	2018年9月13日	国务院
124	关于进一步加强农村贫困人口大病专项救治工作的通知	2018年9月20日	卫健委、民政部等
125	关于规范家庭医生签约服务管理的指导意见	2018年9月29日	卫健委
126	医疗保障扶贫三年行动实施方案（2018—2020年）	2018年9月30日	国家医保局、财政部等
127	全面提升县级医院综合能力工作方案（2018—2020年）	2018年10月8日	卫健委
128	健康扶贫三年攻坚行动实施方案	2018年10月10日	卫健委、发改委等
129	贫困地区健康促进三年攻坚行动方案	2018年10月19日	卫健委、国务院扶贫办
130	地方病防治专项三年攻坚行动方案（2018—2020）	2018年11月29日	卫健委、工信部等
131	关于加快推进电子健康卡普及应用工作的意见	2018年12月13日	卫健委
132	国家组织药品集中采购和使用试点方案	2019年1月1日	国务院
133	关于开展"互联网+护理服务"试点工作的通知	2019年1月22日	卫健委
134	关于进一步加强贫困地区卫生健康人才队伍建设的通知	2019年3月29日	卫健委

续表

编号	政策名称	发布时间	发文部门
135	关于开展城市医疗联合体建设试点工作方案	2019年5月16日	卫健委
136	食品药品监管补助资金管理暂行办法	2019年5月20日	财政部、国家市监局等
137	促进社会办医持续健康规范发展意见	2019年6月10日	卫健委
138	关于全面推进生育保险和职工基本医疗保险合并实施的意见	2019年6月11日	国务院
139	解决贫困人口基本医疗有保障突出问题工作方案	2019年7月10日	卫健委、发改委等
140	关于开展老年护理需求评估和规范服务工作的通知	2019年7月25日	卫健委、银保监会
141	基本公共卫生服务等5项补助资金管理办法	2019年7月26日	财政部、卫健委等
142	关于加强医疗护理员培训和规范管理工作的通知	2019年7月26日	卫健委、财政部等
143	关于促进中医药传承创新发展的意见	2019年10月20日	中共中央、国务院

附录 8

西部地区人才帮扶政策

编号	政策名称	发布时间	发文部门
1	关于推动东西部地区学校对口支援工作的通知	2000年4月6日	中共中央、国务院
2	关于东西部地区学校对口支援工作的指导意见	2000年4月20日	教育部、国务院扶贫办等
3	县乡村实用人才工程实施方案	2000年5月26日	人事部、农业部
4	关于进一步做好培养选拔优秀年轻干部工作的意见	2000年9月5日	中组部
5	关于实施西部大开发若干政策措施的通知	2000年10月26日	国务院
6	关于实施艰苦边远地区津贴的方案	2001年2月8日	财政部、人事部
7	关于配合实施西部大开发战略全面推进青年志愿者扶贫接力计划的通知	2001年4月23日	中央文明办、共青团中央等
8	关于实施"对口支援西部地区高等学校计划"的通知	2001年5月10日	教育部
9	人事人才发展"十五"规划纲要	2001年6月6日	人事部
10	关于加强专业技术人才队伍建设的若干意见	2001年6月19日	中共中央、国务院
11	"十五"西部开发科技规划	2001年7月27日	科技部
12	关于西部大开发若干政策措施实施意见的通知	2001年9月29日	国务院
13	"十五"科技扶贫发展纲要	2001年10月10日	科技部、中国科学院等
14	西部地区人才开发十年规划	2002年2月10日	中共中央、国务院
15	"十五"西部开发总体规划	2002年2月25日	国家计委、国务院西部开发办
16	2002—2005年全国人才队伍建设规划纲要	2002年5月7日	中共中央、国务院

续表

编号	政策名称	发布时间	发文部门
17	关于进一步做好促进高校毕业生就业工作的意见	2003年3月26日	共青团中央、教育部等
18	关于实施大学生志愿服务西部计划的通知	2003年6月8日	共青团中央、教育部等
19	关于选拔高校毕业生到西部基层工作的通知	2003年7月17日	中组部、人事部等
20	关于按照党管人才要求进一步做好高校毕业生就业工作的通知	2003年7月17日	中组部、人事部等
21	关于进一步加强人才工作的决定	2003年12月26日	中共中央、国务院
22	关于加快发展人才市场的意见	2004年2月16日	人社部
23	关于进一步推进西部大开发的若干意见	2004年3月11日	国务院
24	关于进一步加强青年人才工作的意见	2004年4月25日	共青团中央
25	关于贯彻落实"十一五"规划纲要加强人才队伍建设的实施意见	2004年8月18日	中组部
26	关于实施"援疆学科建设计划"的通知	2005年4月15日	教育部
27	关于做好大学生志愿服务西部计划志愿者就业服务工作的意见	2005年6月29日	共青团中央、教育部等
28	关于引导和鼓励高校毕业生面向基层就业的意见	2005年6月29日	中共中央、国务院
29	关于进一步加强民族工作加快少数民族和民族地区经济社会发展的决定	2005年10月28日	中共中央、国务院
30	关于组织开展高校毕业生到农村基层从事支教、支农、支医和扶贫工作的通知	2006年2月25日	中组部、人社部等
31	关于大力推进城镇教师支援农村教育工作的意见	2006年2月26日	教育部
32	关于缓解西部及贫困地区基层人民法院、人民检察院法官、检察官短缺问题的意见	2006年3月9日	中组部、中央编办等
33	关于进一步加强高技能人才工作的意见	2006年4月18日	中共中央、国务院
34	关于实施农村义务教育阶段学校教师特设岗位计划的通知	2006年5月15日	教育部、财政部等
35	完善艰苦边远地区津贴制度实施方案	2006年7月1日	人社部、财政部

续表

编号	政策名称	发布时间	发文部门
36	高等学校毕业生国家助学贷款代偿资助暂行办法	2006年9月1日	财政部、教育部
37	关于进一步深入开展对口支援西部地区高等学校工作的意见	2006年9月11日	教育部
38	关于加强"十一五"期间卫生人才队伍建设的意见	2006年12月25日	卫生部
39	关于进一步加强西部地区人才队伍建设的意见	2007年2月14日	中共中央、国务院
40	关于建立海外高层次留学人才回国工作绿色通道的意见	2007年2月25日	财政部、公安部等
41	西部大开发"十一五"规划	2007年3月1日	发改委、国务院西部开发办
42	关于进一步发挥政府人事部门职能作用促进高校毕业生就业的通知	2007年8月2日	人社部
43	关于加强农村实用人才队伍建设和农村人力资源开发的意见	2007年11月8日	中共中央、国务院
44	关于选聘高校毕业生到村任职工作的意见（试行）	2008年4月10日	中组部、教育部等
45	关于做好选聘高校毕业生到村任职相关工作的通知	2008年4月22日	教育部
46	关于加强普通高等学校毕业生就业工作的通知	2009年1月19日	卫生部、发改委等
47	关于继续组织实施"农村义务教育阶段学校教师特设岗位计划"的通知	2009年2月23日	教育部、财政部等
48	关于实施大学生志愿服务西部计划基层青年工作专项行动的通知	2009年4月1日	共青团中央、教育部
49	关于建立选聘高校毕业生到村任职工作长效机制的意见	2009年4月7日	中组部、中宣部等
50	关于开展高校毕业生就业推进行动的通知	2009年6月29日	财政部、教育部等
51	高校毕业生"三支一扶"计划中央补助专项经费管理办法	2009年11月13日	财政部、人社部
52	关于加强卫生人才队伍建设的意见	2009年12月31日	财政部、发改委等

续表

编号	政策名称	发布时间	发文部门
53	关于进一步推进对口支援西部地区高等学校工作的意见	2010年1月20日	教育部
54	以全科医生为重点的基层医疗卫生队伍建设规划	2010年3月25日	财政部、发改委等
55	国家中长期人才发展规划纲要（2010—2020年）	2010年4月1日	中共中央、国务院
56	关于深入实施西部大开发战略的若干意见	2010年6月29日	中共中央、国务院
57	对口支援新疆干部和人才管理办法	2011年1月25日	中组部、人社部
58	关于继续做好高校毕业生"三支一扶"计划实施工作的通知	2011年4月8日	中组部、人社部等
59	中国农村扶贫开发纲要（2011—2020年）	2011年5月27日	中共中央、国务院
60	关于进一步做好普通高等学校毕业生就业工作的通知	2011年5月31日	国务院
61	高技能人才队伍建设中长期规划（2010—2020年）	2011年6月21日	中组部、人社部
62	边远贫困地区、边疆民族地区和革命老区人才支持计划实施方案	2011年9月26日	中组部
63	万名专家服务基层行动计划实施方案	2011年11月4日	人社部
64	促进就业规划（2011—2015年）	2011年12月16日	人社部、发改委等
65	西部大开发"十二五"规划	2012年2月21日	发改委
66	陕甘宁革命老区振兴规划	2012年3月25日	发改委
67	少数民族事业"十二五"规划	2012年7月12日	国务院
68	关于深化城乡医院对口支援工作进一步提高县级医院医疗服务能力的通知	2012年9月17日	卫计委、药管局等
69	关于继续开展东西部地区医院省际对口支援工作的通知	2012年9月17日	卫计委、药管局等
70	边远贫困地区、边疆民族地区和革命老区人才支持计划社会工作专业人才专项计划实施方案	2012年9月28日	民政部、中组部等
71	边远贫困地区、边疆民族地区和革命老区人才支持计划教师专项计划实施方案	2012年11月27日	教育部、中组部等

续表

编号	政策名称	发布时间	发文部门
72	边远贫困地区、边疆民族地区和革命老区人才支持计划文化工作者专项实施方案	2012年12月28日	文化部、中组部等
73	中西部高等教育振兴计划（2012—2020年）	2013年2月20日	教育部、发改委等
74	科技助推西部地区转型发展行动计划（2013—2020年）	2013年7月2日	发改委、中国科学院
75	关于进一步加强和规范高校人才引进工作的若干意见	2013年12月23日	教育部
76	关于进一步深化城乡医院对口支援工作的意见	2014年2月9日	卫计委、药管局
77	做好教师特设岗位计划有关实施工作的通知	2014年3月3日	教育部、财政部
78	边远贫困地区、边疆民族地区和革命老区人才支持计划科技人员专项计划实施方案	2014年4月23日	科技部、中组部等
79	关于申报西部和东北地区高层次人才援助项目的通知	2014年11月18日	人社部
80	关于进一步动员社会各方面力量参与扶贫开发的意见	2014年11月19日	国务院
81	全国医疗卫生服务体系规划纲要（2015—2020年）	2015年3月6日	国务院
82	乡村教师支持计划（2015—2020年）	2015年6月1日	国务院
83	关于进一步加强大学生志愿服务西部计划工作的意见	2015年11月12日	共青团中央、教育部等
84	中共中央国务院关于打赢脱贫攻坚战的决定	2015年11月29日	中共中央、国务院
85	关于支持沿边重点地区开发开放若干政策措施的意见	2015年12月24日	国务院
86	关于进一步加强区域合作工作的指导意见	2015年12月28日	发改委
87	关于深化人才发展体制机制改革的意见	2016年3月21日	中共中央
88	关于实施第三轮高校毕业生"三支一扶"计划的通知	2016年4月20日	中组部、人社部等
89	关于加快中西部教育发展的指导意见	2016年5月11日	国务院
90	关于在打赢脱贫攻坚战中做好人力资源社会保障扶贫工作的意见	2016年8月4日	人社部

续表

编号	政策名称	发布时间	发文部门
91	关于进一步做好艰苦边远地区县乡事业单位公开招聘工作的通知	2016年11月7日	中组部、人社部
92	"十三五"脱贫攻坚规划	2016年11月23日	国务院
93	西部大开发"十三五"规划	2017年1月23日	发改委
94	关于做好当前和今后一段时期就业创业工作的意见	2017年4月13日	国务院
95	关于高校毕业生基层成长计划的通知	2017年11月16日	中组部、人社部等
96	援藏援疆万名教师支教计划实施方案	2017年12月15日	教育部、发改委等
97	关于全面深化新时代教师队伍建设改革的意见	2018年1月20日	中共中央、国务院
98	关于打赢脱贫攻坚战三年行动的指导意见	2018年6月15日	中共中央、国务院
99	银龄讲学计划实施方案	2018年7月4日	教育部、财政部
100	关于建立更加有效的区域协调发展新机制的意见	2018年11月18日	中共中央、国务院
101	关于充分发挥市场作用促进人才顺畅有序流动的意见	2019年1月11日	人社部
102	关于进一步开展人力资源服务机构助力脱贫攻坚行动的通知	2019年3月6日	人社部
103	关于动员组织各类专家助力脱贫攻坚活动的通知	2019年3月27日	人社部
104	关于鼓励引导人才向艰苦边远地区和基层一线流动的意见	2019年6月19日	中共中央

参考文献

高素英:《人力资本与经济可持续发展》,中国经济出版社 2005 年版。
黄承伟:《中国反贫困:理论、方法、战略》,中国财政经济出版社 2002 年版。
李海峥、Fleisher B.、Fraumeni B. 等:《中国人力资本报告》,中央财经大学中国人力资本与劳动经济研究中心 2021 年版。
李建民:《人力资本通论》,上海三联书店 1999 年版。
李忠民:《人力资本——一个理论框架及其对中国一些问题的解释》,经济科学出版社 1999 年版。
厉以宁:《教育的社会经济效益》,贵州人民出版社 1995 年版。
莫志宏:《人力资本的经济学分析》,经济管理出版社 2004 年版。
钱雪亚:《人力资本水平:方法与实证》,商务印书馆 2011 年版。
谢童伟:《教育发展差异、人口迁移与教育政策调整》,华东师范大学出版社 2020 年版。
袁振国:《当代教育学》(第 4 版),教育科学出版社 2010 年版。
张凤林:《人力资本理论及其应用研究》,商务印书馆 2006 年版。
包水梅:《全面振兴西部高等教育:困境、根源及其突破》,《中国高教研究》2020 年第 12 期。
包玉香、张晓青、李香:《基于政府视角的人力资本投资分析》,《中国人口·资源与环境》2004 年第 5 期。
才国伟、刘剑雄:《收入风险、融资约束与人力资本积累——公共教育投资的作用》,《经济研究》2014 年第 7 期。
蔡昉:《人口迁移和流动的成因、趋势与政策》,《中国人口科学》1995 年第 6 期。
蔡昉、都阳:《中国地区经济增长的趋同与差异——对西部开发战略的启示》,《经济研究》2000 年第 10 期。

曹琦、崔兆涵:《我国卫生政策范式演变和新趋势:基于政策文本的分析》,《中国行政管理》2018 年第 9 期。

陈鹏、李威:《中国西部高等教育百年变迁的逻辑进路与审思》,《高等教育研究》2019 年第 4 期。

丁维莉、陆铭:《教育的公平与效率是鱼和熊掌吗——基础教育财政的一般均衡分析》,《中国社会科学》2005 年第 6 期。

都阳、朴之水:《劳动力迁移收入转移与贫困变化》,《中国农村观察》2003 年第 5 期。

杜两省、刘发跃:《人力资本存量难以解释西部地区低投资效率的原因分析》,《中国人口科学》2014 年第 4 期。

杜伟、杨志江、夏国平:《人力资本推动经济增长的作用机制研究》,《中国软科学》2014 年第 8 期。

杜育红、梁文艳:《农村教育与农村经济发展:人力资本的视角》,《北京师范大学学报》(社会科学版) 2011 年第 6 期。

樊桦:《农村居民健康投资不足的经济学分析》,《中国农村观察》2011 年第 6 期。

封世蓝、程宇丹、龚六堂:《公共人力资本投资与长期经济增长——基于新中国"扫盲运动"的研究》,《北京大学学报》(哲学社会科学版) 2021 年第 3 期。

封岩、柴志宏:《健康人力资本对经济增长的影响》,《经济与管理研究》2016 年第 2 期。

封永刚、邓宗兵:《中国人力资本投资效率的收敛性及影响因素研究》,《人口与经济》2015 年第 3 期。

高梦滔、姚洋:《农户收入差距的微观基础:物质资本还是人力资本?》,《经济研究》2006 年第 12 期。

耿嘉川、苗俊峰:《公共卫生支出的经济增长效应》,《社会科学研究》2008 年第 5 期。

顾昕:《公共财政转型与政府卫生筹资责任的回归》,《中国社会科学》2010 年第 2 期。

郭东杰、魏熙晔:《人力资本、收入分配与经济发展》,《中国人口科学》2020 年第 2 期。

郭继强：《人力资本投资的结构分析》，《经济学》（季刊）2005年第2期。

郭庆旺、贾俊雪：《公共教育政策、经济增长与人力资本溢价》，《经济研究》2009年第10期。

郭庆旺、贾俊雪：《政府公共资本投资的长期经济增长效应》，《经济研究》2006年第7期。

郭志仪、曹建云：《人力资本对中国区域经济增长的影响——岭估计法在多重共线性数据模型中的应用研究》，《中国人口科学》2007年第4期。

韩民春、刘甲炎：《健康投资的收入增长效应及城乡和地域差异化研究》，《中国卫生经济》2013年第7期。

何小钢、罗奇、陈锦玲：《高质量人力资本与中国城市产业结构升级——来自"高校扩招"的证据》，《经济评论》2020年第4期。

侯风云：《中国农村人力资本收益率研究》，《经济研究》2004年第12期。

侯风云、张凤兵：《农村人力资本投资及外溢与城乡差距实证研究》，《财经研究》2007年第8期。

胡德鑫：《国际比较视野下我国高等教育对经济增长的贡献研究——基于1996—2014年的数据》，《现代教育管理》2017年第9期。

华萍：《不同教育水平对全要素生产率增长的影响——来自中国省份的实证研究》，《经济学》（季刊）2005年第4期。

黄斌、徐彩群：《农村劳动力非农就业与人力资本投资收益》，《中国农村经济》2013年第1期。

黄燕萍、刘榆、吴一群等：《中国地区经济增长差异：基于分级教育的效应》，《经济研究》2013年第4期。

纪雯雯、赖德胜：《人力资本结构与创新》，《北京师范大学学报》（社会科学版）2016年第5期。

李杰、左仁淑：《关于人力资本作用的反思——兼论人力资本在西部大开发中的作用》，《人口研究》2002年第1期。

李录堂、张藕香：《农村人力资本投资收益错位效应对农村经济的影响及对策》，《农业现代化研究》2006年第4期。

李生滨、李延喜、栾庆伟：《区域教育投资效率及其布局优化控制分析》，《当代经济管理》2012年第4期。

李涛：《我国35个大中城市人力资本投资实证分析》，《中国管理科学》2004年第4期。

李通屏：《家庭人力资本投资的城乡差异分析》，《社会》2002 年第 7 期。

李威、陈鹏：《振兴西部高等教育：真实的命题而非虚妄的猜忌》，《重庆高教研究》2021 年第 1 期。

李祥云、禹文颂、陈珊：《公共教育支出与居民收入分配差距》，《财经问题研究》2018 年第 8 期。

李昕、关会娟：《各级教育投入、劳动力转移与城乡居民收入差距》，《统计研究》2018 年第 3 期。

李雪艳、赵吟佳、钱雪亚：《人力资本异质性、结构与经济增长》，《商业经济与管理》2012 年第 5 期。

梁军、赵青：《教育人力资本及其溢出效应对中国科技创新的影响研究——基于省际面板数据的经验分析》，《上海大学学报》（社会科学版）2018 年第 6 期。

梁朋、康珂：《基本公共教育均等化：基于财政预算投入的测量与评价》，《中共中央党校学报》2013 年第 6 期。

刘海英、赵英才：《中国经济增长中人力资本积累的均衡性选择》，《中国软科学》2005 年第 9 期。

刘金涛：《异质型人力资本对经济增长作用机制研究》，《经济问题》2015 年第 8 期。

刘瑞明、赵仁杰：《西部大开发：增长驱动还是政策陷阱——基于 PSM-DID 方法的研究》，《中国工业经济》2015 年第 6 期。

刘生龙、王亚华、胡鞍钢：《西部大开发成效与中国区域经济收敛》，《经济研究》2009 年第 9 期。

刘新荣、占玲芳：《教育投入及其结构对中国经济增长的影响》，《教育与经济》2013 年第 3 期。

刘晔、黄承键：《我国教育支出对经济增长贡献率的实证研究——基于省际面板数据时空差异的分析》，《教育与经济》2009 年第 4 期。

刘迎秋：《论人力资本投资及其对中国经济成长的意义》，《管理世界》1997 年第 3 期。

刘智勇、李海峥、胡永远等：《人力资本结构高级化与经济增长——兼论东中西部地区差距的形成和缩小》，《经济研究》2018 年第 3 期。

柳建平、刘卫兵：《西部农村教育与减贫研究——基于甘肃 14 个贫困村调查数据的实证分析》，《教育与经济》2017 年第 1 期。

参考文献

龙海明、陶冶：《健康投资对中国经济发展的影响研究——基于省级面板数据的空间计量检验》，《湖南大学学报》（社会科学版）2017 年第 4 期。

逯进、苏妍：《人力资本、经济增长与区域经济发展差异——基于半参数可加模型的实证研究》，《人口学刊》2017 年第 1 期。

逯进、周惠民：《中国省域人力资本空间溢出效应的实证分析——基于ESDA 方法和空间 Lucas 模型》，《人口学刊》2014 年第 6 期。

吕娜、邹薇、方迎风：《健康投资与经济增长：基于筹资渠道视角》，《管理现代化》2015 年第 4 期。

罗凯：《健康人力资本与经济增长：中国分省数据证据》，《经济科学》2006 年第 4 期。

骆永民：《人力资本投资效率的经济增长效应研究——基于四种面板数据回归模型的实证分析》，《当代经济科学》2010 年第 6 期。

牟小俐、吴龙生、陈颖：《人力资本形成、健康投资与区域经济增长收敛的实证研究》，《特区经济》2013 年第 6 期。

倪好：《新时代西部地区高质量发展的人才支撑策略》，《宏观经济管理》2020 年第 8 期。

潘明明、李光明、龚新蜀：《西部民族特困区农村人力资源开发减贫效应研究——以南疆三地州为例》，《人口与发展》2016 年第 2 期。

浦小松：《公共教育投入结构、延迟效应与经济增长——基于面板分位数模型的研究》，《现代教育管理》2016 年第 9 期。

钱雪亚：《人力资本水平统计估算》，《统计研究》2012 年第 8 期。

钱雪亚、王秋实、刘辉：《中国人力资本水平再估算：1995—2005》，《统计研究》2008 年第 12 期。

钱雪亚、张小蒂：《农村人力资本积累及其收益特征》，《中国农村经济》2000 年第 3 期。

屈沙、钟若愚：《中国公共人力资本投资的空间分布及动态演变》，《统计与决策》2020 年第 23 期。

佘宇、单大圣：《中国教育体制改革及其未来发展趋势》，《管理世界》2018 年第 10 期。

孙嘉尉、顾海、马超：《人力资本投资与经济增长——基于我国 1997—2010 年省级面板数据的分析》，《软科学》2014 年第 3 期。

孙玉环、季晓旭：《教育投入对中国经济增长作用的区域差异分析——基于多指标面板数据聚类结果》，《地理研究》2014年第6期。

谈镇、杜永娇、张一飞：《人力资本结构高级化与经济高质量发展——基于分位数回归和中介效应模型的实证检验》，《经济论坛》2021年第10期。

王德文、蔡昉、张国庆：《农村迁移劳动力就业与工资决定：教育与培训的重要性》，《经济学》（季刊）2008年第4期。

王弟海、崔小勇、龚六堂：《健康在经济增长和经济发展中的作用——基于文献研究的视角》，《经济学动态》2015年第8期。

王弟海、龚六堂、李宏毅：《健康人力资本、健康投资和经济增长——以中国跨省数据为例》，《管理世界》2008年第3期。

王金营：《西部地区人力资本在经济增长中的作用核算》，《中国人口科学》2005年第3期。

王文静、吕康银、王迪：《教育人力资本、健康人力资本与地区经济增长差异——基于中国省际面板数据的实证研究》，《经济与管理》2012年第9期。

魏巍、李强：《人力资本积累、经济增长与区域差异——基于省级面板数据的经验分析》，《软科学》2014年第1期。

吴建国：《人力资本对我国经济的增长贡献率》，《中国人力资源开发》2002年第3期。

谢兰云：《中国省域R&D投入对经济增长作用途径的空间计量分析》，《中国软科学》2013年第9期。

谢舜、魏万青、周少君：《宏观税负、公共支出结构与个人主观幸福感兼论"政府转型"》，《社会》2012年第6期。

徐小飞、龚德恩：《我国东中西部地区人力资本状况实证分析与比较研究》，《企业经济》2003年第10期。

薛勇军：《教育投资对经济增长的外溢效应研究——基于中国能否跨越"中等收入国家陷阱"的思考》，《技术经济与管理研究》2020年第9期。

闫淑敏：《我国西部人力资本流量分析及政策建议》，《中国软科学》2002年第6期。

杨超、吴蓓茝：《义务教育投入对人力资本贡献的时滞性与实证检验》，

《财政研究》2008 年第 5 期。

杨成荣、张屹山、张鹤：《基础教育公平与经济社会发展》，《管理世界》2021 年第 10 期。

杨建芳、龚六堂、张庆华：《人力资本形成及其对经济增长的影响——一个包含教育和健康投入的内生增长模型及其检验》，《管理世界》2006 年第 5 期。

杨林、武友德、骆华松等：《西部少数民族地区人力资源评价及开发研究》，《经济研究》2009 年第 10 期。

杨明海、刘凯晴、谢送爽：《教育人力资本、健康人力资本与绿色技术创新——环境规制的调节作用》，《经济与管理评论》2021 年第 2 期。

杨万平：《中国西部地区经济增长源泉——基于人力资本与能源消费的双重约束》，《华东经济管理》2014 年第 1 期。

杨云彦：《西部开发中的人力资本投资与人才问题》，《统计与决策》2002 年第 3 期。

姚先国、张海峰：《教育、人力资本与地区经济差异》，《经济研究》2008 年第 5 期。

于大川：《健康人力资本对农民农业收入增长的影响研究》，《社会保障研究》2013 年第 2 期。

余静文、苗艳青：《健康人力资本与中国区域经济增长》，《武汉大学学报》（哲学社会科学版）2019 年第 5 期。

余泳泽、刘大勇：《我国区域创新效率的空间外溢效应与价值链外溢效应——创新价值链视角下的多维空间面板模型研究》，《管理世界》2013 年第 7 期。

袁航、朱承亮：《西部大开发推动产业结构转型升级了吗？——基于 PSM-DID 方法的检验》，《中国软科学》2018 年第 6 期。

曾旭晖、郑莉：《教育如何影响农村劳动力转移——基于年龄与世代效应的分析》，《人口与经济》2016 年第 5 期。

张芬、李晓妍：《健康投资对经济增长影响的实证分析》，《统计与决策》2017 年第 20 期。

张国强、温军、汤向俊：《中国人力资本、人力资本结构与产业结构升级》，《中国人口·资源与环境》2021 年第 10 期。

张辉：《健康对经济增长的影响：一个理论分析框架》，《广东财经大学学报》2017年第4期。

张同功、张隆、赵得志等：《公共教育支出、人力资本积累与经济增长：区域差异视角》，《宏观经济研究》2020年第3期。

张晓蓓、李子豪：《人力资本差异加剧了区域经济失衡吗》，《经济学家》2014年第4期。

张艳华：《农村人力资本投资、积累、收益循环累积机制研究》，《农村经济》2009年第12期。

郑长德：《论西部民族地区人力资源的开发与人力资本的形成》，《人口与经济》2001年第3期。

周均旭、常亚军：《中西部"双一流"高校毕业生的空间流向及其网络特征》，《重庆高教研究》2021年第2期。

周均旭、刘子俊：《省际均等化视角下我国义务教育投入效率研究》，《现代教育管理》2021年第9期。

周均旭、刘子俊：《走向高质量发展：二十一世纪我国农村基础教育政策注意力的演进逻辑》，《当代教育论坛》2021年第3期。

周茂、李雨浓、姚星等：《人力资本扩张与中国城市制造业出口升级：来自高校扩招的证据》，《管理世界》2019年第5期。

周泽炯、马艳平：《公共教育与健康人力资本对经济增长的影响研究》，《商业经济与管理》（社会科学版）2017年第2期。

邹薇、代谦：《技术模仿、人力资本积累与经济赶超》，《中国社会科学》2003年第5期。

［德］卡尔·马克思：《资本论：政治经济学批判》（第一卷），郭大力等译，人民出版社1953年版。

［美］加里·S. 贝克尔：《人力资本：特别是关于教育的理论与经验分析》，梁小民译，北京大学出版社1987年版。

［美］迈克尔·波特：《国家竞争优势》，李明轩等译，华夏出版社2002年版。

［美］米尔顿·弗里德曼：《资本主义与自由商务》，张瑞玉译，商务印书馆2004年版。

［美］欧文·费雪：《资本和收入的性质》，谷宏伟等译，商务印书馆2018年版。

［美］西奥多·W. 舒尔茨：《论人力资本投资》，吴珠华等译，北京经济

学院出版社 1990 年版。

[美] 西奥多·W. 舒尔茨：《人力资本投资——教育和研究的作用》，蒋斌等译，商务印书馆 1990 年版。

[美] 雅各布·明塞尔：《人力资本研究》，张凤林译，中国经济出版社 2001 年版。

[英] 威廉·配第：《政治算术》，马妍译，中国社会科学出版社 2010 年版。

[英] 亚当·斯密：《国民财富的性质和原因的研究》（上册），郭大力等译，商务印书馆 1972 年版。

Becker, G. S., Human Capital and the Personal Distribution of Income: An Analytical Approach, Ann Arbor: Institute of Public Administration, 1967.

Johnstone, D. B., Sharing the Costs of Higher Education, Student Financial Assistance in the United Kingdom, the Federal Republic of Germany, France, Sweden, and the United States, New York: College Board Publications, 1986.

Aisa, R., Pueyo, F., "Government Health Spending and Growth in a Model of Endogenous Longevity", Economics Letters, Vol. 90, No. 2, 2006.

Alm, J., Enami, A., "Do Government Subsidies to Low-Income Individuals Affect Interstate Migration? Evidence from the Massachusetts Health Care Reform", Regional Science and Urban Economics, Vol. 66, 2017.

Barro, R. J., "Health and Economic Growth", Annals of Economics and Finance, Vol. 14, No. 2, 2013.

Barro, R. J., "Human Capital and Growth", American Economic Review, Vol. 91, No. 2, 2001.

Barro, R. J., Lee, J. W., "International Comparisons of Educational Attainment", Journal of Monetary Economics, Vol. 32, No. 3, 1993.

Batabyal, A. A., Nijkamp, P., "Human Capital Use, Innovation, Patent Protection, and Economic Growth in Multiple Regions", Economics of Innovation and New Technology, Vol. 22, No. 2, 2013.

Becker, G. S., "Health as Human Capital: Synthesis and Extensions", Oxford Economic Papers, Vol. 59, No. 3, 2007.

Becker, G. S., "Investment in Human Capital: A Theoretical Analysis",

Journal of Political Economy, Vol. 70, No. 5, 1962.

Becker, G. S., Nobel lecture: The Economic Way of Looking at Behavior, Journal of Political Economy, Vol. 101, No. 3, 1993.

Benhabib, J., Spiegel, M. M., "The Role of Human Capital in Economic Development Evidence from Aggregate Cross-Country Data", Journal of Monetary Economics, Vol. 34, No. 2, 1994.

Black, S. E., Lynch, L. M., "Human-Capital Investments and Productivity", The American Economic Review, Vol. 86, No. 2, 1996.

Blanchflower, D. G., Oswald, A. J., "Well-Being Over Time in Britain and the USA", Journal of Public Economics, Vol. 88, No. 7–8, 2004.

Bowman, M. J., "Human Capital: Concepts and Measures", Economics of Higher Education, Vol. 5, 1962.

Brunow, S., Hirte, G., "The Age Pattern of Human Capital and Regional Productivity: A Spatial Econometric Study on German Regions", Papers in Regional Science, Vol. 88, No. 4, 2009.

Chen, W., "How Education Enhances Happiness: Comparison of Mediating Factors in Four East Asian Countries", Social Indicators Research, Vol. 106, No. 1, 2012.

Cuñado, J., de Gracia, F. P., "Does Education Affect Happiness? Evidence for Spain", Social Indicators Research, Vol. 108, No. 1, 2012.

Démurger, S., "Infrastructure Development and Economic Growth: An Explanation for Regional Disparities in China?", Journal of Comparative Economics, Vol. 29, No. 1, 2001.

Giannini, M., "Accumulation and Distribution of Human Capital: The Interaction Between individual and Aggregate Variables", Economic Modelling, Vol. 20, No. 6, 2003.

Hartog, J., Oosterbeek, H., "Health, Wealth and Happiness: Why Pursue a Higher Education?", Economics of Education Review, Vol. 17, No. 3, 1998.

Iranzo, S., Peri, G., "Schooling Externalities, Technology, and Productivity: Theory and Evidence from US States", The Review of Economics and Statistics, Vol. 91, No. 3, 2009.

Krueger, A. B., Lindahl, M., "Education for Growth: Why and for Whom?", Journal of Economic Literature, Vol. 39, No. 4, 2001.

Mayer, D., "The Long-Term Impact of Health on Economic Growth in Latin America", World Development, Vol. 29, No. 6, 2001.

Mincer, J., "Investment in Human Capital and Personal Income Distribution", Journal of Political Economy, Vol. 66, No. 4, 1958.

Mincer, J., "On-The-Job Training: Costs, Returns, and some Implications", Journal of Political Economy, Vol. 70, No. 5, 1962.

Ott, J., "Level and Inequality of Happiness in Nations: Does Greater Happiness of a Greater Number Imply Greater Inequality in Happiness?", Journal of Happiness Studies, Vol. 6, No. 4, 2005.

Psacharopoulos, G., Patrinos, H. A., "Returns to Investment in Education: A Further Update", Education Economics, Vol. 12, No. 2, 2004.

Psacharopoulos, G., "The Value of Investment in Education: Theory, Evidence, and Policy", Journal of Education Finance, Vol. 32, No. 2, 2006.

Rauch, J. E., "Productivity Gains from Geographic Concentration of Human Capital: Evidence from the Cities", Journal of Urban Economics, Vol. 34, No. 3, 1993.

Rivera, B., Currais, L., "Public Health Capital and Productivity in the Spanish Regions: A Dynamic Panel Data Model", World Development, Vol. 32, No. 5, 2004.

Ross, C. E., Van, Willigen, M., "Education and the Subjective Quality of Life", Journal of Health and Social Behavior, Vol. 38, No. 3, 1997.

Schultz, T. W., "Capital Formation by Education", Journal of Political Economy, Vol. 68, No. 6, 1960.

Schultz, T. W., "Investment in Human Capital", The American Economic Review, Vol. 51, No. 1, 1961.

Schwartz, A., "Interpreting the Effect of Distance on Migration", Journal of Political Economy, Vol. 81, No. 5, 1973.

Shen, J., "Increasing Internal Migration in China from 1985 to 2005: Institutional Versus Economic Drivers", Habitat International, Vol. 39, 2013.

Vandenbussche, J., Aghion, P., Meghir, C., "Growth, Distance to Frontier and Composition of Human Capital", Journal of Economic Growth, Vol. 11, No. 2, 2006.

Vidal, J. P., "The Effect of Emigration on Human Capital Formation", Journal of Population Economics, Vol. 11, No. 4, 1998.

Witter, R. A., Okun, M. A., Stock, W. A., et al., "Education and Subjective Well-Being: A Meta-Analysis", Educational Evaluation and Policy Analysis, Vol. 6, No. 2, 1984.

后 记

本书是国家哲学社会科学基金重点项目"西部地区公共人力资本投资的效益及对策研究"（17AGL023）的最终研究成果，由广西高校人文社会科学重点研究基地基金资助出版；在此要特别感谢广西大学公共管理学院创始院长、基地主任谢舜教授，以及前书记黄建荣等领导对我研究的关心与支持。

2014 年，我作为学术骨干引进到广西大学公共管理学院，在跟随学院领导深入广西十四个地市开展广泛调查研究活动中，积攒起对八桂大地的认知，并思索寻求下一步研究的方向，2017 年终蒙评审专家厚爱，获批国家重点项目。新的任务，也带来了巨大压力，幸而在 2015 年成立广西大学公共组织人力资源研究所，不断积累硕士生和博士生的指导经验，逐渐选拔出一支敢打胜仗的学术研究团队。本书是我们整个团队五年来集体创作的结晶，从构思到写作到校对都进行了多次反复打磨，每一章节可以说都是三四届 4—6 位同学共同参与的成果，非常感谢常亚军、彭蓉、刘子俊三位同学从框架完善、思路细化、方法确定到组织分工等方面付出的巨大努力，正是在他们分工和带领之下才能在截止时间前顺利完成任务；各个章节的撰写、修改与校对工作也感谢团队的杜亚楠、祁拯、高松会、李弈忻、赵钏君、朱丹鹤、叶露、马茜、段邦言、常登宇、刘冰洁、杨紫馨、李宁等同学的辛苦付出，前期的调研和报告写作等还要感谢吴清泉、李阳、王艺璇、梁梓康等已经毕业学生的参与和努力。

家和万事兴，人到中年感悟深。2014 年离开故土是人生最为重大的选择之一。我的母亲过世较早，对我而言，妻儿在哪里，家就在哪里。我的绝然离去，感谢妻子杨帆不离不弃，随我走向远方，但是她却要承受与家人离别的思念，特别是岳母和岳父重病在汉，我们地处西南偏隅，有心无力；2017 年和 2018 年二老相继离世，痛苦与悔恨倍感交加。回忆 2017 年的春节，尽管回到武汉家中，岳父岳母重病不停需要前往医院就诊，但是对我的工作却充分理解与全力支持，使得任务顺利完成。还有我的儿子周子阳，在此书出版之际，他也步入大学，开始新的征程，希望他能够开心学习、健康成长。

  感谢在资料搜集和实地调研中给予我帮助的各界朋友，感谢陪同我一起度过这段时光的同人和学生；感谢中国社会科学出版社，感谢王茵副总编、李沫编辑的辛勤付出。感谢所有帮助支持过我的人，谢谢大家！

周均旭

2022年6月于广西南宁